신정역주

이충무공전서 2

역주자 소개

이민웅 | 서울대 문학박사. 한국근세사 전공. 대구가톨릭대학교 석좌교수, 해군사관학교 명예교수.
정진술 | 동아대 석사. 고고학·한국해양사 전공. 전 문화재전문위원.
양진석 | 서울대 문학박사. 한국근세사 전공. 전 서울대학교 규장각한국학연구원 학예연구관.
김경숙 | 서울대 문학박사. 한국근세사 전공. 서울대학교 국사학과 교수.
노영구 | 서울대 문학박사. 한국근세사 전공. 국방대학교 군사전략학과 교수.
이현진 | 서울대 문학박사. 한국근세사 전공. 한국과학기술원 인문사회과학연구소 연구 부교수.
김남기 | 서울대 문학박사. 한국고전문학 전공. 안동대학교 한문학과 교수

＊表紙 題字:『李忠武公全書』(內閣本, 1795) 속표지에서

신정역주 이충무공전서 **2**
李忠武公全書 卷5~卷8

초판 1쇄 발행 2023년 6월 16일
초판 2쇄 발행 2023년 9월 20일

기획 | (재)석오문화재단 한국역사연구원
역주 | 이민웅·정진술·양진석 외

펴낸곳 | (주)태학사
등록 | 제406-2020-000008호
주소 | 경기도 파주시 광인사길 217
전화 | 031-955-7580
전송 | 031-955-0910
전자우편 | thspub@daum.net
홈페이지 | www.thaehaksa.com

편집 | 조윤형 여미숙 고여림
디자인 | 김현주
마케팅 | 김일신
경영지원 | 김영지
인쇄·제책 | 영신사

값 160,000원 (전4권 세트)
ISBN 979-11-6810-178-4 (세트)
ISBN 979-11-6810-179-1 (94910)

책임편집 | 조윤형
표지디자인 | 이영아
본문디자인 | 임경선

석오역사연구자료 시리즈 3

신정역주
이충무공전서 2

李忠武公全書 卷5~卷8

(재)석오문화재단 한국역사연구원 기획

이민웅·정진술·양진석 외 역주

태학사

이충무공전서 권5 - 난중일기 1

이충무공전서 권6 - 난중일기 2

이충무공전서 권7 - 난중일기 3

이충무공전서 권8 - 난중일기 4

＊별책 부록: 『신정역주 이충무공전서』 찾아보기

일러두기

- 이 책 『신정역주 이충무공전서』(이하 본서)는 정조 19년(1795)에 간행된 『이충무공전서李忠武公全書』를 저본으로 삼아 직역直譯을 원칙으로 하였지만, 불가피한 부분에서는 의역意譯하기도 했다.

- 원본 『이충무공전서』가 간행될 때, 권2~권4의 '장계狀啓'와 권5~권8의 '난중일기亂中日記'에서 부분적으로 편집·생략된 대목들이 있는데, 본서에서는 이 내용들도 번역하여 (　) 안에 고딕체로 구분하여 수록했으며, 해당 원문은 각주를 통해 '(*) 내용 생략, 원문은 "　"이다.'와 같이 밝혀 놓았다.

- 『정유일기』의 친필 일기는 『정유일기 I』과 『정유일기 II』 두 종류가 있는데, 원본 『이충무공전서』는 이를 하나로 합쳐서 편집하였다. 본서에서는 『정유일기 II』의 생략된 내용들도 번역하여 (　) 안에 고딕체로 구분하여 수록했으며, 해당 원문은 각주를 통해 '(**) 내용 생략, 원문은 "　"이다.'와 같이 밝혀 놓았다.

- 본문에 있는 [　]는 모두 역주자들이 단 간략한 주석 또는 설명이다.

이충무공전서 권5

난중일기 1

〈참고 1〉 난중일기亂中日記

『난중일기亂中日記』는 충무공忠武公 이순신李舜臣(1545～1598)이 1592년 1월 1일 부터 1598년 11월 17일까지 7년간의 군중 생활을 직접 기록한 진중 일기이다. 현재 7책 205매가 전해오며 충청남도 아산시 현충사에 보관되어 있다. 임진왜란 시기의 군사, 전쟁사 연구의 결정적 사료로 그 가치가 인정되어, 1962년 12월 20일에 국보 제76호로 지정되었다. 또 일기의 역사적 배경으로서 임진왜란 이라는 세계사적 의미가 내포된 기록물로 인정받아 2013년 6월에 유네스코 세계기록유산으로도 등재되었다.

이순신의 친필 일기는 그 표제가 본래부터 일기장별로 '壬辰日記'(1592년), '癸巳'(1593년), '日記 甲午年'(1594년), '丙申日記'(1596년), '丁酉日記'(1597년), '(丁酉)'(1597년), '戊戌日記'(1598년)로 되어 있다.(〈표 1〉) 이것을 『이충무공전서』 편찬자가 옮겨 적으면서 편의상 '난중일기 1'~'난중일기 4'로 구분하여 권5에서 권8에 넣어 발간함으로써 『난중일기』란 명칭이 새롭게 유래되었다. 그리고 정유 일기는 두 책이 있고, 8월 초4일부터 10월 초8일까지의 일기는 중복되어 있다.

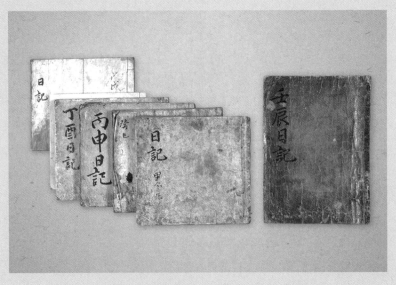

『난중일기』(1592～1598), 아산 현충사. (사진 문화재청)

이순신이 왜 그렇게 다시 썼는지는 알 수 없으나, 앞 책에는 간지干支가 잘못 적혀 있고 또 내용도 뒤에 있는 것이 앞의 책보다 비교적 자세한 것 등으로 보아, 혹시 이순신이 시간적인 여유를 틈타 기억을 되살려 가며 새로 한 번 더 적은 것이 아닌가 생각된다.

그런데 이순신의 친필 일기와 『이충무공전서』에 수록된 내용에는 상당한 차이가 있다. 그것은 『이충무공전서』 편찬자가 친필 일기 내용을 정자로 옮겨 판각에 올릴 때, 자기들의 주관적 의견으로 많은 내용을 생략했기 때문이다. 또 『이충무공전서』에는 수록되어 있는데, 친필 일기 중에는 언제 잃어버렸는지 알 수 없으나, 없어지고 보이지 않는 부분들도 있다. 예를 들면, ① 임진년 정월 초1일부터 4월 22일까지의 부분. ② 을미년 1년 동안의 부분. ③ 무술년 10월 초8일부터 11월 17일까지의 부분들이다. 무술년의 그 부분은 『재조번방지초再造藩邦志抄』[1]에 수록되어 있다.

그러므로 오늘날에 와서 이순신 일기의 전모를 알기 위해서는 『이충무공전서』의 내용을 필수적으로 살펴보아야 한다. 여기서는 『이충무공전서』의 '난중일기' 내용을 중심으로 번역하되, 친필 일기[2]의 생략된 부분도 보충하여 번역하면서 그 원문도 제시하였다.[3]

---

1 이 책은 필사본으로 그 안에 재조번방지초再造藩邦志抄, 정읍 사우 상량문井邑祠宇上樑文, 일기초日記抄 등의 내용이 포함되어 있으며, 1968년에 문교부 문화재관리국이 박정희朴正熙 대통령 친필로 '再造藩邦志抄'라는 이름을 붙여 영인하여 발간하였다. 이 책의 앞표지에는 '忠武公遺事'라고 희미하게 표제가 적혀 있다.

원래 『충무공유사忠武公遺事』라는 이름의 책은 서울대학교 규장각에 소장되어 있으며, 정조가 1792년(정조 16) 8월에 열람하고, 이순신의 위훈에 크게 감명을 받았던 책이다. 이를 계기로 정조는 내각에 전서의 편찬을 지시했다.(『이충무공전서』, 綸音, 임자년 8월 19일.) 규장각의 『忠武公遺事』에는 충무공유사(「행록」)와 임금의 열람을 위해 엄선된 장계 15편이 실려 있다.

2 이순신의 친필 일기를 활자화活字化한 것으로, '朝鮮史編修會, 『朝鮮史料叢刊 第六 亂中日記草·壬辰狀草』, 조선총독부, 1935.(東京: 第一書房, 1978 復刻.)'가 있고, 이를 보완한 근래의 활자본으로는 '박혜일·최희동·배영덕·김명섭, 『李舜臣의 日記草』(서울: 조광출판인쇄, 2007.)' 등이 있다.

3 번역은 주로 '李殷相 譯, 『完譯 李忠武公全書(上)』(서울: 成文閣, 1989)'를 참고하였으며, '朴惠一·崔熙東·裵永德·金明燮, 『改訂版 李舜臣의 日記』, 서울대학교 출판부, 2002.'와, '박종평, 『난중일기』(파주: 글항아리, 2021)' 등도 참고하였다.

<표 1> 현존하는 이순신 친필 일기의 일기장 표제와 규격 및 내용

| 일기장 표제 | 책 수량 | 1928년 조사[4] | | 2014년 보존처리 후[5] | 내용 |
		크기	매수	크기	
壬辰日記	1	세로 34.5㎝ 가로 25.7㎝	27	세로 36.3㎝ 가로 26.5㎝	임진 5월 1일~4일 5월 29일~6월 10일 8월 24일~28일 계사 2월 1일~3월 22일
癸巳	1	세로 24.7㎝ 가로 27.5㎝	30	세로 25.6㎝ 가로 28.7㎝	계사 5월 1일~9월 15일
日記 甲午年	1	세로 26.5㎝ 가로 29.0㎝	52	세로 26.3㎝ 가로 29.4㎝	갑오 정월 1일~11월 28일
丙申日記	1	세로 25.5㎝ 가로 30.0㎝	41	세로 25.6㎝ 가로 30.2㎝	병신 정월 1일~10월 11일
丁酉日記	1	세로 25.0㎝ 가로 28.0㎝	27	세로 25.4㎝ 가로 29.5㎝	정유 4월 1일~10월 8일
(丁酉)[6]	1	세로 23.5㎝ 가로 24.2㎝	20	세로 24.2㎝ 가로 25.2㎝	정유 8월 4일~무술 정월 4일
日記 戊戌	1	세로 23.0㎝ 가로 27.0㎝	8	세로 23.4㎝ 가로 27.6㎝	무술 9월 15일~10월 7일
합계	7		205		

---

4 朝鮮史編修會,『朝鮮史料叢刊 第六 亂中日記草·壬辰狀草』, 조선총독부, 1935.(東京 : 第一書房, 1978 復刻.)

5 국립문화재연구소 문화재보존과학센터,『국보 제76호 이순신 난중일기 및 서간첩 임진장초 보존처리』, 2015.

6 일기장 표제가 없으며, 표지 다음 장에 '丁酉'로 표기되어 있다. 일기 번역자들은 흔히 '丁酉日記'는 '정유일기 I'로, '(丁酉)'는 '정유일기 II'로 가제목을 붙여 번역하고 있다.

임진년壬辰年

1월[7]

초1일(임술) 맑음. 새벽에 아우 여필汝弼[8]과 조카 봉菶[9]과 아들 회薈가 와서 이야기했다. 다만 어머님天只[10]을 떠나서 두 번이나 남쪽 지방南中[11]에서 설을 쇠니 간절한 회포를 이길 길이 없다. ○ 병사兵使[12]의 군관軍官 이경신李敬信이 병사의 편지와 설 선물과 또 장전長箭[13]과 편전片箭[14] 등 여러 가지 물건을 가지고 와서 바쳤다.

초2일(계해) 맑음. 나라의 제삿날國忌[15]이라 사무를 보지 않았다. 김인보金仁甫와 함께 이야기했다.

초3일(갑자) 맑음. 동헌東軒[16]에 나가 별방別防[17]을 점고點考[18]하고 각 고을과 포구에

---

7 1월 : 임진년 1~4월 일기는 친필 일기가 남아 있지 않고, 『이충무공전서』에 전사轉寫된 내용만 있다.

8 여필汝弼 : 이순신의 동생 우신禹臣의 자字.

9 봉菶 : 이순신의 둘째 형 요신堯臣의 맏아들.

10 어머님天只 : '천지天只'는 어머니를 높여서 부르는 말이다. (『詩經』, 國風, 鄘, 柏舟, "母也天只".)

11 남쪽 지방南中 : '남중南中'은 남쪽 지방을 말한다. (『晉書』권3, 世祖武帝 司馬炎 紀第三, 泰始七年, "南中諸郡".)

12 병사兵使 : 병마절도사兵馬節度使의 약칭. 당시 전라도 병마절도사는 최원崔遠이며, 강진 병영에 주재하였다.

13 장전長箭 : 철촉이 있는 전투용 화살의 일종으로, 화살의 무게는 1냥(37.5g)이다. (李重華, 『朝鮮의 弓術』, 조선궁술연구회, 1929, 35쪽.)

14 편전片箭 : 속칭 '애기살'. 길이가 매우 짧아 촉을 제거한 길이가 8치(약 37㎝, 포백척 기준)에 불과하여 통아桶兒에 담아서 시위에 메어 쏜다. (李重華, 같은 책, 35쪽.)

15 나라의 제삿날國忌 : 명종明宗 비 인순왕후仁順王后 심씨沈氏의 돌아가신 날릉日. 요즘은 대개 기일 전날 저녁에 제사를 지내므로 기일과 제삿날이 다르지만, 조선시대에는 기일과 제삿날이 같았다.

16 동헌東軒 : 지방의 감사監司·병사兵使·수사水使와 그 밖의 수령 및 지휘관들이 공무를 처리하는 대청이나 집.

공문公事을 처리하여 보냈다.

초4일(을축) 맑음. 동헌에 나가 공무를 보았다.

초5일(병인) 맑음. 그대로 뒷동헌後東軒에서 공무를 보았다.

초6일(정묘) 맑음. 동헌에 나가 공무를 보았다.

초7일(무진) 아침에는 맑더니 늦게부터 비와 눈이 교대로 종일 내렸다. 조카 봉이 아산牙山으로 떠났다. ○ 임금께 올리는 전문箋文[19]을 받들고 갈 남원南原 유생儒生이 들어왔다.

초8일(기사) 맑음. 객사客舍[20] 동헌에 나가 공무를 보았다.

초9일(경오) 맑음. 아침을 일찍 먹은 뒤에 객사 동헌으로 나가 전문箋文을 봉하여 절하고 올려 보냈다.

초10일(신미) 종일 비가 계속 내렸다. 방답防踏[21]의 신임 첨사僉使[이순신李純信]가 들어왔다.

11일(임신) 가랑비가 종일 왔다. 늦게야 동헌에 나가 공무를 보았다. 이봉수李鳳壽가 선생원先生院[22] 돌 뜨는 데를 가 보고 와서 보고하되, "벌써 큰 돌 17덩어리에 구멍을 뚫었다."라고 했다. 서문 밖 호자壕子[23]가 네 발쯤 무너졌다. ○ 심사립沈士立과 이야기했다.

12일(계유) 궂은비가 개지 아니했다. 식후에 객사 동헌에 나갔다. 본영과 각 포구 진

---

17 별방別防 : '별부방군사別赴防軍士'의 준말. 규정된 유방병留方兵 외에 별도로 징발한 군사를 가리킨다. '별조방別助防', '조방助防'이라고도 부른다.(『中宗實錄』권25, 중종 11년 5월 16일 병신;『明宗實錄』권21, 명종 11년 8월 12일 무술;『李忠武公全書』,「唐浦破倭兵狀」;『亂中日記』임진년 4월 1일.)

18 점고點考 : 관련된 내용을 점검하기 위해 일일이 명부名簿에 점을 찍어 가며 헤아리는 것.

19 전문箋文 : 나라에 길흉사가 있을 때 임금에게 바치는 표문表文. 주로 사륙체四六體의 글인데, 여기서는 새해를 하례하는 글을 말한다.(李殷相 譯,『完譯 李忠武公全書(上)』, 成文閣, 1989, 253쪽.)

20 객사客舍 : 고려·조선시대 때, 궐패闕牌를 모셔 두고 왕명을 받들고 오는 벼슬아치를 묵게 하던 관아. 객사 동헌은 대청이 딸린 객사를 가리킨다.

21 방답防踏 : 전라남도 여수시 돌산읍 군내리. 방답진防踏鎭 군선軍船이 정박했던 굴강掘江이 지금도 남아 있다.

22 선생원先生院 : 전라남도 여수시 율촌면 취적리 신산마을에 있었던 조선시대 역원驛院.(한국학중앙연구원, 한국향토문화전자대전,「디지털여수문화대전」.)『新增東國輿地勝覽』에는 성생원成生院,『大東輿地圖』에는 성생원省生院으로 나온다.

무진무[24]들의 활쏘기를 시험하여 우등을 가렸다.

13일(갑술) 아침엔 흐렸다. 동헌에 나가 공무를 보았다.

14일(을해) 맑음. 동헌에 나가 공무를 본 뒤에 활을 쏘았다.

15일(병자) 흐리나 비는 오지 않았다. 새벽에 망궐례望闕禮[25]를 행하였다.

16일(정축) 맑음. 동헌에 나가 공무를 보았다. 각 고을의 품계를 가진 벼슬아치들과 색리色吏[26]들이 인사차 왔다. 방답의 병선 군관과 색리가 병선을 수선修繕하지 않았으므로 장杖[27]을 때렸다. 우후虞候[28]와 가수假守[29]도 역시 제대로 단속하지 않아 이 지경에 이르렀으니 해괴하기 이를 데 없다. 자기 한 몸 살찌울 일만 하고 이와 같이 돌아보지 않으니 앞날의 일도 역시 짐작하겠다. 성 밑에 사는 토병土兵 박몽세朴夢世가 석수로서 선생원에 있는, 쇠사슬에 사용할 돌을 뜨는 곳에 가서 사방의 이웃에 있는 개狗子에게까지 폐해를 끼쳤으므로 장80대를 때렸다.

17일(무인) 맑음. 춥기가 한겨울과 같다. 아침에 순찰사巡使[이광李洸]와 남원 반자半刺[30]에게 편지를 보냈다. ○ 저녁에 쇠사슬 박을 구멍 뚫은 돌을 실어 오는 일로 배 4척을 선생원으로 보냈는데, 김효성金孝誠이 거느리고 갔다.

18일(기묘) 맑음. 동헌에 나가 공무를 보았다. 여도呂島[31] 천자선天字船[32]이 돌아갔다.

---

23 호자壕子 : 우리말로는 해자垓子로, 성 주위에 빙 둘러 못을 파서 만든 방어 시설이다.

24 진무鎭撫 : 조선시대 병영兵營·수영水營·진영鎭營 등에 소속된 서리胥吏.(세종대왕기념사업회, 『한국고전용어사전』, 2001.)

25 망궐례望闕禮 : 외관外官이 음력 초하루와 보름에 궐패闕牌에 절하던 의식.(『經國大典』, 禮典.)

26 색리色吏 : 감영監營 또는 군아郡衙 등의 아전.

27 장杖 : 원문의 "결장決杖"은 죄인에게 곤장을 치는 형벌로, 대명률의 형벌 중 태형笞刑에 해당하는 것으로 추정된다. 『난중일기』에 나오는 장을 때린 것은 대부분 태형으로 볼 수 있다.(방기철, 「이순신의 군령軍令 운용 연구」『한국사연구』192, 한국사연구회, 96~101쪽.)

28 우후虞候 : 조선시대 때 병사兵使 또는 수사水使의 참모장 격인 무관. 병마우후는 종3품, 수군우후는 정4품이다.(『經國大典』, 兵典.) 여기 우후는 전라좌수영 우후 이몽구李夢龜이다.

29 가수假守 : 임시로 임명된 수령 또는 지휘관. 여기서는 방답첨사의 부재중에 임시로 임명되어 임무를 수행하였던 자를 가리킨다.

30 반자半刺 : 판관判官. 감영監營·유수영留守營 및 주요 주州·부府의 소재지에서 지방장관의 속관으로 민정의 보좌 역할을 담당한 종5품 관리이다.

31 여도呂島 : 전라남도 고흥군 점암면 여호리.

32 천자선天字船 : 전선戰船(판옥선)의 크기를 천자문 자호字號 순서대로 말할 때 가장 큰 배. 대개 수군 영진營鎭의 지휘관이 타는 배를 가리켰다.

우등계문優等啓聞[33]과 대가단자代加單子[34]를 봉하여 순찰사영巡營으로 보냈다.

19일(경진) 맑음. 동헌에서 공무를 본 뒤에 각 군대를 점고했다.

20일(신사) 맑으나 바람이 세게 불었다. 동헌에 좌기坐起[35]하여 공무를 보았다.

21일(임오) 맑음. 동헌에 나가 공무를 보았다. 감목관監牧官[36]이 와서 잤다.

22일(계미) 맑음. 아침에 광양 원光陽倅[어영담魚泳潭]이 인사하러 왔다.

23일(갑신) 맑음. 둘째 형님[요신堯臣]의 제삿날이라 공무를 보지 않았다. 사복시司僕寺[37]에서 받아와 기르던 말을 올려보냈다.

24일(을유) 맑음. 맏형[희신羲臣]의 제삿날이라 공무를 보지 않았다. 순찰사巡使의 답장을 보니, 고부군수古阜郡守[38] 이숭고李崇古를 유임하게 해 달라고 장계를 올린 일 때문에 거듭 물론物論[39]을 입어 사임장을 냈다고 한다.

25일(병술) 맑음. 동헌에 나가 공무를 마친 뒤에 활을 쏘았다.

26일(정해) 맑음. 동헌에 나가 공무를 마친 뒤에 흥양興陽[배흥립裵興立], 순천順天[권준權俊] 두 원과 함께 이야기했다.

27일(무자) 맑음. 오후에 광양 원이 왔다.

28일(기축) 맑음. 동헌에 나가 공무를 보았다.

29일(경인) 맑음. 동헌에 나가 공무를 보았다.

30일(신묘) 흐리나 비는 오지 않았다. 따뜻하기가 초여름 같았다. 동헌에서 공무를 마친 뒤에 활을 쏘았다.

---

33 우등계문優等啓聞 : 진무鎭撫들의 활쏘기 시험에서 우등한 사람들에 대한 보고.

34 대가단자代加單子 : 대신 가자加資할 단자. 조선시대에 아래 품계에서 위 품계로 올리는 것을 가자加資라고 하는데, 어떤 사람의 공로를 가지고 그 본인을 올리지 않고 그 아들이나 사위 등을 올리는 것을 '대신 가자'라고 한다. (李殷相 譯, 『完譯 李忠武公全書(上)』, 成文閣, 1989, 253쪽.)

35 좌기坐起 : 관청의 우두머리들이 정규의 위의를 갖추어 공무를 집행하는 절차를 밟는 것. (李殷相 譯, 앞 주와 같음)

36 감목관監牧官 : 지방의 목장 일을 맡아 보던 종6품의 관직. 여기에 나오는 감목관은 순천 감목관 조정趙玎을 가리킨다. (『李忠武公全書』권2, 「釜山破倭兵狀」)

37 사복시司僕寺 : 조선시대 때 임금의 수레와 말을 맡아 보던 관청.

38 고부군수古阜郡守 : 고부古阜는 지금의 전라북도 정읍시 고부면이다.

39 물론物論 : 물의物議 또는 여론의 지탄.

2월

초1일(임진) 새벽에 망궐례望闕禮를 행하였다. 안개비가 잠깐 뿌리다가 늦게는 개었
다. 선창船滄⁴⁰으로 나가 쓸 만한 널빤지를 고르는데, 때마침 물웅덩이水場 안에
피라미鰷魚 떼가 몰려들었으므로 그물을 쳐서 2천여 마리를 잡았다. 참으로 굉
장했다. 그대로 전선 위에 앉아 우후虞候[이몽구李夢龜]와 더불어 술을 마시면서
함께 새봄의 경치를 감상했다.

초2일(계사) 맑음. 동헌에서 공무를 보았다. ○ 쇠사슬을 가로질러 설치하는 데 쓸 크
고 작은 돌덩이 80여 개를 실어 왔다. ○ 활 10순巡⁴¹을 쏘았다.

초3일(갑오) 맑음. 새벽에 우후가 각 포구의 부정 사실을 조사하기 위해 배를 타고 나
갔다. ○ 공무를 마친 뒤 활을 쏘았다. ○ 탐라耽羅 사람이 아들딸 등 여섯 식구
를 데리고 도망해 나와서 금오도金鰲島⁴²에 대었다가 방답 순환선循環船[경비선]
에 붙잡혔다고 보고했다. 그래서 공초供招⁴³를 받고, 승평昇平[순천順天]으로 보
내 가두어 두라고 공문을 써 보냈다. ○ 이날 저녁 화대석火臺石 4개를 실어 올
렸다.

초4일(을미) 맑음. 동헌에 나가 공무를 마친 뒤 북봉北峯의 연대煙臺⁴⁴ 쌓는 데로 올라
가 보니 쌓은 곳이 매우 좋아서 무너질 리 만무했다. 이봉수李鳳壽가 부지런히
일한 것을 알 수 있었다. 종일토록 구경하다가 해 질 무렵에 내려와서 해자 구덩
이를 돌아보았다.

---

40 선창船滄 : 굴강掘江과 같은 의미로, 군선軍船의 안전한 정박을 위하여 설치한 군사 시설이다. 해안선으
로부터 육지 쪽으로 땅을 파거나, 바다 쪽으로 돌담을 둘러쳐서 만들었다. 선창船倉·선창船艙으로도 표
기한다. (국립해양문화재연구소, 『우리 배 용어사전』, 2020.)

41 순巡 : 1바퀴. 각 사람이 화살 5대씩 쏘기를 마치면 그것을 1순이라 한다.

42 금오도金鰲島 : 전라남도 여수시 남면 소재 섬.

43 공초供招 : 범죄 사실을 진술함.

44 북봉北峯의 연대煙臺 : 전라남도 여수시 종고산鐘鼓山 봉우리에 있는 연변 봉수. 좌수영 포구는 지형상
주변이 멀리 보이지 않으므로 중앙의 고봉高峯에 연대를 설치하여 해상으로 침입하는 적선을 조기에
발견하고 봉수烽燧로 통신함으로써 신속한 방어와 주변 포진浦鎮과의 연계 작전을 도모하기 위해 설치
하였다. (『세종실록』 권81, 세종 20년, 5월 23일 병오; 方相鉉, 『朝鮮初期 水軍制度』, 서울 : 민족문화사,
1991, 51쪽.) .

초5일(병신) 맑음. 동헌에 나가 공무를 마친 뒤 활 18순을 쏘았다.

초6일(정유) 맑음. 종일 바람이 세게 불었다. 동헌에 나가 공무를 보았다. 순찰사의 편지 2통이 왔다.

초7일(무술) 맑으나 바람이 세게 불었다. 동헌에 나가 공무를 보았다. 발포만호鉢浦萬戶[45]가 부임하였다는 공장公狀[46]이 왔다.

초8일(기해) 맑으나 또 바람이 세게 불었다. 동헌에 나가 공무를 보았다. 이날 거북선龜船에 쓸 돛 베 29필을 받았다. ○ 정오에 활을 쏘았다. 조이립趙而立과 변존서卞存緖[47]가 자웅을 겨루었는데 조가 이기지 못했다. ○ 우후가 방답防踏으로부터 돌아오더니, 방답첨사가 방비하는 일에 진력하더라고 간곡히 말하였다. ○ 동헌 뜰에 석주화대石柱火臺[48]를 세웠다.

진남관. 전남 여수. (사진 문화재청)

---

45 발포만호鉢浦萬戶 : 발포鉢浦는 전라남도 고흥군 도화면 내발리이다.

46 공장公狀 : 수령守令·찰방察訪이 감사監司·병사兵使·수사水使를 공식으로 만날 때 내는 관직명을 적은 편지.

47 변존서卞存緖 : 이순신의 외사촌 동생. 자字는 흥백興伯, 본관은 초계草溪, 거주지는 충청남도 아산牙山이다. 이순신의 외삼촌 변오卞鰲의 아들로 1561년(명종 16)에 났으니 이순신보다 16살 아래다. 1583년(선조 16) 23세에 무과에 합격하였다. 임진년에 훈련봉사訓鍊奉事(종8품)로서 전라좌수사 이순신의 대솔군관帶率軍官이 되었다. 옥포·당포 해전 등에 참전하여 공훈을 세워 주부主簿(종6품)로 승진하였다.(「한국역대인물종합정보시스템」; 「옥포파왜병장」; 「당포파왜병장」; 박종평, 『난중일기』, 파주 : 글항아리, 2021, 39쪽.)

초9일(경자) 맑음. 새벽에 쇠사슬을 꿸 긴 나무를 베어 오기 위해 이원룡李元龍에게 군사를 인솔시켜 두산도斗山島[돌산도突山島]로 보냈다.

초10일(신축) 안개비가 오면서 개었다 흐렸다 했다. 동헌에 나가 공무를 보았다. ○ 김인문金仁問이 순찰사영巡營에서 돌아왔다.[49] 순찰사의 편지를 보니 통사通事[통역관]들이 뇌물을 많이 받고 중국[명나라]에 무고하여 군사를 청하기에 이르렀다. 단지 이것만이 아니라 중국에서도 우리나라가 일본과 함께 딴 뜻을 품고 있는지 의심하게 했으니, 그 흉악스러움은 참으로 말로 다 할 수 없었다. 통사들이 이미 잡혔다고는 하나 해괴하고 통분함을 이길 길이 없었다.

11일(임인) 맑음. 식후에 배에 나가 신선新選[50]을 점고했다.

12일(계묘) 맑고 바람도 잤다. 식후에 동헌에 나가 공무를 보고 해운대海雲臺[51]로 자리를 옮겨 활을 쏘았다. 매로 꿩을 사냥하는 것을 자세히 살펴보느라[52] 매우 조용했다. 군관들은 모두 일어나 춤을 추고, 조이립은 시를 읊었다. 저녁에야 돌아왔다.

13일(갑진) 맑음. 우수사右水使[이억기李億祺[53]]의 군관이 왔기에 화살대 큰 것, 중간 것 백 개와 쇠 50근을 보냈다.

14일(을사) 맑음. 아산牙山[어머님] 문안차 나장羅將[54] 2명을 내보냈다.

15일(병오) 비바람이 몹시 불었다. 동헌에 나가 공무를 보았다. 석수들이 새로 쌓은 포구 구덩이[55]가 많이 무너졌으므로 벌을 주고 다시 쌓게 했다.

---

48 석주화대石柱火臺 : 야간에 불을 밝히기 위해 돌기둥으로 만든 화대. 현재 진남관(전라남도 여수시 군자동) 앞뜰에 석주 2개가 세워져 전해 오는데, 좌수사 이순신 때 제작된 것으로 추정한다. (한국학중앙연구원, 한국향토문화전자대전, 「디지털여수문화대전」.)

49 1월 18일 일기에 우등계문과 대가단자를 순찰사영(감영)으로 보낸 기사가 있다.

50 신선新選 : 조선 중기의 한 병종兵種으로, '신선정로위新選定虜衛'의 준말이다. 사족士族이나 업무業武로서 정군定軍에 해당되지 않는 자를 선발하여 병영과 수영에 돌아가며 근무하는데, 병사兵使나 수사水使는 이들을 친병親兵으로 삼았다. [『광해군일기』 권103, 광해 8년(1616) 5월 6일(을해).]

51 해운대海雲臺 : 전라남도 여수시 동쪽의 조그마한 반도인데, 해안 절벽에 '海雲臺'라고 새긴 충무공의 필적이 있었다고 한다. 여수 외항外港을 매축할 때 해운대 전체를 헐어서 축항에 사용하였기 때문에 지금은 그 형적이 사라졌다. (李殷相 譯, 『完譯 李忠武公全書(上)』, 成文閣, 1989, 256쪽.)

52 매로 …… 살펴보느라 : 원문은 "관침렵치觀沈獵雉"로, '매로 꿩 사냥을 하는 것을 자세히 살펴보다.'라는 뜻이다. (박종평, 『난중일기』, 파주 : 글항아리, 2021, 40쪽)

16일(정미) 맑음. 동헌에 나가 공무를 본 뒤에 활 6순을 쏘고, 신구번新舊番[56] 군사들을 점고했다.

17일(무신) 맑음. 나라의 제삿날[57]이라 공무를 보지 않았다.

18일(기유) 흐림.

19일(경술) 맑음. 순시를 떠나 '백야곶 감목관이 있는 곳'[58]에 이르니 승평昇平[순천]부사[권준權俊]가 그 아우를 데리고 와서 기다리고 있었다. 기생도 왔다. 비 온 뒤라 산 꽃이 활짝 피어 아름다운 경치를 말로 표현하기 어려웠다. 해 질 무렵에 이목구미梨木龜尾[59]에 이르러 배를 탔다. 여도呂島에 이르니 영주 원瀛洲倅[60][흥양현감, 배흥립裵興立]과 여도권관呂島權管[김인영金仁英]이 나와 맞았다. 방비를 검

---

53 이억기李億祺 : 1561~1597. 자字는 경수景受, 호號는 송봉松峰, 본관은 전주全州. 거주지는 한성漢城이다. 1561년(명종 16)생으로 충무공 이순신보다 16세 아래이다. 사복시司僕寺 내승內乘으로 남행선천南行宣薦으로 선전관宣傳官을 거쳐 일찍 무과武科에 급제하여 24세인 1584년(선조 17)에 가리포첨사에 임명되었다. 이후 경흥부사와 온성부사, 순천부사 등을 거쳐 32세인 1592년(선조 25) 1월 20일에 전라우수사에 임명되었다. 1592년(선조 25) 임진왜란을 맞아 전라우수군을 이끌고 경상도로 출전하여 전라좌수사 이순신을 도와 큰 전공을 세웠다. 이해에 한산도 승첩의 공로로 종2품 가의대부嘉義大夫(=嘉靖大夫)에 올랐다. 1597년(선조 30, 정유) 통제사 원균을 따라 칠천량 해전에서 37세로 전사하였다. 전사 후 병조판서兵曹判書를 증직하고, 1604년(선조 37)의 논공행상에서 선무2등공신宣武二等功臣 완흥군完興君으로 봉했다. 1788년(정조 12)에 의민공毅愍公의 시호諡號를 내렸다.(『매산집(梅山集)』, 洪直弼, 「毅愍李公 神道碑銘」, 『梅山文集』 6권, 國學資料院, 1989; 睦萬中, 「完興君李億祺逸事狀」, 『餘窩先生文集』 권22, 行狀(2);『全州李氏 德泉君派譜』 卷之一;『全州李氏 德泉君派譜 知先錄』;『湖左水營誌』(1815);『정조실록』.)

54 나장羅將 : 조선시대에 군아郡衙의 사령使令의 하나. 사령은 관사官司 등에서 잡무를 보는 하급 관원 혹은 심부름꾼을 일컫는다.

55 포구 구덩이 : 원문의 "포갱浦坑"은 전선을 정박시키는 굴강의 돌담을 가리킨다.

56 신구번新舊番 : 각지의 군대는 각 고을 사람들이 새로 번(신번)을 들러 오고, 그 대신 먼저 번(구번)에 들었던 사람이 나가서 일정한 기한을 두고 항상 교대하게 된다.

57 나라의 제삿날 : 세종대왕世宗大王이 돌아가신 날.

58 '백야곶 감목관이 있는 곳' : 원문은 "백야곶감목관처白也串監牧官處"로, 백야곶은 전라남도 여수시 화양면 화동리이다. 화동리 화양고등학교 입구에 감목관 선정비 5기가 남아 있다. 백야곶 감목관의 공식 직함은 '순천 감목관'이다. 이순신은 좌수영을 출발하여 육로로 화동리 감목관처에 들러 장차 예견되는 전쟁에 대비하여 말馬 관리 실태를 파악한 것이다. 감목관은 병마절도사에 예속되어 있지만, 순천부사는 목장 관할지 수령이므로 여기에 입회한 것이다.(『增補文獻備考』, 권235, 職官考, 監牧官; 한국학중앙연구원, 한국향토문화전자대전, 「디지털여수문화대전」.)

59 이목구미梨木龜尾 : 전라남도 여수시 화양면 이목리.

60 영주 원瀛洲倅 : '영주瀛洲'는 흥양興陽을 일컫는다. 현재의 고흥高興 지역이다.

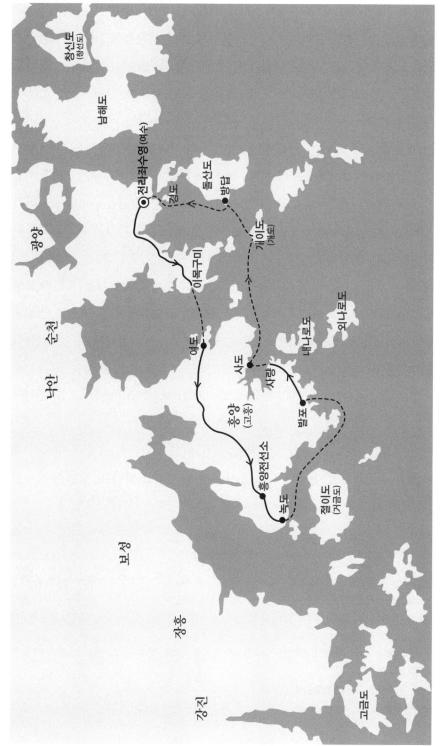

전라좌수사 이순신의 예하순시도(1592. 2. 19. ~ 2. 27.)

열했다. 흥양현감은 내일 제사가 있어 먼저 갔다.

20일(신해) 맑음. 아침에 여러 가지 방비를 점고해 보니, 전선은 모두 새로 만들었고 무기도 역시 어느 정도 완비되었다. 늦게 떠나서 영주瀛洲[고흥]에 이르니 좌우의 산꽃과 들 가의 봄풀이 그림 같았다. 옛날에 영주瀛洲가 있다더니 역시 이 같은 경치였던가.

21일(임자) 맑음. 공무를 마친 뒤에 주인[흥양현감]이 자리를 베풀고, 활을 쏘았다. 정조방장助防將[정걸丁傑]도 보러 왔다. 황숙도黃叔度[61][능성현령綾城縣令]도 와서 함께 술을 마셨다. 배수립裵秀立[현감의 아우]도 와서 함께 술잔을 나누며 즐기다가 밤이 깊어서야 파했다. 신홍헌申弘憲을 시켜서 빚은 술을 가지고 전일 심부름하던 삼반三班[62] 하인들에게 나누어 먹이도록 했다.

22일(계축) 아침에 공무를 마친 뒤 녹도鹿島[63]로 갔다. 황숙도도 동행했다. 먼저 흥양전선소興陽戰船所[64]에 이르러 배와 기구들을 친히 점검하였다. 그 길로 녹도로 가서 새로 건축한 봉두문峯頭門의 누각 위로 곧바로 올라가 보니 경치의 아름다움이 경내에서는 으뜸이었다. 만호萬戶의 애쓴 정성이 안 미친 곳이 없었다. 흥양현감, 황능성黃綾城[능성현감 황숙도], 만호와 함께 취하도록 마시고 또 겸해서 대포 쏘는 것도 보았다. 얼마 동안 촛불을 밝힌 뒤 파했다.

23일(갑인) 흐림. 늦게 배를 출발하여 발포鉢浦에 이르자 역풍이 크게 불어 배가 갈 수 없었다. 간신히 성 근처에 대었고, 배에서 내려 말을 탔다. 비가 몹시 쏟아져 일행 상하가 모두 꽃비에 젖은 채 발포에 들어서니 해는 이미 저물었다.

---

61 황숙도黃叔度 : 능성현령 황승헌黃承憲으로, 숙도叔度는 그의 자字이다. 황승헌은 본관이 장수長水, 거주지는 보성으로 1540년(중종 35)에 났으며 이순신보다 5살 위다. 이순신이 식년 무과에 급제했던 해와 같은 해인 1576년(선조 9)에 식년 문과에 급제하여 능성현령을 역임했다. (『한국역대인물종합정보시스템』.)

62 삼반三班 : 지방 관아에 소속된 향리鄕吏·군교軍校·관노官奴를 이르는 말. (『한국고전용어사전』, 세종대왕기념사업회, 2001.)

63 녹도鹿島 : 전라남도 고흥군 도양읍 봉암리 녹동.

64 흥양전선소興陽戰船所 : 전라남도 고흥군 풍양면 고옥리 축두마을에 있었던 흥양현 선소船所. 조선 초기에 축두만호築頭萬戶가 주둔했던 곳이다. (『세종실록』 지리지) 흥양현 선소는 조선 후기에 도화면 발포리(18세기 「비변사인방안지도」)로, 다시 도화면 사덕리(「1872년 지방지도」)로 옮겼다.

24일(을묘) 가랑비가 산에 가득하여 지척을 분간하기 어려웠다. 비를 맞으며 길을 떠나 마북산馬北山[65] 밑 사량沙梁[66]에 이르러서 배를 타고 노질을 재촉하여 사도蛇渡[67]에 이르니 흥양현감이 벌써 와 있었다. 전선을 점고하고 나니 날이 저물었으므로 그대로 머물러 잤다.

25일(병진) 흐림. 여러 가지 전쟁 방비의 결함이 많으므로 군관과 색리色吏들에게 벌을 주고 첨사僉使를 잡아들이고 교수敎授[68]는 내보냈다. 방비가 다섯 포구 중에서 가장 못하건만 순찰사가 표창하는 장계를 올렸기 때문에 죄상을 단속하지 못하니 가소로운 일이다. 역풍이 크게 불어 배가 떠날 수 없으므로 그대로 머물렀다.

26일(정사) 이른 아침에 배를 출발하여 개이도介伊島[69]에 이르니 여도 배와 방답防踏 마중배[迎逢船]가 나와 기다렸다. 날이 저물어서야 방답에 이르러 공사례公私禮[70]를 마친 뒤에 무기를 점고하였다. 장전長箭과 편전片箭은 하나도 쓸 만한 것이 없어 참으로 답답했으나 전선은 조금 완전하니 반가웠다.

27일(무오) 흐림. 아침 점고를 마친 뒤에 북봉北峯으로 올라가 지형을 살펴보니, 따로 떨어져 외롭고 위태한 섬이라 사방으로 적을 받게 되었고, 성과 해자 역시 지극히 엉성하여 걱정 또 걱정스러웠다. 첨사가 애는 썼으나 미처 시설하지 못했으니 어찌하랴, 어찌하랴. 느지막이 배를 타고 경도京島[71]에 이르니 여필汝弼, 조이립趙而立, 군관軍官, 우후虞候 등이 술을 싣고 마중을 나와 함께 즐기다가 해가 진 뒤에야 본영으로 돌아왔다.

28일(기미) 흐리되 비는 오지 아니했다. 동헌에 나가 공무를 마친 뒤에 활을 쏘았다.

---

65 마북산馬北山 : 전라남도 고흥군 포두면 차동리·남성리·옥강리에 걸쳐 있는 산.

66 사량沙梁 : 전라남도 고흥군 포두면 옥강리 외초마을.

67 사도蛇渡 : 전라남도 고흥군 영남면 금사리.

68 교수敎授 : 조선시대에 한성의 사학四學과 지방의 향교鄕校에 파견되어 유생儒生들을 가르치던 종6품의 관직.

69 개이도介伊島 : 전라남도 여수시 화정면 개도.

70 공사례公私禮 : 옛날 무관武官이 상관을 처음 볼 때는 공식적인 인사와 사적인 인사의 두 가지 절차가 있었다.

71 경도京島 : 전라남도 여수시 경호동 대경도.

29일(경신) 맑으나 바람이 세게 불었다. 동헌에 나가 공무를 보았다. 순찰사의 공문이 도착하였는데, 중위장中衛將[72]을 순천부사順天府使로 고쳐 정했다 하니 탄식할 일이다.

3월

초1일(신유) 망궐례望闕禮를 행하였다. 식후에 별군別軍[73]과 정병正兵[74]을 점고하고 하번군下番軍을 점고하여 놓아 보냈다. 공무를 마친 뒤에 활 10순을 쏘았다.

초2일(임술) 흐리고 바람이 불었다. 나라의 제삿날[75]이라 공무를 보지 않았다. 승군僧軍 백 명이 돌을 주웠다.

초3일(계해) 비. 저녁때까지 비가 계속 왔다. 오늘은 명절인데 비가 이렇게 와서 답청踏靑[76]도 할 수 없었다. 조이립趙而立과 우후虞候, 군관들과 함께 대화하며 동헌에서 술을 마셨다.

초4일(갑자) 맑음. 아침에 조이립을 전송하고 객사 중대청中大廳에 나가 공무를 마친 뒤에 서문 밖 해자 구덩이와 성벽을 더 올려 쌓는 데를 순시했다. 승군僧軍들 돌 줍는 것이 성실하지 못하므로 우두머리 중에게 매를 때렸다. 아산牙山에 문안 갔던 나장羅將이 들어왔다.[77] 어머님이 평안하시다는 소식을 들으니 다행 다

---

72 중위장中衛將 : 오위진법五衛陣法의 전술 편제에서 대장大將 다음의 중요 지휘관. 전라감사(관찰사, 순찰사)가 분군分軍하는 전라도 제승방략制勝方略의 분군법에 순천부사는 통상적으로 전라좌수사에 예속되었으나, 이때 전라 감사가 순천부사를 자신의 중위장으로 삼았다는 것이다.

73 별군別軍 : '군기시軍器寺 별군'을 일컫는 말로, 오로지 화기火器를 담당하기 위하여 조선 태종 때 설치한 병종兵種. 이다.(『世宗實錄』 권61, 세종 15년 8월 9일 기축.)

74 정병正兵 : 부방赴防하는 정규 병력. 전라좌수영의 유방군留防軍으로 부방할 정병은 규정상 3旅(125명×3여=375명)이나(『經國大典』, 兵典, 留防.), 실제로는 320여 명에 불과했다.(『난중일기』 임진년 잡기사.) 정병은 임진왜란 때, 격군格軍·사부射夫·방포장放砲匠으로 복무하였다.(「唐浦破倭兵狀」, 「見乃梁破倭兵狀」.)

75 나라의 제삿날 : 중종中宗 비 장경왕후章敬王后 윤씨尹氏의 돌아가신 날이다.

76 답청踏靑 : 우리나라 명절의 하나인 삼월 삼짇날에 들에 나가 파랗게 난 풀을 밟고 놀았다.

77 앞의 2월 14일 일기 참조.

행이다.

초5일(을축) 맑음. 동헌에 나가 공무를 보았다. 군관들은 활을 쏘았다. ○ 서울에 올라갔던 진무鎭撫가 해 질 무렵에 들어왔다. 좌의정左台[유성룡柳成龍[78]]이 편지와 『증손전수방략增損戰守方略』이란 책을 보내왔다. 그것을 본즉, 해전과 육전, 불로 공격하는 전술 등에 관한 것을 낱낱이 말했는데, 참으로 만고에 뛰어난 저술이다.

초6일(병인) 맑음. 아침을 먹은 뒤에 나가 앉아 무기를 검열해 보니 활·갑옷·투구·통아筒兒[79]·환도가 깨지고 훼손되어 모양을 갖추지 못한 것이 매우 많았으므로 색리色吏와 궁장弓匠, 감고監考[80] 등을 처벌했다.

초7일(정묘) 맑음. 동헌에 나가 공무를 보고 활을 쏘았다.

초8일(무진) 비. 종일 비가 왔다.

초9일(기사) 비. 종일 비가 왔다. 동헌에 나가 공무를 보았다.

초10일(경오) 맑으나 바람이 불었다. 동헌에 나가 공무를 마친 뒤에 활을 쏘았다.

11일(신미) 맑음.

12일(임신) 맑음. 식후에 출발하여 배 위로 가서 경강선京江船[81]을 점고했다. 배를 타고 소포召浦[82]로 나가다가 때마침 동풍이 몹시 불고 또 격군格軍도 없어 도로 돌아와 곧장 동헌으로 와서 공무를 보고, 활 10순을 쏘았다.

---

78 유성룡柳成龍 : 1547~1607. 선조 때 재상으로, 특히 이순신을 전라좌수사全羅左水使로 천거한 공로자이다. 자字는 이견而見이요 호號는 서애西厓며 본관은 풍산豊山이다. 1542년(중종 37)에 나니 이순신보다 3년 위다. 임진란 때에는 도체찰사都體察使의 신분으로 또한 영의정領議政 신분으로 정무와 군사에 임하였다. 특히 우리를 원조한다고 왔던 명明나라 제독提督 이여송李如松이 본국으로 돌아간 뒤에는 믿을 수 없다 하여 스스로 전쟁을 완수할 방책을 세우기에 애썼다. 1607년(선조 40)에 66세로 서거하니 시호는 문충文忠이요, 그의 고향인 경상북도 안동 병산서원屏山書院에 배향되었다. 문집文集 10권과 임진란의 중대한 문헌인 『징비록懲毖錄』을 남겼다.

79 통아筒兒 : 짧은 화살 곧 편전片箭을 쏠 때 화살을 담아 시위에 메어 쏘는 가느다란 나무통. '통아桶兒'·'통아筒兒'로도 쓴다.

80 감고監考 : 감독관. 조선시대에 관아나 궁가宮家에서 물품의 출납과 관리 감독, 산림·내·못의 감독, 봉수군의 독려 감독자들을 가리킨다. (국립국어원, 『표준국어대사전』.)

81 경강선京江船 : 조선시대 주교사舟橋司에 소속해 있던 사선私船. 전라도·충청도에서 바치는 세곡稅穀을 운반하거나 한강에 배다리舟橋를 놓는 데 사용하였다. (이홍직, 『國史大事典』, 민중서관, 1997.)

환선정. 전남 순천.

13일(계유) 아침에는 날이 흐렸다. 순찰사의 편지가 왔다.

14일(갑술) 큰비가 종일 왔다. 이른 아침에 순찰사[이광李洸[83]]와 만날 일로 순천順天으로 가는데, 비가 몹시 쏟아져 가는 길을 분간할 수 없었다. 간신히 선생원先生院에 이르러 말에게 먹이를 먹이고 해농창海農倉[84] 들에 이르니, 길 위에 물이 거의 3자[尺]나 괴어 여기저기 돌아서 겨우 고을에 닿았다. 저녁에 순찰사와 만나 그간 막혔던 이야기를 나누었다.

15일(을해) 흐린 채 가랑비가 오더니 늦게야 개었다. 다락 위에 앉아서 활을 쏘았다. 군관들도 편을 갈라 활을 쏘았다.

16일(병자) 맑음. 순천부사가 환선정喚仙亭에 술자리를 베풀었다. 겸하여 활도 쏘았다.

17일(정축) 맑음. 새벽에 순찰사에게 작별을 고하고, 선생원에 이르러 말을 먹인 뒤 본영으로 돌아왔다.

18일(무인) 맑음. 동헌에 나가 공무를 보았다.

---

82 소포召浦 : 전라남도 여수시 종화동 종포鍾浦로 추정된다. (한국학중앙연구원, 한국향토문화전자대전, 「디지털여수문화대전」.)

83 이광李洸 : 1541~1607. 자字는 사무士武, 호號는 우계雨溪, 본관은 덕수德水로, 이순신이 나기 4년 전인 1541년(중종 36)에 태어났다. 임진년에 전라감사全羅監司로서 충청감사忠淸監司 윤선각尹先覺과 경상감사慶尙監司 김수金晬와 함께 군사를 합하여 수원水原에 진주하였다가 용인龍仁에서 패전하였다. 이로 말미암아 파면되어 평안북도 벽동碧潼으로 귀양갔다가 갑오년(1594)에 특사를 입어 고향으로 돌아가 살았다.

84 해농창海農倉 : 전라남도 순천시 해룡면.

19일(기묘) 맑음. 동헌에 나가 공무를 보았다.

20일(경진) 비가 크게 쏟아졌다. 늦게 동헌에 나가 공무를 보고 각 방房[육방六房] 회계를 살폈다. ○ 순천 관내를 수색하고 살피는搜討 일이 제 기한에 미치지 못했으므로 대장代將[85]과 색리色吏[86]와 도훈도都訓導[87] 등을 추궁하고 논죄하였다. 사도첨사蛇渡僉使[김완金浣[88]]에게도 만나기로 약속하는 공문을 보냈는데 혼자서 수색하고 살폈다고 하며, 또 반나절 동안에 내·외나로도內外羅老島[89]와 대·소평두大小平斗[90]를 수색하고 살핀 후 그날로 돌아왔다고 하니 너무도 허망한 거짓말이다. 그 사실을 조사하는 일로 흥양현감과 사도첨사蛇渡僉使에게 공문을 보냈다. 몸이 몹시 불편하여 일찍 들어왔다.

21일(신사) 맑음. 몸이 불편하여 아침내 누워 앓다가 늦게야 동헌에 나가 공무를 보았다.

22일(임오) 맑음. 성城 북쪽 봉우리 밑에 도랑을 파내는 일로 우후虞候와 군관 열 사람을 나누어 보냈다. 식후에 동헌에 나가 공무를 보았다.

23일(계미) 아침에는 흐리고 저녁에는 맑았다. 식후에 동헌에서 공무를 보았다. 보성寶城에서 보내올 판자를 때에 맞추어 들여오지 않았기 때문에, 다시 공문을 띄워 색리를 추궁하고 잡아들이도록 했다. 순천부사[권준]가 사령使令으로 올려

---

85 대장代將 : 대신 임무를 맡은 장수. 여기서는 순천부사를 대신하여 수색하고 살피는 임무를 맡은 자임.

86 색리色吏 : 지방 관아의 아전. 여기서는 군선의 출입을 관장하는 병선색兵船色을 가리킨다.(『全羅右水營誌』, "兵船色一人 掌船隻出入事".)

87 도훈도都訓導 : 수영水營 또는 지방 관아에 있는 아전衙前으로 병방兵房 사무를 관장함.(『李忠武公全書』 「見乃梁破倭兵狀」;『萬機要覽』, 軍政篇 4, 舟師;『선조실록』 권190, 선조 38년 8월 10일 임자;『全羅右水營誌』, "訓導二人掌民狀及烽火監獄等事".)

88 김완金浣 : 1546~1607. 자字는 언수彦粹, 호는 사성당思誠堂, 본관은 경주慶州이다. 1577년(선조 10)에 무과武科에 올랐다. 임진왜란 때에는 사도첨사蛇渡僉使로서 옥포玉浦·당포唐浦 해전에서는 우척후장右斥候將, 한산閑山 해전에서는 척후장斥候將으로 공을 세워 절충장군折衝將軍(정3품)에 올랐다. 정유년(1597)에는 원균元均의 조방장助防將으로 활약했으나 불행히 패전하고 물에 빠져 헤엄치다가 적에게 붙들리어 일본에까지 사로잡혀 갔다. 그 후 갖은 굴욕에도 항복하지 않고 마침내 적의 소굴을 벗어나 도망해 돌아왔는데 양산군수梁山郡守 박응창朴應昌이 그 사연을 들어 장계하였던바 순찰사巡察使가 그 곡절을 심문하고 조정에 장계하여 진중에 있도록 하니 위에서도 허락하였다.(『嶺南人物考』)

89 내·외나로도內外羅老島 : 전라남도 고흥군 동일면·봉래면에 속하는 섬.

90 대·소평두大小平斗 : 전라남도 고흥군 영남면 남열리 대옥태도大玉台島와 소옥태도小玉台島. 이 두 섬은 사도진 앞의 넓은 바다인 해창만海倉灣의 외곽을 형성한다.

보낸 소국진蘇國進에게 장杖 80대를 때렸다. 순찰사가 편지를 보내서 하는 말이, "발포권관鉢浦權管은 군사를 거느릴 만한 재목이 못 되므로 처치處置하겠다." 하므로, 아직 갈지 말고 그대로 유임하여 방비에 종사하게 하도록 답장을 보냈다.

24일(갑신) 나라의 제삿날[91]이라 공무를 보지 않았다. 우후가 수색하고 살핀 후 무사히 돌아왔다. 순찰사와 도사都事의 답장을 송희립宋希立이 함께 가져왔는데, 순찰사 편지 가운데 "영남관찰사嶺南觀察使[김수金晬]의 편지에 말하되, '도주島主[대마도주 종의지宗義智]의 공문에 진작 배 1척을 내어 보냈는데, 만일 귀국에 도달하지 않았다면 반드시 바람에 깨어진 것이다.'라고 했다는 것이다. 그 말이 극히 흉악하고 거짓된 것이었다. 동래東萊에서 서로 바라보이는 바다라 그럴 리가 만무한데 말을 이렇게 꾸며 내니 그 간사한 속임수를 헤아리기 어렵다."라고 하였다.

25일(을유) 맑으나 큰바람이 불었다. 동헌에 나가 공무를 마친 뒤에 활 10순을 쏘았다. 경상병사慶尙兵使가 평산포平山浦[92]에 도착하지 않고 바로 남해南海로 갔다고 했다. 나는 서로 만나보지 못한 것이 유감스럽다는 뜻으로 답장을 보냈다. 새로 쌓은 성을 순시해 보니 남쪽이 9발[93]쯤 무너져 있었다.

26일(병술) 맑음. 우후와 송희립이 남해로 갔다. ○ 늦게 동헌에 나가 공무를 마친 뒤에 활 15순을 쏘았다.

27일(정해) 맑고 바람조차 없었다. 아침을 일찍 먹은 뒤 배를 타고 소포召浦[94]에 이르러 쇠사슬을 가로질러 설치하는 것을 감독하며 종일토록 기둥나무 세우는 것을 보았다. 겸하여 거북선에서 대포 쏘는 것도 시험하였다.

28일(무자) 맑음. 동헌에서 공무를 보았다. 활 10순을 쏘았는데, 5순은 모두 명중하고, 2순은 4발 명중하고, 3순은 3발 명중하였다.

---

91 나라의 제삿날 : 세종世宗 비 소헌왕후昭憲王后 심씨沈氏의 돌아가신 날이다.
92 평산포平山浦 : 경상남도 남해군 남면 평산리 소재.
93 발 : 원문은 "파把"로, 1파=영조척 5자=약 1.5m이다. (규장각 소장, 영조 28년『均役事目』).
94 소포召浦 : 전라남도 여수시 종화동 종포鍾浦.

29일(기축) 맑음. 나라의 제삿날[95]이라 공무를 보지 않았다. 아산으로 문안 보냈던 나장이 들어왔다. 어머님이 평안하시다는 소식을 들으니 다행 다행이다.

4월

초1일(경인) 흐림. 새벽에 망궐례望闕禮를 행하였다. 공무를 본 뒤에 활 15순을 쏘았다. 별조방別助防[96]을 점고하였다.

초2일(신묘) 맑음. 식후에 몸이 몹시 불편하더니 점점 통증이 심해져서 종일 밤새도록 신음했다.

초3일(임진) 맑음. 기운이 어지러워 고통스럽게 밤을 새웠다.

초4일(계사) 맑음. 아침에야 비로소 통증이 조금 가라앉는 것 같았다.

초5일(갑오) 맑더니 늦게 비가 조금 왔다. 동헌에 나가 공무를 보았다.

초6일(을미) 맑음. 진해루鎭海樓에 나가서 공무를 본 뒤에 군관들을 시켜 활을 쏘게 했다. 아우 여필汝弼을 전별餞別했다.

초7일(병신) 나라의 제삿날[97]이라 공무를 보지 않았다. 사시巳時[오전 9~11시]에 비변사備邊司에서 비밀 공문이 왔는데, 영남관찰사嶺南觀察使[김수金晬]와 우병사右兵使[김성일金誠一[98]]의 장계에 의한 공문이었다.

초8일(정유) 흐리나 비는 오지 않았다. 아침에 어머님께 보내는 물건을 봉했다. 늦게 여필이 떠나가고 홀로 객창客窓[나그네가 묵었던 방]에 앉아 있으니 온갖 생각이 떠올랐다.

---

95 나라의 제삿날 : 세조世祖 비 정희왕후貞熹王后 윤씨尹氏가 돌아가신 날이다.

96 별조방別助防 : 별방別防과 같은 말로, '별부방군사別赴防軍士'의 준말이다. 앞의 1월 3일 일기와 주 17 참조.

97 나라의 제삿날 : 중종中宗 비 문정왕후文定王后 윤씨尹氏가 돌아가신 날이다.

98 김성일金誠一 : 『선조실록』 권26, 선조 25년(1592) 4월 13일 임인壬寅에는 김성일로 나오고, 같은 책 권27, 동년(1592) 6월 28일 병진丙辰에는 조대곤曹大坤으로 나온다. 『선조수정실록』 권26, 선조 25년(1592) 3월 3일 갑자甲子에 김성일의 임명 기사가 있다.

초9일(무술) 아침에 흐리더니 늦게는 맑아졌다. 동헌에 나가 공무를 보았다. 방응원
方應元이 방비처에 도착했다는 공문서를 작성해 보냈다. ○ 군관들이 활을 쏘았
다. 광양현감[어영담魚泳潭]이 수색하고 살필 일로 배를 타고 왔다가 어두워서야
보고하고 돌아갔다.

초10일(기해) 맑음. 식후에 동헌에 나가 공무를 보았다. 활 10순을 쏘았다.

11일(경자) 아침에 흐리더니 늦게는 맑아졌다. 공무를 본 뒤에 활을 쏘았다. ○ 순찰
사[이광李洸]의 편지와 별록別錄을 군관 남한南僴이 가지고 왔다. ○ 비로소 베로
돛布帆을 만들었다.

12일(신축) 맑음. 식후에 배를 타고 거북선에서 지자地字·현자玄字 포를 쏘아 보았다.
○ 순찰사 군관 남공南公[앞의 남한南僴]이 살펴보고 갔다. ○ 정오에 동헌으로 자
리를 옮겨 활 10순을 쏘았다. 관아로 올라가면서 노대석路臺石[99]을 보았다.

13일(임인) 맑음. 동헌에 나가 공무를 본 뒤에 활 15순을 쏘았다.

14일(계묘) 맑음. 동헌에 나가 공무를 본 뒤에 활 10순을 쏘았다.

15일(갑진) 맑음. 나라의 제삿날[100]이라 공무를 보지 않았다. 순찰사에게 보내는 답장
과 별록을 써서 즉시 역졸驛卒을 시켜 달려 보냈다. 해 질 무렵, 영남우수사嶺南
右水使[원균元均[101]]의 전통傳通에 "왜선 90여 척이 나와서 부산 앞 절영도絶影島
에 정박하여 머물렀다." 하였고, 이와 동시에 또 수사[경상우수사 원균元均] 공문서
가 왔는데, "왜선 350여 척이 벌써 부산포釜山浦 건너편에 이르렀다."고 하였으
므로 즉시 장계를 올리고 겸하여 순찰사와 병사와 우수사[전라우수사 이억기李億
祺]에게도 공문을 보냈다. 영남관찰사의 공문도 왔는데 역시 같은 내용이었다.

16일(을사) 이경二更[오후 9~11시]에 영남우수사의 공문이 왔는데, "부산 거진巨鎭[102]
이 벌써 성이 함락되었다."라고 했다. 분하고 원통함을 이길 길이 없었다. 즉시
급하게 임금께 아뢰고 또 삼도三道[전라순찰사·전라병사·전라우수사]에도 공문을
보냈다.

---

99 노대석路臺石 : 관청이나 사가에서 대문 앞에 놓은 큰 돌로, 말을 타고 내릴 때 쓰는 것이다. (李殷相 譯,
『完譯李忠武公全書(上)』, 成文閣, 1989, 261쪽.)

100 나라의 제삿날 : 성종成宗 비 공혜왕후恭惠王后 한씨韓氏의 돌아가신 날이다.

17일(병오) 흐리고 비가 오더니 늦게 맑았다. 영남우병사嶺南右兵使[김성일金誠一]가 공문을 보냈는데, "왜적이 부산성을 함락시킨 뒤에 그대로 머무르면서 물러가지 않는다."고 했다. 늦게 활 5순을 쏘았다. 번을 그대로 서는 수군과 번을 새로 드는 수군이 연달아 방비처로 왔다.

18일(정미) 아침엔 흐렸다. 이른 아침 동헌에 나가 공무를 보았다. 순찰사의 공문이 왔는데, "발포권관鉢浦權管은 이미 파직되어 갔으니 가장假將을 곧 정해 보내라."[103] 했으므로 나대용羅大用[전라좌수사의 군관]을 그날로 정해 보냈다. 미시未時[오후 1~3시]에 영남우수사의 공문이 왔는데, "동래東萊도 함락되었고 양산군수梁山郡守[조영규趙英珪]와 울산군수蔚山郡守[이언함李彦諴] 두 원도 조방장助防將으로서 성城[동래성]에 들어갔다가 모두 패한 것으로 보인다."고 하였다. 분하고 원통함을 이루 다 말할 수 없다. 병사兵使[경상좌병사 이각李珏]와 수사水使[경상좌수사 박홍朴泓]가 군사를 이끌고 동래 뒤쪽까지 이르렀다가 갑자기 바로 회군했다고 하니 더욱더 원통했다. 저녁에 순천順天 군사를 거느린 병방兵房[순천부 병방]이 석보창石堡倉[104]에 머물러 있으면서 군사들을 인도하지 않으므로 잡아다 가뒀다.

19일(무신) 맑음. 아침에 품방品防[성 밖 해자에 부속된 함정陷穽]을 파는 일掘鑿로 군관을 정해 보냈다. 일찍이 아침을 먹은 뒤에 동문 위로 나가 품방 역사를 직접

---

101 원균元均 : 1540~1597. 본관은 원주原州요 자字는 평중平仲이다. 1540년(중종 35)에 출생하여 이순신李舜臣보다 5살 위이다. 젊어서 무과武科에 급제한 후 처음에는 함경도 조산보만호造山堡萬戶가 되어 오랑캐를 치는 데 공로가 있었고, 뒤에 임진왜란 때에는 경상우수사慶尙右水使로 있으면서 전라좌수사 이순신에게 구원을 청하였다. 이순신이 삼도수군통제사三道水軍統制使가 되자 선배로서 뒤떨어짐과 또 그에게 절제받는 것을 꺼려 마침내 이순신을 시기하여 모략함에까지 이르렀다. 1597년(정유년)에 대신 통제사統制使가 되었다가 칠천량 해전에서 크게 패하여 전사하였다. 죽은 뒤에는 좌찬성左贊成을 증직하여 원릉군原陵君으로 봉하였고, 선무공신宣武功臣 1등으로 책정되었다.(李殷相 譯, 『完譯李忠武公全書(上)』, 成文閣, 1989, 261쪽.)

102 거진巨鎭 : 첨절제사의 병영. 절도사節度使의 병영兵營은 주진主鎭, 절제사節制使·첨절제사僉節制使의 병영은 거진巨鎭, 동첨절제사同僉節制使·만호萬戶·도위都尉)의 병영은 제진諸鎭이라 한다.(『經國大典』, 兵典, 外官職.)

103 앞의 3월 23일 일기 참조. 이순신의 건의에도 불구하고 관찰사가 인사권을 행사한 것이었다.

104 석보창石堡倉 : 전라남도 여수시 여천동 868번지. 사적 제523호로 지정된 '여수석보麗水石堡' 유적이 남아 있다.

감독했다. 오후에 상격대上隔臺를 순시했다. 이날 분부군奔赴軍[입대하러 온 군사] 7백 명을 점고하고 일을 시켰다.

20일(기유) 맑음. 동헌에 나가 공무를 보았다. 영남관찰사의 공문에 "거센 적들이 몰아치므로 그 앞을 당적해 낼 도리가 없고 승리한 기세를 타고 마구 달리는 모양이 마치 무인지경에 들어온 것같이 한다." 하면서, [전라도 수군이] 전선을 정비하고 와서 후원해 줄 것을 요청하는 내용으로 임금께 아뢰었다고 했다.

21일(경술) 맑음. 성 위에 군사를 벌려 세우는 일로 과녁 터에 앉아서 명령을 내렸다. 오후에 순천부사[권준權俊]가 달려와서 약속을 듣고 갔다.[105]

22일(신해) 새벽에 탐망도 하고 부정 사실도 조사할 일로 군관들을 내보냈다. 배응록裵應祿은 절갑도折甲島[106]로 가고, 송일성宋日成은 금오도金鰲島[107]로 갔다. 그리고 이경복李景福·송한련宋漢連·김인문金仁問 등은 두산도斗山島[돌산도] 적대목敵臺木[108] 실어 내리는 일로 각각 군인 50명씩을 데리고 가게 하고, 남은 군인들은 품방 역사[일]를 시켰다.

□ 23일부터 30일까지는 빠졌음.

5월

초1일(경오[109]) 수군들이 일제히[110] 본영 앞바다에 모였다. 이날은 흐리나 비는 오지 않았으며 남풍이 몹시 불었다. 진해루鎭海樓에 앉아서 방답첨사[이순신李純信],

---

105 2월 29일 일기 참조. (순찰사 중위장으로 출전하게 된 상황에서 좌수사에게 왔던 것으로 보인다.)

106 절갑도折甲島 : 전라남도 고흥군 금산면 거금도 곧 절이도折爾島로 추정됨.

107 금오도金鰲島 : 전라남도 여수시 남면.

108 적대목敵臺木 : "적대敵臺"는 성문을 공격하는 적군의 접근을 막기 위해 성문 좌우편에 설치한 방어 시설로, 성보다 높게 쌓아 적군의 동향을 파악하는 망대 역할도 했다 한다. (박종평, 『난중일기』, 파주 : 글항아리, 2021, 67쪽)

109 경오 : 친필 일기에는 간지干支가 없으나, 여기에는 전사자轉寫者가 집어넣었다.

110 일제히 : 원문은 "제齊"[일제히]이나, 친필 일기에는 '제諸'로 되어 있다.

홍양현감[홍양쉬興陽倅 배홍립裵興立], 녹도만호[정운鄭運[111]]를 불러들였다. 그들은 모두 분격하며 제 한 몸을 잊어버리는 것이 과연 의사義士들이라 할 만하다.

초2일(신미) 맑음. (*겸삼도순변사兼三道巡邊使[이일李鎰]와 우수사[원균]의 공문이 왔다.)[112] 송한련宋漢連[좌수사 군관]이 남해로부터 돌아와서 하는 말이, "남해현령南海倅[기효근奇孝謹[113]]과 미조항첨사彌助項僉使[김승룡金勝龍], 상주포尙州浦·곡포曲浦·평산포平山浦[김축金軸] 만호 등이 왜적의 소문을 듣고는 벌써 도망해 흩어졌고, 무기 등 물자도 죄다 흩어 버려 남은 것이 없다."라고 했다. 참으로 놀랍고 또 놀라웠다. 오시午時(오전 11시~오후 1시)에 배를 타고 바다로 나아가 결진結陣[114]하고 여러 장수들과 함께 약속하니 모두 즐거이 나갈 뜻을 품는데, 낙안군수樂安郡守

---

111 정운鄭運 : 1543~1592. 자字는 창진昌辰, 본관은 하동河東. 거주지는 전라남도 영광靈光이다. 훈련참군訓鍊參軍 응정應禎의 아들로 1543년(중종 38)에 나니 이순신보다 두 살 위다. 어려서부터 의협한 성격이 있어 언제나 절개 아래서 정의로 죽는 것을 스스로 기약했다. 1570년(선조 3)에 무과武科에 올라 거산찰방居山察訪이 되었을 때, 감사監司 수행인이 불의한 장난을 하고 돌아다니므로 잡아다가 매를 때렸던 일로 감사에게 미움을 받게 되고, 또 그로 인하여 벼슬을 버리고 고향으로 돌아왔다가 다시 나가 경상남도 웅천현감(熊川縣監)이 되었더니 거기서도 곧 물러났고, 얼마 후에 제주판관濟州判官이 되었을 때도 역시 목사牧使의 미움을 받아 파직되었다. 몇 해 동안 벼슬하지 않고 있다가 임진년에 녹도만호鹿島萬戶가 되었다. 마침 전쟁이 벌어지자 그는 좌수사左水使 이순신에게로 달려가 회의하는 석상에서 나아가 싸울 것을 극력으로 주장하였다. 그리하여 제1차, 제2차, 제3차 출전 등에 매번 선봉을 서서 큰 공을 세우고 마침내 제4차 출전의 부산 해전에서 적탄에 맞아 순국하였다. 순국 후에 조정에서는 그에게 병마절도사兵馬節度使를 추증하고 후에 다시 병조참판兵曹參判을 가증하였으며, 정각을 세우게 하는 한편 충장忠壯이라 시호하였다. (『隱峯全書』 권8 湖南義錄). 그는 평소에 '정충보국貞忠報國' 4자를 칼에 새겨 자기의 검명劍銘을 삼고 충의의 일생을 보내었거니와, 그가 전몰하자 적들이 "정 장군이 죽었으니 인제는 쉽다."라고 하였음을 보면(『靈巖邑誌』 및 『宣廟中興誌』 적들이 그를 얼마나 무서워하였던가를 알 수 있다. 이순신의 건의로 그를 녹도鹿島에 있는 이대원李大源 사당에 같이 모시게 되었고, 또 그의 고향인 영암에도 1652년(효종 3)에 충절사忠節祠를 세우고 그를 제사하였는데, 사액은 그로부터 30년 후인 1681년(숙종 7)에 되었다. (『文獻備考』10권, 212 學校考; 李殷相譯, 『完譯李忠武公全書(上)』, 成文閣, 1989, 263~264쪽.)

112 (*) 내용 생략. '친필 일기의 원문'(이하 '원문')은 '兼三道巡邊使關及右水使關到'이다.

113 기효근奇孝謹 : 1542~1597. 자字는 숙흠叔欽, 본관은 행주幸州. 거주지는 전라남도 나주이다. 사과司果 대유大有의 아들로서 일찍부터 글과 글씨에 능하였으나 붓을 던지고 무과武科에 급제하여 선전관宣傳官이 되었다. 임진란이 일어나기 2년 전에 남해 현령南海縣令으로 임명되었고, 전쟁이 일어난 뒤에는 경상우수사慶尙右水使 원균元均의 막하幕下에서 선봉이 되어 활약했으며, 사천 해전에 공로를 세워 통정通政(정3품) 품계에 오르고, 현감縣監 자리에 있은 지 7년 만에 병으로 해임되어 고향으로 돌아가던 도중 적을 만나 그 어머니와 함께 물에 빠져 죽었다. 뒤에 병조판서兵曹判書가 증직되었다. (『西歸遺稿』; 李殷相 譯, 『完譯李忠武公全書(上)』, 成文閣, 1989, 264쪽.)

[신호申浩]는 회피하려는 뜻을 가진 듯한 것이 한탄스러웠다. 그러나 군법이 있는데 설사 물러나 피하려 한들 될 일인가. 저녁에 방답의 첩입선疊入船[115] 3척이 본영 앞바다로 와서 정박하였다. (*비변사備邊司에서 3장의 공문이 내려왔다. 창평현령昌平縣令이 부임하였다는 공식 서한을 바쳤다. 이날 밤)[116] 군호軍號는 용호龍虎라 하고 복병은 산수山水라 했다.

초3일(임신) 가랑비가 아침내 왔다. (*경상우수사의 답장이 새벽에 왔다. 오후에 광양현감[어영담]과 흥양현감興陽縣監을 불러서 함께 이야기하는 중에 모두 분한 마음을 나타냈다. 본도 우수사[이억기]가 수군을 끌고 오기로 서로 약속했는데, 방답의 판옥선板屋船이 첩입疊入된 군사를 싣고 오는 것을 보고 우수사[전라우수사 이억기]가 온다고 좋아하였으나 군관을 보내어 알아보니 방답의 배였다. 놀라움을 이길 수 없었다. 조금 뒤에 녹도만호[정운]가 알현을 청하기에 앞으로 불러들여 물으니, "우수사는 오지 않고 왜적은 점점 서울 가까이 다가가니 통분한 마음을 이길 길이 없으며, 만약 기회를 늦추다가는 뒤에 후회해도 소용없습니다."라고 하는 것이었다. 이 때문에 곧)[117] 중위장中衛將[이순신李純信]을 불러 내일 새벽에 떠날 것을 약속하고 즉시 보고서啓聞를 수정했다. 이날 여도呂島 수군 황옥천黃玉千이 집으로 도망간 것을 잡아다가 목을 베어 군중에 매달았다.

초4일(계유) 맑음. 동이 트자 배를 출발하여 바로 미조항彌助項[118] 앞바다에 이르러 다시 약속했다. (*우척후右斥候[김완金浣]·우부장右部將[김득광金得光]·중부장中部將[어영담魚泳潭]·후부장後部將[정운鄭運] 등은 오른편을 경유하여 개이도介伊島에 들어가 수색하여 살피고, 다른 대장선들은 아울러 평산포平山浦·곡포曲浦·상주포尙州浦를 지나서 미조항에 대기로

---

114 결진結陣 : 군대가 진陣을 형성함. 이순신 함대가 주로 사용한 결진 형태는 학익진鶴翼陣·장사진長蛇陣·방진方陣 등이었다. 특히 정박 중 사용한 진은 주로 방진이었다.

115 첩입선疊入船 : '첩입'이란 적이 침입해 오면 변방에 사는 백성들을 성城·보堡 안으로 들어가게 해서 보호를 받고 피하게 하는 일을 뜻한다. 외딴 섬에 위치한 방답진의 전선戰船들이 모두 출전하여 해상 방비가 약하게 되었으므로 남아 있는 3척의 선박을 좌수영으로 첩입시켰다는 의미이다. (『성종실록』 권189, 성종 17년 3월 20일 을축.)

116 (*) 내용 생략. 원문은 '備邊司三丈到付 昌平縣令到任公狀來呈 夕'이다.

117 (*) 내용 생략. 원문은 '慶尙右水使答簡曉還 午後光陽興陽招來 與於之間 皆發憤 以本道右水使牽舟師來共之若 而防踏板屋船疊入軍來 喜見右水使來 遣軍官扣焉則防踏船也 不勝愕然 有頃鹿島萬戶請謁 招前問之則右水使不來 賊勢暫近畿旬 不勝痛惋痛惋 若失期會則追悔無及 以是卽'이다.

118 미조항彌助項 : 경상남도 남해군 삼동면 미조리.

했다.)[119] 개이도를 경유하여 평산포·상주포·미조항을 지났다.

□ 초5일부터 28일까지는 빠졌음.

29일(무술) 맑음. 우수사[이억기]가 오지 않으므로 혼자 여러 장수들을 거느리고 새벽에 떠나 곧장 노량露梁[120]에 이르니, 경상우수사가 와서 만났다. (*[경상우수사와] 서로 만나기로 약속한 곳에서 더불어 상의하고)[121] 적賊이 정박해 있는 곳을 물으니 적은 지금 사천선창泗川船滄[122]에 있다고 하였다. 그래서 바로 그곳에 이르니 왜인들은 벌써 상륙해서 산봉우리 위에 진을 치고 배는 그 산봉우리 밑에 줄지어 정박해 있는데, 항전하는 태세가 매우 견고했다. 나는 모든 장수들을 독전하며, 일제히 달려들어 화살을 빗발치듯 퍼붓고 각종 총통銃筒을 바람과 우레같이 쏘아 보내니, 적들은 두려워 물러나는데 화살에 맞은 자가 몇백 명인지 알 수 없고 왜적의 머리도 많이 베었다. 불태워 없앤 것이 13척이었다. 군관 나대용羅大用이 탄환을 맞았으며, 나도 왼편 어깨 위에 탄환을 맞아 등으로 뚫고 나갔으나 중상에는 이르지 않았다. (*활군射夫과 격군 중 탄환 맞은 사람이 또한 많았다. 적선 13척을 불태우고 물러 나왔다.)[123]

---

119 (*) 내용 생략. 원문은 '右斥候 右部將 中部將 後部將等 右邊由入介伊島搜討 其餘大將船 幷過平山 曲浦 尙州浦 次彌助項'이다.

120 노량露梁 : 경상남도 남해군 설천면 노량리. 또는 하동군 금남면 노량리. 여기서는 남해군 설천면 노량리를 가리킨다.

121 (*) 내용 생략. 원문은 '約處 與之相議'이다.

122 사천선창泗川船滄 : 경상남도 사천시 용현면 선진리·통양리. 친필 일기에는 '船艁'으로 되어 있다. '船艁'은 '船艙'과 같은 말로, 물가에 배를 대는 곳 또는 '굴강'을 의미한다.

123 (*) 내용 생략. 원문은 '射格之中丸者亦多 焚滅十三隻退駐'이다.

6월

초1일(기해) 맑음. 사량蛇梁[124] 뒷바다[125]에에 진을 치고 밤을 지냈다.

초2일(경자) 맑음. 아침에 출발하여 바로 당포唐浦[126] 앞 선창에 이르니 적선 20여 척이 줄지어 정박해 있으므로 둘러싸고 서로 싸움을 시작했다. 그중에 큰 배 1척은 크기가 우리나라 판옥선만 한데, 배 위에는 누각을 꾸몄고 높이가 두 길二丈[127] 정도 되었다. 그 누각 위에는 왜장이 우뚝 앉아서 움직이지 않았다. 편전片箭과 대·중 승자총통勝字銃筒을 비 퍼붓듯 마구 쏘아 왜장이 화살에 맞아 떨어지자 모든 왜적이 한꺼번에 놀라 흩어졌다. 여러 장수와 군사들이 일제히 모여들어 쏘아 대니 화살에 맞아 거꾸러지는 자가 얼마인지 알 수 없었다. 남김없이 모조리 섬멸하였다. 조금 뒤에 왜 대선大船 20여 척이 부산으로부터 바다에 줄지어 들어오다가 우리 군사들을 바라보고는 도망쳐서 개도介島[128]로 들어갔다.

초3일(신축) 맑음. 아침에 다시 여러 장수들을 독려하여 개도를 협공하니 벌써 달아나 버리고 사방 아무 데도 남은 무리가 없었다. 고성 등지로도 가 보고 싶었으나 우리 군대의 형세가 외롭고 약하기 때문에 울분을 머금고 머물러 밤을 지냈다.[129]

초4일(임인) 맑음. 우수사[이억기]가 오기만 고대하였다. (*이리저리 배회하며 바라보고 있었는데,)[130] 정오에 우수사가 여러 장수를 거느리고 돛을 달고 나타났다. 진중 장병들이 기뻐 뛰지 않는 사람이 없었다. 군사를 합치고 약속을 거듭 명확히 한 뒤에 착포량鑿浦梁[131]에서 잤다.

---

124 사량蛇梁 : 경상남도 통영시 사량면 금평리 진촌마을.

125 뒷바다 : 경상남도 통영시 사량면 금평리 대항마을 포구. 사량 앞바다가 금평리 진촌마을 남쪽 바다이므로, '사량 뒷바다'는 금평리 진촌마을 북쪽바다 곧 대항마을 포구가 된다.

126 당포唐浦 : 경상남도 통영시 산양읍 삼덕리.

127 두 길二丈 : 1장丈은 10척尺이며, 영조척營造尺으로 약 3m 길이이다.

128 개도介島 : 경상남도 통영시 산양읍 추도楸島.

129 본서 권2, 「당포파왜병장」에는 6월 3일, 추도 부근을 수색하고 살핀 후 고성 고둔포古屯浦에 정박하고 밤을 보냈다고 되어 있다. 친필 일기의 이 뒤에 있는 원문은 착오로, 지운 표시가 있다.

130 (*) 내용 생략. 원문은 '徘徊顧望'이다.

초5일(계묘) 아침에 떠나서 고성 당항포唐項浦[132]에 이르니 왜의 큰 배 1척이 크기는 판옥선만 한데, 배 위에는 누각이 우뚝하고 적장이 그 위에 앉아 있었다. 그리고 중간 배가 12척이요 작은 배가 20척이었는데, 한꺼번에 무찔러 깨뜨리니 화살에 맞아 죽은 자가 얼마인지 알 수 없었다. 왜장倭將의 머리 7급을 베었고 남은 왜적들은 육지로 올라가 달아났다. 하지만 남은 수효는 매우 적었다. 우리 군사의 기세가 크게 떨쳤다.

초6일(갑진). 맑음. (*적선을 탐색하며 거기서 그대로 잤다.)[133]

초7일(을사) 맑음. 적선을 탐색하기 위해 아침에 떠나 영등永登[134] 앞바다에 이르러 적선이 율포栗浦[135]에 있다는 말을 듣고 복병선伏兵船을 시켜 가 보게 했더니, 적선 5척이 먼저 우리 수군을 알아채고 남쪽 넓은 바다로 바쁘게 달아났다. 우리 여러 배들이 일제히 뒤를 쫓아 사도첨사 김완金浣이 한 척을 통째로 잡고, 우후虞候 이몽구李夢龜도 1척을 통째로 잡았으며, 녹도만호 정운鄭運도 1척을 통째로 잡았다. 왜적의 머리는 합하여 모두 36급이었다.

초8일(병오) 맑음. 우수사[이억기]와 (*함께 일을 의논하면서)[136] 바다 가운데 머물러 정박했다.

초9일(정미) 맑음. 바로 천성天城·가덕加德에 이르니 1척의 적선도 없었다. 두 번 세 번 수색해 보고 나서 함대를 돌이켜 당포로 와서 밤을 지내고, 새벽도 채 안 되어 출발하여 미조항 앞바다로 왔다. 우수사와 함께 이야기했다.

초10일(무신) 맑음.

□ [6월] 11일부터 8월 23일까지는 빠졌음.

---

131 착포량鑿浦梁 : 경상남도 통영시 당동과 미수동 사이의 좁은 수로.
132 당항포唐項浦 : 경상남도 고성군 회화면 당항리.
133 (*) 내용 생략. 원문은 '探賊船 宿于同處'이다.
134 영등永登 : 경상남도 거제시 장목면 구영리.
135 율포栗浦 : 경상남도 거제시 장목면 율천리.
136 (*) 내용 생략. 원문은 '同議'이다.

8월

24일 간지가 **빠졌음.**[137] 맑음. (*아침밥을 객사 동헌에서 정 영공令公[138][정걸丁傑[139]]과 함께 먹고 곧 침벽정侵碧亭으로 옮겼다. 우수사[이억기]와 점심을 같이 하였는데 정 조방丁助防도 함께 했다.)[140] 신시申時[오후 3~5시]에 배를 출발, 노질을 재촉하여 노량露梁 뒷바다에 이르러 닻을 내렸다. 삼경三更[오후 11시~오전 1시]에 달빛을 타고 행선하여 사천泗川 모사랑포毛思郞浦[141]에 이르니 동녘은 이미 밝았지만 새벽 안개가 사방에 끼어서 지척을 분간하기 어려웠다.

25일 간지가 **빠졌음.** 맑음. 진시辰時[오전 7~9시]에 안개가 걷혔다. (*삼천포三千浦 앞바다에 이르렀을 때 평산포만호平山浦萬戶가 공장空狀[142]을 바쳤다.)[143] 삼천포를 거쳐 거의 당포唐浦에 이르러 경상우수사[원균]와 배를 매고 서로 이야기했다. 신시申時[오후 3~5

정걸 장군 초상.

시]에 당포에 정박하고 거기서 잤다. (*3경[오후 11시~오전 1시]에 비가 잠시 내렸다.)[144]

26일 간지가 빠졌음. 맑음. 견내량見乃梁[145]에 이르러 배를 멈추고 우수사와 함께 이야
기했다. 순천부사[권준權俊]도 왔다. 저녁에 배를 옮겨 각호사角呼寺[146] 앞바다에
이르러 잤다.

---

144 (*) 내용 생략. 원문은 '夜三更 暫雨'이다.

145 견내량見乃梁 : 경상남도 통영시 용남면 장평리와 거제시 사등면 덕호리 사이의 좁은 수로. 옛날에는
용남면 장평리 견유마을과 사등면 덕호리 견내량마을에 나루津가 있었으나, 1965년에 거제대교가 설
치됨으로써 나루의 기능이 사라졌다. (김일룡, 『통영 지명 총람』, 통영문화원, 2014, 385~386쪽; 巨濟
文化院, 『巨濟地名總覽』, 1996, 110~111쪽.)

146 각호사角呼寺 : 경상남도 거제시 사등면 오량리에 있었던 절로 추정된다. 원문에 '巨濟境'(거제도에 있
는)이 있다.

27일 간지가 **빠졌음**. 맑음. 영남우수사[원균]와 함께 의논하고 배를 옮겨 거제 칠내도漆乃島[칠천도漆川島]에 이르자 웅천현감熊川縣監 이종인李宗仁이 와서 이야기했다. 들으니, 왜적의 머리 35급을 베었다고 했다. 저물녘에 제포薺浦 서쪽 원포院浦[147]로 건너가니 밤이 벌써 이경二更[오후 9~11시]이었다. 서풍이 차게 불어 나그네 마음이 평안하지 않았다. (*이날 밤에는 꿈자리도 많이 어지러웠다.)[148]

28일 간지가 **빠졌음**. 맑음. (*새벽에 앉아 꿈을 생각해 보니, 처음에는 나쁜 것 같았으나 도리어 좋은 것이었다. 가덕加德[149]에 도착했다).[150]

□ 29일부터 계사년(1593) 1월까지는 빠졌음.

(*) 친필 일기의 『일기 외 기사』 (1) 번역문과 원문[151]

삼가 문안드립니다. 건강은 요즘 어떠신지요. 전날에 승평[순천]에서 모실 수 있어 아주 행복했습니다.

운운云云. 일본은 바다 가운데에 있으므로 혹독한 겨울일지라도 바람 기운이 언제나 따뜻하기에 장정들은 겹치지 않은 천의 짧은 소매에 긴 옷만 입고 지낸다고 합니다. 그런데 지금 와 있는 흉악한 적은 오랫동안 다른 나라에 머물러 있기에 풍토風土에 익숙하지 않으니, 한겨울의 추위로 고생하고, 또 힘들어하고 지내기도 어려울 뿐만 아니라, 군사들의 양식도 이미 떨어졌고, 용기와 힘도 곤궁합니다. 이 기회를 타서 급히 공격해 때를 잃지 말아야 합니다. 왕실을 다시

---

147 원포院浦 : 경상남도 창원시 진해구 원포동.

148 (*) 내용 생략. 원문은 '是夜 夢亦多亂'이다.

149 가덕加德 : 부산광역시 강서구 성북동.

150 (*) 내용 생략. 원문은 '曉坐記夢 則初似兇而反吉 到加德'이다.

151 일기 외 기사의 번역은, 박종평, 『난중일기』(파주 : 글항아리, 2021), 642~647쪽을 참고하였다. 원문의 삭선 부분은 부득이한 내용이 아닌 곳은 번역하지 않았다.

세우기 위해再造王室 도모하려 한다면, 오늘이 바로 그런 때입니다. 지금 아주 지금 아주 급한 일입니다. 그런데도 해가 이미 저물고, 계절이 바뀌고, 한 해가 다 저물어 해가 바뀌는 것이 곧 다가오고, 설날이 가까이 왔는데도新正在邇 아직까지 무찔러 없애지 못했습니다. 한 해가 곧 바뀌어도 아직까지 무찔러 없앴다는 소리를 듣지 못했습니다. 나라의 한 귀퉁이에 있는 외로운 신하는 [임금이 계신] 북쪽을 바라보며 길게 통곡하니, 간담이 찢어지는 듯합니다.

우리나라 모든 땅八方 중에서 오직 이 호남이 온전한 것은 천만다행입니다. 군사를 징집하고 양식을 조달하는 것이 모두 이 도道로 말미암은 것입니다. [왜적을] 깨끗이 쓸어 버리고 회복하는 것도 이 도의 계책으로 말미암을 수 있습니다. 그런데 본도[전라도] 감사가 두 번이나 근왕勤王을 위해 출전하고, 절도사 [병마절도사]는 오랫동안 다른 도에 머물러 있으면서 정예한 군사와 말과 군기와 군량이 모두 그들에게 귀속되었습니다. 심지어 진鎭과 보堡의 정해진 방어군사定防軍士도 각각 반씩 나누어 뽑아 거느리고 있으나, 군사들은 늙었고, 중도에서 굶주림과 추위가 함께 덮치자 반수 이상이 달아나 흩어졌습니다. 비록 혹 남아 있어도 굶주림과 동상이 이미 극심해 죽어 가는 사람들이 잇따르고 있습니다. 이에 더하여 소모사召募使가 내려와 겨우 남은 각 고을과 포의 정해진 방어 군사定防軍士를 큰 고을은 300여 명을 뽑아 가는데, 대·중·소로 힘세고 튼튼한 사람들을 구분해 온종일 부과해 채우기를 독촉하고, 책임에 따라 벌하려고 하나 수령들이 그 위세를 두려워해 겁내어 한 도가 소란합니다. 더한 것은 소모사가 내려와 남은 군사를 강제로 뽑는데, 각 진과 포에 나뉘어 방비하던 여러 고을 방비병들도 그 안에 포함시켜 배정하여 뽑아 내니, 한 도가 소란하여 어찌해야 할 바를 모르겠습니다. 이 도[호남]를 보존하는 것도 반드시 어려워질 것입니다. 길거리에서 소리 높여 슬피 울부짖을 뿐입니다.

지난 9월에 임금님께서 분부有旨하여 내려주신 글 안에 "각 고을에서는 흩어져 떠도는 군사나 적의 침탈을 당한 사람들과 그들의 가족과 친척, 가까운 이웃에게는 연대 책임을 모두 면제하라."는 분명한 글을 내려 주셨습니다. 백성을 거꾸로 매달려 있는 고통에서 건지고 것에서 풀어주는 것으로 이보다 급한 것이 없으나, 지금은 대규모의 적이 각 도에 가득 차 있어 죄 없는 백성이 몇십만 명인지도 알 수 없이 모두 그 해로운 독에 피해를 입었습니다. 종묘사직과 도성都城 또한 능히 보존하지 못했습니다. 말과 생각이 여기에 미치니 불에 타고 칼에 베이는 것과 같이 아픕니다. 지난달에 방비를 위해 10명이 군대 복무를 했던 고을에서 「가족과 친척에게 대신 징발하지 말라는 명령族鄉勿侵之令」이 한번 들려오자 다음 달에 방비를 하러 들어온 자는 겨우 서너 명입니다. 어제는 10명이었던 유방군留防軍이 오늘은 네다섯 명이 채 안 됩니다. 얼마 되지 않아 변방의 진은 모두 텅 비어 진의 장수만이 홀로 빈 성을 지킬 수밖에 없을 것입니다. 어떻게 조처를 해야 할지 모르겠습니다. 만일 옛 규정을 따른다면, 임금님의 분부聖敎를 위반하는 것이고, 내려 보내신 글을 받들자니 적을 막을 계책이 없습니다. 이 두 가지 사이에서 형편에 맞는 것을 밤낮으로 거듭 생각해晝夜思度 체찰사에게 문서로 의견을 덧붙여 보고했었습니다. 회답에 "「가족과 친척에게 대신 징발하는 폐단一族之弊」은 백성을 가장 병들게 하는 것이라는 간곡한 임금님의 명령下敎이 있으셨다. 그러므로 마땅히 당장 받들어 시행해야 하나, 그럴 틈도 없고 보고한 내용의 사연도 이치가 있다. 백성을 어루만지며 적을 막기 위해 두 가지 중에서 형편에 맞는 것을 취하라."고 했습니다. 그래서 각 고을에 '사고로 죽거나 죄를 지어 죽임을 당해物故' 완전히 자손이 끊어진 집은 도목都目[도목장都目狀]에 넣지 말라고 공문을 보냈습니다.[152]

대개 본도[전라도]는 나누어 배치된 분방군사分防軍士가 경상도의 사례와 같지 않습니다. 좌·우수영에는 320여 명, 각 진·포에는 200명 혹은 150여 명씩 나누어 방어해 왔습니다. 그중에는 오래전에 멀리 도망갔거나 사고로 죽거나 죄를 지어 죽임을 당했기에 본래 책정할 수 없는 사람이 10명 중에 대략 7~8명입니다. 간신히 현재 남은 사람當身現存者을 모아도 역시나 모두 늙고 쇠약합니다. 방어하는 군사에 적합하지 않아도 어쩔 수 없는 상황입니다. 침해받지 않은 일족들은 숫자를 충당하여 방비를 서게 하여도 여러 가지 핑계를 대며 정소呈訴를 하고, 입대 대상자가 제때 입대하지 않거나趁未到防者, 혹은 징발된 장정 가운데 이름이 올라 있어도 서로들 교대로 침해하여[153] 끝내 점고에 나타나지 않는 자가 있으니, 그 사이에서 [집행하는 사람의] 괴로움과 고통은 이루 다 말할 수 없을 것입니다. 신도 이런 폐단을 알지 못하는 것은 아닙니다. 그러나 대규

---

152 본서 권4, '장계狀啓 3'「일족을 침해하지 말라는 명령을 취소해 주시기를 다시 청하는 계본更請反汗一族勿侵之命狀」참조.

153 수군인데, 육군으로 징발된 경우를 말한다.

모의 적이 앞에 있기에 방어하고 지키는 일이 아주 급합니다. 옛날부터 있었던 병이라고 여기며 [방비군을] 줄일 수는 없습니다. 방어하기 위해 전례를 좇아 징발을 독려한다면, 한쪽으로는 배의 격군船格을 충원할 수 있고, 또 한쪽으로 성을 지키는 데 세울 수 있습니다. 이런 방법을 썼기에 5번 적에게 달려들어 14번 싸워 이겼습니다. 그것도 이미 여덟 달이나 지난 일입니다.

대부분의 경우, 나라를 지키는 울타리藩屏를 한 번이라도 잃는다면, 그 독이 배와 심장까지 흘러갑니다毒流心腹. 이는 실로 이미 경험한 것입니다. 신의 어리석고 헛된 계책은 우선은 이전의 사례에 좇아 변방 방어를 단단히 하고, 차츰차츰 사실 여부를 조사하고 밝혀 군사와 백성의 고통을 구제하는 것입니다. 이것이 지금 당면한 가장 급한 임무입니다. 뿐만 아니라 국가에서 호남은 제齊나라의 거莒·즉묵卽墨과 같습니다. 온몸에 몹쓸 병이 걸린 사람이 한쪽 다리를 겨우 보호하고 있지만, 기맥氣脈만 연결되어 아마 그를 구제하지 못하는 것과 같습니다. 그런데도 수많은 군사와 말이 이 지역에서 총동원되어 나갔습니다.

명나라 대제독 이여송李如松이 수십만의 정예 군사를 거느리고 기성箕城[평양]·송도松都[개성]·한양漢陽 3경三京의 왜적을 쳐서 멸망시켰으며, 바로 부산으로 내려가 그 무리들을 남김없이 소탕하고 돌아왔습니다.

謹問巡候若何 前日昇平之奉 迨幸萬萬 [*삭선은 일기 외 기사 원문에 있는 것을 표시하였음.]

云云 日本居在海心 雖値嚴冬 風氣尙暖 仍于只著短袖 長衣無襲爲白去等 今來凶賊 久留他境 不習風土 隆冬寒苦叉 有難經度叱分不喩 兵糧已竭 勇力亦窮 乘此機會 急擊勿失 再造王室 乃圖於今日 正在此時 在今急急 節序流易 而 歲律已暮 換歲將迫 新正在邇 尙未剿滅 一歲將窮換 尙未聞剿滅之音 一隅孤臣 西北望長痛 肝膽如裂

我國八方之中 唯此湖南獲全 萬幸 調兵運糧 皆由此道 廓淸恢復 亦由此方擧道策 而本道監司 再赴勤王 節度使 久留他境道 精御士馬 軍器軍糧盡歸於此中 至於鎭堡定防軍士 亦各分半抄率 師老中途 飢寒幷臻 過半奔潰

雖或有未潰者 飢凍已極 死亡相繼 加之而召募使下來 僅餘各官浦定方軍士
巨邑則三百餘名 夫中小强盛分卜 鎭日卜定督出 責罰隨及守令等 畏威生㤼
一道搖動 加之而召募使下來 徵發餘軍 則各鎭浦分防 諸邑軍戍兵 亦抄其卜
定之內 一道搖動 不知所爲 此道之保 亦難必矣 街路痛哭是白在果

去九月有旨下書內 各官流亡軍士 侵及族隣者 一切蠲除 亦丁寧下書是白
去等 拯解民倒懸之苦 無此爲急是白乎矣 節段 大賊瀰滿各道 無辜蒼生 不
知其幾十萬盡被毒害 宗社都城亦未能保 言念及此痛若焚割 去朔十名軍赴
防之邑 一聞族隣勿侵之令 翌朔入防者 僅及三四 昨日十名留防者 今日未滿
四五 不月之內 邊鎭一空 鎭將獨守空城 罔知所措何爲 若仍循前規 則有違
聖敎 遵奉下書 則禦敵無策 此間便宜晝夜思度 論報體察使 回答內 一族之
弊 病民之甚者 丁寧下敎 所當遵行之不暇是去果 所報內辭緣 亦爲有理 於
撫民禦敵 兩得其便事回送是白置 各官良中 物故全絶戶乙良 都目安徐 亦行
移爲白乎齊

大槪本道段 分防軍士 非如慶尙道例 左右水營 則三百卄餘名 各鎭浦則
或二百 或一百五十餘名式分防爲白去等 其中久遠逃亡物故 未分定者 十居
七八 粗也如當身現存者收置 亦皆老殘不合防戍 勢不得已 勿論一族 充數立
防爲白良置 多有稱頉呈訴 趁未到防者 或有名屬括壯之中 彼此交侵 終不現
點者 其間疾苦 有不可勝言 臣非不知此弊 而大敵在前 防守太急 不可以此
弊亘古之幣病 有減扵 減損 防禦乙仍于 循前督發 一充船格 一立守城 用此
五度赴敵 十四度勝戰 已經八朔爲白有齊 大抵藩屛一失 毒流心腹 此實已經
之驗 臣愚妄計 先可因循前例 以固邊禦 稍稍叢辨 以救軍民之苦 最是當今
之急務是白沙余良 國家之扵湖南 猶齊之莒卽墨 正如全體廢疾者 僅護一肢
氣脈不絶而已之不救 而許多軍馬 掃境而出

天朝大提督李如松 領數十萬精卒 討滅箕城松都漢陽三京之賊 直下釜山
蕩掃無遺類而還.[154]

154 친필 일기의 이 '일기 외 기사'를 활자화活字化하는 작업은, 朝鮮史編修會,『朝鮮史料叢刊 第六 亂中日
記草·壬辰狀草』, 조선총독부, 1935.(東京 : 第一書房, 1978 復刻.)와 박혜일·최희동·배영덕·김명섭,
『李舜臣의 日記草』(서울 : 조광출판인쇄, 2007.)를 참고하였다.

계사년癸巳年

[1593년, 선조 26, 이순신 49세]

2월[155]

초1일(병술) 종일 비가 왔다. 발포만호鉢浦萬戶[황정록黃廷祿]와 여도권관呂島權管[김인영金仁英], 순천부사[권준權俊]가 와서 모였다. 발포 진무鎭撫 최이崔已가 두 번이나 군법을 어겼기에 (*[어긴] 죄를 저질렀으므로)[156] 처형했다.

초2일(정해) 늦게 갬. 녹도가장鹿島假將과 사도첨사蛇渡僉使[김완金浣], 흥양현감興陽縣監[배흥립裵興立] 등의 배가 들어왔으며, 낙안군수樂安郡守[신호申浩]도 왔다.

초3일(무자) 맑음. 여러 장수들이 거의 모였으나, 보성군수[김득광金得光]가 아직 안 와서 탄식스러웠다. (*동쪽 상방上房에 나가 앉아 순천부사·낙안군수·광양현감[어영담魚泳潭] 등과 한참 동안 약속을 의논하였다. 이날 경상도에서 옮겨 온 귀화인 김호걸金浩乞과 나장羅將 김수남金水男 등이 명부에 적힌 격군 80여 명이 도망갔다고 보고하였으나, 뇌물을 많이 받고 잡아 오지 않았다. 그래서 군관 이봉수李鳳壽[157]와 정사립鄭思立[158] 등을 비밀히 보내 70여

---

155 계사癸巳 2월 : 친필 일기에는 "昭陽大荒落令月"로 되어 있다. '소양昭陽'은 십간十干 중의 '癸', '대황락大荒落'은 십이지十二支 중의 '巳'를 고갑자古甲子로 이르는 말이며, '영월令月'은 경사스러운 달의 의미로 음력 2월을 가리킨다.

156 (*) 내용 생략. 원문은 '罪'이다.

157 이봉수李鳳壽 : 훈련주부訓鍊主簿이자 전라좌수사 이순신의 군관으로서 1593년 1월에 화약 제조의 중요한 원료인 염초焰焇를 자취煮取하는 기술을 개발하였다. 자字는 덕로德老, 본관은 수안遂安, 거주지도 황해도 수안이다. 1553년(명종 8)에 나서, 1580년(선조 13)에 무과에 합격하였다. 관직은 서흥부사瑞興府使를 역임하였다. (「한국역대인물종합정보시스템」; 『이충무공전서』 권3, 「請賜硫黃狀」; 『선조실록』 권55, 선조 27년 9월 7일 임오.)

158 정사립鄭思立 : 자字는 여신汝信, 본관은 경주慶州. 거주지는 전라남도 순천順天이다. 정철조총正鐵鳥銃을 개발한 정사준鄭思竣의 서제庶弟로 1564년(명종 19)에 났다. 훈련원주부訓鍊院主簿로 1599년(선조 32)에 무과에 합격하였다. 관직은 오차포만호吾次浦萬戶를 지냈다. (「한국역대인물종합정보시스템」; 『선조실록』.)

명을 찾아서 잡아다가 각 배에 나눠 주고, 김호걸과 김수남 등을 그날로 처형했다.)[159] 술시戌時[오후7~9시]부터 비바람이 크게 일어서 배들을 겨우 구호했다.

초4일(기축) 늦게 갬. 성 동쪽이 9발把[160]이나 무너졌다. 객사 동헌에 나가 공무를 봤다. 유시酉時[오후5~7시]에 큰비가 쏟아지기 시작하더니 밤새도록 그치지 않고, 바람도 몹시 사나워 배를 겨우 구호했다.

초5일(경인) 경칩驚蟄이라 둑제纛祭[161]를 지냈다. 비가 억수같이 쏟아지더니 느지막해서 [비로소][162] 갰다. 아침 식후에 가운데 대청中大廳으로 나가 공무를 봤다. 보성군수[김득광]가 밤을 무릅쓰고 육지로 해서 달려왔으므로, (*뜰 아래)[163] 붙잡아다 놓고 기일 어긴 죄를 문초하여 그 대장代將을 다스렸다. (*하였더니, 순찰사와 도사都事 등이 명나라 군사를 접대할 사무를 맡기므로 강진·해남 등지의 고을로 갔었기 때문이라고 진술하였다. 이 역시 공무라 다만 그 대장代將과 도훈도都訓導 및 담당 아전들을 논죄하였다.)[164] 이날 저녁 (*서울에서 온 벗)[165] 이언형李彦亨이 돌아갈 것을 고했다. (*송별하기 위한 술자리를 가졌다.)[166]

초6일(신묘) 아침엔 흐리더니 늦게 개었다. (*4경[오전1~3시]에 첫 나발을 불고, 날이 밝을 무렵에 둘째 번과 셋째 번 나발을 불고 나서)[167] 날이 밝을 무렵에 배를 풀고 돛을 올렸다. 오시午時[오전11시~오후1시]에 역풍이 잠시 불어 저물어서야 사량蛇梁에 도착하여 거기서 잤다.

---

159 (*) 내용 생략. 원문은 '東上房出坐 與順天樂安光陽論約有時 是日 嶺南移來向化金浩乞羅將金水男等 置簿格軍八十餘名 告以逃去 多受賂物不捉來 故潛遣軍官李鳳壽鄭思立等 搜捉七十餘名 分各船 浩乞金水男等 卽日行刑'이다.

160 발把: 1파把=영조척 5자=약 1.5m이다. (규장각 소장, 영조 28년『均役事目』.)

161 둑제纛祭: 옛날 제도에 둑纛은 군중에서 대장 앞에 세우는 기인데, 큰 삼지창에 붉은 삭모槊毛(창 머리에 다는 가는 털)를 많이 달았다. 둑제는 군대가 출동할 때 그 기에 지내는 제사다. (국방부전사편찬위원회,『兵將說·陣法』, 1983, 198쪽.)

162 비로소: 원문은 "時", 친필 일기에는 '始'로 되어 있다.

163 (*) 내용 생략. 원문은 '于庭'이다.

164 (*) 내용 생략. 원문은 '則巡察使都事等 以天兵支供差使員 行到康津海南等官之招 是亦公事 只論代將與都訓導色吏等'이다.

165 (*) 내용 생략. 원문은 '京友'이다.

166 (*) 내용 생략. 원문은 '餞別盃'이다.

167 (*) 내용 생략. 원문은 '四更初吹 平明二吹三吹'이다.

초7일(임진) 맑음. 새벽에 떠나 곧장 견내량見乃梁에 이르니, 우수사[경상우수사] 원 평중平仲[원균의 자字]이 벌써 먼저 와 있었다. (*함께 이야기하였다.)[168] 기 숙흠叔欽[기효근의 자字]이 와서 봤다. 이영남李英男과 이여념李汝恬도 왔다.

초8일(계사) 맑음. 아침에 영남우수사[원균]가 내 배로 와서, 전라우수사[이억기]의 기약 늦어진 잘못을 극단적으로 말하며, 지금 당장 먼저 떠나겠다고 하였다. 내가 애써 말려 기다리게 하고 "오늘 정오에 당도할 것이다."라고 언약하였더니, 오시午時[오전 11시~오후 1시]에 과연 돛을 나부끼면서 들어오므로 (*온 진중이)[169] 바라보고 기뻐 날뛰지 않는 이가 없었다. (*맞아들이고 본즉, 거느리고 온 것이 40척 미만이었다. 이날)[170] 신시申時[오후 3~5시]에 배를 출발하여 초경初更[오후 7~9시]에 온천도溫川島[칠천도]에 이르렀다. (*본영에 편지를 보냈다.)[171]

초9일(갑오) (*첫 나발을 불고 두 번째 나발을 불고 나서 다시 천기를 본즉, 비가 많이 내릴 것 같아 떠날 것을 그만두었다.)[172] 큰비가 종일토록 오므로 그대로 머무르고 출발하지 않았다.

초10일(을미) 아침엔 흐렸으나 늦게 맑아졌다. 묘시卯時[오전 5~7시]에 배를 띄워 바로 웅천熊川 웅포熊浦[173]에 이르니 적선들이 (*전처럼)[174] 줄지어 정박하고 있는데, 두 번이나 유인해 보았으나 진작부터 우리 수군을 겁내는 터라 잠깐 나올 듯하다가 바로 들어가 버리는 것이어서, 끝내 잡아 무찌르지 못하니 참으로 통분 통분하다. 이경二更[오후 9~11시]에 도로 영등포 뒤 소진포蘇秦浦[175]에 들어가 정박하고 밤을 지냈다. (*곧 병신일[11일] 아침에 순천 탐후선探候船[176]이 돌아갈 편에 본영에 편지를 보냈다.)[177]

---

168 (*) 내용 생략. 원문은 '與之相話'이다.

169 (*) 내용 추가. 추가된 원문은 '一陣'이다.

170 (*) 내용 생략. 원문은 '至則所率未滿四十隻 卽日'이다.

171 (*) 내용 생략. 원문은 '簡于本營'이다.

172 (*) 내용 생략. 원문은 '初吹二吹 更觀日勢 則多有雨徵 故不發'이다.

173 웅포熊浦 : 경상남도 창원시 진해구 남문동.

174 (*) 내용 생략. 원문은 '依舊'이다.

175 소진포蘇秦浦 : 경상남도 거제시 장목면 송진포리.

176 탐후선探候船 : 그 지방에서 출전한 부대와의 연락을 위해서 왕래하는 배.

11일(병신) 흐림. 군사를 쉬게 하고 그대로 머물렀다.

12일(정유) 아침엔 흐리고 늦게 맑아졌다. 3도三道[178] 군사가 일제히 새벽에 떠나 바로 웅천 웅포에 도착하니 적도들이 어제와 같이 나왔다 물러갔다 하며 아무리 꾀어 보아도 끝내 한바다로 나오지 않았다. 두 번이나 뒤쫓았으나 두 번 다 붙잡아 섬멸하지 못하였으니 통분 통분하다. (*이날 저녁에 도사都事가 우후虞候에게 통지를 보냈다. 명나라 장수에게 줄 군사용 물품을 배정한 것이라고 한다.)[179] 초경初更[오후 7~9시]에 칠천도漆川島[七川島]에 이르자 비가 크게 쏟아지기 시작해서 밤새 그치지 않았다.

13일(무술) 비가 억수같이 쏟아졌다. (*술시戌時[오후 7~9시]에 비가 그쳤다.)[180] 토벌에 대한 의논으로 순천부사와 광양현감, 방답첨사防踏僉使 등을 불러서 이야기하였다. 정담수鄭聃壽[어란포만호]가 보러 왔다. (*활과 화살 만드는 기술자 대방大邦·옥지玉只 등이 돌아갔다.)[181]

14일(기해) 맑음. (*증조부의 제삿날이다.)[182] 이른 아침에 본영 탐후선이 왔다. 아침 식후에 3도 군사들을 모아 약속할 적에 영남수사[원균]는 병으로 오지 못하고, 전라 좌·우도 여러 장수들만 모여서 약속했는데, 다만 우후가 술주정으로 망령된 말을 하였다. 그가 한 짓은 이를 데 없을 정도여서 어찌 말로 다 할 수가 있으랴. 어란포만호於蘭浦萬戶[183] 정담수와 남도포만호南桃浦萬戶[184] 강응표姜應彪도 역시 마찬가지였다. 이같이 큰 적을 맞아 무찌르는 일로 약속하는 때에 이렇게까지 술을 함부로 마시니 그들의 사람됨에 통분함을 이길 길이 없다. (*저녁에 파하고 진 친 곳으로 왔다.)[185] 가덕첨사加德僉使 전응린田應麟이 보러 왔다.

---

177 (*) 내용 생략. 원문은 '乃丙申日 朝順天探候船還 簡于本營'이다.

178 3도三道 : 전라좌도·전라우도·경상우도를 가리킨다.

179 (*) 내용 생략. 원문은 '是夕 都事移文虞候 則天將所贈軍物卜定云'이다.

180 (*) 내용 생략. 원문은 '戌時雨止'이다.

181 (*) 내용 생략. 원문은 '弓箭匠大邦玉只等還歸'이다.

182 (*) 내용 생략. 원문은 '曾祖忌'이다.

183 어란포만호於蘭浦萬戶 : 어란포는 전라남도 해남군 송지면 어란리이다.

184 남도포만호南桃浦萬戶 : 남도포는 전라남도 진도군 임회면 남동리이다.

185 (*) 내용 생략. 원문은 '夕罷來結陣處'이다.

15일(경자) 아침에는 맑더니 저녁에는 비가 왔다. 날씨는 따뜻하고 바람도 조용하므로 과녁을 걸어 놓고 활을 쏐다. 순천부사[권준]와 광양현감[어영담], 사량만호蛇梁萬戶 이여념李汝恬, 소비포권관所非浦權管 이영남李英男, 영등포만호 우치적禹致績 등이 또한 왔다. 이날 순찰사[이광]의 공문이 왔는데 "명나라에서 또 해군을 보내니 미리 알아서 대처하라."는 것이었다. (*또 순영巡營 영리營吏[186]의 고목告目[187]에는 "명나라 군대가 2월 초1일에 서울을 회복하고 왜적은 모두 섬멸되었다."라고 하였다.)[188] 저녁에 원 평중[원균] 영공이 보러 왔다.

16일(신축) 맑음. 늦은 아침부터 큰바람이 불었다. (*들으니 정 정승[정철鄭澈[189]]이 사은사謝恩使로 북경에 간다고 하였다. 노비단자路費單字[190]를 정원명鄭元明에게로 부치면서 그것을 가져다가 사신 가는 일행에게 전하라고 일러 보냈다.)[191] 오후에 우수사가 보러 왔다. (*밥을 함께 먹고 갔다.)[192] 순천부사와 방답첨사도 보러 왔다. 이경[오후 9~11시]에 신환愼環과 김대복金大福이 임금의 교서敎書 2통과 부찰사副察使[193]의 공문을 가져와 들으니, "명나라 군사들이 바로 송도[개성]를 치고, 이달 초6일에는 서울에 있는 왜적을 함락시키려 한다."고 하였다.

---

186 영리營吏 : 순영巡營 또는 병영 등에서 일하는 아전.

187 고목告目 : 조선시대에 서리胥吏나 향리鄕吏가 상관에게 공적인 일이나 문안할 때 올리는 간단한 문서.

188 (*) 내용 생략. 원문은 '又有巡使營吏告目內 天兵二月初一日入京 賊倭盡殲云'이다.

189 정철鄭澈 : 1536~1593. 자字는 계함季涵, 호號는 송강松江, 본관은 연일延日. 서울 출생으로, 율곡栗谷과 같은 나이요 이순신보다는 9세 위이다. 아버지가 사화士禍에 연루되어 남방으로 낙향하여 전전하다가 귀양이 풀려 담양 창평에 거주하였다. 정철은 자연히 거기서 하서河西 김인후金麟厚, 고봉高峰 기대승奇大升을 따라 글을 배우고 뒤에 자라서는 율곡과 벗하였다. 정치적으로는 서인西人의 위치에서 항상 동인東人과 반목했다. 54세 때인 1589년(선조 22)에 우의정으로 발탁되었고, 다음 해 좌의정에 올랐고 인성부원군寅城府院君에 봉해졌다. 임진왜란이 일어나자 선조宣祖를 따라 평양까지 갔다가 그 이듬해에 명明나라에 사신으로 갔으며, 돌아와서는 곧 강화江華로 내려가 사망하니 나이는 58세였다. 무엇보다도 송강가사松江歌辭를 써서 국문학사國文學史에 큰 공적을 남긴 것이 그에게는 가장 큰 업적이라 할 것이다. (『松江集』; 李殷相 譯, 『完譯李忠武公全書(上)』, 成文閣, 1989, 274쪽.)

190 노비단자路費單字 : 지방 관리들이 사신의 여비로 올려 보내는 물품들의 명세서. 보통 '單子'로 쓴다.

191 (*) 내용 생략. 원문은 '聞鄭相爲謝恩使赴京云 故路費單字 付送于鄭元明處 持傳其使行次事敎送矣'이다.

192 (*) 내용 생략. 원문은 '同飯而去'이다.

193 부찰사副察使 : 부체찰사副體察使의 준말. 도체찰사를 보좌하는 벼슬로 도체찰사와 마찬가지로 중앙으로부터 지방에 임시 파견된 고관이다. 이 당시 부찰사는 김찬金瓚으로 추정된다. (『선조실록』 권36, 선조 26년 3월 8일 癸亥)

17일(임인) 흐리기만 하고 비는 오지 않았으나 종일 동풍이 불었다. 이영남李英男·허정은許廷誾·정담수鄭聃壽·강응표姜應彪 등이 보러 왔다. 오후에 우수사[이억기]를 찾아보고, 또 새로 부임한 진도군수 성언길成彦吉을 봤다. 우수사와 함께 영남수사[원균]의 배에 갔다가 선전관이 임금의 분부를 가지고 온다는 말을 들었다. (*해 질 무렵 돌아올 때 도중에서 선전관이 왔다는 말을 듣고)[194] 노를 재촉하여 진으로 돌아오다가 도중에서 선전표신宣傳標信[195]을 만나 배로 맞아들여 위의 분부를 받들어 본즉, "급히 적의 돌아갈 길목으로 달려가서 도망하는 적을 끊고 몰살하라."는 내용이었다. 즉시로 공경히 받았다는 단자單子[196]를 써 주니 밤은 벌써 사경四更[오전 1~3시]이 되었다.

18일(계묘) 맑음. 이른 아침에 군사를 움직여 웅천熊川에 이르니 적세는 여전했다. 사도첨사蛇渡僉使[김완]를 복병장伏兵將으로 임명하여 여도만호呂島萬戶, 녹도가장鹿島假將, 좌우별도장左右別都將, 좌우 돌격장左右突擊將, 광양 2호선, 흥양대장興陽代將, 방답 2호선 등을 거느리고 송도松島[197]에 복병하게 하고, 모든 배들을 시켜서 꾀어내게 하니 적선 10여 척이 뒤를 따라 나왔다. 경상도 복병선 5척이 날쌔게 먼저 나가 쫓을 적에 다른 복병선이 뛰어 들어가 둘러싸고 수없이 쏘아 대니, 왜적의 죽은 것이 그 수효를 알 수 없었다. (*목을 벤 것이 1급이었다.)[198] 적의 기세가 크게 꺾여서 다시는 나와서 항전하지 않았다. 날이 저물어 사화랑沙火郎[199]으로 돌아왔다. (*날이 저물기 전에 여러 배들을 거느리고 원포院浦로 가서 물을 길었다. 어두운 틈을 타서 영등포 뒷바다로 돌아왔다. 사화랑 진영에서 밤을 지냈다.)[200]

---

194 (*) 내용 생략. 원문은 '暮還之際 路聞宣傳來'이다.

195 선전표신宣傳標信 : 임금의 명령을 전달하기 위해 선전관宣傳官이 휴대하던 원형圓形의 부신符信. 한 면에 '宣傳'이라 쓰고, 다른 면에는 어압御押이 있다. (『經國大典』兵典, 符信)

196 단자單子 : 지수단자祗受單子를 말한다. 단자는 타인에게 보낼 물품이나 어떠한 사실을 조목조목 적어 받을 사람에게 올리는 문서이다. (출처: 한국민족문화대백과사전).

197 송도松島 : 경상남도 창원시 진해구 연도동 송도.

198 (*) 내용 생략. 원문은 '一級斬首'이다.

199 사화랑沙火郎 : 경상남도 거제시 장목면 구영리 황포마을. 창원시 진해구 죽곡동에도 사화랑沙火郎이란 지명이 있으나, 여기서는 영등포[거제시 장목면] 뒷바다의 황포마을 포구를 가리킨다.

200 (*) 내용 생략. 원문은 '日未暮領諸船到院浦汲水 乘昏還到永登後洋 經夜沙火郎陣'이다.

19일(갑진) 맑음. 서풍이 크게 불어 배를 띄울 수 없었다. 그대로 사화랑에 진을 치고 있었다. (*남해현령에게 붓과 먹을 보냈더니, 저녁에 그가 와서 고맙다고 인사를 했다.)[201] ○ 남해현령이 보러 오고, 고여우高汝友와 이효가李孝可도 보러 왔었다.

20일(을사) 맑음. 새벽에 배를 띄우자 동풍이 잠시 불더니, 적과 교전할 때는 큰바람이 갑자기 불어 배들이 서로 맞부딪쳐 깨지게 되었는데 거의 배를 제어할 수가 없었다. 곧 호령하여 호각을 불고 초요기招搖旗[202]를 세워 싸움을 중지시켜서 여러 배들이 다행히도 크게 상하는 데까지 이르지는 않았다. 소진포蘇秦浦로 돌아와 밤을 지냈다. (*그러나 흥양 1척, 방답 1척, 순천 1척, 본영 1척이 서로 들이받아 깨졌다. 날이 저물기 전에 소진포에 이르러 물을 긷고 밤을 지냈다.)[203] ○ 이날 사슴 떼가 동서로 달려가는데, 순천부사[권준]가 1마리를 잡아 보내왔다.

21일(병오) 흐리고 큰바람이 불었다. 이영남[소비포권관]과 이여념[사량만호]이 보러 왔다. 우수사[이억기]와 원 영공元令公, 순천부사, 광양현감 등도 보러 왔다. ○ 저녁에 비가 오기 시작하더니 삼경三更[오후 11시~오전 1시]에 그쳤다.

22일(정미) 새벽에 구름이 끼어 흐리더니 동풍이 크게 불었다. 그러나 적을 치는 일이 급하므로 출발하여 사화랑沙火郎에 이르러 바람을 기다렸다. 바람이 조금 자는 듯하므로 다시 재촉하여 웅천에 이르러 두 승장僧將[삼혜三惠와 의능義能]과 성의병成義兵[성응지成應社]을 제포薺浦로 보내 곧 상륙할 것처럼 하고, 우도右道 여러 장수의 배 중에서 충실하지 못한 것을 골라 동쪽으로 보내 역시 상륙할 것처럼 했다. 왜적들이 갈팡질팡할 때, 전선을 합하여 바로 찌르니 적들은 세력이 나뉘고 약해져서 거의 모두 섬멸할 수 있었다. 그런데 발포鉢浦 2호선과 가리포加里浦 2호선이 명령도 안 했는데 돌입하다가 그만 얕고 좁은 곳에 걸려서 적들이 배 위로 올라타 습격을 당하게 된 것은 통분하여 가슴이 찢어질 것 같다. 얼마 뒤에 진도 지휘선이 또 적에게 포위되어 하마터면 구할 수 없게 되었는데, 우후가 바로 들어가 구원해 냈다. 경상도의 좌위장左衛將과 우부장右部將

---

201 (*) 내용 생략. 원문은 '送筆墨于南海 夕南海來謝'이다.

202 초요기招搖旗 : 군기의 한 가지로, 대장이 장수들을 부르고 지휘하고 호령하는 기이다.

203 (*) 내용 생략. 원문은 '然興陽一隻 防踏一隻 順天一隻 營一隻衝破 日未暮 到蘇秦浦 汲水經夜'이다.

은 보고도 못 본 체하며 끝내 돌아서서 구원해 내지 않았으니, 그가 한 짓은 이를 데 없을 정도이다. 참으로 통분 통분했다. (*이 때문에 경상도 수사에게 따져 묻기도 하였는데, 한탄스러웠다.)[204] 오늘의 통분한 것을 어떻게 말로 다 할 수 있겠는가. 모두 경상도 수사[원균] 때문이다. 돛을 올리고 소진포蘇秦浦로 돌아와서 잤다. ○ 아산에서 뇌蕾[205]와 분芬[206]의 편지가 웅천 진영으로 왔다. 어머님의 편지도 왔다.

23일(무신) 흐림. (*비는 오지 않았다. 아침에 우수사[이억기]가 보러 왔었고, 식후에 원 수사元水使가 왔고, 순천부사와 광양현감, 가덕첨사와 방답첨사 등도 왔고, 이른 아침에는 소비포권관所非浦權管, 영등만호永登萬戶, 와량만호臥梁萬戶[207] 등이 보러 왔다.)[208] 원 수사가 보러 왔는데 그의 흉악하고 음험함은 참으로 형용할 수가 없었다. ○ 최천보崔天寶가 양화陽花[209]로부터 내려와서 명나라 군사들의 소식을 자세히 전하고, 또 조도 어사調度御史[210]의 편지를 전했다. (*와 서류를 전하고 그날 밤으로 돌아갔다.)[211]

24일(기유) 맑음. 새벽에 아산과 온양에 보낼 편지와 집에 보낼 편지를 써 보냈다. ○ 아침에 배를 출발시켜 영등포 앞바다에 이르자 비가 몹시 퍼부어 바로 댈 수가 없기 때문에 배를 돌려 칠천량漆川梁[212]으로 돌아왔다. (*비가 그치자 우수사 이 영공李令公, 순천부사, 가리포첨사, 진도군수[성언길]와 더불어 뱃놀이를 하면서[213] 평온하게 이야

---

204 (*) 내용 생략. 원문은 '以是詰於水伯 可嘆'이다.

205 뇌蕾 : 이순신의 큰형 희신義臣의 맏아들.

206 분芬 : 이순신의 큰형 희신의 둘째 아들.

207 와량만호臥梁萬戶 : 와량臥梁은 사량蛇梁의 착오이다. 사량은 경상남도 통영시 사량면 금평리에 있었던 수군 만호진이다.

208 (*) 내용 생략. 원문은 '而不雨 朝右水伯來見 食後元水使來 順天光陽加德防踏亦來 早朝 所非浦永登臥梁等來見'이다.

209 양화陽花 : 양화나루터楊花渡. 서울특별시 마포구와 영등포구 사이 양화대교가 있는 곳이다.

210 조도어사調度御史 : 조도는 공물貢物로 바치는 토산물을 부과하는 것을 뜻한다. 조도 어사는 왕명으로 그 일을 감찰하기 위해 파견된 관리인 듯하다.

211 (*) 내용 생략. 원문은 '與公事 卽日夜還歸'이다.

212 칠천량漆川梁 : 이순신 함대의 정박지 '칠천량'은 경상남도 거제시 하청면 연구리 옥계마을(외질개) 포구로 추정된다.

213 뱃놀이를 하면서 : 원문은 "탕화蕩花"로 표기되어 있으나, 구체적인 내용은 미상이다.

기하였다. 초경[오후 7~9시]에 배 만드는 기구를 갖추어 들여보내는 일로 패자牌字[214]와 흥양에 갈 공문들을 써 보냈다. 양미 90되로 자염雌髥[말갈기]을 구입하여 보냈다.)[215]

25일(경술) 맑음. 풍세風勢가 불순하므로 그대로 칠천량漆川梁에서 머물렀다.

26일(신해) 큰바람이 불었다. 종일 머물렀다.

27일(임자) 맑으나 큰바람이 불었다. 우수사 이 영공[이억기]과 만나서 이야기하였다.

28일(계축) 맑고 바람도 없었다. 새벽에 떠나 가덕加德에 이르니, 웅천의 적은 움츠리고 위축되어 나와서 항전할 생각이 전혀 없었다. 우리 배가 바로 김해강金海江 아래쪽의 끝 독사리목禿沙里項[216]으로 향하였는데, 우부장이 변고를 보고했다. 여러 배들이 돛을 올리고 급히 가서 작은 섬[217]을 에워싸니 경상수사[원균]의 군관과 가덕첨사의 사후선伺候船 등 아울러 2척이 섬에서 들락날락하여 그 태도가 황당했다. 그래서 그들을 묶어서 원 수사에게 보냈더니 수사가 크게 성을 냈다. 그것은 본의가 모두 군관을 보내 고기 잡는 사람들의 머리를 베어 오자는 데에 있었던 때문이었다. ○ 초경[오후 7~9시]에 아들 염苒[218]이 왔다. 사화랑沙火郎에서 잤다.

29일(갑인) 흐림. 바람이 거칠어질까 염려스러워서 배를 칠천량으로 옮겼다. 우수사 이 영공[이억기]이 보러 왔었다. (*순천부사·광양현감 등도 왔다.)[219] 영남수사[원균]도 보러 왔다.

30일(을묘) 종일토록 비가 계속 내렸다. 뜸篷[220] 아래 웅크리고 앉아 있었다.

---

214 패자牌字 : 지위가 높은 사람이 낮은 계급에 속하는 사람에게 보내는 글.

215 (*) 내용 생략. 원문은 '雨止 與右水伯李令公 順天 加里浦 成珍島 蕩花穩話 初更造船器俱入送事 牌字 及興陽關字成送 糧九十升貿雌髥而送'이다.

216 독사리목禿沙里項 : 부산광역시 강서구 녹산동. 친필 일기에는 '독사이목禿沙伊項'으로 되어 있다.

217 작은 섬 : 부산광역시 강서구 녹산동 노적봉.

218 염苒 : 이순신의 셋째 아들로, 나중에 이름을 면葂으로 고쳤다.

219 (*) 내용 생략. 원문은 '順天光陽亦來'이다.

220 뜸篷 : ① 햇빛이나 비바람을 가리기 위해 짚·풀로 거적처럼 엮어 만든 뜸. ② 무명·삼베와 대나무로 엮어 만든 직사각형의 평형범平衡帆인 이봉利篷 돛.(『高麗圖經』권34, 海道1, 客舟)

3월[221]

초1일(병진) 잠깐 맑더니 저녁에 비가 왔다. 방답첨사[이순신李純信]가 왔다. 순천부사
[권준]는 병으로 오지 못했다.

초2일(정사) 비가 종일 왔다. 뜸 밑에 앉아 있으니 온갖 생각이 가슴에 치밀어 올라
회포가 어지러웠다. (*이응화李應華를 불러다가 한참 이야기하고, 그대로 순천 배로 보내
서 부사의 병세를 알아보게 했다.)[222] 이영남과 이여념이 왔다. 그들에게서 원 영공
[원균]의 옳지 못한 일[223]들을 들으니 깊이 탄식할 따름이다. (*이영남이 왜인의 작
은 칼을 놓고 갔다. 이영남에게 들은즉, 강진 사람 두 명이 살아 돌아왔는데, 고성固城으로 붙
들려 가서 문초를 받고 왔다고 한다.)[224]

초3일(무오) 아침에 비가 왔다. 오늘은 답청절踏靑節[225]인데, 흉악한 적들이 물러가지
않으므로 군사를 거느리고 바다에 떠 있으며, 그나마 명나라 군사들이 서울로
들어간 여부조차 듣지 못하니 답답하기 이루 말할 수 없다. (*종일 비가 내렸다.)[226]

초4일(기미) 비로소 맑아졌다. (*우수사 이 영공[이억기]이 와서 종일 이야기하였다. 원 영공[원
균]도 왔다. 순천부사의 병이 대단하다고 한다.)[227] 들으니, 명나라 장수 이여송李如松[228]
이 개성까지 이르렀다가 함경도로 들어간 적이 설한령雪寒嶺[229]을 넘어섰단 말을
듣고서 도로 평안도로 돌아갔다고 한다. 통분하고 답답함을 이길 길이 없었다.

---

221 친필 일기 원문에는 '2월'로 되어 있으나, 『전서』 편찬자가 '3월'로 고쳤다. 앞의 달이 이미 2월로 되어 있
고, 간지도 모두 3월에 해당되는 날짜들로 구성되어 있으므로 3월이 올바르다.

222 (*) 내용 생략. 원문은 '招李應華 與語移時 因送順天船 審病勢云'이다.

223 원 영공[원균]의 옳지 못한 일 : 경상우수사 원균이 공을 탐내어 무고한 사람의 머리를 베어다가 왜적의
머리라고 보고한 것이다. 지난달 28일에 그의 군관들이 섬을 들락날락한 것도 그런 것이었고, 지금 이
영남의 이야기에 살아온 사람도, 원균의 부하에게 붙들려 가서 죽을 뻔했다가 살아온 사람들로 추정된
다. (임진 3월 초2일.)(李殷相 譯, 『完譯 李忠武公全書(上)』, 成文閣, 1989, 276쪽.)

224 (*) 내용 생략. 원문은 '李英男置倭小刀而去 因李英男 聞康津二人生還 爲固城所捉 納招而去云'이다.

225 답청절踏靑節 : 봄날 푸른 풀을 밟는다는 데서 생긴 풍속. 원래 중국에서는 정월 8일 또는 2월 2일 등으
로 정한 일이 있었던 모양이나 뒤에는 3월 3일로 되었고, 우리나라에서도 역시 3월 3일을 답청일로 하
였다. (李殷相 譯, 『完譯李忠武公全書(上)』, 成文閣, 1989, 276쪽.)

226 (*) 내용 생략. 원문은 '終日雨雨'이다.

227 (*) 내용 생략. 원문은 '右水伯李令公來 終日話 元令公亦來 順天以病重痛云'이다.

초5일(경신) 맑으나 바람이 몹시 사나웠다. 순천부사[권준]가 병으로 돌아간다고 하므로 아침에 친히 보고 송별했다. ○ 탐후선이 왔다. 내일 적을 치자고 서로 약속했다.

초6일(신유) 맑음. 새벽에 떠나서 웅천에 이르니 적도들이 육지로 도망쳐 산허리에 진을 쳤으므로 군관軍官[230]들이 철환鐵丸과 편전片箭을 비 퍼붓듯 쏘아 대니 죽는 자가 무척 많았으며, 사로잡혀 갔던 사천泗川 여인 한 사람을 빼앗아 왔다. 칠천량漆川梁에서 잤다.

초7일(임술) 맑음. 우수사[이억기] 영공과 이야기하였다. 초저녁에 배를 출발하여 걸망포乞望浦[231]에 이르니 날이 이미 밝았다.

초8일(계해) 맑음. 한산도閑山島로 돌아와 아침을 먹고 나니, 광양현감[어영담魚泳潭], 낙안군수, 방답첨사防踏僉使[이순신李純信] 등이 왔다. 방답첨사와 광양현감은 술과 안주를 준비하여 오고, 우수사[이억기]도 왔다. 어란만호於蘭萬戶[정담수鄭聃壽]도 쇠고기[232]로 만든 음식 몇 가지를 보내왔다. ○ 저녁엔 비가 계속 내렸다.

초9일(갑자) 궂은비가 종일 내렸다. 원식元埴[233]이 와서 보고 돌아갔다.

초10일(을축) 맑음. (*아침 후에 배를 출발시켜)[234] 사량蛇梁으로 갔다. 낙안樂安 사람이 행재소行在所[의주]로부터 와서 전하는 말이, "명나라 군사들이 진작 개성까지

228 이여송李如松 : ?~1598. 자字는 자무子茂, 요동총병관遼東摠兵官 이성량李成梁의 아들로 역시 총병관이 되었으며, 명明나라 무신武臣으로는 최초로 총병관 위의 제독提督에 올랐다. 임진왜란 때 명나라 원군의 제독으로 조선에 와서 평양平壤을 수복하여 큰 공로를 세우고 본국으로 돌아간 뒤에 요동제독遼東提督이 되었다가 토비土匪를 토벌하다가 전사하였다. 영원백寧遠伯에 봉해졌고 시호는 충렬忠烈이었다. (『明史』 권238, 李如松列傳; 李殷相 譯, 『完譯 李忠武公全書(上)』, 成文閣, 1989, 276쪽.)

229 설한령雪寒嶺 : 낭림산맥狼林山脈에 있는 고개로 함경남도 장진과 평안북도 강계 지역의 경계선에 있다.

230 군관軍官 : 친필 일기에는 '관군官軍'으로 되어 있다.

231 걸망포乞望浦 : 친필 일기에는 '巨乙亡浦'로 되어 있다. 지금의 경상남도 통영시 산양읍 신전리이다.

232 쇠고기 : 원문은 "도림桃林"으로, 중국 고대에 주周나라 무왕武王이 도림桃林(도원桃原이라고도 하는 지금 하남성 하남현河南縣)에 소를 놓아 버린 일이 있었던바, 그 때문에 일종의 속담 문자로 소나 쇠고기를 도림桃林이라고 일컫게 된 것이다. (李殷相 譯, 『完譯 李忠武公全書(上)』, 成文閣, 1989, 276쪽.) 이날이 이순신의 생일이다.

233 원식元埴 : 원균의 사촌. 원균의 아버지 원준량元俊良의 형인 원국량元國良의 아들이다. (박종평, 『난중일기』, 파주 : 글항아리, 2021, 109쪽.)

234 (*) 내용 생략. 원문은 '朝食後發行'이다.

왔는데, 연일 비가 와서 도로가 진흙탕 길이 되어 행군하기 어려우므로 날이 개기를 기다려 서울에 들어가기로 약속했다.”라고 한다. 이 말을 듣고 기쁨을 이기지 못하였다. ○ 첨사 이홍명李弘明[235]이 보러 왔었다.

11일(병인) 맑음. (*아침 식사 후 원 수사와 이 수사가 와서 함께 이야기하고 또 술도 마셨다. 원수사는 몹시 취하여 동헌[사량만호영]으로 돌아갔다.)[236] 본영 탐후선이 왔다. (*돼지 세 마리를 잡아 왔다.)[237]

12일(정묘) 맑음. 아침에 각 고을 공문을 작성해 보냈다. (*본영 병방兵房 이응춘李應春이 사부斜付[238]를 마감하여 가지고 갔다.)[239] ○ 염冉[셋째 아들 면葂]과 나대용羅大用, (*덕민德敏,) 김인문金仁問도 본영으로 돌아갔다. ○ 식후에 우수사[이억기]에게 가서 (*하륙해 거처하는 방에서)[240] 바둑을 두었다. (*광양현감이 술을 마련해 왔다. 삼경三更[오후 11시~오전 1시]에 비가 내렸다.)[241]

13일(무진) 비가 많이 오다가 늦은 아침에야 개었다. 이 영공[이억기] 및 이 첨사 홍명弘明과 더불어 바둑을 두었다.

14일(기사) 맑음. 여러 배들을 출동시켜서 배 만들 재목을 실어 왔다. (*여러 배가 배 만들 재목을 보냈고, 운반한 뒤에야 왔다.)[242]

15일(경오) 맑음. 우수사와 여러 장수들과 관덕정에서 활을 쏘았다. 우리 편 장수가 많이 이겼다. (*우리 편 장수들이 이긴 것이 66분分이었다.)[243] 우수사가 떡과 술을 만들어 가지고 왔다. (*저물어서 비가 크게 쏟아지기 시작하여 밤새도록 퍼부었다.)[244]

---

235 이홍명李弘明 : 자字는 계원季遠, 본관은 벽진碧珍, 거주지는 전라도 금산金山이다. 1538년(중종 33)에 났으니 이순신보다 7년 위다. 1583년(선조 16) 46세로 무과에 합격하였다. 어느 곳 첨사를 역임했는지는 자세하지 않다.(「한국역대인물종합정보시스템」.)

236 (*) 내용 생략. 원문은 '朝食後 元水使與李水使亦來 共談且酒 元水使極醉而還于東軒'이다.

237 (*) 내용 생략. 원문은 '猪三口捉來'이다.

238 사부斜付 : 관에 속한 노비들을 본래 속한 곳에서 빼내 다른 데로 소속시킴. (세종대왕기념사업회, 『한국고전용어사전』, 2001)

239 (*) 내용 생략. 원문은 '營兵房李應春 斜付磨勘而去'이다.

240 (*) 내용 생략. 원문은 '下處房'이다.

241 (*) 내용 생략. 원문은 '光陽辨酒來 三更雨作'이다.

242 (*) 내용 생략. 원문은 '各船 起送船材 運後而來'이다. 본서의 원문이 더 자연스럽다.

243 (*) 내용 생략. 원문은 '我諸將所勝六十六分'이다.

16일(신미) 늦게 갬. 여러 장수들이 또 활을 쏘는데, 우리 편 장수들이 역시 이겼다. (*이긴 것이 30여 분이었다. 원 영공[원균]도 왔다가 매우 취해서 돌아갔다. 낙안군수가 아침에 왔기에 고부古阜로 가는 편지를 주어 보냈다.)[245]

17일(임신) 맑음. 종일토록 큰바람이 불었다. (*우수사와 활을 쏘았다. 그가 아주 형편이 없으니 우스운 일이다.)[246] 신경황申景潢이 와서 전하기를, 임금의 분부를 가져온 선전관宣傳官[채진蔡津, 안세걸安世傑]이 본영에 왔다고 하였다. (*곧 돌려보냈다.)[247]

18일(계유) 맑음. 큰바람이 종일토록 불어 사람이 마음대로 출입하지 못하였다. (*소비포권관[이영남李英男]과 아침밥을 함께 먹었다. 우수사와 장기를 두어 이겼다.)[248] 남해현령[기효근奇孝謹]이 보러 왔다. (*저녁에 돼지 한 마리를 잡아 왔다. 이경[오후 9~11시]에 비가 내렸다.)[249]

19일(갑술) 비가 계속 내렸다. 우수사와 함께 이야기했다.

20일(을해) 맑음. (*우수사와 함께 이야기했다.)[250] 오후에 들으니 "선전관이 유지有旨[왕명서王命書]를 가지고 온다."고 한다.

21일(병자) 맑음.

22일(정축) 맑음.

□ 23일부터 4월까지는 빠졌음.

---

244 (*) 내용 생략. 원문은 '暮雨大作 終夜下注'이다.
245 (*) 내용 생략. 원문은 '所勝三十餘分 元令公亦來 大醉而歸 樂安朝來 捧古阜簡而送'이다.
246 (*) 내용 생략. 원문은 '與右水伯射帳 不成模樣 可笑'이다.
247 (*) 내용 생략. 원문은 '卽還送'이다.
248 (*) 내용 생략. 원문은 '與所非浦朝飯 同右水伯 爭奕而勝'이다.
249 (*) 내용 생략. 원문은 '夕猪一口捉來 夜二更雨作'이다.
250 (*) 내용 생략. 원문은 '與右水伯同話'이다.

(*) 친필 일기의 「일기 외 기사」 (2) 번역문과 원문[251]

감결甘結[252]하는 일이다. 지금 섬오랑캐가 일으킨 변란은 아주 오랜 옛날부터 들어보지 못한 것이다. 역사에도 역시 전해진 것이 없다. 영남 바닷가 여러 성은 소문만 듣고 달아나 흩어졌다. 크고 작은 각 진의 장수도 하나같이 물러나 움츠러들고, 쥐처럼 산골짜기로 도망쳤다. 임금님의 수레는 서쪽으로 행차하기에 이르렀고, 연이어 세 도성三京[한성·개성·평양]이 함락되었다. 종묘사직은 먼지를 뒤집어쓴 지蒙塵 2년이 되어, 이제는 황폐한 유적이 되었다.

약속하는 일이다. 아주 오랜 옛날부터 들어보지 못한 흉악한 변란凶變이 우리 동방의 예의의 나라에 느닷없이 닥쳤다. □□가 단단하지 못해 왜적이 삼경을 함락하였고, 살아 있는 백성은 아주 심히 고통스러운 상태다. 적의 군사가 조금 가까운 곳에 접근하기만 해도, 소문만 듣고 먼저 무너지고 없어져, 군량을 길에 쌓아 놓게 해 도적을 도와주게 했다. 영남 바닷가 여러 성은 소문 듣고 달아나 흩어졌고, 적들에게 몰아치는 형세를 만들어 주었다. 임금님의 수레는 서쪽으로 피란 갔고, 백성은 짓밟혀 결딴이 났다. 세 도성三京[한성·개성·평양]은 연이어 함락되었고, 종묘사직은 황폐한 유적이 되었다. 신하로서 감당해야 하지 않을 수 없는 것인데 오직 우리 삼도三道[전라좌도·전라우도·경상우도] 수군만이 의기를 떨쳐 죽을힘을 다 하고자 하였다奮義效死. 그런데 기회가 적당치 않아 뜻과 바라는 바志願를 펼치지 못했다. 지금은 다행히도 명나라 조정이 천하대장군天下大將軍 이 도독[이여송]을 보내, 10만 명의 군사와 말을 이끌고 기성箕城[평양]와 적을 소탕하고 승승장구해, 세 도성三都[평양·개성·서울]을 이미 연이어서 되찾았다. 신하된 자로서 뛸 듯이 기뻐 무어라 말로 표현할 수 없었다. 또한 죽어야 할 곳도 알 수 없을 정도였다. 임금님께서 연이어 선전관을 보내셔서, "도망치는 대규모 적들의 길을 끊고 죽여 배 한 척도 돌려보내지 말라."고 하셨다. 또한 간곡하게 내리신 명령이 5일 만에 다시 이르렀으니, 바로 마땅히 충성심을 떨쳐 일어나 자신의 몸을 잊을 때이다. 그런데 어제 적과 마주쳐 지휘

---

251 이 일기 외 기사 내용은 「부산파왜병장」, 「당포파왜병장」, 「서간문」 등을 작성하기 위한 초고草稿로 보인다. 번역은 박종평, 『난중일기』(파주 : 글항아리, 2021), 648~671쪽을 참고하였다.
252 감결甘結 : 상급 관청에서 하급 관청에 보낸 공문.

할 때, 교묘히 회피해 머뭇거리던 모습을 한 자가 여럿 있었다. 지극히 원통하고 분한 일이었다. 바로 마땅히 군율律에 따라 죄를 물어야 했었다. 그러나 적과 서로 싸우기 전에 먼저 장수將 한 명을 효시하면賊未交鋒 先梟一將, 앞으로의 일도 아직 많고, 또한 세 번 명령을 내리도록 하는 법도 있고, 군령도 어기는 일이 있을 수 있으므로, 잠시 그 죄를 용서하는 것도 계책姑容其罪策일 뿐만 아니라, 다시 타일러 공로를 세우게 하는 것更敎以效力 또한 병가兵家의 일이기에 잠시 그 죄를 용서해 적발하지 않았으니, 약속하는 사연대로[253] 하나하나 받들어 행하라.[254]

9월 초1일, 사경四更 초初[오전 1시]에 배를 출발해 몰운대沒雲臺에 도착했더니, 경상우수사가 먼저 그의 소속 장수를 여럿 이끌고 있었습니다. 돌아서 다대포 앞바다에 도착했습니다.[255]

우수사 이[이억기]와 경상우수사 원균과 서로 약속했습니다. 절영도 남쪽 바다에 도착해 부산을 멀리서 바라보니, 적선이 동 포구에 좌우 산기슭에 적선이 셀 수 없이 열을 지어 정박해 있을 뿐만 아니라, 흙으로 쌓고 이엉을 덮어 새로 지은 집이 좌우의 산허리와 성안에 가득 차 있었습니다. 새로 지은 초가와 흙으로 쌓은 담장이 가득히 끊이지 않고 이어져 있었기에, 신은 억울하고 분한 마음을 이길 수 없었습니다. 여러 장수를 성대하게 이끌고, 선봉으로 달려 들어가는데, 본도[전라도] 우수사[이억기]도 곧 함께하였습니다. 본도 우수사와 경상 우수사[원균]는 약속에 따라 신[이순신]의 뒤를 따라와 서로 번갈아 드나들면서 천자·지자 총통과 여러 종류의 총통을 연달아 쏘아 적선 50여 척을 깨부수었습니다. 해도 저물었습니다.

아주 뜨거운 날씨인데도 삼가 살피지 못했습니다. 건강은 어떠십니까. 전에

---

253 약속하는 사연대로 : 원문에는 '口甘內辭緣'으로 되어 있어 뜻이 애매하지만, 본서 권1, 잡저에는 '約束辭緣(약속하는 사연대로)'로 되어 있다.

254 이 부분은 본서 권1, '잡저雜著' 마지막에 「각 진영의 장수들에게 약속하는 글約束各營將士文」로 실려 있다.

255 본서 권2, '장계狀啓 1' 「부산포에서 왜적을 격파하였음을 아뢰는 계본釜山破倭兵狀」의 내용과 연관된 것으로 보인다.

앓으셨던 학리瘧痢[256]는 지금은 어떻습니까. 낮이나 밤이나 그리운 마음 간절합니다. 근래 가뭄이 크게 심합니다. 강의 여울이 지극히 얕아져 적의 형세를 더욱 도와주고 있습니다. 신령과 하느님天께서도 돕지 않으시는 것이 이토록 극도에 이르렀습니다. 울분으로 가득 차 말할 수 없는 분노含憤無言怒로 간담이 찢어지는 듯합니다. 찢어지는 듯합니다. 묻고자 하는 내용으로 보내 주신 편지를 앞전에 받았음에도 불구하고前承下問, 철환 맞은 곳의 아픔 때문에 즉시 나아가 찾아뵙지 못했습니다. 엎드려 사죄드립니다. 엎드려 사죄드립니다. 다만 사람들의 마음이 이미 뿔뿔이 흩어져 세력을 합치기 어려우니 보좌를 어떻게 해야 합니까. 비록 혹시라도 징병에 응하고자 하는 사람이 있어도 홀로 거느리고 나갈 수는 없을 것입니다. 군대를 출전시키는 기한을 잠시 늦추는 것만 못해 휴가休暇를 얻게 한 뒤에 다시 소집해야 합니다. 그러니 도로 모을 이유도 전혀 없습니다. 지난번 물러나 돌아온 뒤에는 다시 소집해도 사람들의 마음이 이미 무너졌기에 세력을 합치기 어렵습니다.

뜨거운 날씨가 지독한데도 삼가 살피지 못했습니다. 건강은 어떠십니까. 전에 앓으셨던 학질瘧은 지금은 어떠십니까. 근심 걱정이 지나치시니, 병의 고통을 어찌 말로 다 할 수 있겠습니까. 낮이나 밤이나 그리운 마음을 가눌 수 없습니다. 가눌 수 없습니다. 근래 가뭄이 아주 심해 강의 여울이 지극히 얕아져 적이 제멋대로 하는 것을 도와주고 있습니다. 묻고자 하는 내용으로 보내 주신 편지를 일찍이 받았음에도 불구하고曾承下問, 철환 맞은 곳의 아픔 때문에 즉시 나아가 찾아뵙지 못했습니다. 지금까지 죄만 키웠습니다. 죄만 키웠습니다. 다만 지금 도[전라도] 안의 사람들의 마음을 자세히 살펴보면, 지난번 군사를 돌려온 뒤로 사람들의 마음과 군사들의 사기가 더욱 무너졌습니다. 그래서 곧바로 징집 명령을 내렸어도 모두 못마땅한 뜻을 품고, 달아날 계획으로 혹은 영을 어길 계획으로 도내의 백성들이 흔쾌하지 않은 마음으로 의병에 들어갔습니다. 무찔러 없앤 일입니다. 전에 선전관 조명이 갖고 온 임금님께서 분부하신有旨 서장에 따라 신[이순신]은 소속 수군을 거느리고, 경상우수사 원균과 같이 의논해, 그가 이끄는 전선 3척까지 거느리고, 옥포 등지를 노략질하던 적선 40여 척

---

256 학리瘧痢 : 몸을 벌벌 떨며, 주기적으로 열이 나는 학질에 걸려 설사하는 증상이라 한다. (박종평, 『난중일기』, 파주 : 글항아리, 2021, 648쪽),

을 불태워 없앤 것은 이미 임금님께 긴급 보고했습니다. 지난 5월 27일에 받은 경상우수사 원균의 공문에, "적의 무리들賊徒이 바다와 육지로 여러 진들을 침범해, 여러 진, 곤양과 사천, 남해 등지의 각 고을과 마을 사람들의 집을 불지르고 노략질하면서 본도[경상도]를 장차 압박해, 우도[경상우도]의 여러 고을은 이미 도적의 소굴이 되었고, 곤양과 사천도 다 패해 함락되었다."라고 했습니다. 신[이순신]은 한편으로는 소속 수군 장수들을 불러 모았고, 다른 한편으로는 본도[전라도] 우수사[이억기]에게 공문을 보냈습니다. 위의 우도[전라우도]는 물길이 까마득히 멀고 순풍과 역풍도 예상하기 어렵기에, 그 기한을 넉넉하게 잡아 6월 초3일에 신[이순신]의 영[전라좌수영] 앞바다에서 모여서 적에게 나아가겠다고 했습니다. 경상 우수사가 다시 보낸 기별에, "곤양과 사천 등의 고을이 역시 결딴났다."라고 했기 때문에, 이미 다시 □□해 본도[전라도] 우수사[이억기]를 기다려 만나기로 약속하였는데, 일의 형세가 더디고 느려지겠기에, 5월 29일 이른 새벽에 신[이순신]의 소속 수군만 이끌고 곤양과 남해 경계의 노량에 달려가 이르렀습니다. 경상우수사 원균은 신[이순신]의 수군을 멀리서 바라보고는 전선 3척을 거느리고 왔습니다. 위의 원균은 군대가 패배한 뒤로 군사가 없는 장수로 특별히 조치하고 통제할 일이 없었습니다. 같은 날[5월 29일] 낮 12시쯤, 적선 1척이 곤양 땅 가운데 태포太浦에서 보자기의 집에 불 지르고 노략질하며 수색·정탐하다가 우리 수군을 멀리서 바라보고는 달아나 피하려던 때에 여러 배가 한꺼번에 쫓아갔습니다.

묻고자 하는 내용으로 보내 주신 편지를 일찍이 받았음에도 불구하고曾承下問, 철환 맞은 곳의 아픔 때문에 즉시 나아가 찾아뵙지 못했습니다. 평생 동안 짊어져야 할 죄를 지었습니다. 다만 요즘 도道 안의 사람들의 마음을 살펴보면, 지난번 군대를 물린 뒤로 군사들의 사기는 근심과 고통, 게다가 원망까지 하고 있습니다. 곧바로 군사를 징발하는 명령을 내렸어도 모두 피해서 달아날 궁리만 지니고 있습니다. 이름난 군사 지휘관들도 □줄줄이 의병으로 들어가려고 한다고 합니다. 이와 같으니 그것을 어찌 다스릴 수 있겠습니까. 어리석고 망령된 뜻으로는 군대를 출전시키는 기한을 잠시 늦추는 것만 못 합니다. 한 번이라도 휴가를 얻게 해 주면 사람들의 마음이 반드시 이렇게까지 심하게 되지는 않을 것입니다. 군거물과 군량도 모두 용인현에서 내버려졌습니다. 모[이순신] 역시 모집한 수군 군사의 정예와 잡색雜色 중에서 자원했던 자들에게 힘을 기르게 휴가를 주었습니다. 8월 초에는 군사를 일으켜 거느리고 사또使道[전라도 관찰사] 앞으로 달려 나가 지휘를 받들어 죽음을 무릅쓰고 결전하고 싶습니다. 그런데 군량과 군기물은 경상도에 두 번 나아가 싸울 때 거의 다 써 버려서 또한 운용하기 어려운 걱정이 있습니다. 사또께서 미리 헤아리시어 명을 내려 주시기를 간절히 바랍니다. 사또께서는 국가의 수치와 모욕[용인 전투의 패배]을 참지 않고 다시 군대를 부흥시켜 나라의 치욕을 녹여 씻어야 합니다. 이렇게 마음을 다해 절박하게 하시면如是汲汲, 무릇 피가 끓는 사람이라면 마음과 힘을 모조리 쓰려고 하지 않는 사람이 없을 것입니다. 그러나 사람들의 마음이 이와 같으니 어찌해야 합니까. 어찌해야 합니까. 일이 비록 대수롭지 않더라도 급하고 빠르게 해야 한다면, 대장의 명령은 오히려 신중히 해서 감히 가벼이 행동해서는 안 됩니다事雖歇後急速 然大將之令 猶在愼重而不敢輕擧. 그런즉 사람들의 마음을 살피지 않을 수 없으며, 형세를 자세히 살펴서 처리해야 합니다.

보내 주신 편지 잘 받았습니다. 물으시는 것을 자세히 살폈습니다. 영체令體가 평안하시다니 지극히 기뻤습니다. 말씀하신 어교魚膠는 난리가 일어난 뒤에는 전례에 따라 정해진 고을에서 조금도 바치지 않아 다만 곧 30장을 올려 보내겠습니다. 우러러 부끄러울 뿐입니다.

불볕더위가 이처럼 심한데도 엎드려 살피지 못했습니다. 건강은 어떠십니까. 그립습니다. 전날에 앓으셨던 학질은 지금은 어떠십니까. 묻고자 하는 내용으로 보내 주신 편지를 두 번이나 받았음에도 불구하고再度奉下問, 철환을 맞아 구멍 난 곳이 아물지 않아 곧바로 나아가 찾아뵙지 못했고, 곧바로 출발하여 받들지도 못했습니다. 죽을죄를 지었습니다. 죽을죄를 지었습니다. 다만 사람들의 마음이 뿔뿔이 흩어지고 달아났습니다. 지금과 같은 때가 없었습니다. 그런데.

불볕더위에 엎드려 살피지 못했습니다. 건강은 어떠십니까. 그리운 마음 간절합니다. 전날에 앓으셨던 학리瘧痢는 지금은 어떠십니까. 날이 가물고 불볕더위가 이렇게 심하니 더욱 그립습니다. 묻고자 하는 내용으로 보내주신 편지를 엎드려 두 번이나 받았음에도 불구하고伏承再度下問, 병으로 인해 즉시 나아가 찾아뵙지 못했습니다. 죄를 졌습니다. 죄를 졌습니다. 강의 여울이 지극히 얕아져 적이 독기를 부리는 것肆毒을 더욱 돕고 있습니다. 적이 이동해 침범하는 것이 촛불이 이어 붙는 것轉燭과 같습니다. 분한 마음이 뼛속까지 들어와 있습니다憤入骨髓. 하느님天과 신령께서 도와주지 않는 것이 이렇게 심하게 되었으니, 서럽게 울부짖었습니다. 서럽게 울부짖었습니다慟哭慟哭. 분노로 간담이 찢어진 듯합니다. 전날 두 번이나 묻고자 하는 내용으로 보내 주신 편지를 받고 곧바로 나아가 찾아뵈려 했지만 시간을 낼 수 없었습니다. 철환을 맞은 곳이 아직 조금도 아물지 않았습니다. 억지로라도 달려가고 싶은 마음이었으나, 상처가 문드러지고 터지려 했습니다. 몇 달 안에 나을 것 같지 않아 머뭇거리고 망설이다가 이렇게 되었습니다. 죄를 키웠습니다. 죄를 키웠습니다.

게다가 사람들의 마음이 이미 무너졌기에 세력을 합치기 어려울 것 같습니다. 이를 어찌 다스릴 수 있겠습니까. 비록 혹시라도 징병에 응하는 사람이 있어도 홀로 싸우러 나갈 수는 없습니다.

분노도 부끄러움도 참을 수 없지만, 얻고 잃음, 성공과 실패가 이처럼 서로 멀리 있으니 어찌 경계하지 않을 수 있겠습니까. 다시 군대를 부흥시켜 국가의 치욕[용인 전투의 패배]을 씻는 것이 지금에 있어 아주 급한 일입니다. 그러나 오히려 신중히 하셔서 감히 적들과 가벼이 싸워서는 안 됩니다. 형세를 살피고 시름하며 괴로워하고, 원망하고 미워하는 것.

가뭄과 불볕더위가 아주 지독한데도 엎드려 살피지 못했습니다. 건강은 어떠십니까. 전에 앓으셨던 이질痢疾은 지금은 어떠십니까. 그리워하는 마음 그지없습니다. 모[이순신]가 곧바로 나아가 찾아 뵙고 엎드려 안부를 묻고 싶었습니다. 그런데 지난번 맞붙어 싸울 때 떨쳐 일어나 제 한 몸을 돌아보지 않고, 화살과 돌이 쏟아지는 것을 무릅쓰고 맨 먼저 나갔다가 철환을 맞은 곳이 매우 위중했습니다. 비록 죽을 정도까지 다치지는 않았지만, 어깨의 견정肩井과 대골[견갑골]을 깊이 다쳤습니다. 고름이 계속 흘러나와 아직도 옷을 입을 수 없습니다. 백 가지 약으로 치료하고 있어도 아직은 조금도 효과를 얻지 못했습니다. 또한 활을 쏠 수 없습니다. 걱정입니다. 걱정입니다. 군사를 일으켜 난리를 평정하는 일이 지금 아주 급한데, 몸의 병이 이러니 북쪽을 바라보며 길이 통곡하면서 눈물만 펑펑 흘릴 뿐입니다.

군사를 출동시킬 시기를 어느 날 즈음으로 정하셨습니까. 근래 이 도[전라도] 사람들의 마음을 자세히 살펴보면, 연해 지방에 징병한다는 이야기가 한 번이라도 들리면 모두 달아나 흩어질 궁리만 지니고 있습니다. 간혹 어떤 자들은 "물길을 따라 적을 무찌르러 가서 이곳저곳을 다니며 싸우다 깊이 들어가면 되돌아올 기회가 없다."라고 떠들어 댑니다. 게다가 또 말하기를, "경상도 접경 지역을 남김없이 징발하면 장차 이 도[전라도]를 적에게 주게 되어, 결국 지키고 방어할 사람도 없어 부모 처자를 다시는 서로 만날 수 없게 될 것"이라고 하고 있습니다. 사람들의 마음이 이와 같으니 어떻게 다스려 합칠 수 있겠습니까. 잠시 임금님의 분부에 따라 다시 경상도慶尙에 가서 적을 무찌르게 되었으나 돌아올 길이 있다는 것으로 말을 만들어 그들을 이해시키겠습니다.

순천부사[권준]가 있는 힘을 다해 모았어도 들어온 사람은 아주 적다고 합니다. 원통하고 분한 마음을 이길 수 없습니다. 원통하고 분합니다. 각 포의 보고도 연이어 똑같습니다. 그러므로 우선 명령을 내려, 즉 실패하지 않도록 잠시 늦추는 것이 좋겠습니다. 군사 출동 기한을 느슨하게 해 놓고 천천히 바른 이치로 타일러서 그들을 모아야 합니다. 하삼도下三道[경상·전라·충청] 안에서 가까스로 온전한 것은 이 도[전라도] 뿐입니다. 만약에 이 도까지 잃는다면 회복할 길이 전혀 없습니다. 낮에도 헤아려 보고 밤에도 생각했지만晝度野思, 가슴만 태울 뿐입니다. 가슴만 태울 뿐입니다. 목이 멥니다. 목이 멥니다.

다만 새로이徒增 사또께서 한 번의 실패를 잘못으로 여기지 않으시고 회복할 계책을 오래 생각하셔서 신속히 종묘사직을 돌아오게 할 수 있다면 심히 천만다행이겠습니다. 심히 천만다행이겠습니다. 이李·백白[257] 두 장수의 죽음은 이 또한 모두 스스로 얻은 것입니다. 요행과 만일은 실로 병가의 큰 계책이 아닙니다. 전날과 요즘의 임금님의 분부에 근거한 사또의 공문 내용에, "지금 들으니 의병이 많이 모여 올라간다고 한다."라고 했습니다. 엎드려 생각하건대, 누구를 장수로 삼아야 할지 모[이순신]는 모르겠습니다. 모[이순신]는 비록 스스로 능히 적을 죽이지 못했지만, 또 거느린 사람들에게 거느리는 자들에게 지시한즉,

257 이李·백白 : 1592년 6월 5일 용인龍仁 전투에서 전사한 조방장助防將 이지시李之詩와 백광언白光彦을 가리킨다. 용인 전투는 전라감사全羅監司 이광李洸, 충청감사 윤선각尹先覺, 경상감사 김수金睟가 거느리는 약 5만 명의 조선군이 용인을 수비하고 있던 와키사카 야스하루脇坂安治의 일본군 1,600여 명에게 패한 전투이다.

한 가지 일은 이뤘습니다. 그런데 전투용 말이 한 필도 없고, 군관들도 말 한 필이 없습니다. 어찌해야 합니까. 어찌해야 합니까. 전쟁 도구戰俱를 다스리지 못한다면 싸움조차 할 수 없습니다. 군기물은 즉 일찍이 경상도 싸움에서 거의 다 쓰고, 흩어졌기에 남은 것이 아주 적습니다. 지금 막 조치해 마련하려 해도 미치지 못할까 두렵습니다. 그중에서도 화약火藥이 아주 어렵습니다. 가슴만 탑니다. 가슴만 탑니다.

  지난번의 임금님의 분부에 근거한 사또의 공문 내용에, "좌우 군사의 위세로 돌아갈 길목을 끊고 다 죽여 적을 남기지 말라."고 하셨습니다. 그래서 일찍이 경상수사, 본도[전라도] 우수사와 소속 여러 장수가 이미 약속 기일을 정했었습니다. 그러므로 이 명령을 어떻게 행할 수 있겠습니까. 처음에 정한 것은 25일이었는데, 지금 사또에게 온 약속에서 이르기를, 27일로 물려 정했습니다. 대개 물길로 올라가겠지만, 이는 좋은 계책이 아닙니다. 다만 짐배를 정비해 군량을 운반하는 것은 아주 합리적인 듯합니다. 짐작해 헤아려 조치하시길 간절히 바랍니다. 간절히 바랍니다.

  엎드려 살피지 못했습니다. 건강은 어떠십니까. 그리운 마음 그지없습니다. 전날에 두 번이나 편지를 받고 엎드려 나아가 찾아뵈려 했습니다. 더불어 의병을 일으켜 적을 무찔러 난리를 평정하는 일을 말씀드리고자 했습니다. 그런데 맞붙어 싸울 때 스스로 지키지 않아 적의 철환에 맞았습니다. 비록 죽을 정도까지 다치지는 않았지만, 연일 갑옷을 입어著甲 구멍 난 곳이 헐고 문드러져 고름이 계속 흘러 아직도 옷을 입을 수 없습니다. 낮과 밤을 잊고 혹은 뽕나무 잿물桑灰水이나 혹은 바닷물海水로 목욕하고 씻어 내고 있습니다. 그러나 아직도 큰 차도가 없습니다. 걱정입니다. 걱정입니다. 사또께서는 군사를 출동할 날을 언제로 정하셨습니까. 소속 변방의 장수 중에는 녹도만호와 방답첨사 같은 사람이, 수령 중에는 흥양현감·순천부사·낙안군수가 있습니다. 그런데 다만 이 도[전라좌도]의 사람들이 모두 뿔뿔이 흩어지고 달아나려는 마음을 품고 있습니다. 우도[전라우도]의 각 포와 고을 또한 혹은 스스로 무너진 곳도 있습니다. 적의 얼굴조차 보지 않았는데도 오히려 이와 같습니다.

가뭄과 불볕더위가 아주 지독합니다. 삼가 살피지 못했습니다. 건강은 어떠십니까. 그리운 마음 그지없습니다. 전날에 아프시던 이질은 지금은 어떠십니까. 낮과 밤으로 엎드려 간절히 걱정하며, 곧바로 찾아뵙고자 했습니다. 그런데 떨쳐 일어나 제 한 몸을 돌아보지 않고 화살과 돌덩이를 무릅쓰고 먼저 나아갔습니다奮不顧身 先冒矢石. 철환에 맞아 아주 위중했습니다. 비록 죽을 정도까지 다치지는 않았지만, 어깨의 대골[견갑골]까지 깊이 범했습니다. 구멍 난 곳이 고름이 계속 흘러 아직 옷을 입을 수 없습니다. 뽕나무 잿물로 연일 목욕하고 씻어 내고 있습니다. 온갖 조치를 해도 아직은 조금도 효과를 얻지 못했습니다.

장마霖가 끝난 뒤 가물고 불볕더위도 심히 지독합니다. 엎드려 살피지 못했습니다. 건강은 어떠십니까. 그리운 마음 그지없습니다. 전날에 아프시던 이질은 지금은 어떠십니까. 지극한 그리움에 마음을 가눌 수 없습니다. 전에 두 번이나 보내 주신 편지를 받고 곧바로 나아가 찾아뵈려고 했었습니다. 그런데 맞붙어 싸울 때 떨쳐 일어나 제 한 몸을 돌아보지 않고 화살과 돌덩이를 무릅쓰고 들어갔습니다. 철환에 맞아 아주 위중했습니다. 비록 죽을 정도까지 다치지는 않았지만, 그 뒤로도 연일 갑옷을 입고 싸웠기에 철환에 맞은 구멍이 헐고 문드러졌습니다. 고름이 흘러내려 아직도 옷을 입을 수 없습니다. 뽕나무 잿물과 바닷물로 잇따라 낮과 밤으로 목욕하고 씻어 내고 있지만, 아직은 조금도 효과를 얻지 못했습니다. 며칠 동안 길을 떠날 채비를 했지만, 아직 용맹스럽게 나아갈 수 없어 걱정만 하고 있습니다.

군사를 일으켜 출동할 날을 어느 날 즈음으로 정하셨습니까. 그런데 이 도[전라도]의 사람들의 마음이 달아나 흩어지려고 하기에, 징병한다는 이야기만 들리면 모두 달아나 피하려고만 한다고 합니다. 원통하고 분한 마음을 이길 수 없습니다. 원통하고 분합니다. 팔을 들 수 없고, 또한 활을 쏠 수 없습니다. 뿐만 아니라 견골肩骨[어깨뼈]을 깊이 침범했기에 또한 활을 쏠 수 없습니다. 장차 아예 못 쓰게 될 것 같습니다. 걱정입니다. 걱정입니다. 군사를 일으켜 난리를 평정하는 일勤王事이 지금 아주 급한데, 몸의 병이 이렇게 되었으니 북쪽을 바라보며 길이 통곡할 뿐입니다.

군사를 일으켜 출동할 날을 어느 날 즈음으로 정하셨습니까. 근래 이 도[전라도]의 사람들의 마음을 자세히 살펴보면, 징병한다는 이야기만 한번 들으면 모두 뿔뿔이 흩어져 달아날 궁리만 지니고 있습니다. 배를 능히 조종할 수 있는 포작鮑作인 연해 사람들이 또한 거의 다 뿔뿔이 흩어져 도망치면서 말하기를, "물길을 따라 조종해 관서關西[평안·황해]로 가면 되돌아올 기회가 없고, 바닷가 땅은 지키고 방어하는 사람이 없어 장차 도적의 소굴賊藪이 되어 부모처자도 다시 볼 길이 없게 될 것"이라고 하고 있습니다. 사람들의 마음이 뿔뿔이 흩어진 것이 이렇게까지 되었으니 어떻게 다스려 합칠 수 있겠습니까.[258]

불태워 없애고焚滅, 곧바로 사천 선창에 도착했습니다. 그런즉 적의 무리가 자그마치 300여 명이 산봉우리에 진을 쳤고, 산 아래에는 배를 줄지어 매어 놓았습니다. 대선 7척, 중선 5척에 많은 깃발을 꽂아 놓고는 펄쩍펄쩍 뛰며 시끄럽게 소리를 질러 댔습니다. 그래서 거북선을 돌진시켜 천자·지자 총통을 연달아 쏘게 했고, 또 여러 배가 한꺼번에 진격해 화살과 철환을 바람과 비가 쏟아지듯이 쏘았습니다. 적의 무리는 물러나 숨었습니다. 전箭에 맞아 물에 빠진 자, 다친 몸을 이끌고 산으로 올라가는 놈이 얼마나 되는지 셀 수도 없었습니다. 왜적의 머리와 왜적의 장수를 많이 베었고, 배는 남김없이 모두 불태워 없앴습니다. 이튿날인 6월 초1일, 고성 땅 모사랑포에 진을 치고 밤을 보냈습니다.

초2일 이른 새벽에 가볍고 빠른 배輕快舡를 보내 적이 머문 곳을 찾아내게 했습니다. 돌아와 보고한 내용에 따르면, "당포에 왜 대선大船 12척, 소선 20여 척이 정박한 뒤 더러는 육지에 상륙해 당포의 관사를 불 지르고 노략질하고, 더러는 배 위에 그대로 있다."라고 했습니다. 이로 말미암아 다시 여러 장수를 격려해 한꺼번에 급히 추격했습니다. 소선 2척으로 유인했더니 적의 층루대선層樓大船과 여러 척의 배가 노를 저어 쫓아 나오며 시끄럽게 소리를 지르고 펄쩍펄쩍 뛰었습니다.

또 나각[소라]을 불어 여러 장수를 지휘해 한꺼번에 둘러쌌습니다一時回擁. 먼저 거북선으로 하여금 곧바로 뚫고 들어가直衝 천자·지자 총통을 연달아 쏘아 그 층루대선을 깨부수게撞破 했습니다. 적의 무리들은 자신들의 형세가 우리를 당해 낼 수 없음을 알고는 당포 선창으로 되돌아 들어가 육지로 상륙했습니다. 철환과 화살을 바람과 비가 쏟아지듯 쏘았습니다放丸射矢 發如風雨. 거의

---

258 이 부분은 본서 권1, '잡저雜著' 「어떤 사람에게 올리는 편지上某人書」(一)로 실려 있다.

다 맞아 다쳤고, 죽은 자 또한 많았습니다. 먼저 왜장의 머리를 베었고, 또 따르는 왜적의 머리를 베었습니다. 7급입니다. 배도 모두 불태워 없앴습니다.

또 적을 감시하는 군사가 와서 보고한 내용에, "왜 대선 20여 척과 소선 10여 척이 향해 오고 있다."고 했기에, 재촉해 바다로 나가 자세히 살펴보니 결과는 그 말과 같았습니다. 적의 무리들은 우리 수군을 멀리서 바라보고는 물러나 숨으려 견아량堅我梁으로 향했습니다. 날이 이미 저물어 그대로 머물며 밤을 지냈습니다.

다음 날인 초3일, 우리 수군을 정돈해 협공해서 수색·토벌했어도 자취가 전혀 없었습니다. 가볍고 빠른 작은 배輕快小舸를 보내 먼저 적이 머문 곳을 정탐하도록 한 뒤, 그대로 머물러 우수사[전라우수사 이억기]를 기다렸습니다.

초4일 낮 12시쯤, 우수사[이억기]가 수군을 거느리고 와서 정박했습니다. 함께 약속하고 견아량 착포鑿浦에 진을 치고 밤을 지냈습니다. 그리고 배를 몰아 고성에서 20리가 미치지 못했을 때, 섬 위에 있던 우리나라 사람 하나가 부르며 말하기를, "적선 대·중·소 전체 30여 척이 지금 고성 땅 당항포에 들어와 대오를 짓고 있다."라고 했습니다. 그래서 그 당항포에.

엎드려 살피지 못했습니다. 건강은 어떠십니까. 그리운 마음이 간절해 제 마음을 가눌 수 없습니다. 일찍이 태체台體[정승]께서 평안치 않으시다는 이야기를 들었지만, 변방에서 먼바다를 지키느라 안부도 쉽게 여쭤보지 못했습니다. 저는 가슴 태우며 그리워만 하고 있었습니다. 가슴 태우며 그리워만 하고 있었습니다. 이곳 적의 세력은 현재는 다른 자취가 없습니다. 연일 탐색하고 시험해 보았더니 식량 부족으로 굶주린 모습이 많았습니다. 그들의 의도는 반드시 곡식이 익는 데 있을 것입니다. 그런데도 우리나라의 방어 준비는 곳곳이 틀어져 어긋나 방어하고 지키는 형세가 전혀 없습니다.

왜놈倭奴들이 특별하게 여기는 것이 우리 수군舟師입니다. 그런데도 수군 군사로 싸우러 나가려는 사람이 한 사람도 없습니다. 방백[순찰사]에게 공문을 보냈어도 점검하고 감독할 생각이 조금도 없습니다. 군량은 의뢰할 곳이 더욱 없습니다. 온갖 생각을 다 해 보았지만 어떻게 해야 할지 모르겠습니다. 수군의 일이 되어가는 형세는 머지않아 그만두어야 할 듯합니다. 모[이순신]의 한 몸뚱이야 만 번 죽어도 조금도 아까울 것 없지만, 나랏일은 어떻게 해야 합니까. 전라 신임 방백[순찰사]과 원수는 연해 수군 군량을 군관을 보내 창고에 있는 것들을 모두 실어 갔습니다. 모[이순신]는 다른 도[경상도]의 먼 바다에 있어 조치하고 통제할 길이 없습니다. 상황이 이렇게 심한데 어찌해야 합니까. 어찌해야 합니까. 수군에 어사를 특별히 파견해 주셔서 수군의 일을 전체적으로 검사하면, 즉 도움이 될 일일 듯합니다. 그래서 장계도 했지만, 엎드려 생각건대 아직 조정의 뜻을 알 수 없습니다.

종사관 정경달은 온 정성을 다해 둔전을 감독하고 있습니다. 그런데 전 방백[순찰사]이 보낸 공문에서 말하기를, "도주道主[관찰사]의 명령으로 허가된 둔전 이외에는 경작하지 말며, 그 어떤 검사도 하지 말라."고 했습니다. 엎드려 생각건대 그 목적을 모르겠습니다. "정 공丁公[정경달]은 지금은 함양咸陽 원[倅, 군수]으로 임명되었다."고 합니다. 그가 검사하던 일은 머지않아 헛된 일이 되겠기에 가슴만 탑니다. 가슴만 탑니다. 수확할 사이까지만이라도 그대로 있게 할 수는 없겠습니까.[259]

爲甘結事 今此島夷之變 千古所未聞 史亦無傳 嶺海諸城 望風奔潰 各鎭大小之將 一向退縮 鼠竄岀峀山谷 致大駕西幸 連陷三京 宗社蒙塵二年 于玆丘墟

爲約束事 千古所未聞之凶賊凶變遽及於吾東方禮義之邦國 ~~□□不固~~ ~~倭陷三京~~ ~~生民塗炭~~ ~~敵兵纏接近境~~ 望風先潰而盡 以兵糧路爲藉寇之資 嶺海諸城 望風奔潰 致成席卷之勢 鑾輿西遷 生靈魚肉 連陷三京 宗社丘墟 爲臣子者莫不所當 惟我諸將三道舟師 莫不欲痛哭奮義效死不暇 而機會不適 未展所志願 今幸□天朝遣天下大將軍李度督 領十萬兵馬 掃蕩箕城之賊長驅 已復三都 連如爲臥乎所 爲臣子者踊躍欣忭□ 不知所言 又不知死所也 自上連遣宣傳官 宣諭截殺大遁之賊 隻輪片帆不返 亦丁寧下敎 五日再至爲有去等

正當奮忠忘身之秋 而昨日臨敵指揮三道諸將之際 多有巧避逗遛之形者 極爲痛憤 卽當按律 而賊未交鋒 先梟一將 前事尙多 又有三令之法 有妨軍令爲乎等用良 ~~姑容其罪策叱分不喩~~ 更敎以效力 亦兵家之事爲乎等用良 姑容

259 이 부분은 본서 권1, '잡저雜著' 「어떤 사람에게 올리는 편지上某人書」(二)로 실려 있다.

其罪 而不爲摘發爲去乎 曰甘內辭緣 一一奉行爲乎矣

九月初一日 四更初發船 到沒雲臺 則慶尙右水使先率其所領諸將 回到多大浦前洋

與右水使李·慶尙右水使元均相約 到折影島南洋爲白乎矣 望見釜山 賊船則同浦左右山麓 賊船無數列泊爲白去乙叱分不喩 新造土築蓋草家左右山腰及城內瀰滿 新造設草家土築垣墻瀰滿連絡爲白去等乙 臣等不勝鬱憤 領約昌率諸將先鋒馳入 本道右水使乃[260]與本道右水使及慶尙右水使約 日繼臣之後 迭相出入 連放天地字各樣銃筒 撞破賊船五十餘隻 日且奄暮

熱極 伏未審體候若何 前患瘧痢 今則如何 日夜伏慕伏慕 近甚旱極氣大甚江灘極淺 助賊益勢 神天不佑 至於此極 含憤無言怒膽如裂如裂 前承下問以丸處之痛 卽未進謁 伏罪伏罪 但大心潰散 勢似難合 何以爲副 雖或有應徵者 不可獨率而赴 不如姑寬出師之限 使得休暇 而後更徵 則斷無還集之理矣 頃日退還之後 旋卽更徵 人心已潰 勢似難合

熱酷 伏未審體候若何 前日患瘧 證今則如何 憂念慮過極度 患痛何言 日夜之戀 無任下情 下情 近者旱氣太甚 汪灘極淺 益助賊肆 □曾承下問 以丸處之痛 卽未進謁 迨今罪仰罪仰 但今觀道內人心 頃日退還還師之後 □大心軍情益潰散 而又卽旋有徵集之令 道內之民 咸懷不快之意 違令之計 走脫之計 或入義兵

爲剿滅事 前矣宣傳官趙銘 賫來宥旨書狀內乙用良 臣所屬舟師領率 與慶尙右水使元均同議 所率戰船三隻率良於 玉浦等地 賊船四十餘隻焚滅 已爲馳啓爲白有乎 去五月二十七日到付慶尙右水使元均移文內 賊徒水陸侵犯

列鎭昆陽泗川南海等地 各邑及閭里人家 焚蕩作賊 將迫本道 右道列邑 已爲賊藪 昆陽泗川 亦盡陷敗是如爲白有叱去乙 臣矣所屬舟師諸將 一邊招集 一邊本道右水使處移文 同右道段 水路遙遠 風之順逆 亦難預度 寬其日限 六

---

260 本道右水使乃: 뒤쪽 "本道右水使及"과 중복된 내용으로, 삭제해야 함.

月初三日 臣□營前洋 會約亦赴敵爲白有如乎 慶尙右水使更良通奇內 昆陽
泗川等官 亦爲陷沒是如爲白爲去等 已更良□□則 以待本道右水使期會爲
白在如中 事勢稽緩乙仍于 同月二十九日曉頭 只率臣所屬舟師 馳到昆陽南
海地境露梁爲白乎矣 慶尙右水使元均 望見臣舟師 率戰船三隻來到爲白良
置 同元均段 敗軍之□後 無軍之將 以別無措制之事爲白在果 同日午時量
賊船一隻 昆陽地中太浦鮑作干家 焚蕩搜探爲白如可 望見我師 走避次 諸船
一時追逐

曾承下問 以丸處之痛 卽未進謁 平生負罪仰罪仰 但近觀道內人心 則頃日
退師之後 軍情益潰愁苦且怨 而旋有還懲師之令 皆懷避脫之計 曰繫係名軍
任者亦投入義兵云 如是可能□□滅賊乎 其何以爲制 愚妄之意 不如姑寬出
師之期 使得一時之休暇 則人心必不至此極矣 軍器軍糧幷棄於龍仁縣 某亦
募得水卒之精銳及雜色中自願者 使之畜力休暇 欲於八月間初 擧率馳進于
使道前 承受指揮 以死決戰 而軍糧軍器 幾盡於慶尙再赴之戰 又有難運之
慮 使道預量行下 伏仰伏仰 今之使道曰□赴戰不忍懷國家羞辱 更復興師 如
是汲汲 曰曰融雪國辱 汲汲不拘時 至今汲汲 在所汲汲 而人情至此奈何奈何
如是汲汲 凡有血氣者 莫不欲殫竭心力 而人情至此 奈何奈何 事雖歇後急速
然大將之令 猶在愼重而不敢輕擧 則不可不察人情 審形勢亦不可不 □□□
亦所當務而處之矣

伏承令問 伏審令體萬重 仰喜仰喜 敎下魚膠 變生之後 例定之邑 一切不
納 只將三十張送上 仰愧仰愧

炎酷比劇 伏未審體候若何 伏慕 前日患瘇 今未却則如何 再度奉曰書下問
丸孔未合 卽未□進謁 卽未奉發 死罪死罪 但人心之潰散 無如此時 而

酷炎 伏未審體候若何 伏慕伏慕 前日患瘇痢 今則如何 旱氣至此極 炎曰
無前斯極 尤用伏慕之至 伏承再度下問 以病卽未進謁 罪負罪負 江灘至極亦
淺 益助賊肆毒 賊之移犯 有若轉燭 憤入骨髓 天神不助祐 以至此極 憤慟哭
慟哭 怒膽如裂 前日再承下問 伏卽欲趍進謁 不移時而中賊丸處甚重處 尙未

差合 强情驅馳 則勢將爛破 數旬月之內慮未趑趄至此 罪仰罪仰 且人心亦已
潰 勢似難合 何以爲制 雖或有應徵者 不可獨赴

不忍憤恥 得失成敗 相遠如此 可不戒乎 更復興師 以雪國家之恥辱 在今
急急 而猶慎重 而不敢輕與之戰 審形勢 愁苦怨毒

旱炎太酷 伏未審體候若何 前日患痢 今則如何 伏慮慕之至 無極下誠任任
下誠 某伏欲卽進探候 而頃日接戰 奮不顧護 先登矢石 中丸處甚重 雖不至
死傷 深犯肩井大骨 惡汁長流 未能著衣 百藥調治 尙未差效 又未控弦 伏悶
伏悶 勤王之事 在今急急 而身病至此 北望長慟 只自垂淚而已 行師之期 定
在何日間耶 近觀此道人心 則一聞沿海徵兵之奇 咸懷奔潰之計 或有言者曰
由水路往討 轉戰深入 則還返難期 且曰 海邊慶尙接境之地 無遺徵聚發 則
將此道與敵 而無大守禦者亦無 父母妻子 無復相見云 人心如是 何以制合乎
姑以因宥旨 更往慶尙討截賊之 歸路爲辭而解之 順天府使 發差極力聚之 而
曰應赴者甚罕云 不勝痛憤痛憤 各浦之報 連絡亦如是 故姑令曰 則不以一敗
爲 不如姑緩寬其限行師之期限 徐以義理 曉而聚之也 下三道內唯僅完者此
道 粗完曰人心 若失此道 則恢復無路 更觀賊勢 晝度夜思 憂悶憂悶 哽塞哽
塞 徒增使道 不以一失爲嘆慮誤 而長思萬全恢□復之策 亟還復廟宗社 千萬
幸甚幸甚 李白兩將之死 此皆自取也 僥倖萬一 實非兵家之長算矣 前日頃日
使道關內宥旨據使道關內 今聞義兵多聚上去云 伏不未知某人爲將也 某以
曰雖未自能殺敵 亦無指示率所所率 則有可成一事 然戰馬無一匹 可用軍官
等亦無一馬 奈何奈何 不治戰俱 先入賊中 是亦取則不可戰矣 軍器則曾因慶
尙之戰 幾盡放散 餘者甚畧 今方措備而勢恐未及也 其中火藥甚難 仰悶仰悶

頃日宥旨據使道關內 令左右兵勢 要截賊歸路 盡殲云故賊無餘云 故曾與
右道水使及慶尙水使本道右水使及所屬諸將 已定約期日 而此命何以爲乎
初定二十五日 今以使道來約之敎 退定二十七日矣 大槩由水上去 此非上策
只整卜船 輸運兵糧 此似合甚似合理 酌量處置 伏仰伏仰
伏未審體候若何 仰慕仰慕 前日再度敎下下書 卽伏欲進謁 兼稟擧義討賊
勤王之事 而接戰時 不能自護 中賊鐵丸 雖不至死傷 連日著甲 孔穴爛破 惡

汁沾背長流未能著衣 難便悶晝夜 或桑灰水 或海水浴洗 尙未差復 伏悶悶
使道發軍之日 定在何時 所屬諸邊將中 如鹿島防踏 守令中興陽順天樂安 而
但此道之人 皆懷潰散之心 右道各官浦及各官 亦或有奔自潰之處 未見賊面
尙且如是

　旱炎太酷 伏未審體候若何 仰慕仰慕 前日患痢 今則如何 日夜伏慮之至無
任下誠 卽欲進謁 而奮不顧身 先冒矢石 中丸曰犯骨甚重 雖不至死傷 深犯
肩大骨 □□□孔穴爛破 惡汁長流 未能著衣 桑灰水連日夜浴洗 百爾調治
尙未差效

　庚炎甚酷霖收旱作 炎□甚酷 伏未審體候若何 仰慕仰慕 瘟前日患痢 今則
如何 伏慕之至 無任下情 前日再承下書 伏欲卽進 而接戰時奮不能自顧身
冒入矢石 中丸甚重 雖不死傷 其後連日著甲相戰 孔丸穴爛破 惡汁流出 未
能著衣 桑灰水海水 連日夜浴洗 尙未差效 治行有日 未克銳進 仰悶仰悶 發
軍行師之日 定在何間 但此道人心潰散 常聞徵兵之奇 咸欲逃奔避云 不勝痛
憤痛憤 非但此也 丸犯肩井大骨 未能擧臂 又未控弦 將作廢棄 非但此也 深
犯肩骨 又未控弦 將作廢棄 □伏悶伏悶 勤王一事 在今急急 而一刻至於此
極 身病至此 北望長慟而已 發軍行師之日 定在何間 近觀此道人心 則一聞
徵聚之奇 皆懷奔潰之計 鮑作能操沿海之人 幾已潰散曰 從水路轉往關西則
往還返難期 生前父母妻子更見無路 沿邊之地 無人守禦 將作賊藪 父母妻子
亦難無復相見云 人心之潰離散 至於此極 何以而制合耶

　焚滅後 直到泗川曰船倉 則賊徒無慮三百餘名 峯上結陣 列船峯下 大舡七
隻·中隻五隻 多樹旗幟 踊躍叫嚷爲白去乙 令龜船突進 連放天地字銃筒 諸
船一時俱進 射矢放丸 發如風雨 賊徒退遁 逢箭沈水 或扶曳登山者 不知其
數 多斬倭頭及倭將幷四級 船隻段無遺焚滅爲白齊 翌日是白在 六月初一日
固城地毛思郎浦結陣經夜 初二日曉頭發船 令輕快舡探賊止泊處爲白乎矣
回告內 唐浦良中 倭大船十二隻·小舡二十餘留泊 除除下陸同浦 官舍焚蕩
除除仍在船上爲白去乙是如 來告乙仍于 更勵諸將 一時馳追 小船二隻 以誘
引爲白乎矣 層樓大舡及諸船 搖掉追來 叫嚷踊躍 又吹螺角爲白去乙 指揮諸

將 一時回擁 先使龜船直衝 連放天地字銃筒 撞破其層樓大舡 賊徒自知勢不
能支吾 還入唐浦船倉下陸次 放丸射矢 發如風雨 幾盡中傷 致死者亦多 先
斬倭將 又斬從倭斬頭七級 焚滅其船次 又有望軍進告內 倭大船二十餘隻·小
船十餘隻 向來是如爲白去乙 促出洋中爲曰乎矣 探見則果如其言 賊徒望見
我師 退遁指向堅我梁 日亦已暮 仍留經夜 翌日是白在 初三日 整我舟師 挾
攻搜討爲白良置 絶無形迹爲白去乙 先令輕快小舡 送探賊留處爲白去鈔 仍
留不發以待右水使 初四日午時 右水使領舟師來泊 與之約束 堅我梁鑿浦結
陣經夜 而行船 未及固城二十里次 島上有一我人呼喚我大曰 賊船大中小幷
三十餘隻 今入固城境唐項浦 作綜是如爲白去乙 同唐項浦

伏未審台體候若何 瞻戀之至無任下誠 曾聞調台體候失寧來在而戌守遠海
未易探候 徒極悶下情悶仰悶仰 賊勢別無加減 此處賊勢 時無他迹 曰曰連日
探嘗 則多有飢嬴餒之色 其意必在穀熟 而大謀不臧 我國備禦 處處疎迂 處
處齟齬 萬無防守之勢矣 奈何奈何 倭賊中倭奴所異者舟師 而各官守令水卒
之赴戰者無矣 移文方伯 則畧無檢督之意 軍糧尤無所賴 百爾思惟 罔知攸措
舟師一事 勢將罷撤 如某一身一身 萬死無惜 其於國事如何 全羅新方伯及元
帥 舟師沿海舟師之糧 遣軍官轉庫輸去 伏未知是意也 某在他道遠海 無路措
制 勢至此極 奈何奈何 若別遣舟師御史 摠檢舟師之事 則勢似可濟事 故狀
啓而伏未知朝廷之意也 從事官丁景達 盡心於監田監屯 而前方伯移文曰 道
主之外 不可續續作耕屯云 一切勿檢云 是亦伏未知其意也 丁公今爲咸陽倅
云 其所檢之事 將歸虛矣 仰悶仰悶 收穫間 未可仍之耶.[261]

[* 이 기사는 계사년 5월 7일 출전 후, 견내량에 모인 수군 장수들의 주요 전술 편제를
기록한 것이다.]

261 친필 일기의 이 '일기 외 기사'를 활자화活字化하는 작업은, '朝鮮史編修會,『朝鮮史料叢刊 第六 亂中日
記草·壬辰狀草』, 조선총독부, 1935.(東京：第一書房, 1978 復刻.)'과 '박혜일·최희동·배영덕·김명섭,
『李舜臣의 日記草』(서울：조광출판인쇄, 2007.)'를 참고하였다.

5월 초10일 거제 견내량見乃梁의 진중陣中

전라 좌·우수군 대장　　　　　　경상도 중위장 김승룡金勝龍
경상 우수군 대장　　　　　　　전위장 기효근奇孝謹
전라 좌수군 중위장 권준權俊
전라 우수군 중위장 구사직具思稷
전라 좌수군 좌부장 신호申浩
　　전부장 이순신李純信
　　중부장 어영담魚泳潭
　　척후장 김완金浣, 김인영金仁英
　　유군장 황정록黃廷祿
　　우부장 김득광金得光
　　후부장 가안책賈安策, 대장代將 송여종宋汝悰
　　참퇴장 이응화李應華

9월 17일 대포大浦에서 3섬지기石落[262]를 타작하여 133석 5말이 나왔다.

마음은 붓과 벼루에 있었으나 바다와 육지에서 아주 바빴고, 또한 쉴 틈이 없어서 잊고 버려둔 지 오래였다. 이제부터 이어 간다.

五月初十日巨濟見乃梁陣中

全羅左右大將　　慶中衛將 金勝龍
慶尙右大將　　　前衛將　奇孝謹
左中衛將 權俊
右中衛將 具思稷

---

262 섬지기石落 : 논밭 넓이의 단위. 한 섬지기는 볍씨 한 섬의 모 또는 씨앗을 심을 만한 넓이로 한 마지기의 열 배이며 논은 약 2,000평, 밭은 약 1,000평이다.(『표준국어대사전』; 박종평, 『난중일기』, 파주 : 글항아리, 2021, 697쪽.)

左左部 申浩
前部 李純信
中部 魚泳潭
斥候 金浣, 金仁英
遊軍將 黃廷祿
右部 金得光
後部 賈安策 代宋汝悰
斬退 李應華

九月十七日 大浦打出三石落 一百卅三石五斗出
意於筆硯 而奔忙海陸 亦不休息 置之忘域久矣 承此[263]

5월

초1일(갑인) 맑음. 새벽에 망궐례望闕禮를 행했다.

초2일(을묘) 맑음. 선전관 이춘영李春榮이 유지有旨[왕명서]를 가지고 왔는데, 대개 물길을 끊어 막고 도망가는 적을 죽이라는 내용이었다. ○ 이날, 보성군수[김득광金得光]와 발포만호[황정록黃廷祿] 두 장수가 와서 모이고, 다른 여러 장수들은 정한 기일을 물렸기 때문에 모이지 않았다.

초3일(병진) 맑음. 우수사[이억기]가 수군을 거느리고 와서 모였는데來會,[264] 수군이 많이 뒤떨어져서 매우 한탄스럽다. ○ 이춘영은 돌아가고, 이순일李純一[선전관]이 (*또)[265] 왔다.

---

263 친필 일기의 이 '일기 외 기사'를 활자화活字化하는 작업은, 朝鮮史編修會,『朝鮮史料叢刊 第六 亂中日記草·壬辰狀草』, 조선총독부, 1935.(東京 : 第一書房, 1978 復刻.)를 참고하였다.

264 와서 모였는데來會 : 원문은 '來約'으로 '와서 약속했다.'이다. 이날 전라우수사가 여수좌수영에 도착해서 함께 모인 상태를 이른다.

265 (*) 내용 생략. 원문은 '又'이다.

초4일(정사) 맑음. 이날은 곧 어머님 생신이건만, (*적을 막아 토벌하는 일 때문에)[266] 가서 축수祝壽의 술잔을 드리지 못하게 되니 평생의 한이다. (*우수사와 군관들과 함께 진해루鎭海樓에서 활을 쏘았다. 순천부사도 모여서 약속했다.)[267]

초5일(무오) 맑음. 선전관 이순일이 경상도에서 돌아왔다. (*왔기에 그에게 아침밥을 대접하였다. 전하는 말에, 명나라가 내게 은청금자광록대부銀靑金紫光祿大夫[268]의 작위를 더해 주었다고 하는데, 그러나 이것은 아마 잘못 전해진 것 같다.)[269] ○ 느지막이 (*우수사·순천부사·광양현감·낙안군수 등 영감都令公들과 함께 모여 앉아 술을 마시면서 이야기했고,)[270] 군관들을 시켜 편을 갈라 활을 쏘게 했다.

초6일(기미) 맑음. 아침에 친척 신정愼定[271]과 조카 봉奉[272]이 해포蟹浦[아산 해암]에서 왔다. ○늦게 큰비가 퍼붓듯이 내리더니 온종일 그치지 않았다. 내와 도랑에 물이 불어나더니 곧 가득 찼다. 농민들이 바라던 것이니 매우 다행이다. (*저녁 내내 친척 신 씨와 함께 이야기하였다.)[273]

초7일(경신) 흐리나 비는 오지 않았다. 우수사[이억기]와 함께 (*아침)[274]밥을 먹고 (*진해루鎭海樓로 자리를 옮겨 공무를 본 뒤 배에 올랐다. 출발할 무렵에 발포의 도망갔던 수군을 처형하였다. 순천의 이방吏房도 급히 입대시켜야 할 사무를 집행하지 않았기 때문에 바로 회부하여 처형하려 하다가 우선 그대로 두었다.)[275] 배에 올라 미조항彌助項을 향하니, (*에 이르자,)[276] 동풍이 크게 불고 파도가 산더미 같아 간신히 도착하여 잤다.

---

266 (*) 내용 생략. 원문은 '以此討截'이다.

267 (*) 내용 생략. 원문은 '與右水伯及軍官等 射帿于鎭海樓 順天會約'이다.

268 은청금자광록대부銀靑金紫光祿大夫 : 중국의 직품인데, 사실은 은청銀靑과 금자金紫가 서로 다른 직품인 것을 혼동해서 적었다. (李殷相 譯, 『完譯 李忠武公全書(上)』, 成文閣, 1989, 282쪽.)

269 (*) 내용 생략. 원문은 '朝飯對之 傳有天朝賜爵 銀淸金資光祿大夫加云 然是似誤傳矣'이다.

270 (*) 내용 생략. 원문은 '與右水相順天光陽樂安都令公 同坐酒談'이다.

271 친척 신정愼定 : '친척 신척정愼戚定'으로, 친필 일기에는 '신정씨愼定氏'로 나와 있다.

272 봉奉 : 이순신의 둘째 형 요신堯臣의 장남.

273 (*) 내용 생략. 원문은 '竟夕 與愼戚丈同話'이다.

274 (*) 내용 생략. 원문은 '朝'이다. 이날 좌수영에서 한산도로 출발하였다. 이에 대해서는 본서, 권3 '請湖西舟師繼援狀' 등 몇몇 장계에서 확인해 볼 수 있다.

275 (*) 내용 생략. 원문은 '移坐鎭海樓 公事後登船 臨發 鉢浦逃水軍行法 順天吏房以奔赴不爲之 整付欲爲行法而姑止'이다.

276 (*) 내용 생략. 원문은 '行到'이다.

초8일(신유) 흐리나 비는 오지 않았다. 새벽에 떠나 사량蛇梁 바다에 이르니 만호[이여념李汝恬]가 나왔다. 우수사[원균]가 어디에 있는가를 물었더니, 지금 창신도昌信島[277]에 있다 하며, 군사들이 모이지 않아 미처 배를 타지 못했다고 한다. 바로 당포唐浦에 이르니 이영남李英男이 보러 와서 수사[원균]의 여러 가지 망령된 짓을 자세히 말했다. (*여기서 잤다.)[278]

초9일(임술) 흐림. 아침에 떠나 걸망포乞望浦[279]에 이르니 바람이 순조롭지 않았다. 우수사[이억기]와 가리포첨사[구사직具思稷]와 함께 앉아 군사에 관한 일을 이야기했다.[280] ○ 저녁에 원 수사가 배[281] 2척을 거느리고 와서 모였다.

초10일(계해) 흐리되 비는 오지 않았다. 아침에 배를 출발하여 견내량見乃梁에 이르렀다. (*늦게 작은 산등성이 위에 올라앉아)[282] 흥양[고흥] 군사를 점검하였다. (*처지거나 뒤에 온 여러 장수들을 처벌하였다. 우수사와 가리포첨사도 모여 앉아 함께 이야기하였다. 조금 있자니,)[283] ○ 선전관 고세충高世忠이 왕명서를 가지고 왔는데, 대개 부산으로 나아가 돌아가는 적들을 무찌르라는 것이었다.[284] (*부찰사副察使의 군관 민종의閔宗義가 공문을 가지고 왔다.)[285] ○ 저녁에 경상도 우후虞候 이의득李義得이 보러 왔다. (*이영남李英男이 보러 와서 함께 앉아서 이야기하다가 밤이 깊어서야 마치고 돌아갔다. 봉사奉事 윤제현尹齊賢이 본영에 이르렀다고 편지가 왔다. 본영에서 좀 기다리고 우선 머물러 있으라고 곧 답장을 보냈다.)[286]

11일(갑자) 맑음. 선전관[고세충]이 돌아갔다. (*늦게 우수사가 결진結陣한 곳으로 갔더니, 이홍명李弘明과 가리포첨사도 왔다. 바둑을 두기도 했다. 뒤이어 순천부사가 오고, 광양현감이 오고, 가리포첨사가 술과 고기를 냈다. 얼마 지나서,)[287] ○ 영등포로 적을 탐색하러

---

277 창신도昌信島 : 경상남도 남해군 창선면 창선도昌善島.

278 (*) 내용 생략. 원문은 '宿'이다.

279 걸망포乞望浦 : 경상남도 통영시 산양면 신전리. 친필 일기에는 '거을망포巨乙望浦'로 되어 있다.

280 함께 앉아 군사에 관한 일을 이야기했다共坐談兵 : 원문은 '共坐談論'으로 '같이 앉아 이야기했다.'이다.

281 배 : 친필 일기에는 '전선戰船'으로 나와 있다.

282 (*) 내용 생략. 원문은 '晚上坐小頂上'이다.

283 (*) 내용 생략. 원문은 '決落後諸將罪 右水伯加里浦 亦會共話 我有'이다.

284 본서 권수, 「경략의 지시를 기다리라고 명령하는 유서命聽候經略 諭書」 참조.

285 (*) 내용 생략. 원문은 '副察使軍官閔宗義 持公事來'이다.

갔던 사람들이 돌아와 보고하기를, "가덕加德 바깥 바다에 적선 무려 2백여 척이 머물러 있으면서 드나들며, 웅천熊川도 전날과 같다."라고 하였다. (*선전관이 돌아갈 때 서장書狀에 사유를 갖추고, 도원수都元帥[김명원金命元]와 체찰사體察使[유성룡柳成龍][288]에게 보낼 3건의 공문을 한 서류로 만들어, 3건을 여쭈어 논의하고 결정할 사람도 함께 떠나보냈다. 이날, 남해현령도 보러 왔다.)[289]

12일(을축) 맑음. 본영 탐후선이 들어왔다.(*순찰사의 공문과 송 시랑宋侍郞[290]의 패문牌文을 가지고 왔다. 사복시司僕寺의 말 5필을 중국에 보내기 위해서 올려 보내라는 공문도 함께 왔으므로 병방兵房 진무鎭撫를 지정해 보냈다. 늦게)[291] ○ 새로 만든 정철총통正鐵銃筒을 비변사備邊司로 보냈다.[292] ○ 영남[원균]이 왔다. 선전관 성문개成文漑가 보러 왔다. (*와서 피란 중에 계신 임금의 사정을 자세히 전하였다. 통곡을 참지 못했다. 새로 만든 정철총통[조총]을 비변사備邊司에 보냈고,)[293] 흑각궁黑角弓,[294] 과녁帿과 화살矢을 주어 보냈는데, 이 성成이란 사람은 이일李鎰[순변사巡邊使]의 사위이기 때문이다. (*저녁때 이영남李英男과 윤동구尹東耉가 보러 왔다. 고성현령固城縣令 조응도趙應道도 보러 왔다.)[295] ○ 이날 새벽에 좌·우도[전라좌·우수군] 체탐인體探人을 정해서 영등永登 등

---

286 (*) 내용 생략. 원문은 '李英男來見 坐話夜深而罷歸 尹奉事齊賢到營云 簡來到 卽答送姑留營事簡之'이다.

287 (*) 내용 생략. 원문은 '日晚 往右水伯結陣 則李弘明加里浦僉事亦到 或手談 順天又到 光陽繼至 加里浦呈酒肉 俄頃'이다.

288 체찰사體察使[유성룡柳成龍] : 1592년(선조 25) 12월부터 1594년(선조 27) 7월까지 삼도도체찰사三道都體察使(충청·전라·경상)를 역임한 사람은 풍원부원군 유성룡柳成龍이었다.(『선조실록』 권33, 선조 25년 12월 4일 경인. : 같은 책 권55, 선조 27년 9월 6일 신사)

289 (*) 내용 생략. 원문은 '宣傳官之還 俱由書狀 都元帥體察使處三道 成公事一丈 論稟定三道人同送 是日南海亦來見'이다.

290 송 시랑宋侍郞 : 명나라로부터 조선에 파견된 시랑 송응창宋應昌. 명 파견군의 총책임자로서 경략經略의 직무를 맡고 있었다.

291 (*) 내용 생략. 원문은 '則巡察使關及宋侍郞牌文持來 司僕馬五匹進獻次牽送事關亦到 故兵房鎭撫起送晚'이다.

292 이 부분의 서술 순서가 앞뒤로 조정되었다. 원문은 영남과 선전관 기사 뒤에 있다.

293 (*) 내용 생략. 원문은 '細傳行朝事 不勝痛哭痛哭也 新造正鐵銃筒 送于備邊司'이다.

294 흑각궁黑角弓 : 검은 각궁. 각궁은 후궁猴弓이라고도 하고 장궁長弓이라고도 하는데, 전쟁 때나 사냥할 때도 쓴다. 옛날부터 우리나라 각궁이 유명했으며, 쓰는 이의 힘에 따라 강한 것, 연한 것이 있는데, 강궁强弓·실중력實重力·중력中力·연상軟上·연중軟中·연하軟下 등 종별이 있다. (李殷相 譯, 『完譯李忠武公全書(上)』, 成文閣, 1989, 282쪽.)

지로 보냈다.[295]

13일(병인) 맑음. (*식사 후)[296] 과녁帿을 조그마한 산봉우리 위에 펴고 (*순천부사, 광양현감, 방답첨사, 사도첨사, 우후, 발포만호 등)[297] 여러 장수들과 편을 갈라서 활을 쏘아 승부를 다투다가 날이 저물어 배로 내려왔다. (*밤에 들으니, 경상도 우수사에게 선전관 도언량都彦良이 와서 있다고 했다. 이날 밤,)[298] 바다의 달빛은 배 위에 가득 차고 백가지 근심이 가슴을 치밀어 (*자려고 해도 잠을 이루지 못하다가)[299] 혼자 앉아서 이리저리 뒤척이다가 닭이 울어서야 어렴풋이 잠이 들었다.

14일(정묘) 맑음. 선전관 박진종朴振宗과 선전관 영산령寧山令 복윤福胤[300]이 왕명서를 가지고 같이 왔는데, 그들에게서 (*피란 중인 임금의 사정과)[301] 명나라 군사들의 하는 짓을 들으니 참으로 통탄스러웠다. 나는 우수사[이억기]의 배에 옮겨 타고 선전관과 이야기하며 술이 두어 순배 돌자, 경상도 수사 원 평중平仲[원균]이 와서 술주정을 부리므로使酒,[302] 온 배 안의 장병들이 놀라고駭[303] 분개하지 않는 이가 없었다. 그의 무망誣罔[304]함은 말로 다 할 수 없었다. (*영산령寧山令이 취해 넘어져 정신을 못 차리니 우습다.)[305] 이날 밤, 두 선전관이 돌아갔다.

15일(무진) 맑음. 아침에 낙안군수[신호申浩]가 보러 왔었다. (*조금 지나서)[306] ○ 윤동구尹東耉가 그 대장[원균]의 장계한 초본을 가지고 왔는데, 그 거짓됨은 말로 다할

---

295 (*) 내용 생략. 원문은 '夕李英男尹東來見 固城縣令趙應道亦來見'이다. '應道'는 '凝道'의 오자이다.

296 (*) 내용 생략. 원문은 '食後'이다.

297 (*) 내용 생략. 원문은 '與順天光陽防踏蛇渡及虞候鉢浦'이다.

298 (*) 내용 생략. 원문은 '夜聞嶺南右水使處 宣傳官都彦良來云 是夕'이다.

299 (*) 내용 생략. 원문은 '寢不能寐'이다.

300 영산령寧山令 복윤福胤 : 친필 일기 원문에는 '영산령 예윤禮胤'으로 나와 있다. '영산령'은 왕실 후손의 작위 명칭으로 '영산군寧山君'과 같은 뜻이며, '이복윤'을 가리킨다.

301 (*) 내용 생략. 원문은 '行朝事及'이다.

302 술주정을 부리므로使酒 : 친필 일기에는 '술을 말할 수 없이 심히 함부로 마셔肆酒甚無謂'로 되어 있다.

303 놀라고駭 : 친필 일기에는 '괴롭고悋'로 나와 있다.

304 무망誣罔 : 허위 사실을 날조하거나 거짓된 말로 남을 속임. 친필 일기에는 '誣妄'으로 나와 있으나 같은 뜻이다.

305 (*) 내용 생략. 원문은 '寧山令醉倒 不省人事 可笑'이다.

306 (*) 내용 생략. 원문은 '有頃'이다.

수가 없었다. (*순천부사와 광양현감이 보러 왔다.)[307] ○ 늦은 아침에 조카 해薆[308]와 아들 울蔚이 봉사奉事 윤제현尹齊賢과 함께 도착했다.[309] (*정오 무렵에 과녁을 걸어 놓은 곳으로 가서 순천부사, 광양현감, 사도첨사, 방답첨사 등이 승부를 서로 겨루는데, 나도 또한 활을 쏘았다. 저녁에 배에 돌아와 윤 봉사와 자세한 이야기를 나누었다.)[310]

16일(기사) 맑음. (*아침에 적량만호赤梁萬戶 고여우高汝友, 감목관監牧官 이효가李孝可, 이응화 李應華, 강응표姜應彪 등이 보러 왔었다.)[311] 각 고을 공문(*과 솟장)[312]에 대해 처결해 주 었다. ○ 조카 해薆와 아들 회薈가 돌아갔다. ○ 몸이 몹시 불편하여 베개를 베 고 누워 신음하다가 명나라 장수가 중도에서 늦추며 머뭇거리는 것은 교묘한 계략이 없지 않은 것 같다는 말을 들었다. 나라를 위한 걱정이 많았는데, 일마 다 이와 같으니 더욱더 탄식이 우러나와 눈물을 지었다. ○ 오시午時[313][오전 11 시~오후 1시]에 윤 봉사에게서 관동館洞[서울] 숙모叔母가 양주楊州 천천泉川[314]으 로 피란 갔다가 거기서 세상을 떠났다는 말을 듣고 큰 소리로 울음이 나오는 것 을 참지 못하였다. 어찌 세상일이 이렇게도 가혹한고. 장사는 누가 맡아 치렀는 지? 대진大進이 먼저 세상을 떠났다고 하니 더욱더 애통하다.

17일(경오) 맑음. 새벽에 큰바람이 불었다. (*아침에 순천·광양·보성·발포와 이응화李應華 가 보러 왔다.)[315] 변존서卞存緖[이순신의 외사촌 동생]가 병病 때문에 돌아갔다. ○ 경상도 수사가 보낸 군관이 진양晉陽[진주]의 긴급 보고서를 가져와 보여 주었 는데, 이 제독李提督[이여송李如松]은 지금 충주忠州에 있다고 한다. 그런데 적도 들은 사방으로 흩어져 집을 불태우고 재물을 약탈하고 있으니 참으로 원통하고 분하다. ○ 종일토록 큰바람이 불어 마음이 괴롭고 어지러웠다. 고성현령固城縣

---

307 (*) 내용 생략. 원문은 '順天光陽來見'이다.

308 해薆 : 이순신의 둘째 형 요신堯臣의 둘째 아들.

309 앞의 같은 달 10일 일기에 윤 봉사의 본영 도착 기록이 있다.

310 (*) 내용 생략. 원문은 '當午到射帿處 順天光陽蛇渡防踏等爭雄 余亦射之 夕還船上 與尹奉事細話'이다.

311 (*) 내용 생략. 원문은 '朝赤梁萬戶高汝友監牧官李孝可李應華姜應彪等來見'이다.

312 (*) 내용 생략. 원문은 '及所志'이다.

313 오시午時 : 친필 일기에는 점시點時로 나온다.

314 천천泉川 : 경기도 양주시 회천동.

315 (*) 내용 생략. 원문은 '朝順天光陽寶城鉢浦及李應華來見'이다.

슌이 군관을 보내 문안하고, 또 추로秋露[316]와 쇠고기 다리 하나와 꿀통을 보냈는데, 상을 당해 복服을 입는 중이라 받기가 미안했다. 간절한 정성으로 보낸 것이라 의리상 돌려보낼 수도 없으므로 군관들에게 주었다. 몸이 몹시 불편하여 일찍 선실船房로 들어갔다.

18일(신미) 맑음. 이른 아침에 몸이 몹시 불편하여 온백원溫白元[317] 4알을 먹었다. (*아침 후에 우수사와 가리포첨사加里浦僉使가 보러 왔다.)[318] 잠시 후 시원하게 설사를 하고 나니 몸이 조금 편안해진 듯하다. ○ 종노奴 목년木年이 해포蟹浦[아산 해암]에서 왔는데, 그편에 어머님이 평안하시다는 소식을 듣고, 곧 답장을 써서 돌려보내며 미역 5동을 집에 보냈다. (*이날 접반사接伴使에게 적세賊勢의 난이難易[어렵고 쉬움]에 대해 공문 3통을 한 장으로 작성해 보냈다.)[319] ○ 전주부윤[권율權慄[320]]이 공문을 보냈는데, 이제 순찰사의 직임까지 겸하게 되어 절제節制하겠다고 하는데, 도장을 찍지 않았으니 그 까닭을 모르겠다. (*방답첨사가 보러 왔다.)[321] ○ 대금산大金山[322]과 영등永登 등지의 탐망군들이 돌아와서 보고하기를, "왜적들이 드나들기는 하나 그리 대단한 음흉한 모의는 없다."라고 한다. (*새로 협선挾船 2척을 만드는데 못이 없다고 하였다.)[323]

19일(임신) 맑음. (*아침밥을 윤 봉사와 함께 먹었다. 여러 장수들이 몹시 권하고 몸도 또한 편안하지 않아 불편해도 억지로 먼저 고기를 먹게 되니 더욱 비통하다.)[324] 순찰사가 보낸 공

---

316 추로秋露 : 약술의 한 가지. 추로수秋露水라고도 한다.

317 온백원溫白元 : 위장병을 치료하는 데 가장 잘 듣는 약인데, 이순신은 위장이 좋지 못하여 언제나 이 약을 복용하였다.

318 (*) 내용 생략. 원문은 '朝食後 右水伯及加里浦來見'이다.

319 (*) 내용 생략. 원문은 '是日接伴使處 賊勢難易 公事三道 成一丈送之'이다.

320 권율權慄 : 1537~1599. 본관은 안동安東, 자字는 언신彦愼, 호는 만취당晩翠堂이다. 1537년(중종 31)에 태어나 이순신보다 8년 위이다. 임진왜란 때에 광주목사光州牧使로서 수원 독산성禿山城과 행주산성幸州山城에서 큰 승첩을 거두었으며, 뒤에 도원수都元帥가 되어 전군을 지휘하였다. 사후에 선무공신宣武功臣 1등으로 책정하고 영의정領議政을 추증하며 시호는 충장忠壯이라 하였다. (李殷相 譯, 『完譯 李忠武公全書(上)』, 成文閣, 1989, 282쪽.)

321 (*) 내용 생략. 원문은 '防踏僉使來見'이다.

322 대금산大金山 : 경상남도 거제시 연초면 명동리와 장목면 외포리의 경계에 있는 산. 높이 438m로 거제도 동북단에서 가장 높은 산이다.

323 (*) 내용 생략. 원문은 '新造挾船兩隻 無釘云'이다.

문에, 명나라 장수[325][유원외柳員外-유황상]의 통첩에 의하면, 명나라 군대가 부산 바다 어귀에 벌써 가서 끊어 막았다 한다. (*공문 받은 확인서를 쓰고, 또 공무에 관한 보고도 써서 보성 사람을 시켜서 보냈다. 순천부사가 쇠고기 요리 일곱 가지를 보내왔다. 방답첨사와 이홍명李弘明이 보러 왔다. 기숙흠奇叔欽[기효근奇孝謹]도 보러 왔다.)[326] ○ 영등永登 탐망군이 와서 보고하기를, 별다른 변고는 없다고 하였다.

20일(계유) 맑음. (*새벽에 대금산大金山 탐망군이 와서 보고한 것도 영등永登 탐망군과 마찬가지였다. 늦게 순천부사가 오고, 소비포권관所非浦權管도 왔다. 오후에)[327] 탐망군이 와서 아뢰기를, 왜선은 형적도 없다고 하였다. (*그래서 본영 군관들에게 왜적의 물건을 실어오는 일로 편지를 써서 보내는데, 흥양 사람이 가지고 갔다.)[328]

21일(갑술) 새벽에 출발하여 거제巨濟의 유자도柚子島[329] 바다 가운데에 이르니, 대금산 탐망군이 와서 적의 출입이 여전하다고 한다. (*우수사와 함께 저녁 내내 이야기하였다. 이홍명이 왔다. 미시未時[오후 1~3시]부터 비가 내려 [농작물이] 조금 소생하게 되니 농사를 기대할 수 있겠다. 이영남李英男이 보러 왔다.)[330] 원 수사가 거짓 내용으로 공문을 돌려 대군大軍을 동요하게 하였다. 진중에서도 이렇게 속이니 그 흉악하고 도리에 어긋난 짓을 이루 말할 수 없다. (*밤새도록 거센 바람이 불고 또 비가 내려 새벽녘에 이르러 거제선창巨濟船滄[331]에 배를 대니 곧 22일이다.)[332]

22일(을해) 비가 계속 내려 사람들의 바람을 크게 흡족하게 하였다. 늦은 아침에 나대용羅大用이 본영에서 왔는데 송 시랑宋侍郎[송응창宋應昌]의 패문牌文을 가지고

---

324 (*) 내용 생략. 원문은 '朝飯與尹奉事同食 爲諸將力勸 氣且不平 强先食味 尤極悲慟也'이다.

325 명나라 장수 : 친필 일기에는 '명나라 장수 유원외天將劉員外'로 나온다.

326 (*) 내용 생략. 원문은 '卽到付成送 又成公事報送 使則寶城人持去 順天桃林七種送來 防踏及李弘明來見 奇叔欽亦來見'이다.

327 (*) 내용 생략. 원문은 '曉大金山望來告 亦與永登望同 晚順天來 所非浦權管亦來 午後'이다.

328 (*) 내용 생략. 원문은 '故簡于本營軍官等 倭物載來事 敎送 興陽人持去'이다.

329 유자도柚子島 : 경상남도 거제시 장평동 귤도橘島(유자섬). 임진왜란 당시 거제현 치소가 있었던 지금의 고현동 앞바다에 있었던 작은 섬이다. 지금은 연륙되어 삼성조선소가 들어섰다.

330 (*) 내용 생략. 원문은 '與右水 終夕談話 李弘明亦來 未時雨作 少蘇農望 李英男來見'이다.

331 거제선창巨濟船滄 : 경상남도 거제시 고현동. '船艙'은 물가에 다리처럼 만들어 배를 대는 곳이다.

332 (*) 내용 생략. 원문은 '竟夜狂風且雨 曉頭行到巨濟船滄 乃二十二日也'이다.

왔고, 송 시랑의 파견원이 (*본도 도사都事와 행상호군行上護軍[333]을 지낸 선전관 한 사람과 같이 온다는 선문先文[334]을 가지고 왔다. 송 시랑의 파견원이)[335] 전선戰船에 대한 것을 알아보러 오는 것이라고 하므로 곧 우후虞候를 정하여 영접하도록 내보냈다. (*오후에 칠천량漆川梁으로 옮겨 정박하였다.)[336] 접대할 절차를 문의하기 위해 나대용을 내보냈다. (*저녁에 방답이 와서 명나라 관리를 접대할 일에 대하여 말하였다. 경상우수사의 군관 김준계金遵繼가 와서 그가 모신 장수가 생각하고 있는 것을 전하고 갔다. 비가 종일 그치지 않았다. 흥양 군관 이호李琥가 죽었다는 말을 들었다.)[337]

23일(병자) 새벽에는 흐리기만 하고 비가 오지 않더니, 늦게는 비가 오락가락하였다. (*우수사가 오고 이홍명도 왔다.)[338] 경상우병사慶尙右兵使[최경회崔慶會]의 군관이 와서 적에 관한 정보를 전해 주었다. 또 본도 병사[선거이宣居怡[339]]가 편지로 (*편지와 공문이 왔는데)[340] 전하기를 '창원昌原의 적을 토벌하려고 하나 적의 형세가 드세어서 경솔히 나아가지 못한다.'라고 하였다. ○ 저녁때 아들 회薈가 와서 전하

---

333 행상호군行上護軍 : 상호군은 오위五衛의 한 관직이다. 상호군의 품계인 정3품(당하관)보다 품계가 높은 자가 임명되었을 때 '행'을 붙인다.

334 선문先文 : 사신이나 벼슬아치가 외국이나 지방에 갈 때, 도착할 날짜와 사람의 수효 등을 미리 통지하는 공문. 노문路文이라고도 한다.

335 (*) 내용 생략. 원문은 '與本道都事 行上護軍宣傳官一員 先文來 則宋侍郞差員'이다.

336 (*) 내용 생략. 원문은 '午後 移泊漆川梁'이다.

337 (*) 내용 생략. 원문은 '夕防踏來 說唐人接待事 嶺南右水伯軍官金遵繼來 傳其將之意 雨勢終日不止 聞興陽軍官李琥之死'이다.

338 (*) 내용 생략. 원문은 '右水伯來 李弘明亦來'이다.

339 선거이宣居怡 : 자字는 사신思愼 또는 이중怡仲, 호는 친친재親親齋, 본관은 보성寶城으로 전라남도 보성寶城에서 살았다. 1545년(인종 1)에 났으니 이순신과는 동갑이다. 젊어서부터 지혜와 방략이 있어 사복시내승司僕寺內乘에 천거되었다. 1579년(선조 12) 무과에 급제하여 1586년 함경북도 병마절도사 이일李鎰의 계청군관啓請軍官이 되었다. 1587년 조산보만호造山堡萬戶 이순신李舜臣이 녹둔도鹿屯島 전투의 피해로 병사 이일李鎰에게 처벌받을 위기에 몰리자 그를 위로했다. 진도군수珍島郡守를 역임하고 1592년 11월에 전라병사全羅兵使로 승진하였다. 1593년 2월에 권율權慄과 함께 행주幸州 전투에 참여하여 공을 세웠다. 1594년 9월에 통제사 이순신과 함께 장문포長門浦 해전에 참가한 후 충청병사忠淸兵使로 전근되었다. 1595년 5월에 충청수사忠淸水使가 되어 함대를 거느리고 한산도에서 통제사 이순신을 도왔다. 1596년 7월에 황해병사黃海兵使로 임명되었으나 병으로 부임하지 못하고 얼마 후 사망하였다. 1605년(선조 38) 선무원종공신 1등宣武原從功臣一等에 추봉되고, 그 후 보성의 오충사五忠祠에 제향되었다.(『己卯文武科榜目』, 『湖南節義錄』, 『宣祖實錄』, 『亂中日記』, 『竹溪日記』, 『한국민족문화대백과사전』.)

340 (*) 내용 생략. 원문은 '簡及公事到此'이다.

되, 명나라 관원이 본영에 도착하여 배를 타고 여기로 들어온다고 하였다. (*어두워질 무렵)[341] 경상도 수사가 와서 명나라 관원 접대하는 일을 의논하였다.

24일(정축) 비가 오다 말다 하였다. 아침에 진을 거제巨濟 앞 칠천량漆川梁 바다 어귀로 옮겼다. 나대용이 명나라관원을 사량蛇梁 뒷바다[342]에서 발견하고 먼저 와서 전하되, "명나라 관원과 통역 표헌表憲, 선전관 목광흠睦光欽이 같이 온다."고 하였다. 미시未時[오후 1~3시]에 명나라 관원 양보楊甫가 진문에 당도하므로 우별도장右別都將 이설李渫을 보내 맞이하여 배에까지 인도해 오니 무척 기뻐하였다. 내 배로 오르도록 청하여 황제의 은혜를 재삼 사례하고 마주 앉기를 청하니 굳이 사양하며 앉지 않고 선 채로 한참 동안 이야기하며, 우리 수군이 성대하다고 매우 칭찬하였다. 예물 단자를 주니, 처음에는 굳이 사양하는 듯하다가, 결국 받고는 무척 기뻐하며 두 번 세 번 감사하는 것이었다. (*선전관이 표신票信을 평상에 올려놓은 뒤에 조용히 이야기했다.)[343] ○ 밤에 아들 회薈가 본영으로 돌아갔다.

25일(무인) 맑음. (*명나라 관원과 선전관은 어제 취한 술이 깨지 않는 모양이다.)[344] 아침에 다시 통역관 표헌表憲을 청하여 명나라 장수의 하려고 하는 바를 물었더니, 명나라 장수의 생각은 무엇을 하려는지 알 수 없고, 다만 왜적을 쫓아 보내려고만 한다고 하였다. [또] 보고하기는 "송 시랑宋侍郞이 수군의 허실을 알고자 하여 자기가 데리고 온 야불수夜不收[345] 양보楊甫를 보낸 것인데, 수군이 이렇게도 성대하니 기쁘기 비할 데 없다."라고 하였다. 늦게 명나라 관원이 본영으로 돌아갔다. (*갔는데 체자帖[346]로 준 것도 있다.)[347] ○ 오시午時[오전 11시~오후 1시]에 거제현

---

341 (*) 내용 생략. 원문은 '昏'이다.
342 사량蛇梁 뒷바다 : 경상남도 통영시 사량면 금평리 대항마을 포구. 원래 사량 앞바다는 금평리 진촌마을 남쪽 바다이므로 '사량 뒷바다'는 금평리 진촌마을 북쪽바다 곧 대항마을 포구가 된다. 당시 여수~한산도 간 항로는 파도가 잔잔한 노량수도와 늑도수도, 그리고 사량 뒷바다를 대부분 경유했다.
343 (*) 내용 생략. 원문은 '宣傳官票信安床後 亦從容話'이다.
344 (*) 내용 생략. 원문은 '唐官與宣傳官 宿醉未醒'이다.
345 야불수夜不收 : 긴급한 일을 전하기 위하여 밤에도 중지하지 않고 달리는 파발군擺撥軍.(세종대왕기념사업회, 『한국고전용어사전』, 2001.) 중국의 속어로, 군중의 탐정을 이른다.
346 체자帖 : 물품을 납부하고 받는 일종의 증명서. 또는 어떠한 약속을 확인하는 문서. 관사官司의 인장印章을 찍지 않고 '帖' 자를 새겨 임시로 주는 공문이다.

앞 유자도柚子島 바다 어귀로 진을 옮기고 우수사[이억기]와 함께 (*한참 동안)[348] 군사 일을 의논하였다. (*광양현감이 오고 최천보崔天寶와 이홍명李弘明이 와서 바둑을 두고 헤어졌다. 저녁때에 조붕趙鵬이 보러 와서 이야기하다 갔다.)[349] 초경初更[오후 7~9시] 뒤 영남에서 오는 명나라 사람 2명과 우감사右監司 영리營吏 1명, 접반사接伴使 군관 1명이 진문에 이르렀으나, 밤이 깊어 들이지 않았다.

26일(기묘) 비가 계속 내렸다. 아침에 명나라 사람을 만나보니 그는 절강浙江의 포수砲手 왕경득王敬得이었다. 글자는 조금 알고 있으나 한참 동안 서로 이야기해도 알아듣지 못하여 매우 한탄스러웠다. (*순천부사가 개장家獐[狗醬]을 차려 내놓았는데, 광양현감이 오고 우수사 영공令公이 와서 함께 이야기하면서 보냈다. 가리포첨사加里浦僉使는 청했으나 오지 않았다. 비가 저녁 내내 그치지 않더니 밤새도록 쏟아졌다.)[350] ○ 이경二更[오후 9~11시]부터 바람이 크게 불어 배들이 가만있지 못하였다. 처음에는 우수사 배와 부딪치는 것을 겨우 구해 냈더니, 또 발포만호[황정록黃廷祿]가 탄 배와 부딪쳐 부서질 뻔하다가 겨우 면했다. 송한련宋漢連[본영 군관]이 탄 협선挾船은 발포 배와 부딪쳐 상한 곳이 많다고 한다. ○ (*늦은晚) 아침에 경상도 우수사가 보러 왔다. ○ 순변사巡邊使 이빈李薲[351]이 공문을 보냈는데, 지나친 말이 많으니 가소롭다.

27일(경진) 비바람에 부딪힌 것 때문에 진을 유자도柚子島로 옮겼다. 협선挾船 3척이 간 곳을 알 수 없더니 늦게야 들어왔다. (*순천부사와 광양현감이 와서 개고기를 차렸다.)[352] 경상도 병사兵使[우병사 최경회崔慶會]의 답장이 왔다. (*왔는데, 원元 수사는 송

---

347 (*) 내용 생략. 원문은 '故帖給者有之'이다.

348 (*) 내용 생략. 원문은 '有時'이다.

349 (*) 내용 생략. 원문은 '光陽來 崔天寶·李弘明來 手談而罷 夕趙鵬來見 話送'이다.

350 (*) 내용 생략. 원문은 '順天辨家獐 光陽亦來 右水伯令公共話 加里浦邀而不來 雨勢竟夕不止 達夜如注'이다. 가장家獐은 집 노루인데, 조선시대에 개고기를 이렇게 표현했다.

351 이빈李薲 : 1537~1603. 자字는 문원聞遠으로, 종실宗室 덕천군德泉君 이후생李厚生의 현손이다. 1570년(선조 3)에 무과武科에 오르고 회령부사會寧府使를 거쳐 임진왜란 때에는 경상좌병사慶尙左兵使와 평안병사平安兵使를 거쳐 1593년(선조 26) 정월에 이일李鎰을 대신하여 순변사巡邊使가 되어 남으로 내려와 의령宜寧에 진 치고 영남嶺南을 지켰다. 그로부터 2년 동안 순변사로서 관군官軍과 의병義兵들을 지휘하다가 1595년 정월에 파면되어 옥천沃川 고향으로 돌아가 지내다가 전쟁이 끝난 지 5년 후 사망하였다.(『人物考』,『宣祖實錄』,『한국민족문화대백과사전』.)

경략宋經略[응창應昌]이 보낸 불화살火箭을 혼자서 쓰려고 꾀한 것이다. 매우 가소롭다.)[353] 전라도 병사[선거이宣居怡]의 편지도 왔는데, 창원昌原의 적들을 (*오늘 토벌하러 가다가)[354] 비가 아직 개지 않아 나아가 치지 못했다고 한다.[355]

28일(신사) 비가 종일토록 계속 내렸다. (*순천부사와 이홍명李弘明이 와서 이야기하였다.)[356] 임금께 보고하는 문서를 가지고 갔던 광양 사람이 돌아왔는데,[357] 광양현감은 그대로 유임되고, 독운督運[358] 임발영任發英은 (*위에서도 아주 옳지 않게 여겨)[359] 조사하여 처벌하라는 분부가 있었고, 수군 일족一族에 대한 일도 그전대로 하라는 명령이 있었다고 한다. (*비변사備邊司의 공문이 왔는데, 광양현감은 그대로 유임시킨다는 것이었다. 조보朝報를 가지고 왔기에 들여다본즉, 나도 모르게 분통이 터졌다. 용호장龍虎將[360] 성응지成應祉에게 배를 바꾸어 탈 수 있도록 명령서를 써 주어 본영으로 보냈다.)[361]

29일(임오) 비가 계속 내렸다. (*방답첨사防踏僉使와 영등만호永登萬戶 우치적禹致績[362]이 보러

---

352 (*) 내용 생략. 원문은 '順天光陽來辨獐'이다.

353 (*) 내용 생략. 원문은 '則元水使 宋經略所送火箭 獨用設計 可笑可笑'이다.

354 (*) 내용 생략. 원문은 '今日擧討定之'이다.

355 나아가 치지 못했다고 한다未遂進討 : 원문은 '미수운未遂云(그렇게 하지 못했다고 한다.)'이다.

356 (*) 내용 생략. 원문은 '順天李弘明來話'이다.

357 본서, 권3 「광양현감 어영담의 유임을 청하는 계본請光陽縣監魚泳潭仍任狀」 참조. 이 장계는 4월 8일 올려보냈는데, 5월 28일에 돌아온 것이다.

358 독운督運 : 독운어사督運御史의 준말이다. 사람이나 물자를 징발하기 위하여 중앙으로부터 파견된 관원이다. 본문의 광양현감 유임 관련 서술은 내용을 생략하면서 순서가 앞으로 당겨졌다.

359 (*) 내용 생략. 원문은 '自上極非之'이다.

360 용호장龍虎將 : 의병장인 성응지成應祉에게 준 별칭이다.

361 (*) 내용 생략. 원문은 '備邊司關到付 光陽縣監仍任云 凡朝報持來見之 不覺痛惋也 龍虎將成應祉 以其船改乘次 持傳令出送本營'이다.

362 우치적禹致績 : 1560~1628. 본관은 단양丹陽으로, 아버지는 이천부사 우필성禹弼成이다. 일찍이 무과에 급제한 뒤 여러 무관직을 거쳐 1592년(선조 25)에 경상우수영 소속인 영등포만호永登浦萬戶가 되었다. 그해 임진왜란이 발발하자 원균 함대의 일원이 되어 여러 해전에서 전라좌수사 이순신李舜臣 함대를 도와 공을 세웠다. 1596년에 순천부사가 되었으며, 1598년에 노량 해전露梁海戰에서 왜적을 무찌르는 데 공이 컸다. 이때 적장 한 명이 큰 활을 잡고 누선樓船 위에서 독전하는 것을 보고 쏘아 죽였다. 1601년 충청수사가 되었으나, 이듬해 간원諫院으로부터 불의를 많이 행하였다는 탄핵을 받았다. 1605년 북도우후北道虞候에 이어 경흥부사·회령부사 등을 거쳤다. 1611년(광해군 3)에 삼도수군통제사가 되고, 1613년 함경도·강원도 순변사巡邊使가 되었다. 그 뒤 경성부사를 거쳐 1619년 평안도 병마절도사, 1625년(인조 3) 경상좌도 병마절도사가 되었다. 1628년(인조 6) 함경북도 병마절도사로 재직하던 중 그곳에서 죽었다. (『한국민족문화대백과사전』.)

왔다. 공문을 작성하여 접반사接伴使[김수金睟], 도원수都元帥[김명원金命元[363]], 순변巡邊[이빈李薲], 순찰사巡察使[권율權慄], 병사兵使[선거이宣居怡], 방어사防禦使[이복남李福男] 등에게 보냈다. 이경二更[오후 9~11시]에)[364] 변유헌卞有憲[365]과 이수李銖 등이 왔다.

30일(계미) 종일 비. 신시申時[오후 3~5시]에 잠깐 개는 듯하더니 도로 비가 왔다. (*아침에 윤 봉사尹奉事와 변유헌卞有憲에게 왜적에 관한 일을 물었다. 이홍명李弘明이 보러 왔다. 원 수사가 송 경략宋經略이 보낸 불화살火箭을 혼자서 쓰려고 꾀하던 중 병사의 공문에 따라서 나눠 보내라고 하니까 공문도 내려고 하지 않고 무리한 말만 자꾸 지껄이더라고 하니 가소롭다. 명나라 고관이 보낸, 불로 적을 치는 무기인 불화살火箭 1천 530개를 나눠 보내지 않고 독차지해서 쓰려고 하다니, 그 계략은 지극히 말로 할 수 없는 일이다. 저녁에 조붕이 와서 이야기했다.)[366] 남해현령 기효근奇孝謹이 배를 내 배 곁에 대었는데, 그 배에 어린 여자를 싣고서는 남이 알까 봐 두려워한다. 가소롭다. 이같이 나라가 위급한 때를 당해서도 예쁜 여인을 태우기까지 하니 그 마음 씀씀이야말로 무어라 할 말이 없다. 그러나, 그 대장이라는 원 수사부터 역시 그러하니 어찌하겠는가. 어찌하겠는가. ○ 저녁때 조붕趙鵬이 와서 이야기했다. (*윤 봉사는 일이 있어서 본영으로 돌아갔다. 군량미軍糧米 14섬을 실어 왔다.)[367]

---

363 김명원金命元 : 1534~1602. 자字는 응순應順, 호는 주은酒隱, 본관은 경주慶州로 한성漢城에서 살았다. 1561년(명종 16)에 문과에 급제한 뒤, 벼슬은 선조 때에 좌의정左議政까지 이르렀으며, 정여립鄭汝立의 옥사를 처리하여 경림군慶林君에 봉해졌다. 임진왜란 때 팔도도원수八道都元帥 유도대장留都大將 등을 지냈는데, 나이 59세였다. 일찍이 퇴계退溪 문하에서 주역周易을 배웠고 병서兵書와 무예도 능했으나 장수로 자처하지는 않았다. 시호諡號는 충익忠翼이다. (『國朝文科榜目』, 『한국민족문화대백과사전』.)

364 (*) 내용 생략. 원문은 '防踏僉使及永登萬戶禹致績來見 成公事送于接伴使都元帥巡邊巡察使兵使防禦使等處 二更'이다.

365 변유헌卞有憲 : 이순신 누이의 아들. (박종평, 『난중일기』, 파주 : 글항아리, 2021, 134쪽.)

366 (*) 내용 생략. 원문은 '朝與尹奉事卞有憲問賊事 李弘明來見 元水使以其宋經略所送火箭專用之計 而因兵使關分送云 則甚不肯移文之辭 多有無理之言 可笑 天朝陪臣所送火攻之俱 火箭一千五百三十介 不爲分送 專欲合用 其計極無謂無謂 夕趙鵬來話'이다.

367 (*) 내용 생략. 원문은 '尹奉事以事還營 軍糧米十四石載來'이다.

6월

초1일(갑신) 아침에 탐후선探候船이 들어왔다. 어머님 편지를 본즉 평안하시다 하니
다행이다. 아들의 편지와 조카 봉菶의 편지도 한꺼번에 왔다. (*명나라 관원 양보楊
甫가 왜물倭物을 보고 아주 좋아하면서 말안장 하나를 가지고 갔다고 한다. ○ 순천부사와 광
양현감이 보러 왔다. 탐후선이 왜물을 가져왔다. 충청수사 정 영공丁令公[정걸丁傑]이 오고,
나대용羅大用, 김인문金仁問, 방응원方應元 및 조카 봉도 왔다. 그편에 어머님이 안녕하시다
는 기별을 들었다. 다행 다행이다.)[368] 충청수사 정 영공이 와서 함께 조용히 이야기
하였다. (*[이야기]하다가 저녁밥까지 대접했다. 그에게서 들으니 황정욱黃廷彧과 이영李瑛이
강가에 나가서 함께 이야기하더라고 하니, 개탄을 금할 수 없었다.[369] 이날은 맑았다.)[370]

초2일(을유) 맑음. 아침에 본영의 공문公事을 작성해서 보냈다. ○ 온양溫陽의 강용수
姜龍壽가 진중에 이르러 명함을 들여보내고 와서 보았다. (*[명함을 보내고] 먼저 경
상도 본영으로 갔다. 판옥선板屋船과 군관 송두남宋斗男, 이경조李景祚, 정사립鄭思立 등이 본
영으로 돌아갔다. 아침 후에 순찰사 군관이 공문을 가지고 와서 적의 정세를 탐지하고 돌아가
려는데, 우수사와 상의해서 답장을 보냈다. 강용수가 또 왔기에 양식 5말을 주어 보냈다. 원견

---

368 (*) 내용 생략. 원문은 '則唐差官楊甫 見倭物不勝喜躍云 倭鞍子一持去云 順天光陽來見 探候船倭物持
來 忠淸水使丁令公來 羅大用金仁問方應元及奉姪亦來 因審天只平安 多幸多幸'이다.

369 개탄을 금할 수 없었다 : 1592년 5월에 일본군이 서울로 들어오게 되자 국왕 선조는 의주義州로 피난
하고, 왕자 임해군臨海君 진珒과 순화군順和君 보珤는 함경도 회령부會寧府로 피란하였다. 임해군은 영
중추부사領中樞府事 김귀영金貴榮이 모시고, 순화군은 판중추부사判中樞府事 황정욱黃廷彧과 그 아들
승정원承政院 우승지右承旨 황혁黃赫이 자원하여 모시었다. 황혁은 순화군의 장인이다. 7월 24일에 회
령의 토적土賊 국경인鞠景仁이 모반하여 가토 기요마사加藤淸正에게 투항하면서 회령성에 들어가 있
던 왕자와 대신들도 붙잡혀 모두 일본군의 포로가 되었다.
　　1593년 1월에 명나라 이여송李如松 군대가 평양성을 탈환하고 서울로 진격하자, 함경도를 점령하고
있던 가토 기요마사 군대도 퇴로 차단을 염려하여 3월 말에 서울로 철수하였다. 그때 두 왕자도 같이
올라와 남대문 밖 적진 중에 있었고, 거기에는 황정욱 부자와 함경도 남병사南兵使 이영李瑛도 있었다.
황정욱과 이영이 강변에서 이야기를 나누었다는 기사는 이때 있었던 일을 전하는 것이다.
　　명·일 간에 강화 교섭이 진행되어 4월 18일 서울에 진 치고 있던 일본군들이 남쪽으로 철수하였고, 두
왕자는 포로 되었던 배신들과 함께 7월 22일에 부산에서 석방되어 8월 10일에 서울로 올라왔다. 황정
욱은 길주吉州로, 황혁은 해서海西로 귀양가고, 이영과 북병사北兵使 한극함韓克諴은 처형되었다. 김귀
영은 이에 앞서 3월에 적진에서 석방되어 의주 행재소에 이르렀으나 유배지로 귀양 가는 도중 사망했
다.(『宣祖實錄』, 『光海君日記』, 李殷相 譯 『完譯 李忠武公全書(上)』서울 : 成文閣, 1989, 289~290쪽.)

元埈이 함께 왔다고 한다. 정 영공이 내 배에 와서 같이 이야기하는데,)[371] ○ 가리포첨사 구우·경구虞卿[구사직具思稷]도 와서 함께 잠시 이야기하였다. (*저녁에 송아지를 잡아서 나누어 먹었다.)[372]

초3일(병술) 새벽에 맑더니 늦게는 큰비가 왔다. (*지휘선의 배 밑을 연기로 그을리기 위해 좌별선左別船으로 옮겨 탔다. 막 활을 쏘려는데 큰비가 내리기 시작했다. 온 배에 비가 새지 않는 곳이 없어 앉을 만한 마른 데가 없었다. 한심스러웠다. 평산포만호平山浦萬戶[김축金軸], 소비포권관所非浦權管[이영남李英男], 방답첨사防踏僉使[이순신李純信]가 함께 보러 왔다. 저물녘에)[373] 순찰사巡察使[권율權慄], 순변사巡邊使[이빈李薲], 병사兵使[선거이宣居怡], 방어사防禦使[이복남李福男] 등의 답장이 왔는데, (*어려운 일들이 많았다.)[374] 각 도의 군사와 말이 불과 5천이고, 양식도 거의 떨어져 간다고 했다. 적도들의 발악이 날로 더해 가는데, 일마다 이와 같으니 어찌하랴! 어찌하랴! (*초경初更[오후 7~9시]에 지휘선으로 돌아와서 침방으로 들어갔다. 비가 밤새도록 왔다.)[375]

초4일(정해) 비가 종일토록 계속 내렸다. (*와서 긴 밤이었다. 아침)[376] 식전에 순천부사[권준權俊]가 왔다. 식후에는 충청수사 정 영공丁令公[정걸丁傑], 이홍명李弘明, 광양현감[어영담魚泳潭]이 와서 종일토록 군사 일을 이야기하였다.

초5일(무자) 비가 종일토록 계속 내렸다.(*쏟아져서 사람들이 배 밖으로 머리를 내밀기 어려웠다. 오후에 우수사[이억기]가 와서 날이 저물어서 돌아갔다. 저물녘에 바람이 불기 시작하였는데,)[377] 바람의 기세가 몹시 사나워서 배들을 겨우 구해 냈다. (*이홍명이 왔다가 저녁밥을 먹고 돌아갔다.)[378] ○ 경상도 수사[원균]가, 웅천熊川의 적이 혹시 감동포

---

370 (*) 내용 생략. 원문은 '夕飯待食 因聞黃廷彧李瑛 出到江邊同話云 不勝慨慨也 是日晴'이다.

371 (*) 내용 생략. 원문은 '先往慶尙本營 板屋及軍官宋斗男李景祚鄭思立等歸營 朝後巡使軍官持關字來到 探賊勢而還 與右水伯相議答送 姜龍壽亦來 粮五斗給送 元塭同來云 丁令公亦來船同話'이다.

372 (*) 내용 생략. 원문은 '夕推犢而分'이다.

373 (*) 내용 생략. 원문은 '以上船煙燻事 移乘左別船 方欲射帿之際 雨勢大作 一船之上 雨無不漏 坐無乾處 可嘆 平山浦萬戶所非浦權管防踏僉使幷來見 暮'이다.

374 (*) 내용 생략. 원문은 '則多有難事'이다.

375 (*) 내용 생략. 원문은 '初更還上舡就寢房 雨則終夜'이다.

376 (*) 내용 생략. 원문은 '而永夜 朝(食前)'이다.

377 (*) 내용 생략. 원문은 '如注如注 人不堪出頭 午後右水相來到 日暮還歸 自暮風'이다.

378 (*) 내용 생략. 원문은 '李弘明來 夕食後還歸'이다.

甘同浦로 들어올지도 모른다면서 공문을 보내 들어가 토벌하자고 한다. 그 흉계가 가소롭다.

초6일(기축) 비가 오락가락하였다. (*순천부사가 보러 왔다.)[379] 보성군수[김득광金得光]가 갈려 가고 그 자리에 김의검金義儉이 임명되었다고 한다.[380] (*충청수사가 배에 와서 함께 이야기하였다. 이홍명도 오고 방답첨사도 왔다가 곧 돌아갔다.)[381] ○ 저녁에 본영 탐후인探候人이 왔는데, 어머님이 평안하시다고 했다. (*또 들으니, 흥양興陽에서 오는 말이 낙안樂安에 이르자 죽었다 하니 놀라움을 금치 못하겠다.)[382]

초7일(경인) 흐리나 비는 오지 않았다. (*순천부사와 광양현감이 오고, 우수사와 충청수사도 오고, 이홍명도 와서 함께 종일 이야기하였다.)[383] 저녁에 본도 우수사우후右水使虞候[이정충李廷忠]가 보러 왔다. (*[보러] 와서 서울 소식을 낱낱이 전하였다. 지극히 가증스럽고 한탄스러움을 이길 수 없었다.)[384]

초8일(신묘) 잠깐 맑더니 바람이 순하지 못하였다. (*경상도 수사의 우후虞候[이의득李義得]가 군관을 시켜 생전복을 선사하였기에 구슬 30개를 답례로 보냈다.)[385] 나대용羅大用[전라좌수사 군관]이 병으로 본영에 돌아갔다. (*병선兵船 진무鎭撫 유충서柳忠恕도 병으로 교체되어 육지로 올라갔다. 광양현감이 오고 소비포권관도 왔다. 광양이 쇠고기를 내와서 함께 먹었다.)[386] ○ 탐후선이 들어왔다. ○ 각 고을의 담당 아전 11명을 처벌했다. 옥과玉果 향소鄕所는 지난해부터 수군을 영솔하는 일을 성실하게 하지 않아서 결원이 많이 발생하여 수백 명에 이르렀는데, 매번 거짓말로 꾸며 댔기 때문에 이날 형벌을 집행하여 목을 베어서 일반에게 보였다. (*모진 바람은 그치지 않고 마

---

379 (*) 내용 생략. 원문은 '順天來見'이다.

380 『보성군지寶城郡誌』(고궁박물관 소장) 선생안先生案에 의하면, 보성군수가 김득광에 이어서 바로 안홍국安弘國으로 이어지는 것으로 보아, 이때 김의검金義儉의 군수 도임到任은 이루어지지 않았던 것으로 보인다.

381 (*) 내용 생략. 원문은 '忠清水使到船話 李弘明來 防踏亦來 卽還'이다.

382 (*) 내용 생략. 원문은 '且聞興陽馬到樂安斃云 驚愕不已'이다.

383 (*) 내용 생략. 원문은 '順天光陽來 右水相忠清水相亦來 李弘明亦到 終日相話'이다.

384 (*) 내용 생략. 원문은 '備傳京中之事 不勝憎嘆之至'이다.

385 (*) 내용 생략. 원문은 '朝嶺南水使虞候 送軍官致生鰒 故以玉三十送償'이다.

386 (*) 내용 생략. 원문은 '兵船鎭撫柳忠恕 亦以病遞下陸地 光陽來 所非浦亦來 光陽進桃林 共啖'이다.

음도 괴롭고 어지러웠다.)[387]

초9일(임진) 맑음. 수십 일 내리던 궂은비가 비로소 개니, 진중 장병들이 기뻐하지 않는 이가 없었다. (*순천부사와 광양현감이 와서 개장家獐을 차려 냈다.)[388] ○ 심기가 불편하여 종일 배 안에 누워 있었다. ○ 접반관接伴官이 접수하여 가지고 온 정문呈文[389]에 들으니, 이 제독李提督[이여송如松]이 충주忠州로 돌아왔다고 한다. (*고을의 의병義兵 성응지成應祉가 돌아올 때 본영의 군량미 50섬을 실어 왔다.)[390]

초10일(계사) 맑음. 우수사[이억기]가 (*와 가리포첨사[구사직具思稷]가)[391] 이곳에 와서 군사에 대한 계책을 자세히 논의했다.(*순천부사도 왔다. 삿자리 우장草芚[392] 20닢을 짰다.)[393] ○ 저녁에 영등포 탐망군이 와서 보고하되, 웅천의 적선 4척이 저희 본토로 돌아갔고, 또 김해 바다 어귀에 있던 적선 150여 척이 나와서 19척은 저희 본토로 돌아가고, 그 나머지는 부산으로 향했다고 한다. ○ 사경四更[오전 1~3시]에 원 수사[원균]의 공문이 왔는데, "내일 새벽에 나아가 싸우자."라는 것이었다. 그의 음흉함과 시기는 형언할 길이 없다. 이날 밤에는 답하지 않았다. (*네 고을 군량에 대한 공문을 만들어 보냈다.)[394]

11일(갑오) 비가 오락가락하였다. 아침에 왜적 토벌할 공문을 만들어서 영남수사[원균]에게 보냈더니, 술에 취해 정신이 없었다. (*없다고 핑계하면서 회답이 없었다. 오시午時[오전 11시~오후 1시]에 충청수사[정걸丁傑]의 배로 갔으나, 충청수사는 내 배에 와서 앉아 있었으므로 잠깐 이야기하다가 헤어졌다. 그 길로 우수사의 배로 간즉, 가리포첨사[구사직]와 진도군수[김만수金萬壽], 해남현감[위대기魏大器] 등이 우수사와 함께 술자리를 차려 놓고 있었다. 나도 몇 잔 마시고 돌아왔다. 탐후인探候人이 와서 고목告目을 바치고 갔다.)[395]

---

387 (*) 내용 생략. 원문은 '狂風不止 心緖煩亂'이다.

388 (*) 내용 생략. 원문은 '順天光陽來 進家獐'이다.

389 정문呈文 : 하급 관청이 상급 관청에, 또는 서민이 관청에 내는 문서.

390 (*) 내용 생략. 원문은 '鄕義兵成應祉還時 營軍糧米五十石載來'이다.

391 (*) 내용 생략. 원문은 '及加里浦'이다.

392 우장草芚 : 짚이나 갈대를 엮어서 만든 비가리개. '둔芚'은 우장雨裝 또는 뜸을 의미한다.

393 (*) 내용 생략. 원문은 '順天亦來 草芚二十番造結'이다.

394 (*) 내용 생략. 원문은 '四官軍糧 行移成送'이다.

12일(을미) 비가 오다 갰다 하였다. (*아침에 흰 머리털 여남은 오라기를 뽑았다. 흰 머리털인들 무엇을 꺼리겠는가마는 다만 위로 늙으신 어머님이 계시기 때문이다. 종일 혼자 앉아 있었다. 사량만호蛇梁萬戶[이여념李汝恬]가 와서 보고 돌아갔다.)[396] 이경二更[오후 9~11시]에 변존서卞存緒와 김양간金良幹이 들어왔다. (*행궁行宮[397]의 기별奇別[398]을 보니,)[399] 듣자니, 동궁東宮[광해]께서 편찮으시다고 하니 걱정스럽기 그지없다. 유 정승[유성룡柳成龍]의 편지와 윤 지사[윤우신尹又新]의 편지가 왔다. (*종 갓동莻同과 철매哲每 등이 병으로 죽었다니 참으로 가엾다.)[400] 승려 해당海棠도 왔다. (*밤에 원 수사의 군관이 와서 명나라 군인 5명이 들어왔다고 전하고 갔다.)[401]

13일(병신) 맑음. 늦게 잠깐 비가 오다가 그쳤다. 명나라 사람 왕경王敬과 이요李堯가 와서 우리 수군이 성대한지 아닌지를 살펴보았다. 그들에게서 이 제독[이여송]이 나아가 토벌하지 않아서 명나라 조정으로부터 문책을 당했다는 말을 들었다. 조용히 이야기하는 중에 개탄스러운 점이 많았다. ○ 저녁에 진을 거제 땅 세포細浦[402]로 옮겼다. (*[옮겨서] 머물렀다.)[403]

14일(정유) 비가 오락가락하였다. (*아침 식사 후에 낙안군수[신호申浩]가 보러 왔었다. 가리포 첨사加里浦僉使를 청해 와서 아침밥을 함께 먹었다. 순천부사와 광양현감도 왔었다. 광양현감이 노루 고기를 차려 내왔다.)[404] 전운사轉運使[405] 박충간朴忠侃의 공문과 편지가 왔다. (*경상좌수사의 공문과 같은 도 우수사의 공문이 왔다.)[406] ○ 저물게 비바람이 크게

---

395 (*) 내용 생략. 원문은 '托之不答 午時往忠淸水相船 則忠淸水相 來坐我船 暫話而罷 因往右水伯船 則加里浦珍島海南等 與水伯共設盃盤 我亦飮數盃而還 探候人來 呈告目而去'이다.

396 (*) 내용 생략. 원문은 '朝拔白十餘莖 然白者何厭 但上有老堂故也 終日獨坐 蛇梁來見而歸'이다.

397 행궁行宮 : 서울 궁전 이외의 지방에 있는 궁전. 여기서는 전주에 머무르고 있는 광해군의 숙소를 가리킨다.

398 기별奇別 : 승정원에서 처리한 일을 날마다 적어서 아침에 반포한 종이.

399 (*) 내용 생략. 원문은 '見行宮奇別'이다.

400 (*) 내용 생략. 원문은 '聞奴莻同 奴哲每等病死 可怜也'이다.

401 (*) 내용 생략. 원문은 '夜唐兵五名入來事 元水使軍官 來傳而去'이다.

402 세포細浦 : 경상남도 통영시 한산면 염호리 관암마을 포구.

403 (*) 내용 생략. 원문은 '留'이다.

404 (*) 내용 생략. 원문은 '朝食後樂安來見 加里浦請來 同朝飯 順天光陽來 光陽進獐'이다.

405 전운사轉運使 : 조선시대에 세곡의 운반을 주관하던 관원. 조운사漕運使·전운어사轉運御史라고도 한다. (세종대왕기념사업회, 『한국고전용어사전』, 2001.)

치더니 얼마 후에 그쳤다.

15일(무술) 비가 오락가락하였다. 우수사[이억기], 충청수사[정걸], 순천부사[권준], 낙안군수[신호], 방답첨사[이순신李純信] 등이 (*[등을] 청해다가)[407] 와서 함께 계절에 따라 나오는 음식을 먹고 이야기하다가, 날이 저물어서 헤어졌다.

16일(기해) 잠깐 비가 왔다. 늦게 낙안군수를 통하여 진해鎭海[408]현감의 보고서告目를 얻어 본즉, 함안咸安에 있는 각 도 대장들은, 왜놈들이 황산동黃山洞[409]에 나아가 진을 쳤다는 소문을 듣고 모두 물러나 진양[진주]과 의령을 지킨다고 하니 참으로 놀라움을 금할 수 없다. (*순천부사·광양현감·낙안군수 등이 왔다.)[410] ○ 초경初更[오후 7~9시]에 영등 탐망군 (*광양 사람)[411]이 와서 아뢰되, "김해와 부산에 있던 적선 무려 500여 척이 안골포安骨浦[412]와 (*웅포熊浦[413]), 제포薺浦[414] 등지로 들어왔다."고 하였다. 그대로 다 믿을 수는 없으나 적도들이 합세하여 다른 지경을 침범할 계획도 없지 않을 것이므로 우수사[이억기]와 정 수사[정걸]에게 통지하였다. 이경二更[오후 9~11시]에 대금산大金山 탐망군이 와서 보고하는 것도 역시 같았다. (*삼경三更[오후 11시~오전 1시]에)[415] 송희립宋希立을 경상우수사[원균]에게로 보내 의논한즉, 내일 새벽에 수군을 거느리고 오겠다고 하였다. 적의 계략은 참으로 헤아리기 어렵다.

17일(경자) 혹은 비가 오다 혹은 개다 하였다. 이른 아침에 원 수사, 우수사, 정 수사 등이 와서 의논했는데, 함안에 있던 각 도의 여러 장수들이 진주로 물러가 지킨다는 말이 과연 사실이었다.[416] ○ 식후에 이 경수景受 영공[이억기]의 배로 가서

---

406 (*) 내용 생략. 원문은 '慶尙左水使關及同道右水使關來'이다.

407 (*) 내용 생략. 원문은 '請來'이다.

408 진해鎭海 : 경상남도 창원시 마산합포구 진동면 진동리.

409 황산동黃山洞 : 경상남도 양산시 물금읍.

410 (*) 내용 생략. 원문은 '順天光陽樂安來'이다.

411 (*) 내용 생략. 원문은 '光陽人'이다.

412 안골포安骨浦 : 경상남도 창원시 진해구 안골동.

413 웅포熊浦 : 경상남도 창원시 진해구 남문동·웅천1동.

414 제포薺浦 : 경상남도 창원시 진해구 제덕동.

415 (*) 내용 생략. 원문은 '三更'이다.

(*앉을 곳을 옮겨 가며, 우선右船에서)[417] 종일 이야기하였다. ○ 조붕趙鵬이 창원昌原에서 와서 적의 세력에 대해 전하기를, 지극히 치성熾盛하다고 했다.

18일(신축) 비가 오다가 개다 하였다. 아침에 탐후선이 들어왔다. (*닷새 만에야 들어왔으니 아주 옳지 않은 일이라 매를 때려 보냈다.)[418] ○ 오후에 경상우수사[원균]의 배에 가서 같이 앉아서 군사 일을 의논하였다. (*연이어 한 잔 한 잔 마신 것이 몹시 취해서 돌아왔다. 부안扶安 용인龍仁이 와서 그 모친이 감옥에 갇혔다가 도로 풀려나왔다고 전했다.)[419]

19일(임인) 혹 비도 오고 혹 개기도 하였다. 바람조차 세게 불며 그치지 않으므로 진을 오양역烏楊驛[420] 앞으로 옮겼으나, 바람에 배를 안정시킬 수 없어서 다시 고성 역포亦浦[421]로 옮겼다. ○ 봉莑과 변유헌卞有憲 두 조카를 본영으로 돌려보내 어머님의 안부를 살피고 오게 하였다. (*왜물倭物과 명나라 장수가 선사한 물건 및 기름 등 물건들도 같이 본영으로 실어 보냈다. 각 도에 보낼 공문 작성을 마쳤다.)[422]

20일(계묘) 흐리고 바람이 세게 불었다. (*제삿날이므로 종일 혼자 앉아 있었다. 저녁때 방답 첨사와 순천부사, 광양현감이 보러 왔다.)[423] 조붕이 그 조카 응도應道와 함께 보러 왔다. ○ 이날 배 만들 재목을 운반해서 내리고 그대로 역포亦浦에서 잤다. 밤에는 바람이 잤다.

21일(갑진) 맑음. 새벽에 진을 한산도閑山島 (*망하응포望何應浦)[424]로 옮겼다. (*점심때 원연元埏이 왔다. 우수사를 청해서 함께 앉아 술을 몇 잔 마시고 헤어졌다.)[425] ○ 아침에 아

---

416 과연 사실이었다果實矣 : 친필 일기에는 '果'가 없다.

417 (*) 내용 생략. 원문은 '而使改坐處 終日談論于右船'이다.

418 (*) 내용 생략. 원문은 '而第五日到此 極爲非矣 故杖送'이다.

419 (*) 내용 생략. 원문은 '連進一盃一盃 醉甚還來 扶安龍仁來 傳其母之被囚而還放云'이다.

420 오양역烏楊驛 : 경상남도 거제시 사등면 오량리.

421 역포亦浦 : 경상남도 통영시 용남면 장평리.

422 (*) 내용 생략. 원문은 '倭物及天將贈物油物幷載送于營 各道了公事'이다.

423 (*) 내용 생략. 원문은 '以忌終日獨坐 夕防踏順天光陽來見'이다.

424 (*) 내용 생략. 원문은 '望何應浦'이다. 망하응포는 경상남도 통영시 한산면 하소리 하포마을로 추정된다. 추정 근거는 당시 조선 수군은 견내량의 길목을 막고 일본 수군의 진격을 저지하고 있었으며, 이순신 함대의 이동로는 거제 세포→오양역→고성 역포→한산도 망하응포→거제 적도→걸망포로서, 모두 견내량 수도 및 통영만과 연접한 포구라는 점이다.

425 (*) 내용 생략. 원문은 '點時元埏來 右令公亦邀 同坐行盃 數巡而罷'이다. 본서에는 함께 술 마신 내용은 생략되고, '오시에 원연이 왔다.'라는 부분만 뒤에 기록되어 있다.

들 회소가 들어왔다. 그래서 어머님이 평안하시다는 소식을 들으니 다행 다행이다. 오시午時[오전 11시~오후 1시]에 원연元埏이 왔다.

22일(을사) 맑음. (*처음으로 전선戰船을 만들기 위하여 자귀[426]질을 시작했다. 목수 214명이 일을 하였다. 본영에서 72명, 방답에서 35명, 사도에서 25명, 녹도에서 15명, 발포에서 12명, 여도에서 15명, 순천에서 10명, 낙안에서 5명, 흥양과 보성에서 각 10명이었다. 방답에서 처음에는 15명밖에 보내지 않아서 담당한 군관과 아전을 처벌하였는데 그 정상이 아주 간교하였다. 본영 제2호선[우후선]의 무상無上[427] 손걸孫乞을 본영으로 돌려보냈는데, 못된 짓을 많이 저질러서 가두었다기에 붙잡아 오라고 하였더니, 이미 들어와 인사를 하는 것이므로 제 마음대로 드나든 죄를 다스리고, 그와 함께 우후虞候의 군관 유경남柳景男도 처벌하였다. 오후에 가리포첨사가 왔다. 적량赤梁의 고여우高汝友와 이효가李孝可도 왔다. 저녁때 소비포권관 이영남이 보러 왔다.)[428] 초경初更[오후 7~9시]에 영등永登 탐망군이 와서 보고하되, "별다른 소식은 없고 다만 적선 2척이 온천溫川[칠천도]으로 들어가기에 순찰하여 정탐하고 돌아왔다."라고 하였다.

23일(병오) 맑음. (*이른 아침에 목수들을 점호하였는데, 1명도 결근이 없다고 한다.)[429] 새 배에 쓸 밑판本板을 다 만들었다.

24일(정미) 식후에 큰비가 오고 거센 바람이 불더니 저녁까지 그치지 않았다. ○ 저녁에 영등永登 탐망군이 와서 아뢰되, "적선 500여 척이 23일 밤중에 모두 소진포蘇秦浦[430]로 모여 들어왔는데, 그 선봉은 칠천량漆川梁에 이르렀다."라고 했

---

426 자귀坐塊 : 나무를 깎아 다듬는 연장의 하나. 『譯語類解』(1690)에는 '자괴'로 나온다. (『표준국어대사전』.)

427 무상無上 : 배의 이물에서 닻과 닻물레를 운용하는 선원. 무상舞上과 같은 말이다. 통영에서 발견된 조선 후기 수군 문서에 의하면, 선원의 직무가 선두무상船頭舞上·요수繚手·선미사공船尾沙工으로 나와 있어 무상이 선수船首에서 닻과 닻물레를 담당하는 사람으로 나타난다. 전선처럼 큰 배는 정수碇手와 무상이 따로 있어서, 정수는 닻을, 무상은 닻물레를 다룬다.(『備邊司謄錄』, 肅宗 42년 10월 24일, 各軍船制定額數.)

428 (*) 내용 생략. 원문은 '戰船始坐塊 耳匠二百十四名運役內 營七十二名 防踏三十五名 蛇渡二十五名 鹿島十五名 鉢浦十二名 呂島十五名 順天十名 樂安五名 興陽寶城各十名 防踏則初送十五名 軍官色吏論罪 其爲情狀極譎矣 聞二上船無上孫乞 送還本營 多行汎濫之事 囚禁云 故推捉 則已爲入來現身 推論自意出入之罪 兼罰虞候軍官柳景男 午後加里浦來 赤梁高汝友及李孝可亦來 夕所非浦李英男來見'이다.

429 (*) 내용 생략. 원문은 '早朝點付耳匠等 則無一名干云'이다.

430 소진포蘇秦浦 : 경상남도 거제시 장목면 송진포리.

다. (*초경初更[오후 7~9시]에 또다시 대금산大金山 탐망군과 영등 탐망군이 와서 보고하는 것도 마찬가지였다.)[431]

25일(무신) 큰비가 종일 왔다. (*아침 식후에)[432] 우수사[이억기]와 함께 적을 토벌할 것을 의논하였다. (*가리포첨사도 오고)[433] 경상우수사도 와서 일을 의논했다. ○ 들으니 진주晉州가 포위당했는데, 아무도 감히 진격해서 접근하지 못했다고 한다. 연일 비가 내려 적들이 (*물에 막히어)[434] 해독을 부리지 못하는 것을 보면, 하늘이 호남을 지극히 돕는 것이다. (*다행 다행이다. 낙안樂安의 군량 130섬 9말을 나누어 주었다. 또)[435] ○ 순천의 군량 200섬을 받아들였다. (*[200섬]은 받아서 찧는다고 한다.)[436]

26일(기유) 큰비가 내리고 남풍이 크게 불었다. (*아침나절에)[437] 복병선伏兵船이 변고를 아뢰되, "적선 (*중선中船·소선小船 각 1척)[438]이 오양역烏楊驛 앞에 이르렀다."라고 하였다. 나팔角[439]을 불어 닻을 올리고, 적도赤島[440]에 이르러 진을 쳤다. (*순천의 군량 150섬 9말을 받아들여 의능宜能의 배에 실었다.)[441] ○ 저녁때 김붕만金鵬萬이 진주로부터 적의 형세를 정탐하고 와서 아뢰되, "무수한 적의 무리가 진주 동문 밖에 모두 진을 쳤는데, 큰비가 연일 와서 물에 막혔으며 (*거리낌없이 독기를 내어 싸우고 있다. 그러나 지금 큰물이 적진을 휩쓸려고 하니,)[442] 적이 밖으로 [군량과] 지원군을 댈 길이 없으니, 만일 큰 부대가 합력해서 친다면 대번에 섬멸할 수가 있을 것이다."라고 하였다. (*그런데 이미 양식이 끊어졌으니, 우리 군사는 편안히 앉아서 고달

---

431 (*) 내용 생략. 원문은 '初更又有大金山望軍及永登望軍來告 亦如之'이다.

432 (*) 내용 생략. 원문은 '朝食後'이다.

433 (*) 내용 생략. 원문은 '加里浦亦來'이다.

434 (*) 내용 생략. 원문은 '阻水'이다.

435 (*) 내용 생략. 원문은 '多幸多幸樂安軍粮一百卅石九斗分給 又'이다.

436 (*) 내용 생략. 원문은 '而造米云'이다.

437 (*) 내용 생략. 원문은 '朝時'이다.

438 (*) 내용 생략. 원문은 '中船小船各一隻'이다.

439 나팔角 : 큰 나팔大角과 작은 나팔小角이 있다. (국방부전사편찬위원회, 『兵將說·陣法』, 1983, 199쪽.)

440 적도赤島 : 경상남도 거제시 둔덕면 술역리 화도.

441 (*) 내용 생략. 원문은 '捧順天軍粮一百五十石九斗 載宜能船'이다.

442 (*) 내용 생략. 원문은 '肆毒接戰 大水將沈賊陣'이다.

픈 적을 맞게 되는 것으로, 그 형세가 백전백승을 기약할 수 있다. 하늘이 또한 순조롭게 이렇게 도와주고 있으니, 수로水路의 적이 비록 모두 500~600척일지라도 우리 군사를 당해 낼 수 없을 것이다.)[443]

27일(경술) 비가 오다 개다 하였다. 오시午時[오전 11~오후 1시]에 적선 (*2척)[444]이 견내량見乃梁에 나타났다고 하므로 전군을 거느리고 나가 보니, 벌써 도망가 버렸다. 그래서 불을도弗乙島[445] 앞바다에 진을 쳤다. (*아침에 순천부사와 광양현감을 불러서 군사 문제를 토의하였다. 충청수사가 그 군관을 시켜 흥양 군량이 떨어졌으니 3섬만 빌려 달라고 하기에 꾸어 보내 주었다. 강진 배가 적과 서로 싸운다고 들었기 때문이다.)[446]

28일(신해) 비가 오다 개다 하였다. 나라의 제삿날이라 공무를 보지 않았다.[447] (*어제 저녁에)[448] 강진의 탐망선이 적과 싸운다는 말을 듣고, 전군이 출발하여 견내량見乃梁에 이르니, 적도들이 우리 군사들을 바라보고 놀라 달아났다. 조수와 바람이 모두 역세逆勢라 들어올 수가 없어서 그대로 머물러 밤을 지내고, 사경四更[오전 1~3시]에 불을도弗乙島에 도착하였다. (*이날은 명종明宗의 제삿날[忌故]이기 때문이다.)[449] ○ 종 봉손奉孫과 애수愛守 등이 들어왔다. 분산墳山[450] 소식을 자세히 들으니 다행 다행이다. (*원元 수사와 우수사가 함께 와서 군사 일을 의논하였다.)[451]

29일(임자) 맑음. 서풍이 잠깐 일어나더니 청명하게 개었다. 순천부사와 광양현감이 보러 왔다. 어란만호於蘭萬戶[정담수]와 소비포권관[이영남] 등도 왔다. (*종

---

443 (*) 내용 생략. 원문은 '然業爲絶粮 我軍則以逸待勞 其勢當可百勝 天且助順 水路之賊 雖合五六百隻 不能當我軍矣'이다.

444 (*) 내용 생략. 원문은 '二隻'이다.

445 불을도弗乙島 : 경상남도 거제시 둔덕면 술역리 방화도.

446 (*) 내용 생략. 원문은 '朝順天光陽 招來談兵 忠淸水使 使其軍官傳告 興陽軍粮乏絶 三石貸之云 故貸送之耳 聞康津船 與賊相戰云故'이다. 내용상 충청 수군이 임시로 흥양의 군량을 쓰고 있었는데, 떨어지자 강진 군량을 쓸 차례이지만 전투 중이므로 본영 군량을 빌려 준 것으로 추측된다.

447 '나라의 제삿날이라 공무를 보지 않았다國忌不坐'는 여기 『전서』에만 나오는 내용이다. 뒤의 주 448 참조.

448 (*) 내용 생략. 원문은 '昨夕'이다.

449 (*) 내용 생략. 원문은 '是日 乃明廟忌故也'이다.

450 분산墳山 : 묘지로 쓰는 산. 조상의 무덤이 있는 선산先山과 같은 뜻이다.

451 (*) 내용 생략. 원문은 '元水使及右水伯 同到論兵'이다.

봉손 등이 아산牙山으로 가는데, 홍洪·이李 두 선비와 윤선각 명문尹先覺明聞[452]에게 편지

를 써 보냈다.)[453] (*진주가 함락되었다. 황명보黃明甫,[454] 최경회崔慶會,[455] 서예원徐禮元,[456]

김천일金千鎰,[457] 이종인李宗仁,[458] 김준민金俊民[459]이 전사했다고 한다.)[460]

---

452 윤선각 명문尹先覺明聞 : 명문明聞은 윤선각의 자字 또는 호號로 보인다. 이 윤선각은 1592년에 충청
도 순찰사(감사)를 지내고, 뒤에 윤국형尹國馨으로 개명한 윤선각尹先覺과는 다른 인물로 보인다. 윤국
형은 자字가 수부粹夫, 호號는 은성恩省으로, 1592년 6월에 용인 전투에서 패배하여 9월에 파직되었으
나, 뒤에 원접사遠接使로 임명되었다.(『선조실록』 권51, 선조 27년 5월 1일 무인.) 정유일기 8월 14일
에 나오는 이순신의 장계 운반자 윤선각尹先覺과 이 윤선각은 동일 인물로 보인다.

453 (*) 내용 생략. 원문은 '奴奉孫等 往牙山 洪李兩生前及尹先覺明聞處 修簡而送'이다.

454 황명보黃明甫 : 1550~1593. 이름은 진進이고, 명보明甫는 자字이다. 본관은 장수長水. 거주지는 전라
북도 남원南原으로 방촌厖村 황희黃喜의 5세손이다. 1576년 무과武科에 급제하여 선전관宣傳官이 되
고, 1591년에는 통신사通信使를 따라 일본까지 갔다 왔으며, 일찍부터 일본의 침입을 예측하였다. 임
진년(1592)에 동복현감同福縣監으로서 이치梨峙 전투에서 적을 격퇴하였다. 1593년 2월 충청도 조방
장助防將에 임명되고, 3월에는 충청도 병사兵使가 되어 상주尙州 전투에서 연전연승하였다. 6월에 진
주성晉州城 전투에서 창의사倡義使 김천일金千鎰 등과 함께 항전하다가 제일 먼저 전사하여, 그 때문에
성이 무너졌다고 한다. 좌찬성左贊成을 추증하고 진주 창렬사彰烈祠에 김천일·최경회와 함께 제향되
었다.(『海東名臣傳』; 이형석, 『임진전란사』 상권, 1967, 710~712쪽; 「한국역대인물종합정보시스템」.)

455 최경회崔慶會 : 1532~1593. 자字는 선우善遇, 호는 삼계三溪, 본관은 해주海州. 거주지는 전라남도 화
순和順이다. 1561년(명종 16)에 진사進士에 오르고, 다시 6년 뒤에 문과文科에 급제하여 영해寧海 등
고을 원을 역임하였다. 1592년(임진년)에 의병義兵을 일으켜 금산錦山과 무주茂朱에 이르고, 다시 재
를 넘어 지례知禮에 진 치니 개령開寧의 적병이 한 걸음도 나오지 못했다. 그래서 전라도가 보존될 수
있었다. 선조宣祖가 그 말을 듣고 그를 경상우병사慶尙右兵使를 임명하였다. 이듬해 5월 진주晉州로 들
어가서 창의사倡義使 김천일金千鎰 등과 함께 항전하다가 성이 함락되고 모든 장수와 함께 전사하였다
[1593년(계사) 6월 29일]. 후에 우의정右議政을 추증하고 충의忠毅라 시호하였다.(『人物考』; 「한국역
대인물종합정보시스템」.)

456 서예원徐禮元 : 1548~1593. 무과武科에 합격한 무신武臣으로, 1593년(계사) 진주성晉州城이 함락되던
당시의 진주목사晉州牧使이다. 몇 번이나 성을 버리고 도망하려 하다가 의사義士들의 호령에 어찌하지
못하였으며, 마침내 몸을 숨기고 싸우지도 않았을뿐더러 성이 무너지자 도망가다가 적에게 잡혀 죽었
다고 한다.(「한국역대인물종합정보시스템」.)

457 김천일金千鎰 : 1537~1593. 전라남도 나주羅州 출생으로, 권율權慄과는 동갑이요 이순신보다는 8세
위다. 조실부모하고 고아로 자라났다. 37세 때 과거 문과에 합격하여 용안현령龍安縣令, 강원도사江原
都事, 경상도사慶尙都事, 담양부사潭陽府使를 지내고, 고향으로 돌아와서 제자들을 가르쳤다. 나이 56
세에 임진왜란을 당하여 5월 초6일에 고경명高敬命 등과 담양潭陽에서 회의하고, 나주에서 의병을 일
으켰다. 8월에 조정에서 창의사倡義使의 호를 내렸다. 이후 강화도江華島에 주둔하면서 의주義州 행재
소行在所와 양호兩湖 간의 연락망을 확보하였다. 일본군이 영남 지방으로 철수하자 1593년 5월에 300
명을 이끌고 진주성으로 들어가 여러 장수와 끝까지 싸우다가 촉석루矗石樓에서 최경회崔慶會 등과 함
께 남강에 투신하였다. 향년 57세였다. 광해군 때 영의정領議政을 추증하고, 인조 때 문열文烈이라 시
호하였다. 영남과 호남 각처에 사당이 있다.(『健齋集』; 이형석, 『임진전란사』 상권, 1967, 741~743쪽;
「한국역대인물종합정보시스템」.)

7월

초1일(계축) 맑음. 나라의 제삿날[461]이어서 공무를 보지 않았다. 밤기운이 몹시 차서 잠을 이루지 못하였다. 나라를 근심하는 생각이 조금도 놓이지 않아 홀로 배 뜸[462] 밑에 앉았으니 온갖 회포가 일어난다. (*선전관[유형柳珩]이 내려왔다고 하더니)[463] ○ 초경初更[오후 7~9시]에 선전관[유형柳珩]이 왕명서를 가지고 왔다.

초2일(갑인) 맑음. 느지막이 우수사가 보러 왔다. (*내 배로 와서 함께 선전관과 대면하였다. 점심 후에 헤어져 돌아갔다.)[464] ○ 선전관은 오후에 돌아갔다. ○ 날이 저물 때 김득룡金得龍[465][휘하 군관]이 와서 진주가 함몰陷沒[466]되었으며, 황명보黃明甫·최경회崔慶會·서예원徐禮元·김천일金千鎰·이종인李宗仁·김준민金俊民이 전사했다고 전하였다.[467] 놀라고 비통함[468]을 이길 길 없다. 그러나 그럴 리가 만무하다. 이는

---

458 이종인李宗仁 : 1556~1593. 자字는 인언仁彦, 본관은 전주全州. 거주지는 한성漢城이다. 병사兵使 귀심龜深의 아들로, 1580년에 무과에 합격하였다. 1593년 6월에 진주성晉州城이 적에게 포위되자 김해부사로서 목사牧使 서예원徐禮元의 도망을 막았다고 한다. 당시 전투가 시작된 후 황진黃進과 함께 역전하며 적을 무수히 죽였으나 성이 마침내 함락되기에 이르자, 마지막까지 왜적을 끼고 함께 남강에 투신했다고 한다. 뒤에 호조판서戶曹判書를 추증하고 진주 충민사忠愍祠에 배향하였다. (『人物考』; 「한국역대인물종합정보시스템」.)

459 김준민金俊民 : ?~1593. 무신武臣으로 1592년 임진왜란이 일어났을 때 거제현령으로 있었는데, 경상감사 김수金睟의 부름을 받아 근왕勤王을 위해 섬을 떠났다. 이후 의병에 가담하여 합천가장陜川假將으로 진주성晉州城 전투에 참여하였다. 1593년 6월 29일 진주성이 함락될 때, 거제현령巨濟縣令으로서 힘써 싸우다가 전사하였다. (『선조실록』 권27, 선조 25년 6월 28일 병진; 「한국역대인물종합정보시스템」.)

460 (*) 내용 생략. 원문은 '晉陽陷沒 黃明甫·崔慶會·徐禮元·金千鎰·李宗仁·金俊民戰死之云'이다. 이 부분은 추기追記한 내용이다.

461 나라의 제삿날 : 인종仁宗이 돌아가신 날이다.

462 뜸篷 : ① 햇빛이나 비바람을 가리기 위해 짚·풀로 거적처럼 엮어 만든 물건. ② 무명·삼베와 대나무로 엮어 만든 직사각형의 평형범平衡帆인 이봉利篷 돛. (『高麗圖經』, 권34, 海道1, 客舟).

463 (*) 내용 생략. 원문은 '聞宣傳官下來'이다.

464 (*) 내용 생략. 원문은 '右水伯到船上 同對宣傳官 點後罷還'이다.

465 김득룡金得龍 : 자字는 성서聖瑞, 본관은 진주晉州로 전라북도 함열咸悅에서 살았다. 부원군府院君 무침茂琛의 후손인데 힘이 장사였다고 한다. 일찍이 무과武科에 오르고 마지막 노량 해전에서 이순신이 전사하자 그대로 역전하다가 함께 전사하였다. 뒤에 선무원종훈宣武原從勳을 봉했다. (『湖南同殉錄』.)

466 함몰陷沒 : 친필 일기에는 '불리不利'로 되어 있다.

467 황명보黃明甫 …… 전하였다 : 이 부분이 친필 일기에는 6월 29일 자에 추기追記되어 있으나, 『난중일기』 편자는 여기에 삽입하였다. 친필 일기 원문에는 없다.

필시 미친 사람이 잘못 전한 말일 것이다. ○ 초저녁에 원연元埏과 원식元埴이 와서 군중軍中의 일에 대해 극심한 말을 하니, 참으로 우스웠다.

초3일(을묘) 맑음. 적선 몇 척이 견내량見乃梁을 넘어오고 한편으로 육지로 나오므로 (*통분하다.)[469] 우리 배가 바다로 나아가 뒤를 쫓자 적은 도망쳐 버렸다. (*물러와서 잤다.)[470]

초4일(병진) 맑음. (*흉악한 적 수만여 명이 죽 늘어서서 기세를 올리니 참으로 통분하다.)[471] 저녁때 걸망포乞望浦[472]로 물러나 진을 치고 잤다.

초5일(정사) (*맑음. 새벽에)[473] 탐망군이 와서 고하기를, "적선 10여 척이 견내량見乃梁으로 넘어온다."라고 하므로 여러 배들이 한꺼번에 출발하여 견내량에 이르니, 적선들은 허둥지둥 달아나 버리고, 거제 땅 적도赤島[474]에는 말馬만 있고 사람은 없으므로 싣고 왔다. (*늦게 변존서卞存緒가 본영으로 떠났다.)[475] ○ 저녁에 진주가 함락되었다는 보고가 광양으로부터 왔다. (*두치豆恥의 복병한 곳에서 성응지成應祉와 이승서李承緒가 보낸 보고다. 저녁에)[476] ○ 걸망포에 돌아와 진을 치고 밤을 지냈다.

초6일(무오) 맑음. 아침에 방답첨사[이순신李純信]가 보러 왔다. 소비포권관[이영남]도 왔다. ○ 한산도에서 새로 만든 배를 끌어올 일로 중위장中衛將이 여러 장수들을 데리고 나갔다. (*가서 끌어왔다.)[477] ○ 공방工房 곽언수郭彦壽가 행재소行在所에서 들어왔는데, 도승지都承旨 심희수沈喜壽, 윤자신尹自新[지사知事], 좌의정左議政 윤두수尹斗壽의 편지가 왔고, 윤기헌尹耆獻[478]도 안부를 보내왔다. 아울러 저보邸報[479]를 보니 탄식할 만한 일들이 많았다. (*흥양현감이 군량을 실어 왔다.)[480]

---

468 놀라고 비통함[경통驚慟] : 원문은 '경려驚慮'(놀라고 걱정스러움)이다.
469 (*) 내용 생략. 원문은 '痛憤'이다.
470 (*) 내용 생략. 원문은 '退宿'이다. 바로 앞에 본서는 '분거奔去', 원문은 '분환거還去'이다.
471 (*) 내용 생략. 원문은 '凶賊幾萬餘頭 列立揚示 痛憤痛憤'이다.
472 걸망포乞望浦 : 친필 일기에는 '거을망포巨乙望浦'이다. 지금의 경상남도 통영시 산양읍 신전리이다.
473 (*) 내용 생략. 원문은 '晴 曉'이다.
474 적도赤島 : 경상남도 거제시 둔덕면 술역리 화도.
475 (*) 내용 생략. 원문은 '晚卞存緒往營'이다.
476 (*) 내용 생략. 원문은 '豆恥伏兵處 成應祉·李承緒出送 夕'이다.
477 (*) 내용 생략. 원문은 '曳來'이다.

초7일 (기미) 맑음. (*아침에)⁴⁸¹ 순천부사와 가리포첨사, 광양현감이 보러 와서 군사 일을 의논했다. 가볍고 날랜 배 15척을 뽑아 견내량見乃梁으로 가서 탐색해 (*위 장衛將이 거느리고 가서)⁴⁸² 보았으나 적의 자취는 없더라고 한다. 포로로 잡혀 갔던 거제巨濟 사람 한 명을 데리고 왔는데, 적의 소행을 자세히 물었더니, "흉악한 적들이 우리 수군의 위세를 보고 후퇴하여 돌아가려고 하였다."라고 하며, 또 말하기를, "진주가 이미 함락되었으니 어찌 전라도까지 넘어가겠는가?"라고 했다 한다. 이 말은 거짓말이다. ○ 우수사가 내 배로 왔기에 함께 이야기하였다.

초8일(경신) 맑음. 남해南海를 왕래하는 사람 조붕趙鵬에게서 들으니, "적이 광양을 침범한다는 소문을 듣고, 광양 사람들이 벌써 관청과 창고를 불 질렀다."라고 하니, 해괴함을 이길 길이 없다. 순천부사[권준]와 광양현감[어영담]을 곧 보내려다가, 길에 떠도는 소문을 믿을 수 없으므로 그만두고, 사도蛇渡 군관 김붕만金鵬萬을 내보내 알아보게 하였다.

초9일(신유) 맑음. 남해현령이 또 와서 전하기를 "광양과 순천이 벌써 분탕焚蕩 당했다."라고 하므로, 광양현감[어영담]과 순천부사[권준], 송희립宋希立, 김득룡金得龍, 정사립鄭思立, (*등을 내보냈고, 이설李渫은 어제 먼저 내보냈다.)⁴⁸³ 이설 등을 내보냈다. 이 소식을 들으니 뱃속까지 저려 와 말을 할 수가 없었다. ○ 우수사 및 경상수사와 함께 일을 의논하였다. ○ 이날 밤, 바다에 달은 밝고, 티끌 하나 일지

---

478 윤기헌尹耆獻 : 호조판서를 지내고 호성공신扈聖功臣 2등으로 용원부원군龍原府院君에 추증된 윤자신尹自新의 아들이다. 자字는 원옹元翁, 호號는 장빈자長貧子, 본관은 남원南原, 거주지는 한성이다. 1548년(명종 3)에 났으니 이순신보다 3년 아래다. 이이李珥의 문인으로, 1570년(선조 3)에 진사 식년시式年試에 합격하였다. 1600년(선조 33)에 죽산 현감竹山縣監을, 뒤에 한성부 좌윤漢城府左尹을 지내고 용성군龍城君에 봉해졌다. 저서로는 『장빈호찬長貧胡撰』이 있다. (「한국역대인물종합정보시스템」 ; 『선조실록』; 『광해군일기』.)

479 저보邸報 : 친필 일기에는 '기별奇別'로 나와 있는데 같은 의미다. 관보官報, 저초邸鈔라고도 한다. 기별奇別은 승정원에서 처리한 일을 아침마다 적어서 반포한 것이다.

480 (*) 내용 생략. 원문은 '興陽軍良載來'이다.

481 (*) 내용 생략. 원문은 '朝'이다.

482 (*) 내용 생략. 원문은 '衛將領去'이다.

483 (*) 내용 생략. 원문은 '等 發送 李渫昨日先送'이다.

않아 물과 하늘이 한 빛이었다. 서늘한 바람이 잠깐 불어오는데, 홀로 뱃전에 앉았으니 온갖 근심이 가슴을 치민다. 삼경三更[484][오후 11시~오전 1시]에 본영 탐후선探候船이 들어와서 적의 소식을 전하는데, "사실은 왜적이 아니고, 영남 피란민들이 왜적처럼 가장하고 광양으로 쳐들어가 여염집들을 분탕한 것이었다."라고 한다. (*우선 기쁘고 다행한 생각을 이길 길 없다.)[485] 진양晉陽 소문도 역시 빈말이라고 한다. 그러나 진양 일은 그럴 리가 만무하다. 닭이 벌써 울었다.

초10일(임술) 맑음. 김붕만金鵬萬이 두치豆峙[486]에서 와서 하는 말이 "광양의 일은 사실이나, 다만 왜적 100여 명이 도탄陶灘[487]으로부터 (*나루를 건너와)[488] 광양을 침범해 왔다. 그러나 (*놈들의 짓을 보면)[489] 총도 한 방 놓은 일이 없었다."라고 한다. 그러나 왜적이면 어찌 총도 한 방 안 놓을 리가 있겠는가. (*경상우수사와 본도 우수사가 왔다. 원연元埏도 왔다.)[490] ○ 저녁에 오수吳水가 거제巨濟 가참도加參島[가조도加助島]로부터 와서 하는 말이 "적선은 안팎에 모두 보이지 않는다." 하고, 또 말하되, "사로잡혀 갔다가 도망쳐 돌아온 자의 말이, 무수한 적들이 창원 등지로 향하더라."고 한다. 그러나 사람의 말은 믿을 수가 없다. ○ 초경初更[오후 7~9시]에 진을 한산도 끝단 세포細浦[491]로 옮겼다.

11일(계해) 맑음. (*아침에)[492] 이상록李祥祿이 명령을 어긴 여러 장수들에게 전령할 일

---

484 삼경三更 : 친필 일기에는 '삼경말三更末'로 되어 있다.

485 (*) 내용 생략. 원문은 '則不勝喜幸'이다.

486 두치豆峙 : 친필 일기에는 '豆恥'로 되어 있으나, 전서 편찬자가 '豆峙'로 바꿔 전사轉寫하였다. '豆恥'는 조선 후기에 '豆峙'로도 표기되었다. (「海東地圖」 및 「地乘」의 光陽縣 지도.) 지금의 전라남도 광양시 다압면 도사리 섬진마을이다.

487 도탄陶灘 : 전라남도 구례군 토지면 파도리와 간전면 양천리 간의 섬진강 나루터. 파도리 도산陶山 아래에 있는 나루터로 지금은 간전교 다리가 놓여 있다. 임진왜란 때, 두치豆恥(섬진蟾津) 나루터와 더불어 경상도 하동 지역에서 전라도 광양 지역으로 이어지는 주요 접근로였다. (『이충무공전서』 권3, 장계 2, 分送義僧把守要害狀; 조선총독부, 1918년 발행 지도, 「花開場」.)

488 (*) 내용 생략. 원문은 '越渡'이다.

489 (*) 내용 생략. 원문은 '就觀所爲則'이다.

490 (*) 내용 생략. 원문은 '嶺南右水使及本道右令公來 元埏亦來'이다.

491 세포細浦 : 경상남도 통영시 한산면 염호리 관암마을이다. 걸망포에서 한산도 끝단 세포로 옮겼다고 하였고, 11일 자 기사에 견내량에서 내려온 적이 금방 결진한 곳 앞에 이르렀다고 했으므로, 세포가 한산도 북단에 있는 관암마을 포구임을 알 수 있다.

로 나아갔다가 돌아와 아뢰되, "적선 10여 척이 견내량見乃梁에서 내려온다."라고 하므로 닻을 올려 바다로 나아가니 적선 (*5~6척)[493]이 벌써 진 앞에 이르렀다. 그대로 추격했더니 달아나 (*도로 넘어가)[494] 버리고 말았다. 신시申時[오후 3~5시]에 걸망포乞望浦로 돌아와서 물을 길어 왔다. ○ 사도첨사蛇渡僉使[김완金浣]가 와서 하는 말이 "두치豆峙[495] 나루의 적은 헛소문이요, 광양 사람들이 왜복을 가장해 입고 저희끼리 스스로 난을 일으킨 것이다."라고 한다. (*순천과 낙안은 이미 모조리 분탕질당했다고 한다.)[496] 통분함을 이길 길이 없다. 저녁에 오수성吳壽成이 광양에서 와서 아뢰기를, "광양의 사변은 모두 진주에서 피란 온 사람들과 그 고을 사람들이 그런 흉계를 낸 것이었다. 고을 곳간은 아무것도 없고 마을은 텅 비어 (*종일 돌아다녀 보아도 사람 하나 없는데,)[497] 순천이 가장 심하고 낙안이 그 다음이다."라고 하였다.(*달빛을 타고 우수사의 배에 갔더니, 원 수사와 직장直長 원연元埏 등이 먼저 와 있었다. 군사 일을 의논하다가 헤어졌다.)[498]

12일(갑자) 맑음. 식전에 울蔚과 송두남宋斗男, 오수성吳壽成이 돌아갔다. (*늦게 가리포 첨사[구사직]와 낙안군수[신호]를 청해다가 일을 의논하고 함께 점심을 먹고 돌아갔다.)[499] ○ 가리포의 군량 진무鎭撫가 와서 전하기를, "사량蛇梁 앞바다에 와서 자려고 할 때, 왜적이 우리 옷으로 갈아입고 우리나라 (*작은小) 배를 타고 돌입하여 총을 쏘면서 노략질해 가려고 했다."라고 하였다. 그래서, 곧 가볍고 날랜 배 3척씩을 정해서 (*합하여 9척을)[500] 급히 보내 붙잡아 오도록 거듭 명령해 보내는 한편, 또 각각 3척씩을 정하여 착량鑿梁으로 보내 요충지를 방어하고 오라고 했다. (*고목 告目이 왔다. 또 광양 일은 헛소문이라 한다.)[501]

---

492 (*) 내용 생략. 원문은 '朝'이다.

493 (*) 내용 생략. 원문은 '五六隻'이다.

494 (*) 내용 생략. 원문은 '還還越'이다.

495 두치豆峙 : 친필 일기에는 '두치豆耻'로 되어 있다.

496 (*) 내용 생략. 원문은 '順天樂安已盡焚蕩云'이다.

497 (*) 내용 생략. 원문은 '終日回觀 無一人云'이다.

498 (*) 내용 생략. 원문은 '乘月到右令公船 則元水使元直長埏等已先至矣 論兵而罷'이다.

499 (*) 내용 생략. 원문은 '晩加里浦樂安請來議事 同點而歸'이다.

500 (*) 내용 생략. 원문은 '合九隻'이다.

13일(을축) 맑음. (*늦게晚) 본영 탐후선探候船이 들어왔다. 광양과 두치豆峙 등지에는 적(*의 형적形)이 없다고 한다. (*흥양현감[배흥립502]이 들어왔다. 우수사도 왔다.)503 ○ 순천의 거북선 격군인 경상도 사람 종 태수太壽가 도망가다가 잡혀 왔으므로 처형했다. 늦게 (*가리포첨사가 보러 왔었다.)504 흥양현감이 와서 두치豆峙의 거짓 소문과 장흥부사 유희선柳希先의 겁내던 일들을 전했다. 또 말하기를, 자기 고을 산성山城505 창고의 곡식을 남김없이 나누어 주었고, (*해포蟹浦의 흰콩과 중간콩 모두 40석을 보냈다고 하였다.)506 또 행주성幸州城507의 대첩大捷을 전했다. (*초경初更 [오후 7~9시]에 우수사 영공슈公이 청하기에 초대에 응하여 그의 배로 가 본즉, 가리포 영공이 몇 가지의 먹음직한 음식물을 차려 놓았다. 사경四更[오전 1~3시]에 이르러 헤어졌다.)508

14일(병인) 맑더니 늦게 조금 비가 왔다. (*한산도 두을포豆乙浦509로 진을 옮겼다.)510 비는 먼지를 적실 정도였다. 몸이 몹시 불편해서 종일 신음하였다. ○ 순천부사[권준] 가 들어와서 (*장흥부사가 망령되게 퍼뜨린)511 본부本府[순천부]의 일은 말로 다 형

---

501 (*) 내용 생략. 원문은 '告目來 又云光陽事虛云'이다.

502 배흥립裴興立 : 1546~1608. 자字는 백기伯起, 본관은 성주星州로, 한성漢城에서 살았다. 현감 배인범裴仁範의 아들로 1546년(명종 1)에 나니 이순신보다 한 살 아래이다. 1572년(선조 5) 무과武科에 급제하여 선전주부宣傳主簿를 거쳐 결성結城·장흥長興 등 고을 원을 지냈으며, 1592년(임진년)에는 흥양현감興陽縣監으로서 좌수사 이순신의 막하로 여러 해전에 참가하여 전공을 세웠다. 1596년 장흥부사長興府使가 되었다가 얼마 후 파직되었으며, 1597년(정유년) 칠천량漆川梁 해전에는 조방장助防將으로 참가하여 패전하였으나 몸만 빠져나와 통제사로 재부임한 이순신과 합세하였다. 1597년 명량鳴梁 해전과 1598년 노량露梁 해전에 조방장助防將으로 참가하여 전공을 세우고 가의대부嘉義大夫(종2품 上)로 승진하였다. 1600년 경상우도 수군절도사, 이듬해 전라좌도 수군절도사가 되었다. 1604년에 무인 출신으로는 드물게 공조참판이 되었다. 이어서 충청도 수군절도사와 충청도 병마절도사를 역임하였다. 고종 때 좌찬성左贊成을 증직하고 효숙孝肅이라 시호하였다. (『隆慶六年壬申十二月初二日文武科別試[榜目]』;『竹溪日記』;『난중일기』;『선조실록』;『광해군일기』;『事大文軌』;『고종실록』;『한국민족문화대백과사전』.)

503 (*) 내용 생략. 원문은 '興陽縣監入來 右令公亦來'이다.

504 (*) 내용 생략. 원문은 '加里浦來見'이다.

505 산성山城 : 전라남도 고흥군 남양면 남양리.

506 (*) 내용 생략. 원문은 '蟹浦白中菽幷四十送之云'이다.

507 행주성幸州城 : 경기도 고양시 덕양구 행주동.

508 (*) 내용 생략. 원문은 '初更右令公請之 故應邀到船 則加里浦令公設數色可喫之物 到四更罷'이다.

509 두을포豆乙浦 : 경상남도 통영시 한산면 두억리 의항마을. 속칭 개미목이다.

510 (*) 내용 생략. 원문은 '移陣閑山島豆乙浦'이다. 이날 일기 앞뒤에 두 번 언급하고 있다.

언할 수가 없다고 하였다. (*함께 점심을 먹고 그대로 머물렀다.)[512] ○ 한산도 두을포豆乙浦로 진을 옮겼다.

15일(정묘) (*아주快) 맑음. 늦게 사량蛇梁의 수토선搜討船, 여도呂島의 김인영金仁英[513]과 순천順天 (*지휘선을 타는)[514] 김대복金大福이 들어왔다. ○ 가을 기운이 바다에 들어오니 나그네 회포가 어지럽다. 홀로 배 뜸 밑에 앉았노라니 마음이 몹시 산란하다. 달빛은 뱃전에 비춰고 정신도 맑아져서 잠을 이루지 못하는 사이에 닭이 이미 울었다.

16일(무진) 맑음. 아침에 맑다가 늦게 흐리더니 저녁에 소나기가 와서 농민의 바람에 흡족하였다. ○ 몸이 몹시 불편했다.

17일(기사) 비가 계속 내렸다. 몸이 대단히 불편했다. ○ 광양현감[어영담]이 왔다.

18일(경오) 맑음. 몸이 불편하여 앉았다 누웠다 했다. ○ 정사립鄭思立 등이 돌아왔다.[515] 우수사[이억기]가 보러 왔다. 신경황申景潢이 두치豆峙[516]로부터 와서 적의 헛소문에 대한 일을 전했다.

19일(신미) 맑음. (*이경복이 병사에게로 가는 편지를 가지고 떠났다. 순천부사[권준]와)[517] 이영남李英男이 와서 전하기를, 진주·하동·사천·고성 등지의 적들이 이미 모두 달아나 돌아갔다고 한다. ○ 저녁에 광양현감이 진주에서 피살된 장수들의 명부를 보내왔기에 보니 비참하고 원통함을 이길 수 없었다.

---

511 (*) 내용 생략. 원문은 '長興妄傳'이다.

512 (*) 내용 생략. 원문은 '同點心 因留'이다.

513 김인영金仁英 : 1543~?. 자는 덕부德夫, 본관은 선산善山. 전라남도 보성寶城(『무과방목』에는 해남海南)에서 살았다. 총암寵嵒 주澍의 후손이며 주부主簿 견堅의 아들로, 1583년(선조 16) 41세에 무과에 합격하였다. 임진년(1592)에 여도권관呂島權管(후에 만호)으로 좌수사 이순신의 척후장斥候將이 되어 해전마다 큰 공로를 세워 훈련부정訓鍊副正(종3품)에 승진하였다. 그러나 같은 공로를 세운 다른 장수들이 정3품에 승진된 것과 다르므로, 이순신은 특별히 김인영의 승진 요청 장계를 올렸다. 그 결과 1595년 10월 통정대부通政大夫(정3품)로 승진하였다. 후에 현감縣監에 제수되었다. (『湖南節義同殉錄』; 『李忠武公全書』 권4, 「請賞呂島萬戶金仁英狀」; 「한국역대인물종합정보시스템」; 『竹溪日記』乙未 10월 19일.)

514 (*) 내용 생략. 원문은 '上船所騎'이다.

515 7월 9일 일기에 순천과 광양에 내보낸 기록이 있다.

516 두치豆峙 : 전서 편찬자가 원문의 두치豆恥를 바꿔 전사轉寫하였다.

517 (*) 내용 생략. 원문은 '李景福持兵使前簡去出 順天'이다.

20일(임신) 맑음. 탐후선探候船이 본영으로부터 들어왔다. 병사의 편지와 명나라 장수의 통첩報文이 왔는데, 그 통첩의 내용이 참으로 괴상하였다. 두치의 적이 명나라 군사에게 쫓겨 도망해 돌아갔다고 하니, 그 거짓됨을 이루 말할 수 없다. 상국上國[명나라] 사람이 이러하니 다른 사람들이야 말할 것이 무엇이랴. 매우 통탄할 일이다. ○ 충청수사, 순천부사, 방답첨사[이순신李純信], 광양현감[어영담], 발포만호[황정록], 남해현령[기효근]이 보러 왔다. (*이해李荄[518]와 윤소인尹素仁이 본영으로 돌아갔다.)[519]

21일(계유) 맑음. 경상우수사와 (*우수사,)[520] 정丁 수사가 함께 와서 적을 토벌할 일을 의논하는데, 원元 수사의 하는 말은 극히 흉측하고 거짓되었다. 무어라 형용할 수 없음이 이와 같으니, 같이 일을 한다면 뒷걱정이 없겠는가. (*그 아우 연埏이 뒤따라와서 군량을 얻어 가지고 갔다. 흥양현감도 왔다가 어두울 녘에 돌아갔다.)[521] ○ 초경初更[오후 7~9시]에 오수吳水 등이 거제巨濟에서 망을 보고 돌아와 고하기를, "영등포의 적선이 아직도 머물러 있으며 제 맘대로 횡행한다."라고 하였다.

22일(갑술) 맑음. (*오수가 사로잡혔다가 도망쳐 온 사람을 실어 오기 위해서 나갔다.)[522] 울蔚이 들어와서 어머님이 평안하시다고 자세히 말하니 다행이다. (*염苒[523]의 병도 차도가 있단다.)[524]

23일(을해) 맑음. 울이 돌아갔다. ○ 정 수사가 보러 왔다. (*[정 수사]를 청해다가 점심을 함께 먹었다. 울이 도로 돌아갔다.)[525]

24일(병자) 맑음. 순천부사, 광양현감, 흥양현감이 보러 왔다. (*저녁에 방답첨사와 이응화李應華가 보러 왔다. 초경初更[오후 7~9시]에)[526] 오수가 사로잡혔다가 도망쳐 온 사

---

518 이해李荄 : 이순신의 둘째 형 요신堯臣의 둘째 아들.

519 (*) 내용 생략. 원문은 '李荄尹素仁歸營'이다.

520 (*) 내용 생략. 원문은 '右水使'이다.

521 (*) 내용 생략. 원문은 '其第埏亦後到 乞軍食而歸 夕興陽亦到 初昏還'이다.

522 (*) 내용 생략. 원문은 '吳水被虜逃來載來事 出去'이다.

523 염苒 : 이순신의 셋째 아들로, 나중에 이름을 '면葂'으로 고쳤다.

524 (*) 내용 생략. 원문은 '苒向差'이다.

525 (*) 내용 생략. 원문은 '請來同點心 蔚還歸'이다. 울이 돌아간 것을 앞뒤에 두 번 썼다.

526 (*) 내용 생략. 원문은 '夕防踏及李應華來見 初更'이다.

람과 돌아와서 전하기를, "적이 물러가기는 갔으나, 장문포長門浦[527] 적들은 여
전하다."라고 하였다. (*아들 울이 본영에 들어갔다고 한다.)[528]

25일(정축) 맑음. 우수사가 와서 이야기하였다. 조붕趙鵬도 와서 말하기를, "체찰사體
察使[유성룡柳成龍]의 공문이 경상수사[원균]에게 왔는데 문책하는 말이 많았다."
고 하였다.

26일(무인) 맑음. 순천부사, 광양현감, 방답첨사가 왔다. 우수사[이억기]도 와서 함께
이야기하였다. 가리포첨사도 함께 왔다.

27일(기묘) 맑음. 우수영우후右水營虞候[이정충]가 본영으로부터 와서 우도右道의 사
정을 전하는데, 놀랄 만한 일들이 많았다. (*체찰사에게 가는 편지와 공문을 썼다. 경상
우수영의 영리營吏가 체찰사에게 갈 서류 초안을 가지고 와서 보고하였다.)[529]

28일(경진) 맑음. (*아침에 체찰사에게 가는 편지를 썼다.)[530] 경상우수사[원균]와 충청수사
[정걸], 본도 우수사[이억기]가 함께 와서 약속하였다. (*수사 원균의 음흉하고 거짓됨
은 무어라 형용할 말이 없다.)[531] ○ 정여흥鄭汝興이 공문과 편지를 가지고 체찰사體
察使에게로 갔다. ○ 순천부사와 광양현감이 보러 왔다가 곧 돌아갔다. ○ 사도
첨사蛇渡僉使[김완]가 복병했을 때 잡은 포작鮑作[보자기] 10명이 왜복을 갈아입
고 하는 짓이 미리 준비된 것 같으므로 자세히 추궁했더니, (*남은 흔적이 있는 듯
한데,)[531] 경상수사가 시킨 것이라고 했다. 그래서 다만 (*발바닥足掌을 10여 대씩)[532]
매를 때려서 놓아 주었다.

29일(신사) 맑음. 새벽꿈에 아들을 얻었다. 포로로 잡혀 간 사내아이를 얻을 징조였
다. ○ 순천부사[권준], 광양현감[어영담], 사도첨사[김완], 흥양현감[배흥립], 방답
첨사[이순신李純信] 등을 불러와서 이야기하였다. 흥양은 학질을 앓아서 돌아가

---

527 장문포長門浦 : 경상남도 거제시 장목면 장목리. 친필 일기에는 '장문포場門浦'로 되어 있다.
528 (*) 내용 생략. 원문은 '迷豚蔚入營云'이다.
529 (*) 내용 생략. 원문은 '書體察前簡及公事 慶尙右水營吏 持體察前公事草來告'이다.
530 (*) 내용 생략. 원문은 '朝修體察使前簡'이다.
531 (*) 내용 생략. 원문은 '則元水伯之兇譎 無狀無狀'이다.
532 (*) 내용 생략. 원문은 '似有形跡 而'이다.
533 (*) 내용 생략. 원문은 '足掌十餘度'이다.

고, 그 나머지는 조용히 앉아서 이야기하였다. 방답은 복병할 일로 돌아갔다. ○ 본영 탐후인探候人이 왔는데, 염苒의 병이 차도가 없다고 하니 몹시 답답하다. ○ 저녁에 보성군수[김득광], 소비포권관[이영남], 낙안군수[신호]가 들어왔다.[534]

8월

초1일(임오) 맑음. 새벽꿈에 커다란 대궐에 이르렀는데, 그 모습이 서울 같았다. (*기이한 일이 많았다. 영의정[535]이 와서 인사를 하기에 나도 답례를 하였다.)[536] 영의정과 서로 마주 대해 임금이 피란 가신 일을 이야기하다가 눈물을 뿌리며 탄식하는데, 적의 형세는 벌써 종식되었다고 하였다. 서로 일을 의논할 즈음, 좌우의 사람들이 구름같이 모여드는 것을 보고 깨었다. 무슨 징조인지 모르겠다.[537] (*아침에 우후虞候[이몽구李夢龜]가 보러 왔다가 돌아갔다.)[538]

초2일(계미) 맑음. 아침밥을 먹은 뒤에 마음이 답답하여 닻을 올리고 포구로 나아가니, 정 수사[정걸丁傑]가 따라 나오고, 순천부사와 광양현감이 보러 왔다. 소비포권관[이영남]도 왔다. 저녁에 진 쳤던 곳으로 돌아왔다. ○ 이홍명李弘明이 왔다. (*와서 저녁밥을 함께 먹었다.)[539] ○ 어두울 녘에 우수사[이억기]가 내 배로 와서 방답첨사[이순신李純信]가 귀근歸覲[540]하러 갈 일로 간절히 말하였으나, "모든 장수는 내보낼 수 없다."라고 대답했다. 또 원元 수사가 허망한 말을 하며 내게 대해

---

534 저녁에 …… 들어왔다 : 원문은 '보성이 오고來, 소비포가 오고來, 낙안이 들어온다고 한다入來云.'이다.

535 영의정 : 일기 문맥상 유성룡柳成龍을 가리키는 듯하다. 그러나 이날 영의정은 최흥원崔興遠이었고, 유성룡은 두 달 뒤인 1593년 10월 27일에 영의정에 임명되었다.(『선조실록』권43, 선조 26년, 10월 25일 을사. : 같은 책 권43, 선조 26년 10월 27일 정미.)

536 (*) 내용 생략. 원문은 '多有奇事 領相來拜 余答拜'이다.

537 깨었다. 무슨 징조인지 모르겠다覺未知何應也 : 본서에만 있다. 원문은 '사람들이 모여들었다無數雲集矣'로만 되어 있다.

538 (*) 내용 생략. 원문은 '朝虞候來見而還'이다.

539 (*) 내용 생략. 원문은 '同夕(食)'이다.

540 귀근歸覲 : 집으로 돌아가 어버이를 뵘. 참고로 근친覲親은 시집간 딸이 친정에 부모를 뵈러 간다는 뜻이다.

서 좋지 못한 말을 많이 하더라고 전했다. 모두 망령된 짓이라 무슨 상관이 있겠는가. (*아침부터 염葂의 병도 어떤지 알 수 없고, 적도 얼른 소탕되지 않아 마음도 무거워 밖으로 나가 바람을 쐬었다.)[541] ○ 탐후선探候船이 들어왔는데, 염이 아픈 데가 종기가 생겨 침으로 쨌더니 악즙惡汁이 흘러나왔는데, 며칠만 늦었더라면 구하기 어려울 뻔했다고 한다. 놀라움과 탄식을 이길 수가 없다. 지금은 조금 생기가 있다하니 기쁘고 다행임을 어찌 다 말하랴. 의사 정종鄭宗의 은혜가 참으로 크다.

초3일(갑신) 맑음. 이경복李景, 양응원梁應元, 영리營吏 강기경姜起敬 등이 들어왔다. (*염의 종기를 침으로 쨌던 일을 전하는데, 놀라움을 이길 수 없다. 며칠만 더 늦었더라도 구할 수 없었다는 것이다.)[542]

초4일(을유) 맑음. 순천부사와 광양현감이 와서 보고 돌아갔다. ○ 저녁때 도원수[권율][543] 군관 이완李緩이 삼도三道[544]의 적세에 대한 상황 보고 공문을 빨리 보내지 않았다고 담당 군관과 아전을 잡아갈 일로 진영에 왔다. 가소롭다.

초5일(병술) 맑음. 조붕趙鵬, 이홍명李弘明, 우수사 영공, 우후虞候 등이 와서 밤이 깊어서야 돌아갔다. 소비포권관[이영남]도 밤에 돌아갔다. (*이완이 술에 취해서 내 배에서 머물렀다. 쇠고기 요리를 얻어서 각 배에 나누어 보냈다.)[545] ○ 아산牙山에서 이예李禮가 밤에 왔다.

초6일(정해) 맑음. 아침에 이완이 송한련宋漢連, 여여충呂汝忠과 함께 도원수에게로 갔다. ○ 식후에 순천부사, 광양현감, 보성군수, 발포만호, 이응화李應華 등이 보러 왔다. ○ 저녁에 원元 수사가 오고, 이 경수景受[546] 영공令公[이억기]과 정 수사도 와서 일을 의논하는 동안 원 수사의 말은 매번 모순이다. 한탄스럽다.[547] (*저

---

541 (*) 내용 생략. 원문은 '自朝未知葂病如何 且賊事留遲心蜷亦重 出外寬心 而'이다.

542 (*) 내용 생략. 원문은 '傳葂針破事 則不勝驚愕 若過數日 則未及救矣云'이다.

543 도원수 : 1593년(선조 26) 6월 7일에 도원수 김명원金命元이 체직되고, 전라도 관찰사 권율權慄이 도원수都元帥에 임명되었다. (『선조실록』권39, 선조 26년 6월 7일 경인.)

544 삼도三道 : ① 충청도·전라도·경상도. ② 전라좌도·전라우도·경상우도. 여기서는 ②번이다.

545 (*) 내용 생략. 원문은 '李緩以醉留此船 得桃林 分送各船'이다.

546 경수景受 : 우수사 이억기의 자이다.

547 한탄스럽다可歎 : 친필 일기에는 '가소롭다可笑可笑'로 되어 있다.

물게 비가 잠깐 내리기 시작하다가 이내 그쳤다.)[548]

초7일(무자) 아침엔 맑더니 저물어선 비가 왔다. 농민들의 바람에 크게 흡족하겠다. (*가리포첨사[구사직]가 오고 소비포권관과 이효가李孝可도 보러 왔다.)[549] 당포만호唐浦萬 戶[하종해河宗海]가 작은 배 찾아갈 일로 왔기에 주어 보내라고 사량만호蛇梁萬戶 에게 지시하였다. (*가리포 영공은 점심을 나와 함께 먹고 갔다.)[550] ○ 저녁에 경상수 사[원균]의 군관 박치공朴致公[551]이 와서 적선이 물러갔다고 전하나, 원 수사와 그 군관은 평소에 헛소문을 잘 내니 믿을 수가 없다.

초8일(기축) 맑음. 식후에 순천부사, 광양현감, 방답첨사, 흥양현감 등을 불러 복병에 들어가는 일 등을 함께 의논하였다. ○ 충청수사[정걸]의 전선 2척이 들어왔는 데, 1척은 쓸 수 없는 것이라고 한다. 김덕인金德仁은 그 도의 군관으로서 왔다. (*본도[전라도] 순찰사의 휘하에 군인 두 명이 공문을 가지고 와서 적세를 탐색하였다. 우수 사가 원 수사와 만나러 유포幽浦로 갔다고 하니, 가소롭다.)[552]

초9일(경인) 맑음. 아침에 아들 회薈가 들어와서 어머님이 안녕하시다 하고, 또 염苒 의 병도 차차 나아가는 것을 알았다. 기쁘고 다행한 일이다. 오후에 우수사[이억 기] 배에 갔더니, 충청 영공도 왔다. 경상수사는 복병군을 일제히 내보내어 복병 시키기로 약속해 놓고 혼자 먼저 보냈다고 한다. 해괴한 일이다.

초10일(신묘) 맑음. 아침에 방답 탐후선이 들어왔다. 왕명서와 비변사備邊司의 공문 과 감사監司[이정암李廷馣][553]의 공문이 한꺼번에 왔다. 해남현감[위대기魏大器]이 방답첨사[이순신李純信]와 함께 오고, 순천부사와 광양현감도 왔다. ○ 우수사가 청하기로 그 배로 가니 해남현감이 술상을 차렸으나, 몸이 불편하여 간신히 앉 아서 이야기만 하고 돌아왔다.

---

548 (*) 내용 생략. 원문은 "暮雨暫作而止"이다.

549 (*) 내용 생략. 원문은 '加里浦僉事來 所非浦及李孝可亦來見'이다.

550 (*) 내용 생략. 원문은 '加里浦令公 則同點心而去'이다.

551 박치공朴致公 : 친필 일기에는 '박치소朴致召'로 되어 있다. 그러나 18일 자에 '朴致公'으로 나와 있는 것 으로 보아 '박치공'이 올바름을 알 수 있다.

552 (*) 내용 생략. 원문은 '本道巡使牙兵二名 持公事 探賊勢 右水伯往會元水使于幽浦 可笑'이다.

553 감사監司[이정암李廷馣] : 전라감사를 가리킨다. 1593년(선조 26) 6월 7일에 전라감사(관찰사, 순찰사) 권율權慄이 이정암李廷馣으로 바뀌었다. (『선조실록』 권39, 선조 26년 6월 7일 경인.)

11일(임진) 늦게 소나기가 크게 쏟아지며 바람도 몹시 불더니 오후에 비는 그쳤으나 바람은 자지 않았다. ○ 몸이 몹시 불편해서 종일토록 앉았다가 누웠다가 하였다. (*여도만호呂島萬戶[김인영金仁英]에게 격군을 붙잡아 오는 일로 사흘의 기한을 주어 갔다 오라고 일러 보냈다.)[554]

12일(계사) 비가 오다 개다 하였다. 몸이 몹시 불편해서 종일 드러누워 신음하다가 식은땀이 무시로 나서 옷이 흠뻑 젖었기 때문에 억지로 일어나 앉았다. (* 늦게 비가 계속 오거나 혹은 개었다.)[555] 순천부사, 우수사, 방답첨사[이순신李純信]가 와서 종일 장기를 두었다. (*몸이 몹시 불편했다. 가리포첨사도 왔다.)[556] ○ 본영의 탐후선이 들어와 어머님이 평안하시다고 한다.

13일(갑오) 본영에서 온 공문을 처결해서 보냈다. 몸이 몹시 불편하여 홀로 배 뜸 아래 앉아 있으니 회포가 천만 갈래로 일어났다. ○ 이경복李景福을, 장계 가지고 갈 일로 내보냈다. (*경庚의 어미에게 노자行資로 체첩[557]를 보냈다.)[558] ○ 송두남宋斗男이 군량미 300섬과 콩 300섬을 실어 왔다.

14일(을미) 맑음. 방답첨사가 명절 제사 음식들을 갖추어 왔다. 우수사, 충청수사, 순천부사[권준] 등이 와서 함께 먹었다.

15일(병신) 맑음. 이날은 곧 추석이다. 우수사[이억기], 충청수사[정걸], 순천부사[권준], 광양현감[어영담], 낙안군수[신호], 방답첨사[이순신], 사도첨사[김완], 흥양현감[배흥립], 녹도만호[송여종], 이응화, 이홍명, 좌우 도령공都令公 등이 함께 모여 이야기하였다. ○ 저녁에 회薈가 본영으로 갔다.[559]

16일(정유) 맑음. 광양현감이 명절 제사 음식들을 갖추어 왔다. 우수사, 충청수사, 방답첨사, 순천부사, 가리포첨사[구사직], 이응화 등이 함께 왔다. ○ 아침에 들으

---

554 (*) 내용 생략. 원문은 '呂島萬戶 以格軍捉來事 限三日往來次敎送'이다.

555 (*) 내용 생략. 원문은 '晚雨雨或晴'이다.

556 (*) 내용 생략. 원문은 '氣甚不平 加里浦亦來'이다.

557 체첩 : ① 관아에서 구실아치와 노비를 고용할 때 쓰던 사령장辭令狀. =체지帖紙. ② 돈을 받은 표. 곧 영수증. =체자帖子.(『표준국어대사전』.) 여기서는 '일종의 증명서 또는 어떠한 약속을 확인하는 문서'로 해석된다.

558 (*) 내용 생략. 원문은 '庚母行資帖送'이다.

559 8월 9일 아침에 들어왔었다.

니 제만춘諸萬春560이 일본에서 어제 나왔다고 한다.

17일(무술) 맑음. 상선上船[지휘선]을 연기로 그을리기 위해 좌별도선左別都船에 옮겨 탔다. ○ 늦게 우수사의 배로 가니 충청수사도 왔다. 제만춘諸萬春을 불러서 진술하는 것을 들어보니, 분한 사연들이 많았다. 종일 이야기하고 의논하다가 헤어졌다. (*초경初更[오후 7~9시]이 되지 않아 지휘선으로 옮겨 탔다.)561 ○ 이날 밤, 달빛은 낮 같고 물결은 비단결 같았다. (*회포를 스스로 견디기 어려웠다. 새로 만든 배를 진수進水했다. 제만춘에게 진술하는 것을 들어 보니, 분하고 분한 사연들이 많이 있었다.)562

18일(기해) 맑음. 우수사 및 정 수사와 함께 이야기하였다. (*순천부사와 광양현감도 보러 왔다.)563 조붕趙鵬이 와서 "박치공朴致公[원균의 군관]이 장계를 가지고 서울로 올라갔다."564라고 했다.

19일(경자) 맑음. 아침 식사 후에 원元 수사에게 가서 내 배로 옮겨 타자고 청하였다. 우수사와 정 수사도 왔다. 원연元埏도 같이 이야기하였다. (*말 가운데 원 수사의 음흉하고 도리에 어긋난 일이 많았으니 그 속이고 거짓됨은 이루 말할 수가 없다.)565 원공 형제가 옮겨 간 후에 천천히 노를 저어 진으로 돌아와 우수사 및 정 수사와 함께 앉아 자세한 이야기를 나누었다.

---

560 제만춘諸萬春 : 본관은 칠원漆原. 경상남도 고성固城에서 살았다. 무과武科에 급제하여 훈련봉사訓鍊奉事를 지냈으며, 임진왜란 때 경상우수사[원균]의 군관軍官으로 있었다. 1592년 9월에 소선小船을 타고 웅천熊川의 적세를 탐지하고 돌아오다가 웅포로부터 추격해 온 일본군에게 영등포 앞바다에서 붙잡혀 규슈九州 나고야名護屋로 끌려갔다. 그곳에서 포로로 잡혀 간 동포 12명과 모의하여 배를 훔쳐 타고 바다를 건너 일기도壹岐島를 거쳐 동래東萊로 탈출하였다. 1593년 8월에 한산도에 이르러 전라좌수사 이순신에게 신문訊問을 받았다. 이순신의 장계로 조정으로부터 죄를 용서받았을 뿐 아니라 그 재능과 용맹까지 인정받아 가배량권관으로 임명되었다. 그 뒤 대솔군관帶率軍官에 이어 군관에 영속되어, 말년까지 통영에서 관료官料를 받았다. (권3 狀啓「登聞被擄人所告倭情狀」;『亂中日記』;『한국민족문화대백과사전』.)

561 (*) 내용 생략. 원문은 '未初更 還騎上船'이다.

562 (*) 내용 생략. 원문은 '懷不自勝也 新造下海 諸萬春捧招 則多有憤憤之辭'이다. 원문에서 제만춘 언급은 잔글씨로도 뒤에 있어 중복되고 있다.

563 (*) 내용 생략. 원문은 '順天光陽亦來見'이다.

564 서울로 올라갔다上京 : 친필 일기 원문은 '왕조往朝'[조정으로 갔다]이다.

565 (*) 내용 생략. 원문은 '言論間 元水使多有兇悖之事 其爲誣罔 不可言'이다.

20일(신축) 아침 식사 후, (*순천부사, 광양현감, 흥양현감이 오고, 이응화도 왔다.)[566] 송희립宋希立[567][이순신의 군관]이 순찰사에게 문안 겸 제만춘을 문초한 공문을 가지고 갔다. ○ 방답첨사와 사도첨사가 돌산도突山島 근처에 흘러 들어와서 작당하여 남의 재물을 약탈한 자들을 좌우로 부대를 나누어 잡아 오도록 내보냈다.[568] ○ 저녁에 적량만호赤梁萬戶 고여우高汝友가 왔다가 밤이 깊어서 돌아갔다.

21일(임인) 맑음.

22일(계묘) 맑음.

23일(갑진) 맑음. 윤간尹侃[569]과 조카 뇌蕾와 해荄가 와서 어머님이 평안하시다는 소식을 전했다. 또 울蔚이 학질을 앓는다는 소식도 들었다.

24일(을사) 맑음. 해荄가 돌아갔다.

25일(병오) 맑음. 꿈에 적의 형적이 있으므로, 새벽에 각 도 대장에게 알려서 바깥 바다에 나아가 진을 치게 하였다가 날이 저물어 한산도 안쪽 바다[570]로 돌아 들어왔다.

26일(정미) 비가 오다 개다 하였다. 원元 수사가 왔다. 얼마 후에 우수사와 정 수사가 함께 모였다. 순천부사, 광양현감, 가리포첨사는 곧 돌아갔다. 흥양현감[배흥립]

---

566 (*) 내용 생략. 원문은 '順天光陽興陽來 李應華亦來'이다.

567 송희립宋希立 : 1553~1623. 자字는 신중信仲, 본관은 여산礪山이다. 충강공忠剛公 간侃의 후손이며, 증참관贈參判 관관寬의 아들이다. 1583년(선조 16)에 무과武科에 급제하였다. 임진년(1592)에 전라좌수사 이순신의 군관軍官으로 활약하였으며, 형 대립大立(참의參議)과 아우 정립挺立(주부主簿)과 함께 3형제가 이순신의 부하가 되었다. 전라좌수군이 처음 출전할 때, 모든 장수들 중에 특히 송희립과 녹도만호鹿島萬戶 정운鄭運 등이 적극 출전을 주장하였다. 7년 전쟁에 이순신과 함께 시종을 같이했으며, 마지막 노량 해전에서 진 도독陳都督이 적의 포위를 당하자 달려가 구하다가 자신이 탄환에 맞아 넘어졌다. 배에 있던 모든 이들이 크게 외치자, 그는 다시 일어나 상처를 붙들고 계속해 싸웠다. 전서全書의 기록에는 이순신의 죽음을 아들 회薈와 조카 완莞밖에 몰랐다고 하였으나, 『湖南同殉錄』에 의하면 송희립이 북채를 받아 쳤다고 적혀 있다. 1601년(선조 34)에 양산군수梁山郡守와 다대포첨사多大浦僉使를 거쳐 1611년(광해 3)에 전라좌수사全羅左水使가 되었다. 뒤에 순천 충무사 忠武祠 등에 배향되었다.(『宣祖實錄』,『光海君日記』,『湖左水營誌』,『萬曆十一年癸未九月初三日別試榜目』,『湖南同殉錄』)

568 내보냈다出送 : 원문에는 없다. 방답·사도 첨사에게 잡아오게 했다가 된다. 본서가 더 명확하다.

569 윤간尹侃 : 이순신 누이의 사위. 자字는 사행士行, 본관은 파평, 거주지는 한성이다. 1561년(명종 16)에 출생하였으며, 이순신보다 16년 아래다. 1589년(선조 22)에 생원 증광시에 합격하였다. (「한국역대인물종합정보시스템」 ; 박종평,『난중일기』, 파주 : 글항아리, 2021, 185쪽.)

570 한산도 안쪽 바다 : 한산도 동쪽과 거제도와 사이의 바다를 가리킨다.

이 와서 명절 제사 음식을 대접하는데, 원 수사가 술을 마시겠다고 하므로 약간 주었더니, 잔뜩 취해서 도리에 어긋나는 (*음흉하고 패악한)[571] 말을 함부로 지껄였다. 가소롭다.[572] ○ 낙안군수[신호]가, 일본의 수길秀吉이 명나라 황제에게 상서한 초본과 명나라 사람이 그 고을에 와서 기록한 것을 보내왔는데, 보니 통분함을 이길 수 없다.

27일(무신) 맑음.

28일(기유) 맑음. 원元 수사가 보러 왔다. (*[와서,] 음흉하고 속이는 말을 많이 하였다. 지극히 해괴하다.)[573]

29일(경술) 맑음. 아우 여필汝弼과 아들 울蔚, 변존서卞存緖가 한꺼번에 왔다.

30일(신해) 맑음. 원 수사가 (*또又) 와서 영등永登으로 가자고 독촉한다. 참으로 음흉하다. 그가 거느린 25척의 배는 모두 내보내고, 다만 7~8척을 가지고 이런 말을 하니, 그 마음 씀씀이와 행사함이 모두 이따위다.

9월

초1일(임자) 맑음. (*원 수사가 왔다.)[574] 공문을 만들어 도원수[권율]와 순변사[이빈]에게 보냈다. ○ 여필汝弼과 변존서卞存緖, 뇌蕾 등이 돌아갔다. ○ 우수사 및 정 수사와 함께 이야기했다.

초2일(계축) 맑음. 임금께 올릴 보고서의 초안啓草을 써서 내려 주었다. ○ 경상우후 이의득李義得과 이여념李汝恬 등이 보러 왔다. ○ 어두워 이영남李英男이 와서, 전라병사[선거이]가 곤양昆陽에 와서 공로를 세웠다 하고, 또 남해현령[기효근]이 체찰사體察使[575][유성룡柳成龍]에게서 (*공손하지 않다는 죄목으로 불려 갔다고)[576] 문

---

571 (*) 내용 생략. 원문은 '兇悖之言'이다.
572 가소롭다可笑 : 원문은 '可駭可駭'(매우 놀랍다)이다.
573 (*) 내용 생략. 원문은 '多發兇譎之言 極可駭矣'이다.
574 (*) 내용 생략. 원문은 '元水使來'이다.
575 체찰사體察使 : 원문은 '도체찰사都體察使'이다.

책을 받았다고 한다. 가소롭다. 효근孝謹의 형편없음은 이미 알던 바다.

초3일(갑인) 맑음. 아침에 조카 봉菶이 들어와서 어머님이 평안하시다는 소식과, 본영의 사정도 들었다. ○ 계문啓聞[임금께 올리는 글, 보고서]을 봉해 올릴 일로 초안을 만들었다. ○ 순찰사[이정암李廷馣577]의 공문關이 왔는데, 군사 일족 등의 일은 일절 침해하지 말라고 하였다. 새로 부임하여 사정을 살피지 못하고 하는 말이다.

초4일(을묘) 맑음. 폐단을 아뢰는 계문啓聞, 총통 올려 보내는 것, 제만춘 공초 받은 사연을 올려 보내는 것 등 모두 3통을 봉해 올리는데, 이경복李景福이 가지고 갔다. 유 정승[유성룡], 참판 윤자신尹自新, 지사 윤우신尹又新, 도승지都承旨 심희수沈喜壽, 지사 이일李鎰, 안습지安褶之, 윤기헌尹耆獻에게 편지를 쓰고, 또 전복을 정표로 보냈다. ○ 조카 봉菶과 윤간尹侃이 돌아갔다.

초5일(병진) 맑음. 식후에 정丁 수사의 배 옆에다 배를 대고 종일 그와 함께 이야기하였다. 광양현감과 흥양현감, 우후[이몽구李夢龜]가 보러 왔다. (*돌아갔다.)[578]

초6일(정사) 맑음. 새벽에 배 만들 재목을 운반해 올 일로 여러 배를 내보냈다. ○ 식후에 우수사 배로 가서 종일토록 이야기하였다. 거기서 원元 수사의 음흉하고 패악한 일들을 듣고 또 정담수鄭聃壽가 근거 없이 말을 만들어 내는 꼴을 들으니, 가소롭다. 바둑을 두고 돌아왔다. ○ 파선破船[부서진 배]된 배의 목재를 여러 배가 끌어왔다.

초7일(무오) 맑음. 아침에 재목을 받아들였다. ○ 방답첨사가 보러 왔다. ○ 순찰사巡察使[이정암李廷馣]에게 폐단을 진술하는 공문公事과 또 군대 편성[분군分軍579]을 고치는 것에 대한 공문을 만들어 보냈다. ○ 종일토록 홀로 앉았으니 마음이 편

---

576 (*) 내용 생략. 원문은 '而招以不恭'이다.
577 이정암李廷馣 : 1541~1600. 자字는 중훈仲薰, 호號는 사류재四留齋·퇴우당退憂堂·월당月塘, 본관은 경주慶州. 거주지는 한성漢城이다. 1541년(중종 36)에 나니 이순신보다 4년 위다. 임진왜란 때에 의병을 모집하여 연안성延安城을 방수하여 큰 공을 세웠다. 전라감사와 황해도 순찰사를 역임하였다. 사후에 선무공신宣武功臣 2등에 책록되어 좌의정을 추증하고 월천부원군月川府院君을 추봉하였으며, 시호는 충목忠穆이다. (『한국민족문화대백과사전』.)
578 (*) 내용 생략. 원문은 '而還'이다.

하지 않았다. (*저녁때가 되도록)[580] 탐후선을 애타게 기다렸으나 들어오지 않았다. (*해질녘에 가슴 속이 답답하고 열이 나서 창문을 닫지 않고 잤더니, 바람을 많이 쐬어 머리가 몹시 아픈 것 같아, 염려스럽다.)[581]

초8일(기미) 맑음. (*바람이 요란하였다.)[582] 새벽에 송희립宋希立 등을 당포唐浦 산으로 내보내 사슴을 잡아 오게 하였다. 우수사와 충청수사가 함께 왔다.

초9일(경신) 맑음. 식후에 모여 산마루에 올라가 활 3순을 쐈다. 우수사와 정 수사, 그리고 여러 장수들이 모였는데, 광양현감은 병으로 참석하지 못했다. (*저녁 무렵에 비가 왔다.)[583]

초10일(신유) 맑음. 공문을 처리하여 탐후선探候船 편에 보냈다. ○ 날이 저물 무렵 우수사 배로 가서 (*[내가] 머물고 있는 곳으로 오기를 청하여)[584] 방답첨사와 함께 술을 마시고 헤어졌다. ○ 체찰사의 비밀 공문이 들어왔다. 보성군수[김득광]가 왔다가 돌아갔다.

11일(임술) 맑음. 정丁 수사가 술을 마련해 가지고 보러 왔다. 우수사도 오고, 낙안군수와 방답첨사도 와서 함께 마셨다. 흥양현감[배흥립]은 휴가를 받고 돌아갔다. 서몽남徐夢男에게도 휴가를 주었다. (*함께 나가게 했다.)[585]

12일(계해) 맑음. 식후에 소비포권관[이영남], 유충신柳忠信, 여도만호[김인영金仁英] 등을 불러서 술을 먹였다. 발포만호[황정록]가 돌아왔다.

13일(갑자) 맑음. (*새벽曉에) 종 한경漢京, (*돌쇠乭世), 연석年石(*과 자모종自摹終 등이)[586]이 돌아왔다. 저녁에 종 연석 등이 돌아갔다. (*종 금이金伊·해돌·돌쇠 등은 돌아가고, 양정

---

579 분군分軍 : 제승방략制勝方略의 분군법. 전라도 순찰사는 전라도 각 고을의 군사를 왕명을 받은 대장大將들에게 나누어 소속시키게 되어 있다. 여기서는 전라도 연해 고을을 좌·우수사에게 분군하는 일을 말한다.

580 (*) 내용 생략. 원문은 '到夕'이다.

581 (*) 내용 생략. 원문은 '昏心氣煩熱 窓不閉宿 多觸風頭 似重痛 可慮也'이다.

582 (*) 내용 생략. 원문은 '風亂'이다.

583 (*) 내용 생략. 원문은 '日夕雨作'이다.

584 (*) 내용 생략. 원문은 '請來駐處'이다.

585 (*) 내용 생략. 원문은 '同出'이다.

586 (*) 내용 생략. 원문은 '曉奴漢京乭世年石及自摹終還來'이다.

언梁廷彦도 함께 돌아갔다. 그러나 저녁에 비바람이 크게 일어서 밤새도록 그치지 않았으니 어떻게 갔는지 모르겠다.)[587]

14일(을축) (*종일 비가 오고 큰바람이 불었다. 홀로 봉창[588] 아래 앉았으니 생각이 천만 갈래로 일어났다. 순천부사가 돌아왔다.)[589] 쇠로 만든 총통은 전쟁에 가장 긴요한 것인데, 우리나라 사람들은 그 만드는 묘법을 알지 못하더니, 이제 온갖 연구를 거듭하여 조총鳥筒을 만들어 냈는데, 왜총보다 더 잘 되어 명나라 사람들이 진중에 와서 시험하여 쏘아 보고는 좋다고 칭찬하지 않는 이가 없다. 이미 그 묘법을 알았으니 도내道內에서 같은 모양으로 많이 만드는 것이 좋겠기로 순찰사와 병사에게 견본을 보내고 또 공문을 돌리도록 했다.[590]

15일(병인) 맑음.

□ 9월 16일부터 12월까지는 빠졌음.

(*) 친필 일기의 「일기 외 기사」(3) 번역문과 원문
(이 기사 내용은 장계를 작성하기 위한 초고草稿로 보인다.)

1. 오랑캐의 성질은 가볍고 사납습니다. 창과 검을 사용하는 데 뛰어나고 배에도 익숙합니다. 육지에 상륙하면 오로지 죽을 마음을 품고 검을 휘두르며 달려 나갑니다. 우리 군사들은 아직도 잘 훈련되지 않았고, 겁먹어 죽음을 두려워하는 무리들이라 한꺼번에 놀라 흩어져 달아납니다. 여러 곳에서 하나같이 버티며 싸우지 못했고, 그들[일본군]은 죽음을 무릅쓰고 버티며 싸웁니다.

---

587 (*) 내용 생략. 원문은 '奴 金伊年 石乞世等還歸 梁廷彦亦同歸 然夕風雨大作 終夜不止 未知何以出歸也'이다.

588 봉창篷窓 : 뜸을 내려뜨린 배의 창.『敎學大漢韓辭典』).

589 (*) 내용 생략. 원문은 '終日雨且大風 獨坐篷窓下 懷思萬端也 順天還來'이다.

590 쇠로 만든 총통은 …… 공문을 돌리도록 했다 : 이 내용은 원문에는 없고, 본서에만 있다.

1. 정철총통은 전쟁에서 가장 중요한 도구입니다. 그러나 우리나라 사람들은 아직도 그것을 만들고 다루는 미묘한 이치를 자세히 알지 못했습니다. 이제야 온갖 생각 끝에 얻어내 조통鳥筒[조총]을 만들었습니다. 왜통[왜의 조총]에 비교해도 아주 절묘합니다. 명나라 사람들이 진에 도착해 시험 사격을 했는데, 잘 만들었다고 칭찬하지 않는 사람이 없었습니다. 그런즉 이미 그 미묘한 이치를 얻었다고 하겠습니다. 도道 안에서 같은 형태로 많이 만들 일을, 순찰사와 병사에게 견본을 실어 보내며, 공문을 보내 알려서 확실히 시행하도록 할 일입니다.

1. 지난해 변(變, 전쟁)이 일어난 뒤부터 수군은 ~~배를~~ 타고 맞붙어 싸운 것이 많아 수십 번에 이르는데, 큰 바다에서 서로 싸웠습니다. 저들 ~~적선船~~은 부서져 깨지지 않은 것이 없었고, 우리는 단 한 번도 패하지 않았습니다. 그런즉.

나랏일이 아주 급박한 날에   國事蒼皇日

곽·이[591]의 충성심을 누가 드러낼까!   誰效郭李忠

피란을 떠난 것은 큰 계획이 있었기 때문이나   去邠存大計

나라의 회복은 여러 공에게 기대야 하네.   恢復仗諸公

이별을 슬퍼하는 노랫소리에 통곡하며,   痛哭關山月

압록강 바람에 마음만 상하는구나.   傷心鴨水風

조정의 신하들이여! 오늘 뒤에도   朝臣今日後

또다시 서인이니 동인이니 할 것인가!   尙可更西東[592]

임금님[선조]이 지음御製. '누가 곽·이처럼 충성할 수 있는가誰能郭李忠'

---

591 곽·이郭李 : 곽자의郭子儀와 이광필李光弼. 당나라 현종 때 안녹산安祿山과 사사명史思明이 일으킨 '안사安史의 난'(755~763)을 평정하여, 멸망 위기에 처한 당나라를 구한 장수들이다.

592 이 시는 의주로 피란해 있던 국왕 선조가 지은 것이다. 『난중잡록亂中雜錄』에는 1592년(임진) 12월 기사에 실려 있다.

거듭 약속할 일이다. 지금 여러 곳의 적들이 산과 바다로 모두 모이고 있다. 지금 육지에서는 함안·창원·의령에서 진양[진주]까지 이르렀다. 물길에서는 웅천과 거제 등지에서 셀 수 없이 많이 세력을 합치고 있다. 오히려 서쪽에 뜻을 두고 더욱 제멋대로 흉악한 음모를 꾸미고 있다. 아주 원통하고 분하다. 뿐만 아니라, 작년 늦가을부터 지금까지 장수들은 명령을 내릴 때 온 정성을 다했는지盡心 어떤지를 때에 따라 자세하게 빠짐없이 생각하며 살펴보았다. 어느 때는 진격을 먼저 외치며 다투어 서로 돌격해 싸울 때에, 살기를 탐해 미련을 두고 중간에서 빠져 뒤에 서는 자가 있었다. 혹은 공로를 탐하고 이익을 좋아해 승패를 계산해 보지도 않고 돌격하다가 적의 손에 걸려, 끝내는 몸을 죽게 만들고 나라를 욕되게 하는 걱정거리가 된 자도 있었다.

군대의 날카로운 기세가 이르는 곳마다 그 형세가 마치 비바람과 같았다. 흉악한 무리[兇孼]의 남은 넋들은 달아나 숨고……

한 자 칼로 하늘에 맹세하니, 산과 강이 모습을 변하네.

출전하여 만 번 죽을 일을 당했어도, 한 번도 삶을 도모하고자 돌아보지 않았다. 화가 나고 분노하는 마음 끝이 없다.

국가[조정]를 편안히 하고 사직을 안정시키고자, 충성을 다하고 노력을 다하기 위해 기꺼이 목숨을 바칠 것이다.

사직의 위엄 있는 신령에 힘입어 하잘것없는 공로를 세웠는데도, 총애의 영광이 넘치고 넘쳐 분수를 뛰어넘었다. 몸은 장수의 신분이나 티끌만 한 공로가 없다. 입으로는 임금님께서 내리신 교서를 외워 떠들고 있으나, 얼굴에는 부하 장졸들 보기에 부끄러움만 가득할 뿐이다.

더러운 오랑캐에 짓밟힌 지 2년이 다 되어 간다. 오늘이 바로 회복할 때이다. 명나라 군사의 수레와 말 울음소리를 하루가 1년이 되는 것처럼 기다렸다. 그런데도 적을 무찔러 없애지 않고 강화에 주력하고 있다. 흉악한 무리가 잠시 물러나 있으나, 우리나라는 수년 동안 침략당한 치욕을 아직도 씻지 못하고 있다. 하늘까지 닿은 분노와 부끄러움이 더욱 사무친다.

임금님의 수레가 서쪽으로 갔고, 종묘사직은 폐허가 되었다. 나라 안의 충성스럽고 의로운 기운이 풀어지니, 백성의 희망이 저절로 끊겼다.

신이 비록 어리석고 겁쟁이지만, 마땅히 화살과 돌을 무릅쓰고 직접 나아가 여러 장수보다 먼저 몸을 바쳐 나라의 은혜를 갚고자 합니다. 지금 만약 기회를 놓친다면 후회한들 무엇 하겠습니까.

유기劉錡[중국 남송南宋 때 장수]는 [자신의 집] 문에 땔나무를 쌓아 놓고, 경비 군사에게 명령해 말하기를, "만약에 불리해지면 즉시 우리 집을 불태워 도적의 손에 모욕당하게 하지 말라."고 했다.

[군사는] 바로 위태롭고 급할 때 쓰려고 했던 것이다. 하물며 바다 싸움에서 여러 번 승리해 적의 기세가 크게 꺾였고, 군사의 함성도 바다를 들썩이게 했다. 비록 우리 군사의 수가 적보다 적어 상대가 되지 않아도, 흉악한 적은 우리 위세에 벌벌 떨며 무서워해 감히 대항해 버티는 사람이 없었다.[593]

一, 夷性輕剽 精於劍槊 慣於舟楫 既爲下陸 則輒懷死心 揮劒突進 我軍未不精練 恇㤼畏死之輩 一時驚潰 散奔諸處一不抗戰 其能冒死抗戰耶.

一, 正鐵銃筒 最關於戰用 而我國之人 未詳其造作妙法 今者百爾思得 造出鳥筒 則最妙於倭筒 唐人到陣 試放無不稱善 則已得其妙 道內一樣優造事 巡察使·兵使處 見樣輸送 移牒知委爲乎事.

一, 自上年變生以後 乘船舟師接戰者 多至數十合 而大洋交鋒 則彼賊船 則無不摧破 我則一無所敗 則.

---

593 이 기사의 번역은, 박종평, 『난중일기』(파주 : 글항아리, 2021), 665~693쪽을 참고하였다.

國事蒼皇日 誰效郭李忠 去邪存大計 恢復仗諸公 痛哭關山月 傷心鴨水風
朝臣今日後 尙可更西東 御製誰能郭李忠
國事蒼皇日 誰效郭李忠 去邪存大計 恢復仗諸公 痛哭關山月 傷心鴨水風
朝臣今日後 尙可更西東.

爲申約事 今時則諸處之賊 合都聚嶺海 陸地則咸安·昌原·宜寧 以至晉陽
水路則熊川·巨濟等境 無數合勢 反欲西意 益肆兇謀 極爲痛憤此分不喩 自
上年季秋 以至于今 諸將用令盡心與否 臨機熟察 則或有先唱進擊而爭相突
戰之時 則顧戀自衛貪生中路漏後者 或有貪切耆利 不料勝敗 突罹賊鋒手 終
致辱國亡身之患者.

兵鋒以至 勢如風雨 兇孽餘魂 逃遁.
尺劍誓天 山河動色.

出萬死不顧一生之計 憤憤不已.

安國家定社稷 盡忠竭力 死生以之.

仗社稷威靈 粗立薄效 寵榮超躐有踰涯分 身居將閫 功無補於涓埃 口誦敎
書 面有慚於軍旅.

淪陷腥羶 將及兩歲 恢復之期 正在今日 政望天兵車馬之音 以日爲歲 而
不爲勦討 以和僞主 姑退兇徒 爲我國積年之侵辱未雪 窮天之憤恥益切.

鑾輿西幸 宗社丘墟 褫四方忠義之氣 而自絶人民之望.

臣雖駑怯 當躬冒矢石 爲諸將先 得捐軀報國 今若失機會 則後悔何及乎.

劉錡積薪于門 戒守者曰 脫有不□ 卽焚吾家 母辱賊手也.

正爲緩急之用 況屢捷海戰 大挫賊鋒 軍聲夫震海 雖衆寡不敵 畏我船兇賊
慴怖威 莫敢抗衡者有之.[594]

---

594 친필 일기의 이 기사를 활자화活字化하는 작업은, '朝鮮史編修會, 『朝鮮史料叢刊 第六 亂中日記草·壬
辰狀草』, 조선총독부, 1935.(東京 : 第一書房, 1978 復刻.)', '박혜일·최희동·배영덕·김명섭, 『李舜臣의
日記草』(서울 : 조광출판인쇄, 2007.)' 등을 참고하였다.

이충무공전서 권6

난중일기 2

갑오년甲午年

[1594년, 선조 27, 이순신 50세]

1월

초1일(경진) 비가 퍼붓듯이 내렸다. 어머님을 모시고 함께 한 살을 더하게 되니, 이는 난리 중에도 다행한 일이다. ○ 늦게 군사 훈련과 전쟁 준비하는 일로 본영으로 돌아오는데, 비는 그치지 않았다. (*신 사과愼司果[1]에게 문안하였다.)[2]

초2일(신사) 비는 그쳤으나 그대로 흐렸다. 나라의 제삿날[3]이라 공무를 보지 않았다. (*신 사과를 초대해서 함께 이야기했는데, 첨지僉知 배경남裵慶男[4]도 왔다.)[5]

초3일(임오) 맑음. 동헌에 나가 공무를 보았다. (*공문을 작성해서 보냈다.)[6] 날이 저물어 관아로 들어와서 여러 조카들과 이야기했다.

초4일(계미) 맑음. 동헌에 나가 공무를 보았다. (*저녁에 신 사과 및 배 첨지와 더불어 이야기했다. 남홍점南鴻漸[7]이 영營에 이르렀다. 그래서 그의 가족이 달아나 숨어 있는지를 물었다.)[8]

---

1 신 사과愼司果 : '사과'는 오위五衛의 정6품 군직이다. 현직現職에 있지 아니한 문관과 무관 및 음관蔭官으로 임명하였다.

2 (*) 내용 생략. 원문은 '問安于愼司果'이다.

3 나라의 제삿날 : 명종明宗 비 인순왕후仁順王后 심씨沈氏의 돌아가신 날이다.

4 배경남裵慶男 : 1548~1597. 자는 문길門吉, 본관은 분성盆城. 전라남도 강진康津에서 살았다. 아버지는 배세원裵世元이고, 처부妻父는 조간세曹幹世와 이숙기李淑氣이다. 1592년(선조 25) 임진왜란 때 부산진첨절제사釜山鎭僉節制使로 경상도 유격장遊擊將이 되어 여러 곳에서 전공을 세웠다. 그러나 패주를 거듭하는 영남 지방의 전황 속에 순찰사가 도망 다니는 장수라는 잘못 판단된 보고를 하였기 때문에 파직되었다. 그 뒤 잘못 보고된 오명을 씻고자 스스로 종군을 지원한 끝에 전라좌수사 이순신李舜臣 휘하에 들어갔다. 1594년(선조 27) 3월 제2차 당항포 해전唐項浦海戰에 좌별도장左別都將으로 참전하여 전공을 세웠다. (권4 狀啓「請以裵慶男屬舟師狀」; 『한국역대인물종합정보시스템』.)

5 (*) 내용 생략. 원문은 '邀愼司果同話 裵僉知慶男亦至'이다.

6 (*) 내용 생략. 원문은 '題送'이다.

7 남홍점南鴻漸 : 이순신의 사촌 누이의 남편이다. (박종평, 『난중일기』(파주 : 글항아리, 2021), 184쪽.)

초5일(갑신) 비가 계속 내렸다. (*신 사과가 와서 이야기했다.)[9]

초6일(을유) 비. 동헌에 나가 남평南平 [나주시 남평읍] 도병방都兵房을 처형했다. (*저녁
내내 서류를 처결하여 주었다.)[10]

초7일(병술) 비. 동헌에 앉아 공무를 보았다. ○ 저녁에 남의길南宜吉[11]이 들어와서 서
로 이야기하다가 밤이 깊어서야 헤어졌다.

초8일(정해) 맑음. 동헌에 앉아 (*동헌방에 앉아 배 첨지 및 남의길과 종일 이야기를 주고받았
다. 늦게)[12] 공무를 보았으며, 남원南原 도병방都兵房을 처형했다.

초9일(무자) 맑음. (*아침에 남의길과 더불어 이야기했다.)[13]

초10일(기축) 맑음. 아침에 남의길을 불러 이야기하다가, 피란하던 때의 고생하던 일
들을 두루 말할 때는 개탄함을 이기지 못했다.

11일(경인) 흐리나 비는 오지 않았다. 아침에 어머님을 뵙기 위해 배를 타고 바람을
따라 바로 고음천古音川[14]에 대었다. 남의길, 윤사행尹士行[15], 조카 분芬과 함께
갔었다. 어머님 앞에 가서 뵈오니 (*아직 주무시고 계시어 일어나지 않으셨다. 큰 소리
에 놀라 깨셨는데,)[16] 기운이 아주 가물가물하셨다. (*앞이 얼마 남지 않으신 듯하니 다
만 애달픈 눈물을 흘릴 뿐이다.)[17] 그러나 말씀하시는 데 착오는 없으셨다. 적을 토벌
할 일이 급하여 오래 머무르지 못했다. (*이날 밤 손수약孫守約의 아내가 죽었다는 기별

---

8 (*) 내용 생략. 원문은 '夕與愼司果裵僉知話 南鴻漸到營 因問其家屬之奔竄'이다. 그 앞에 전일과 같이 '題送'
이 생략되었다.

9 (*) 내용 생략. 원문은 '愼司果來話'이다.

10 (*) 내용 생략. 원문은 '終夕公事題給'이다. 앞의 남평 도병방 처형 죄목은 '징병 업무 태만'이다.

11 남의길南宜吉 : 의길宜吉은 남홍점南鴻漸의 자字인 듯하다. (박종평, 『난중일기』(파주 : 글항아리, 2021),
184쪽.)

12 (*) 내용 생략. 원문은 '坐東軒房 裵僉知南宜吉 終日打話 晩'이다.

13 (*) 내용 생략. 원문은 '朝與南宜吉話'이다.

14 고음천古音川 : 현재의 전라남도 여수시 웅천동 송현마을에 '충무공 이순신 자당 기거지'가 있다.

15 윤사행尹士行 : 이순신 누이의 사위. 본명은 윤간尹侃. 사행은 그의 자字이다. 본관은 파평, 거주지는 한성
이다. 행사용원참봉行饔院參奉 생원 윤제현尹齊賢의 아들로 1561년(명종 16)에 출생하였으며, 이순신
보다 16년 아래다. 1589년(선조 22)에 생원 증광시에 합격하였다. (「한국역대인물종합정보시스템」; 박종
평, 『난중일기』, 파주 : 글항아리, 2021, 185쪽.)

16 (*) 내용 생략. 원문은 '則天只猶睡不覺 勵聲則驚覺而起'이다.

17 (*) 내용 생략. 원문은 '日薄西山 只下隱淚'이다.

여수 이순신 자당 기거지. 전남 여수. (사진 여수시)

을 받았다.)[18]

12일(신묘) 맑음. 아침 식사 후에 어머님께 하직을 고하니, "잘 가거라, 나라의 치욕을 크게 씻어라." 하고 재삼 타이르시며 조금도 이별하는 것으로 탄식하지는 않으셨다. 선창船滄[19]에 돌아와서는 몸이 불편한 것 같아 바로 뒷방으로 들어갔다.

13일(임진) 맑으나 큰바람이 불었다. 몸이 몹시 불편하여 자리에 누워 땀을 냈다. (*종 팽수彭壽와 평세平世 등이 보러 왔다.)[20]

14일(계사) 흐리면서 큰바람이 불었다. (*아침에 조카 뇌蕾의 편지를 보니 설날 아산牙山 선산에서 제사를 지내는데, 떠돌아다니는 사람이 무려 200여 명이나 산소를 둘러싸고 음식을 구걸하므로 제사 올리는 것을 물렸다고 한다. 놀라운 일이다.)[21] 늦게 동헌에 나가 장계를 성첩成貼[22]하고 또 의능宜能[23]을 면천免賤시킨다는 공문을 봉해 올렸다.

15일(갑오) 맑음. (*이른 아침에 남의길 및 여러 조카들과 함께 있다가 동헌으로 나갔다. 남의길

---

18 (*) 내용 생략. 원문은 '是夕聞孫守約妻訃'이다.

19 선창船滄 : 친필 일기에는 '선창船倉'으로 되어 있으며 '船艙'과 같은 뜻이다. '船倉'과 '船艙'은 배를 대는 굴강을 의미한다.

20 (*) 내용 생략. 원문은 '奴彭壽平世等來見'이다.

21 (*) 내용 생략. 원문은 '朝蕾姪簡 見之則 牙山墳山正旦祭時 嘯聚之徒 無慮二百餘 圍山乞食 登退云 可愕可愕'이다.

은 영광靈光으로 돌아가고자 했다. 노비를 찾는 데 대해 서류를 만들었다. 동궁[광해군]의 분부를 전달하는 서한이 왔는데, 군사를 거느리고 적을 토벌하는 것을 단속하는 것이었다.)[24]

16일(을미) 맑음. (*아침에 남의길을 청해다가 작별하는 술자리를 마련했는데, 나도 많이 취했다.)[25] 늦게 동헌에 나갔다. 황득중黃得中이 들어왔다. 들으니, 문학文學 유몽인柳夢寅[26]이 암행어사로 흥양현興陽縣[현감 배홍립]에 들어왔다고 한다. (*잡문서雜文書[27]가 그의 손에 들어갔다고 했다. 저물녘에 방답첨사와 배 첨지가 와서 이야기했다.)[28]

17일(병신) 새벽에 눈이 오고 늦게는 비가 왔다. 이른 아침 배에 올라 여필汝弼[아우] 및 여러 조카와 아들들과 작별하고 다만 분芬[조카]과 울蔚[둘째 아들]을 데리고 배를 띄웠다. 이날 장계를 발송하였다. 신시申時[오후 3~5시]에 와두瓦頭[29]에 이르니 역풍에다 썰물 때여서 배를 운행할 수 없어 닻을 내리고 조금 쉬었다. 유시酉時[오후 5~7시]에 다시 닻을 걷어 노량으로 건너갔다. 여도만호呂島萬戶[김인영], 순천부사[권준], 이감李瑊[30]과 우후虞候[이몽구] 등도 도착해서 잤다.

18일(정유) 맑음. 새벽에 출발할 때는 역풍이 크게 일더니 창신도昌信島에 이르자 순풍이 불었다. 그래서 돛을 올리고 사량蛇梁에 이르니 도로 역풍이 불고 비가 크게 쏟아졌다.[31] 사량만호[이여념李汝恬]와 수사[원균]의 군관 전윤田允이 보러 왔다. (*전윤이 말하기를, 수군을 거창居昌에서 붙들어 왔는데, 그것을 듣고 원수元帥[32]가 방해

---

22 성첩成貼 : 문서에 수결을 하고 관아의 도장을 찍어서 마무리함. 또는 그 문서를 이른다. 이 장계는 사명대사四溟大師 유정惟晶([惟政])이 승장 의능宜能을 면천해 준다는 공문을 체찰사([윤두수尹斗壽]) 공문처럼 만들어 보낸 것에 대해 그것이 위조인 것을 보고하는 내용이다. (본서 권4,「封進僧將僞帖狀」.)

23 의능宜能 : 본서 권4, 장계3 「請賞義兵諸將狀」에는 '義能'으로 나오는 흥양興陽 의승장義僧將이다.

24 (*) 내용 생략. 원문은 '早朝南宜吉及諸姪同對 後出東軒 南宜吉欲歸靈光 奴婢推出成公事 東宮有令內 督率師討賊事'이다.

25 (*) 내용 생략. 원문은 '朝南宜吉請來餞別 余亦醉甚'이다.

26 유몽인柳夢寅 : 1559~1623. 자는 응문應文, 호號는 어우당於于堂 또는 간암艮菴, 본관은 흥양興陽. 한성漢城에서 살았다. 1589년(선조 22) 문과文科에 장원급제하여 광해군 때 대사간大司諫을 역임하였으나 1623년(인조 원년)에 역옥逆獄에 몰려 그 아들과 함께 사형을 당했다. 정조 때에 원통함이 풀려서 의정義貞이라 시호를 내리고 이조판서吏曹判書를 증직하였다. 저서로는 야담을 집대성한 『어우야담』과 시문집 『어우집』이 있다. (『국조문과방목國朝文科榜目』;『한국민족문화대백과사전』.)

27 잡문서雜文書 : 각 고을 아전들의 담당 사무에 대한 서류.

28 (*) 내용 생략. 원문은 '雜文書被捉云 昏防踏及裵僉知來話'이다.

29 와두瓦頭 : 전라남도 여수시 낙포동 여수반도 동북단.

하려 한다고 했다. 가소롭다. 예로부터 남의 공功을 시기하는 것이 이 같은 것이니 무엇을 한탄하랴 그대로 머물러 잤다.)[33]

19일(무술) 흐리다가 늦게 맑아졌다. 바람이 크게 불었다. (*해가 진 뒤에 더 거세어졌다.)[34] 아침에 떠나 당포唐浦 바깥 바다에 이르러 바람을 따라 반半 돛을 달고 순식간에 어느덧 한산도에 이르렀다. 활터 정자射亭에 올라앉아 여러 장수들과 이야기하였다. ○ 저녁에 원元 수사가 왔다. ○ 소비포권관[이영남李英男]에게서 들은, 영남 여러 배의 사부射夫와 격군格軍들이 거의 다 굶어 죽게 되었다는 말은 참혹하여 차마 들을 수가 없었다. (*원 수사가 공연수孔連水와 이극함李克誠이 눈독 들인 여자들을 아울러 모두 관계하였다고 한다.)[35]

20일(기해) 맑으나 큰바람이 불어 몹시 추웠다. (*춥기가 살을 에는 듯하였다.)[36] 각 배에 옷이 없는 사람들이 목을 움츠리고 추위에 신음하는 소리는 차마 듣기 어려웠다. 군량도 도착하지 않아 이 역시 답답했다. ○ 낙안군수[신호申浩]와 우수사우후右水使虞侯[이정충李廷忠]가 보러 왔다. 늦게 소비포권관과 웅천현감[이운룡李雲龍[37]], 진해현감[정항鄭沆] 등도 왔다. (*진해현감은 명령을 거부하고 진작 오지 않아 죄

---

30 이감李瑊 : 1546~?. '瑊'은 오래된 『玉篇』에는 '함'으로 읽는 경우도 있으나, 『大漢韓辭典』(교학사, 1998)에는 '감'으로 나와 있으며, 뜻은 '옥돌'이다. 이감의 자字는 백규白圭, 본관은 전주全州. 거주지는 전라남도 순천順天이다. 1546년(명종 1)에 났으니 이순신보다 1년 아래다. 1584년(선조 17)에 39세로 별시무과에 2등으로 합격하였다. (『한국역대인물종합정보시스템』)

31 원문에는 '비가 크게 쏟아졌다雨大作'인데, '우雨' 자를 실수로 빠트린 듯하다.

32 원수元帥 : 도원수都元帥 권율權慄.

33 (*) 내용 생략. 원문은 '田日 水軍捉來于居昌 因聞元帥欲中害之云 可笑 自古忌功如是 何恨焉 因宿'이다.

34 (*) 내용 생략. 원문은 '日暮尤惡'이다.

35 (*) 내용 생략. 원문은 '元水 孔連水 李克誠 所眄 幷皆私之云'이다.

36 (*) 내용 생략. 원문은 '寒如剪割'이다.

37 이운룡李雲龍 : 1562~1610. 자字는 경현景見, 본관은 재령載寧. 경상북도 청도淸道에서 살았다. 1562년(명종 17)에 태어났으니 이순신李舜臣보다 17세 아래다. 임진왜란 때 옥포만호玉浦萬戶로서 경상우수사 원균元均 휘하에 있었는데, 원균이 관할지를 버리고 도망가려 하므로 이에 항거하여 전라좌수사 이순신에게 구원을 청하자고 주장하였다. 1593년에 웅천현감熊川縣監이 되었고, 1596년에 경상좌수사로 발탁되었다. 전란이 끝나고 1604년 논공 때에 선무공신宣武功臣 3등에 책정되고 식성군息城君에 봉해졌다. 도총부 부총관都摠府副摠管과 포도대장捕盜大將, 함경병사咸鏡兵使 등을 거쳐 1605년에 삼도수군통제사三道水軍統制使에 올랐다. 이후 다시 충청수사忠淸水使를 지냈다. 사후에 병조판서兵曹判書를 추증하였다. (『息城君實記』)

130

주려고 작정했기 때문에 만나보지 않았다. 바람은 다소 자는 듯했으나 순천부사[권준]가 들어올 것이 매우 염려되었다. 군량도 도착하지 않아 이 역시 답답했다.)[38] ○ 병들어 죽은 사람들을 거두어 장사 지낼 차사원差使員[39]으로 녹도만호鹿島萬戶[송여종宋汝悰[40]]를 정해 보냈다.

21일(경자) 맑음. 아침에 본영 격군 742명에게 술을 먹였다. ○ 광양현감[최산택崔山澤][41]이 들어왔다. ○ 저녁에 녹도만호가 와서 보고하는데, 병들어 죽은 시체 214명을 거두어 묻었다고 했다. ○ 사로잡혀 갔다가 도망해 돌아온 2명이 원元 수사의 진영으로부터 와서 여러 가지 적의 정세를 이야기했지만, 믿을 수 없었다.

22일(신축) 맑음. 날씨가 따뜻하고 바람도 없었다. 활터 정자에 올라앉아 진해현감[정항鄭沆]을 시켜 교서敎書에 숙배례肅拜禮[42]를 행하게 하고, 종일 활을 쏘았다. (*녹도만호가 병으로 죽은 시체 217명을 거두어 묻었다고 했다.)[43]

23일(임인) 맑음. 낙안樂安군수와 고부古阜[44]군수가 나갔다. [낙안군수가 돌아간다고 고하고 나갔다] ○ 흥양興陽의 전선 2척이 들어왔다. 최천보崔天寶, 유황柳滉, 유충신柳忠信, 정양丁良 등이 들어왔다. 늦게 순천부사[권준權俊]도 왔다.

24일(계묘) 맑고 따뜻했다. 아침에 산역山役 일로 목수 41명을 송덕일宋德馹이 거느

---

38 (*) 내용 생략. 원문은 '鎭海則以其拒不趁來 推考計定 故不見 風勢似息 多慮順天之入來 軍粮亦不到 是亦悶也'이다. '군량이 도착하지 않아 이 역시 답답했다.' 부분만 앞쪽에 옮겨 적었다.

39 차사원差使員 : 어떤 임무를 띠고 파견되는 사람.

40 송여종宋汝悰 : 1553~1609. 자字는 언온彦蘊, 본관은 여산礪山. 전라남도 고흥高興에서 살았다. 아버지는 찰방 송창宋昌이다. 임진왜란 때 낙안군수樂安守 신호申浩 막하에 있다가 출전 때마다 공로를 세웠다. 특히 좌수사 이순신에게 그 전공을 인정받아 장계(「부산파왜병장」) 운반의 중대한 사명을 부여받았다. 그 공로로 전사한 정운鄭運 대신 녹도만호鹿島萬戶가 되었다. 1594년 진중陣中 과거에 급제하고, 명량 해전과 마지막 노량 해전까지 전공을 세웠다. 1599년에 단성현감丹城縣監이 되고, 1600년에 절충장군折衝將軍에 올라 사복시정司僕寺正이 되었다. 그 후 임치첨사臨淄僉使와 흥양현감興陽縣監, 경상좌수군 우후虞候 등을 역임하였다. (이홍직『國史大事典』, 민중서관, 1997.)

41 광양현감[최산택崔山澤] : 『光陽縣邑誌』(고궁박물관 소장) 선생안先生案에 의하면, 1593년 12월에 어영담에 이어 최산택崔山澤이 현감으로 부임하였다.

42 숙배례肅拜禮 : ① 종친·백관이 임금에게 공손히 절하는 예禮. 전정殿庭에서 국궁사배鞠躬四拜함. ② 서울을 떠나 임지로 가는 관원이 임금에게 작별을 아뢰는 일. (세종대왕기념사업회, 『한국고전용어사전』, 2001).

43 (*) 내용 생략. 원문은 '鹿島收埋病屍二百十七名云'이다.

44 고부古阜 : 『전서』 편집자의 착오로, 원문은 '고귀告歸'이다.

리고 갔다. ○ 영남 원元 수사가 군관을 보내 보고하기를, 좌도[경상좌도]에 있는 왜적 300여 명을 죽였다고 한다. 대단히 기쁜 일이다. 평의지平義智[대마도주對馬島主]가 지금 웅천熊川에 있다고 하나 자세하지 않다. (*유황을 불러서 암행어사가 붙잡아 간 사건에 대해서 들은즉, 문서들이 제멋대로 꾸며졌다고 했다. 매우 놀라운 일이다. 또 격군에 대한 일을 들으니, 아전들의 간악한 짓은 이루 말할 수 없었다. 전령傳令[45]을 발동하여 소모군召募軍 144명을 붙잡아 오게 하고, 또 현감[흥양]을 독촉하여 전령을 보내도록 했다.)[46]

25일(갑진) 흐리다가 늦게 맑았다. 송두남宋斗男과 이상록李尙祿 등이 새로 만든 배를 몰고 올 일로 사부射夫와 격군格軍 132명을 거느리고 갔다. ○ 아침에 우수사우후[이정충]가 와서 (*아침을 함께 먹고)[47] 늦게 활을 쏘았다. 우수사우후와 여도만호[김인영]가 활쏘기를 겨루었는데, 여도가 7분을 이겼다. 나는 10순을 쏘고 다른 사람들은 모두 20순을 쏘았다. (*저녁때 종 허산許山이 술병을 훔치다가 붙잡혔기에 매를 때렸다.)[48]

26일(을사) 맑음. 아침에 활터 정자로 올라가 활 10순을 쏘았다. 순천부사[권준]가 기일을 어긴 죄를 다스렸다. (*그대로 눌러앉아 공무를 처결하였다. 활 10순을 쏘았다. 오후에 사로잡혀 갔다가 도망해 온 진주晉州 여자 1명, 고성固城 여자 1명, 서울 사람 2명을 데려왔는데, 서울 사람은 정창연鄭昌衍[49]과 김명원金命元의 종이라고 했다. 또 왜놈 하나가 스스로 와서 우리에게 항복하였다고 보고하였다.)[50]

27일(병오) 맑음. 새벽에 배 만들 목재를 끌어오기 위해서 우후[이몽구]가 나갔다. (*새

---

45 전령傳令 : 명령을 전달함. 『兵學指南』에 따르면, 전령을 보낼 때는 반드시 영기令旗·영전令箭·영표令票 중 한 가지를 소지하여야 명령을 전달받거나 영문 출입이 허용된다.

46 (*) 내용 생략. 원문은 '招柳滉 問暗行所報 則文書極濫云可愕可愕 又聞格軍之事 則縣吏奸頑 不可言 發傳令 捉召募軍一百四十四名推捉 又促縣監傳令出送'이다.

47 (*) 내용 생략. 원문은 '同朝飯'이다.

48 (*) 내용 생략. 원문은 '夕奴許山 偸酒瓶見捉 杖之'이다.

49 정창연鄭昌衍 : 1562~1636. 이때 사헌부 대사헌이었다. (『선조실록』 권43, 선조 26년 10월 21일 신축.) 정창연은 자字가 경진景眞, 호가 수죽水竹, 본관은 동래, 거주지는 한성이다. 좌의정 정유길鄭惟吉의 아들로 1552년(명종 7)에 났으니, 이순신보다 7년 아래이다. 1579년(선조 12)에 문과에 급제하여 우의정과 좌의정 등을 역임하였다. (『한국민족문화대백과사전』)

50 (*) 내용 생략. 원문은 '因題公事 射帿十巡 午後被擄逃還 晉州女人一名固城女人一名京二人 乃鄭昌衍金命元奴子云 又有倭奴自來投降者一名事 來告'이다.

벽에 보고하기를, 변유헌卞有憲과 이경복李景福이 들어왔다고 한다. 아침에 충청수사忠淸水

使[구사직具思稷]의 회답편지가 왔다.)[51] ○ 어머님의 편지와 여필汝弼[이순신의 동생 이

우신의 자字]의 편지도 왔는데, 어머님께서 안녕하시다고 했다. 다행하다. 다만

동문 밖 해운대海雲臺[여수시 동쪽] 근처 및 미평未坪[여수시 미평동]에 명화적明火

賊[52]이 일어났다고 한다. 매우 놀라운 일이다. (*늦게 미조항첨사彌助項僉使[김승룡金勝

龍]와 순천부사가 함께 왔다. 아침에 소지所志와 잡다한 공무를 처결하여 보내고, 수금된 왜

놈이 스스로 항복해 왔으므로 심문해서 공초[조서]를 받았다. 원 수사의 군관 양밀梁蜜이 제

주 판관濟州判官의 편지와 말 안장, 해산물·귤·유자 등을 가져왔기에 곧바로 어머님께 보내드

렸다.)[53] ○ 저녁에 녹도만호鹿島萬戶[송여종]가 복병한 곳에 왜적 5명이 횡행하며

총질을 하므로, 한 놈을 쏘아 목을 베었고 나머지 놈들은 화살을 맞고 도망갔다.

(*저물녘에 소비포권관[이영남]이 왔다.)[54] ○ 우후의 배가 재목을 싣고 왔다.

28일(정미) 맑음. 아침에 우후가 보러 왔다. (*종사관[정경달丁景達]에게 보낼 절목節目과 공

문을 썼는데, 강진康津 영리營吏가 가지고 갔다. 늦게 원식元埴이 서울로 올라간다고 왔기에

술을 대접하여 보냈다.)[55] ○ 경상우후[이의득李義得]가 보고하기를, 유 제독劉提督[유

정劉綎]이 군사를 돌려 이달 25~26일 간에 올라간다고 하며, 또 위무사慰撫使[56]

홍문관교리弘文館校理 권權(이름이 빠짐)[57]이 도내를 돌며 위무한 뒤에 수군에 들

어올 것이라고 하였다. 또 화적 이겸李謙[58] 등을 잡아 가두고 아산牙山과 온양溫

陽 등 고을에서 횡행하는 화적떼 90여 명을 잡아 죽였다고 하며, 또 익호장翼虎

將[59]이 근일 중 들어온다고 했다. (*저물녘부터 비가 오기 시작해서 밤새도록 부슬부슬

---

51 (*) 내용 생략. 원문은 '曉報卞有憲李景福入來云 朝忠淸水使答簡來'이다.

52 명화적明火賊 : 횃불 강도. 횃불을 들고 강도질을 하는 것을 뜻한다.

53 (*) 내용 생략. 원문은 '晚彌助項僉使順天同到 朝所志及雜公事題送 擒倭自降來 故捧招 元水軍官梁蜜持
濟判官簡與馬粧及海產柑橘及柑子 卽送天只前'이다.

54 (*) 내용 생략. 원문은 '暮所非浦來'이다.

55 (*) 내용 생략. 원문은 '從事官處 成節目行移 康津營吏受送 晚元埴上京云 來到饋酒而送'이다.

56 위무사慰撫使 : 각 부대의 장병들을 위로하기 위해서 파견된 관리.

57 권權(이름이 빠짐) : 이름이 빠졌는데, 이는 권협權悏을 가리킨다.

58 이겸李謙 : 친필 일기에는 이산겸李山謙으로 나와 있다.

59 익호장翼虎將 : 친필 일기에는 호익장虎翼將으로 나와 있다. 전라도에서 의병을 일으킨 김덕령金德齡을
가리킨다.

내렸다.)[60] ○ 전선戰船을 만들기 시작했다.

29일(무신) 비가 종일 내리고 밤새도록 내렸다. 새벽에 여러 배들이 무사하다고 보고 받았다. ○ 몸이 불편하여 저녁내 누워 신음하는데, 큰바람과 센 파도로 배가 안정하지 못하여 마음이 매우 어지러웠다. ○ 미조항첨사[김승룡]가 배를 꾸밀 일로 돌아간다고 보고하였다.

30일(기유) 흐리고 큰바람이 불더니 늦게는 개고 바람도 조금 잤다. 순천부사, 우수사 우후, 강진현감[유해柳瀣]이 와서 (*미조항첨사가 와서)[61] 돌아간다고 고하였다. (*그래서 평산포에서 도망갔다가 잡혀 온 군인 3명을 그편에 딸려 보냈다.)[62] ○ 나는 몸이 편치 않아 종일 땀을 흘렸다. 군관 및 여러 장수는 활을 쏘았다.

2월

초1일(경술) 맑음. 늦게 활터 정자에 올라가 공무를 보았다. 청주淸州 사는 겸사복兼司僕 이상李祥이 왕명서를 가져왔는데, "경상감사 한효순韓孝純의 장계에 '좌도에 있는 왜적들이 합하여 거제巨濟로 들어가서 장차 전라도 지경을 침범할 것'이라 하니, 경卿은 삼도三道 수군을 합하여 적을 무찌르라."는 내용이었다. ○ 오후에 우수사우후[이정충]를 불러 활을 쏘았다. ○ 초경初更[오후 7~9시]에 사도첨사[김완]가 전선 3척을 거느리고 진에 이르렀다. (*이경복李景福, 노윤발盧潤發, 윤백년尹百年 등이 도망가는 군인을 싣고 육지로 옮기려는 배 8척을 붙잡아 왔다. 저녁때 가랑비가 잠시 내리다가 그쳤다.)[63]

초2일(신해) 맑음. (*아침에 도망가는 군인들을 실어 내던 사람들의 죄를 다스렸다. 사도첨사가 와서 전하기를, 낙안군수[신호]가 파면되었다고 했다.)[64] 늦게 활터 정자에 올라갔다. (*

---

60 (*) 내용 생략. 원문은 '暮雨作 終夜蕭蕭'이다.

61 (*) 내용 생략. 원문은 '彌助項僉使來'이다. 생략한 것이 부자연스러워 편집 오류에 가깝다.

62 (*) 내용 생략. 원문은 '故平山浦逃軍三名捉來 付而送之'이다.

63 (*) 내용 생략. 원문은 '李景福盧潤發尹百年等 載逃軍移陸船八隻捉來 夕雨細 移時而止'이다.

64 (*) 내용 생략. 원문은 '朝決逃軍載出人等罪 蛇渡僉使來 傳樂安罷免云'이다.

동궁께 올린 달본達本[65]의 회답이 내려왔다. 각 관포官浦의 서류들을 처결하여 보냈다.)[66] 활 10순을 쏘았다. 바람이 어지럽게 불어 편하지 않았다. ○ 사도첨사[김완]가 기한 내에 오지 못한 일의 죄상을 논하여 다스렸다.[67]

초3일(임자) 맑음. 큰바람이 불었다. (*새벽에 꿈을 꾸었는데, 한쪽 눈이 먼 말馬을 보았다. 무슨 징조인지 모르겠다.)[68] 식후에 활터 정자에 올라가 활을 쏘았다. (*광풍이 크게 일었다.)[69] ○ 우조방장右助防將[어영담]이 왔는데, 그에게서 역적들의 소식을 듣고 걱정되며 통분함을 이기지 못했다. (*우수사우후가 물건들負物을 여러 장수들에게 보냈다.)[70] ○ 원식元埴과 원전元㘽[71]이 와서 상경한다고 했다. (*원식은 남해현령에게 쇠붙이를 바치고 면천공문免賤公文 한 장을 받아서 가지고 갔다.)[72] ○ 날이 저물어 군막으로 내려왔다.

초4일(계축) 맑으나 큰바람이 불었다. 아침 식사 후에 순천부사[권준]와 우조방장[어영담]이 와서 (*불러다가)[73] 이야기했다. ○ 늦게 본영의 전선과 거북선이 들어왔다. (*조카 봉菶과 이설李渫[74]·이언량李彦良[75]·이상록李尚祿 등이 강돌천姜乭千을 거느리고

---

65 달본達本 : 세자에게 바로 올리는 계본啓本 문서 양식. 승정원 또는 세자시강원世子侍講院을 통해서 세자에게 올리는 장계는 장달狀達이라 한다.

66 (*) 내용 생략. 원문은 '東宮達本回下來到 各官浦公事題送'이다.

67 논하여 다스렸다 : 원문은 "논감論勘"으로 친필 일기에는 "추고推考"로 되어 있다.

68 (*) 내용 생략. 원문은 '曉夢見一目盲馬 未知何祥'이다.

69 (*) 내용 생략. 원문은 '狂風大起'이다.

70 (*) 내용 생략. 원문은 '右虞候呈負物于諸將處'이다.

71 원전元㘽 : 원균의 동생. 임진왜란 때인 1592년에 선전관을 지내고, 형인 경상우수사 원균을 따라 한산도 해전에서 공을 세워 주부主簿(종6품)에서 5품으로 승진하였다.(『선조실록』권27, 선조 25년 6월 28일 병진; 같은 책, 권29, 선조 25년 8월 24일 신해; 같은 책, 권84, 선조 30년 1월 27일 무오;『융경1년정묘 11월 초2일 문무잡과 복시방목隆慶元年丁卯十一月初二日文武雜科覆試榜目』(국립중앙도서관 소장).

72 (*) 내용 생략. 원문은 '免賤公文一丈 元埴納鐵于南海受去'이다.

73 (*) 내용 생략. 원문은 '招來'이다.

74 이설李渫 : 1550~?. 본관은 양성陽城. 전라남도 나주羅州 태생으로 증호조참의贈戶曹參議 이언동李彦諌의 아들이다. 1584년(선조 17)에 무과武科에 합격하고 훈련원봉사訓鍊院奉事(종8품)를 역임하였다. 임진년에 좌수사 이순신의 군관으로서 합포 해전과 적진포 해전, 사천 해전 등 여러 해전에서 전공을 세워 훈련원판관訓鍊院判官(종5품)으로 승진하였다. 1593년에 전라좌수사의 우별도장右別都將, 1595년에 발포가장鉢浦假將에 임명되었다. 후에 훈련부정訓鍊副正(종3품)으로 선무원종공신宣武原從功臣 1등에 참록되었다.『호남절의록』에는 노량 해전에서 전사하였다고 했으나 이는 착오이며,『죽계일기』에는 1613년(광해군 5)에 보성군수에 임명되고, 다음해에 사헌부의 탄핵을 받아 파직된 것으로 나타난다.(『萬曆十二年甲

왔는데, 동궁의 하달 문서를 가지고 왔다. 정 이상鄭二相[76]의 편지도 가져왔다. 각 관포의 서류를 처결해 보냈다. 순천에서 와서 보고하기를, 무군사撫軍司의 공문에 의거한 순찰사[이정암李廷馣]의 공문에는 진중에서 과거시험을 개설해 달라고 품의한 장달狀達[77]이 아주 옳지 않으니까 추고推考[78]해야 한다고 했다는 것이었다. 가소로운 일이다.)[79] 조카 봉奉이 오는 편에 어머님이 평안하시다는 소식을 들으니 기쁘고 다행이다.

초5일(갑인) 맑음. (*새벽曉) 꿈에 좋은 말을 타고 바위가 첩첩한 큰 산마루로 곧바로 올라가니 아름다운 산봉우리들이 동서에 뻗쳐 있고, 또 산마루 위에 편평한 곳이 있어 거기다 자리를 잡으려다 깨었는데, 무슨 징조인지 모르겠다. 또 어떤 미인이 혼자 앉아 손짓을 하는데, 나는 소매를 뿌리치고 응하지 않았으니 우스운 꿈이다. ○ 아침에 군기시軍器寺에서 받아온 흑각궁黑角弓 100장과 화피樺皮 89장을 낱낱이 계산하여 서명했다.[80] ○ 발포만호[황정록黃廷祿]와 우수사우후가 보러 왔다. (*함께 식사를 했다同食.) ○ 늦게 활터 정자에 올라가 (*순창淳昌·광주光州 색리色吏들의 죄를 처결했다.)[81] 우조방장, 우수사우후, 여도만호[김인영] 등과 활을 쏘았다. ○ 원수元帥[권율權慄]의 회답이 왔는데, 심 유격沈遊擊[82]이 벌써 화친을 결정하였다고 했다. 그러나 간사한 꾀와 교묘한 계책을 헤아릴 길이 없고, 이전에

申秋別試文武榜目」;『竹溪日記』;『湖南節義錄』;『亂中日記』;『壬辰狀草』;「同義錄」.)

75 이언량李彦良 : 자字는 충민忠敏, 본관은 개령開寧. 통정대부通政大夫 이익수李益秀의 아들로 태어나 동복同福[전라남도 화순]에서 살았다. 힘이 월등히 세고 지략이 있었다. 1588년(선조 21)에 무과에 합격하여 관직은 훈련원 첨정訓鍊院僉正(종4품)에 이르렀다. 임진년에 좌수사 이순신의 군관으로서 첫 출전 때 돌격장突擊將 임무를, 2차 출전 때부터는 귀선돌격장龜船突擊將으로 거북선을 몰며 여러 해전에서 전공을 세웠고, 훈련원 주부訓鍊院主簿(종6품)로 승진하였다.

76 정 이상鄭二相 : '이상'은 우찬성右贊成을 가리키는 말로, 여기서의 정 이상은 정탁鄭琢을 가리킨다.

77 장달狀達 : 승정원 또는 세자시강원世子侍講院을 통해서 세자에게 올리는 장계. 세자에게 바로 올리는 문서는 달본達本이라 한다.

78 추고推考 : 허물을 추문推問하여 고찰한다는 뜻으로, 조선시대 관리에 대한 처벌의 일종이다.

79 (*) 내용 생략. 원문은 '奉姪及李漢·李彦良·李尙祿等 領來姜芠千 持東宮達下持來 鄭二相簡亦來 各官浦公事題送 自順天來告 撫軍司關據巡察使關 陣中設試取稟狀達 甚非矣 推考云 可笑可笑'이다.

80 아침에 …… 서명했다 : 원문은 '朝軍器寺 受來黑角弓一百張 計數著署 樺皮八十九張 亦著署圖'인데, 간략하게 서술하였다.

81 (*) 내용 생략. 원문은 '決淳昌光州色吏罪'이다.

82 심 유격沈遊擊 : 일본과 외교적 교섭을 행하던 명나라의 유격장군 심유경沈惟敬이다.

그들의 술책에 빠졌는데, 또 이와 같이 빠지니 한탄스러운 일이다. (*저녁때 날씨가 찌는 것 같아 마치 초여름이나 된 듯하였다. 이경二更[오후 9~11시] 초에 비가 내리기 시작하였다.)[83]

초6일(을묘) 비가 계속 내리다 오후에는 개었다. 순천부사, 조방장[어영담][84], 웅천현감[이운룡李雲龍], 사도첨사[김완]가 보러 왔다. (*어두워서 흥양현감[배흥립]과 김방제金邦濟가 유자 30개를 가져왔는데, 마치 새로 딴 것 같았다.)[85]

초7일(병진) 맑음. 서풍이 크게 불었다. (*아침에 우조방장이 보러 왔다. 또 말하기를, 지휘선 다음 급의 배次船[86]를 타고 싶다고 했다.)[87] 어머님께 (*그리고 홍군우洪君遇·이숙도李叔道·강인중姜仁仲 등에게)[88] 문안 편지를 써서 조카 분芬[89]이 가는 편에 부쳤다. 봉과 분이 나갔는데, 봉은 나주로 가고 분은 온양으로 갔다. 마음이 편치 못하였다. (*각 배의 소지所志 200여 장을 처결하여 돌려주었다.)[90] ○ 고성현령固城縣令[조응도趙凝道]의 보고에, 적선 50여 척이 춘원포春院浦[91]에 도착했다고 했다. (*삼천포권관三千浦

---

83 (*) 내용 생략. 원문은 '夕日氣如蒸 有若初夏 二更初雨作'이다.

84 조방장[어영담] : 본서 권4, 「당항포 승첩을 아뢰는 계본」(1594. 3. 10. 작성)에 어영담魚泳潭이 주사 조방장舟師助防將 및 조방장助防將으로 나온다.

85 (*) 내용 생략. 원문은 '昏興陽金邦濟來 黃香卅箇持來 如新採'이다.

86 다음 급의 배次船 : 전선(판옥선)은 크기별로 세 가지의 등급이 있었다. 통제사·수사가 타는 대선大船, 다음 급의 배次船, 그다음 급의 배之次船이다.(『備邊司謄錄』숙종 13년 1월 1일, 「戰船換作龜船, 李舜臣所定戰船長廣尺數」.)

87 (*) 내용 생략. 원문은 '朝右助防將來見 且言次船欲騎云'이다.

88 (*) 내용 생략. 원문은 '及洪君遇李叔道姜仁仲等處'이다.

89 분芬 : 1566~1619. 이순신의 조카 이분으로, 자字는 형보馨甫, 호는 묵헌黙軒, 본관은 덕수德水, 거주지는 충청남도 온양溫陽이다. 이순신의 큰형인 희신羲臣의 둘째 아들이다. 임진왜란 때에 성천成川으로 피란하여 그때 부사府使로 있던 한강寒剛 정구鄭逑에게 배웠고, 정유년에 숙부 이순신에게 와서 군중 문서를 맡아보며 명나라 장수를 접대하는 외교 방면의 일을 보았다. 위인이 총명하고 교제에 능란하였다. 1605년(선조 38) 비변사에 의해 수령에 천거되었고, 1608년(선조 41) 별시 문과에 병과로 급제하여 형조좌랑·병조정랑(정5품)을 역임하였다. 『선조실록』 편찬에 편수관으로 참여하였고, 1610년(광해군 2)에 동지사冬至使 서장관書狀官으로 중국에 다녀왔다. 1617년(광해군 9) 강원·경상조도사江原慶尙調度使의 종사관從事官이 되어 '백성들을 모집하고 곡식을 납부할 때 공명첩空名帖을 더 많이 만들어 곡식 얻을 길을 넓혀야 한다.'라고 주장하였다. 숙부 이순신의 『行錄』을 지었고, 『家禮剖解』2책과 『邦禮類編』의 저서가 있다. 또 음악과 산수에 밝아서 그 방면에 관한 저술도 있었다.(『國朝文科榜目』;『宣祖實錄』;『光海君日記』;『人物考』.)

90 (*) 내용 생략. 원문은 '各船所志二百餘丈題分'이다.

權管과 가배량권관加背梁權管[92] 제만춘諸萬春이 와서 서울 소식을 전하였다. 이경복李景福을 도망간 격군들을 붙잡아 오기 위해서 내보냈다.)[93] ○ 이날 군대를 다시 편성하고 격군들을 각 배에 옮겨 태웠다. (*방답첨사에게 도피자를 붙잡아 오라고 전령傳令하였다. 낙안군수의 편지가 오는데, 새 군수 김준계金遵繼가 내려온다고 하므로 그에게도 도피자를 붙잡아 오라고 전령하였다.)[94] ○ 보성 전선 2척이 들어왔다. 소비포권관[이영남]이 보러 왔다.

초8일(정사) 맑으나 동풍이 크게 불고 날씨가 몹시 찼다. (*봉과 분이 배로 떠난 것을 매우 걱정하며 밤새도록 잠을 이루지 못했다.)[95] 아침에 순천부사가 와서 말하기를, 고성固城 소비포所非浦[96]에 적선 50여 척이 드나든다고 하기로 즉시 제만춘을 불러 지형의 편리함과 불편함 여부를 물었다. ○ 늦게 활터 정자에 올라가 공문을 처결하여 보냈다. (*경상우병사의 군관이 편지를 가지고 와서, 저희 장수[우병사] 방지기의 면천免賤에 대한 일을 이야기했다. 진주晉州에 피란해 있는 전 좌랑佐郎 이유함李惟誠이 와서 이야기하였다.)[97] 저녁때 돌아갔다. 바다의 달빛이 밝고 상쾌하여 자려고 해도 잠이 오지 않았다. 순천부사와 우조방장[어영담]이 와서 이야기하다가 이경二更[오후

---

91 춘원포春院浦 : 경상남도 통영시 광도면 황리. 본래 '春元浦'(『신증동국여지승람』, 『대동여지도』) 또는 '春原浦'(『선조실록』)로 표기되는 지명이다.

92 가배량권관加背梁權管 : '가배량加背梁'은 경상남도 통영시 도산면 오륜리 가오치(내촌)마을이다. 가배량 수군진水軍鎭의 성터가 지금도 남아 있다. 조선 초기에 경상우도 수군도만호진水軍都萬戶鎭이 여기에 설치되어 있었으나 1419년(세종 1)에 거제도 옥포 수군 진으로 이전하여 통합되었다. 그 후 성종 때 가배량에 다시 수군 진을 설치하고 권관權管을 배치하였다. 임진왜란 후 1604년(선조 37)에 거제 오아포烏兒浦·吾兒浦[지금의 경상남도 거제시 동부면 가배리]에 있었던 경상우수영 겸 통제영이 두룡포[현재 통영]로 이전되면서 동시에 가배량 수군 진도 거제 오아포로 옮겼다. 이후 거제 오아포는 거제 가배량으로 이름이 바뀌었고, 조선 말기까지 수군 만호가 배치되었다. (金一龍, 『統營地名總攬』, 통영문화원, 2014, 272쪽; 鄭鎭述, 「조선수군의 임란 초기대응에 관한 연구」, 『海洋研究論叢』 제25집, 해군사관학교 해군해양연구소, 2000, 117~119쪽.)

93 (*) 내용 생략. 원문은 '三千權管及加背梁權管諸萬春來 言京奇 李景福以干格軍捉來事 出送'이다.

94 (*) 내용 생략. 원문은 '防踏僉使推捉傳令 樂安郡守書簡來 則新郡守金遵繼下來云 故傳令捉之'이다.

95 (*) 내용 생략. 원문은 '多慮菶芬等行舟 終夜耿耿'이다.

96 소비포所非浦 : 소소포召所浦의 착오이다. 친필 일기에는 소소포[경상남도 고성군 마암면 두호리로 나온다.

97 (*) 내용 생략. 원문은 '慶尙右兵使軍官 持簡來言 其帥房人免賤事 晉州避亂前佐郎李惟誠來話(夕還)'이다. 뒤에 저녁때 돌아갔다는 부분까지 생략했어야 하는데, 『전서』편집자의 오류인 듯하다. 달리 해석한다면, '저녁때 바다를 두른 달빛이……' 정도가 가능할 듯하다.

9~11시]에 헤어졌다. (*변존서卞存緖가 당포에 가서 꿩 7마리를 사냥해 가지고 왔다.)[98]

초9일(무오) 맑음. 새벽에 우후가 2선과 3선三船[99]을 거느리고 소비포 뒤쪽으로 띠풀茅을 베러 갔다. ○ 아침에 고성현령固城縣令이 왔다. (*돼지도 가지고 왔다.)[100] 그래서 당항포에 적선 드나드는 것을 묻고, 또 민생들이 굶주려서 서로 잡아먹는 참혹한 상황이니 장차 어떻게 구제할 것인가를 물었다. ○ 늦게 활터 정자에 올라가 활 10여 순을 쏘았다. ○ 이유함李惟誠이 또 와서 작별을 고하므로, 그 자字를 물으니 여실汝實이라 했다. 순천부사, 우조방장, 우후(*우수사우후右虞候), 사도첨사, 여도만호, 녹도만호[송여종宋汝悰], 강진현감[유해柳瀣], 사천현감[기직남奇直男], 하동현감[성천유成天裕], 보성군수[김득광][101], 소비포권관[이영남] 등도 왔다. (*저물녘에 보성군수가 들어왔다. 무군사撫軍司의 공문을 가져왔는데, 시위侍衛할 군인들이 쓸 장창長槍 수십 자루를 만들어 보내라는 것이었다. 이날 동궁이 문책推考한 데 대해서 답을 보냈다.)[102]

초10일(기미) 이슬비가 개이지 않고 큰바람이 불었다.[103] 오후에 조방장[어영담] 및 순천부사가 와서 저녁내 이야기하며 왜적 토벌할 일을 의논했다.

11일(경신) 맑음. 아침에 미조항첨사[김승룡金勝龍]가 왔다. (*술 석 잔을 권해 보냈다. 종사관從事官의 공문 3건을 처결하여 보냈다.)[104] 식후 활터 정자에 올라간즉, 경상수사[원균]와 (*보러 왔다. 술이 여남은 잔 들어가자 취해서 미친 말이 많으니 가소롭다.)[105] 우조

---

98 (*) 내용 생략. 원문은 '卞存緖往唐浦 獵雉七首而來'이다.

99 2선과 3선二三船 : 전라좌수영의 여러 척 전선 중에 1선[상선上船이라고도 함]은 수사水使가 타는 배를, 2선은 우후虞候가 타는 배를, 3선 이하는 한후장捍後將·참퇴장斬退將·돌격장突擊將 등 군관이 타는 배를 가리킨다.

100 (*) 내용 생략. 원문은 '豬口亦持'이다.

101 보성군수[김득광] : 본서 권5, 계사년 6월 초6일 일기에는 보성군수가 김의검金義儉으로 교체되었다는 기록이 있다. 그러나 새로운 보성군수의 공사례公私禮를 한 언급이 없는 것으로 볼 때, 교대되지 않은 것으로 간주했다.

102 (*) 내용 생략. 원문은 '暮寶城入來 撫軍司關字持來 則侍衛長槍數十柄造送云 是日 東宮推考答送'이다.

103 이슬비가 …… 불었다 : 원문은 '細雨大風終日不止', 즉 '가랑비와 큰바람이 종일 그치지 않았다.'로 약간 다르다.

104 (*) 내용 생략. 원문은 '勸三盃而送 從事官公事三度題送'이다.

105 (*) 내용 생략. 원문은 '來見 酒十盃 醉辭多狂 可笑'이다.

방장도 역시 와서 함께 취했다. (*저물어서)[106] 활 3순을 쏘았다.

12일(신유) 맑음. 이른 아침 본영의 탐선探船이 들어왔다. (*조카 분의 편지가 왔는데, 선전관宣傳官 송경령宋慶苓이 수군을 살펴보기 위해서 들어온다는 내용이었다.)[107] ○ 사시巳時[오전 9~11시]에 적도赤島로 진을 옮겼다. ○ 미시未時[오후 1~3시]에 선전관 송경령이 진陣에 도착하였다. 왕명서 2통과 밀지密旨 1통 합하여 3통인데, 1통에는 명나라 군사 10만 명과 은 300만 냥이 나온다는 것이고, 1통은 흉적들의 뜻이 호남에 있으니 마음을 다하여 막아 지키며 형세를 보아 공격하라는 것이고, 그 속에 있는 밀지密旨에는 해가 지나도록 해상에서 나라를 위하여 근로하는 것을 내[임금]가 항시 잊지 못하니 공로 있는 장사들로 아직 큰 상을 받지 못한 자들을 적어 올리라는 것 등이었다. 그리고 서울 안의 여러 가지 소문도 물었고, 역적의 일도 들었다. 위에서 밤낮으로 염려하며 애쓰시는 일이 들려오니 그 감개함과 그리움이 끝이 없었다. 영의정[유성룡柳成龍]의 편지도 가져왔다.[108]

13일(임술) 맑고 따뜻했다. 아침에 영의정에게 회답 편지를 쓰고, 식후에 선전관[송경령]과 다시 이야기하고 서로 작별한 뒤에 종일토록 배에 있었다. ○ 신시申時[오후 3~5시]에 소비포권관, 사량만호[이여념], 영등포만호[우치적]가 왔다. ○ 유시酉時[오후 5~7시]에 배를 출발하여 한산도로 돌아올 때 경상[원균] 군관 제諸(이름이 빠짐)[제홍록諸弘祿]가 삼봉三峰[109]으로부터 와서 말하기를, 적선 8척이 춘원포春院浦에 들어와 정박했으니 들이칠 만하다 했다. 그래서 곧 나대용羅大用을 원元 수사에게 보내어 (*상의하게 하고)[110] 작은 이익을 보고 들이치는 것은 큰 이익을 이루지 못함이라, 아직은 가만있다가 적선이 더 많이 나오는 때를 타서 무찌르자고 말을 전하였다. ○ 미조항첨사, 순천부사, 조방장이 왔다가 밤늦게 돌아

---

106 (*) 내용 생략. 원문은 '暮'이다.

107 (*) 내용 생략. 원문은 '則芬婢簡內 宣傳官宋慶苓 以舟師審見事入來'이다.

108 원문에는 '영의정의 편지도 가져왔다.'가 '역적의 일도 들었다.' 뒤에 나온다. 이렇게 순서를 바꾸면 위에서 염려하고 애쓰는 주체가 모호해진다.

109 삼봉三峰 : 경상남도 통영시 용남면 삼화리·동달리 삼봉산.

110 (*) 내용 생략. 원문은 '相議'이다.

갔다. (*박영남林永男과 송덕일宋德馹도 돌아갔다.)[111]

14일(계해) 맑고 따뜻하고 바람 역시 부드러웠다. 경상도 남해·하동·사천·고성 등지에는 송희립·변존서·유황柳滉·노윤발盧閏發 등을, 우도에는 변유헌卞有憲·나대용 등을 점검하라고 내보냈다. ○ 본영 군량 20섬을 실어 왔다. ○ (*저물어서暮) 방답첨사와 배 첨지[배경남]가 왔다.[112] (*정종鄭宗과 배춘복裵春福도 왔다.)[113] ○ 장언춘張彦春의 면천免賤 공문을 만들어 주었다. (*흥양현감[배흥립]이 들어왔다.)[114]

15일(갑자) 맑음. 새벽에 거북선 2척과 보성 배 1척을 가목駕木[115] 벌목하는 곳으로 보내서 초경初更[오후 7~9시]에 실어 왔다. ○ 식후에 활터 정자에 올라가 좌조방장左助放將[116]이 늦게 온 죄를 추궁했다. ○ 흥양 배를 검열하니 허술한 점이 많았다. ○ 순천부사, 우조방장, 우수사우후, 발포만호[황정록黃廷祿], 여도만호, 강진현감[유해] 등이 함께 와서 활을 쏘았다. ○ 날이 저물어 순찰사[이정암]가 보낸 공문이 왔는데, "조도어사調度御史 박홍로朴弘老가 순천·광양·두치豆峙[117]에 복병을 배치하고 파수하는 일로 장계를 올렸는데, '수군水軍과 수령守令을 함께 이동하는 것이 합당하지 않다.'는 대답이 내려오고, 공문도 함께 왔다."는 내용이었다.

16일(을축) 맑음. (*아침에 흥양현감과 순천부사가 왔다. 흥양이 가져온)[118] 암행어사 유몽인柳夢寅의 (*비밀)[119] 계사 초안啓草을 보니, 임실 이몽상李夢祥, 무장 이충길李忠吉,

---

111 (*) 내용 생략. 원문은 '朴永男宋德馹還歸'이다.

112 방답첨사와 …… 왔다 : 원문에는 '저물녘에 방답첨사와 배 첨지가 오면서, 본영 군량 20섬을 싣고 왔다.'로 되어 있다.

113 (*) 내용 생략. 원문은 '鄭宗裵春福亦來'이다.

114 (*) 내용 생략. 원문은 '興陽入來'이다.

115 가목駕木 : 명예목이라 하며, 뱃전 위의 여러 곳에 가로로 걸쳐 놓은 두꺼운 목재이다. 배의 대들보 역할을 하며, 양쪽 끝이 뱃전 밖으로 내밀어지게 설치하고, 이 위에 갑판을 깐다. (국립해양문화재연구소, 『우리배 용어사전』, 2020.)

116 좌조방장左助防將 : 누구인지 불명확하다.

117 두치豆峙 : 친필 일기에는 '豆恥'(전라남도 광양시 다압면 도사리 섬진마을)로 나와 있다. 이순신은 장계에서도 일관되게 '豆恥'로 표기하고 있다. (권3「分送義僧把守要害狀」; 같은 책「請舟師屬邑守令專屬水戰狀」.) 『선조실록』에는 '豆恥津'·'頭恥江'으로 표기되어 있다.

118 (*) 내용 생략. 원문은 '朝興陽·順天來 興陽持'이다.

119 (*) 내용 생략. 원문은 '蜜'이다. 원래는 '密'이 맞다.

영암 김성헌金聲憲, 낙안 신호申浩는 파면하고, 순천부사는 탐관오리의 수괴로 거론하고, 담양부사[이경로李景老[120]], 진원현감珍原縣監[조공근趙公瑾], 나주목사 [이용순李用淳[121]], 창평현령[백유항白惟恒] 등 수령은 악행을 덮어 주고 포상할 것을 장계狀啓하였다.[122] 임금을 속임이 여기까지 이르니 나랏일이 이와 같아서야 평정될 리가 만무하니 천정만 바라보게 될 뿐이다. 또 해군 일족에 대한 것[대신 징발, 족징]과 장정 넷 중에 둘은 전쟁에 나가는 일을 심히 그르다고 말했다. (*암행어사 유몽인은)[123] 국가의 위급함을 생각하지 않고 다만 눈앞의 일시적인 안일에만 힘쓴다. (*남쪽 지방의 변명하고 무고하는 소리만 듣게 하니, 나라를 그르치는 교활하고 간사한 말이 무목武穆에 대해 진회秦檜[124]가 저지른 것과 다를 것이 없다.)[125] 나라를 위하는 아픔이 더욱 심하다. ○ 늦게 활터 정자에 올라 순천부사, 흥양현감, 우조방장, 우수사우후, 사도첨사, 발포·여도·녹도 만호, 강진·광양 현감 등과 더불어 활 12순을 쏘았다. (*순천 감목관監牧官이 진중에 왔다가 돌아갔다. 우수사가 당포唐浦에 도착했다고 한다.)[126]

17일(병인) 맑음. 따뜻하기가 초여름 같았다. 아침에 (*지휘선을 연기에 그을리는 일 때문에)[127] 활터 정자 위로 올라가 공무를 보았다.[128] (*사시巳時[오전 9~11시]에 우수사가 들어왔다. 행수行首 군관 정홍수鄭弘壽와 도훈도都訓導는 군령으로 장杖[129] 90도를 때렸다.)[130] ○ 이홍명李弘明과 임희진任希璡(*의 손자도)[131]이 왔다. 대나무 총통銃筒을

---

120 이경로李景老 : 친필 일기에는 '李景老'로, 실록에는 '이경린李景麟'으로 나온다.

121 이용순李用淳 : 1550~? 자字는 사화士和, 호는 동고東皐, 본관은 전주全州다. 1585년(선조 18)에 문과文科에 급제하여 1592년 나주목사羅州牧使로 임명되었으며, 후에 경상감사·충청감사·강화부사 및 함경북도 병사 등을 역임하였다. (『國朝文科榜目』·『宣祖實錄』·『한국민족문화대백과사전』.)

122 원문에는 '창평' 앞에 '장성'(이귀李貴)이 있다.

123 (*) 내용 생략. 원문은 '暗行御史 柳夢寅'이다.

124 무목武穆에 대해 진회秦檜 : 모두 중국 송나라 때 사람이다. 진회는 적국 금金나라에 항복하기를 주장한 자로서 충의의 명장 무목을 죽였다. 무목은 악비岳飛의 시호諡號이다.

125 (*) 내용 생략. 원문은 '偏聽南中辨誣 誤國巧邪之言 無異秦檜之於武穆也'이다.

126 (*) 내용 생략. 원문은 '順天監牧官 到陣還歸 右水使到唐浦云'이다.

127 (*) 내용 생략. 원문은 '以上船煙燻事'이다.

128 활터 …… 보았다 : 원문에는 '各處公事題送'(각처의 공문을 처결해 보냈다.)으로 되어 있다.

129 장杖 : 본서 권5의 주 27에서 언급한 바와 같이 대부분 태형笞刑인 것으로 보인다.

만들어 왔기에 시험 삼아 쏘아 보니, 소리는 크게 나는 것 같은데 별로 쓸모가 없었다. 우스웠다. ○ 우수사가 들어왔는데, 거느리고 온 전선이 다만 20척이니 한심스러웠다. ○ 순천부사와 우조방장도[132] 와서 과녁에 활 5순을 쏘았다.

18일(정묘) 맑음. (*아침에 배 첨지가 왔고 가리포첨사 이응표李應彪가 왔다.)[133] 식후에 활터 정자에 올라가 해남현감 위대기魏大器[134]가 전령을 거역한 죄를 다스렸다. 우도[전라우도] 여러 장수들이 와서 현신現身[상관에게 뵘]한 후에 활 몇 순을 쏘았다. (*오후에 우수사가 왔다. 때마침 원 수사와 함께 심히 취했기 때문에 아무것도 하지 못했다. 초경初更[오후 7~9시]부터 부슬비가 내려 밤새 계속하였다.)[135]

19일(무진) 부슬비가 종일 내렸다. (*일기가 찌는 듯했다.)[136] 활터 정자에 올라 한참 혼자 있노라니 우조방장[어영담]과 순천부사가 왔다. (*이홍명李弘明도 왔다. 조금 뒤에)[137] 손충갑孫忠甲도 왔기에 불러들여 왜적 토벌하던 일을 물어보고 분개함을 이기지 못했다. 종일 이야기하였다. (*저물녘에 자는 방으로 내려갔다. 변존서卞存緒가 본영으로 갔다.)[138]

20일(기사) 안개비가 그치지 아니했다. (*사시巳時[오전 9~11시]에 날씨가 쾌청해졌다.)[139] 몸이 불편하여 종일 나가지 않았다. 우조방장[어영담]과 배 첨지가 와서 이야기했

---

130 (*) 내용 생략. 원문은 '巳時右水使入來 行首軍官鄭弘壽都訓導軍令決杖九十'이다.

131 (*) 내용 생략. 원문은 '孫亦'이다.

132 원문에는 '도'에 해당하는 '역亦'이 없다.

133 (*) 내용 생략. 원문은 '朝裵僉知來 加里浦李應彪來'이다.

134 위대기魏大器 : 자字는 자용子容, 본관은 장흥長興. 전라남도 장흥에서 살았다. 1555년(명종 10)에 났으니 이순신보다 10년 아래다. 1583년(선조 16)에 무과武科에 급제하였다. 임진년(1592)에 전라도 도절제사都節制使인 광주목사光州牧使 권율權慄의 편비偏裨가 되어 이치 전투梨峙戰鬪에서 공을 세웠다. 1593년 9월 이안계李安繼의 후임으로 해남현감海南縣監에 임명되어, 1594년 3월 제2차 당항포 해전에 전라우수사全羅右水使의 전부장前部將으로 참전하여 공을 세웠다. 뒤에 천성만호天城萬戶와 가리포첨사加里浦僉使를 역임하였다. 전라북도 남원南原에 충양비忠良碑가 세워졌다.(『萬曆十一年癸未九月初三日別試榜目』;『湖南節義錄』; 본서 권4「唐項浦破倭兵狀」;『宣祖實錄』;『加里浦鎭僉使先生案』;『亂中日記』; 이형석,『임진전란사』)

135 (*) 내용 생략. 원문은 '午後右水使來 曾與元水使醉甚 故未能一二 初更細雨達夜'이다.

136 (*) 내용 생략. 원문은 '氣如蒸'이다.

137 (*) 내용 생략. 원문은 '李弘明亦來 有頃'이다.

138 (*) 내용 생략. 원문은 '暮下宿房 卞存緒往營'이다.

139 (*) 내용 생략. 원문은 '巳時快晴'이다.

다. (*울蔚이 우수사 영공의 배로 가더니 잔뜩 취해서 돌아왔다.)[140]

21일(경오) 맑음. (*맑고 따뜻했다. 몸이 불편해서 종일 신음하였다.)[141] 순천부사와 우조방
장[어영담]이 와서 견내량見乃梁 복병한 곳을 가서 살펴보았다고 했다. ○ 청주
의병장 이李(이름이 빠짐)[이봉李逢[142]]가 순변사巡邊使[이일][143]가 있는 곳으로부터
와서 육지 일을 자세히 이야기하였다. (*우 영공은 청주 영공의 부夫[144]이다.)[145] 해가
저물어 돌아간다고 했다. ○ 유시酉時[오후 5~7시]에 벽방碧方 망보는 장수[제한
국諸漢國]가 와서 고하되, 구화역仇化驛[146] 앞바다에 왜선 8척이 와 머물러 있다
고 하므로 (*배에 내려와서 삼도에)[147] 진격할 것을 전령하고, 제홍록諸弘祿[삼봉 망
장, 원균의 군관]이 와서 보고하기를 기다렸다.

22일(신미) (*사경四更[오전 1~3시] 초에)[148] 제홍록이 와서 보고하기를, "왜선 10척은 구
화역에 도착하고, 6척은 춘원포春院浦에 왔다."라고 하였다. 그러나 날이 벌써
새서 미처 추격하여 토벌할 수 없으므로 다시 정찰하라고 명령하여 보냈다.

□ 23일부터 27일까지는 빠졌음.

28일(정축) 맑음. 아침에 활터 정자에 올라 종사관[정경달丁景達[149]]과 함께 종일 이야

---

140 (*) 내용 생략. 원문은 '蔚往到右令公船 極醉還'이다.

141 (*) 내용 생략. 원문은 '晴而溫 氣甚不平 終日呻吟'이다.

142 이봉李逢 : 자字는 자운子雲, 본관은 한양漢陽으로, 임진왜란(1592) 때 조헌趙憲·정경세鄭經世 등과 함께
의병을 규합하여 왜적을 물리쳤다. 1595년 사헌부감찰에 발탁되었고, 옥천군수를 역임하였으며 당상
관에 올랐다. (『한국민족문화대백과사전』)

143 순변사巡邊使[이일] : 1593년 12월에 이일李鎰이 양호순변사兩湖巡邊使로 임명되어 호남과 호서의 방어
임무를 맡았다. (『선조실록』 권46, 선조 26년 12월 7일 병진)

144 부夫 : 친필 일기 원문에 夫 자만 있으니, 이는 매부인지 고모부인지 불분명하다.

145 (*) 내용 생략. 원문은 '右公 淸州令公夫也'이다.

146 구화역仇化驛 : 경상남도 통영시 광도면 노산리에 있던 구허역丘墟驛을 가리킨다.

147 (*) 내용 생략. 원문은 '下船 三道'이다.

148 (*) 내용 생략. 원문은 '四更頭'이다.

149 정경달丁景達 : 1542~1602. 본관은 영성靈城(영광靈光), 자字는 이회而晦, 호는 반곡盤谷. 전라남도 장
흥長興에서 살았다. 참봉參奉 정몽응丁夢鷹의 아들로 1542년(중종 37)에 났으니 이순신보다는 3년 위이
다. 1570년(선조 3)에 문과文科에 급제하였다. 임진왜란이 일어나자 선산부사善山府使로서 의병을 모

기했다. ○ 장흥부사[황세득黃世得[150]]가 들어왔다. (*우수사를 처벌하였다.)[151]

29일(무인) (*맑음. 종사관과 아침 식사를 함께 하고 또 작별술을 마시며 종일 이야기하였다. 장흥도 함께했다.)[152] 벽방碧方 망보는 장수 제한국諸漢國의 보고에 왜선 16척이 소소포召所浦[153]로 들어왔다고 하므로 전령하여 알리도록 했다.

3월

초1일(기묘) 맑음. 망궐례望闕禮를 드리고 활터 정자에 올라가 검모포만호黔毛浦萬戶를 (*추궁하고, 만호는)[154] 매 때리고, 도훈도都訓導를 처형했다. ○ 종사관[정경달]이 돌아갔다. ○ 초저녁에 출항하려고 할 즈음, 제한국諸漢國[벽방 망장]이 달려와 보고하기를, 왜선이 이미 모두 도망가고 없다고 고하므로 출동을 중지하였다. ○ 초경初更[오후 7~9시]에 장흥長興 2호선에서 불이 나서 다 타버렸다.

초2일(경진) 맑음. (*아침에 방답첨사[이순신李純信], 순천부사[권준], 우조방장[어영담]이 왔

으고, 경상감사慶尙監司 김성일金誠一과 병마절도사 조대곤曺大坤 등과 함께 기략奇略을 써서 선산善山 금오산金烏山 아래서 왜적을 무찔렀다. 이어 김성일의 계청으로 의병義兵 도대장都大將이 되고, 강덕룡姜德龍·정기룡鄭起龍·이해李垓 등 여러 의병들과 함께 죽령竹嶺 아래 진을 치고 왜적과 싸웠다. 선산부사에서 파직된 후 장흥長興 본가에서 지내다가, 1594년에 이순신의 특청에 의하여 통제사 종사관 겸 삼남 독발사三南督發使가 되어 도원수都元帥 등에게 연락하는 일, 관하 여러 고을을 순행하며 군병 독려 및 군량 조달하는 일, 둔전屯田과 목장牧場을 보살피는 일 등에 진력했다. 이 공로로 1595년에 통정대부通政大夫(정3품)로 승진하였다. 정유년에 이순신이 옥에 갇히자 그의 석방을 위하여 노력했다.(『盤谷集』;『文獻備考』;『國朝文科榜目』;『宣祖實錄』;『竹溪日記』;『한국민족문화대백과사전』.)

150 황세득黃世得 : 1537~1598. 자字는 사구士求, 본관은 성주星州. 충청남도 직산稷山에서 살았다. 이순신의 처종형妻從兄으로 1537년(중종 32)에 났으니 이순신보다는 8세 위다. 1564년(명종 19)에 무과에 급제하여, 1594년(선조 27)에 장흥부사長興府使, 1596년(선조 29)에 사도첨사蛇渡僉使가 되어 통제사 이순신의 휘하가 되었다. 1598년(선조 31) 9월 왜교 전투에서 힘써 싸우다가 전사하였다. 1704년(숙종 30) 직산읍稷山邑 선비들의 상소로 시호 충장공忠壯公과 함께 호조참판戶曹參判을 증직하였으며, 정려문旌閭門을 하사하였다. 오늘날 성주황씨星州黃氏의 시조이며, 1988년 신도비를 묘역에 세웠다.(『亂中日記』;『李忠武公全書』권9 「行錄」;『宣祖實錄』;『한국역대인물종합정보시스템』.)

151 (*) 내용 생략. 원문은 '右水使決罪'이다.

152 (*) 내용 생략. 원문은 '晴 朝食同與從事官 又酌餞盃 終日話 長興亦同'이다.

153 소소포召所浦 : 경상남도 고성군 마암면 두호리.

154 (*) 내용 생략. 원문은 "推黔毛浦萬戶 而萬戶決杖"이다.

다.)¹⁵⁵ 늦게 활터 정자에 올라 좌우 조방장과 순천·방답과 더불어 활을 쏘았다. (*이날 저녁 장흥부사[황세득]가 와서 이야기했다.)¹⁵⁶ ○ 초경初更[오후 7~9시]에 강진康津 장작 쌓아 둔 곳¹⁵⁷에 불이 나서 다 타버렸다.

초3일(신사) 맑음. 아침에 전문箋文¹⁵⁸을 올려 보내고 그대로 활터 정자射亭에 앉아 있었다. 경상우후 이의득李義得¹⁵⁹이 와서 말하기를, "수군을 많이 잡아 오지 못했다고 수사[원균]에게 매를 맞았는데, 그가 또 발바닥까지 치려고 했다." 하니, 참으로 놀랄 일이다. (*늦게晚) 순천부사, 우조방장, 좌조방장, 방답·가리포 첨사, 좌·우수사우후 등과 활을 쏘았다. ○ 유시酉時[오후 5~7시]에 벽방 망장[제한국]이 달려와 보고하기를, 왜선 6척이 오리량五里梁[고리량古里梁]¹⁶⁰과 당항포唐項浦 등처에 나뉘어 정박해 있다 하므로 즉시 배들을 집합하라 전령하고 큰 부대는 흉도胸島¹⁶¹ 앞바다에 진을 치게 하고 정예선 30척은 우조방장 어영담이 거느리고 적을 공격해 무찌르기 위해 초저녁에 배를 띄워 지도紙島¹⁶²에 이르렀다. (*[이르러] 밤을 보내고經夜) 사경四更[오전 1~3시]에 출발했다.

초4일(임오) 맑음. (*사경四更에 배를 띄워)¹⁶³ 진해鎮海¹⁶⁴ 앞바다에 이르러 왜선 6척을

---

155 (*) 내용 생략. 원문은 "朝防踏順天右助防將來"이다.

156 (*) 내용 생략. 원문은 "是夕長興來話"이다.

157 장작 쌓아 둔 곳 : 본문에는 '둔시처屯柴處[장작 쌓아 놓은 곳]'이나, 원문은 '둔적처屯積處[거적을 쌓아 둔 곳]'로 되어 있다.

158 전문箋文 : 길흉吉凶의 일이 있을 때에 임금에게 올리던 사륙체四六體의 글.

159 이의득李義得 : 친필 일기에는 이의신李義臣으로 되어 있으나, 이것은 착오이다.

160 오리량五里梁[고리량古里梁] : 경상남도 창원시 마산합포구 진동면 고현리 앞바다. 「옥포파왜병장」에는 고리량古里梁으로 나와 있다.

161 흉도胸島 : 경상남도 거제시 사등면 창호리 가조도加助島. 남북으로 길게 뻗은 섬으로 가참도加參島(계사년 7월 10일 자) 또는 형도荊島(가시나무섬, 『선조실록』 권90, 선조 30년 7월 22일 신해)로도 불렸다. 가조도가 흉도인 근거는 다음과 같다. 3월 6일에 이순신 함대가 당항포 입구 아자음포에서 거제(거제시 고현동)로 향하다가 역풍으로 간신히 흉도에 이르렀는데 지리적으로 그 위치는 가조도밖에 없다. 또 육군과 합동으로 장문포를 공격하기 위해 9월 28일에 은밀히 흉도胸島 내양內洋(흉도 서쪽 바다)에 진을 치고 머물렀는데, 그 내양은 가조도밖에 없다. 그리고 장문포 해전 후 10월 7~8일에 흉도에서 띠茅 443동을 베었는데, 이토록 많은 띠를 벨 수 있는 큰 섬도 가조도밖에 없다.

162 지도紙島 : 경상남도 통영시 용남면 지도리.

163 (*) 내용 생략. 원문은 '四更發船'이다.

164 진해鎮海 : 경상남도 창원시 마산합포구 진동면 진동리.

146

뒤쫓아 잡아서 불태워 없애고, 저도楮島[165]에서 2척을 불태워 없앴다. ○ 소소강召所江[166]에 14척이 들어왔다 하므로 조방장[어영담魚泳潭]과 원元 수사에게 함께 진격하여 토벌하도록 전령하고, 고성 땅 아자음포阿自音浦[167]에서 진을 치고 밤을 지냈다.

초5일(계미) 맑음. (*새벽에曉) 겸사복兼司僕[윤붕尹鵬]을 당항포로 보내서 적선을 깨뜨려 불태웠는지를 탐문하였더니 우조방장 어영담이 급히 보고하기를, "적도들이 우리 군사들의 위엄을 겁내어 밤을 타서 도망했으므로 빈 배 17척을 남김없이 불태워 버렸다." 하며, 경상수사[원균]의 보고도 같은 내용이었다. (*우수사[이억기]가 보러 왔을 때 비가 크게 퍼붓고 바람도 세차게 불어 바로 자기 배로 돌아갔다.)[168] ○ 이날 아침 순변사에게도 공문을 보내 토벌을 독촉하였다. (*우조방장, 순천부사, 방답첨사, 배 첨사[배경남裵慶男] 등이 와서 서로 이야기하는 동안,)[169] ○ 원元 수사가 배에 이르자 여러 장수들은 각각 돌아갔다. ○ 이날 저녁 광양의 새 배가 들어왔다.

초6일(갑신) 맑음. (*새벽에 탐망군이 본즉, 적선 40여 척이 청슬靑膝[170]로 건너온다고 했다. 당항포의 왜선 21척을 모조리 불태워 버렸다는 긴급 보고를 했다.)[171] 늦게 거제巨濟로 향하는데, 역풍으로 간신히 흉도胷島[가조도]에 이르자 남해현령[기효근]이 보낸 급보에, "명나라 병사 두 사람과 왜놈 여덟 명이 패문牌文을 가지고 들어왔기에 그 패문과 명나라 병사를 올려 보냅니다."라고 하였다. 그것을 받아서 살펴보니, 명나라 담 도사譚都司[담종인譚宗仁][172]의 '적을 치지 말라는 패문'이었다. 나는 몸이 몹시 괴로워 앉고 눕기조차 불편했다. 저녁에 우수사와 함께 명나라

---

165 저도楮島 : '저도猪島'의 오기이다. 친필 일기에는 '猪島'로 나온다. 저도猪島는 경상남도 창원시 마산합포구 구산면 구복리 저도이다.

166 소소강召所江 : 경상남도 고성군 거류면 거산리와 마암면 두호리 사이의 작은 강과 포구 일대.

167 아자음포阿自音浦 : 경상남도 고성군 동해면 양촌리 법동마을 아부내荷浮川 포구로 추정된다. (1926년 조선총독부 발행 '鎭東' 지도.)

168 (*) 내용 생략. 원문은 '右水伯來見之際 雨勢大作 風亦甚狂 卽還其船'이다.

169 (*) 내용 생략. 원문은 '右助防將及順天防踏裵僉使亦來 相話之間'이다.

170 청슬靑膝 : 경상남도 거제시 하청면 석포리로 추정된다. 을미년(1595, 선조 28) 11월 3일 기사에는 '청등靑登'으로 나온다.

171 (*) 내용 생략. 원문은 '曉望見 則賊船四十餘隻 渡于靑膝云 唐項浦倭船二十一隻 盡焚事馳報'이다.

병사를 만나 보았다. (*[만내] 보고 보냈다送.)

초7일(을유) 맑음. 몸이 극도로 불편하여 뒤척이는 것조차 어려웠다. 그래서 아랫사
람을 시켜 패문에 대한 회답을 만들라 하였더니, 글 모양을 이루지 못했다. 원
元 수사가 손의갑孫義甲을 시켜 지어 보냈으나 역시 심히 마음에 들지 않았다.
내가 병중에 억지로 일어나 앉아 글을 짓고 정사립鄭思立[이순신의 군관]을 시켜
써 보내게 했다. ○ 미시未時[오후 1~3시]에 출발하여 이경二更[오후 9~11시]에
한산도 진중에 이르렀다.

초8일(병술) 맑음. 병세는 별로 더하거나 덜함이 없었다. 기운 또한 쇠약해져 종일
고통스러웠다.

초9일(정해) 맑음. 기운이 조금 나은 듯하므로 따뜻한 방으로 옮겨 누웠다. 아프긴
해도 다른 증세는 없었다.

초10일(무자) 맑음. 병세가 차츰 덜해지건만 열기가 차올라 찬 것만 마시고 싶은 생
각뿐이었다. (*저녁때 비가 시작해서 밤새도록 그치지 않았다.)[173]

11일(기축) 큰비가 종일 내렸다. (*어두울 무렵에 개기 시작했다.)[174] 병세가 훨씬 덜해졌
다. 열도 또한 내렸다. 다행 다행이다.

12일(경인) 맑으나 바람이 크게 불었다. 몸이 몹시 불편했다. (*영의정[유성룡]에게 편지
를 쓰고)[175] ○ 계문啓聞[보고서]의 정서正書를 마쳤다.

13일(신묘) 맑음. 아침에 계본啓本을 봉해 올렸다. ○ 병은 차츰 낫는 것 같으나 기력
은 몹시 쇠하였다. 회薈[큰아들]와 송두남宋斗男을 내보냈다. (*오후에 원元 수사가
와서 자기의 잘못된 일을 말하기에, 계본을 도로 가져와서 원사진元士震[176]과 이응원李應元

---

172 담 도사譚都司[담종인譚宗仁] : 명나라 선유도사宣諭都司 담종인을 가리킨다. 친필 일기에는 '도사부담都
司府譚'으로 나와 있다. 담종인은 웅천熊川[경상남도 창원시 진해구 성내동]에 와서 일본군과 강화를 의
논하면서 이순신에게 '금토패문禁討牌文[적을 치지 말라는 패문]'을 보냈다. 이에 대한 이순신의 답변서
가 본서 권1, '잡저雜著' 「答譚都司宗仁禁討牌文」에 나와 있다.

173 (*) 내용 생략. 원문은 '夕雨作 終夜不止'이다.

174 (*) 내용 생략. 원문은 '昏始晴'이다.

175 (*) 내용 생략. 원문은 '領台前修簡'이다.

176 원사진元士震 : 원균의 사촌 원식元埴의 아들이다. (박종평, 『난중일기』, 파주 : 글항아리, 2021, 219쪽.)

등이 가왜假倭[177]의 목을 잘라 바친 일을 고쳐서 보냈다.)[178]

14일(임진) 비가 계속 내렸다. 몸은 나은 듯했으나 머리는 무겁고 불쾌했다. ○ 저녁 때 광양현감[최산택崔山澤], 강진현감[유해柳瀣], 배裵 첨사가 함께 갔다. ○ 들으니 충청수사[구사직具思稷[179]]가 이미 신장薪場[180]에 왔다고 했다. (*종일 몸이 불편했다.)[181]

15일(계사) 비는 비록 그쳤으나 바람이 크게 일었다. 종일 신음했다. ○ 미조항첨사가 휴가를 청하였다.[182]

16일(갑오) 맑음. 몸이 몹시 불편했다. ○ 우수사가 보러 왔다. ○ 충청수사가 전선 9척을 거느리고 진에 이르렀다.

17일(을미) 맑음. 몸이 상쾌하게 회복되지 않았다. (*변유헌卜有憲이 본영으로 돌아가고, 순천부사[권준] 역시 돌아갔다.)[183] ○ 해남현감[위대기魏大器]이 새 현감과 교대하는 일로 나갔다. 황득중黃得中 등은 복병에 관한 일로 거제도로 들어갔다. ○ 탐선探船이 들어왔다.

18일(병신) 맑음. 몸이 몹시 불쾌했다. ○ 남해현령 기효근奇孝謹, 보성군수[김득광], 소비포권관[이영남], 적량만호赤梁萬戶[고여우高汝友]가 보러 왔다. 기奇는 파종일 때문에 고을로 돌아갔다. (*보성은 무슨 말을 하려다가 사정을 말하지 않은 채 돌아갔다.)[184] ○ 낙안樂安의 유위장留衛將과 향소鄕所[185]등을 잡아다 가두었다. ○ 보성

---

177 가왜假倭 : 우리나라 사람으로서 왜인처럼 차린 자. 또는 왜인 노릇을 하는 자.

178 (*) 내용 생략. 원문은 '午後元水使來 言其誤妄之事 故啓本還持來 元士震李應元等假倭斬納事改送'이다.

179 구사직具思稷 : 1549~?. 자字는 우경虞卿, 본관은 능성綾城. 한성漢城에서 살았다. 1576년(선조 9) 무과에 급제하였으며, 이순신과는 무과 급제 동기이다. 1592년(선조 25) 임진왜란 당시 가리포첨사加里浦僉使로 있으면서 임진년의 여러 해전에서 전공을 세웠다. 1593년 말에 정걸丁傑의 후임으로 충청수사忠清水使가 되었다. 1594년 3월에 9척의 전선을 거느리고 한산도에 출전하였으나 4월에 파직되어 붙잡혀 갔다. 1595년에 황해병사黃海兵使에 오른 뒤, 원주목사·충청병사·경기수사·전라병사·수원부사 등을 역임하였다.(『萬曆四年丙子式年文武雜科榜目』;『亂中日記』;『宣祖實錄』;『光海君日記』;『한국역대인물종합정보시스템』.)

180 신장薪場 : 전라남도 신안군 압해면 신장리新庄里.

181 (*) 내용 생략. 원문은 '終日不平'이다.

182 휴가를 청하였다 : 원문은 "고귀告歸"로, '벼슬아치가 휴가를 청하거나 늙어서 사직을 청함'의 뜻이다.

183 (*) 내용 생략. 원문은 '卜有憲歸營 順天亦歸'이다.

184 (*) 내용 생략. 원문은 '寶城欲言 而未能告情 而歸'이다.

군수가 휴가를 청하였다.[186]

19일(정유) 맑음. 몸이 불편했다. 종일 신음했다.

20일(무술) 맑음. 몸이 불편했다.

21일(기해) 맑음. 몸이 불편했다. 녹명관錄名官[187]은 여도만호呂島萬戶, 남도만호南桃
萬戶[강응표姜應彪], 소비포권관所非浦權管으로 정하였다.

22일(경자) 맑음. 몸이 조금 나은 것 같다. ○ 원수元帥의 공문이 돌아왔는데 담 지휘
譚指揮[담종인譚宗仁]의 자문咨文과 왜장의 서계書契를 조 파총曹把摠이 가지고
갔다고 했다.

23일(신축) 맑음. 몸이 여전히 불쾌했다. ○ 방답첨사[이순신李純信], 흥양현감[배흥립],
조방장[어영담], 발포만호[황정록]가 보러 왔다. (*견내량이 미역 53동[미역 1동은 10가
닥]을 따 가지고 왔다.)[188]

24일(임인) 맑음. 몸은 조금 나은 듯했다. (*미역 60동을 따 왔다.)[189] ○ 정사립鄭思立[이
순신의 군관]이 왜의 목을 베어 가지고 왔다.

25일(계묘) 맑음. 흥양현감과 보성군수가 나갔다. ○ 사로잡혀 갔던 아이[190]로 왜의
진중에서 명나라 장수[담종인]의 패문牌文을 가지고 왔던 자를 흥양으로 보냈
다. (*늦게 활터 정자로 올라갔으나 몸이 몹시 편치 않아 일찍이 숙소로 내려왔다. 저녁에)[191]
○ 여필汝弼 및 회薈가 변존서卞存緒, 신경황申景潢과 함께 왔다. 어머님의 평안
함을 자세히 들었다. 다만 분산墳山[192]이 모두 들에 난 불에 타 버렸는데 아무도
끄지를 못했다 하니 지극히 애통한 일이다.

26일(갑진) 맑은데 따뜻하기가 여름날 같았다. 조방장과 방답첨사가 보러 왔다. (*발

---

185 향소鄕所 : 조선시대 각 고을 수령의 자문기관. 직원은 향정鄕正 또는 좌수座首 1명과 별감別監 약간명을
두었다. 유향소留鄕所·향청鄕廳이라고도 일컫는다.(『한국고전용어사전』, 세종대왕기념사업회, 2001.)

186 보성군수가 휴가를 청하였다 : 원문에는 없다.

187 녹명관錄名官 : 과거를 보일 때, 과거 보러 오는 사람의 명단 및 그 밖의 사무를 맡는 사람.

188 (*) 내용 생략. 원문은 '見乃梁甘藿五十三同採來'이다.

189 (*) 내용 생략. 원문은 '甘藿六十同採來'이다.

190 사로잡혀 갔던 아이 : 상주尙州 사람 사삿집 종 희순希順을 말한 것이다.(본서 권4「陳倭情狀」.)

191 (*) 내용 생략. 원문은 '晩上射亭 氣甚不平 早下宿房 夕'이다.

192 분산墳山 : 묘지로 쓰는 산. 조상의 무덤이 있는 선산先山과 같은 뜻이다.

포만호鉢浦萬戶는 휴가를 얻어서 돌아갔다. 늦게 마량첨사馬梁僉使[강응호姜應虎], 사량만호蛇梁萬戶[이여념李汝恬], 사도첨사蛇渡僉使[김완金浣], 소비포권관所非浦權管이 함께 보러 왔다.) 경상우후[이의득李義得]와 영등만호永登萬戶[우치적禹致績]도 왔다가 창신도昌信島[창선도昌善島]로 돌아간다고 고하였다.

27일(을사) 흐리나 비는 오지 않았다. 우수사가 보러 왔다. (*몸이 좀 나은 것 같았다. 초경初更[오후 7~9시]에 비가 내리기 시작했다.)[193] 조카 봉菶이 저녁에 몸이 불편하다고 했다.

28일(병오) 비가 종일 왔다. 조카 봉菶의 병세가 매우 중하니 참으로 걱정스럽다.

29일(정미) 맑음. 탐선이 들어왔는데, 어머님이 평안하시다고 했다. 웅천현감[이운룡李雲龍], 하동현감[성천유成天裕], 장흥부사, 방답첨사, 소비포권관 등이 보러 왔다. (*저녁때 여필과 봉이 함께 돌아갔는데, 봉은 몹시 아파서 돌아간 것이다. 온 밤을 걱정으로 지샜다. 저물녘에 방충서方忠恕와 조서방趙西房의 사위 김함金珹이 왔다.)[194]

30일(무신) 맑음. 식후 활터 정자에 올라가 충청도 군관, 도훈도都訓導, 낙안樂安의 유위장留衛將, 도병방都兵房 등을 처벌하였다. (*늦게晩) 삼가원三嘉倅 고상안高尙顏[195]이 보러 왔다. (*저녁에 숙소로 내려왔다.)[196]

4월

초1일(기유) 맑음. 일식日蝕이 일어나야 하는데 일어나지 않았다. ○ 장흥부사[황세

---

193 (*) 내용 생략. 원문은 '氣似少平 初更雨作'이다.

194 (*) 내용 생략. 원문은 '夕汝弼與菶同還 菶則重痛還歸 達夜憂慮憂慮 昏方忠恕及趙西房婿郎金珹來'이다.

195 고상안高尙顏 : 1533~1623. 자字는 사물思勿, 호는 태촌太村, 본관은 개성開城. 경상도 용궁龍宮에서 살았다. 1576년(선조 9)에 문과文科에 급제하여 함창현감咸昌縣監과 풍기군수豊基郡守 등을 지냈다. 이때(갑오년)에는 삼가현감三嘉縣監이었다. 뒷날 광해군 때에는 울산 판관蔚山判官이 되었다가 벼슬을 그만두고 귀향하였다. 현전하는 「농가월령가農家月令歌」는 그의 작품으로 추정되는데, 이는 그의 문집인 『태촌집泰村集』의 「농가월령」 기록을 근거한 것이다. 『태촌집』 권4, 효빈잡기效嚬雜記에는 그가 한산도에서 만났던 이순신에 대한 인상이 기술되어 있다. (『國朝文科榜目』; 『泰村集』; 『한국민족문화대백과사전』.)

196 (*) 내용 생략. 원문은 '夕下宿房'이다.

득黃世得], 진도군수[김만수金萬壽], 녹도만호[송여종宋汝悰]가 여제癘祭[전염병 귀신에게 지내는 제사]를 지내기 위해 돌아간다고 고했다. ○ 충청수사[구사직具思稷]가 보러 왔다.

초2일(경술) 맑음. 아침을 먹은 뒤 활터 정자에 올라가 삼가현감三嘉縣監[고상안] 및 충청수사와 종일토록 이야기했다. ○ 조카 해荄가 들어왔다.

초3일(신해) 맑음. 이날 여제癘祭를 지냈다. 삼도三道 군사들에게 술 1천 80동이를 먹였다. 우수사[이억기]와 충청수사[구사직]가 함께 앉아서 군사들을 먹였다. (*저물 무렵에 방으로 내려왔다.)[197]

초4일(임자) 흐림. (*어두울 무렵에 비가 내렸다. 아침에)[198] 원수元帥의 군관 송홍득宋弘得과 변홍달卞弘達이 새로 급제한 이들의 홍패紅牌[199]를 가지고 왔다. ○ 경상우병사慶尙右兵使[박진朴晉[200]]의 군관 (*공주公州 박창령朴昌齡의 아들인)[201] 박의영朴義英이 와서 그 장수의 문안問安을 전하였다. ○ 식후에 삼가현감三嘉縣監이 왔다. ○ 늦게 활터 정자에 올라갔다. 장흥부사가 술을 가지고 와서 먹으며 종일 조용히 이야기하였다.

초5일(계축) 흐림. (*새벽에 최천보崔天寶[202]가 세상을 떠났다.)[203]

---

197 (*) 내용 생략. 원문은 '日暮下房'이다.

198 (*) 내용 생략. 원문은 '而昏下雨 朝'이다.

199 홍패紅牌 : 옛날 제도로, 문·무과에 급제한 사람이나 잡과雜科에 입격入格한 사람에게 내주는 증서이다. 문·무과에 급제한 사람에게 주는 홍패는 전폭全幅의 붉은 종이를 쓰고, 잡과의 입격자에게 주는 홍패는 반폭半幅의 붉은 종이를 썼다. (세종대왕기념사업회, 『한국고전용어사전』, 2001.)

200 박진朴晉 : 1560~1597. 자字는 명보明甫 또는 여회汝晦, 본관은 밀양密陽. 한성漢城에서 살았다. 박인수朴麟壽의 아들로, 별천別薦으로 선전관宣傳官에 임명되었고, 1584년(선조 17)에 무과에 급제하여 1592년에 밀양부사가 되었다. 이후 경상좌병사慶尙左兵使로서 영천永川 전투에 공로가 있었고, 특히 이장손李長孫이 발명한 비격진천뢰飛擊震天雷로 경주성慶州城을 탈환하는 큰 공로를 세웠다. 경상우병사·순천부사·전라병사·황해병사를 지냈다. 사후에 좌찬성左贊成을 증직하고, 영조 때(1736) 의열懿烈의 시호를 내렸다.(『萬曆十二年甲申秋別試文武榜目』;『宣祖實錄』;『英祖實錄』;『燃藜室記述』;『한국민족문화대백과사전』.)

201 (*) 내용 생략. 원문은 '公州朴昌齡子'이다.

202 최천보崔天寶 : 자字는 경보坰輔, 본관은 경주慶州. 전라남도 흥양興陽(고흥高興)에서 살았다. 좌의정 최탁崔倬의 후손이요, 참봉 최파崔坡의 손자다. 현감을 지냈으며, 임진년에 흥양통장興陽統將으로 전선을 거느리고 한산도 해전과 제2차 당항포 해전에 참전하여 공로를 세웠다. 역병으로 사망하였다.(『湖南節義錄』; 본서 권2「見乃梁破倭兵狀」; 권4「唐項浦破倭兵狀」;『亂中日記』.)

초6일(갑인) 맑음. 별시別試 보는 과거장을 개설했다. 시관試官은 나와 우수사[이억기]·충청수사[구사직]요, 참시관參試官은 장흥부사·고성현령·삼가현감·웅천현감으로, 시험 보는 것을 감독했다.

초7일(을묘) 맑음. 일찍 모여 시험을 실시하였다.

초8일(병진) 맑음. 몸이 불편하였다. (*저녁에)²⁰⁴ 시험장으로 올라갔다.

초9일(정사) 맑음. 시험을 마치고 방榜을 내붙였다. (*큰비가 왔다.)²⁰⁵ ○ 어 조방장魚助防將[어영담²⁰⁶]이 세상을 떠났다. 애통함을 어찌 말로 할 수 있으랴.

초10일(무오) 흐림. 순무어사巡撫御史²⁰⁷가 진에 온다는 통지先文가 왔다.

11일(기미) 맑음. 순무어사가 들어온다고 하므로 마중 나갈 배를 내보냈다.

12일(경신) 맑음. 순무어사 서성徐渻이 내 배에 와서 이야기했다. 우수사, 경상수사[원균], 충청수사도 함께 와서 술을 세 순배 돌렸다. 원 수사는 짐짓 취한 체 광증을 부리며 함부로 무리한 말을 뇌까리니 순무도 괴이함을 이기지 못했다. (*뜻하는 바가 지극히 흉악하였다.)²⁰⁸ ○ 삼가현감三嘉縣監[고상안]이 돌아간다고 고했다.

---

203 (*) 내용 생략. 원문은 '曉 崔天寶逝'이다.

204 (*) 내용 생략. 원문은 '夕'이다.

205 (*) 내용 생략. 원문은 '大雨'이다.

206 어영담魚泳潭：1532~1594. 자字는 경유景游, 본관은 함종咸從. 경상남도 함안咸安에서 살았다. 1532년(중종 27)생으로 이순신보다 13세 위다. 일찍 출신出身하기도 전에 여도만호呂島萬戶가 되고, 1564년(명종 19)에 무과武科에 급제한 후로는 영남과 호남의 여러 진을 두루 다녀 물길의 험하고 순탄한 것과 멀고 가까움을 자세히 알았다. 임진년에 광양현감光陽縣監으로 이순신의 막하에서 5월 초4일 첫 번 출전에 그가 길을 향도한 이래 전쟁 때마다 으뜸 공로를 세웠다. 군량을 준비함에도 깊은 지혜와 노력을 기울였으며, 특히 종자 곡식과 구제용 곡식을 따로 간직해 두기까지 했는데, 계사년(1593) 2월에 그가 웅천熊川 해전에 출동하고 없는 동안 마침 독운어사督運御史 임발영任發英이 내려와서 그것을 잘못 인식하여 그의 파면을 청한 일이 있었다. 이때 광양 백성들은 연명으로 이순신에게 등장을 올렸고 이순신도 그를 위하여 그 자세한 사연을 적어 조정에 유임을 청하였다.(권3 狀啓「請光陽縣監魚泳潭仍任狀」참조) 파직된 후에 이순신은 다시 건의하여 조방장助防將을 삼았다.(권3 狀啓「請以魚泳潭爲助防將狀」참조) 이 같은 공으로 1594년(선조 27, 갑오) 4월에는 방답첨사로 임명되었으나 전염병에 걸려 4월 9일 한산도閑山島 진중에서 세상을 떠났다.(『嘉靖四十三年甲子九月初四日文武雜科榜目』; 권4 狀啓「請防踏僉使擇差狀」;『燃藜室記述』.)

207 순무어사巡撫御史：각지의 군대 또는 백성을 순찰하기 위해 중앙에서 파견하는 관리. 이때의 순무 어사는 서성徐渻이었다.

208 (*) 내용 생략. 원문은 '所向極兇'이다.

13일(신유) 맑음. 순무가 전쟁 연습하는 것을 보고 싶어 하므로 죽도竹島[209] 바다 가운데로 나아가 연습해 보였다. ○ 선전관宣傳官 원사표元士彪와 금오랑金吾郞[210] 김제남金悌男이 충청수사를 잡아갈 일로 왔다.

14일(임술) 맑음. (*아침에朝) 김제남과 함께 자세한 이야기를 하고 늦게 순무巡撫의 배로 가서 군사 기밀에 관한 것을 자세히 의논했다. 얼마 뒤에 우수사가 왔다. (*이정충李廷忠도 불러오고)[211] 순천부사와 방답·사도 첨사도 함께 왔다. (*몹시 취해서醉甚) 고별告別하고 내 배로 돌아왔다. ○ 저녁에는 충청수사의 배로 가서 작별술을 마셨다.

15일(계해) 맑음. (*금오랑과 아침 식사를 함께했다. 늦게)[212] 충청수사[구사직] 및 선전관·금오랑·우수사[이억기]가 함께 왔다. 구우경具虞卿[213]과 작별했다. (*저물녘에 이경사李景思가 그 형 헌憲의 편지를 가지고 왔다.)[214]

16일(갑자) 맑음. 아침을 먹은 뒤 활터 정자에 올라가 (*쌓여 있던 공무를 처결해 보냈다.)[215] 경상수사[원균]의 군관 고경운高景雲과 도훈도都訓導 및 사변에 대비하는 책임을 지는 아전을 잡아 와서, 지휘에 응하지 않고 적의 변고도 보고하지 않은 죄로 매를 때렸다. ○ 저녁때 송두남宋斗男이 서울로부터 내려왔다.[216] 모든 계본의 내용에 따라 일일이 회계回啓하여 내용대로 시행하였다.

17일(을축) 맑음. 늦게 활터 정자에 올라가 공무를 보았다. (*[공문을] 처리해서 보냈다題送) ○ 우수사가 보러 왔다. ○ 거제현령[안위安衛[217]]의 보고에, 왜선 100여 척이 저희 본토로부터 처음 나와서 절영도絶影島[친필 일기에는 折影島]로 향해 간다고 하

---

209 죽도竹島 : 경상남도 통영시 한산면 염호리 상·하죽도.

210 금오랑金吾郞 : 의금부 도사都事(종5품)를 이르던 말이다.

211 (*) 내용 생략. 원문은 '李廷忠亦招來'이다.

212 (*) 내용 생략. 원문은 '金吾郞共對朝飯 晚'이다. 이 내용을 생략했기 때문에 뒤에 금오랑이 충청수사와 함께 온 것으로 편집하였다.

213 구우경具虞卿 : 금부에 잡혀가게 되는 충청수사 구사직具思稷으로, 우경은 그의 자字이다.

214 (*) 내용 생략. 원문은 '暮李景思持其兄憲簡來'이다.

215 (*) 내용 생략. 원문은 '積累公事題送'이다.

216 저녁때 …… 내려왔다 : 전달 13일 일기에, 장계를 올려 보냈다는 기사와 아들 회와 송두남을 내보냈다고 나온다. 이때 송두남이 장계를 가지고 올라갔다가 한 달여 만에 돌아온 것이다.

였다. ○ 저물녘에 거제 사람들로 사로잡혀 갔던 남녀 16명이 도망쳐 돌아왔다.

18일(병인) 맑음. 새벽에 도망해 돌아온 사람들에게 적의 정형을 자세히 물으니, 평의지平義智[宗義智—대마도주]는 웅천熊川 땅 입암笠巖[218]에 있고, 평행장平行長[소서행장小西行長]은 웅포熊浦에 있다고 했다. ○ 충청도 새 수사[이순신李純信]와 순천부사, 우수사우후[이정충](*가 오고 늦게來晚), 거제현령[안위]이 왔다. (*저녁때 비가 오기 시작해서 밤새도록 내렸다.)[219]

19일(정묘) 비가 계속 내렸다. 첨지僉知 김경로金敬老가 원수부元帥府로부터 와서 적을 토벌하는 것과 계책을 통해 서로 응해야 할 일 등을 의논하고 그대로 같은 배에서 잤다.

20일(무진) 종일 가랑비. (*가 걷히지 않았다不開.) 우수사 및 충청수사, 장흥부사, 마량첨사馬梁僉使[강응호姜應虎]가 보러 와서, 바둑도 두고 군사 일을 의논했다.

21일(기사) 비가 오다 개다 했다. 홀로 봉篷[220] 아래 앉아 있었다. 저녁내 아무도 오지 않았다. ○ 방답첨사가 충청수사로 임명되어 중기重記[221]를 수정할 일로 돌아갈 것을 고했다. ○ 저녁에 김성숙金惺叔과 곤양군수昆陽郡守 이광악李光岳이

---

217 안위安衛 : 1563~1644. 자字는 대훈大勳, 본관은 순흥順興. 전라북도 김제金堤에서 살았다. 증참판贈參判 경신敬信의 아들이며 정여립鄭汝立의 5촌 조카이다. 1589년(선조 22) 기축옥사 때 평안도에 유배되었다가, 1592년 임진왜란이 일어나자 풀려나 영유 무과永柔武科에 올라 대동 찰방大同察訪이 되고, 1593년(선조 26, 계사)에 백사白沙 이항복李恒福의 추천으로 거제현령巨濟縣令이 되었다. 1594년(선조 27, 갑오) 제2차 당항포 해전 때 원균元均의 휘하에서 전부장前部將으로 공을 세웠으며, 1597년 1월 부산의 왜군 화약고에 불을 질러 이를 폭파하였다. 정유재란이 일어나자 통제사 이순신의 지휘를 받아 명량鳴梁 해전에서 큰 공로를 세워, 1598년(선조 31, 무술) 3월에 전라우수사로 파격적 승진을 하였으며, 보화도寶花島(고하도高下島, 목포)로 부임하였다. 이때 나이 36세였다. 1601년 전라도 병마절도사가 되었으나, 역적 정여립의 조카라는 이유로 대간의 탄핵을 받아 파직당하였다. 이후 전라좌수사·충청수사·경상좌수사와 평안도 방어사, 행사용行司勇 등을 역임하였다. 병자호란丙子胡亂(1636) 때에는 74세의 노령에도 불구하고 왕을 호종하기 위해 상경하다가 은진恩津에 와서 강화가 성립되었다는 소식을 듣고 돌아갔다. 뒤에 김제 학당사學堂祠에 배향되었다.(『湖南三綱錄』;『亂中日記』;『湖南節義錄』;『宣祖實錄』;『한국민족문화대백과사전』.)

218 입암笠巖 : 경상남도 창원시 진해구 성내동 웅천현 읍성을 가리킨다. 웅천현 바로 북쪽에 시루봉이라 불리는 특이한 암석 봉우리가 있어 웅천현을 입암이라 불렀다.

219 (*) 내용 생략. 원문은 '夕雨作 終夜霏霏'이다.

220 봉篷 : 이 '봉'이 '뜸' 또는 '이봉 돛'인지(계사년 2월 30일, 7월 초1일, 8월 13일), 아니면 '봉창篷窓'인지(계사년 9월 14일) 분명하지 않으나, 비바람을 가리기 위한 구조물인 것은 확실해 보인다.

221 중기重記 : 옛날 제도에 사무를 인계할 때 전해 주는 문서.

보러 왔다. (*저물녘에暮) 흥양현감[배흥립]도 왔다. (*본영 탐후선도 들어왔는데 어머님 께서 평안하시다 했다. 참으로 다행이다.)[222]

22일(경오) 맑음. 바람이 시원하기가 가을 날씨 같았다. 김 첨지[김경로金敬老]가 돌아 갔다. ○ 계본啓本과 조총鳥銃을 봉해 올렸다. (*더불어서 동궁께 바칠 긴 창을 봉해 올렸다.)[223] ○ 저녁에 장흥부사와 흥양현감이 왔다.[224]

23일(신미) 맑음. (*아침에朝) 순천부사[권준], 흥양현감, 장흥부사[황세득], 임치첨사臨 淄僉使[홍견洪堅] 등 관료들이 왔다. (*늦게晚) 곤양군수 이광악이 술을 가지고 왔 다.[225] (*곤양이 몹시 취해서 미친 소리를 떠들어댔다. 우스웠다. 나도 잠깐 취했다.)[226]

24일(임신) 맑음. 아침에 서울로 보낼 편지를 썼다. (*늦게晚) ○ 영암군수[박홍장朴弘 章]와 마량첨사馬梁僉使[강응호姜應虎]가 보러 왔다. ○ 순천부사가 휴가를 청하 였다. ○ 여러 가지 계문啓聞을 봉해 올려 보냈다. ○ 경상우수사에게 순찰사 종사관이 들어왔다고 한다.

25일(계유) 맑음. 새벽부터 몸이 몹시 불편하여 종일 고통스러웠다. (*아침에朝) ○ 보 성군수[김득광金得光]가 보러 왔다. (*밤새도록 앉아서 앓았다.)[227]

26일(갑술) 맑음. 통증이 지극히 심해져서 거의 정신을 차릴 수 없었다. ○ 곤양군수 가 휴가를 청하였다.

27일(을해) 맑음. 통증이 조금 덜해진 것 같았다. (*숙소로 내려갔다.)[228]

28일(병자) 맑음. (*병세가 아주 좋아졌다.)[229] 경상수사[원균]와 좌랑佐郎, 이유함李惟諴 이 보러 왔다. ○ 아들 울蔚이 들어왔다.

29일(정축) 맑음. 기운이 유쾌한 것 같았다.[230] 이날 우도右道[전라우도]에서 삼도 군

---

222 (*) 내용 생략. 원문은 '營探船亦到 則天只平安 多幸多幸'이다.
223 (*) 내용 생략. 원문은 '與東宮長槍封進'이다.
224 저녁에 …… 왔다 : 원문은 '長興來 夕興陽亦來'(장흥이 오고, 저녁에 흥양도 왔다.)이다.
225 곤양군수 …… 왔다 : 원문은, 이광악이 술을 가져온 뒤에, '장흥이 오고 임치도 왔다.' 순이다.
226 (*) 내용 생략. 원문은 '昆陽醉極 散發狂言 可笑 吾亦暫醉'이다.
227 (*) 내용 생략. 원문은 '達夜坐痛'이다.
228 (*) 내용 생략. 원문은 '下宿房'이다.
229 (*) 내용 생략. 원문은 '氣力痛勢大歇'이다.
230 원문에는 이 뒤에 "豚菀入來乃婢四官婢入來"를 기록하였다가 삭제하였다.

사들에게 술을 먹였다.

5월

초1일(무인) 맑음. (*아침을 먹은 뒤 활터 정자의 방射亭房에 올라가니 날씨가 아주 맑고 시원했다.)[231] 종일 땀이 비 내리듯 흘리더니 기운은 상쾌해진 것 같았다. ○ 아침에 아들 면葂이 들어왔다. (*집안 계집종 4명, 관비官婢 4명이 병중에 수발할 일로 들어왔는데, 덕德만 남겨 두고 그 나머지는 모두 내일 돌려보내라고 일렀다.)[232]

초2일(기묘) 맑음. 새벽에 회薈가 (*계집종들과 함께)[233] 어머님 생신상 차려 올릴 일로 돌아갔다. 우수사, 흥양현감[배흥립], 사도첨사蛇渡僉使[김완], 소근첨사所斤僉使[박윤朴潤]가 보러 왔다. 기운도 점점 차도를 보였다.

초3일(경진) 맑음. 아침에 흥양현감이 휴가를 고하고 돌아갔다. (*늦게晚) 장흥부사와 발포만호[황정록黃廷祿]가 보러 왔다.[234] ○ 군량 비축을 위한 공명고신空名告身[235] 3백여 장 및 왕명서有旨 2통이 내려왔다.

초4일(신사) (*흐리다가陰) 거센 바람과 큰비가 종일 그치지 않더니 밤새도록 더욱 심해졌다. 경상우수사 군관이 와서 고하되, 왜적 3명이 중간 배中船를 타고 추도楸島[236]에 온 것을 만나 잡아 왔다고 하므로 그에게 압송해 오도록 하였다.[237] ○ 저녁에 공대원孔大元에게 물으니 "왜적들이 바람을 따라 배를 띄워 저희 본토로 향하다가 바다 한가운데서 폭풍을 만나 배를 제어하지 못하고 표류해서 이 섬에 도달한 것이다."라고 하였다. 그러나 거짓되고 교활한 말이라 믿을 수가

---

231 (*) 내용 생략. 원문은 '朝食後上射亭房 則極淸亮'이다.
232 (*) 내용 생략. 원문은 '及家女奴四 官女奴四口 以病中使喚事入來 德則留之 而其餘明日還送 敎之'이다.
233 (*) 내용 생략. 원문은 '與女奴等'이다.
234 장흥부사와 …… 왔다 : 원문은 '늦게 발포가 와서 봤다. 장흥도 왔다晚鉢浦來見 長興亦來'이다.
235 공명고신空名告身 : '공명'은 이름을 적지 않은 빈 종이란 뜻이요, '고신'은 옛날 제도에 직첩職帖을 의미한다.
236 추도楸島 : 경상남도 통영시 산양읍 추도리.
237 그에게 …… 하였다 : 원문은 '推問後押來事敎送'(심문한 뒤에 압송해 오도록 일러 보냈다.)이다.

없다. ○ 이설李渫과 이상록李尙祿이 돌아갔다. ○ 본영 탐선이 들어왔다.

초5일(임오) 비바람이 크게 일었다. 지붕이 세 겹이나 걷혀 조각조각 높이 날아가고 삼대 같은 빗발에 몸을 가리지 못했다. (*우습다. 사도첨사蛇渡僉使가 와서 문안하고 갔다. 큰)[238] 비바람은 미시未時[오후 1~3시]에 조금 그쳤다. ○ 발포만호鉢浦萬戶가 떡을 만들어 보내왔다. (*탐선이 들어와 어머님께서 편안하신 줄 알았다. 참으로 다행이다.)[239]

초6일(계미) 흐리다가 늦게 개었다. (*사도첨사, 보성·낙안 군수, 여도만호, 소근첨사 등이 보러 왔다. 오후에)[240] 원元 수사가 사로잡은 왜인 3명을 데리고 왔기에 문초해 보니, 온갖 속임수를 쓰므로, 곧 원 수사에게 목을 베게 하였다. (*우수사[이억기]도 왔다. 술 세 순배를 마시다가 그치고 돌아갔다.)[241]

초7일(갑신) 맑음. 기운이 편안한 것 같았다. 침針 16군데를 맞았다.

초8일(을유) 맑음. 원수의 군관 변응각邊應慤이 원수의 공문關 및 계초啓草와 왕명서를 가지고 왔는데, "수군을 거제巨濟로 진격시켜 적이 두려움과 의혹을 일으켜 물러나 도망가게 하려고 한다."라는 것이다. 그래서 경상우수사 및 전라우수사를 불러 의논하고 계책을 정했다. ○ 충청수사[이순신李純信]가 들어왔다. (*밤에 큰비가 왔다.)[242]

초9일(병술) 비가 종일 내렸다. 빈 정자에 홀로 앉았으니 온갖 생각이 가슴에 치밀어 마음이 번잡하고 어지러웠다. (*어떻게 말로 표현할 수 있으랴. 가슴이 답답하고, 취한 듯 꿈인 듯, 바보가 된 것도 같고 미친 것 같기도 했다.)[243]

초10일(정해) 비가 계속 내렸다. 새벽에 일어나 창문을 열고 멀리 바라보니 많은 배들이 온 바다에 깔려 있었다. 적이 비록 쳐들어온다 해도 섬멸할 만했다. (*늦게晚) ○ 우수사우후[이정충] 및 충청수사[이순신]가 와서 장기를 겨루었다. (*원수의 군관 변응각도 함께 점심을 먹었다. 보성군수[김득광]가 저물녘에 도착했다. 비는 종일 그치지 않았

---

238 (*) 내용 생략. 원문은 '可笑 蛇渡來問而去 大'이다.
239 (*) 내용 생략. 원문은 '探船入來 知天只平安 幸幸'이다.
240 (*) 내용 생략. 원문은 '蛇渡寶城樂安呂島所斤等來見 午後'이다.
241 (*) 내용 생략. 원문은 '右水使亦到 酒三行 綴而歸'이다.
242 (*) 내용 생략. 원문은 '夜大雨來'이다.
243 (*) 내용 생략. 원문은 '如何可言可言 昏昏 醉夢 如癡如狂如狂'이다.

다.)[244] ○ 아들 회薈가 바다로 나갔다.[245] (*소비포권관所非浦權管이 약물을 보내왔다.)[246]

11일(무자) 비가 계속 내렸다. 저녁때까지 내렸다. 3월부터 밀린 공문서를 낱낱이 처결했다. (*저녁때夕) ○ 낙안군수[김준계金遵繼]가 와서 이야기했다. ○ 큰비가 퍼붓듯이 내리는데 밤낮으로 그치지 않았다.

12일(기축) 큰비가 종일 오다가 저녁에야 조금 그쳤다. 우수사가 보러 왔다.

13일(경인) 맑음. (*이날是日) 검모포만호黔毛浦萬戶의 보고에 "경상우수사에 소속된 보자기[247]들이 격군을 싣고 도망가다가 현지에서 붙들렸는데, 보자기들은 원元 수사 있는 곳에 숨어 있다 하므로 사복司僕 등을 보내 붙들어 오려는데, 원元 수사가 대로大怒하여 사복 등을 결박하였다."하므로 노윤발盧潤發[군관]을 보내어 풀어 주게 했다. (*이경二更[오후 9~11시]부터 비가 내리기 시작했다.)[248]

14일(신묘) 비가 종일 내렸다. 충청수사, 낙안군수, 임치첨사臨緇僉使[홍견洪堅], 목포만호[전희광田希光] 등이 보러 왔다. (*영리營吏를 시켜 종정도從政圖[249]를 그렸다.)[250]

15일(임진) 비가 종일 내렸다. (*아전을 시켜 종정도를 그렸다.)[251]

16일(계사) 흐리고 가랑비가 내렸다. 저녁에 큰비가 내려 밤새도록 계속되었다. 지붕이 새서 마른 데가 없었다. 여러 배의 사람들이 거처가 괴로울 것이 무척 염려스러웠다. ○ 곤양군수[이광악李光岳[252]]가 편지를 보내고 또 겸하여 유정惟政[253]이 적진 중에 왕래하며 문답한 초기草記를 보내 왔기로 그것을 보았는데 통분함을 이길 길이 없었다.

17일(갑오) 비가 퍼붓듯이 오고, 바다 위에 낀 안개가 짙어서 지척咫尺을 분간하기

---

244 (*) 내용 생략. 원문은 '元帥軍官邊應憝亦同點心 寶城郡守暮到 雨勢終日不收'이다.

245 아들 …… 나갔다 : 원문은 '念豚薈出海'(아들 회가 바다로 나간 것이 염려된다.)이다.

246 (*) 내용 생략. 원문은 '所非浦藥物送來'이다.

247 보자기 : 바닷속에 들어가서 해물을 채취하는 사람. '포작鮑作'은 보자기의 이두식 표기이다.

248 (*) 내용 생략. 원문은 '二更雨作'이다.

249 종정도從政圖 : 넓고 큰 종이에 옛 벼슬의 이름을 품계品階와 종별種別을 따라 써 놓은 그림. 승경도陞卿圖라고도 함. 실내 오락으로 윷놀이하듯 말을 써서 내기하는 놀이이다.

250 (*) 내용 생략. 원문은 '使營吏書從政圖'이다.

251 (*) 내용 생략. 원문은 '令吏書政圖'이다.

어려웠다. 저녁내 그치지 않았다.

18일(을미) 비가 종일 내렸다. 미조항첨사[김승룡金勝龍]와 상주포권관尙州浦權管이 보러 왔다. ○ 저녁에 보성군수가 돌아간다고 고했다.[254]

19일(병신) 맑음. 장맛비가 잠시 그쳤다. (*기분이 매우 상쾌했다.)[255] 회薈와 면葂 등을 돌려보냈다. (*및 계집종 등을 보낼 때 바람이 순탄하지 않았다. 이날 송희립宋希立이 회薈와 함께 착량鑿梁에 가서 노루 사냥을 할 즈음 비바람이 치고 안개가 사방에 자욱했다. 초경初更[오후 7~9시]에 돌아왔는데 날씨는 아직 활짝 개지 않았다.)[256]

20일(정유) 비가 오고 큰바람이 불었다.[257] 웅천현감 및 소비포권관이 보러 왔다. ○ 홀로 앉아서 종일 온갖 생각이 가슴을 치밀어 많이 한스러웠다. 호남 방백方伯의 허물이 나라를 저버리는 것이다.[258]

21일(무술) 비가 계속 내렸다. 웅천현감과 소비포권관이 와서 종정도從政圖 놀이를 하였다. ○ 거제 장문포長門浦[장목면 장목리]에서 적에게 사로잡혔던 변사안卞師顔이 도망해 돌아와서 하는 말이, 적의 형세가 그리 대단하지는 않다는 것이다. (*큰바람이 밤낮으로 온종일 불었다.)[259]

22일(기해) 비가 오고 큰바람도 불었다. (*오는 29일이 빙모의 기일忌日[제삿날]이라 아들 회

252 이광악李光岳 : 1557~1608. 자字는 여진汝鎭 또는 진지鎭之, 본관은 광주廣州이다. 음성현감陰城縣監 이호약李好約의 아들로 서울에서 살았다. 1557년(명종 12)에 나니 이순신보다 12년 아래다. 1584년(선조 17)에 무과武科에 급제하여 선전관宣傳官을 거쳐 1592년에 곤양군수昆陽郡守가 되었다. 적이 진주성晉州城을 포위하여 목사牧使 김시민金時敏이 고립되었을 때, 초유사招諭使 김성일金誠一의 명령으로 좌익장左翼將이 되어 성안에 들어가 김시민과 함께 항전하다가 김시민이 적탄에 맞아 쓰러지자 김시민을 대신하여 총지휘관으로 싸워 대승을 거두었다. 특히 그는 편전片箭에 능하여 한 화살에 두세 명을 죽였다고 한다. 뒤에 전라병사全羅兵使와 훈련원 도정訓鍊院都正, 경기 방어사京畿防禦使, 함경남도 병마절도사兵馬節度使를 역임하였다. 1604년(선조 37)에 선무공신宣武功臣 3등에 참록되고 광평군廣平君에 봉해졌다. 시호는 충장忠壯이다. (『萬曆十二年甲申秋別試文武榜目』; 『한국민족문화대백과사전』.)

253 유정惟政 : 사명대사泗溟大師로도 알려진 승려. 전쟁 중 또는 그 뒤까지 일본과의 외교적 교섭을 맡아 했었다.

254 미조항첨사와 …… 고했다 : 원문은 '彌助項僉使來見 夕尙州浦權管來見'(미조항첨사가 와서 봤다. 저녁에 상주포권관이 와서 봤다.) 이고, '夕寶城出歸(저녁에 보성이 돌아갔다.)'이다.

255 (*) 내용 생략. 원문은 '氣甚快敍'이다.

256 (*) 내용 생략. 원문은 '及婢子等歸送時 風不順 是日 宋希立與薈同往鑿梁 獲獐之際 風雨大至 雲霧四塞 初更還來 而未利霽'이다. 장자 회薈의 동선에 착오가 있는 기사인 듯하다.

257 비가 …… 불었다 : 원문에는 '비는 왔으나 큰바람은 조금 그쳤다雨且狂風少止'라고 되어 있다.

와 면을 내보내고 계집종들도 내보냈다.)[260] 순찰사[이정암] 및 순변사[이일]에게 편지를 써서 내보냈다. (*황득중黃得中·박주하朴注河·오수吳水 등을, 격군을 수색해 잡아 오는 일로 내보냈다.)[261]

23일(경자) 비. 웅천현감과 소비포권관이 왔다. ○ 늦게 해남현감[위대기魏大器]이 와서 술과 안주를 바치므로 충청수사를 청해 왔다. (*[와서] 이경二更[오후 9~11시]에 헤어졌다.)[262]

24일(신축) 잠깐 맑더니 저녁에 비가 왔다. (*웅천과 소비포가 와서 종정도를 놀았다. 해남도 왔다. 오후에는)[263] 우수사와 충청수사가 와서 종일 이야기했다. (*구사직具思稷에 대한 계본을 가져갔던 진무鎭撫가 들어왔다.)[264] ○ 조카 해薹가 들어왔다.

25일(임인) 비가 계속 내렸다. 충청수사가 와서 이야기하고 돌아갔다. (*소비포도 와서 밤이 깊어서야 돌아갔다.)[265] 비가 (*조금도小) 그치지 않으니 싸움하는 군사들의 걱정하는 마음이 어떠하겠는가. ○ 조카 해薹가 돌아갔다.

26일(계묘) 비가 오다 개다 했다. (*거처하는 마루 서쪽 벽이 무너져 바라지[266] 창을 고쳐 바람

---

258 호남 방백方伯의 …… 저버리는 것이다 : 호남 방백은 당시 전라도 관찰사 이정암李廷馣이다. 『제승방략制勝方略』의 분군법分軍法에 따라 전라우도 연해 14고을을 전라우수사에게 소속시켜 왔으나 이정암이 1593년 윤11월에 이것을 5고로 축소시켰다. 이로 말미암아 통제사 이순신이 추진하던 전선 250척 건조 계획이 차질을 빚게 되었다. (권3 장계 「請沿海軍兵糧器全屬舟師狀」; 같은 책 「請沿海軍兵糧器勿令遞移狀」) 이정암은 이 외에도 수군에 소속된 연해안 고을의 군사와 군량을 육군으로 징발하며(권3 장계 「請舟師所屬邑勿定陸軍狀」; 권4 장계 「請禁沿邑水陸交侵之弊事狀」), 긴박한 전쟁 중임을 망각하고 백성들의 편의에 따라 수륙군을 바꾸어 방비시키도록 해 달라는 무모한 장계를 올려, 이순신이 긴급하게 이를 중지시켜 달라는 장계를 올리게 하기도 했다. (권4 장계 「請量處水陸換防事狀」.) 또 이순신이 건의한 한산도 과거장 개설을 반대하며, 심지어 처벌을 주장하기도 했다. (『난중일기』 갑오 2월 4일.) 수군에 대한 이해가 부족했던 순찰사 이정암의 이러한 처사들로 말미암아 이 무렵 이순신은 여러 가지로 어려움을 겪고 있었다.

259 (*) 내용 생략. 원문은 '大風終晝夜'이다.

260 (*) 내용 생략. 원문은 '以二十九日妻母忌 豚薈與葂出送 女奴等亦出送'이다.

261 (*) 내용 생략. 원문은 '黃得中朴注河吳水等 格軍推捉事 出送'이다.

262 (*) 내용 생략. 원문은 '二更罷'이다.

263 (*) 내용 생략. 원문은 '熊川所非浦來 爭政圖 海南亦到 午後'이다.

264 (*) 내용 생략. 원문은 '其思稷啓本鎭撫入來'이다.

265 (*) 내용 생략. 원문은 '所非浦亦來 夜深而還'이다. 이두식 표현이다.

266 바라지 : 원문은 "바라지破羅之"로, 바람벽의 위쪽에 낸 작은 창이다.

을 끌어들이니 시원한 기운이 아주 좋다. 과녁판을 정자 앞으로 옮겨 놓았다.)²⁶⁷ 이날 이인원李仁元 및 토병 23명을 본영으로 보내서 보리를 거둬들이도록 했다. (*[일로] 지시해서 보냈다敎送.)

27일(갑진) 날이 개다 비가 오다 했다. 충청수사, 사도첨사, 발포·여도·녹도 만호와 활을 쏘았다. (*이날 소비포권관이 아파 누웠다고 했다.)²⁶⁸

28일(을사) 잠깐 개었다. 사도첨사[김완]와 여도만호[김인영]가 와서 활을 쏘겠다 하므로 우수사와 충청수사를 오라고 청하여 함께 쏘고 술에 취하여 종일 이야기하다가 헤어졌다. ○ 광양 4호선의 부정 사실을 조사했다.

29일(병오) 아침에 비가 오다가 늦게 개었다. (*빙모의 기일[제삿날]이라 공무를 보지 않았다. 저녁에)²⁶⁹ 진도군수[김만수金萬壽²⁷⁰]가 휴가를 청하였다. ○ 웅천현감, 거제현령, 적량만호赤梁萬戶[고여우高汝友] 등이 보러 왔다 돌아갔다. ○ 어두울 무렵에 정사립鄭思立[이순신의 군관]이 고하기를, "남해 사람이 배를 가지고 와서 순천 격군을 싣고 나간다." 하므로 잡아다 가두었다.

30일(정미) 흐리나 비는 오지 않았다. (*아침에朝) 적인賊人 및 도망갔다가 돌아와서 광양 1호선 군사를 꾀어 유인한 경상도 보자기 3명을 처벌決罪하였다. ○ 충청수사와 경상우후가 보러 왔다.²⁷¹

---

267 (*) 내용 생략. 원문은 '坐廳西壁破 改破羅之引風 淸氣極好 貫革板 移設亭前'이다.

268 (*) 내용 생략. 원문은 '是日 所非浦臥痛云'이다.

269 (*) 내용 생략. 원문은 '以聘母忌不坐 夕'이다.

270 김만수金萬壽 : 1553~1607. 자字는 덕로德老, 본관은 광주廣州. 황해도 봉산鳳山에 거주했다. 1553년(명종 8)에 났으니 이순신보다는 8세 아래다. 1584년(선조 17)에 무과武科에 급제하여 여러 관직을 역임하였다. 임진왜란 때는 봉산에서 의병을 모집하여 의병장으로 활약하였다. 1593년에 진도군수에 임명되었다. 사후에 전란 중의 공적이 참작되어 공조판서에 추증되고, 봉산의 충렬사忠烈祠에 제향되었다. 시호는 장양莊襄이다. (『萬曆十二年甲申秋別試文武榜目』;『한국민족문화대백과사전』;『宣祖實錄』.)

271 충청수사와 …… 왔다 : 원문은 '慶尙虞候來見 忠淸水使來'로 순서가 바뀌었다.

6월

초1일(무신) 맑음. (*아침에 배 첨사[배경남裵慶男]와 함께 밥을 먹었다. 충청수사[이순신李純信] 가 와서 이야기했다.)[272] 늦게 활을 쏘았다.

초2일(기유) 맑음. (*아침에 배 첨사와 함께 밥을 먹었다. 충청수사도 왔다.)[273] 늦게 우수사[이억기] 진에 갔더니 강진현감[유해柳濫]이 술을 바쳤다. 활 몇 순을 쏘는데 원元 수사도 왔다. 나는 몸이 불편하여 일찍 돌아왔다. 누워서 충청수사와 배문길裵門吉[배경남의 자字]이 장기를 두며 내기하는 것을 구경했다.

초3일(경술) 아침에 맑더니 오후에 소낙비가 몹시 퍼부었다. (*퍼부어 종일 밤까지 그치지 않고)[274] 바닷물조차 흐려지니 근래에 드문 일이었다. ○ 충청수사[이순신李純信] 및 배 첨사가 와서 바둑을 두었다.

초4일(신해) 맑음. (*충청수사, 미조항첨사, 웅천현감[이운룡]이 보러 왔기에 종정도 놀이를 했다. 저녁에)[275] 겸사복兼司僕[276]이 임금의 왕명서를 가지고 왔는데, (*그 사연에 이르기를,)[277] "수군 여러 장수들이 (*및 경주慶州의 여러 장수들이)[278] 서로 협력하지 않는다 하니 앞으로는 이전에 가지고 있던 습관을 모두 버리라."는 것이었다. 황송하고 통탄스러움을 어찌 다하랴. 이것은 원균이 취해서 망발을 부린 것 때문이다.

초5일(임자) 맑음. 충청수사, (*가 와서 이야기했다來話) 사도첨사蛇渡僉使[김완], 여도呂島 [김인영]·녹도鹿島[송여종] 만호가 함께 와서 활을 쏘았다. ○ 이경二更[오후 9~11 시]에 급창及唱[279] 금산金山 및 그 처자 3명이 아울러 전염병으로 죽었다. 3년이

---

272 (*) 내용 생략. 원문은 '朝裵僉使同食 忠淸來話'이다.

273 (*) 내용 생략. 원문은 '朝裵僉使同食 忠淸亦來'이다.

274 (*) 내용 생략. 원문은 '終日夜 不止'이다.

275 (*) 내용 생략. 원문은 '忠淸水使彌助項僉使及熊川來見 因使之爭圖 夕'이다.

276 겸사복兼司僕 : 조선 초기에 성립된 병제로, 금군禁軍의 한 부대이다. 임금의 신변 보호와 왕궁 호위를 주임무로 삼았으며, 타관他官이 겸직하는 겸사복장兼司僕將 3명, 겸사복 50명, 내승內乘 3명, 녹사錄事 2 명, 서리書吏 1명 등으로 구성되었다. 선조 때는 내금위內禁衛·우림위羽林衛와 더불어 내삼청內三廳으로 불리다가, 뒤에 금군청禁軍廳, 용호영龍虎營으로 바뀌었다. (『經國大典』; 이홍직 『國史大事典』 민중서관 1997.)

277 (*)내용 생략. 원문은 '則其辭內曰'이다.

278 (*) 내용 생략. 원문은 '及慶州諸將'이다.

나 눈앞에 두고 미덥게 부리던 자라 하룻저녁에 죽어 간 것이 놀라울 뿐이다.[280] ○ 이날 무밭을 갈았다. ○ 송희립宋希立이 낙안, 흥양, 보성으로 군량을 독촉할 일 때문에 나갔다.

초6일(계축) 맑음. 충청수사 및 여도만호와 더불어 활 15순을 쏘았다. (*경상우수사우후[이의득]가 보러 왔다. 소나기가 왔다.)[281]

초7일(갑인) 맑음. 충청수사와 배 첨사가 와서 이야기했다. ○ 남해 군관과 색리色吏들의 죄를 다스렸다. ○ 송덕일宋德馹[282]이 돌아와 왕명서가 들어온다고 했다. ○ 이날 무씨를 (*2되 5홉을)[283] 뿌렸다.

초8일(을묘) 맑음. 더위가 찌는 것 같았다. 충청수사, 우수사우후[이정충]와 더불어 활 20순을 쏘았다. ○ 저녁에 종 한경漢京이 들어왔다. 어머님이 평안하시다니 참으로 기쁘고 다행한 일이다. (*미조항첨사[김승룡]가 휴가를 청하였다.)[284] ○ 회령포만호會寧浦萬戶[민정붕閔廷鵬]가 진陣에 이르렀다. 군사에 대한 공軍功에 따라 상과 벼슬을 내려 주는 관교官敎[285]도 왔다.

초9일(병진) 맑음. 충청수사와 우수사우후가 와서 활을 쏘고 우수사도 와서 함께 이

---

279 급창及唱 : 고을 관아에서 부리는 사내종. 섬돌 위에 서서 수령守令의 명을 받아서 큰 소리로 전달하는 일을 맡았다. 급창노及唱奴라고도 한다. 친필 일기에는 '及昌'으로 나와 있다. (『영조실록』; 세종대왕기념사업회 『한국고전용어사전』 2001.)

280 놀라울 뿐이다 : 원문에는 '可慘可慘'(참혹하구나)으로 되어 있다.

281 (*) 내용 생략. 원문은 '慶尙右虞候來見 驟雨'이다.

282 송덕일宋德馹 : 1565~?. 자字는 치원致遠, 호號는 조은釣隱, 본관은 남양南陽. 전라남도 흥양興陽(고흥)에서 살았다. 1565년(명종 20)에 났으니 이순신보다는 20년 아래다. 1591년(선조 24) 무과武科에 급제하고 임진년壬辰年에 훈련첨정訓鍊僉正으로 임금의 수레를 모시고 의주義州까지 간 일이 있어 위에서 호위장군虎衛將軍이란 호號를 내리고 은대銀帶를 하사하였다. 1594년부터 통제사 이순신의 군관으로 활약하였고, 1604년(선조 37)에 임치첨사臨淄僉使로 통영統營 첨방添防 중 당포唐浦에 침범한 왜선을 격멸하여 당포전양승첩지도唐浦前洋勝捷之圖를 하사받았다. 1605년에 진도군수珍島郡守로 임명되고, 1614년(광해군 6)에 부령부사富寧府使가 되었다. 이때 여진 추장酋長 수회守希의 무리들이 심하深河로 쳐들어온 것을 물리쳐 가선嘉善(종2품)으로 승진되고 경상좌병사慶尙左兵使로 임명되었는데, 미처 부임하기 전에 수회守希의 무리 고면을古丙乙 등에게 밤중에 습격을 당하여 전사하였다. 뒤에 병조판서兵曹判書를 증직하였다. (『辛卯別試文武科榜目』; 『湖南節義錄』; 『亂中日記』; 『宣祖實錄』; 『竹溪日記』; 「唐浦前洋勝捷之圖」.)

283 (*) 내용 생략. 원문은 '二升五合'이다.

284 (*) 내용 생략. 원문은 '彌助項僉使告歸'이다.

야기했다. (*밤늦게까지 해海가 피리 부는 소리와 영수永壽가 거문고를 타는 소리를 들으면서 조용히 이야기하다가 헤어졌다.)[286]

초10일(정사) 맑음. 더위가 찌는 듯했다. 활 5순을 쏘았다.

11일(무오) 맑음. 무덥기가 쇠라도 녹일 것 같았다. 아침에 울蔚이 본영으로 갔다. 작별하는 마음 때문에 생각이 깊어졌다. (*홀로 빈방에 앉았노라니 마음을 스스로 다스릴 수가 없었다. 늦게 바람이 몹시 사나워지니 걱정이 더욱더 심해졌다.)[287] ○ 늦게 충청수사가 와서 활을 쏘고 그대로 저녁밥을 함께 먹었다. 달빛이 비취는데 함께 이야기할 때 들려온 옥피리玉笛 소리가 처량했다. (*오래도록 앉았다가 헤어졌다.)[288]

12일(기미) 바람은 크게 불었지만 비는 오지 않았다. 가뭄이 매우 심했다. (*농사가 더욱 염려스러웠다. 이날 어두울 무렵에 본영 격군 7명이 도망갔다.)[289]

13일(경신) 바람의 기세가 몹시 사납고 더위는 찌는 듯했다.

14일(신유) 더위와 가뭄이 아주 심하여 섬[한산도]이 찌는 듯했다. 농사짓는 일이 매우 걱정된다. ○ 충청 영공[이순신李純信] 및 사도첨사, 여도·녹도 만호와 더불어 활 20순을 쏘았다. (*충청수사가 아주 잘 맞혔다. 이날 경상수사[원균]가 활 잘 쏘는 부하들을 거느리고 우수사[이억기] 처소에 왔다가 크게 지고 돌아갔다고 한다.)[290]

15일(임술) 맑음. 오후에는 비가 뿌렸다. 신경황申景潢이 영의정[유성룡]의 편지를 가지고 들어왔는데, 나라를 근심하는 마음이 이보다 더할 수가 없었다. 지사知事 윤우신尹又新[291]이 세상을 떠났다는 소식을 들으니 슬픈 회포를 그칠 길이 없다. ○ 순천부사와 보성군수가 급히 보고하기를, "명나라 총병관摠兵官 장홍유張鴻

---

285 관교官教 : 임금이 문무관 1품에서 4품까지의 관리에게 내리는 사령辭令. 교지敎旨와 같은 말이다.(『태조실록』.) 임금이 수군들을 위로하고자 1594년 2월에 선전관 송경령宋慶苓을 한산도에 보내, 공로 있는 장사壯士들로 아직 상을 받지 못한 자들을 적어 올리라는 지시를 내렸었다. 그때 통제사 이순신의 장계에 따라 조정에서 내려온 수상자 교지가 바로 이 관교이다.(卷首,「教諭」,「遣宣傳官勞軍 教書」; 甲午年 2월 12일 일기.)

286 (*) 내용 생략. 원문은 '夜深笛聲之海 彈琴之永壽 穩話而罷'이다.

287 (*) 내용 생략. 원문은 '獨坐虛軒 情不自勝也 晚風甚惡 爲慮益重重'이다.

288 (*) 내용 생략. 원문은 '坐久而罷'이다.

289 (*) 내용 생략. 원문은 '農事之慮 尤可虞矣 是昏營船格軍七名逃去'이다.

290 (*) 내용 생략. 원문은 '忠淸極中 是日 慶尙水伯 領射官到右水伯處 大負而歸云'이다.

儒[292]가 호선號船을 타고 100여 명을 거느리고서 바닷길을 거쳐 벌써 진도珍島 벽파정碧波亭[293]에 이르렀다."라고 했다. (*날짜로 따지자면 오늘내일 중에 도착해야 하겠지만 역풍으로 배를 마음대로 부리지 못한 것이 연이어 5일이다. 이날 밤 소나기가 흡족히 내렸으니 어찌 하늘이 백성을 가엽게 여긴 것이 아니겠는가. 아들의 편지가 왔는데 잘 돌아갔다고 했다. 또 언문 편지諺書[부인의 편지]에는 면葂[막내아들]이 더위를 먹어 심하게 앓는다고 했다. 참으로 애가 타고 답답하다.)[294]

16일(계해) 아침에 비가 계속 오다가 저녁에 개었다. 충청수사와 활을 쏘았다.

17일(갑자) 맑음. (*늦게晚) 우수사와 충청수사가 와서 이야기하였다. (*조용히從容, 탐선이 들어왔는데, 어머님께선 평안하시나 면葂은 아주 많이 아프다고 하였다. 매우 걱정스럽다.)[295]

18일(을축) 맑음. (*아침에朝) 원수元帥의 군관 조추년趙秋年이 전령을 가지고 왔는데, 원수元帥가 두치豆峙에 이르러 광양현감[최산택崔山澤]이 수군을 옮겨다 복병을 정할 적에 사사로운 감정私情을 썼다는 말을 들었기 때문에 군관을 보내어 까닭을 묻는다는 것이었다. 놀라울 따름이다. (*원수가 그 처얼남처孼男妻[서처남서妻男] 조대항曹大恒의 말을 듣고 사사롭게 행동한 것이 이렇게도 심하니 통탄스럽기 그지없다. 이날 경상우수사가 초청했으나 가지 않았다.)[296]

19일(병인) 맑음. 원수 군관 및 배응록裵應祿이 원수에게로 돌아갔다. (*변존서卞存緖, 윤

---

291 윤우신尹又新 : ?~?. 자字는 선수善修, 본관은 남원南原, 윤징尹澄의 아들로 서울에서 살았다. 1561년(명종 17)에 문과文科에 합격한 후, 나주목사, 전주부윤, 호조참판, 지중추부사知中樞府事를 역임하였다. 시호는 정헌공貞憲公이다. (『國朝文科榜目』;『弘齋全書』권24, 帝文 6.)

292 장홍유張鴻儒 : 중국 절강성浙江省 영파부寧波府 사람으로 관직은 산동山東 해어파총海禦把摠이며, 황제의 명령을 받고 우리나라 수로水路의 쉽고 어려움을 조사함과 아울러 왜의 적정을 탐문하기 위하여 왔다. 그가 서울에 도착하여 선조를 알현한 것은 1594년(선조 27) 6월 10일이요, 서해西海를 통해 전라좌수영全羅左水營과 한산도閑山島 등을 시찰하고 남원南原을 거쳐 서울로 돌아왔다가 곧 본국으로 갔다. (『宣祖實錄』권52;『亂中雜錄』권2;『春坡堂日月錄』권9;『養浩堂日記』甲午 5월 29일.)

293 벽파정碧波亭 : 전라남도 진도군 고군면 벽파리.

294 (*) 내용 생략. 원문은 '以日計之 則今明當到 而風逆不能任意者 連五日 是夜驟雨洽意 豈天恤民也 豚書到 則好還云 又因諺書 則葂重痛署證云 煎悶煎悶'이다.

295 (*) 내용 생략. 원문은 '探船入來 則天只平安云 而葂痛重云 悶極悶極'이다.

296 (*) 내용 생략. 원문은 '元帥聽其妻孼男曹大恒之言 行私此極 痛莫大焉 是日 慶尙水使 請之而不往'이다.

사공윤思恭[297], 하천수河千壽 등이 들어왔다. 충청수사가 보러 왔다가 그 어머니 병환 때문에 곧 그의 처소로돌아갔다.)[298]

20일(정묘) 맑음. 충청수사가 보러 와서 활을 쏘았다. (*박치공朴致恭[원균의 군관]이 와서 서울 간다고 말했다. 마량첨사馬梁僉使[강응호姜應虎]도 왔다. 저녁에 본포本浦[곧 영등포]에 물러가 있었던 영등만호[조계종趙繼宗]의 죄를 다스렸다.)[299] ○ 탐후선과 이인원李仁元이 들어왔다.

21일(무진) 맑음. (*충청수사가 와서 활을 쏘았다. 마량첨사가 보러 왔다.)[300] 명나라 장수가 물길을 거쳐 이미 벽파정에 이르렀다는 것은 잘못 전해진 것이라 한다.

22일(기사) 맑음. 조모님 제삿날이라 공무를 보지 않았다. 오늘 경염庚炎[삼복더위]이 전날보다 배나 더 심하여 큰 섬이 찌는 것 같아 사람들이 그 고통을 참기 어려웠다. (*저녁에 몸이 몹시 불편해서 두 끼나 밥을 먹지 못했다. 초경初更[오후 7~9시]에 소나기가 내렸다.)[301]

23일(경오) 맑음. (*늦게 소나기가 쏟아졌다. 순천부사, 충청수사, 우수사우후, 가리포첨사[이응표李應彪] 등이 보러 왔다.)[302] 우후[이몽구李夢龜]가 군량을 독촉할 일로 견내량見乃梁[303]으로 나갔다가 왜놈을 사로잡아 왔기에, 왜적의 정황과 형편을 심문하고 또 무엇을 잘하는지 물었더니, 염초焰硝 굽는 것과 총 쏘는 것을 모두 잘한다고 했다.

24일(신미) 맑음. 순천부사와 충청수사가 와서 활 20순을 쏘았다.

---

297 윤사공尹思恭 : 자字는 언겸彦謙, 본관은 파평坡平이다. 전라북도 부안扶安에서 살았다. 1549년(명종 4)에 났으니 이순신보다 4년 아래이다. 통제사 이순신의 무과 급제 동기(1576년)로, 만호萬戶를 역임한 후 1592년(선조 25, 임진)에는 좌수사 이순신의 군관이 되어 유진장留鎭將과 좌별도장左別都將으로 공을 세웠다.(『萬曆四年丙子式年文武雜科榜目』;「唐浦破倭兵狀」;「見乃梁破倭兵狀」.)

298 (*) 내용 생략. 원문은 '卞存緖尹思恭河千壽等入來 忠淸水使來見 而以其大夫人病 卽還下處'이다.

299 (*) 내용 생략. 원문은 '朴致恭來言上京 馬梁僉使亦來 夕永登萬戶 以退在本浦決罪'이다.

300 (*) 내용 생략. 원문은 '忠淸水使來射 馬梁僉使來見'이다.

301 (*) 내용 생략. 원문은 '夕氣甚不平 廢食二時 初更驟雨'이다.

302 (*) 내용 생략. 원문은 '晩驟雨雨 順天 忠淸水使 右虞候 加里浦僉使 并來見'이다.

303 견내량見乃梁 : 여기서는 견내량 복병장伏兵將을 가리킨다. 원래 조선 초기에 '견내량만호見乃梁萬戶'가 설치되었으나 『경국대전』(1469) 이후에 폐지되었다. 1593년 6월에 일본 수군이 거제도 북안으로 진출한 후부터 이순신李舜臣이 견내량 북단 고개섬에 '견내량 복병장見乃梁伏兵將'을 운영하였다. 견내량 복병 곧 견내량 유방見乃梁留防은 조선 말기까지 유지되었다.(본서 권3, 장계,「逐倭船狀」; 같은 책,「登聞擒倭所告倭情狀」;『各司謄錄』,「統制營啓錄」道光 27년 3월 초1일, "見乃梁留防".)

25일(임신) 맑음. 부채를 봉해 올렸다. 충청수사와 활 10순을 쏘았다. (*이여념李汝恬도 와서 쏘았다. 종사관從事官[정경달丁景達]의 배행陪行 아전이 편지를 가지고 왔는데 조도調度[304]의 말이 지극히 놀라웠다. 부채를 봉해 올렸다.)[305]

26일(계유) 맑음. 충청수사, 순천부사, 사도첨사, 여도만호, 고성현령[조응도趙凝道] 등이 활을 쏘았다. (*일찍 김양간金良幹을 시켜 단오端午 진상물을 봉하여 올려 보냈다. 마량첨사와 영등만호가 왔다가 이내 돌아갔다.)[306]

27일(갑술) 맑음. 활 15순을 쏘았다.

28일(을해) 맑음. (*더위가 찌는 것 같았다.)[307] 나라의 제삿날[308]이라 공무를 보지 않고 종일 홀로 앉아 있었다. ○ 진무성陳武晟이 벽방碧方 망보는 곳을 조사하고 와서 적선이 없더라고 보고했다.

29일(병자) 맑음. 순천부사[권준]가 술과 음식을 바쳤다. 우수사·충청수사와 함께 와서 활을 쏘았다. (*윤동구尹東耈의 아버지가 보러 왔다.)[309] ○ 울蔚이 들어와서 어머님께서 평안하시다고 했다.

7월

초1일(정축) 맑음. 나라의 제삿날이라 공무를 보지 않았다. 배응록이 원수元帥[권율]에게서 왔는데, 원수가 말한 것을 뉘우치면서 보내더라는 것이다.[310] (*가소롭다. 이날 인종仁廟 국기國忌일이라 종일 홀로 앉아 있었다. 저녁에 충청수사가 와서 함께 이야기

---

304 조도調度 : 조도어사調度御史의 약어. 여기서 조도어사는 박홍로朴弘老를 가리킨다. (갑오년 2월 15일 일기 참조)

305 (*) 내용 생략. 원문은 '李汝恬亦來射 從事官陪吏 持簡入來 則調度之言 極愕極愕 扇子封進'이다. 생략된 내용 중에 '부채를 봉해 올렸다'는 앞으로 옮겨 실었다.

306 (*) 내용 생략. 원문은 '早金良幹端午進封送 馬梁永登到此卽還'이다.

307 (*) 내용 생략. 원문은 '暑炎如蒸'이다.

308 나라의 제삿날 : 명종明宗이 돌아가신 날이다.

309 (*) 내용 생략. 원문은 '尹東耈父來見'이다.

310 갑오년 6월 18일 일기 참조.

했다.)[311]

초2일(무인) 맑음. 늦더위가 찌는 듯했다. (*이날 순천 도청都廳[312]과 색리色吏, 광양 색리들의 죄를 다스렸다. 좌도左道)[313] 사부射夫들의 활 쏘는 것을 시험하여 저장해 둔 적의 노획물을 나누어 주었다. 늦게 순천부사·충청수사와 함께 활을 쏘았다. (*배 첨지가 말미[휴가]를 받아서 돌아갔다. 노윤발盧潤發에게 흥양 군관 이심李深, 병선색兵船色[314], 괄군색括軍色[315] 등을 붙잡아 오도록 전령을 주어 내보냈다.)[316]

초3일(기묘) 맑음. 충청수사와 순천부사가 활을 쏘았다. ○ 웅천현감이 휴가를 청하였다. (*웅천현감 이운룡李雲龍이 말미를 고하고 미조항彌助項으로 돌아갔다. 음란한 계집을 처벌하였다.)[317] ○ 각 배에서 여러 번 양식을 도둑질해 간 자를 처형하였다. (*저녁에 새로 지은 수루에 나가 보았다.)[318]

초4일(경진) 맑음. (*아침에朝) 충청수사, 마량첨사馬梁僉使[강응호姜應虎], 소비포권관所非浦權管[이영남李英男[319]]이 와서 함께 식사하였다.[320] ○ 왜적 5명과 도망한 군사 1명을 아울러 처형하라 명령했다. (*충청수사와與忠淸水使) 활 10순을 쏘았다. (*옥과玉

---

311 (*) 내용 생략. 원문은 '可笑 是日仁廟國忌 獨坐終日 夕忠淸水使 到此相話'이다.

312 도청都廳 : 한 고을에서 원을 도와 사무를 총괄하는 아전.

313 (*) 내용 생략. 원문은 '是日 順天都廳及色吏光陽色吏等決罪 左道'이다.

314 병선색兵船色 : 배에 관한 사무를 담당한 색리色吏.

315 괄군색括軍色 : 군사를 수색해 내고 또 군대를 보충하는 사무를 담당한 색리.

316 (*) 내용 생략. 원문은 '裵僉知受由歸 盧潤發을興陽軍官李深 及兵船色括軍色等捉來事 給傳令出送'이다.

317 (*) 내용 생략. '熊川縣監告歸'의 원문은 '熊川縣監李雲龍告由歸于彌助項 淫女決罪'이다.

318 (*) 내용 생략. 원문은 '夕出見新樓'이다.

319 이영남李英男 : 1563~1598. 자字는 사수士秀, 본관은 양성陽城. 창신교위彰信校尉 이사종李嗣宗의 아들로 충청북도 진천鎭川에서 살았다. 1563년(명종 18)에 났으니 이순신보다는 18세 아래다. 1584년(선조 17)에 무과에 급제한 후, 1592년 임진왜란 때는 소비포권관所非浦權管으로 옥포 해전과 율포 해전에서 큰 공을 세웠다. 통제사 이순신과는 각별한 사이로 이순신이 전염병에 걸렸을 때는 약을 보내기도 하였다. 1594년 3월 제2차 당항포 해전 때 좌선봉장으로서 전공을 세웠으며, 한산도 진중 무과를 시행할 때는 녹명관錄名官이 되었다. 이후 태안군수·장흥부사·충청병사의 조방장 등을 거쳐 1598년(무술)에 가리포첨사로 옮겼다가 노량 해전에서 전사하였다. 1605년(선조 38)에 선무원종공신일등宣武原從一等功臣에 녹훈되었고, 뒤에 병조참판에 추증되었다. 전라남도 완도군 고금도의 충무사忠武祠에 이순신을 주벽으로 하여 함께 배향되었다. 묘소는 충청북도 진천군 덕산면 기전리에 있다.(『萬曆十二年甲申秋別試文武榜目』;『선조실록』;「玉浦破倭兵狀」;「唐浦破倭兵將」;「唐項浦破倭兵將」;『난중일기』;『竹溪日記』.)

320 충청수사 …… 식사하였다 : 원문은 '朝忠淸水使來 同朝飯 後馬梁僉使所非浦權管亦來 同點'(아침에 충청수사가 와서 함께 아침을 먹었고, 나중에 마량첨사와 소비포권관이 와서 함께 점심을 했다.)이다.

果에서 군량 조달하는 일을 맡아 한繼援有司 조응복曺應福에게 참봉參奉 조사朝謝[321]를 주어 보냈다.)[322]

초5일(신사) 맑음. (*새벽에曉) 탐선이 들어와 어머님의 평안하심을 알았다. 참으로 다행이다. ○ 심약審藥[323]이 내려왔는데 심히 용렬하니 한심스럽다. ○ 우수사와 충청수사가 함께 왔다. 여도만호[김인영金仁英]가 술을 가져왔으므로 함께 마시고 활 10여 순을 쏘았다. (*모두 취해서 수루戍樓에 올랐다가 밤이 깊어서야 헤어졌다.)[324]

초6일(임오) 종일 흐리고 비가 내렸다. 몸이 불편하여 공무를 보지 않았다. (*최귀석崔貴石이 도둑 3명을 잡아 왔기에 다시 박춘양朴春陽 등을 보내어 왼 귀가 떨어져 나간 그 괴수마저 붙잡아 왔다. 아침에)[325] 정원명鄭元溟 등을 격군格軍을 정비하지 못한 일로 가두었다. (*저녁에 보성군수가 들어온다고 했다. 어머님께서 평안하시다는 소식을 들었다. 이경二更[오후 9~11시] 말에 삼대 같은 소나기가 퍼부어 새지 않는 곳이 없었다. 촛불을 켜고 홀로 앉아 있노라니 온갖 걱정이 가슴에 치밀었다. 이영남李英男이 보러 왔다.)[326]

초7일(계미) (*저녁에夕) 비가 뿌렸다. (*충청수사는 그 어머니 병이 중해 오지 못했다.)[327] 우수사, 순천부사, 사도·가리포 첨사, 발포·녹도 만호 등이 함께 활을 쏘았다. ○ 이영남이 배를 거느리고 올 일로 곤양昆陽으로 갔다. (*간다고 보고하고 돌아갔다告歸.) (*사로잡혀 갔다가 돌아온 고성固城 보인保人을 신문하였다. 보성군수가 왔다.)[328]

초8일(갑신) 흐리되 비는 오지 않고 종일 큰바람만 불었다. (*몸이 편치 않아 여러 장수들을 만나 보지 않았다.)[329] 각 관포官浦의 공문을 처결하여 보냈다. (*오후에 충청수사한

---

321 조사朝謝 : 당하관을 임명한 뒤 대간臺諫의 서경署經을 거쳐서 내주던 고신告身이다. 여기서는 하급 관원에 대한 임명장을 뜻한다.

322 (*) 내용 생략. 원문은 '玉果繼援有司曹應福 參奉朝謝 給送'이다.

323 심약審藥 : 옛날 제도에 궁중에 바치는 약제를 감시하기 위하여 각 도로 파견하는 종9품 벼슬인데, 전의감典醫監·혜민서惠民署의 의원 중에서 선임하는 것이다. 이때 심약은 신경황申景潢이었다.

324 (*) 내용 생략. 원문은 '盡醉上樓 夜深而罷'이다.

325 (*) 내용 생략. 원문은 '大偸三名 崔貴石捉來 又送朴春陽等 捕其魁首左耳割者而來 朝'이다.

326 (*) 내용 생략. 원문은 '夕寶城入來云 聞天只平安 夜二更末 驟雨大作 雨脚如麻 無處不漏 明燭獨坐 百憂攻中也 李英男來見'이다.

327 (*) 내용 생략. 원문은 '忠淸 以其母夫人病重之告未會'이다.

328 (*) 내용 생략. 원문은 '被擄人固城保人捧招 寶城來'이다.

329 (*) 내용 생략. 원문은 '氣困不見諸將'이다.

테 가 보았다. 저녁에)[330] 사로잡혀 갔다가 도망해 온 고성 사람을 직접 신문하였다. (*광양 송전宋銓[331]이 그의 장수將帥인 병사兵使의 편지를 가지고 왔다. 낙안군수와 충청우후가 온다고 했다.)[332]

초9일(을유) 큰바람이 불었다. (*아침에朝) 충청우후[원유남元裕男]가 교서敎書에 숙배肅拜하였다. ○ 늦게 순천·낙안·보성의 군관軍官과 색리色吏 등의 (*격군에 대해 등한히 하고, 또)[333] 기일 늦은 죄를 다스렸다. (*가리포첨사加里浦僉使[이응표李應彪], 임치첨사臨淄僉使[홍견洪堅], 소근포첨사所斤浦僉使[박윤朴潤], 마량첨사馬梁僉使[강응호姜應虎], 고성현령固城縣令[조응도趙凝道] 등이 왔다.)[334] 낙안의 군량 벼 2백 섬을 받아서 나누어 주었다.

초10일(병술) 맑았으나 저녁에 (*조금小) 비가 내렸다. (*아침에 낙안 군량 견본 벼를 방아 찧고, 광양 벼 백 섬을 되질하였다.)[335] (*신홍헌申弘憲이 들어왔다. 늦게 송전宋銓이 군관과 더불어 활 15순을 쏘았다. 아침에)[336] 들으니 아들 면葂의 병세가 더욱 심해졌다니 매우 걱정이 된다. ○ 신홍헌申弘憲과 송전宋荃이 들어왔다.[337] (*아침에 들으니 면의 병세가 다시 심해지고 토혈하는 증세까지 있다고 하므로 울蔚 및 심약審藥 신경황과 정사립鄭思立, 배응裵應 등을 함께 내보냈다.)[338]

11일(정해) 궂은비가 오고 큰바람이 종일 불었다. (*그치지 않았다. 울蔚이 가는데 어렵게

---

330 (*) 내용 생략. 원문은 '午後往見忠淸水使 夕'이다.

331 광양 송전宋銓 : 『光陽縣邑誌』(고궁박물관 소장) 선생안에 의하면, 이때 광양현감은 최산택崔山澤(재임 기간, 1593년 12월~1594년 9월)이었다. 여기 송전은 두치 복병장으로 추정된다. 을미년 5월 15일 기사에도 '光陽金斗劍 以伏兵時 順天光陽兩官'이라는 같은 맥락의 문장이 보인다. 1593년 윤11월에 광양현감 어영담이 파직되고, 가관假官이 좌의정(체찰사)과 도원수의 지시로 두치관방豆恥關防을 파수했는데, 이때부터 광양현감은 해상 출동에서 제외되고, 광양 전선은 대장代將들이 타고 출동한 것으로 보인다. (본서 권3, 「請以魚泳潭爲助防將狀」.)

332 (*) 내용 생략. 원문은 '光陽宋銓 持其將兵使簡來此 樂安與忠淸虞候來云'이다.

333 (*) 내용 생략. 원문은 '不謹格軍 兼責'이다.

334 (*) 내용 생략. 원문은 '加里浦臨淄所斤浦馬梁僉使及固城并來'이다.

335 (*) 내용 생략. 원문은 '朝樂安樣租舂正 光陽租一百石 斗量'이다.

336 (*) 내용 생략. 원문은 '申弘憲入來 晩宋荃與軍官 射侯十五巡 朝'이다.

337 신홍헌申弘憲과 송전宋荃이 들어왔다 : 앞뒤의 생략한 내용을 축약하여 본문에 기록한 것을 알 수 있다.

338 (*) 내용 생략. 원문은 '朝聞葂病再重 又得吐血證云 故蔚與審藥申景潢鄭思立裵應并出送'이다. 배응은 배응록을 실수로 한 글자 빠뜨린 것인지 알 수 없다.

고생할 것이 많이 걱정되고, 면葂의 병이 어떠한가도 염려된다.)³³⁹ 계문啓聞의 초안을 직접 작성했다. (*경상 순무巡撫[서성徐渻]의 관문關이 왔는데, 원元 수사가 불평의 말을 많이 하였다는 것이었다.)³⁴⁰ 오후에 군관들과 더불어 활을 쏘았다.³⁴¹ (*봉학奉鶴도 함께 쏘았다. 윤언침尹彦忱이 점고를 받기 위해 왔기에 점심을 먹여 돌려보냈다. 저물녘에 비바람이 크게 일어나면서 밤새 계속되었다.)³⁴² ○ 충청수사가 보러 왔다.

12일(무자) 맑음. 공무를 본 후에 활을 쏘았다. (*아침에 소근포첨사所斤浦僉使가 보러 와서 과녁과 화살 54개를 만들어 바쳤다. 서류를 처결하여 나누어 주었다. 충청수사, 순천부사, 사도첨사, 발포만호, 충청우후가 함께 와서 활을 쏘았다. 저녁에 탐선이 들어와 어머님께서 평안하시다는 것을 살폈으나 면의 병세는 위중하다는 것이었다. 지극히 걱정스런 마음이건만 어찌하랴.)³⁴³ 유 정승政丞[유성룡]이 돌아가셨다는 부고가 순변사巡邊使[이일]에게 왔다고 하나 이는 필시 질투하는 자들이 말을 만들어 그를 헐뜯고자 하는 것이리라. (*통분함을 이기지 못하겠다. 이날 밤 심사가 극히 어지러워서 홀로 빈방에 앉아 있는데, 내 마음을 스스로 걷잡을 수 없었다. 걱정으로 더욱 번민하여 밤이 깊도록 잠들지 못했다. 만일 유 정승이 어찌 되었다면 나랏일을 어찌할 것인가. 어찌할 것인가.)³⁴⁴

13일(기축) 비 오는 가운데³⁴⁵ 홀로 앉아 면葂의 병세가 어떤가를 생각하고 글자를 짚어 점을 쳐 보니, (*"군왕을 만나보는 것 같다如見君王"는 괘가 나왔다. 아주 좋았다. 다시 짚으니 "밤에 등불을 얻은 것과 같다如夜得燈"는 괘가 나왔으니 두 괘가 다 좋은 것이었다.)³⁴⁶ 좋은 괘를 얻어 조금 마음이 놓였다. (*또 유 정승의 점을 친즉, "바다에서 배를 얻은 것과 같다如海得船"는 괘가 나왔고, 다시 치니 "의심하다가 기쁨을 얻은 것과 같다如疑得喜"는 괘

---

339 (*) 내용 생략. 원문은 '不止 多慮蔚行之艱苦 又念葂病之如何'이다.

340 (*) 내용 생략. 원문은 '慶尙巡撫關到此 曰 元水使多有不足辭'이다.

341 오후에 …… 쏘았다 : 원문은 '令軍官等射侯'(군관들에게 명하여 활을 쏘게 했다.)이다.

342 (*) 내용 생략. 원문은 '鳳鶴亦同射 尹彦忱以逢點大到此 饋點還送 暮風雨大至 永夜'이다.

343 (*) 내용 생략. 원문은 '朝所斤僉使來見 帿矢五十四介造納 公事題分 忠淸與順天蛇渡鉢浦忠淸虞候幷來 射帿 夕探船入來 則審天只平安 又有葂病之重 悶極如何'이다.

344 (*) 내용 생략. 원문은 '不勝痛憤痛憤 是昏心緒極亂 獨坐空軒 懷不自勝 念慮尤煩 夜闌不寐 柳相若不稱 則於國事奈何奈何'이다.

345 비 오는 가운데 : 원문은 '雨雨(비, 비)'이다.

346 (*) 내용 생략. 원문은 '則卜得 如見君王卦 極吉 再擲 如夜得燈 兩卦皆吉'이다.

가 나왔다. 아주 좋다. 저녁내 비가 오는데 홀로 앉은 정회를 이길 길이 없다. 늦게 송전宋荃이 돌아가는데, 소금 1섬을 주어 보냈다. 오후에 마량첨사와 순천부사가 보러 왔다가 어두워져서야 돌아갔다.)[347] 비가 올지 갤지를 점쳐 보니, (*"뱀이 독을 뱉는 것과 같다如蛇吐毒는 괘를 얻었다.)[348] 장차 큰비가 내리겠다. 농사일이 걱정스럽다. (*밤에 비가 퍼붓듯이 내렸다. 초경初更[오후 7~9시]에 발포의 탐선이 편지를 받아서 돌아갔다.)[349]

14일(경인) 비가 계속 내렸다. 어제저녁부터 빗발이 삼대 같았다. 집이 새어 마른 데가 없어 간신히 밤을 지냈다. (*점괘 얻은 그대로이니 참으로 절묘하다. 충청수사와 순천부사를 청해다가 장기를 두게 하면서 그것을 구경하며 소일했다. 그러나 근심이 마음속에 있으니 어찌 조금인들 편하겠는가. 함께 점심을 먹고 저녁에 수루戍樓로 올라가 몇 바퀴 돌다가 돌아왔다. 탐선이 들어오지 않으니 까닭을 모르겠다. 삼경[오후 11시~오전 1시]에 또 비가 내렸다.)[350]

15일(신묘) 비가 계속 내렸다. 늦게 개었다. (*아침에朝) 조카 해荄와 종 경京이 왔다. 면葂의 병이 나아 간다는 소식을 자세히 들으니 기쁘기 그지없다. 조카 분芬의 편지로 해서 또 아산牙山 고향 분산墳山이 무사하고 가묘家廟도 별일 없고 어머님도 평안하심을 알게 되었으니 참으로 다행이다. (*이흥종李興宗이 환자還上[351] 때문에 매를 맞다가 숨졌다고 했다. 매우 놀라운 일이다. 그 삼촌[352]이 처음 듣고서 비통해하고 있었는데, 또 그 어머니도 듣고 병세가 더욱 위중해졌다고 한다.)[353] ○ 활 10여 순을 쏘고 수루戍樓로 올라 배회하고 있을 때 박주사리朴注沙里가 급히 와서 이르기를, 명나라 장수의 배가 이미 본영 앞에 이르렀는데, 곧바로 여기로 온다고 하므로 즉시

---

347 (*) 내용 생략. 원문은 '又占柳相卜得 如海得船之卦 再占 得如疑得喜之卦 極吉極吉 雨下終夕 獨坐之情 不自勝 晩宋荃還歸 海雪一斛給送 午後馬梁僉使及順天來見 乘昏還歸'이다.

348 (*) 내용 생략. 원문은 '卜得如蛇吐毒之卦'이다.

349 (*) 내용 생략. 원문은 '夜雨如注如注 初更鉢浦探船 捧簡而歸'이다.

350 (*) 내용 생략. 원문은 '卜得果然 極妙極妙 忠淸水使及順天請來 使之爭博 觀以消日 然憂慮在肚 其能小安乎 同點心 夕步出樓上 徘徊數巡而還 探船不來 未知厥緣也 夜三更雨又作'이다.

351 환자還上 : 환자還子라고 하는데, 각 고을의 사창社倉에서 백성에게 꾸어 주었던 곡식을 가을에 받아들이는 일을 말한다.

352 삼촌 : 이흥종의 삼촌은 곧 충청수사 이순신李純信이다.

353 (*) 내용 생략. 원문은 '李興宗 以還上事受刑殞之 可愕可愕 其三寸始聞之 傷痛之餘 又聞其母夫人病勢 極重云'이다.

삼도三道에 전령하여 진을 죽도竹島로 옮겼다. (*하룻밤을 지냈다.)[354]

16일(임진) 흐리고 바람이 차더니 늦은 아침부터 비가 내려 종일 퍼붓듯이 쏟아졌다. 원元 수사, 충청수사, 우수사가 모두 보러 왔다. (*소비포권관이 소 다리桃林脚 등을 보내왔다.)[355] ○ 명나라 장수는 삼천진三千鎭[356]에 도착해서 유숙한다고 한다. (*여도 만호呂島萬戶가 앞서 왔다.)[357] 저녁에 본진으로 돌아왔다.

17일(계사) 맑음. 새벽에 포구로 나가 진을 쳤다. 사시巳時[오전 9~11시]에 명나라 장수 파총把摠 장홍유張鴻儒가 병호선兵號船 5척을 거느리고 돛을 달고 들어와서 바로 영문에 이르러서는 육지에 내려 함께 이야기하자고 청했다. 나는 여러 수사와 함께 먼저 활터 정자射亭에 올라가서 올라오기를 청했더니, 파총이 배에서 내려 곧 왔다. 함께 앉아 먼저 만 리 바닷길에 어렵게 여기까지 온 것을 이를 길 없이 감사하다고 인사하니, "작년 7월에 절강浙江에서 배를 타고 요동遼東에 이르렀더니 요동 사람들이 말하기를, 해로를 지나는 곳에 돌섬과 암초들이 많다고 하였고, 또 장차 강화가 될 것이니 갈 것이 없다 하며 굳이 말리므로 그대로 요동에 머무르면서 시랑侍郞 손광孫鑛과 총병總兵 양문楊文 등에게 보고하고, 금년 3월 초승에 출발해 왔으니 무슨 수고가 있을 것이오." 하고 대답하였다. 나는 차를 들라 하고 다시 술잔을 권하니 마음이 매우 강개慷慨하였다. 또 적의 정세를 이야기하느라고 밤이 깊은 줄을 몰랐다. (*조용히 이야기하다가 헤어졌다.)[358]

18일(갑오) 맑음. 수루 위로 나가자고 청하여 술을 여러 차례 권했다.[359] 명년 봄에는 배를 거느리고 바로 제주도로 갈 텐데, 우리 수군과 합세하여 흉악한 적들을 무찌르자고 성의있게 이야기했다. 초경初更[오후 7~9시]에 파하여 헤어졌다.

19일(을미) 맑음. (*아침에朝) 예의를 표시하는 단자單子를 올리니 감사해 마지않으며

---

354 (*) 내용 생략. 원문은 '經宿'이다.

355 (*) 내용 생략. 원문은 '所非浦 桃林脚等送來'이다.

356 삼천진三千鎭 : 경상남도 사천시 대방동 구삼천포.

357 (*) 내용 생략. 원문은 '呂島先來'이다.

358 (*) 내용 생략. 원문은 '從容談論而罷'이다.

359 수루 …… 권했다 : 원문은 '請出樓上 點心後出坐 進酌數三多有'(수루 위로 올라가자고 청해서 점심을 먹은 뒤에 나가 앉아 술을 두세 순배 돌렸다.)이다.

주신 선물도 지극히 풍성하다고 했다. (*충청수사도 역시 드렸다. 늦게 우수사가 예물을 주는데 거의 나와 같았다. 점심 후 경상 원元 수사 혼자서 술 한 잔을 대접하는데, 상은 매우 번잡하고 어지럽건만 하나도 집어먹을 만한 것이 없었다. 우스웠다.)[360] 그의 자字와 별호別號를 물으니 써 주는데, 자는 중문仲文이요, 호는 수천秀川이라고 하였다. (*촛불을 켜 놓고 [다시] 이야기하다가 헤어졌다. 비가 올 기미가 많기에 배에서 내려와 잤다.)[361]

20일(병신) 맑음. 아침에 통역관이 와서 전하기를, 명나라 장수[장홍유]가 남원南原 유 총병總兵[유정劉綎[362]] 있는 곳에 가지 않고 바로 돌아가고 싶다 하므로, 나는 명나라 장수에게 간절히 말을 전하기를, "처음에 파총이 남원으로 간다는 소식을 간곡한 정으로 이미 유 총병에게 전했는데, 이제 중지하고 가지 않는다면 그 중간에 반드시 남의 말들이 있을 테니 가서 보고 돌아가는 것이 좋겠다."라고 하였더니, 파총이 이를 듣고 "과연 그렇다. 혼자 말을 타고 가서 서로 만나본 뒤에 바로 군산으로 가서 배를 타겠다."라고 말하였다. 아침을 먹은 뒤에 파총이 내 배로 와서 조용히 이야기하고 이별하는 술잔을 권했다. 7잔을 먹은 뒤에 닻줄을 풀고 함께 포구 밖으로 나가 재삼 간곡한 뜻으로 송별하였다. (*했는데 마음이 의연하였다.)[363] 그대로 경수景受[우수사 이억기]와 충청수사, 순천부사, 발포만호, 사도 첨사와 함께 사인암舍人巖[364]으로 올라가 (*종일終日) 취하여 이야기하다가 돌아왔다.

---

360 (*) 내용 생략. 원문은 '忠淸水使亦呈 晚右水使則機余禮同 進點後 慶尙元水獨呈一酌 而盤甚煩亂 難可一物之下筯 可笑可笑'이다.

361 (*) 내용 생략. 원문은 '明燭更論而罷 多有雨勢 故下船宿'이다.

362 유정劉綎 : 1558~1619. 자字는 성오省吾. 중국 강서江西 남창南昌 사람이다. 임진왜란 때에 2차에 걸쳐 조선에 출정하였다. 1차는 1593년(선조 26)에 부총병副總兵으로 사천병泗川兵 5천 명을 이끌고 왔고, 2차는 1597년에 제독 총병관提督總兵官으로 서로군西路軍을 지휘하여 순천 왜교성의 고니시 유키나가 군대를 육지에서 포위 공격하였다. 귀국한 후에 1619년(萬曆 47)에 요동遼東에서 청군과 싸우다 전사했다.(『明史』권247, 劉綎列傳.)

363 (*) 내용 생략. 원문은 '別送意依然'(송별하는데 마음이 의연하였다.)이다.

364 사인암舍人巖 : 경상남도 통영시 산양읍 영운리 수륙마을의 거인바위로 추정된다.(金一龍,『統營地名總攬』, 2014.)

21일(정유) 맑음. (*아침에朝) 명나라 장수와 문답한 것을 (*공문으로 작성하여)[365] 원수元 帥에게 알렸다. (*늦게 마량첨사[강응호姜應虎]와 소근포첨사[박윤朴潤]가 보러 왔다. 발포만 호가 복병하러 나가는 일로 와서 고하고 갔다. 저녁에 수루에 올랐는데 순천부사가 와서 이야 기하였다.)[366] ○ 오후에 흥양 군량선이 들어왔다. (*색리色吏와 선주船主에게 족장足掌 을 호되게 때렸다. 저녁에 소비포권관[이영남李英男]이 보러 와서 말하기를, 기한에 대지 못하 였다고 해서 원元 수사에게 장杖 30대를 맞았다고 한다. 몹시 해괴한 일이다.)[367] ○ 들으니 아들 회薈가 방자房子에게 매를 때렸다고 한다. 아들을 뜰에 붙잡아 들여 꾸짖 고 가르쳤으나 매를 때리지는 않았다.[368] ○ 늦게 발포가 복병하러 나가는 일로 와서 고하고 갔다. 우수사가 군량 20섬을 꾸어 갔다.

22일(무술) 맑음. 아침에 계초啓草를 수정했다. 오후에 여러 장수들과 함께 활을 쏘았 다. (*임치첨사臨淄僉使[홍견洪堅]와 목포만호木浦萬戶[전희광田希光]가 보러 왔다. 늦게는 사량 만호蛇梁萬戶[이여념李汝恬], 영등만호永登萬戶[조계종趙繼宗]가 보러 왔다. 오후에 충청수사[이 순신李純信], 순천부사[권준權俊], 충청우후[원유남元裕男], 이영남李英男과 함께 활을 쏘았다. 저 물녘에 수루에 올라 밤까지 앉았다가 돌아왔다.)[369]

23일(기해) 맑음. 활을 쏘았다. (*충청수사가 우수사, 가리포첨사[이응표李應彪]와 보러 와서 활 을 쏘았다.)[370] ○ 조카 해蔧가 (*와 종 봉奉奴이) 돌아갔다. (*목년木年이 들어왔다.)[371]

24일(경자) 맑음. 여러 가지 계본啓本을 직접 봉했다. (*영의정[유성룡]께와 심 병판沈兵判 [심충겸沈忠謙], 윤 판서[윤근수尹根壽[372]]께 편지를 썼다.)[373] 저녁에 활 7순을 쏘았다.

25일(신축) 맑음. (*조식후 충청수사, 순천부사 등과 더불어)[374] 식후 우수사에게 가서 활 10 순을 쏘았다. 하천수河千守에게 임금에게 올리는 계啓를 들려 떠나보냈다. (*크게

---

365 (*) 내용 생략. 원문은 '成公事出送'이다.
366 (*) 내용 생략. 원문은 '晚馬梁所斤浦僉使來見 鉢浦以伏兵出去事 來告而去 夕上樓順天來話'이다.
367 (*) 내용 생략. 원문은 '故色吏船主足掌重杖 夕所非浦來見 因曰 以未及期限 受杖卅于元水處云 極駭極 駭'이다.
368 들으니 …… 않았다 : 이 문장은 원문에는 없는 내용이다.
369 (*) 내용 생략. 원문은 '臨淄及木浦來見 晚蛇梁永登來見 午後忠淸水使順天忠虞候李英男共射帿 暮上樓 入夜坐還'이다. 장수들과 활을 같이 쏜 것만 본문에 언급한 것을 알 수 있다.
370 (*) 내용 생략. 원문은 '忠淸水使與右水使加里浦來見 射帿'이다.
371 (*) 내용 생략. 원문은 '木年入來'이다.

취해 돌아와서 밤새도록 토했다.)[376]

26일(임인) 맑음. (*아침에[朝]) 각 관포官浦의 공문을 처결해 보냈다. (*식사 후에 수루 위에 옮겨 앉았는데, 순천부사와 충청수사가 보러 왔다. 늦게)[377] 녹도만호[송여종宋汝悰]가 도망간 군사 8명을 잡아 왔기에 그중 주모자 3명은 처형하고 나머지는 장杖을 때렸다. (*저녁에 탐선이 들어와)[378] ○ 아들들의 편지를 보니, 어머님께서는 평안하시고 면葂의 병세는 나아간다고 하니 다행 다행이다. (*허실許室[379]의 병세가 점점 중하다고 하니 참으로 염려스럽다. 유홍兪弘과 윤근수尹根壽가 세상을 떠나고)[380] ○ 윤돈尹曒[381]이 종사관從事官으로 내려온다고 한다. 신천기申天機, 신제운申霽雲, 노윤발盧潤發이 들어왔다.[382] (*노윤발盧潤發이 흥양의 색리色吏와 감관監官[383]을 붙잡아서 들어왔다.)[384]

---

372 윤근수尹根壽 : 1537~1616. 자字는 자고子固, 호號는 월정月汀, 본관은 해평海平이다. 영의정을 지낸 윤두수尹斗壽의 동생으로, 1537년(중종 32)에 나니 이순신보다는 8년 위다. 1590년(선조 23)에 종계宗系(명나라 『태조실록』과 『대명회전』에 이성계의 가계가 고려의 권신 이인임李仁任의 후손으로 잘못 기록된 것)를 변무辨誣한 공으로 광국공신光國功臣 1등에 해평부원군海平府院君으로 봉해졌고, 임진왜란 후 1604년에는 호성공신扈聖功臣 2등에 봉해졌다. 선조 때 예조판서禮曹判書 등을 지냈다. 시호諡號는 문정文貞이다.(『國朝文科榜目』;『한국민족문화대백과사전』.)

373 (*) 내용 생략. 원문은 '首台前及沈兵判尹判前矣'이다.

374 (*) 내용 생략. 원문은 '朝食 與忠淸水使順天等

375 원문은 아침에 임금에게 올리는 계啓를 내보낸 내용이 제일 먼저 나온다.

376 (*) 내용 생략. 원문은 '大醉還歸 終夜歐吐'이다.

377 (*) 내용 생략. 원문은 '食後 移坐樓上 順天及忠水使到見 晩'이다.

378 (*) 내용 생략. 원문은 '夕探船入來'이다.

379 허실許室 : 누이나 딸 가운데서 허씨許氏 집안으로 출가한 사람을 부르는 말이다.

380 (*) 내용 생략. 원문은 '許室病勢漸重云 可慮可慮 兪弘及尹根壽棄世 而'이다.

381 윤돈尹曒 : 1594~1611. 자字는 여승汝昇, 호號는 죽창竹窓, 본관은 남원南原. 서울에서 살았다. 임천군수 윤극신尹克新의 아들로 1551년(명종 6)에 나니 이순신보다 6년 아래다. 1585년(선조 18)에 문과에 급제하여 이조정랑과 홍문관 부교리 등을 역임하였다. 1594년 7월에 통제사 이순신의 종사관從事官으로 임명되었으나 도성문을 나서자마자 병이 나서 부임하지 않았다.(『養浩堂日記』 갑오 8월 26일 기사.) 뒤에 홍문관 직제학과 도승지·대사간·예조참판, 강원도 관찰사, 병조참판·공조판서 등을 역임하였다.(『景湖文集』;『養浩堂日記』;『國朝文科榜目』;『선조실록』;『광해군일기』;『한국민족문화대백과사전』.)

382 신천기申天機 …… 들어왔다 : 원문에는 '申天機亦入來 昏申霽雲到見 盧潤發……' 순으로 되어 있다.

383 감관監官 : 조선시대에 각 관아官衙·궁방宮房에서 금전의 출납을 맡아보던 관리. 각 지방의 곡식을 서울로 운반할 때 그 지방의 감관은 색리色吏와 함께 이를 수송하여 관청에 바쳤다. 배에 타는 감관을 영선領船 감관, 곡식을 바치는 감관을 봉상捧上 감관이라 한다. 감관은 사대부士大夫 중에서 선발하였는데, 이를 기피하면 도피차역률圖避差役律로 처단하였다.(이홍직 편저, 『國史大事典』, 민중서관, 1997.)

27일(계묘) 흐리고 바람이 불었다. (*밤에 꿈을 꾸었는데, 머리를 풀고 크게 울었다. 이것은 매우 좋은 징조라고 한다. 이날)[385] 충청수사, 순천부사와 더불어 (*수루에 올라樓上) 활을 쏘았다. (*충청수사가 과하주過夏酒[386]를 가져왔다. 나는 몸이 불편해서 조금 마셨는데 역시 편안하지 않았다.)[387]

28일(갑진) 맑음. (*흥양 색리色吏 등의 죄를 다스렸다.)[388] 신제운申霽雲이 주부主簿의 직첩 職牒을 받아서 가지고 갔다. (*늦게 수루에 올라가 벽 바르는 것을 감독했다. 의능義能이 와서 그 일을 맡아서 했다. 저물어서 방으로 내려왔다.)[389]

29일(을사) 종일 가랑비가 내렸다. (*리고 바람기는 없었다風不動.) (*순천부사와 충청수사 가 바둑 두는 것을 구경하였다.)[390] 몸이 아주 편치 않았다. (*낙안군수도 함께 왔다. 이 날)[391] 밤새 신음하며 날을 샜다.

8월

초1일(병오) 비가 계속 내리고 큰바람이 불었다. (*몸이 편치 않아 수루 방樓房으로 옮겨 앉 아 있다가 곧 대청 방軒房으로 돌아왔다.)[392] 저녁에 낙안군수[김준계金遵繼]의 대솔군 관帶率軍官 강집姜緝을 군량 독촉하는 일로 군율을 받들어 공초하고 내보냈다. (*비가 종일 내리더니 밤까지 계속되었다.)[393]

초2일(정미) 비가 퍼붓듯이 내렸다. (*초1일 한밤중에 꿈을 꾸니 부안 사람扶安人[394]이 아들을

---

384 (*) 내용 생략. 원문은 '盧潤發 捉興陽色吏監官入來'이다.

385 (*) 내용 생략. 원문은 '夜夢披髮呼哭 是兆大吉云 是日'이다.

386 과하주過夏酒: 약주에 소주를 섞어 빚은 술. 여름에 많이 마신다.

387 (*) 내용 생략. 원문은 '忠淸過夏酒持來 余以氣不平 少飮亦未之平'이다.

388 (*) 내용 생략. 원문은 '決興陽色吏等罪'이다.

389 (*) 내용 생략. 원문은 '晚上樓監塗沙壁上 義能來役 暮還下房'이다.

390 (*) 내용 생략. 원문은 '與順天忠淸水使 爭奕而觀之'이다.

391 (*) 내용 생략. 원문은 '樂安亦來同 是'이다.

392 (*) 내용 생략. 원문은 '氣甚不平 移坐樓房 卽還軒房'이다.

393 (*) 내용 생략. 원문은 '雨勢日終而夜竟'이다.

낳았다. 달수로 따져 낳을 달이 아니었으므로 꿈이지만 내쫓아 버렸다. 몸이 편안한 것 같았다. 늦게 수루 위에 옮아 앉아 충청수사·순천부사[권준權俊] 및 마량첨사[강응호姜應虎]와 함께 이야기하며 새로 빚은 술 몇 잔을 마셨다. 종일 비가 내렸다.)[395] 송희립宋希立이 들어왔다. (*와서 고하기를, 흥양 훈도興陽訓導도 작은 배를 타고 도망했다는 것이다.)[396]

초3일(무신) 아침에 흐리다가 저물녘에 개었다. 충청수사와 함께 활을 쏘았다.[397] (*수루 방을 도배했다.)[398]

초4일(기유) (*아침에朝) 비가 뿌리다가 늦게 개었다. (*충청수사 및 순천과 발포 등이 와서 활을 쏘았다. 수루 방의 도배를 마쳤다.)[399] 경상수사의 군관軍官과 색리色吏들이 명나라 장수[장홍유張鴻儒]를 접대할 때 여인들에게 떡과 음식들을 이고 오게 한 죄를 다스렸다. (*화살 만드는 장인箭匠 박옥朴玉이 와서 대竹를 가져갔다. 이종호李宗浩가 안수지安守智 등을 잡아 오기 위해 흥양으로 떠났다.)[400]

초5일(경술) 아침에는 흐렸다. (*식사 후 충청수사·순천부사와 함께 활을 쏘았다.)[401] 오후에 경상수사에게로 가서 (*간즉, 우수사가 이미 먼저 와 있었다.)[402] 한참 동안 서로 이야기하다가 돌아왔다. 이날 웅천현감[이운룡李雲龍], 소비포권관[이영남李英男], 영등포만호[조계종趙繼宗], 윤동구尹東耉 등이 선봉장들로서 여기에 왔다.

초6일(신해) 아침엔 맑더니 저물녘에 비가 왔다. (*충청수사와)[403] 활 10순을 쏘았다. (*저녁에 장흥부사[황세득黃世得]가 들어오고 보성군수가 나갔다.)[404] ○ 탐선이 들어왔다.

---

394 부안 사람扶安人 : 이순신의 첩으로, 부안에 살던 사람이므로 그렇게 부른 것이다.

395 (*) 내용 생략. 원문은 '初一日子中 夢扶安人生男 以月計之 則生月非月 故夢亦黜送之 氣似平 日晚 移坐樓上 與忠淸水使順天及馬梁 共談飮新酒數盃而掇 雨下終日'이다.

396 (*) 내용 생략. 원문은 '來告 興陽訓導亦乘小船逃去云'이다.

397 충청수사와 …… 쏘았다 : 원문은 '忠淸水使順同射數三巡'으로, 순천도 함께한 것으로 보인다.

398 (*) 내용 생략. 원문은 '樓房塗排'이다.

399 (*) 내용 생략. 원문은 '與忠淸水使及 順天鉢浦等來射 樓房畢塗排'이다. 뒤에 순천과 발포가 활 쏜 내용이 있다.

400 (*) 내용 생략. 원문은 '箭匠朴玉來捉竹 李宗浩往興陽 安守智等捉來次'이다.

401 (*) 내용 생략. 원문은 '食後 與忠淸水使順天同射'이다.

402 (*) 내용 생략. 원문은 '則右水使已先至'이다.

403 (*) 내용 생략. 원문은 '與忠淸水使'이다.

404 (*) 내용 생략. 원문은 '夕長興入來 寶城出去'이다.

들으니 어머님께서 평안하시고 면葂 역시 차츰 차도가 있다는 말을 들었다. (*고성현령[조응도趙凝道] 및 사도첨사[김완金浣], 적도만호赤島萬戶[고여우高汝友]가 왔다가 갔다. 이날 밤 그대로 수루 방에서 잤다.)405

초7일(임자) 비가 종일 내렸다.

초8일(계축) 비가 계속 내렸다. (*종일 내렸다終日) 정丁 조방장助防將이 들어왔다.

초9일(갑인) 비가 계속 내렸다. 우수사 및 정 조방장, 충청수사, 순천부사, 사도첨사와 함께 이야기했다.

초10일(을묘) 비가 계속 내렸다. (*종일 내렸다. 충청수사 및 순천부사가 와서 이야기했다. 이날)406 계초啟草를 수정했다.

11일(병진) 큰비가 종일 내렸다. (*이날 밤 모진 바람이 불고 큰비가 내렸다. 지붕이 세 겹이나 벗겨져 삼대같이 비가 샜다. 새벽까지 앉아서 밤을 지샜다. 양편 창문은 모두 바람에 찢기고 젖었다.)407

12일(정사) 흐리나 비는 오지 않았다. 늦게 충청수사, 순천부사, 웅천현감, 소비포권관과 함께 활을 쏘았다. (*아침에朝) ○ 원수元帥의 군관 심준沈俊이 전령을 가지고 (*이곳에此) 왔는데, 군사 약속을 직접 만나서 의논하고 싶으므로 오는 17일에 사천泗川으로 나가 기다리겠다고 하였다.

13일(무오) 맑음. (*아침에朝) 심준이 돌아갔으며, 노윤발盧潤發도 보냈다. ○ 사시巳時[오전 9~11시]에 배로 내려가서 여러 장수들을 거느리고 견내량見乃梁으로 갔다. 따로 날쌘 장수를 선정하여 춘원春院408 등지로 보내 적을 찾아내 붙잡아 죽이도록 했다. (*이 일을 사도첨사蛇渡僉使에게 전령하여 여러 배에서 뽑아 보내게 하고 그대로 정박하고 잤다. 달빛은 비단결 같고 바람 없이 파도는 잔잔하였다. 해海를 시켜 피리를 불게 했다. 밤이 깊어서야 그만두었다.)409

---

405 (*) 내용 생략. 원문은 '固城及蛇渡赤島并來去 是夜因宿樓房'이다.

406 (*) 내용 생략. 원문은 '終日 忠淸水使及順天來話 是日'이다.

407 (*) 내용 생략. 원문은 '是夜狂風暴雨大至 捲屋三重 雨漏如麻 達夜坐曉 兩窓皆爲風破濕'이다.

408 춘원春院 : 경상남도 통영시 광도면 황리. 친필 일기에는 '春原'으로 나와 있다.

409 (*) 내용 생략. 원문은 '事 傳令蛇渡起送諸船 因泊宿 月色如練 風不起波 使海吹笛 夜深而罷'이다.

14일(기미) 아침에 흐리다가 저물녘에 비가 내렸다. (*아침에朝) 사도첨사 및 소비포권관, 웅천현감 등이 급히 보고하기를, "왜선 1척이 춘원春院에 머물러 정박해 있기로 갑자기 엄습했더니 왜놈들은 배를 버리고 달아나고 우리나라 남녀 15명 및 적선 또한 빼앗아 돌아왔다."라는 것이었다.[410] ○ 미시未時[오후 1~3시]에 진陣[한산도]으로 돌아왔다.

15일(경신) 맑음. 식후에 배를 출발하여 원元 수사와 함께 월명포月明浦[411]에 이르러 갔다.

16일(신유) 맑음. 새벽에 출발하여 소비포에 이르러 배를 정박하고 아침을 먹은 후, 돛을 올리고 사천선창泗川船滄[412]에 이르니, 사천현감[기직남]이 곤양군수[이광악李光岳]와 함께 와 있었다. 그대로 유숙했다.

17일(임술) 흐림. (*저물녘에 비가 내렸다.)[413] 원수[권율權慄]가 오정에 사천으로 와서 군관을 보내 이야기하자고 하므로 (*곤양군수의 말을 타고)[414] 원수가 머무르고 있는 (*사천 원의 사처로)[415] 곳으로 갔다. 교서教書에 숙배肅拜한 후에 공사 간의 인사를 마치고 그대로 이야기하니 오해가 많이 풀리는 빛이었다. 원元 수사를 몹시 책망하니 원 수사는 머리를 들지 못하였다. (*우스웠다. 가져간 술을 내놓고 마시기를 청하여 8순을 돌렸다. 원수가 잔뜩 취해 자리를 파하였다. 파하고 숙소로 돌아오니 박종남朴宗男과 윤담尹潭이 보러 왔다.)[416]

---

410 왜놈들은 …… 것이었다 : 원문은 '倭奴等棄遁走 我國男女十五名奪還 賊船亦奪來' 순이다.

411 월명포月明浦 : 경상남도 통영시 산양읍 풍화리 월명도.

412 사천선창泗川船滄 : 옛 통양포通洋浦(지금의 경상남도 사천시 용현면 통양리). 통양포는 고려시대에는 말조포末潮浦·통조포通潮浦로 불렸으며, 사주泗州 통양창通陽倉이 여기에 있었다.(『高麗史』권79, 食貨志 漕運.) 『신증동국여지승람』에 따르면 사천현泗川縣 남쪽 20리에 있다. 통양포(사천 선창)에서 1592년 5월에 이순신 함대와 일본 수군 간에 사천 해전이 있었다. 해전 당시에 판옥선은 밀물 때만 포구로 진입할 수 있었다.(「당포파왜병장」.) 통양포는 낮은 수심으로 점차 포구로서의 기능을 상실하였으며, 조선 후기에는 수심이 깊은 현재의 선진포船津浦로 '기항소寄港所'가 바뀌었다.(조선총독부 지도, 「泗川」, 1918.) 옛 통양포와 통양만은 지금은 모두 매립되어 육지화되었다.

413 (*) 내용 생략. 원문은 '暮雨'이다.

414 (*) 내용 생략. 원문은 '騎昆陽馬'이다.

415 (*) 내용 생략. 원문은 '泗川倅接處'이다.

416 (*) 내용 생략. 원문은 '可笑 持酒請飮行八巡 元帥極醉而罷 罷還宿處 則朴宗男尹潭來見'이다.

18일(계해) 흐리나 비는 오지 않았다. 아침을 먹은 후 원수가 청하므로 나아가 이야기하고 (*또 간단한 술상을 차렸다가 잔뜩 취해서)⁴¹⁷ 돌아가겠다고 고했다. 원元 수사는 취해서 (*일어나지를 못하고 그대로)⁴¹⁸ 누워 있어서 오지 못하고, 나는 혼자 곤양 군수, 거제현령[안위安衛], 소비포권관 등과 더불어 배를 돌려 삼천포 앞에 이르렀다. (*이르러 잤다到三千前宿)

19일(갑자) 맑음. (*저물녘에 잠깐 비가 내렸다.)⁴¹⁹ 새벽에 사량蛇梁 후면後面⁴²⁰에 이르렀는데, 원元 수사는 아직 오지 않았다. 칡 60동을 캐고 나니 그제야 원 수사가 왔다. 늦게 출발하여 당포唐浦⁴²¹에 이르렀다.⁴²²

20일(을축) 맑음. 새벽에 출발하여 진중陣中[한산도]에 이르렀다. 우수사와 정 조방장이 보러 왔다. 우수사 및 여러 장수들과 활을 쏘았다.⁴²³ (*저녁에 피리를 불고 노래하다가 밤이 깊어서야 헤어졌다. 미안스러운 일이 많이 있었다.)⁴²⁴ ○ 충청수사는 어머니 병환이 위중해서 흥양으로 곧바로 돌아갔다.

21일(병인) 맑음. (*외갓집 제삿날이라 공무를 보지 않았다.)⁴²⁵ 곤양군수, 사도첨사, 마량첨사, 남도만호南桃萬戶[강응표姜應彪], 영등만호永登萬戶, 회령만호會寧萬戶, 소비포권관이 보러 왔다.⁴²⁶ (*양정언梁廷彦이 보러 왔다.)⁴²⁷

22일(정묘) 맑음. (*나라의 제삿날⁴²⁸이라 공무를 보지 않았다.)⁴²⁹ 경상우우후慶尚右虞候[이

---

417 (*) 내용 생략. 원문은 '又作小酌 大醉'이다.
418 (*) 내용 생략. 원문은 '醉不能起 因'이다.
419 (*) 내용 생략. 원문은 '暮暫雨'이다.
420 사량蛇梁 후면後面 : 사량만호영이 있는 곳(현재 사량면사무소가 있는 금평리 신촌마을) 후면이므로, 지금의 사량도 윗섬 북쪽 해안을 가리킨다.
421 당포唐浦 : 경상남도 통영시 산양읍 삼덕리.
422 늦게 …… 이르렀다 : 원문은 '到唐浦宿'(당포에 도착해서 잤다.)이다.
423 우수사 및 …… 쏘았다 : 원문은 '丁則卽歸 與右水使及長興蛇島加里浦忠虞候 射侯'(정은 곧 돌아가고 우수사 및 장흥·사도·가리포 첨사, 충청우후[원유남元裕男]와 활을 쏘았다.)이다.
424 (*) 내용 생략. 원문은 '夕吹笛且歌 夜深罷 多有未安之事'이다.
425 (*) 내용 생략. 원문은 '以外忌不坐'이다.
426 보러 왔다 : 원문은 '幷來'(함께 왔다)이다.
427 (*) 내용 생략. 원문은 '梁廷彦來見'이다.
428 나라의 제삿날 : 성종成宗의 왕비 정현왕후貞顯王后 윤씨尹氏의 돌아가신 날이다.
429 (*) 내용 생략. 원문은 '以忌不坐'이다.

의득李義得], 낙안군수, 곤양군수, 거제현령이 보러 왔다.[430] (*소비포권관과 영등포만
호가 와서 이야기하다가 밤이 깊어 돌아갔다.)[431]

23일(무진) 맑음. 공무를 보고 나서 그대로 활을 쏘았다. (*아침에 공문 초안을 작성하고
식후에 활터 정자에 옮겨 앉아 서류를 처결해 보내고서 활을 쏘았다. 바람이 몹시 사나웠다.
장흥부사와 녹도만호가 와서 함께하였다. 저물녘에 곤양군수, 웅천현감, 영등포만호, 거제현
령, 소비포권관도 왔다. 초경初更[오후 7~9시]에 헤어져 돌아갔다.)[432]

24일(기사) 맑음. 각 고을에서 수군을 징발할 일로 박언춘朴彦春, 김윤金倫, 신경황申
景潢을 내보냈다. ○ 정丁 조방장이 돌아갔다. (*저물녘에 소비포권관이 보러 왔다.)[433]

25일(경오) 맑음. (*아침에朝) 곤양군수와 소비포권관을 불러 함께 이야기하고 활 6순
을 쏘았다. (*조반을 함께 했다. 사도첨사蛇渡僉使가 휴가를 얻어 돌아가므로 9월 초7일에
는 돌아오라고 일러 보냈다. 현덕린玄德獜[434]이 집으로 돌아가고 신천기申天紀도 곡식을 바칠
일로 돌아갔다. 늦게 흥양현감[배흥립裴興立]이 돌아왔다. 활터 정자로 내려가 활 6순을 쏘았
다.)[435] ○ 정원명鄭元溟[436]이 들어왔다.

26일(신미) 맑음. 공무를 보았다. (*아침에 각 고을과 포구의 서류를 처결해 보냈다.)[437] 흥양
보자기 막동莫同이란 자가 장흥長興 군사 30명을 그의 배에 몰래 싣고 도망간
죄로 처형하여 효시梟示했다. (*늦게晚) ○ 활터 정자에 올라가서 활을 쏘았다.[438]
충청우후[원유남元裕男]도 와서 함께 쏘았다.

---

430 경상우우후慶尙右虞候 …… 보러 왔다 : 원문은 '慶尙右虞候來見 樂安 蛇島亦來而去 夕昆陽巨濟所非浦
永登來話 夜深還'(경상우우후가 보러 왔다. 낙안과 사도도 왔다가 갔다. 저녁에 곤양 거제 소비포 영등
이 와서 이야기하다가 밤이 깊어서 돌아갔다.)이다.

431 (*) 내용 생략. 원문은 '所非浦永登來話 夜深還'이다.

432 (*) 내용 생략. 원문은 '朝公事出草 食後 移坐射亭 公事題送 因而射帿 風甚險惡 長興鹿島來共 暮昆陽及
熊川永登巨濟所非浦亦來 初更罷歸'이다.

433 (*) 내용 생략. 원문은 '暮所非浦來見'이다

434 현덕린玄德獜 : 을미년 5월 26일, 6월 3일 일기에는 '玄德麟'으로 되어 있다.

435 (*) 내용 생략. 원문은 '共朝飯 蛇渡受由歸 九月初七日還來事教送 玄德獜歸其家 申天紀亦以納粟事出歸
晚興陽還來 下射亭射帿六巡'이다.

436 정원명鄭元溟 : 친필 일기에는 '鄭元明'으로 나와 있다. 뒤에 '云'([왔다고 한다)이 생략되었다.

437 (*) 내용 생략. 원문은 '朝各官浦公事題送'이다.

438 활터 …… 쏘았다 : 원문은 활터 정자에 '내려가서'인데, 본문에서는 모두 '올라가서'로 표현되고 있다.

27일(임신) 맑음. 우수사가 여러 장수[439]와 함께 와서 활을 쏘았다. 흥양현감이 술을 바쳤다. (*아침에朝) ○ 울蔚의 편지를 보니 아내의 병이 위중하다고 한다. 그래서 회薈를 내보냈다.

28일(계유) 부슬비와 큰바람이 불었다. (*축시丑時[오전 1~3시]부터 부슬비와 큰바람이 불었는데, 비는 묘시卯時[오전 5~7시]에 개었으나 바람은 종일 크게 불어 밤새 그치지 않았다. 회薈가 잘 갔는지 몰라 심히 염려스러웠다.)[440] 진도군수[김만수金萬壽]가 보러 왔다. (*원수元帥의 장계로 인해 문책하는 글이 내려왔는데, 거의 긴급히 올린 장계에 대한 오해로 인한 것이었다.)[441]

29일(갑술) 맑으나 북풍이 크게 불었다. 공무를 보았다. (*아침에 마량첨사와 소비포권관이 와서 함께 밥을 먹었다. 늦게 활터 정자에 옮겨 앉아 서류를 처결해 보냈다. 도양道陽의 목동 박돌이朴乭伊의 죄를 다스렸다. 도둑 3명 중 장손張孫은 장杖 백 대를 때리고 얼굴에 도盜자를 먹물 들였다.)[442] ○ 남해현감南海縣監[443]이 들어왔다. ○ 의병장 성응지成應祉가 세상을 떠났다. 참으로 슬프다.

30일(을해) 맑고 바람도 없었다. (*아침에朝) 남해[해남의 착오]현감 현집玄楫이 보러 오고, 늦게 우수사, 장흥부사, 충청우후, 웅천현감, 거제현령, 소비포권관도 왔다.[444] (*허정은許廷誾도 왔다. 이날 아침 탐선이 들어왔다.)[445] ○ 들으니 아내의 병세가 아주 위중하다고 한다. (*벌써 생사生死 간에 결말이 났을지도 모른다.)[446] 그러나 나랏일이 이에 이르렀으니 다른 일에 생각이 미칠 수 없다. (*아들 셋과 딸 하나가 어떻게

---

439 원문의 여러 장수는 '가리포, 장흥, 임치, 우후[이몽구李夢龜] 및 충청우후' 등이다.
440 (*) 내용 생략. 원문은 '自丑時小雨大風 雨則卯時晴 而風則終日大吹 永夜不止 未知薈之安到否 極慮極慮' 이다.
441 (*) 내용 생략. 원문은 '因元帥狀啓 下推考之文 而多有馳啟之誤意也' 이다.
442 (*) 내용 생략. 원문은 '朝馬梁僉使·所非浦來同食 晚移坐射亭 公事題送 道陽牧子朴乭伊決罪 盜賊三名 內 張孫則決杖百 黥盜字' 이다.
443 남해현감南海縣監 : 친필 일기에는 '海南縣監'(해남현감)으로 되어 있다.
444 남해현감 …… 왔다 : 원문에는 '우수사와 장흥이 오고, 저물녘에 충청우후와 웅천·거제·소비포도 함께 왔다.' 순으로 되어 있다.
445 (*) 내용 생략. 원문은 '許廷誾亦來 是朝探船入來' 이다.
446 (*) 내용 생략. 원문은 '未知已決生死也' 이다.

살아갈꼬. 심히 고통스럽고 답답하구나.)[447] ○ 김양간金良幹이 서울로부터 영의정[유성룡]의 편지와 심충겸沈忠謙[448]의 편지를 가지고 왔는데, 분개한 뜻이 많이 적혀 있었다. 원元 수사의 일은 참으로 해괴하다. 내가 머뭇거리며 앞으로 나아가지 않는다고 했다 하니 이는 천고에 탄식할 일이다. ○ 곤양군수昆陽郡守가 병으로 돌아갔는데, 보지 못하고 보내서 더욱 유감스러웠다. (*이경二更[오후 9~11시]부터 마음이 어지러워 잠을 이루지 못했다.)[449]

9월

초1일(병자) 맑음. (*앉았다 누웠다 잠을 못 이루고 촛불을 켠 채 뒤척이며 지새웠다. 이른 아침에 세수하고 고요히 앉아 아내의 병세에 대해 점을 쳤더니, "중이 환속하는 것 같다如僧還俗"는 괘를 얻고, 다시 쳤더니, "의심이 기쁨을 얻은 것과 같다如疑得喜"는 괘를 얻었다. 아주 아주 좋다. 또 병세가 나아 갈 것인지와 어떤 소식이 올지 여부를 쳐 보니, "귀양 땅에서 친척을 만난 것 같다如謫見親"는 괘였다. 이 역시 오늘 중에 좋은 소식을 받을 징조였다.)[450] 순무사 서성徐渻[451]의 공문 및 계초啓草가 들어왔다.

초2일(정축) 맑음. (*아침에 웅천현감[이운룡李雲龍]과 소비포권관[이영남李英男]이 와서 함께 아침을 먹었다. 늦게 낙안군수[김준계金遵繼]가 보러 왔다. 저녁때 탐선이 들어왔다.)[452] 들으니 아내의 병이 나아지기는 하나 원기가 몹시 약하다고 하니 매우 걱정스럽다.

---

447 (*) 내용 생략. 원문은 '然三子一女 何以爲生 痛悶痛悶'이다.

448 심충겸沈忠謙 : 1545~1594. 자字는 공직公直, 호號는 사양당四養堂, 본관은 청송靑松. 서울에서 살았다. 1545년(인종 1)생으로 이순신과는 동갑이다. 동서東西 분당의 장본인인 서인西人 심의겸沈義謙의 아우다. 1572년(선조 5)에 문과에 장원급제하여 1592년 임진왜란이 일어났을 때는 병조참판 겸 비변사 제조備邊司提調로 선조를 호종했다. 1593년에 호조와 병조의 참판으로 군량미 조달에 공헌했으며, 이듬해 병조판서에 특진되었다가 이해 겨울에 병사하였다. 뒤에 호성공신扈聖功臣 2등에 책록되고, 청림군靑林君으로 추봉되었다. 시호는 충익忠翼이다.(『國朝文科榜目』;『한국민족문화대백과사전』).

449 (*) 내용 생략. 원문은 '自二更心亂不寐'이다.

450 (*) 내용 생략. 원문은 '坐臥不寐 明燭展轉 早朝洗手靜坐 以夫人病勢卜得 則如僧還俗 再得如疑得喜之卦 極吉極吉 又以病勢減否來告與否 則卜得如謫見親之卦 是亦今日內得聞好音之兆'이다.

초3일(무인) 비. (*가 조금小 왔다) 새벽에 밀지密旨가 들어왔는데, "수륙水陸 여러 장수들이 팔짱만 끼고 서로 바라보면서 한 가지라도 계책을 세워 적을 치는 일이 없다."라고 했다. 3년 동안 해상海上에 있으면서 그럴 리가 만무하다. 여러 장수들과 함께 맹세하고 죽음으로써 원수 갚을 뜻으로 날을 보내지만, 험고한 곳에 웅거하여 소굴 속에 들어 있는 적이라 경솔히 나아가 칠 수는 없는 일이요, 또 더구나 "나를 알고 적을 알아야만 백번 싸워도 위태함이 없다." 하지 않는가. (*종일 큰바람이 불었다.)[453] 초저녁에 불을 밝히고 혼자 앉아 스스로 생각하니, 나라의 사정이 쓰러지고 넘어졌는데 안으로 건질 계책이 없으니 어찌하랴, 어찌하랴. (*이경二更[오후 9~11시]에) 마침 흥양현감이 내가 홀로 앉아 있는 줄을 알고 들어와 삼경三更[오후 11시~오전 1시]까지 이야기했다. (*하고 헤어졌다罷.)

초4일(기묘) 맑음. (*아침에 흥양현감이 보러 왔다. 식후에 소비포권관도 왔다. 늦게)[454] 원元 수사가 와서 이야기하였다. (*할 것이 있다고 하기에 활터 정자에 나가 앉았다. 활을 쏘아 원元 수사가 9분을 지고 술에 취해서 갔다. 피리를 불게 하고 밤이 되어서 그만두었다. 또 미안한 일이 있었다. 매우 우스웠다.)[455] 소비포권관所非浦權管과 여도만호呂島萬戶가 들어왔다.[456]

초5일(경진) 맑음. (*닭이 운 뒤 머리를 긁어도 가려워 견딜 수 없어서 사람을 시켜 긁게 했다. 바

---

451 서성徐渻 : 1558~1631. 자字는 현기玄紀, 호號는 약봉藥峰, 본관은 대구大邱이다. 1558년(명종 13)에 나니 이순신보다 13년 아래다. 29세에 문과文科에 급제하여 병조좌랑兵曹佐郎으로 올랐다. 임진왜란이 일어나자 선조를 호종하다가 호소사號召使 황정욱黃廷彧의 종사관從事官이 되어 함경도咸鏡道로 갔다. 거기서 두 왕자王子와 황黃 등은 적에게 잡혔는데, 그는 지혜를 써서 탈출했다. 선조가 있던 의주義州 행재소行在所에 불려가 병조정랑兵曹正郎을 역임하고 명장明將 유정劉綎을 접대하는 책임을 졌으며, 1594년(선조 27, 갑오)에는 순무어사巡撫御史로서 삼남三南을 순시했다. 다시 돌아가서는 제용감정濟用監正으로 뛰어 임명되고, 경상·황해·함경·평안 감사監司와 도승지都承旨를 거쳐 호조·형조·병조 판서判書를 역임하였다. 시호는 충숙忠肅이다.(『國朝文科榜目』, 『한국민족문화대백과사전』).

452 (*) 내용 생략. 원문은 '朝熊川所非浦權管來 同朝食 晩樂安來見 夕探船入來'이다.

453 (*) 내용 생략. 원문은 '終日大風'이다.

454 (*) 내용 생략. 원문은 '朝興陽來見 食後 所非浦亦來 晩'이다.

455 (*) 내용 생략. 원문은 '要話云 故下坐射亭 射帿元負九分 乘醉而去 吹笛向夜而罷 又有未安之事 可笑可笑'이다.

456 소비포권관所非浦權管과 …… 들어왔다 : 소비포는 오전에 와 본 것이고, 여도는 진영에 들어온 것으로 전혀 다른데, 축약하다 보니 같이 행동한 것으로 볼 수밖에 없는 서술이 되었다.

람이 고르지 않아 나가지 않았다.)[457] 충청수사가 들어왔다.

초6일(신사) 맑고 바람도 잔잔했다. (*아침에朝) 충청수사 및 우후[원유남], 마량첨사[강응호]와 (*함께 아침밥을 먹고 늦게 활터 정자에 옮겨 앉아)[458] 활을 쏘았다. (*이날 저녁, 종 효대孝代와 개남介南이 어머님께서 평안하시다는 편지를 가지고 왔다. 기쁘고 다행함을 어디에 비기랴. 들으니 방필순方必淳이 세상을 떠나 익순益淳이 그 가족을 끌고 우리 집으로 왔다고 한다. 우습다. 이경二更[오후 9~11시]에 복춘福春이 왔다.)[459] ○ 저물 무렵에 들으니 김경로金敬老가 우도右道에 왔다고 한다.

초7일(임오) 맑음. (*아침에朝) 순천부사[권준權俊]의 편지를 보니, 좌의정[윤두수尹斗壽][460]과 순찰사[홍세공洪世恭]가 초10일쯤 본부本府[순천]에 도착할 것이라 한다.[461] (*심히 불행한 일이다. 순천이 진중에 있을 때 거제로 사냥을 보냈는데, 그들이 남김없이 사로잡혔다고 한다. 그것을 보고하지 않은 것이 아주 해괴했다. 그래서 편지를 쓸 때 그것을 지적하여 보냈다.)[462]

초8일(계미) 맑음. 장흥부사[황세득黃世得]로 헌관獻官[463]을 삼고 흥양현감으로 전사典

---

457 (*) 내용 생략. 원문은 '鷄鳴後 搔髮難支 使人搔之 風不順 故不出'이다.

458 (*) 내용 생략. 원문은 '同朝飯 晩移坐射亭'이다.

459 (*) 내용 생략. 원문은 '是夕奴孝代·介南來 持天只平書 喜幸何極何極 聞方必淳逝去 而益淳率其屬來投云 可笑 夜二更 福春來'이다.

460 윤두수尹斗壽 : 1533~1602. 자字는 자앙子仰, 호號는 오음梧陰, 본관은 해평海平으로 한성에서 살았다. 1533년(중종 28)에 나니 이순신보다 12년 위이다. 해원부원군 윤근수尹根壽의 형이다. 명나라에 사신으로 가서 종계宗系(명나라 『태조실록』과 『대명회전』에 이성계의 가계가 고려의 권신 이인임李仁任의 후손으로 잘못 기록된 것)를 변무辨誣한 공으로 1590년(선조 23)에 광국공신光國功臣 2등이 되어 해원부원군海原府院君에 봉해졌다. 그 뒤 대사헌·호조판서를 역임하고, 건저문제建儲問題(세자 책봉)로 정철이 화를 당할 때 같은 서인西人으로 연루되어 회령에 유배되었다. 1592년 임진왜란이 발발하자 다시 기용되어, 어영대장·우의정을 거쳐 좌의정에 이르렀으며, 1594년 8월에 삼도도체찰사三道都體察使를 겸했다. 이때 거제도 장문포 공격을 주도적으로 추진하였으나, 그 실패 책임을 지고 대간의 탄핵을 받아 파직되었다. 1595년에 판중추부사로, 다음 해에 다시 좌의정으로 기용되었다. 전쟁이 끝난 뒤에는 영의정領議政에 기용되었으나 대간의 탄핵으로 곧 사임하였다. 1605년에 호성공신扈聖功臣 2등에 추봉되었다. 시호는 문정文靖이다. (『國朝文科榜目』·『선조실록』·『한국민족문화대백과사전』.)

461 좌의정과 …… 한다 : 원문은 '巡察初十日間到本府云 左台亦到云'(순찰사는 초10일 사이에 본부에 온다고 한다. 좌의정도 온다고 한다.)의 순서이다.

462 (*) 내용 생략. 원문은 '不幸之甚也 順天在陣時 送獵于巨濟 無遺被擄云 而不報其情 極駭極駭 故裁簡時 擧論而送'이다.

463 헌관獻官 : 제사를 지낼 때 술잔을 드리는 사람.

祀[464]를 삼아 명일 둑제纛祭를 지내기 위해 입재入齋[465]시켰다. 김 첨지金僉知[김경로金敬老]가 왔다.

초9일(갑신) 맑음. (*저물녘에 비가 오다가 그쳤다.)[466] 여러 장수가 활을 쏘았다. 삼도三道가 모두 모였는데, 원元 수사는 병으로 오지 않았다. 김 첨지도 함께 활을 쏘았다. (*그리고 경상도 부대로 돌아가서 잤다.)[467]

초10일(을유) 맑고 바람도 조용했다. 사도첨사蛇渡僉使[김완金浣]가 사회射會를 열었는데 우수사도 모였다. ○ 김경숙金敬叔이 돌아갔다.[468]

11일(병술) 맑음. 공문을 처결하였다. 남평南平 색리 및 순천順天 격군으로 3번이나 군량을 훔쳐 낸 자를 처형했다. (*각 관포의 서류를 처결해 보냈다. 늦게)[469] ○ 충청수사가 보러 왔다. (*소비포권관은 원 수사가 몹시 해하려고 꾀하기 때문에 달밤을 타 본포로 돌아갔다.)[470]

12일(정해) 맑음. (*일찍이 김암金岩이 방에 왔다.)[471] 정 조방장[정응운丁鷹運]에게 (*의 종이 돌아가는 길에)[472] 답서를 보냈다. (*늦게晩) ○ 우수사와 충청수사가 함께 왔다. (*장흥부사가 술을 내어 함께 이야기하다가 크게 취해 헤어졌다.)[473]

13일(무자) 맑고 따사로웠다. (*어제 취한 것이 아직 안 깨어 방 밖으로 나가지 않았다. 아침에 충청우후가 보러 왔다. 또)[474] 조도어사調度御史 윤경립尹敬立의 계초啓草 2통을 본즉, 하나는 진도군수 파면을 청한 것이요, 하나는 수군 육군을 서로 바꾸어 징발하지 말 것과 각 고을 수령들을 전쟁터로 내보내지 말 것을 말한 것인데, 그 의

---

464 전사典祀 : 제사 제반의 일을 책임진 사람.

465 입재入齋 : 제사 전날에 재계齋戒[몸과 마음을 깨끗이 함]하는 일.

466 (*) 내용 생략. 원문은 '暮雨而止'

467 (*) 내용 생략. 원문은 '而歸宿慶尙'이다.

468 김경숙金敬叔이 돌아갔다 : 원문에는 '창신昌新'이 뒤에 있다. 즉, 창신도로 돌아갔다.

469 (*) 내용 생략. 원문은 '各官浦公事題送 晚'이다. 본문의 기사는 앞뒤가 바뀌었다. 이를 줄여 '公事'로 맨 앞에 두었고, 다음 처벌 내용 앞에는 '早出樓上'(아침 일찍 수루에 나가)'이 생략되었다.

470 (*) 내용 생략. 원문은 '所非浦乘月歸本浦 以其元水使甚欲謀中之故也'이다.

471 (*) 내용 생략. 원문은 '早金岩到房'이다.

472 (*) 내용 생략. 원문은 '奴子還歸'이다.

473 (*) 내용 생략. 원문은 '長興進酒共談 醉極而罷'이다.

474 (*) 내용 생략. 원문은 '宿酊未軫 不出房外 朝忠淸虞候來見 又'이다.

견은 다만 눈앞의 일만 생각하는 것이었다. ○ 저녁에 하천수河千壽가 계본에 대한 회답과 홍패紅牌 97장을 가지고 왔다. 영의정 편지도 가지고 왔다.

14일(기축) 맑음. 흥양현감이 술을 바쳤다. 우수사[이억기], 충청수사[이순신李純信]와 함께 활을 쏘았다. ○ 방답첨사가 공사례公私禮를 행했다.

15일(경인) 맑음. 새벽에 충청수사 및 여러 장수와 함께 망궐례望闕禮를 행했다. (*우수사는 미리 약속하고도 칭병稱病을 하니 한탄스럽다.)[475] 새로 급제한 사람들에게 홍패紅牌를 나누어 주었다. (*남원南原 도병방都兵房과 향소鄕所 등을 붙잡아 가두었다.)[476] ○ 충청우후[원유남元裕男[477]]가 본도本道로 나갔다. (*종 경京이 들어왔다.)[478]

16일(신묘) 맑음. (*충청수사 및 순천부사와 이야기하였다. 이날 밤 꿈에 어린 아들을 보았는데, 경庚의 모모가 아들 낳을 징조였다.)[479]

17일(임진) 맑고 따뜻했다. 여러 장수들[480]과 활을 쏘았다. ○ 우후 이몽구李夢龜가 둔전屯田 추수할 일로 나갔다. (*효대孝代 등도 나갔다.)[481]

18일(계사) 맑고 지나치게 따뜻했다. (*충청수사 및 흥양현감[배흥립裴興立]과)[482] 활을 종일 쏘았다. (*쏘다가 헤어졌다. 어두워져 비가 뿌리기 시작해서 밤새 계속되었다.)[483] ○ 이수원李壽元이 들어왔다. (*[이수원과] 담화曇花가 들어오고 복춘福春이 들어왔다. 이날 밤 이

---

475 (*) 내용 생략. 원문은 '右水使期而稱病 可嘆'이다.

476 (*) 내용 생략. 원문은 '南原都兵房鄕所等囚禁'이다.

477 원유남元裕男 : 1561~1631. 자字는 관부寬夫, 본관은 원주原州. 서울에서 살았다. 충장공忠壯公 원호元豪의 아들이요 원평부원군原平府院君 원두표元斗杓의 아버지다. 1561년(명종 16)에 나니 이순신보다는 16년 아래다. 1583년(선조 16)에 무과武科에 급제하고, 1586년 무과중시에도 다시 급제하였다. 1592년 임진왜란이 일어나자 권율權慄 휘하에서 공을 세우고, 1596년 강원충청강로조방장江原忠淸江路助防將을 지냈다. 이듬해 정유재란이 일어나자 분의복수군奮義復讐軍의 장령將領으로 활약하였다. 1605년 창성부사昌城府使를 거쳐 지중추부사知中樞府事가 되었다. 1623년 인조반정에 가담하여 정사공신靖社功臣 3등에 녹훈되고 원계군原溪君에 봉해졌다. 1624년 이괄李适의 난이 일어나자, 왕명을 받아 유도대장留都大將으로서 재상 윤방尹昉과 더불어 서울을 지켰다. 시호는 충숙忠肅이다.(『萬曆十一年癸未四月初四日文武科榜目』;『國朝榜目』;『선조실록』;『한국민족문화대백과사전』.)

478 (*) 내용 생략. 원문은 '奴京入來'이다.

479 (*) 내용 생략. 원문은 '與忠淸使及順天話 是夜見兒子 乃庚母産子之占也'이다.

480 여러 장수들 : 원문에는 '忠淸水使 順天 蛇島'(충청수사, 순천, 사도[김완金浣])로 나온다.

481 (*) 내용 생략. 원문은 '孝代等出去'이다.

482 (*) 내용 생략. 원문은 '與忠淸水使及興陽倅'이다.

483 (*) 내용 생략. 원문은 '暮雨洒終夜'이다.

리 뒤척 저리 뒤척 잠을 이루지 못했다.)[484]

19일(갑오) 비가 종일 내렸다. 흥양현감, 순천부사, 해남현감이 와서 이야기했다. (*해남도 왔다가 곧 돌아갔다. 흥양과 순천은 밤이 깊어 돌아갔다.)[485]

20일(을미) 바람 불고 비가 왔다.[486] 홀로 앉아 간밤 꿈을 생각해 보니, 바닷속에 있는 외로운 섬이 달려가다가 내 눈앞에 와서 머뭇거리며 서는데, 그 소리가 우레 같아 사방에서는 모두 놀라 달아나고 나만 혼자 서서 그것을 처음부터 끝까지 구경했다. 참 장쾌했다. (*이것은 왜놈이 화친을 애걸하고 스스로 멸망할 징조다. 또 내가 준마駿馬를 타고 천천히 가고 있었는데, 이것은 임금의 부르심을 받아 올라갈 징조다. 충청수사와 흥양현감이 왔다. 거제현령[안위安衛]도 보러 왔다가 곧 돌아갔다. 체찰사體察使[윤두수][487]의 관문關에 수군에게 군량을 계속해서 대라고 했다고 한다. 또 잡아 가두었던 친족과 이웃은 풀어 주었다고 한다.)[488]

21일(병신) 맑음. (*아침에朝) 활터 정자에 나아가 공문을 처결하고 (*늦게晚) 활을 쏘았다. (*장흥부사[황세득], 순천부사, 충청수사와 종일 이야기하였다. 저물어서)[489] 여러 장수들에게 뛰어넘기超越를 하게 하고 또 군사들은 씨름을 겨루게 했다. 밤이 깊어서야 끝났다.

22일(정유) (*아침에 사정에 앉았으니)[490] 우수사 및 장흥부사, 경상우후[이의득李義得]가 함께 와서 명령을 듣고 물러갔다.[491] ○ 원수元帥의 밀서가 왔는데, 27일에는 꼭 군사를 출동하도록 하라는 것이었다.

---

484 (*) 내용 생략. 원문은 '曇花入來 福春入來 是夜轉展不寐'이다.

485 (*) 내용 생략. 원문은 '海南亦來即還 興陽順天 夜深還歸'이다.

486 바람 …… 왔다 : 원문은 '曉風不止而雨乍擧'(새벽에 바람은 그치지 않았고, 비는 잠시 걷혔다.)이다.

487 체찰사體察使[윤두수] : 1594년 9월에 좌의정 윤두수尹斗壽가 겸삼도(충청·전라·경상) 도체찰사都體察使가 되었다.(『선조실록』 권55, 선조 27년 9월 6일 신사.)

488 (*) 내용 생략. 원문은 '此兆 乃倭奴乞和 自滅之象 又余騎駿馬徐行 承召赴命之兆也 忠淸水使·興陽來 巨濟亦來見 即還 體察使關內 水軍捧軍糧繼餉云 囚禁族隣放送云'이다.

489 (*) 내용 생략. 원문은 '長興順天忠淸水使 終日談話 暮'이다.

490 (*) 내용 생략. 원문은 '朝坐射亭'이다.

491 우수사 …… 물러갔다 : 원문에는 우수사와 장흥이 먼저 왔고 경상우후도 왔는데, 명령을 듣고 간 것이 경상우후인지 앞의 두 사람을 포함하는 것인지 모호하다. 본문에는 모두 포함된 것으로 보았다.

23일(무술) 맑으나 바람이 사나웠다. 아침에 활터 정자에 나아가 공무를 보았다.[492] ○ 원元 수사가 와서 군사 기밀을 의논하고 갔다. ○ 낙안 군사 11명,[493] 방답 수군 45명을 점고하였다. (*고성 백성이 등장等狀[494]을 올렸다. 진주晉州 강운姜雲의 죄를 다스렸다. 보성寶城에서 데려온 소관召官[495] 황천석黃千錫을 보다 엄히 신문하였다. 광주光州에 가두어 둔 창평현昌平縣 색리 김의동金義同은 사형에 처하라는 전령을 내보냈다. 저녁에 충청수사 및 마량첨사[강응호姜應虎]가 보러 왔다가 밤이 깊어서 돌아갔다. 초경初更[오후 7~9시] 후에 복춘復春이 와서 사사로운 얘기를 하다가 닭이 운 후에 돌아갔다.)[496]

24일(기해) 맑음. 종일 큰바람이 불었다. 공무를 보았다. (*아침에 대청大廳에 앉아 공무를 보고 아침은 충청수사와 함께 먹었다.)[497] 이날 호의號衣[498]를 나누니 좌도는 누런 옷 9벌, 우도는 붉은 옷 10벌, 경상도는 검은 옷 4벌이었다.

25일(경자) 맑음. (*바람도 조금 잤다.)[499] 김 첨지[김경로金敬老]가 군사 70명을 거느리고, (*들어왔다. 저녁때)[500] 박 첨지[박종남朴宗男]가 6백 명을 거느리고 들어왔다. 조붕趙鵬도 와서 함께 자며 밤에 이야기하였다.

26일(신축) 맑음. 새벽에 곽재우郭再祐[501]와 김덕령金德齡[502] 등이 견내량見乃梁에 이르렀으므로 박춘양朴春陽을 보내 건너오게 된 까닭을 물었더니, 수군과 합세할 일로 원수가 전령하였다고 한다.

---

492 아침에 …… 보았다 : 원문은 '早出射亭 公事題分'(일찍이 활터 정자에 나가 공문을 처결해 나누어 주었다.)이다.

493 낙안 군사 11명 : 원문은 '樂安軍士 營五十一名'(낙안 군사와 본영 군사 51명)이다.

494 등장等狀 : 여러 사람이 이름을 잇대어 써서 관청에 어떠한 요구를 하소연하는 일.

495 소관召官 : 소모관召募官을 줄인 말로, 의병을 모집하던 임시 관직이다.

496 (*) 내용 생략. 원문은 '固城人民等狀 晉州姜雲決罪 寶城領來召官黃千錫窮推 光州囚昌平縣色吏金義同 行刑事 傳令出送 夕忠清水使及馬梁僉使來見 入深夜而還 初更後 復春來話私 鷄鳴後還歸'이다.

497 (*) 내용 생략. 원문은 '朝坐大廳公事 朝食則與忠清水使同飯'이다.

498 호의號衣 : 우리 속으로 '더그레라' 한다. 옛날 제도에 각 영문의 군사와 마상재군馬上才軍 또는 사간원司諫院의 알도喝道, 의금부義禁府의 나장羅將 등이 입는 세 자락 난 웃옷이다. 군사들과 마상재군의 것은 소매가 없고, 알도와 나장의 것은 짧은 소매가 있다. 군사들은 전·후·좌·우·중 방위를 따라 붉은빛·검은빛·푸른빛·흰빛·누런빛으로 각각 그 빛깔을 달리한다. 그리고 마상재군과 알도, 나장의 것은 길이가 짧으나 군사들의 것은 조금 길다.

499 (*) 내용 생략. 원문은 '風小止'이다.

500 (*) 내용 생략. 원문은 '入來 夕'이다.

27일(임인) 아침에 맑고 저물녘엔 (*잠깐暫) 비가 내렸다. (*늦은晚) 아침에 배를 띄워 포구로 나가자 여러배들도 일제히 출발하여 적도赤島[503] 앞바다에 대었다. 곽 첨지郭僉知[곽재우], 김 충용金忠勇[김덕령]과 한 별장韓別將[한명련韓明璉], 주몽룡朱夢龍 등이 모두 와서 약속한 후에 각각 원하는 곳[배]으로 나누어 보냈다. ○ 저녁에 선 병사兵使[선거이宣居怡]가 배에 이르렀으므로 본영[전라좌수영] 배를 타게 하였다. (*저물녘에 체찰사體察使의 군관 이천문李天文, 임득의林得義, 이홍사李弘嗣, 이충길李忠吉, 강중룡姜仲龍, 최여해崔汝諧, 한덕비韓德備, 이안겸李安謙, 박진남朴振男 등이 왔다. 밤에 잠시 비가 내렸다.)[504]

28일(계묘) 흐림. 새벽에 불을 밝히고 홀로 앉아 적을 칠 일로 길흉을 점쳐 보니 많이

---

501 곽재우郭再祐 : 1552~1617. 자字는 계수季綬, 호는 망우당忘憂堂, 본관은 현풍玄風. 경상남도 의령宜寧에서 살았다. 황해도 관찰사 곽월郭越의 아들로, 1552년(명종 7)에 나니 이순신보다 7년 아래이다. 조식曹植의 외손서外孫壻이며, 김우옹金宇顒과는 동서 사이이다. 34세에 정시庭試에서 2등으로 급제했으나 글의 내용이 임금의 뜻에 거슬린 바 되어 취소당한 뒤로 과거科擧를 포기하였다. 1592년 임진왜란이 일어나자 집 재산을 기울여 의병을 모집하여 의령에서 왜적과 싸워 연전연승했는데, 이 공로로 성주목사와 진주목사 등에 제수되었다. 붉은 옷을 입고 싸웠기 때문에 스스로 천강홍의장군天降紅衣將軍이라 하였다. 1597년 정유재란 때는 경상좌도 방어사로 화왕산성火旺山城을 고수하였다. 전란이 끝난 후 선조가 몇 번이고 불렀건만 나아가지 않고 울진蔚珍으로 피하여 어머니 3년상을 마쳤다. 1599년에 경상좌도 병마절도사慶尙左道兵馬節度使가 되었다가 영암靈巖으로 귀양갔으며, 1년 뒤에 풀려 돌아오던 길로 현풍 비슬산琵瑟山 속으로 들어가 생식하며 지냈다. 선조가 다시 찰리사察理使와 선산·안동도호부사善山安東都護府使, 용양위 상호군龍驤衛上護軍 등으로 불렀으나 모두 사절하고 나아가지 않았다.

　　광해군 때에도 여러 번 사양하다가 할 수 없이 서울로 올라와 오위도총부 부총관五衛都摠府副摠管, 한성부 좌윤漢城府左尹이 되고 곧 함경감사咸鏡監司가 되었으나 그대로 물러나 세상을 마쳤다. 후에 충익忠翼이라 시호하였다. (『忘憂堂集』; 『선조실록』; 『광해군일기』; 『한국민족문화대백과사전』.)

502 김덕령金德齡 : 1567~1596. 자字는 경수景樹, 본관은 광산光山이다. 1567년(선조 즉위년)에 광주光州 무등산無等山 밑 석저촌石底村에서 났으니, 이순신보다는 22년 아래이다. 20세에 형 김덕홍金德弘과 함께 우계牛溪 성혼成渾의 문하에서 수학하였다. 1592년 임진왜란이 일어나자 형과 함께 의병을 일으켜 고경명高敬命의 막하에서 활동하였다. 1593년 어머니 상중에 전라남도 담양潭陽에서 의병을 일으켜 세력이 크게 떨치자, 선조로부터 형조좌랑의 직함과 함께 충용장忠勇將의 군호를 받았다. 세자[光海]가 전주全州에 이르러 그의 소문을 듣고 익호장군翼虎將軍이란 호를 주었다. 그 후 최담년崔聃年을 별장으로 삼아 의병장이 되어 도원수 권율權慄의 막하에서 영남 서부 지역의 방어 임무를 맡았으나, 강화 교섭이 진행 중이어서 별다른 전투 상황이 발생하지 않아 출전 기회가 주어지지 않았다. 1596년(병신)에 이몽학李夢鶴이 충청도 홍산鴻山에서 반란을 일으키자 그를 시기하는 자들의 무고로 혹독한 고문을 받고 옥사하였다. 당시 그의 나이 30세였다. 체구가 작지만 날래고 민첩하여 용력에 대한 전설적인 이야기가 많다. 1661년(현종 2)에 신원伸寃되어 관작이 복구되고, 1681년(숙종 7)에 병조판서를 추증하고 충장忠壯이란 시호를 내렸다. (『忠壯公遺事』; 『선조실록』; 『한국민족문화대백과사전』.)

503 적도赤島 : 경상남도 거제시 둔덕면 술역리 화도.

192

길했다多吉.⁵⁰⁵ (*첫 점은 "활이 살을 얻은 것과 같다如弓得箭."는 것이었고, 다시 치니 "산이 움직이지 않는 것과 같다如山不動."는 것이었다. 바람이 고르지 못했다.)⁵⁰⁶ 흉도胷島⁵⁰⁷ 안바다에 진을 쳤다.⁵⁰⁸

29일(갑진) 맑음. 배를 띄워 장문포長門浦⁵⁰⁹ 앞바다로 돌입하니 적의 무리는 험준한 곳에 웅거하여 나오지 않았다. 높이 누각을 짓고 양쪽 봉우리에는 보루堡壘를 쌓고 있으면서 도무지 나와서 항전하려 하지 않았다. 선봉 적선 2척을 무찔렀더니 그만 뭍으로 내려 도망쳤다. 빈 배만 불태워 깨뜨리고 칠천량漆川梁에서 밤을 지냈다.

10월

초1일(을사) (*새벽에 떠나 장문포場門浦에 이르니 경상우수사[원균]와 전라우수사[이억기]가 장문포 앞바다에 머무르고 있었다. 나는)⁵¹⁰ 충청수사[이순신李純信] 및 선봉 여러 장수와 함께 곧바로 영등포永登浦⁵¹¹로 들어갔는데, 흉적들은 바닷가에 배를 매어 놓고 한 척도 나와서 항전하지 않았다. 날이 저물기로 도로 장문포 앞바다에 이르러 사도蛇渡 2호선이 뭍에 배를 매려 할 때, 적의 작은 배가 곧장 들어와 불을 던졌다. 비록 불은 일어나지 않고 꺼졌지만 매우 분통이 터졌다. 우수사 군관 및 경상수사 군관에게는 그 실수한 것을 약간 꾸짖고, 사도 군관은 그 죄를 무겁게 다스렸다. 이경二更[오후 9~11시]에 도로 칠천량漆川梁⁵¹²에 이르러 밤을 지냈다.

---

504 (*) 내용 생략. 원문은 '暮體察使軍官李天文林得義李弘嗣李忠吉姜仲龍崔汝諧韓德備李安謙朴振男等 來 夜暫雨'이다.

505 많이 길했다多吉 : 원문에는 '많이 길했다多吉'가 없다. 다만 길흉 여부를 점친 언급만 있다.

506 (*) 내용 생략. 원문은 '初占 如弓得箭 再占 如山不動 風不順'이다.

507 흉도胷島 : 경상남도 거제시 사등면 창호리 가조도.

508 진을 쳤다 : 원문은 '진을 치고 잤다宿'이다.

509 장문포長門浦 : 경상남도 거제시 장목면 장목리.

510 (*) 내용 생략. 원문은 '曉發行 到場門浦 慶尙右水使全羅右水使 留場門前洋 吾'이다.

511 영등포永登浦 : 경상남도 거제시 장목면 구영리.

초2일(병오) 맑음. (*다만) 선봉선 30척을 시켜 장문포로 가서 적의 형세를 살펴보고 오게 했다.

초3일(정미) 맑음. 친히 여러 장수를 거느리고 일찍 장문포로 가서 종일 싸우려 했으나 적도들은 두려워하여 나와서 대항하지 않았다. 날이 저물어 도로 칠천량으로 왔다. (*와서 밤을 지냈다.)[513]

초4일(무신) 맑음. 곽재우郭再祐, 김덕령金德齡 등과 함께 약속한 뒤 군사 수백 명을 뽑아 육지에 내려 산으로 올라가게 하고, 선봉을 먼저 장문포로 보내 들락날락하면서 싸움을 걸게 했다. 늦게 중군中軍을 거느리고 가까이 접근하여 수륙水陸이 서로 호응하니, 적도들은 갈팡질팡하며 기세를 잃고 동서로 분주한데, 육군은 왜적이[514] 칼을 휘두르는 것을 보고 되돌아 즉시 배가 있는 곳으로 내려왔다. (*날이 저물어日暮) 칠천漆川[칠천도]으로 돌아와 진을 쳤다. ○ 선전관宣傳官 이계명李繼命이 표신標信과 선유교서宣諭敎書를 지니고 왔다. 임금께서 잘貂皮[515]을 내리셨다.

초5일(기유) 큰바람이 종일 불었다. 계본 초안啓草를 작성했다.[516]

초6일(경술) 맑음. 일찍 선봉을 시켜 장문포 적의 소굴로 보냈더니 왜인들이 패문牌文을 써서 땅에 꽂았는데, 그 글에 이르기를, "일본이 대명大明과 더불어 바야흐로 화목和睦하므로 서로 싸울 수가 없다."는 것이었다. 왜놈 1명이 칠천漆川 산기슭으로 와서 투항하고자 하므로 곤양군수가 불러 내려서 배에 싣고 물어보니 곧 영등포 왜적이었다. 흉도胷島[517]로 진을 옮겼다.

초7일(신해) 맑음. (*고 따뜻했다且溫) 선 병사宣兵使, 곽재우, 김덕령 등이 나갔다. (*그대로 머무른 채 떠나지 않았다.)[518] ○ 띠茅 183동을 베었다.

---

512 칠천량漆川梁 : 거제도 본섬과 칠천도 사이의 좁은 수도. 이순신 함대가 정박했던 칠천량은 경상남도 거제시 하청면 연구리 옥계마을 포구로 추정된다.

513 (*) 내용 생략. 원문은 '經夜'이다.

514 왜적이 : 원문에는 '왜적 한 놈이一賊'로 되어 있다.

515 잘貂皮 : 담비의 털가죽으로 초피 중의 상품이다.

516 큰바람이 …… 작성했다 : 원문은 '留草啟草 大風終日'(머물렀다. 계초啟草의 기초를 잡았다. 큰바람이 종일 불었다.)이다.

517 흉도胷島 : 경상남도 거제시 사등면 창호리 가조도.

초8일(임자) 맑고 바람도 없었다. 아침에[519] 출발하여 장문포 적굴에 이르렀건만 여전히 나오지 않았다. 군사의 위엄만 보인 뒤 다시 흉도에 이르렀다. 띠 260동을 베었다. 그대로 배를 저어 한산도閑山島에 이르렀을 때는 벌써 삼경三更[오후 11시~오전 1시]이었다.[520]

초9일(계축) 맑음. (*아침에 사정에 내려가니)[521] 첨지 김경로金敬老[522], 첨지 박종남朴宗男, 조방장 김응함金應諴, 조방장 한명달韓命達[523], 진주목사 배설裵楔, 김해부사 백사림白士霖 등이 모두 와서 돌아갈 것을 고했다. (*김과 박金與朴은) ○ 활을 종일 쏘았다. (*박자윤朴子胤[박종남의 자字]은 대청방廳房에서 춘복春福과 함께 자고, 김성숙金惺叔[김경로의 자字]은 배로 내려가 잤다.)[524] ○ 남해현령과 하동현감, 사천현감, 고성현령이 돌아간다고 고했다.[525]

초10일(갑인) 맑음. (*아침에 나가朝出) 계본 초안啓草을 수정했다. ○ 박자윤과 곤양군수는 그대로 머물러 떠나지 않았다. 흥양현감, 보성군수, 장흥부사는 돌아간다고 고했다. (*이날 밤 두 가지 상서로운 꿈을 꾸었다. 울蔚과 존서存緖, 유헌有憲[526], 정립廷立

---

518 (*) 내용 생략. 원문은 '因留不發'이다.

519 아침에 : 원문은 '일찍부'이다.

520 군사의 …… 삼경三更이었다 : 원문은 '돌려서 흉도에 도착했다.' 뒤에 '因行船齊 到閑山夜已三更 曶島지 茅二百六十同' 순이다.

521 (*) 내용 생략. 원문은 '朝下亭'이다.

522 김경로金敬老 : 1548~1597. 자字는 성숙成叔, 본관은 경주慶州. 한성漢城에서 살았다. 젊어서 문학文學을 배우다가 중년에 붓을 던지고 무과武科에 급제하여 당상堂上에 올랐다. 1597년(선조 30, 丁酉)에는 조방장助防將이 되어 전주全州에 있다가 남원南原이 급해진다는 말을 듣고 달려가 순창淳昌에서 전라병사全羅兵使 이복남李福男을 만났다. 그때 명나라 대장으로 총병摠兵 양원楊元이 군사 3천 명을 거느리고 남원을 수비하고 있었다. 김경로는 결사대 백 명을 이끌고 교룡산蛟龍山 아래로부터 성안으로 들어가서 싸우다가 성이 무너지매 이복남李福男과 함께 전사하였다.(『人物考』; 『萬曆四年丙子秋文武科別試榜目』.)

523 한명달韓命達 : 한명련韓明璉의 오기이다. 친필 일기에는 '韓命連'으로 나와 있으나 '韓明璉'과 같은 사람이다. 1594년(선조 27, 갑오)에 경상우도 별장別將이 되었으며, 그해 6월에 선조가 조방장助防將으로 임명하고자 했으나 비변사의 건의로 보류되었다. 1597년 정유재란 때는 도원수 권율權慄 휘하에서 별장으로 많은 공을 세웠다. 전란 뒤 오위장五衛將[종2품]에 오르고, 뒤에 순변사巡邊使까지 역임했으나 1624년(인조 2)에 이괄李适의 반란에 가담하였다가 부하에게 살해되었다.(『선조실록』; 『광해군일기』; 『인조실록』.

524 (*) 내용 생략. 원문은 '朴子胤宿于廳房 與之春福同宿 金惺叔下船而宿'이다.

525 남해현령과 …… 고했다 : 원문은 '南海倅 晋州 金海 河東 泗川 固城 告歸'이다.

등이 본영으로 돌아갔다.)[527]

11일(을묘) 맑음. (*아침에 몸이 편치 않았다.)[528] 공문을 처결하였다. ○ 충청수사가 보러 왔다. (*일찍 자는 방으로 들어갔다.)[529]

12일(병진) 맑음. (*아침에 계본 초안啓草을 수정하였다. 늦게 우수사 및 충청수사가 왔다.)[530] 경상 원元 수사가 적 토벌한 일을 자기가 직접 아뢰겠다고 하였다고 한다. 그래서 공문을 만들어서 보냈다.[531] ○ 비변사備邊司의 공문에 의하여 원수元帥가 쥐가 죽으로 만든 남바위耳掩를 좌도에 15벌, 우도에 10벌, 경상도에 10벌, 충청도에 5벌을 보내왔다. 계본 초안을 작성하여 바쳤다.

13일(정사) 맑음. (*아침에 아전을 불러 계본 초안啓草을 작성하였다. 늦게 충청수사를 내보냈다. 본도 우수사[이억기]가 충청수사를 보러 와서 나를 보지 않고 돌아갔다. 술이 몹시 취한 때문이었다.)[532] 종사관從事官[정경달丁景達]이 이미 사천泗川에 이르렀다고 한다. 사천 1호선을 내보냈다.

14일(무오) 맑음. 새벽에 꿈을 꾸었다. 왜적들이 항복을 빌면서 육혈총통六穴銃筒 5자루를 바치고, 환도環刀도 바쳤다. 말을 전하는 사람은 이름을 김서신金書信이라고 하는데, 왜놈들의 항복을 모두 받아들이기로 하였다.

15일(기미) 맑음. 박춘양朴春陽이 계본啓本을 가지고 나갔다.

16일(경신) 맑음. 순무사巡撫使 서성徐渻이 날이 저물어서야 와서 우수사 및 원元 수사와 함께 이야기하였다. (*밤이 깊어서 헤어졌다.)[533]

17일(신유) 맑음. (*아침에 어사[서성]에게 사람을 보냈더니 식후에 오겠다고 했다. 늦게 우수사가 왔다.)[534] 어사가 와서 조용히 이야기하는데, 원元 수사의 기만하는 일들을 많

---

526 유헌有憲 : 『亂中日記草』(조선총독부, 1935.)에는 □ 판독 불가로 나와 있으나, 『李舜臣의 日記草』(박혜일·최희동·배영덕·김명섭, 2007.)에는 '憲' 자로 판독하였다.

527 (*) 내용 생략. 원문은 '是宵有夢二祥 蔚與存緒·有憲及廷立等 歸營'이다.

528 (*) 내용 생략. 원문은 '朝氣不平'이다.

529 (*) 내용 생략. 원문은 '早入宿房'이다.

530 (*) 내용 생략. 원문은 '晚右水使及忠淸水使到此'이다.

531 그래서 …… 보냈다 : 원문은 '成公事來呈'(공문을 만들어 와서 주었다.)이다.

532 (*) 내용 생략. 원문은 '朝招吏作啓草 晚忠淸水使出送 本道右水使來見忠淸 而不見余而還 醉甚故也'이다.

533 (*) 내용 생략. 원문은 '夜深而罷'이다.

이 말했다. 참으로 해괴하다. (*원元도 왔다. 그 흉패兇悖한 꼴은 이루 다 말할 수 없다. 아침에)[535] ○ 종사관이 들어왔다.

18일(임술) 맑음. (*아침에 큰바람이 불다가 늦게 그쳤다. 어사한테 가니 이미 원元 수사에게 갔다고 했다. 그래서 그곳으로 갔다. 조금 있다가 술이 나왔다. 날이 저물어 돌아왔다.)[536] 종사관從事官이 숙배례肅拜禮를 행하였다. (*[행]한 뒤 상면했다相面.)

19일(계해) 바람이 고르지 못했다. (*대청에 나가 앉았다가 늦게 수루戍樓 방으로 돌아왔다. 어사가 우수사한테 가서 종일 술을 마시며 이야기했다고 한다.)[537] 아침에 종사관과 이야기하였다. (*저녁에 종 억지億只 등을 붙잡아 왔다. 박언춘朴彦春도 왔다.)[538]

20일(갑자) 아침에 흐렸다. (*늦게晩) 순무어사[서성]가 나갔다. (*작별 후 대청에 올라앉으니)[539] 우수사가 와서 돌아간다고 고했다. (*서류 작성 때문에 나가는 것이리라.)[540]

21일(을축) 맑음. (*으나 조금 흐리기도 했다晴而小陰) 종사관, 우후虞候, 발포만호가 나갔다.[541] (*늦게晩) ○ 항복한 왜적 3명이 원元 수사한테서 왔기에 문초하였다. (*영등만호[조계종趙繼宗]가 왔다가 밤이 깊어 돌아갔다. 그에게 작은 아이가 있다 하기로 데려올 것을 일러 보냈다. 밤에 비가 조금 내렸다.)[542]

22일(병인) 흐림. 이적李逌과 승려 의능義能[543]이 나갔다. (*초경에 영등포만호가 그 종아이兒奴를 데려왔기로 심부름을 시키기 위해 머물게 하였다.)[544]

23일(정묘) 맑음. (*그 아이가 아프다고 한다. 종 억지億只 및 애환愛還, 정말동丁唜同 등의 죄를 다

---

534 (*) 내용 생략. 원문은 '朝送人于御史處 則食後當到云 晚右水使來'이다.
535 (*) 내용 생략. 원문은 '元也亦來 其爲兇悖之狀 不可盡言 朝'이다.
536 (*) 내용 생략. 원문은 '朝大風晚止 往御史處 則已到元水使處 往同 有頃酒進 日暮還來'이다.
537 (*) 내용 생략. 원문은 '出坐大廳 晚還入樓房 御史到右水使處 終日醉話云'이다.
538 (*) 내용 생략. 원문은 '夕奴億只等捉來 朴彦春亦來'이다.
539 (*) 내용 생략. 원문은 '別後上坐大廳'이다.
540 (*) 내용 생략. 원문은 '意因成公事出去'이다.
541 종사관 …… 나갔다 : 원문은 '從事官出去 虞候亦出去 鉢浦亦出去'이다.
542 (*) 내용 생략. 원문은 '永登萬戶來到 夜深還 其有小兒云 率來事教送 夜小雨'이다.
543 의능義能 : 홍양興陽 의승장義僧將. 친필 일기에는 '宜能'으로(갑오 1월 14일, 10월 22일), 장계에는 '義能'으로(권3 장계2「分送義僧把守要害狀」, 권4 장계3「請賞義兵諸將狀」) 명기되어 있다. 원문에는 의능이 앞에 나오는데, 본문은 순서를 바꾸어서 이적이 먼저 나온다.
544 (*) 내용 생략. 원문은 '初更 永登來率其兒奴 欲爲使喚而留宿'이다.

스렸다. 저녁에 그 아이를 본디 있던 곳으로 돌려보냈다.)[545]

24일(무진) 맑음. 우후虞候[546]를 불러 활을 쏘았다. (*금갑도만호金甲島萬戶[이정표李廷彪]도 왔다.)[547]

25일(기사) 맑으나 서풍이 크게 불었다. (*다가 늦게 그쳤다. 몸이 편찮아 방에서 나가지 않았다.)[548] 남도포[강응표姜應彪]·영등永登 만호가 와서 이야기하였다.[549] ○ 전 낙안군수인 첨지 신호申浩가 체찰사體察使[윤두수尹斗壽]의 관문關文 및 목화木花와 벙거지毛笠, 정목正木[품질이 좋은 무명베] 1동 등을 가지고 왔다. 그와 함께 서로 의논하다가 밤이 되어서 물러갔다. 순천부사 권준權俊이 잡혀가면서도 보러 왔다. 마음이 편하지 않았다.

26일(경오) 맑음. (*빙부 제삿날氷忌[550]이라 공무를 보지 않았다. 신申 첨지에게 들으니, 김상용金尙容[551]이 이랑吏郎이 되어 상경上京할 때, 남원 부내府內에 들어가서 자면서도 체찰사를 만나보지 않고 갔다고 한다. 세상일이 이러하니 참으로 해괴하다. 또 체찰사가 밤에 순찰사巡察使[홍세공洪世恭] 방에 갔다가 밤이 깊어서 자기 자는 방으로 돌아왔다고 한다. 체모體貌가 이럴 수 있는가. 놀라움을 이기지 못하겠다. 종 한경漢京이 본영으로 갔다. 유시酉時[오후 5~7시]에 비가 시작하여 밤새도록 그치지 않았다.)[552]

---

545 (*) 내용 생략. 원문은 '其兒得痛云 決億奴罪及愛還·丁丑同等罪 夕送兒還其所在處'이다.

546 우후虞候 : 우우후右虞候의 오기誤記이다. 친필 일기에 '右虞候'(李廷忠)로 나와 있다.

547 (*) 내용 생략. 원문은 '金甲島萬戶亦來'이다.

548 (*) 내용 생략. 원문은 '晚止 以氣不平 不出房'이다.

549 남도포 …… 이야기하였다 : 원문은 '南桃 巨濟來 永登亦來 談話移時'(남도포와 거제가 오고, 영등도 왔다. 한참 이야기를 하고)'이다.

550 빙부 제삿날氷忌 : 빙부聘父[장인]는 전 보성군수 방진方震이다. 빙부는 한자로 빙장氷丈, 빙옹氷翁으로도 쓴다.

551 김상용金尙容 : 1561~1637. 전라좌수영대첩비全羅左水營大捷碑(원 비명 '統制李公水軍大捷碑')에 전자篆字를 쓴 사람으로, 영의정 김상헌金尙憲의 형이다. 자字는 경택景擇, 호號는 선원仙源, 본관은 안동安東. 서울에서 살았다. 1561년(명종 16)에 나니 이순신보다는 16세 아래다. 인조 때 우의정右議政 등을 지내고, 1636년 병자호란丙子胡亂 때에 묘사廟社의 신주를 받들고 강화도로 피란했으나 강화도가 함락되자 화약 폭발로 자살하였다. 시호는 문충文忠이다. (『國朝文科榜目』; 『한국민족문화대백과사전』.)

552 (*) 내용 생략. 원문은 '以氷忌不出 因申僉知聞之 金尙容爲吏郎上京之時 入宿南原府內 而不見體察而歸 時事如是 極可駭也 體察夜往巡察宿房 夜深還到其寢房云 體貌如是乎 不勝驚愕之至也 奴漢京往營 酉時雨作 終夜不止'이다.

27일(신미) 아침에 비가 오다가 늦게 개었다. 미조항첨사[성윤문成允文]가 와서 교서敎書에 숙배肅拜하고 그대로 이야기하다가 날이 저물어 돌아간다고 고했다.[553]

28일(임신) 맑음. 공무를 보았다.[554] 금갑도만호金甲島萬戶와 이진만호梨津萬戶 등이 보러 왔다. ○ 식후 우우후右虞候와 경상우후[이의득李義得]가 와서 목화를 받아 갔다. (*저물어 침방寢房에 들어갔다.)[555]

29일(계유) 맑음. 서풍이 매우 차가웠다. (*춥기가 살을 에는 듯했다如剪.)

30일(갑술) 맑음. 수색하고 토벌하러 들여보내고 싶으나 경상도 전선戰船이 없어 그들이 모이기를 기다렸다. ○ 삼경三更[오후 11시~오전 1시]에 아들 회薈가 들어왔다.

11월

초1일(을해) 새벽에 망궐례望闕禮를 행했다. (*몸이 심히 불편해서 종일 나가지 않았다.)[556]

초2일(병자) 맑음. 좌도에서는 사도첨사蛇渡僉使[김완金浣]를, 우도에서는 그 우후 이정충李廷忠을, 경상도에서는 미조항첨사彌助項僉使 성윤문成允文을 장수로 선정하여 수색하고 토벌하러 들여보냈다.

초3일(정축) 맑음. (*아침에朝) 김천석金天碩이 비변사備邊司의 공문關을 가지고 항복한 왜인 야여문也汝文[미우위문彌右衛門] 등 3명을 데리고 진陣에 왔다. (*수색과 토벌을 나갔다 돌아온 것은 밤이 이미 이경二更[오후 9~11시]이었다.)

초4일(무인) 맑음. (*대청에 나가出大廳) 항복한 왜인들의 사정을 들었다. (* 물었다問. 이영남이 보러 왔다李英男來見.)[557] ○ 전문箋文을 가져갈 유생儒生이 들어왔다.

---

553 돌아간다고 고했다 : 원문은 '還歸'로 '돌아갔다'이다.
554 공무를 보았다 : 원문은 '坐大廳公事題送'(대청에서 공문을 처결해 보냈다.)'이다.
555 (*) 내용 생략. 원문은 '暮入寢房'이다.
556 (*) 내용 생략. 원문은 '氣甚不平 終日不出'이다.
557 (*) 내용 생략. 원문은 '李英男來見'이다.

초5일(기묘) 흐리고 가랑비가 내렸다. (*송한련宋漢連이 대구 10마리를 잡아 왔다.)[558] 순변사[이일李鎰[559]]가 그 군관을 시켜 항복한 왜인 13명을 압송했다.[560] (*밤새도록 큰비가 왔다.)[561]

초6일(경진) 흐리나 따뜻하기가 봄날 같았다. 이영남李英男과 이정충李廷忠, 신 첨지[신호申浩]가 와서 함께 이야기했다. (*송희립宋希立이 사냥하러 갔다.)[562]

초7일(신사) 늦게 개었다. (*아침에 대청에 나가 항복한 왜인 17명을 남해南海로 보냈다.)[563] (*늦게晚) 금갑도만호金甲島萬戶[이정표李廷彪[564]], 사도첨사蛇渡僉使[김완金浣], 여도呂島[김인영金仁英], 영등만호永登萬戶가 보러 왔다. (*함께 왔다井來) ○ 신 첨지[신호申浩]가 보고하기를, 원수가 수군 진영舟師에 머무른다고 하였다.[565]

---

558 (*) 내용 생략. 원문은 '宋漢連巨口十尾捉來'이다.

559 이일李鎰 :1538~1601. 자字는 중경重卿, 본관은 용인龍仁. 경기도 용인에서 살았다. 1538년(중종 33)에 났으니 이순신보다는 7세 위이다. 1558년(명종 13)에 무과에 급제하여, 1583년(선조 16)에 전라좌수사를 지냈다. 이후 경원부사 와 회령부사로 있으면서 니탕개泥湯介의 난을 격퇴하여 1587년에 함경도 북병사北兵使로 임명되었다. 그해 녹둔도鹿屯島에 여진족이 침입하여 큰 피해를 입었다. 이 사건으로 당시 조산보 만호 겸 녹둔도 둔전관으로 있었던 이순신과 상관인 북병사 이일 간에 패전 여부를 놓고 갈등이 있었고, 이후 이순신에 대한 이일의 감정은 좋지 않게 이어졌다. 1592년 임진왜란이 일어나자 이일은 경상도 순변사慶尙道巡邊使가 되어 상주尙州로 내려와 적과 싸웠으나 패전하여 충주忠州로, 서울로, 임진강臨津江으로, 평양平壤으로 계속 후퇴하였다. 1593년에 평안북도 병마사兵馬使와 우변 포도대장右邊捕盜大將이 되고, 1594년에 양호 순변사兩湖巡邊使가 되어 순천順天에 진 치고 있었다. 1595년에 다시 함경도 북병사北兵使, 1600년에 남병사南兵使가 되었으나, 1601년(선조 34)에 살인죄에 연루되어 서울로 호송되다가 정평定平에서 사망하였다. 뒤에 좌의정左議政을 추증하고 장양壯襄이라 시호하였다. 저서로『증보제승방략增補制勝方略』이 있다.(『선조실록』; 강신엽,「朝鮮 中期 李鎰의 關防政策-壯襄公征討時錢部胡圖를 중심으로-」,『學藝誌』제5집, 육군사관학교 육군박물관, 1997; 김구진·이현숙,「제승방략制勝方略의 북방北方 방어防禦 체제」,『국역 제승방략』, 세종대왕기념사업회, 1999, 75~87쪽.)

560 순변사가 …… 압송했다 : 당시 정황으로 보아, 순변사 이일이 거느리고 있던 항왜를 통제사 이순신에게 압송해서 보낸 것으로 추정된다.(『선조실록』권56, 선조 27년 10월 10일(갑인))

561 (*) 내용 생략. 원문은 '達夜 大雨'이다.

562 (*) 내용 생략. 원문은 '宋希立往獵'이다. 앞의 원문은 '李英男來見 李廷忠亦來 申僉知共話'이다.

563 (*) 내용 생략. 원문은 '朝出大廳 降倭十七名 送于南海'이다.

564 이정표李廷彪 : 1562~?. 자字는 방보方父, 본관은 전의全義. 전라북도 전주全州에서 살았다. 1562년(명종 17)에 났으니 이순신보다 17년 아래다. 1584년(선조 17)에 무과武科에 올랐다. 1592년 임진왜란 때에 금갑도만호金甲島萬戶로서 활약하였다. 전란 뒤에 전라좌수사, 경상좌병사, 강화부사, 통제사를 역임하였다.(『萬曆十二年甲申秋別試文武榜目』;『선조실록』;『광해군일기』;『道先生來歷事蹟攀槧』(해군사관학교 박물관 소장);『湖南節義錄』.)

565 신 첨지가 …… 하였다 : 원문은 '是午申僉知報 元帥回還來 則留舟師云'이다.

초8일(임오) (*새벽에 잠깐曉暫) 비가 뿌리더니 늦게 개었다. (*배 만들 목재를 운반해 왔다. 새벽에 꿈을 꾸었는데, 영의정[유성룡]은 모양을 이상하게 차리고, 나는 관을 벗은 채 함께 민종각閔宗慤 집에 가서 이야기하다가 깼다. 이 무슨 징조인지 알 수가 없다.)[566]

초9일(계미) 맑으나 바람은 고르지 않았다.

초10일(갑신) 맑음. (*아침에朝) 이희남李喜男이 들어왔다. 조카 뇌蕾도 본영에 와 있다고 한다.

11일(을유) 동지冬至다.[567] 새벽에 망궐례望闕禮를 드린 후 군인들에게 죽을 먹였다. ○ 우우후右虞候 및 정담수鄭聃壽가 보러 왔다.

12일(병술) 맑음. (*일찍 대청에 나가 순천 색리色吏 정승서鄭承緒와 남원南原에서 폐해를 끼친 역자驛子를 다스렸다. 첨지 신호申浩와 이별주로 전별하였다. 또 견내량見乃梁에서 경계선을 넘어 고기를 잡은 사람 24명을 잡아다가 매를 때렸다.)[568]

13일(정해) 맑음. (*바람이 차차 자니 날씨도 따뜻했다. 신 첨지와 아들 회薈가 이희남李喜男·김숙현金叔賢과 함께 본영으로 갔다. 종 한경漢京은 은진恩津 김정휘金廷輝 집에 다녀오도록 일렀다. 계본啓本도 내보냈다.)[569] 원수[권율]가 방어사防禦使 군관을 시켜 항복한 왜인 14명을 영솔해 보내왔다. (*저녁때 윤연尹連이 그 누이 편지를 가져왔는데 망언妄言이 많았다. 우스웠다. 버리고자 하면서 버리지 못하는 것에 까닭이 있다. 세 아이가 마침내 의지할 곳이 없게 되는 까닭이다. 15일이 아버님 제삿날이라 나가지 않았다. 밤에 달빛이 대낮 같아 밤새 이리 뒤척 저리 뒤척 잠을 이루지 못했다.)[570]

14일(무자) 맑음. (*아침에朝) 우병사右兵使[김응서金應瑞]가 항복한 왜인 7명을 그 군관

---

566 (*) 내용 생략. 원문은 '船材運來 曉夢首台 似有變形 我則脫冠 共到閔宗慤家 同話而覺 未知是何詳也'이다.

567 동지冬至다 : 원문은 '乃冬至 十一月中 曉行望闕禮'(동지라서 11월 중이지만 새벽에 망궐례를 행했다.)이다.

568 (*) 내용 생략. 원문은 '朝出大廳 決順天色吏鄭承緒及驛子南原作弊者 餞申僉知浩盃 又杖見乃梁冒越捉魚人二十四名'이다.

569 (*) 내용 생략. 원문은 '風日殘溫 申僉知及豚薈與李喜男·金叔賢往營 奴漢京亦命往恩津金廷輝家 啓本亦出送'이다.

570 (*) 내용 생략. 원문은 '夕尹連來 持其妹簡 則多有妄言 可笑 欲棄未能者有之 乃遺兒三息 終無依歸故也 以十五日大忌不出 夜月如畫 不能成寐 轉展終夜'이다.

을 시켜 영솔해 왔다. (*그래서 곧바로 남해현으로 보냈다. 이함李瑊이 남해로부터 왔다.)[571]

15일(기축) 맑음. 따뜻하기 봄날과 같았다. 음양陰陽이 질서를 잃었다.[572] ○ 이날은 아버님 제삿날이어서 나가지 않고 홀로 방 안에 앉았으니 슬픈 회포를 어찌 다 말하랴. (*저물어 탐선이 들어왔는데, 순천 교생校生이 교서敎書의 등본謄草을 가져왔다. 또)[573] 아들 울蔚 등의 편지를 보니, 어머님께서 평안하시다니 다행 다행이다. (*상주尙州 사촌 누이의 아들 윤엽尹曄이 본영에 이르러 제 어미의 편지와 제 편지를 보냈는데, 보니 눈물이 흐르는 것을 멈출 수가 없었다.)[574] 영의정[유성룡]의 편지가 왔다.

16일(경인) 맑음. 바람기가 조금 차가웠다. (*식후 대청에 나가 앉으니)[575] 우우후右虞候, 여도만호, 회령포만호[민정붕閔廷鵬], 사도첨사, 녹도만호, 금갑도만호, 영등만호, 전 어란만호於蘭萬戶 정담수鄭聃壽 등이 보러 왔다가 돌아갔다. (*늦게는 날씨가 매우 따뜻해졌다.)[576]

17일(신묘) 맑고 따뜻했다. 서리가 눈같이 쌓였다. (*이 무슨 징조인지 모르겠다. 늦게 약한 바람이 일기 시작하여 종일 불었다. 이경二更[오후 9~11시]쯤에)[577] 뇌蕾와 울蔚이 들어왔다. (*삼경三更[오후 11시~오전 1시]에 광풍狂風이 크게 일었다.)[578]

18일(임진) 맑음. 큰바람이 저녁 내내 불었다. (*[불]더니 밤새도록 이어졌다.)[579]

19일(계사) 맑으나 큰바람이 밤새도록 그치지 않았다.

20일(갑오) 맑음. (*아침에 바람도 잤다. 대청에 나가니 얼마 후에)[580] 원元 수사가 보러 왔다가 돌아갔다. (*늦게 큰바람이 일어 밤새 불었다.)[581]

---

571 (*) 내용 생략. 원문은 '故卽送南海縣 李瑊來自南海'이다.
572 음양陰陽이 질서를 잃었다 : 원문은 '陰陽失序 可謂災矣'(가히 재난이라 할 만하다.)로 되어 있다.
573 (*) 내용 생략. 원문은 '暮探船入來 順天校生 持敎書傳草而來 又'이다.
574 (*) 내용 생략. 원문은 '尙州四寸妹簡及子尹曄到營 致簡 見之則不勝淚下也'이다.
575 (*) 내용 생략. 원문은 '食後坐大廳'이다.
576 (*) 내용 생략. 원문은 '晚則日氣極溫'이다.
577 (*) 내용 생략. 원문은 '未知是祥也 晚微風終日 二更量'이다.
578 (*) 내용 생략. 원문은 '三更 狂風大作'이다.
579 (*) 내용 생략. 원문은 '繼夜'이다.
580 (*) 내용 생략. 원문은 '朝風息 出大廳 有頃'이다.

21일(을미) 맑음. (*아침에 바람이 잔잔해졌다. 조카 뇌蕾가 나갔다.)[582] 이설李渫이 포폄褒貶[583]에 대한 계문啓聞을 가지고 갔다. (*종 금선金善, 우년禹年, 이향離鄉, 수석水石, 행보行寶 등도 나갔다. 김[효]성金[孝]誠과 신경황申景潢이 나갔고, 남도포만호南桃浦萬戶[강응표姜應彪]와 녹도만호鹿島萬戶가 나갔다.)[584]

22일(병신) 맑음. (*아침에 회령포만호가 나갔다. 날씨는 아주 따뜻했다. 우우후右虞候[이정충李廷忠]와 정담수鄭聃壽가 보러 왔다.)[585] 활 5순[586]을 쏘았다. (*왜인의 옷감으로 무명 10필을 가져갔다.)[587]

23일(정유) 맑음. (*고 따뜻했다且溫和) 흥양과 순천의 군량이 들어왔다.[588] (*저녁때夕) 이경복李景福이 왔다. (*소실을 데리고 들어왔다.)[589] 들으니 순변사巡邊使 등이 논핵論劾을 당했다고 한다.

24일(무술) 맑음. 온화하기가 봄날 같았다. 공문을 처결하였다.[590]

25일(기해) 흐림. 새벽꿈에 이일李鎰[순변사]과 만나 내가 많은 말을 하며, "이같이 국가가 위태하게 된 날을 당하여 몸에 무거운 책임을 지고서도 나라의 은혜를 갚겠다고 생각은 하지 않고, 배짱 좋게 음란한 계집을 끼고서 관사에는 들어오지 않고 성 바깥 여염집에 있으면서 남의 비웃음을 받으니 그 마음은 어떠한 것인가. 또 수군 각 고을과 포구에 육전의 병기를 배정하고 독촉하기에 겨를이 없으니 이것은 또한 무슨 이치인가." 하니, 순변사가 말이 막혀 대답을 못 하는 것이

---

581 (*) 내용 생략. 원문은 '晩大風終夜'이다.

582 (*) 내용 생략. 원문은 '朝風殘 蕾姪出去'이다.

583 포폄褒貶 : 좋고 나쁨의 우열優劣을 평정하는 것. 수군 진장鎭將에 관해서는 수군절도사가 관찰사와 합의하여 성적을 사정査定하고, 우후虞候에 관해서는 절도사가 성적을 사정한다. 매년 6월과 12월에 작성하여 상신한다. (『경국대전』)

584 (*) 내용 생략. 원문은 '奴金善禹年離鄉水石行寶等亦出去 金孝誠申景潢出去 南桃浦鹿島出去'이다.

585 (*) 내용 생략. 원문은 '朝會寧浦出去 日氣甚暖 右虞候及鄭聃壽來見'이다.

586 5순 : 원문에는 '五六巡'으로 되어 있다.

587 (*) 내용 생략. 원문은 '倭衣木十匹持去'이다.

588 흥양과 …… 들어왔다 : 원문은 '興陽軍粮 順天軍粮等 捧上'이다.

589 (*) 내용 생략. 원문은 '與其房人入來'이다.

590 온화하기가 …… 처결하였다 : 원문은 '晴溫且和 正如春日 出大廳 公事題送'(대청에 나가서 공문을 처결해 보냈다.)이다.

었다. 기지개를 켜며 깨어나니 한바탕 꿈이었다. ○ 식후 대청에 나가 앉아 공무를 보았다. (*처결해 나누어 주었다. 조금 있자니 우우후右虞候와 금갑도만호金甲島萬戶[이정표李廷彪]가 와서 피리 소리를 듣다가 저물어 돌아갔다. 흥양의 총통 만드는 색리色吏들이 와서 회계를 밝히고 돌아갔다.)591

26일(경자) 소한小寒인데, 맑고 따뜻했다. (*방에 들어앉아 공무를 보지 않았다. 이날 메주 10섬을 쑤었다.)592

27일(신축) 맑음. (*식후 대청에 나가 앉아食後出坐大廳) 좌우도左右道에서 나누어 보낸 항왜들이 모두 와서 모였기에 총 쏘는 연습을 시켰다. ○ 우우후右虞候, 거제현령[안위安衛], 사도첨사, 여도만호가 모두 보러 왔다.

28일(임인) 맑음.

□ 11월 29일부터 12월 30일까지는 빠졌음.

(*) 친필 일기의 「일기 외 기사」(4) 번역문과 원문
(이 기사 내용은 장계를 작성하기 위한 초고草稿로 보인다.)

도망치기 어려움難逃593
밖으로는[초야에는] 나라를 바로 세울 수 있도록 보좌할 만한 주춧돌 같은 사람이 없고, 안으로는[조정에는] 전쟁의 승패를 결정지을 수 있는 책략을 지닌 기둥과 들보 같은 사람이 없구나外無匡扶之柱石 內無決策之棟樑.

배를 더욱 늘리고, 기계를 보수하며 사용법을 훈련시켜 적들이 편안히 잠들지 못하게 한다면, 나는 그로 인한 편안함을 얻을 수 있다增益舟船 繕治器械 令彼

---

591 (*) 내용 생략. 원문은 '題分 有頃右虞候金甲島萬戶來 聽笛暮歸 興陽銃筒色等到此 會計而歸'이다.

592 (*) 내용 생략. 원문은 '在房不坐 是日燻造十石'이다.

593 도망치기 어려움難逃 : 원문 '난도難逃'의 용례가 본서 권2 '장계 1' 「견내량에서 왜적을 격파하였음을 아뢰는 계본」에 '自知難逃'(스스로 도망치기 어려움을 알다)로 나와 있다.

不得安 我取其逸.

　　나를 알고 적을 알면, 백 번을 싸워도 백 번 승리한다. 나를 알지만 적을 모르면, 한 번은 이기나 한 번은 진다. 나도 모르고 적도 모른다면, 싸울 때마다 반드시 패한다. 이것은 영원히 변할 수 없는 이론이구나 知己知彼 百戰百勝 知己不知彼 一勝一負 不知己不知彼 每戰必敗 此萬古不易之論也.

1. 영남 좌우 바닷가에 대규모의 적들이 넘쳐나니, 앞뒤 가리지 않고 밀어닥칠 걱정거리가 반드시 곧 있을 것입니다. 그러나 전쟁이 일어난 지 3년이 되어 관청과 민간公私의 재물이 모두 다 없어졌고, 여역[전염병]도 심하게 번져 다 죽어 가고 있습니다. 바다와 육지가 똑같습니다. 유 대총劉大總[유정劉綎]이 군사를 이미 철수하여 돌아갔습니다. 위급한 상황이 숨 한 번 쉴 사이에 닥쳐오고 있습니다. 온갖 생각을 해봐도百爾思惟 방어하고 지킬 방법이 전혀 없습니다. 호남에서 서울까지 외톨이로나마 살아 있던 사람들도 이미 놀라 흩어졌다고 합니다. 이것만이 아닙니다.

　　영남 좌·우도 바닷가의 땅에 대규모의 적들이 넘쳐나니, 앞뒤 가리지 않고 밀어닥칠 걱정거리가 반드시 곧 있을 것입니다. 그러나 전쟁이 일어난 지 3년이 되어 관청과 민간公私의 재물이 모두 다 없어졌고, 여역[전염병]도 심하게 번져 다 죽어 가고 있습니다. 위급한 상황이 숨 한 번 쉴 사이에 닥쳐오고 있습니다. 방어할 방법도 없고, 지킬 수 있는 방법도 없습니다. 바다와 육지와 여러 진이 똑같이 그러합니다. 온갖 생각을 해봐도百爾思惟 조치할 바를 모르겠고, 방어하고 지킬 방법이 전혀 없습니다. 바다와 육지의 여러 진이 모두 군사와 군량을 호남 한 도에 의지했기에, 호남도 탕진되어 전쟁의 재앙을 당한 지역보다도 더 심한 상태입니다. 앞으로 일을 어떻게 조치해야 할지 모르겠습니다. 양식과 군사를 그 어디에도 의지할 곳이 없습니다. 급히 모아놓은 것도 날이 갈수록 줄어들고 있습니다. 여러 곳의 잡색군 군사를 급히 모아, 혹은 육로의 요해를 끊어 막거나, 혹은 수군에 붙여 합세하여 도와서 적진을 곧바로 치는 것만 못 합니다.

1. 영남 우도에 있는 적의 세력은 이전처럼 특별한 움직임이 없습니다. 그러나 다시 그 형편을 살펴보았더니 배고픈 기색이 많습니다. 그들이 노리는 것은

반드시 가을에 곡식을 거둘 때일 것입니다. 그런데도 우리나라의 방어 준비가 아주 어설퍼 가슴만 탑니다. 방어하고 지키려는 분위기가 전혀 없습니다. 왜놈들이 겁을 먹고 있는 두려워하는 것은 수군이지만, 수군의 군사로 전쟁에 나서려는 사람이 한 사람도 없습니다. 또한 떠돌아다니며 얻어먹는 무리들을 모아 격군으로 만드는 것도 어렵습니다. 그러나 군사는 물론이고 양식조차 구경하지 못하고 있고, 질병이 또한 심하게 번져 죽는 자들이 잇따르고 있습니다. 여러 번이나 이것을 자세히 원수와 방백[순찰사]에게 공문으로 보고했으나, 대책도 회답도 전혀 없습니다. 임금님께 긴급 보고서를 올린 것馳啓도 한두 번이 아니지만, 어찌 하라는 명령이 없었습니다. 온갖 생각을 해봐도 방어하며 지킬 방법이 없습니다. 수군은 곧 파탄이 나서 그만둘 형편입니다. 모[이순신]의 한 몸이야 만 번 죽어도 참으로 달게 여길 수 있습니다. 그러나 나랏일은 어떻게 해야 합니까如某一身 萬死固甘 其於國事何. 수군은 얼마 되지 않는 군량이라도 순천 등지와 바닷가 고을에 쌓아 놓고 있었습니다. 그런데 방백[순찰사]과 원수가 군관을 보내 창고를 뒤엎고 실어 갔습니다. 모[이순신]는 다른 도[경상도]의 먼 바다에 있었기에 조치할 수도 없었습니다. 상황이 이와 같은데 어찌해야 합니까. 어찌해야 합니까. 수군에 어사를 특별히 파견해 주셔서 수군의 일을 전체적으로 검사할 수 있게 해 주신다면, 도움이 될 듯합니다. 헛된 생각이나마 임금님께 긴급 보고서로 올립니다. 그렇지만 적합하지 않다고 생각하신다면, 즉 영남의 순무어사……

1. 바닷가 수군 군사는 순변사 이일이 충용장 김덕령 등과 함께 그들의 소속을 거의 모두 옮겨서 집에 있도록 하였고, 엄격한 명령을 내려 말하기를, "겸하여 모집하여 속하게 한 군사들을 조사하여 다만 그들의 집에서 물러나 편안하고 한가하게 있다가, 적들이 자기 지역에 가까워졌다는 소식을 들으면 한꺼번에 달려와 모이라."고 했답니다. 그래서 바닷가의 수군에 원래부터 소속된 군사들도 잠시 어떻게라도 일시적인 편안함에 거의 다 던져졌습니다. 그들 소속 관청에 감독하게 했으나, 연해에 머물고 있는 순변사는 잡아 오지 못하게 하고 있습니다. 하는 일마다 이러니 어찌해야 합니까.594

---

594 갑오년 11월 25일 일기 참조.

1. 정경달은 종사관으로서 온 정성을 다해 둔전을 경작하며, 둔전의 일을 감독하고 검사해 왔습니다. 그런데 전 방백[순찰사]이 보낸 공문에 따르면, "도[전라도] 안의 일은 책임자가 있으니, 둔전을 통제하고 경작하는 것을 검사하는 일은 실로 그[정경달]의 임무가 아니다. 게다가 '다른 도[경상도]의 바다 진영海陣에 멀리 있어, 또한 경작을 검사할 수도 없다.' 라고 하니, 지금부터는 그 어떤 검사도 하지 말라."고 했습니다. 그런데 지금은 "함양 수령[군수]으로 임명되었다."고 합니다. 가슴만 탑니다. 추수할 때까지만 이라도 그대로 있으면서 검사하는 일을 할 수 있도록 장계를 올립니다.[595]

1. 장 파총張把摠[명나라 장수 장홍유張鴻儒]이 이달 17일 진에 도착했습니다. 수군의 막강한 위세를 보고 아주 크게 탄복했습니다. "내년 봄 산동山東과 천진天津 등의 비호선飛虎船 120여 척을 이끌고 한달음에 제주로 갔다가 그대로 한산도 진에 도착할 것이고, 세력을 합치고 함께 이 적을 무찌르자."라고 했습니다. 비록 이 이야기를 깊이 신뢰할 수 없으나, 그의 마음을 자세히 살펴보았을 때 빈말은 아닌 듯합니다. 이곳에서 3일을 머물렀는데, 송·이[596]가 눈을 가리고 귀를 막고 있는 것을 매우 한스러워했습니다.[597]

쓸쓸히 바라보다蕭望

쓸쓸히 비바람 부는 밤	蕭蕭風雨夜
애타는 마음에 잠 못 들 때,	耿耿不寐時
긴 한숨만 거듭거듭	長嘆更長嘆
눈물 떨구고, 또 눈물 떨구네.	淚垂又淚垂
배에 의지했던 몇 년 동안의 계책도	倚船經歲策
홀로 성스러운 임금을 속인 것일 뿐,	獨作聖君欺
산과 바다에는 이미 부끄러움만 가득	山河猶帶慚

---

595 갑오년 10월 17일~21일 일기 참조. 이때 잉임 요청이 받아들여져서 10월 중순 이후에 종사관이 교체된 것으로 보인다. 『이충무공전서』 권1, '잡저'에 「상모인서上某人書」로 실려 있다.

596 송宋·이李는 경략 송응창宋應昌과 제독 이여송李如松을 이른다.

597 갑오년 7월 15일~21일 일기 참조.

물고기와 새까지 슬픔에 잠겼네.	魚鳥亦吟悲
전쟁으로 위급한 나라	國內有蒼勢
누가 위기를 이겨 낼 수 있을까?	誰能任轉危
뱃전을 두드리며 몇 년 동안 세운 계책도	扣舷經歲策
지금은 성스러운 임금을 속인 것일 뿐,	今作聖君欺
나라를 회복했던 제갈공명 생각나고	恢復思諸葛
승승장구했던 곽자의가 그립구나.	長驅慕子儀
쓸쓸히 비바람 부는 밤	蕭蕭風雨夜
애타는 마음에 잠 못 들 때,	耿耿不寐時
쓸개가 찢긴 듯 아픈 마음	傷心如裂膽
살점을 베인 듯 쓰라린 아픔	懷痛似割肌
긴 한숨만 거듭거듭	長嘆更長嘆
눈물 떨구고, 또 눈물 떨구네.	淚垂又淚垂
쓸개가 잘린 듯 쓰라린 아픔	懷痛如摧膽
살점을 베인 듯 아픈 마음	傷心似割肌
산과 바다는 참혹한 빛 띠고	山河帶慘色
물고기와 새까지 슬픔에 잠겼네.	魚鳥亦吟悲
이백 년 태평세월	昇平二百載
빛나는 문화, 꽃피웠지만	文物三千姿
전쟁으로 위급한 나라	國有蒼皇勢
위기를 이겨 낼 사람이 없구나.	人無任轉危
몇 년 동안 방비할 계책을 세웠어도	經年防備策
나라를 회복했던 제갈공명 생각나고	恢復思諸葛
승승장구했던 곽자의가 그립구나.	長驅慕子儀

전에 있던 것과 영[좌수영]에서 온 것을 합쳤다.
흰색 접는 부채白貼扇는 358자루다.
별선別扇 453자루 안에서 7월 10일에 순변사에게 15자루를 보냈다.

기름 먹인 부채油扇 590자루 안에서 7월 10일에 순변사에게 10자루를 보냈다.

옷칠한 부채漆扇 58자루 안에서 5자루는 순변사에게 보냈다.

일반 부채扇扇 50자루 안에서 10자루는 순변사에게 보냈다.

갈모笠帽는 40개다.

주머니칼刀子은 323자루다.

여섯 겹으로 붙인 종이六丈付는 2부다.

들기름 먹인 종이狀油紙 5권, 기름 먹인 종이注油紙 5권은 영[전라좌수영]에서 온 것이다.

들기름 먹인 종이狀油와 기름 먹인 종이注油는 전에 있던 것이다.

쇠로 된 부시火金는 70이다.

이상은 명나라 장수에게 선물로 주려 한다.

흥양의 세매世每, 사대준事大俊, 영세永世, 천죽天竹, 영로永老.

대죽大竹 23개, 중죽中竹 23개는 7월 4일에 옥지玉只가 제작하려고 받아 갔다.

대·소죽大小竹 93개는 7월 27일에 옥지가 제작하려고 받아 갔다.

대죽전大竹箭 65개를 만들어 바쳤고, 중죽전中竹箭 40개, 중죽전 22개는 9월 5일에 무재武才가 바쳤다.

6월 6일.

숙죽熟竹[숯불에 구운 대나무]으로 짧고 무거운 것은 56개다.

상품 대나무上品竹는 11개다.

짧고 가벼운 대나무暫輕竹 53개는 품질이 좋다.

가볍고 작은 대나무輕小竹 48개 안에서 30개를 충사[충청수사]에게 보냈다.

대죽 78개는 군관 등에게 주었다.

차중죽次中竹 44개는 우사[우수사]에게 보냈다.

최하품 대나무下下竹는 26개다.

영[좌수영] 전선 7척 안에 새로 건조한 5척은 이미 정비해 왔고, 전에 건조한 것은 2척이고, 그중 1척은 의병, 1척은 개조한 것이다.

순천 10척 안에 새로 건조한 것은 3척, 전에 건조한 것은 1척, 영의 배 1척, 방답 5척이 있다.

흥양 10척 안에 본현[흥양현]에서 새로 건조한 것은 2척, 전에 건조한 것은 2척, 영의 배 1척, 사도 5척이 있다.

낙안 3척 안에 본군[낙안군]에서 새로 건조한 것은 1척, 전에 건조한 것은 1척, 영의 배 1척이 있다.

광양 4척 안에 본현[광양현]에서 새로 건조한 것은 2척, 전에 건조한 것은 1척, 영의 배 1척이 있다.

보성 8척 안에 본군[보성군]에서 새로 건조한 것은 2척, 전에 건조한 것은 2척, 녹도 2척과 발포 2척이 있다.

방답 4척 안에 새로 건조한 것은 4척이다.

여도 3척 안에 새로 건조한 것은 3척이다.

발포 3척 안에 새로 건조한 것은 3척이다.

사도 4척 안에 새로 건조한 것은 4척이다.

녹도 3척 안에 새로 건조한 것은 3척이다.

도양장의 논에서 징수한 전세畓租는 20섬 13말 5되이다. 백성에게 땅을 주어 농사를 짓게 한 뒤, 생산된 농작물을 관청과 반반씩 나눈 것은 13섬 14말 8되이고, 콩은 1섬 7말이다.

갑오년[1594] 1월 21일, 새로 복무를 하기 위해 입대한 수군 21명을 내보냈다. 팔결군八結軍[598] 16명을 되돌려 보냈다.

5월 3일, 창고 물건을 일일이 뒤적이며 장부와 대조하면서 검사했다反庫. 군량미는 349섬 14말 4되이다. 사들인 메밀木米[곡식의 일종]은 두 번을 합해 83섬이다. 합계는 432섬 14말 4되다. 그중에 현재 남은 것은 65섬 12말 4되다.

명나라 장수 파총 장홍유의 자字는 중문仲文, 헌호는 수천秀川이다. 절강□江

---

598 팔결군八結軍 : 전결田結에 고용된 자들로서 군사를 삼은 것(『선조수정실록』 권31, 선조 30년 1월 23일 갑인). 팔결은 100부負를 1결結로 삼고, 8결을 1부夫로 하여 결세를 매기는 것이다.(『한국고전용어사전』, 세종대왕기념사업회, 2001.)

[절강성浙江省] 영파부寧波府에 산다. 가정家丁은 주증周曾과 구덕丘德이다. 같이 온 기패旗牌[기패관旗牌官]는 장도관張覩·반준潘俊·주봉周鳳이다.[599]

難逃

外無匡扶之柱石 內無決策之棟樑

增蓋(益)[600] 舟船　繕治器械

令彼不得安 我取其逸

知己知彼 百戰百勝

知己不知彼 一勝一負

不知己不知彼 每戰必敗 此萬古不易之論也.

一. 嶺南左右沿海 大賊瀰滿 豕突之患 必在朝暮 而兵興三載 公私蕩竭 癘疫又熾 死亡殆盡 水陸同然 劉大總兵已爲撤兵還歸 危急之勢 迫在呼吸 百爾思惟 萬無防守之勢路 自湖南以至京城 子遺生靈■ 亦已驚散云 非但此也.

嶺南左右道沿海之地 大賊瀰滿 豕突之患 必在朝暮 而兵興三載 公私蕩匱 癘疫又熾 死亡殆盡 危急之勢 迫在呼吸 防禦無路 萬無防守之路 水陸諸陣同然 百爾思惟 罔知所措 萬無防守之勢 水陸諸陣 皆軍兵粮餉 水陸諸陣 皆賴湖南一道 而湖南之板蕩 有甚於兵火之地 前頭之事 罔知所爲 軍粮兵■百無所賴 急聚日就凋殘 不如急聚各處軍兵雜色軍兵 或截把陸路要害 或添助合勢舟師 直衝賊陣.

一. 嶺南右道賊勢如前 別無他跡 但更嘗其形 則多有飢色 其意必在秋穀登場 而我國備禦極疎 仰悶 萬無防守之勢矣 倭奴之所畏怖者則舟師 而水卒之赴戰者無一人 且聚流移丐乞之輩 艱難成格亦無樣 然軍不見粮 疾病又熾

---

599 이 '일기 외 기사'의 번역은 박종평, 『난중일기』(파주: 글항아리, 2021), 675~703쪽을 참고하였다.

600 蓋(益) :『亂中日記草』(朝鮮史編修會, 1935)에는 '蓋'로 판독되어 있으나, '박혜일·최희동·배영덕·김명섭, 『李舜臣의 日記草』(서울 : 조광출판인쇄, 2007), 221쪽에는 새롭게 '益'으로 판독하였다.

死亡相續 累將此具 移報于元帥及方伯 略無顧答 馳啓■■ 馳啓亦非一二
而又無可施之命 百爾思惟 萬無防守之路 舟師一事 勢將罷撤 如某一身 萬
死固甘 其於國事何 舟師些小之粮 有儲於順天等地沿海等邑 而方伯及元帥
遣軍官 轉庫輸去 某在他道遠海 未及措制 勢至於此 奈何奈何 若別遣舟師
御史 摠撿舟師之事 則似可濟事 妄料馳啓 此事如何 然若不合 則嶺南巡撫
御史.

一. 沿海舟師之軍 巡邊使李鎰及忠勇將金德齡等 幾盡移屬使之在家■ 威
令之日 兼撿募屬之軍 惟退在其家安逸 而聞賊近境 一時馳集云 故沿海舟師
元屬之卒 姑如何此安一時之安 幾盡投付 督之於其官 則巡邊使留在沿海 使
不得捉來 事事如是 奈何奈何.

一. 丁景達爲從事 盡心耕屯 監撿屯田之事 而前方伯移文曰 道內之事 素
有主掌 則統制撿作屯田 實非其任 況遠在他道海陣 亦不可撿耕云 故今後一
切勿撿云 而今爲咸陽倅云 仰悶 限秋收仍撿事 狀啓矣.

一. 張把總今月十七日到陣 見舟師兵威 莫不勝嘆服 明春領山東·天津等
飛唬船一百廿餘隻 直抵濟州 因到閑山陣 合勢共濟討此賊云 此言雖不可深
信 熟觀其情 則似不虛矣 留此三日 多恨宋·李之壅蔽矣又.

一. 蕭望[601]
蕭蕭風雨夜 耿耿不寐時
長嘆更長嘆 淚垂又淚垂
倚船經歲策 獨作聖君欺
山河帶慚色猶帶慚 魚鳥亦吟悲
國勢何多亂內有蒼皇勢 朝邊無誰能任轉危
扣舷經歲策 今作聖君欺
恢復思諸葛 長驅慕子儀

---

601 蕭望 : '박혜일 등(『李舜臣의 日記草』, 2007)이 '蕭望'을 처음으로 판독하였다.

蕭蕭風雨夜　耿耿不寐時

傷心如裂膽　懷痛似割肌

長嘆更長嘆　淚垂又淚垂

懷痛如摧膽　傷心似割肌

山河帶慘色　魚鳥亦吟悲

昇平二百載　文物三千姿

國有蒼皇勢　還人無任轉危

經年防備(海)[602]策

恢復思諸葛　長驅慕子儀

前在及營來合

白貼扇三百五十八柄

別扇四百五十三柄內 七月初十日 巡邊使十五柄送

油扇五百九十柄內 七月初十日 巡邊使十柄送

漆扇五十八柄內 五柄巡邊使送

扇扇五十柄內 十柄巡邊使送

笠帽四十事

刀子三百二十三柄

六丈付二浮

狀油紙五卷 注油紙五卷 營來

狀油 注油 前在

火金七十

　　　已上唐將贈給次

興陽世每馬(事)[603]大俊永世方(天)竹永老

大竹卄三介 中竹卄三介 七月初四日 造次玉只受去

---

602 備(海)：『亂中日記草』(朝鮮史編修會, 1935)에는 '備'로 판독되어 있으나, 박혜일 등(『李舜臣의 日記草』, 2007)은 새롭게 '海'로 판독하였다.

603 馬(事)：『亂中日記草』(朝鮮史編修會, 1935)에는 '馬'로 판독되어 있으나, 박혜일 등(『李舜臣의 日記草』, 2007)은 새롭게 '事'로 판독하였다. 여기서는 '事'를 취했다.

大小竹九十三介 七月廿七日 玉只受造次

大竹箭六十五介造納

中竹箭四十, 二十二 九月初五日 武才納

六月初六日

熟竹暫重者五十六介

上品竹十一介

暫輕竹五十三介好品

輕小竹四十八介內 三十介忠使送

大竹七十八介 軍官等下

次中竹四十四介 右使送

下下竹廿六介

營戰船七隻內 新造五隻已整來 前造二隻內 義兵一隻 改造一隻

順天十隻內 新造三隻 前造一隻 營船一隻 防踏五隻

興陽十隻內 本縣新造二隻 前造二隻 營船一隻 蛇渡五隻

樂安三隻內 本郡新造一隻 前造一隻 營船一隻

光陽四隻內 本縣新造二隻 前造一隻 營船一隻

寶城八隻內 本郡新造二隻 前造二隻 鹿島二隻 鉢浦二隻

防踏四隻內 新造四隻

呂島三隻內 新造三隻

鉢浦三隻內 新造三隻

蛇渡四隻內 新造四隻

鹿島三隻內 新造三隻

道陽場畓租二十石 十三斗 五升

　　　幷作十三石 十四斗 八升

　　　太一石 七斗

甲午正月二十一日 奔赴水軍二十壹名出送

　　　　八結軍十六名還送

214

五月初三日 反庫粮粞 三百四十九石 十四斗 四(升)[604]

貿木米二度幷八十(三)[605]

合四百卅二石 十四斗 四升內

時遺在六十五石 十二斗 四升

天將張把總鴻儒 字仲文 軒號秀川 居□江寧波府 家丁周曾・丘德

同來旗牌張覿縉

潘俊

周鳳[606]

---

604 (升) :『亂中日記草』(朝鮮史編修會, 1935)에는 미상('□')으로 되어 있으나, 박혜일 등(『李舜臣의 日記草』, 2007)이 새롭게 '升'으로 판단하였다.

605 (三) :『亂中日記草』(朝鮮史編修會, 1935)에는 미상('□')으로 되어 있으나, 박혜일 등(『李舜臣의 日記草』, 2007)이 새롭게 '三'으로 판독하였다.

606 친필 일기의 이 '일기 외 기사'를 활자화活字化하는 작업은, '朝鮮史編修會,『朝鮮史料叢刊 第六 亂中日記草・壬辰狀草』 조선총독부, 1935.(東京 : 第一書房, 1978 復刻.)'와 '박혜일・최희동・배영덕・김명섭,『李舜臣의 日記草』(서울 : 조광출판인쇄, 2007.)'를 참고하였다.

을미년乙未年

[1595년, 선조 28, 이순신 51세]

1월

초1일(임술) 맑음. 촛불을 밝히고 혼자 앉아 있으면서 생각이 나랏일에 미치자 모르는 사이에 눈물이 흘렀다. 또 병드신 팔십 노친을 생각하며 뜬눈으로 밤을 새웠다. 새벽엔 여러 장수 및 모든 병종諸色의 군사들이 와서 해가 바뀐 인사를 하였다. 원전元琠과 윤언심尹彦諶[607], 고경운高景雲 등이 보러 왔다. 모든 병종의 군사들에게 술을 먹였다.

초2일(을해) 맑음. 나라의 제삿날[608]이라 공무를 보지 않았다. 계본 초고啓草를 수정했다.

초3일(병자) 맑음. 일찍 대청에 나가 각 고을과 포구의 공문을 처결하여 보냈다.

초4일(정축) 맑음. 우우후右虞候[이정충李廷忠], 거제현령[안위安衛], 금갑도만호[이정표李廷彪], 소비포권관[이영남李英男], 여도만호[김인영金仁英] 등이 보러 왔다.

초5일(무인) 맑음. 공문을 처결하였다. ○ 봉菶과 울蔚이 들어왔다. 어머님이 평안하시다고 들으니 다행이다. 밤이 새도록 온갖 생각들이 떠올라 잠을 이루지 못했다.

초6일(기묘) 맑음. 어응린魚應麟 및 고성현감固城縣監[609][조응도趙凝道]이 왔다.

초7일(경진) 맑음. 흥양현감興陽縣監[황세득][610] 및 방언순方彦淳과 이야기했다. 남해南

---

607 윤언심尹彦諶 : 생졸년 미상. 1594년(선조 27) 무과 정시庭試에 갑과甲科 1위(장원壯元)로 합격하였다.(『한국역대인물종합정보시스템』.)

608 나라의 제삿날 : 명종 비 인순왕후仁順王后 심씨沈氏의 돌아가신 날이다.

609 고성현감固城縣監 : 고성固城은 현령縣令을 두었던 곳으로, 현감縣監은 오기인 듯한데 자세히 알 수 없다.

610 흥양현감[황세득] : 1594년에 흥양현감 배흥립裵興立과 장흥부사 황세득黃世得이 서로 맞교대하였는데, 그 정확한 시기는 자세하지 않다.(『興陽縣誌』 선생안;『長興都護府誌』 선생안.)

海에 있는 항복한 왜인 야여문也汝文 등이 인사하러 왔다.

초8일(신사) 맑았으나 큰바람이 불었다. 광양현감[박치공朴致恭][611]의 공례公禮를 받은 후에 전령傳令의 기한을 넘긴 죄로 매를 때렸다.

초9일(임오) 맑음. 식사 후 야여문也汝文 등을 남해로 돌려보냈다.

초10일(계미) 순천부사順天府使 박진朴晉이 교서에 숙배肅拜를 행했다. 들으니, 경상수사慶尙水使 원균元均이 선창에 왔다고 하였다. 불러들여 함께 이야기했다. 순천부사, 우우후右虞候, 흥양현감, 광양현감, 웅천현감[이운룡李雲龍], 고성현령, 거제현령 역시 왔다가 돌아간다고 고했다. (들으니, 경상 원균이 선창에 도착했다고 하기에, 순천과의 공사례公私禮를 잠시 미루었다. 얼마 후 불러들여 같이 앉아 술을 권할 때, 말하는 것들이 아주 흉악하고 참혹했다.)[612]

11일(갑신) 우박이 내리고 동풍이 불었다. 식후에 순천부사, 흥양현감, 고성현령, 웅천현감, 영등포만호[조계종趙繼宗]가 와서 이야기했다. 고성은 새로 만드는 배를 감독할 일로 돌아간다고 고했다.

12일(을유) 흐리고 큰바람이 불었다. 각 고을과 포구의 공문서를 처결하여 보냈다. ○ 늦게 순천부사가 돌아간다고 고했다. 영남우후嶺南虞候 이의득李義得이 보러 왔다. (밤 12시에 꿈을 꾸었다. 돌아가신 아버님께서 오셔서, "13일에 회薈의 혼례식醮禮을 하도록 보내는 것이 적합하지 않은 듯하다. 비록 4일 후에 보내도 방해됨이 없다."라는 가르침이셨다. 완전히 평상시와 같으셨다. 지난날을 돌아보며 홀로 앉아 있었다. 그리움에 쏟아지는 눈물을 억누르기 어려웠다.)[613]

13일(병술) 아침엔 맑고, 저녁엔 비가 왔다. 박치공朴致恭이 왔다.

14일(정해) 맑음. 동풍이 크게 불었다. 몸이 불편하여 누워서 신음했다. 영등만호와

---

611 광양현감[박치공朴致恭] : 박치공의 광양현감 재임 기간은 1594년 10월부터 1595년 10월까지이다.(『光陽縣邑誌』선생안). 박치공은 경상우수사 원균의 군관을 지냈다.

612 『일기초日記抄』에 나오는 내용이며, '聞慶尙水使元均來到船滄云 而順天公私禮姑留之 而有頃招入 同坐饋酒之際 言辭極兇慘'으로 되어 있다. 『일기초日記抄』는, '문교부 문화재관리국,『再造藩邦志抄』, 1968', '朴惠一·崔熙東·裵永德·金明燮,『李舜臣의 日記草』(서울 : 조광출판인쇄, 2007), 445~447쪽', '현충사관리소,『이충무공유사李忠武公遺事』(국역·영인합본), 2008.'에 포함된 것을 참조하였다.

613 『일기초日記抄』에는 뒤에 '三更夢先君來敎 十三日送醮 薈往似有不合 雖四日送之無妨爲敎 完如平日 懷想獨坐 戀淚難裁也'가 있다.

사천현감[기직남奇直男], 여도만호가 보러 왔다. (사천현감이 와서 이르기를, "새 수
사 선거이宣居怡가 병에 걸려 사직원을 냈기에, 진주목[목사] 배설裵楔이 임명되었다."라고 했
다.)[614]

15일(무자) 맑음. 우우후右虞候 이정충李廷忠을 불렀더니, 정충이 실족하여 물에 빠져
한참이나 헤엄치는 것을 간신히 건져 냈다 하므로 불러서 위로했다. (우후 이몽
구李夢龜와 여필汝弼이 왔다. 들으니, "이천주李天柱 씨가 생각지도 않게 느닷없이 세상을 떴
다."라고 했다. 놀랍고 탄식이 나는 것을 참을 수 없었다. 천리나 멀리 떨어져 있던 사람이기
에 만나지 못했는데 갑자기 세상을 떴다니, 더욱더 마음이 아프고 슬펐다.)[615]

16일(기축) 맑음. 대청에 나가 공무를 봤다.

17일(경인) 맑음. 따뜻하고 바람도 없었다. 대청에 나가 공무를 봤다. 우우후右虞候,
소비포권관, 거제현령, 미조항첨사[성윤문成允文]가 함께 와서 활을 쏘고 헤어
졌다.

18일(신묘) 흐림. 공문을 처결하였다. ○ 늦게 활 10순을 쏘고 헤어졌다.

19일(임진) 맑음. 대청에 나가 공무를 봤다. 옥구沃溝의 피란민 이원진李元軫이 왔다.
장흥부사[배흥립], 낙안군수[김준계金遵繼], 발포만호[황정록黃廷祿]가 들어왔는데
기한 늦은 죄로 처벌했다. 조금 있다가 여도呂島 전선에 불이 나서 광양·순천·녹
도 전선 4척이 연이어 불탔다. 통탄함을 이길 수 없었다.

20일(계사) 맑음. 아침에 여필汝弼[아우]과 해蒙[조카]가 이응복李應福과 함께 나갔다.
아들 울蔚과 분芬[조카]이 들어왔다. 어머님이 평안하시다 하니 다행 다행이다.

21일(갑오) 종일 가랑비가 내렸다. 이경명李景明과 장기를 두었다. 장흥부사가 보러
왔다. 그에게서 순변사巡邊使 이일李鎰의 처사가 극히 형언할 수 없고, 나를 헤
치려고 몹시 애를 쓴다는 말을 들으니 참으로 가소롭다. (곧 회薈가 기러기를 갖고
신부의 집으로 가서 절하는 날이다奠鴈之日. 마음속 걱정을 어찌하랴. 장흥부사[배흥립]가 술
을 갖고 왔다. 그에게 들으니, "순변사 이일李鎰의 일하는 방식이 아주 제멋대로이고 엉망이

---

614 『일기초日記抄』에는 '泗川來云 新水使宣居怡 以病呈免 晉州牧裵楔爲之云'으로 되어 있다.

615 『일기초日記抄』에는 '虞候李夢龜及汝弼來 聞李天柱氏 不意暴逝云 不勝驚嘆 千里投人 不見而奄逝 尤極
痛悼'로 되어 있다.

며, 나를 헤치려고 아주 많이 힘쓴다."라고 했다. 우스운 일이다. 그의 서울 첩도 자신의 부府

[순변사부]로 이끌고 왔다고 한다. 더욱더 해괴하다.)⁶¹⁶

22일(을미) 맑음. 종일 큰바람이 불었다. 원수군관元帥軍官 이태수李台壽가 전령을 가

지고 와서 여러 장수들이 왔는지 안 왔는지를 알아보고 간다고 했다. ○ 늦게 수

루 위로 나가서 불을 낸 여러 배의 장수와 색리色吏들을 처벌했다. 초경初更[오후

7~9시]에 금갑도만호金甲島萬戶가 있는 집에서 불이 나서 다 타 버렸다.

23일(병신) 큰바람이 종일 불었다. 장흥부사와 우후, 흥양현감이 와서 이야기하다 날

이 저물어 돌아갔다.

24일(정유) 맑으나 큰바람이 불었다. 이원진李元軫을 전별했다.⁶¹⁷

25일(무술) 맑음. 장흥부사, 흥양현감, 우후, 영등포만호, 거제현령 등이 보러 왔다.

26일(기해) 흐리고 바람이 불었다. 탐선探船이 들어와서 흥양현감[황세득黃世得]을 잡

아갈 나장羅將이 들어온다고 했다. 이희李禧도 왔다.

27일(경자) 맑음. 춥기가 한겨울 같았다. 대청에 나가 영암군수와 강진현감[나대용羅大

用]⁶¹⁸ 등의 공식 인사를 받았다. (가리포첨사[이응표李應彪]에게서 여옥汝沃 형이 돌아가

셨다는 소식을 들었다. 놀랍고 아픔을 이길 수 없었다.)⁶¹⁹

28일(신축) 맑음. 큰바람이 불고 추웠다. 황승헌黃承憲[자字는 숙도叔度]이 들어왔다.

29일(임인) 흐리나 비는 오지 않았다.

30일(계묘) 맑음. 동풍이 크게 불었다. 보성군수[안홍국安弘國]가 들어왔다.

---

616 『일기초日記抄』에는 '乃薵奠鴈之日 心慮如何 長興佩酒來 因聞巡使李鎰處事極無狀 害我甚力云 可笑 其
京妾亦率來于其府云 尤可駭也'로 되어 있다.

617 이원진李元軫을 전별했다 : 앞에 19일에 왔다가 6일 만에 떠난 것이다.

618 강진현감[나대용羅大用] : 『강진군읍지(康津郡邑誌)』(고궁박물관 소장) 선생안(先生案)에 따르면, 현감
이 나대용羅大用→임봉상任鳳祥→이극신李克信으로 이어진다. 나대용은 1596년 10월 11일에 탄핵,
파직되었다. (『선조실록』 권81, 선조 29년 10월 11일 갑술.)

619 『일기초日記抄』에는 '因加里浦 聞汝沃兄訃 不勝驚痛'이 있다.

2월

초1일(갑진) 맑았으나 바람이 불었다. 일찍 대청에 나가 보성군수의 기한 늦은 죄를 다스리고, 도망쳤던 왜인 2명을 처형했다. ○ 금부禁府[의금부] 나장羅將이 와서 흥양현감[황세득黃世得][620]을 잡아갈 일을 전했다.

초2일(을사) 흐리고 큰바람이 불었다. 흥양현감이 잡혀갔다. ○ 대청에 나가 공무를 봤다.

초3일(병오) 맑음. 일찍 대청에 나갔다. 흥양 배에 불을 던진 자를 추궁하다가 신덕수申德壽를 신문했으나 실증을 얻지 못하여 가두었다.

초4일(정미) 맑음. 몸이 불편했다. 장흥부사[배흥립]와 우우후가 왔다. 원수부元帥府의 회답 공문과 종사관從事官의 답장도 왔다. 봉菶과 회薈가 오종수吳從壽[이순신의 아산 친구]와 함께 들어왔다.

초5일(무신) 맑음. 충청수사忠淸水使[이순신李純信]가 왔다. ○ 천성만호天城萬戶 윤홍년尹弘年이 교서敎書에 숙배했다.

초6일(기유) 맑았으나 큰바람이 불었다. 장흥·우우후 등과 함께 활을 쏘았다.

초7일(경술) 맑음. 보성군수[안홍국安弘國]가 술을 가져와서 종일 이야기했다.

초8일(신해) 흐림.

초9일(임자) 비. (꿈을 꾸었다. "서쪽과 남쪽 사이 하늘 한편에 붉은빛과 푸른빛이 어울린 용이 굽이치는 모습으로 걸쳐 있었다. 나 홀로 자세히 살펴보았다. 사람들이 볼 수 있도록 가리켰으나 그들은 볼 수 없었다. 머리를 돌린 사이에 벽 틈새로 들어와 그대로 용 그림이 되어 있었다. 나는 한동안 어루만지고 감상했다. 용의 색깔과 형태, 꿈틀거리는 것이 참으로 뛰어나게 아름다웠다." 특이한 징조가 많아 기록해 놓는다.)[621]

초10일(계축) 비가 뿌렸다. 바람도 크게 불었다. 황숙도黃叔度[전 능성현감]와 종일 이야기했다.

---

620 흥양현감[황세득黃世得] : 『호남읍지』「흥양현」(1793, 고궁박물관 소장), '선생안'

621 『일기초日記抄』에는 '夢 西南間 赤靑龍掛在一方 其形屈曲 余獨觀之 指而使人見之 人不能見 回首之間 來入壁間 因爲畫龍 吾撫玩移時 其色形動搖 可謂奇偉 多有異祥 故記之'가 있다.

11일(갑인) 비. 늦게 잠깐 개었다. 황숙도와 분芬, 허주許宙[622]와 변존서卞存緖가 돌아 갔다. ○ 종일 공무를 보았다. 저물녘에 왕명서가 들어왔는데, 둔전屯田을 검칙 檢飭[623]하라는 것이었다.

12일(을묘) 맑음. 바람도 일지 않았다. 윤엽尹曄이 들어왔다. 늦게 활 10여 순을 쏘았 다. 장흥부사와 우우후도 와서 쏘았다.

13일(병진) 맑음. 일찍 대청에 나갔다. 도양道陽 둔전에서 벼 300석을 실어 와서 각 포 구에 나누어 주었다. 우수사右水使[이억기李億祺], 진도군수[박인룡朴仁龍], 무안현 감, 함평현감[조발趙撥], 남도포만호[강응표姜應彪], 마량첨사[강응호姜應虎], 회령포 만호[민정붕閔廷鵬] 등이 들어왔다.

14일(정사) 맑고 따뜻했다. 식후에 진도군수[박인룡], 무안현감, 함평현감이 교서에 숙 배한 후에 방비처에 들이는 수군을 일제히 징발해 보내지 아니한 것과 전선을 만들어 오지 않은 일로 처벌했다. 영암군수[박홍장朴弘章]도 처벌했다. ○ 봉葑, 해荄, 분芬과 방응원方應元이 함께 나갔다.

15일(무오) 맑고 따뜻했다. 새벽에 망궐례를 행하여 하례를 드렸다. 우수사[이억기]와 가리포첨사[이응표], 진도군수도 함께 와서 참례했다. ○ 지휘선上船을 연기에 그을렸다.

16일(기미) 맑음. 대청에 나갔더니 함평현감 조발趙撥이 논박을 당하여 돌아간다고 고하므로 술을 대접하여 보냈다. 조방장助防將 신호申浩가 진에 와서 교서에 숙 배하고 그대로 같이 이야기했다. 저녁에 배를 타고 바다 가운데로 나아가 정박 했다가, 이경二更[오후 9~11시]에 행선하여 춘원도春院島[624]에 대니 날이 밝아 오 는데 경상도 수군들은 아직 도착하지 않았다.

---

622 허주許宙 : 이순신 누이의 사위. 허주의 동서는 윤간尹侃이다.(박종평,『난중일기』, 파주 : 글항아리, 2021, 312쪽.)

623 왕명서가 …… 검칙 : 검칙은 점검이라 할 수 있다. 이때 받았던 1595년 1월 21일 자「둔전검칙유지屯田 檢飭有旨」(보물 제1564호)는 지금 현충사에 보존되어 있다.

624 춘원도春院島 :경상남도 통영시 한산면 추봉도. 임진왜란 때 경상우수영이 있었던 오아포吾兒浦(烏兒浦 —지금의 경상남도 거제시 동부면 가배리) 입구를 가로막고 있는 섬이다.『신증동국여지승람』거제현조 에 주원도朱原島로,『세종실록』에 주원방포周原防浦로 나와 있는 섬이다. 포구의 여건이 좋아 1419년(세 종 1)에 대마도를 정벌하기 위한 이종무李從茂 함대가 견내량을 거쳐 이곳에 집결하여 출발하였다.

17일(경신) 맑음. 아침에 군사들을 재촉해 밥을 먹이고서, 바로 [경상]우수영 앞바다에 이르니 성안에 있던 왜놈 7명이 우리 배를 보고 도망치므로 배를 돌려 나왔다. 장흥부사와 신申 조방장을 불러 종일 계책을 의논하고 진으로 돌아왔다. 저물녘에 임영林榮 및 정丁 조방장 응운鷹運[625]이 들어왔다.

18일(신유) 맑음. 탐후선이 들어왔다.

19일(임술) 맑음. 아침에 대청으로 나가 공무를 보았다. 거제현령, 무안현감, 평산포平山浦[김축金軸]·회령포會寧浦[민정붕] 만호, 허정은許廷誾도 왔다. 송한련宋漢連[이순신의 군관]이 와서 말하기를, "잡은 물고기를 군량과 바꾸었다."라고 했다.

20일(계해) 맑음. 우수사와 장흥부사, 신申 조방장이 와서 이야기하는데, 원공[원균]의 흉포하고 패악함을 많이 전했다. 참으로 놀랄 일이었다.

21일(갑자) 비가 조금 오다가 늦게는 맑았다. 보성군수[안흥국], 웅천현감, 우우후右虞候, 소비포권관, 강진현감, 평산만호平山萬戶 등이 보러 왔다.

22일(을축) 맑음. 대청에 나가 계본啓本을 봉했다. 늦게 우후와 낙안군수, 녹도만호[송여종宋汝悰]를 불러 떡을 대접했다.

23일(병인) 맑음. 신申 조방장과 장흥부사가 와서 이야기했다.

24일(정묘) 흐림. 천둥과 번개가 크게 치면서도 비는 오지 않았다. 몸이 불편했다. 원전元㙉이 돌아간다고 고했다.

25일(무진) 흐리고 바람도 고르지 않았다. 회薈와 울蔚이 들어왔는데, 그편에 어머님이 평안하시다는 말을 들었다. ○ 장계狀啓를 가지고 갔던 이전李荃이 들어왔다. 조보朝報와 영의정[유성룡]의 편지를 가지고 왔다.

26일(기사) 흐림. 아침에 서장書狀과 계본啓本 모두 16통을 봉해서 정여흥鄭汝興에게 부쳤다.

27일(경오) 한식寒食. 맑음. 원균이 포구에서 배襄 수사 설楔과 교대하려고 여기 이르

---

625 정丁 조방장 응운鷹運 : 정응운丁鷹運은 여기에 이름이 나오는 것을 제외하고는 아직까지 다른 사서에서 그 이름이 확인되지 않는다. 『난중일기』를 통해서 유추해 보건대, 정응운은 정걸丁傑과 동일 인물일 가능성이 매우 높다. 즉, 응운은 정걸의 자字 혹은 호號일 수도 있다. 참고로 『호남절의록湖南節義錄』에 따르면, 정걸의 자는 실전失傳되었다고 한다.

렀기로 교서에 숙배하게 하였더니 불평한 기색이 많으므로 재삼 타일러 힘써 따르게 하여 강행했다고 한다. 그 무지한 것이 가소로웠다. (나는 알면서 처음부터 참으며, 불러와 대비책을 물었다. 해가 저문 후, 파하고 되돌아왔다. 그 모습을 어찌 다 말할 수 있겠는가.)[626]

28일(신미) 맑음. 대청에 나가 장흥부사 및 우우후右虞候와 이야기했다. 광양현감[박치공]과 목포만호도 왔다.

29일(임신) 맑음. 고여우高汝友가 창신도昌信島로 나갔다. 배褒 수사가 와서 둔전屯田 만들 일 등을 의논했다. 신申 조방장도 왔다. 저녁에 옥포만호玉浦萬戶 방승경方承慶과 다경포만호多慶浦萬戶 이충성李忠誠 등이 교서에 숙배례를 행했다.

30일(계유) 비가 계속 내렸다. 대청에 나가 공무를 보았다.

3월

초1일(갑술) 맑음. 삼도三道에서 겨울을 보낸 군사들을 모아 임금께서 내려 주시는 무명베를 나누어 주었다. 정丁 조방장[응운]이 들어왔다.

초2일(을해) 흐림.

초3일(병자) 맑음.

초4일(정축) 맑음. 조방장助防將 박종남朴宗男[627]이 들어왔다.

초5일(무인) 비가 계속 내렸다. 노대해盧大海가 왔다.

---

626 『일기초日記抄』에 앞부분은 같고, 뒤에 '吾知始忍招問備策 日暮罷歸 其爲形狀 不可言'이 있다.

627 박종남朴宗男 : 1549~1601. 자字는 자윤子胤, 본관은 밀양密陽. 한성漢城에 거주하였다. 1549년(명종 4)에 났으니 이순신보다는 4년 아래다. 이순신과 과거 급제 동기로, 1576년(선조 9)에 무과武科 갑과甲科 2등으로 급제하였으며, 선전관宣傳官을 역임하였다. 1592년 임진왜란 때는 통정대부通政大夫(정3 품)로 병조참의兵曹參議, 회양부사淮陽府使, 강원도 방어사防禦使 겸 춘천 부사春川府使를, 1593년에는 도원수都元帥 휘하에서 별장別將을 역임하였다. 1595년(을미)에는 주사 조방장舟師助防將으로 한산도에서 통제사 이순신의 막하로 있었다. 1596년에 광주목사廣州牧使를 거쳐 회령부사會寧府使에 임명되었다.(『萬曆四年丙子式年文武雜科榜目』;『선조실록』;『난중일기』;『竹溪日記』;『한국민족문화대백과사전』)

초6일(기묘) 맑음.

초7일(경진) 맑음. 박朴 조방장[종남宗男], 신申 조방장[호浩], 우후[이몽구李夢龜], 진도군수[박인룡]가 보러 왔다. (우수사가 보러 와서 정원명 및 순천 군관의 일로 말투와 얼굴빛이 아주 다급했다. 우스운 일이다.)[628]

초8일(신사) 맑음. 식후에 대청으로 나갔다. 우수사, 경상수사[배설], 두 조방장, 우후, 가리포첨사, 낙안군수, 보성군수, 광양현감, 녹도만호 등이 함께 와서 함께 이야기했다.

초9일(임오) 맑음. 늦게 대청으로 나갔다. 방답防踏 새 첨사 장린張麟, 옥포 새 만호 이담李曇이 공사례公私禮를 행했다. 진주晉州의 이곤변李坤忭이 보러 왔다가 돌아갔다.

초10일(계미) 흐리고 가랑비가 왔다. 박朴 조방장[종남]과 이야기했다. 보성군수 안홍국安弘國이 돌아간다고 고했다.

11일(갑신) 흐리고 큰바람이 불었다. 사도司僕[629] 주부主簿 조형도趙亨道가 와서 좌도左道의 적세 및 항복한 왜인들이 보고한 바를 말하기를, "수길秀吉이 출병한 지 3년이나 지나도 끝내 효과가 없으므로 군사를 더 내어 바다를 건너와서 부산에 진영을 만들려고 하는데, 3월 11일에 바다를 건너오기로 벌써 정해졌다."고 했다.

12일(을유) 흐림. 박朴 조방장과 우후가 장기를 두었다.

13일(병술) 흐리고 큰바람이 불었다. 아침에 박 자윤子胤[종남] 영공令公을 불러서 함께 밥을 먹었다. 저녁 식후에 조형도가 와서 보고 돌아갔다.

14일(정해) 비가 계속 내렸다. 바람은 그쳤다. 남해현령[기효근奇孝謹]이 진에 도착했다.

15일(무자) 비가 잠깐 그치고 바람도 잤다. 식후에 조형도가 돌아간다고 고했다. ○ 늦게 활을 쏘았다.

---

628 『일기초日記抄』에는 뒤에 '右水使來見 以鄭元明順天軍官事 辭色甚遽 可笑'가 있다.

629 사도司僕 : 사도시司僕寺를 말함. 조선시대에 대궐 안의 쌀 간장 따위에 관한 일을 맡은 관청이다. 1392년(태조 원년)부터 1882년(고종 19)까지 있었다.

16일(기축) 비. 사도첨사 김완金浣이 들어왔다. 그에게서 들으니, 전 충청수사 이 입부 李立夫[이순신李純信]가 군량 2백여 석이 조도어사調度御史 강첨姜籤에게 포착되어, 그 때문에 잡혀서 심문당한다고 했다. (그의 사돈 이호문李好問도 역시 붙잡혔다고 한다.)[630] 또 충청 새 수사 이계훈李繼勳[631]이 배에서 불을 냈다고 하니 놀라움을 이길 수 없다. ○ 권 동지權同知 준俊이 본영에 왔다고 했다.

17일(경인) 비가 걷히는 듯했다. 아들 면葂과 허주許宙, 박인영朴仁英 등이 돌아갔다. ○ 이날 군량을 계산하여 표를 붙였다. ○ 충청우후[원유남元裕男]가 급히 보고 하기를, "수사 이계훈이 실수로 불을 내서 물에 빠져 죽고, 군관軍官 및 격군格軍 모두 140여 명이 불에 타 죽었다." 하니, 참으로 놀랄 일이었다.[632] ○ 늦게 우수사[이억기]가 급히 보고하기를, "견내량見乃梁 복병한 곳에서 온 항복한 왜인 심안은이沈安隱已를 문초한즉, 그자는 본시 영등에 있던 왜인인데, 그 장수 심안돈沈安頓[도진의홍島津義弘]이 그 아들[충항忠恒]을 대신 두고 근일에 돌아갈 것이라 한다."라고 했다.

18일(신묘) 맑음. 권언경權彦卿[권준權俊], 여필汝弼, 조카 봉菶, 수원壽元 등이 왔다. 그래서 어머니의 평안하심을 들으니 한없이 기쁘고 다행이었다. ○ 우수사가 와서 이야기했다.

19일(임진) 맑음. 권 언경 영공令公과 함께 활을 쏘았다.

20일(계사) 비가 계속 내렸다. 식후에 우수사에게로 가다가 길에서 배襄 수사[설楔]를 만나 배 위에서 잠깐 이야기했다. 밀포密浦의 둔전屯田 만든 곳을 살펴볼 일로 돌아갈 것을 고했다. 그 길로 우수사에게로 가서 몹시 취하고 저물녘에 돌아왔다.

---

630 『일기초日記抄』에 앞부분은 같고, 그 뒤에 '其査頓李好問 亦爲被拿云'이 있다.

631 이계훈李繼勳 : 이덕열李德悅(1534~1599)의 『양호당일기養浩堂日記』에는 '이계정李繼鄭'으로 나와 있다. 『선조실록』에도 '이계훈'이라는 이름은 보이지 않고, '이계정'만 보인다.
이계정李繼鄭은 1539년(중종 34) 생으로, 홍양현감을 지낸 최희량崔希亮의 장인이다. 자字가 경윤景胤, 본관은 원주原州이며 거주지는 전라남도 영암靈巖이다. 1570년(선조 3)에 무과에 급제하였다. [『한국 역대인물종합정보시스템-이계정』; 『여지도서 하』 전라도 영암 인물; 『융경4년경오식4월16일문무잡과복 시방목隆慶四年庚午式四月十六日文武雜科覆試榜目』(국립중앙도서관 소장).]

632 『일기초日記抄』에는 이 문장만 있고, 충청수사는 이계정李繼鄭으로 나온다.

21일(갑오) 맑음. 늦게 여필과 조카 봉, 수원 등이 돌아갔다. 나주 반자半刺[원종의元宗義]와 우후虞候[이몽구]가 보러 왔다. ○ 오시午時[오전 11시~오후 1시]에 박朴 조방장[종남]에게로 가서 바둑을 두었다.

22일(을미) 동풍이 크게 불었다. 날씨는 아침 일찍 흐리다가 늦게 개었다. 세 조방장[박종남·신호·권준]과 활을 쏘았다. 우수사도 여기 와서 함께 쏘고 날이 저물어서 파하고 돌아갔다.

23일(병신) 맑음. 아침을 먹은 뒤에 세 조방장 및 우후와 함께 도보로 앞산 봉우리 위에 올라가 보니 삼면으로 바라보는 앞이 막히지 않고 북쪽 길은 트여 있다. 과녁帿 세울 자리를 닦고 앉을 터를 (넓게) 만들고[633] 종일토록 돌아오는 것을 잊어버렸다.

24일(정유) 흐렸으나 바람은 없었다. 공문을 처결하였다. 늦게 세 조방장[박종남·신호·권준]과 함께 활을 쏘았다. (우수사가, 좌기坐起[관아에 출근해서 일을 봄]할 대청을 고쳐 세우는 것을 좋지 않게 여기고, 말을 많이 지어 내며 보고해 왔다. 놀라고 놀랄 일이다.)[634]

25일(무술) 비가 종일 내렸다. 권 동지[준], 우후, 남도포만호[강응표], 나주 반자半刺[판관]가 와서 보았다. 영광군수[정연丁淵]도 왔다. 권 동지와 장기를 두었는데 권이 이겼다. 저녁에 몸이 몹시 불편하더니 닭이 울 무렵에 열이 조금 내리고 땀은 흐르지 않았다.

26일(기해) 맑음. 영광군수가 나갔다. 늦게 신申·박朴 두 조방장 및 우후와 함께 활 15순을 쏘았다. 저녁에 배裹 수사, 이운룡李雲龍, 안위安衛가 와서 새 감사의 연명延命[635] 행사 참석을 고하고 사량蛇梁으로 갔다. ○ 이경二更[오후 9~11시]에 동쪽이 어둡다가 곧 밝으니 무슨 상서로움인지 모르겠다.

27일(경자) 맑음. 식후에 우수사가 와서 종일 활을 쏘았다. 어두워 박朴 조방장에게로 가서 발포만호鉢浦萬戶, 사도첨사蛇渡僉使, 녹도만호鹿島萬戶를 불러 함께 이야기하고 헤어졌다. 탐선이 들어왔다. 표마表馬 및 종 금이金伊 등이 들어왔다. 어

---

633 『일기초日記抄』에는 모두 같고 '開坐基' 앞에 '廣' 한 글자가 더 있다.

634 『일기초日記抄』에는 뒤에 '右水使以坐廳改立爲惡 多費辭報來 可愕可愕'이 있다.

635 연명延命 : 감사監司나 수령守令이 부임할 때, 궐패闕牌 앞에서 왕명을 널리 알리는 의식.

머님이 평안하시다고 한다.

28일(신축) 맑음. 활 10여 순을 쏘았다. 늦게 사도첨사[김완金浣]가 와서 보고하기를, "각 포구의 병부兵符를 순찰사 관문關에 의거하여 바로 각 포구에 나누어 주었다." 하니 그 까닭을 알 수 없다.

29일(임인) 맑음. 식후에 두 조방장과 이운룡·조계종과 함께 활 23순을 쏘았다. 배裵 수사가 순찰사가 있는 곳으로부터 오고 미조항첨사彌助項僉使[성윤문成允文]도 진에 도착했다.

4월

초1일(계묘) 맑았으나 큰바람이 불었다. 들으니, 남원 유생 김굉金軱이 수군에 관한 일로써 진중에 왔다고 하므로 같이 이야기했다.

초2일(갑진) 맑음. 종일 공무를 보았다.

초3일(을사) 맑음. 세 조방장[박종남·신호·권준]은 우수사 진陣으로 가고, 나와 사도첨사[김완]는 활을 쏘았다. (대들보를 올렸다上樑. 도리道里[636]를 올렸다.)[637]

초4일(병오) 맑음. 아침에 경상수사[배설]가 활쏘기를 청하므로 권[권준]·박[박종남] 두 조방장과 함께 같은 배를 타고 경상수사에게 갔더니, 전라수사[이억기]가 벌써 먼저 와 있었다. 함께 활을 쏘고 종일 이야기하다가 돌아왔다.

초5일(정미) 맑음. 선전관 이찬李燦이 비밀 유지有旨[왕명서]를 가지고 진陣에 도착했다.

초6일(무신) 가랑비가 종일 내렸다. 권 동지[권준]와 함께 이야기했다.

초7일(기유) 맑음. 저물녘에 바다로 내려가, 어두워서 견내량에 이르러 잤다. ○ 선전관[이찬]이 돌아갔다.

---

636 도리道里 : 기둥과 기둥 위에 돌려 얹혀서 서까래를 받치는 나무[徒里]를 이른다.(『충무공유사』 국역·영인합본, 현충사관리소, 2008, 70쪽 각주 182.)

637 『일기초日記抄』에는 뒤에 '上樑 上道里'가 있다. 앞에 우수사가 반대한 대청인 듯하다.

초8일(경술) 맑음. 동풍이 크게 불었다. 들으니, 왜적이 밤중에 도망갔다고 하므로 들어가 치지 않았다. 늦게 침도砧島⁶³⁸에 이르러 우수사 및 배 수사와 함께 활을 쏘았다. 여러 장수도 모두 와서 참여했다. 저녁에 본진으로 돌아왔다.

초9일(신해) 맑음. 박朴 조방장과 활을 쏘았다.

초10일(임자) 맑음. 구화역仇化驛⁶³⁹ 역졸이 와서 아뢰기를, "적선 3척이 또 역 앞에 왔다."라고 하므로 삼도三道 중위장中衛將들에게 각각 배 5척씩을 거느리고 견내량으로 달려가서 형세를 보아 무찌르게 했다.

11일(계축) 맑음. 우수사가 와서 보고는, 활을 쏘고 종일 이야기하다가 돌아갔다. 정여흥鄭汝興이 들어왔다. 또 변존서卞存緒의 편지를 보고 무사히 집으로 돌아간 줄을 알았다. 기쁘기 그지없다.

12일(갑인) 맑음. 계본啓本에 대한 회답回下 18통 및 영의정[유성룡柳成龍], 우의정[정탁鄭琢⁶⁴⁰]의 편지와 자임子任[이축李軸⁶⁴¹] 영공令公의 답장이 왔다. ○ 군량을 독촉할 일로 아병牙兵 양응원梁應元은 순천과 광양으로, 배승련裵承鍊은 광주와 나주로, 송의연宋義連은 흥양과 보성으로, 김충의金忠義는 구례와 곡성으로 정해 보

---

638 침도砧島 : 경상남도 거제시 둔덕면 술역리 방화도. '砧'은 다듬잇돌을 의미하는 문자인데, 방화도의 모양이 다듬잇돌과 비슷하다.

639 구화역仇化驛 : 경상남도 통영시 광도면 노산리에 있던 구허역丘墟驛을 가리킨다.

640 정탁鄭琢 : 1526~1605. 자字는 자정子精, 호號는 약포藥圃, 본관은 청주淸州. 경상북도 예천醴泉에서 살았다. 현감縣監 정원로鄭元老의 증손이자 정이충鄭以忠의 아들로 1526년(중종 21)에 나니 이순신보다는 19세 위다. 이황李滉과 조식曺植의 문인이다. 1558년(명종 13)에 문과에 급제한 후 예조·병조·이조의 판서를 역임하고, 1592년 임진왜란 때는 좌찬성으로 왕을 의주까지 호종하였다. 1594년에는 곽재우郭再祐·김덕령金德齡 등을 천거하였으며, 이듬해 우의정이 되었다. 1595년 지중추부사知中樞府事, 1599년 판중추부사判中樞府事를 거쳐 이듬해 좌의정에 승진되고, 1603년 영중추부사領中樞府事에 올랐다. 이듬해 호성공신扈聖功臣 3등에 녹훈되었으며, 서원부원군西原府院君에 봉해졌다. 사후에 정간貞簡이라 시호하였으며, 예천의 도정서원道正書院에 배향되었다. 저서로 『약포집』과 『용만문견록龍灣聞見錄』 등이 있다. 그는 특히 1597년 지중추부사로 있을 때 신구차伸救箚를 올려 이순신을 구원해 낸 일로 유명하다.(『國朝文科榜目』;『선조실록』;『한국민족문화대백과사전』).

641 이축李軸 : 1538~1614. 자字는 자임子任, 호號는 사촌沙村, 본관은 전주全州. 한성漢城에서 살았다. 양녕대군讓寧大君의 현손이며, 극포수極浦守 이희남李希男의 아들로 1538년(중종 33)에 났으니 이순신보다 7년 위이다. 1576년(선조 9)에 문과에 급제하여 형조판서와 공조판서, 한성 판윤 등을 역임하였다. 1589년 안악군수로 있을 때, 정여립鄭汝立의 모역을 조정에 고변한 공으로 이듬해 평난공신平難功臣 1등으로 완산군完山君에 봉해졌다.(『國朝文科榜目』;『한국민족문화대백과사전』.)

냈다. ○ 삼도 중위장中衛將 성윤문成允文, 김완金浣, 이응표李應彪가 견내량으로 부터 돌아와 적이 물러갔다고 보고했다. ○ 배 수사는 밀포密浦로 나갔다.

13일(을묘) 흐리고 비가 왔다. 세 조방장[박종남·신호·권준]이 함께 왔다. 계문啓聞 및 편지 4통을 봉하여 거제 군관에게 부쳐 올려 보냈다. ○ 저녁에 고성현령 조응 도趙凝道가 와서 왜적의 일을 말하고, 또 "거제의 적들이 웅천에 청병하여 야간 습격을 하려고 한다." 하니, 비록 믿을 말은 못 되나 또한 그럴 염려가 없지도 않 았다. (대청을 완성했다.)642

14일(병진) 잠깐 비가 왔다. 아침에 흥양현감[홍유의洪有義]643이 교서에 숙배했다.

15일(정사) 흐림. 여러 가지 계본啓本 및 단오端午 진상품을 봉해 올렸다.

16일(무오) 큰비가 종일 왔다. 비가 흡족하니 금년 농사는 풍년일 것을 점칠 수 있다.

17일(기미) 맑음. 동북풍이 몹시 불었다. 식후에 대청으로 나가 세 조방장과 더불어 활 15순을 쏘았다. 배 수사가 왔다가 곧 해평장海平場 농사짓는 곳으로 갔다. 미 조항첨사도 와서 활을 쏘고 갔다.

18일(경신) 맑음. 식후에 대청으로 나가 앉았는데, 우수사와 배 수사, 가리포첨사[이 응표], 미조항첨사[성윤문], 웅천현감[이운룡], 사도첨사[김완], 이의득, 발포만호 [황정록黃廷祿] 등 삼도 장수가 함께 와서 모여 활을 쏘았다. 권[권준]·신[신호] 두 조방장도 함께 모였다.

19일(신유) 맑음. 박朴 조방장[종남]은 수색하고 토벌하는 일로 배를 탔다. (아침에 청혼 서와 사주단자采文를 썼고, 더불어 조카 해荄의 혼례 비품을 구비했다. 이영남이 '임금님께 보 고하는 글에 대한 회답啓回下'을 갖고 내려왔는데, "남해현령을 효시梟示하라."고 했다.)644

20일(임술) 맑음. 늦게 우수사에게로 가서 조용히 이야기하고 돌아왔다. 이영남이 계 문啓聞에 대한 회답啓回下을 가지고 내려왔는데 남해현령[기효근]을 효시하라는 것이었다.

---

642 『일기초日記抄』에는 뒤에 '大廳畢'이 있다.
643 흥양현감[홍유의洪有義] : 『호남읍지』 「흥양현」(1793, 고궁박물관 소장) '선생안'에 의하면, 홍유의의 재 임 기간은 1595년 3월~1597년 6월이다.
644 『일기초日記抄』에는 뒤에 '朝書采文 倂荄姪合졸之俱 李英男啓回下下來 則南海梟示云'이 있다.

21일(계해) 맑았으나 큰바람이 불었다. 대청에 나가서 활 10순을 쏘았다.

22일(갑자) 맑음. 오후에 미조항첨사彌助項僉使 이운룡李雲龍, 적량만호赤梁萬戶 고여우高汝友, 영등만호永登萬戶 조계종趙繼宗과 두 조방장이 함께 왔기에, 정사준鄭思竣[645]이 보낸 술과 고기를 함께 먹고, 남해가 군령軍令을 어겼으니 효시梟示하라는 글을 보았다.

23일(을축) 맑음. 남풍이 몹시 불어 배를 운항할 수 없으므로 수루 위로 나가 앉아 공무를 보았다.

24일(병인) 맑음. 이른 아침에 울蔚, 뇌蕾[조카], 완莞[조카]을 어머님 생신에 상 차려 드릴 일로 내보냈다. 오시午時[오전 11시~오후 1시]에 강천석姜千石이 달려와서 아뢰기를, "도망한 왜인 망기시로望己時老[손사랑孫四郎]는 무성한 풀 속에 엎드린 것을 잡고, 왜인 한 명은 물에 빠져 죽었다."라고 하기에 압송해 오게 하였다. 그리고 삼도에 나누어 맡긴 항복한 왜인들을 모두 불러 모으고 곧바로 머리를 베라고 명령했더니, 망기시로가 조금도 두려운 빛이 없이 죽으러 나왔다. 참으로 사나운 놈이었다.

25일(정묘) 맑고 바람도 없었다. 구화역졸仇化驛卒 득복得福이 경상우후[이의득]의 급한 보고를 가지고 왔는데, "왜의 배 대·중·소 아울러 50여 척이 웅천에서 나와 진해로 향한다." 하였다. 그래서 오수吳水 등을 정탐하러 내보냈다. 흥양현감[홍유의]이 보러 왔다. 사량만호蛇梁萬戶 이여념李汝恬이 휴가를 청하였다. 아들 회薈와 해荄[조카]가 들어왔다. 어머님이 평안하시다 함을 들으니 다행 다행이다.

26일(무진) 맑음. 새벽에 우수사와 신 조방장[신호申浩[646]]이 소속 20여 척 배를 거느리고 순찰하며 탐색하러 나갔다. 늦게 권 동지[준], 흥양현감, 사도첨사, 여도만호[김인영] 등과 활 20순을 쏘았다.

27일(기사) 맑고 바람도 없었다. 몸이 불편했다. 권 동지同知, 미조항첨사彌助項僉使,

---

645 정사준鄭思竣 : 1553~1599. 본관은 경주慶州로 전라남도 순천順天에서 살았다. 1553년(명종 8)생으로 이순신보다 8년 아래이다. 1584년(선조 17)에 무과에 급제하였으며, 1593년에는 훈련주부訓鍊主簿로 좌수사 이순신의 군관으로 있으면서, 정철조총正鐵鳥銃의 개발에 성공하여 이순신이 조정에 포상을 건의하기도 했다. 뒤에 결성현감結城縣監을 지냈다.(『萬曆十二年甲申秋別試文武榜目』, 『선조실록』, 『한국민족문화대백과사전』, 본서 권3「封進火砲狀」)

영등만호永登萬戶가 와서 함께 활 10순을 쏘았다. ○ 삼경三更[오후 11시~오전 1시]에 우수사가 수색 토벌하고 진으로 돌아와서 "아무 데도 적의 종적이 없었다."라고 했다.

28일(경오) 맑음. 식후에 대청에 나가 공무를 보았다. 우수사 및 경상수사가 와서 활을 쏘았다. ○ 송덕일宋德一이 하동현감[성천유成天裕]을 잡아 왔다.

29일(신미) 사경四更[오전 1~3시]에 비가 오더니 묘시卯時[오전 5~7시]에 비가 맑게 개었다. 해남현감[최위지崔緯地]과 공사례를 마친 후에 하동현감이 두 번이나 정해진 기일에 오지 않았으므로 장 90대를 때리고, 해남현감은 장 10대를 때렸다. 미조항첨사는 말미[휴가]를 고했다. ○ 세 조방장[박종남·신호·권준]과 같이 이야기했다. ○ 노윤발盧潤發이 미역 99동을 따 가지고 왔다.

30일(임신) 맑음. 활 10순을 쏘았다. (아침에 '원수[권율]가 임금님께 보고하는 글啓本'과 '기奇·이李 두 사람의 범죄 사실 진술서供草'를 읽어 보았다. 원수가 근거 없이 망령되게 임금님께 보고한 일이 많았다. 반드시 부적절한 것에 대한 질책이 있을 것이다. 이런데도 원수 자리에 둘 수 있겠는가. 이상하다.)[647]

5월

초1일(계유) 비바람이 몹시 불었다.

---

646 신호申浩 : 1539~1597. 자字는 언원彦源 혹은 심원深源, 본관은 평산平山. 전라북도 고부古阜에서 살았다. 1539년(중종 34)에 나니 이순신보다 6년 위이다. 1567년(선조 즉위년) 무과武科에 급제하였으며, 함경도 조산보만호造山堡萬戶를 역임하였다. 1592년(임진)에 낙안군수로서 좌수사 이순신의 막하가 되어 여러 전쟁에 공을 세워 통정대부通政大夫(정3품)로 승진하고, 1595년(을미)에는 조방장助防將이 되었다. 1597년(정유)에는 남원南原의 교룡산성蛟龍山城 수어사守禦使로 있다가, 남원이 포위되어 위급해지자 전라병사全羅兵使 이복남李福男 등과 함께 남원성南原城 안으로 들어가 왜적에게 항전하다가 전사하였다. 후에 원종공신原從功臣에 책록되고 형조판서에 추증되었다. 남원의 충렬사忠烈祠에 제향되었으며, 시호는 무장武壯이다.(『隆慶元年丁卯十一月初二日文武雜科覆試榜目』;『湖南節義錄』;『선조실록』;『난중일기』;『한국민족문화대백과사전』.)

647 『일기초日記抄』에는 뒤에 '朝見元帥啓本及奇李兩人供草 則元帥多有無根妄啓之事 必有失宜之責 如是而可置元帥之任乎 可怪'가 있다.

초2일(갑술) 맑음. 아침에 바람이 몹시 사납게 불었다. 늦게 웅천현감[이운룡]과 거제현령[안위], 영등포[조계종]·옥포[이담] 만호가 보러 왔다. ○ 이경二更[오후 9~11시]에 탐선이 들어왔는데, 어머님이 평안하시다 하고, 종사관[유공진]이 이미 본영에 도착했다고 했다.

초3일(을해) 맑음. 활 15순을 쏘았다. 해남현감이 보러 왔다. 금갑도만호金甲島萬戶[이정표]가 진에 도착했다.

초4일(병자) 맑음. 이날은 어머님 생신이다. 몸소 나가 잔을 드리지 못하고 홀로 먼 바다에 앉았으니 회포를 어찌 다 말하랴. 늦게 활 15순을 쏘았다. 해남현감이 휴가를 청하였다. 아들의 편지를 보니 요동 왕작덕王爵德이 왕씨[648]의 후손으로서 군사를 일으킨다고 하니 참으로 놀랄 일이다.

초5일(정축) 비가 계속 내렸다. 유시酉時[오후 5~7시]에 잠깐 개었다. 활 3순을 쏘았다. 우수사[이억기]와 경상수사[배설], 여러 장수들이 함께 모였다. 신시申時[오후 3~5시] 말에 종사관 유공진柳拱辰[649]이 들어왔다. 이충일李忠一, 최대성崔大晟,[650] 신

---

648 왕씨王氏 : 고려 왕조의 성을 가리킴.

649 유공진柳拱辰 : 1547~1604. 자字는 백담伯膽, 본관은 문화文化. 1547년(명종 2)생으로, 이순신보다 2년 아래이다. 성혼成渾의 문인門人으로서, 1583년(선조 16)에 문과文科에 급제하여 이조정랑吏曹正郎을 역임하였다. 1591년(선조 24)에 정철鄭澈과 같은 당파로 지목되어 경원慶源으로 귀양 갔다. 1592년 임진왜란을 맞아 귀양에서 풀려나와 예조정랑禮曹正郎에 임명되었다. 1593년 사간원 사간司諫院司諫, 홍문관 부응교弘文館副應敎, 사은사 서장관謝恩使書狀官을 지내고, 1594년에 홍문관 응교應敎에 임명되었다. 1595년 5월에 통제사 이순신의 종사관이 되고, 11월에 남원부사南原府使로 임명되었으나 곧 사간원의 탄핵을 받아 체차되었다. 1597년 정유재란이 일어나자 조정에서는 유공진이 관동關東의 일을 잘 안다고 하여 독운어사督運御史에 임명하였다. 전란이 끝난 후, 우승지右承旨·동래부사東萊府使·파주목사坡州牧使·서천군수舒川郡守를 지냈다.(『國朝人物志』;『紀年便攷』;『선조실록』;『난중일기』;『竹溪日記』.)

650 최대성崔大晟 : 1553~1598. 자字는 대양大洋, 본관은 경주慶州. 전라남도 보성寶城에서 살았다. 1553년(명종 8)생이므로 이순신보다는 8년 아래이다. 1585년(선조 18) 무과武科에 급제하여, 1592년 임진왜란 때는 좌수사 이순신의 군관軍官으로서, 첫 출전 때 한후장捍後將이 되어 옥포 해전에서 전공을 세웠다. 1597년 통제사 원균의 군관으로 칠천량 해전에 참전하였다. 정유재란으로 전라도가 일본군에게 유린될 때, 그는 고향에서 아들 언립彦立·후립厚立 및 집안 노비들까지 동원하여 의병 수천여 명을 모아 항전하였다. 특히 순천·광양·고흥·보성 등 20여 곳에서 크고 작은 전투를 벌여 승리하였다. 1598년 보성의 안치鴈峙 전투에서 적을 추적하던 중 두 아들과 함께 전사하였다. 후에 형조참의에 추증追贈되고, 정려문旌閭門이 내려졌으며, 정충사旌忠祠에 배향되었다.(『湖南節義錄』;『輿地圖書』下;『한국역대인물종합정보시스템』;『난중일기』;『선조실록』; 본서 권2「赴援慶尙道狀」; 본서 권2「玉浦破倭兵狀」.)

경황申景滉이 함께 왔다. ○ 몸이 춥고 불편하여 고통스러워하다가 토하고 잤다.

초6일(무인) 맑고 바람도 없었다. 아침에 종사관이 교서에 숙배한 후에 공사례公私禮
를 받고 함께 이야기했다. (몸이 매우 불편했고, 생각 또한 같지 않았다. 탄식이 났다.)[651]
늦게 활 20순을 쏘았다.

초7일(기묘) 맑음. 아침에 종사관[유공진]·우후[이몽구]와 함께 이야기했다.

초8일(경진) 흐리나 비는 오지 않았다. 아침 식후에 행선하여 삼도三道가 함께 선인
암仙人巖[652]으로 가서 이야기하고 구경하며 또 활도 쏘았다. ○ 이날 방답첨사防
踏僉使[장린]가 들어왔다. 아들 등의 편지를 가지고 왔는데, "초4일에 종 춘세春
世가 실수로 불을 내서 10여 집이 연달아 탔으나 어머님 계신 집에는 미치지 않
았다." 하였다. 이것은 다행한 일이었다. ○ 저물기 전에 배를 돌려 진으로 들어
왔다. 종사관從事官과 우후虞候는 모두 방회榜會[653] 때문에 뒤떨어졌다.

초9일(신사) 맑음. 아침 식후에 종사관이 돌아갔다. 우후도 같이 갔다. 활 20순을 쏘
았다.

초10일(임오) 맑음. 활 20순을 쏘았는데 많이 적중했다. ○ 종사관 등이 본영에 도착
했다고 한다.

11일(계미) 늦게 비가 뿌렸다. 두치豆峙 군량과 남원南原·순창淳昌·옥과玉果 등을 합
하여 68석을 실어 왔다.

12일(갑신) 궂은비가 그치지 않다가 저녁에야 잠깐 개었다. 대청에 나가 공무를 보았
다. 권權 동지[준]와 신申 조방장[호]이 왔다.

13일(을유) 비가 퍼붓듯이 종일 그치지 않았다. 혼자 대청에 앉았으니 온갖 회포가
떠올랐다. 배영수裵永壽를 불러 거문고를 타게 했다. 또 세 조방장을 청해다가
함께 이야기했다. ○ 요사이 탐선이 엿새가 되도록 오지 않는다. 어머님 안부를

---

651 『일기초日記抄』에는 뒤에 '體甚異常 意向亦不同 可嘆'이 있다. '몸도 뜻대로 되지 않았다.'는 의미로 추론
해 볼 수 있다.

652 선인암仙人巖 : 경상남도 통영시 한산면 두억리 문어포問語浦 신선암神仙巖으로 추정된다. (金一龍, 『統
營地名總攬』, 통영문화원, 2014, 409쪽.)

653 방회榜會 : 방방放榜과 같은 말로, 과거에 급제한 사람에게 증서를 주던 일을 말한다.(『한국고전용어사
전』, 세종대왕기념사업회, 2001).

알 수 없어 무척 애가 타고 걱정스럽다.

14일(병술) 궂은비가 그치지 않았다. 종일토록 내렸다. 아침 식후에 대청에 나가 공무를 보았다. 사도첨사가 와서 고하기를, "흥양현감이 받아 간 전선이 작은 돌섬에 걸려서 엎어졌다."라고 하므로, 대장代將 최벽崔璧, 십선장十船將, 도훈도都訓導를 잡아다가 장杖을 때렸다. 권 동지權同知가 왔다.

15일(정해) 궂은비가 개지 않아 지척을 분간할 수 없다. 새벽에 꿈이 어지러웠다. 어머님 안부를 못 들은 지 벌써 7일이라, 무척 애가 타고 답답했다. 또 해荄[조카]가 잘 갔는지 아닌지 모르겠다. 아침 식후에 나가 공무를 보니, 광양 김두검金斗劍이 복병할 적에 순천·광양 두 고을에서 이중으로 삭료朔料[월급]를 받은 것 때문에 벌로 수군으로 나왔는데, 칼도 안 차고 활도 안 차고서 무척 오만하기에 장杖 70을 때렸다. ○ 늦게 우수사가 술을 가지고 와서, 몹시 취해서 돌아갔다.

16일(무자) 흐리나 비는 오지 않았다. 아침에 탐선이 들어왔는데 어머님은 평안하시다 하고, 아내는 불이 난 후로 심신이 많이 상해서 담천痰喘[가래와 기침]이 더 심해졌다고 했다. 무척 걱정된다. 비로소 해荄 등이 잘 간 것을 알았다. ○ 활 20순을 쏘았는데 권 동지가 잘 맞혔다.

17일(기축) 맑음. 아침에 나가 본영 각 배 사부射夫와 격군格軍으로 급료 받은 사람들을 점고했다. 늦게 활 20순을 쏘았는데 박朴·권權 두 조방장이 잘 맞히었다. ○ 이날 소금 가마솥 하나를 쇳물을 부어 만들었다.

18일(경인) 맑음. 아침에 충청수사[선거이宣居怡]가 진陣에 왔다.[654] 결성현감結城縣監[손안국孫安國], 보령현감保寧縣監, 서천만호舒川萬戶[소희익蘇希益]만 거느리고 왔다. 충청수사가 교서에 숙배한 후에 세 조방장[박종남·신호·권준]과 함께 이야기했다. ○ 저녁에 활 10순을 쏘았다. 거제현령[안위]이 보러 와서 그대로 잤다.

19일(신묘) 맑음. 동풍이 차게 불었다. 아침을 먹은 후에 권·박·신 세 조방장 및 사도·

---

654 충청수사 이계훈李繼勛(이계정李繼鄭)의 익사 사고 소식이 충청감사로부터 조정에 보고된 것이 1595년 3월 2일이었다. 이날 조정은 권준을 충청수사로 삼았다. 그러나 권준이 즉시 부임할 수 있는 곳에 있지 않다고 해서 3월 4일 선거이로 대체하였다. 이순신은 한산도에서 3월 16일 사고 소식을 처음 들었다. 선거이는 함대를 거느리고 이날 한산진에 도착한 것이다. (李德悅 著, 이명래 외 3인 譯,『養浩堂日記』上, 문장미디어, 2012, 279~281.)

방답 두 첨사와 활 30순을 쏘았다. 선宣 수사도 와서 함께 참여했다. ○ 저녁에 소금 가마솥 하나를 쇳물을 부어 만들었다.

20일(임진) 비바람이 밤새도록 멎지 않았다. 아침 식후에 공무를 보았다. 선宣 수사와 권權 조방장과 함께 장기를 두었다.

21일(계사) 흐림. 오늘은 필시 본영에서 누가 오긴 하겠지마는, 미처 어머님 안부를 몰라 매우 답답했다. 종 옥이玉伊와 무재武才를 본영으로 보냈다. 전복鮑魚, 밴댕이 젓갈蘇魚鹽, 어란편魚卵片을 어머님께 보냈다. ○ 아침에 나가 공무를 보니, 항복한 왜인 등이 와서 고하기를, "저희 동료 왜인인 산소山素란 자가 흉포하고 패악한 일이 많기 때문에 죽이겠다."고 했다 한다. 그래서 왜인을 시켜 목을 베게 했다. ○ 활 20순을 쏘았다.

22일(갑오) 맑고 화창했다. 권 동지 등과 함께 활 20순을 쏘았다. 이수원李壽元이 서울 올라갈 일로 들어왔다. 비로소 어머님이 평안하신 줄을 알았다. 다행 다행이다.

23일(을미) 맑음. 세 조방장과 활 15순을 쏘았다.

24일(병신) 맑음. 아침에 이수원이 계본啓本을 가지고 나갔다. 박朴 조방장[종남]과 충청수사, 선宣 수사에게 활을 쏘게 했다. ○ 소금 가마솥을 쇳물을 부어 만들었다.

25일(정유) 맑음. 늦게 비가 왔다. 경상수사[배설]와 우수사[이억기], 충청수사[선거이]가 모여 함께 활 9순을 쏘고, 충청수사가 술을 내어 몹시 취해서 헤어졌다. 배裵 수사에게서 들으니 김응서金應瑞[655]가 거듭 대간臺諫들의 논박을 받고 원수元帥도 거기 끼어 있다는 말을 들었다.

26일(무술) 늦게 개었다. 혼자 대청에 앉아 공무를 보았다. 충청수사와 세 조방장과 종일 이야기했다. ○ 저녁에 현덕린玄德麟이 들어왔다.

---

655 김응서金應瑞 : 1564~1624. 응서應瑞는 처음 이름이요 나중에는 경서景瑞라고 하였다. 자字는 성보聖甫, 본관은 김해金海. 평안남도 용강에서 살았다. 일찍이 무과武科에 급제하여 임진왜란 때는 전라병사全羅兵使와 경상우병사慶尚右兵使를 역임하였다. 1619년(광해 11)에 건주위建州衛의 반란이 일어나자 명明에서 구원병을 청하므로 평안병사平安兵使로 있던 그는 부원수副元帥가 되어 원수元帥 강홍립姜弘立을 따라갔는데, 명군明軍과 함께 패하여 포로가 되었다가 1624년 적진 속에서 사망하였다. 후에 우의정右議政을 추증하고 양의襄毅라 시호하였다. (『燃藜室記述』;『한국민족문화대백과사전』.)

27일(기해) 맑음. 활 10순을 쏘았다. 선宣 수사와 두 조방장이 취해서 돌아갔다. 정철
丁哲이 서울에서 진陣에 도착했는데, 계본啓本 회답 내용에, 김응서가 함부로 강
화를 말한 것을 죄로 돌린다는 말이 많이 있었다. 영의정[유성룡]과 좌의정[김응
남金應南[656]]의 편지가 왔다.

28일(경자) 흐리더니 저녁내 비가 크게 쏟아졌다. 밤새도록 큰바람이 불었다. 전선을
안정시킬 수가 없어 간신히 구호했다. 식후에 선宣 수사와 세 조방장과 이야기
했다.

29일(신축) 비바람이 그치지 않고 종일토록 퍼부었다. ○ 사직社稷의 위엄과 영험을
힘입어 겨우 조그마한 공로를 세웠는데, 임금의 총애와 영광이 너무 커서 분에
넘치는 바가 있다. 장수의 직책을 띤 몸으로 티끌만 한 공로도 바치지 못했으며,
입으로는 교서를 외면서 얼굴에는 군인으로서의 부끄러움이 있다.[657]

---

656 김응남金應南 : 1546~1598. 자字는 중숙重叔, 호는 두암斗巖, 본관은 원주原州. 한성漢城에서 살았다.
1546년(명종 6)에 나니 이순신보다 1년 아래이다. 충청병사忠淸兵使 김말손金末孫의 증손이요 김연金
珚의 아들로, 1568년(선조 1) 문과文科에 급제한 후, 대사헌·대사간·이조참판과 한성 관윤 등을 역임하
였다. 1592년 임진왜란이 일어나자 임금을 모시고 평안도로 가서 병조판서 겸 부체찰사副體察使가 되
었으며, 1593년 이조판서吏曹判書로 왕을 따라 환도하여, 1594년에는 우의정右議政, 1595년에는 좌의
정左議政이 되었다. 영의정 유성룡柳成龍과 반대 당인 서인西人 계열이라 자연히 이순신에게도 좋지 않
은 여론을 형성시킨 사람이다. 사후에 호성공신扈聖功臣 2등으로 책정되고 원성부원군原城府院君을 봉
하였으며, 충정忠靖이라 시호하였다.(『歸鹿集』;『國朝文科榜目』;『한국민족문화대백과사전』.)
657 본서, 권5『난중일기 2』계사년(1593) 9월 15일 뒤의 '일기 외 기사' 중에 이날 일기와 같은 문장이 있다.

236

이충무공전서 권7

난중일기 3

을미년乙未年

[1595년, 선조 28, 이순신 51세]

6월

초1일(임인) 늦게 개었다. 권[권준]·박[박종남]·신[신호] 세 조방장과 웅천현감[이운
룡]·거제현령[안위] 등과 함께 활 15순을 쏘았다. 선宣 수사[거이居怡]는 이질痢
疾 때문에 쏘지 못했다. 새로 번番을 드는 본영 아전營吏이 들어왔다.[1]

초2일(계묘) 종일 가랑비가 내렸다. 식후에 대청에 나가서 공무를 보았다. 한비韓棐
가 돌아가므로 어머님께 편지를 썼다. ○ 본영의 아전 강기경姜起敬·조춘종趙
春種·김경희金景禧와 신홍언申弘彦이 모두 이번에 번番을 마쳤다. ○ 오후에 가
덕첨사加德僉使 및 천성보天城保·평산포平山浦·적량赤梁 만호 등이 보러 왔다.
천성보만호 윤홍년尹弘年이 와서 청주 이계李繼의 편지 및 서숙庶叔의 편지를
전하며, 김개金介는 지난 3월에 죽었다고 했다. 비통함을 참을 길 없었다. ○ 저
물녘에 권 언경彦卿[권준의 자字] 영공令公이 와서 이야기했다.

초3일(갑진) 흐리나 비는 오지 않았다. 식후에 나가서 공무를 보았다. 각처에서 보고
해 온 공문報狀에 대해 처결하여 보냈다. ○ 늦게 가리포첨사[이응표]와 남도포
만호[강응표]가 와서 권·신 두 조방장 및 방답[장린]·사도[김완] 첨사, 여도[김인
영]·녹도[송여종] 만호와 활 15순을 쏘았다. ○ 아침에 남해현령[기효근]이 급히
보고하기를, "해평군海平君 윤두수尹斗壽[2]가 남해에서 본영으로 건너갔다." 하
므로 무슨 일인지는 모르나 곧 배를 정비하고 현덕린玄德麟을 본영으로 보냈다.

---

1 새로 …… 들어왔다 : 여수좌수영 본영에서 근무하는 아전들이 교대로 한산도로 들어와 근무함을 뜻한다.

2 해평군海平君 윤두수尹斗壽 : 해평군海平君은 해평부원군海平府院君을 가리키며, 윤두수가 아니라 윤근수
尹根壽이다. 윤두수는 해원부원군海原府院君이다.

사량만호[이여념李汝恬]가 와서 양식이 떨어졌다고 보고하며 돌아간다고 고했다.

초4일(을사) 맑음. 진주 서생書生 김선명金善鳴이란 사람이 계원유사繼援有司[3]가 되겠다고 여기에 왔는데, 보인保人 안득安得이라 불리는 자가 데리고 왔다. 그 하는 말을 듣고 사실인지 살펴보니 그렇게 한다는 것을 보장하기 어려워, 잠시 그 하는 바를 지켜보기로 하고 공문을 만들어 주었다. 세 조방장 및 사도·방답 첨사, 여도·녹도 만호와 활 15순을 쏘았다. ○ 탐선이 오지 않아 어머님의 안부를 알지 못하니 답답하여 눈물이 났다.

초5일(병오) 맑음. 이 조방장李助防將[4] 등과 아침을 함께 먹었는데 박 자윤朴子胤[종남]은 병으로 오지 못했다. 늦게 우수사와 웅천현감[이운룡], 거제현령[안위]이 와서 종일 함께 이야기했다. 정오부터 비가 왔기 때문에 활을 쏘지 못했다. 나는 몸이 몹시 불편하여 저녁밥을 먹지 않고 종일 고통스러웠다. ○ 종 경京이 들어왔다. 어머님이 평안하시다 하니 다행 다행이다.

초6일(정미) 종일 비가 왔다. 몸이 몹시 불편했다. 송희립宋希立이 들어왔다. 그편에 도양장道陽場의 농사 형편을 들으니 "흥양현감[홍유의]이 무척 애를 썼기 때문에 추수 때에 곡물이 잘 여물 것 같다.[5]"라고 했다. 계원유사 임영林英도 힘을 많이 쓴다고 했다. 정항鄭沆[진해현감]이 이곳에 왔으나, 나는 몸이 불편하여 종일 가볍게 앓았다.

초7일(무신) 비가 종일토록 계속 내렸다. 몸이 몹시 불편하여 누웠다 앉았다 하며 신음했다.

초8일(기유) 비. 몸이 조금 나은 것 같았다. 늦게 세 조방장이 보러 왔었다. 곤양군수昆陽郡守[이광악]가 아버지가 돌아가시어外憂 분상奔喪[6]한다고 전했다. 매우 한탄스러웠다.

---

3 계원유사繼援有司 : 군량軍糧 등 군대에 필요한 여러 가지 물자를 지원하는 일을 맡은 사람.

4 이 조방장李助防將 : '두 조방장兩助防將'의 착오인 듯하다.

5 잘 여물 것 같다 : 원문 "서성지망西成之望"의 '서성西成'은 '가을에 농작물이 여문다.'는 뜻이다.(『尚書』虞書, 堯典, "平秩西成")

6 분상奔喪 : 외지에서 부모가 돌아가신 소식을 듣고 급히 집으로 돌아감. 또는 돌아가기까지 복인服人이 행하는 절차.

초9일(경술) 맑음. 몸이 아직 쾌차하지는 않았다. 매우 답답하다. 신 조방장[신호申浩] 및 사도[김완]·방답[장린] 첨사와 함께 편을 갈라 활을 쏘았는데, 신 조방장 편이 이겼다. ○ 저녁에 원수 군관 이희삼李希參이 임금의 유지有旨를 가지고 왔는데, 조형도趙亨道⁷가 거짓으로 장계하기를, "수군 1명에 하루 양식 5홉씩과 물 7홉 씩을 준다."라고 하였다 하니, 세상일이란 참으로 놀랍다. 천지에 어찌 이같이 무망誣罔⁸한 일이 있을 것인가. ○ 어두울 녘에 탐선探候船이 들어왔는데, 어머 님이 이질에 걸리셨다니 걱정이 되고 눈물이 났다.

초10일(신해) 맑음. 새벽에 탐선을 본영으로 내보냈다. 늦게 세 조방장 및 충청[선거 이]·경상[배설] 수사가 보러 왔다. 광주光州 군량 39석을 받았다.

11일(임자) 가랑비가 오고 큰바람이 불었다. 아침에 원수 군관 이희삼李希參이 돌아 갔다. ○ 저녁에 나가서 공무를 보았다. 광주光州 군량을 도둑질한 사람을 잡아 가두었다.

12일(계축) 가랑비가 오고 바람이 불었다. 새벽에 울蔚이 들어왔다. 그편에 들으니 어 머님 병환이 조금 덜해졌다고 하였다. 그러나 구십을 바라보는 노인이 이런 위 태한 병에 걸렸으니 걱정스럽고 눈물이 났다.

13일(갑인) 흐림. 새벽에 경상수사 배설裵楔을 잡아 오라는 명령이 이미 내려오고, 그 를 대신하여 권준權俊이 되었으며, 남해 기효근奇孝謹은 그대로 유임되었다고 하니 놀랄 일이다.⁹ 늦게 배 수사를 만나보고 돌아왔다. ○ 어두울 녘에 탐후선 이 들어왔는데, 금오랑金吾郎이 벌써 본영에 도착했다고 한다. 그리고 별좌別坐 의 편지를 보니, 어머님이 차츰 나아지신다고 하니 매우 다행이다.

14일(을묘) 새벽에 큰비가 왔다. 삼도첨사[김완]가 활쏘기를 청하므로 우수사와 여러 장수들이 모두 모이고, 늦게 날이 개어서 활 12순을 쏘았다. 저녁에 금오랑이 배

---

7 조형도趙亨道 : 사도시주부司䆃寺主簿(종6품)인데, 을미년 3월 11일에 한산도의 통제사 이순신에게로 왔 다가 15일에 떠나간 일이 있었다. (일기 참조)

8 무망誣罔 : 허위 사실을 날조하거나 거짓된 말로 남을 속임. 무망誣妄과 같은 말이다.

9 놀랄 일이다 : 이순신은 불과 두 달 남짓 전인 4월 20일에 조정으로부터 남해현령 기효근을 효시하라는 명 령을 받았다. 그러나 너무나 중대한 일이라 집행하지 않고 있었는데, 이때 기효근의 유임 지시가 내려오니 조정의 처분에 이순신은 놀랄 수밖에 없었다.

수사를 잡아가는 일로 들어왔다. 수사 권준을 임명하고 숙배하는 절차를 면제하는 내용의 관문關 및 유서諭書와 밀부密符[10]도 왔다.

15일(병진) 맑음. 새벽에 망궐례를 행했다. 식후에 포구로 나가서 배설裵楔을 송별했다. 마음이 불편했다. 아들 울蔚이 돌아갔다. ○ 오후에 신申 조방장과 활 10순을 쏘았다.

16일(정사) 맑음. 나가서 공무를 보았다. 순천 7선장七船將 장일張溢이 군량을 도둑질하다가 잡혔으므로 처벌했다. ○ 오후에 두 조방장[박종남·신호] 및 미조항첨사[성윤문][11] 등과 활 7순을 쏘았다.

17일(무오) 맑음. 큰바람이 종일 불었다. 경상수사[권준], 충청수사[선거이], 두 조방장과 함께 활을 쏘았다.

18일(기미) 비가 오다 개다 하였다. 진주 유생儒生 유기룡柳起龍 및 하응문河應文이 계향유사繼餉有司가 되기를 자원해서 쌀 5섬을 받아 갔다. ○ 늦게 박朴 조방장[종남]과 함께 활 15순을 쏘고 헤어졌다.

19일(경신) 비가 계속 내렸다. 수루 위에 홀로 앉아서 잠깐 졸고 있는 사이에 아들 면葂이 윤덕종尹德種의 아들 운로雲輅와 함께 왔다. 그편에 어머님 편지를 보니 병환이 완쾌되셨다고 했다. 참으로 기쁘고 다행이다. ○ 신홍헌申弘憲 등이 들어와서 보리 76섬을 납부했다.

20일(신유) 비가 오다 개다 했다. 종일 수루에 앉았다가 충청수사가 말이 분명하지 못하다는 말을 듣고, 저녁때 직접 가서 보니 위중한 상태에는 이르지 않았으나, 바람과 습기에 많이 상한 때문이라 매우 걱정스러웠다.

21일(임술) 맑음. 몹시 더웠다. 식후에 나가서 공무를 보았다. ○ 신홍헌申弘憲이 돌아가고 거제 역시 왔다. 경상수사[권준]가 보고하기를, "평산포만호[김축金軸]가 병이 중하다."고 한다. 그래서 내보내라고 처결하여 보냈다.

22일(계해) 맑음. 조모님의 제삿날이라 공무를 보지 않았다. 경상수사가 보러 왔다.

23일(갑자) 맑음. 두 조방장과 함께 활을 쏘았다. 저녁에 배영수裵永壽가 돌아갔다.

---

10 밀부密符 : 조선시대 유수留守 및 감사·병사·수사·방어사 등에게 내려 주는 병부兵符.
11 미조항첨사[성윤문] : 갑오년 11월 2일 기사에 나온다.

24일(을축) 맑음. 우도右道 각 관청과 포구에 있는 전선의 부정 사실을 조사하여 음란한 여자 12명을 잡아내고 아울러 그 대장隊長까지 처벌했다. ○ 늦게 침을 맞아 활을 쏘지 않았다. 허주許宙 및 조카 해亥가 들어오고 전마戰馬도 왔다. 기성백奇誠伯의 아들 징헌澄憲과 그 서숙庶叔 경충景忠이 왔다.

25일(병인) 맑음. 원수元帥의 공문이 들어왔는데, 세 위장衛將을 세 패로 나누어 보낸다고 했다. 그리고 소서행장小西行長[12]이 일본으로부터 와서 화친할 것을 이미 결정했다고 했다. ○ 저녁에 박 조방장과 함께 충청수사에게로 가서 그 병세를 보니 이상한 일이 많았다.

26일(정묘) 맑음. 식후에 나가서 공무를 보았다. 활 15순을 쏘았다. 경상수사[권준]가 보러 왔다. 오늘은 곧 언경彦卿[권준의 자字] 영공令公의 생일이라 한다. 그래서 국수를 만들어 먹고 술도 매우 취하고, 거문고도 듣고 피리도 불다가 저물어서야 헤어졌다.

27일(무진) 맑음. 허주許宙 및 조카 해亥와 기운로奇雲輅[13] 등이 돌아갔다. 나는 신申 조방장 및 거제와 함께 활 10순을 쏘았다.

28일(기사) 맑음. 나라의 제삿날[14]이라 공무를 보지 않았다.

29일(경오) 맑음. 일찍 대청에 나갔다. 우수사가 와서 활 10여 순을 쏘았다.

30일(신미) 맑음. 문어공文語恭이 삼生麻을 사들이기 위한 일로 나갔다. 이상록李祥祿 역시 돌아갔다. ○ 늦게 거제현령[안위]과 영등만호[조계종]가 보러 왔다. 방답첨사[장린], 녹도만호[송여종], 신 조방장이 활 15순을 쏘았다.

---

12 소서행장小西行長 : 고니시 유키나가이다. 풍신수길豊臣秀吉(토요토미 히데요시)의 부하 장수로 임진왜란 때에 가등청정加藤淸正(가토 기요마사)과 함께 조선에 쳐들어온 선봉장이었다. 7년 전쟁의 최후에는 순천 왜성順天倭城에 웅거하였으며, 노량 해전露梁海戰을 기회로 도망해 돌아갔다. 수길秀吉이 죽은 뒤에 덕천가강德川家康의 세력이 집권하려 할 때 벌어진 세키가하라關ヶ原 전투에서, 석전삼성石田三成과 함께 그를 공격하려 하다가 실패하고 이취산伊吹山 속으로 도망쳐 들어갔다. 마침내 사형을 당하니 임진왜란이 끝난 뒤 2년 만인 1600년이었다.

13 기운로奇雲輅 : 기징헌奇澄憲의 착오이다.

14 나라의 제삿날 : 명종明宗의 돌아가신 날이다.

7월

초1일(임신) 잠깐 비가 왔다. 나라의 제삿날[15]이라 공무를 보지 않았다. 혼자 수루 위에 기대어 생각에 잠겼다. (내일은 바로 아버님의 생신일이다. 슬픔과 그리운 마음에 나도 모르게 눈물이 주르르 흘러내렸다.)[16] 나라 정세가 아침 이슬같이 위태로운데 안으로는 정책을 결정할 만한 기둥 같은 인재가 없고, 밖으로는 나라를 바로잡을 만한 주춧돌 같은 인물이 없으니, 종묘사직이 마침내 어떻게 될지 몰라 마음이 산란하여 종일토록 누웠다 앉았다 뒤척였다.

초2일(계유) 맑음. 이날은 곧 선친의 생신날이다. 슬픈 생각에 눈물이 흐르는 것을 깨닫지 못했다. ○ 늦게 활 10순을 쏘았다. 또 철전鐵箭[17] 5순을 쏘고, 편전片箭[18] 3순을 쏘았다.

초3일(갑술) 맑음. 아침에 충청수사[선거이]에게 가서 문병하니 많이 덜해졌다고 했다. ○ 늦게 경상수사[권준]가 와서 서로 이야기한 후에 활 10순을 쏘았다. ○ 이경二更[오후 9~11시]에 탐선이 들어왔는데, "어머님이 평안하시긴 하나 입맛이 안 달다고 하신다." 하니 매우 걱정된다.

초4일(을해) 맑음. 나주판관[원종의元宗義][19]이 배를 거느리고 진으로 돌아왔다. 이전李荃 등이 산역山役을 하여 노櫓를 만들 나무를 바쳤다. 식후에 대청으로 나갔다. 미조항첨사[성윤문]와 웅천현감[이운룡]이 와서 활을 쏘았다. 군관들도 향각궁鄕

---

15 나라의 제삿날 : 인종仁宗의 돌아가신 날이다.

16 『일기초日記抄』에는 '明日 乃父親辰日 悲戀懷想 不覺涕下'가 있다.

17 철전鐵箭 : 화살촉이 둥글고 날이 없으며, 화살대의 길이가 4~3.8자(83~79cm)에 깃이 좁은 전투용 화살이다. 육량전六兩箭과 아량전亞兩箭, 장전長箭 세 종류가 있다. 육량전은 무게가 6냥(225g), 아량전은 무게가 4냥(150g), 장전은 무게가 1냥~1냥 5돈(37.5~56.3g)이었다. 무과武科 시험에서 철전은 육량전을 사용하며, 과녁 거리는 80보(100m)이었다. (『國朝五禮儀序例』권4, 軍禮, 兵器圖說; 李重華, 『朝鮮의 弓術』, 조선궁술연구회, 1929; 『經國大典』권4, 兵典, 試取.)

18 편전片箭 : 통아筒兒(桶兒, 반으로 쪼갠 통) 위에 담아 시위에 메어 쏘는 길이가 짧은 전투용 화살이다. 속칭 '애기살'이라 하며, 촉을 제외한 길이는 포백척으로 8치(37.4cm)이다. 무과武科 시험에서 과녁 거리는 130보(163m)이며, 관통력이 좋고 매우 멀리 날아간다. (『國朝五禮儀序例』권4, 軍禮, 兵器圖說; 李重華, 『朝鮮의 弓術』, 조선궁술연구회, 1929; 『續大典』권4, 兵典, 試取.)

19 나주판관[원종의元宗義] : 정유년 8월 8일 일기에 원종의元宗義가 보인다.

角弓[20]을 걸고 활쏘기를 겨뤘는데, 노윤발盧潤發[21]이 1등을 차지했다. ○ 저녁에 임영林英과 조응복曹應福이 왔다. 양정언梁廷彦은 말미[휴가]를 받아 돌아갔다.

초5일(병자) 맑음. 대청에 나가서 공무를 보았다. ○ 늦게 박朴 조방장[종남]과 신申 조방장[호]이 왔다. 방답첨사[장린]가 활을 쏘았다. 임영林英이 돌아갔다.

초6일(정축) 맑음. 정항鄭沆, 금갑도만호[이정표][22], 영등만호[조계종]가 보러 왔다. ○ 늦게 나가서 공무를 보고, 활 8순을 쏘았다. ○ 종奴 목년木年이 고음내古音川[23]에서 왔다. 그편에 어머님이 평안하시다는 것을 알았다.

초7일(무인) 흐리나 비는 오지 않았다. 경상수사[권준]와 두 조방장[박종남·신호] 및 충청수사[선거이]가 왔다. 방답첨사와 사도첨사 등으로 하여금 편을 갈라 활을 쏘게 했다. 경상우병사[김응서]에게 온 임금의 유지有旨 내용에 "나라의 재앙이 참혹하고 사직의 원수가 남아 있어 신령의 치욕과 사람의 원통함이 온 천지에 사무쳤건만, 아직도 요망한 기운을 깨끗이 쓸어 버리지 못하고 원수와 함께 한 하늘을 이는 고통 속에 있으니, 무릇 혈기를 가진 자로서 어느 누가 팔을 걷어붙이고 절치부심하면서 그들의 살을 썰고 싶지 아니하겠는가? 그런데 경卿은 원수와 맞서 진을 치고 있는 장수로서 조정의 명령도 있지 않았는데 함부로 적과 대면하여 감히 패역悖逆[24]한 말을 지껄이는가. 또 자주 사사로이 편지를 통하여 현저히 적들을 높이고 또 아첨하는 태도가 있을뿐더러, 서로 수호修好하고 강화講和하자는 것을 말하여 저 명나라 조정에까지 들려서 치욕을 끼치고, 틈을 벌여 놓기까지 하는 데 조금도 거리낌이 없었다. 군율에 부쳐도 마땅히 아까울 것이 없겠

---

20 향각궁鄕角弓 : 각궁의 일종으로, 궁각弓角을 물소의 뿔을 사용하지 않고 향각, 즉 국산 한우의 뿔을 사용하여 만든 활이다.(劉永基·劉世鉉, 『우리나라의 弓道』, 和成文化社, 1991, 151쪽.)

21 노윤발盧潤發 : 자字는 시화時華, 본관은 광산光山. 전라남도 홍양(고흥)에서 살았다. 판윤判尹 노한경盧漢經의 후손이요, 선전관宣傳官 노대방盧大邦의 아들이다. 일찍 무과武科에 급제하고 임진왜란을 만나자 진무성陳武晟·송희립宋希立 등과 함께 의병들을 모아 좌수사 이순신의 막하로 들어가서 도왔으며, 1594년(선조 27, 갑오)부터 통제사 이순신의 군관으로 활약하였다. 주부主簿에 제수되고, 후에 선무원종훈宣武原從勳에 참록되었다.(『湖南節義錄』; 『난중일기』)

22 금갑도만호[이정표] : 본서 권4, 「唐項浦破倭兵狀」(1594. 3. 10. 작성)과 정유일기 10월 13일 기사에 금갑만호 이정표李廷彪가 나온다.

23 고음내古音川 : 전라남도 여수시 웅천동.

24 패역悖逆 : 천리天理나 인륜人倫을 거스르고 나라에 반역함.

지만, 오히려 너그러이 용서하고서 돈독히 타이르고 책망하여 경고하기를 분명히 했었다. 그런데도 미혹한 것에 고집을 더 세우고 스스로 죄 구덩이로 빠져 들어가니, 나는 심히 해괴하고 그 까닭을 알 수가 없다. 그래서 이제 비변사備邊司 낭청郎廳 김용金涌[25]을 보내 구두로 내 뜻을 전하니 경은 마음을 고치고 정신을 가다듬어 후회할 일을 끼치지 마라." 하였다. 이것을 보니 놀랍고 황송함을 이길 길이 없었다. 김응서金應瑞가 어떤 사람이기에 스스로 회개하여 힘쓴다는 말을 들을 수가 없는가. 만일 쓸개 있는 자라면 반드시 자결이라도 할 것이다.

초8일(기묘) 맑음. 식후에 나가서 공무를 보았다. 영등과 박朴 조방장이 보러 왔다. 우수사 군관 배영수裵永壽가 그 대장將[이억기]의 명령으로 와서 군량 20섬을 꾸어 가지고 갔다. ○ 동래부사 정광좌鄭光佐가 와서 부임한 것을 고하였다. ○ 활 10순을 쏘고 헤어졌다. ○ 종 목년木年이 돌아갔다.

초9일(경진) 맑음. 오늘은 말복이라 가을 기운이 서늘해지니 마음에 그리움이 매우 많았다. ○ 미조항첨사[성윤문]가 와서 보고 갔다. ○ 웅천현감[이운룡]과 거제현령[안위]이 활을 쏘고 갔다. ○ 이경二更[오후 9~11시]에 달빛이 수루에 가득 차 쓸쓸하고 구슬픈 생각으로 마음이 매우 어지러워 수루 위를 배회하였다.

초10일(신사) 맑음. 몸이 몹시 불편했다. 늦게 우수사를 만나 서로 이야기했다. 군량이 떨어져도 아무런 계책이 없다는 말을 많이 했다. 참으로 걱정스럽다. 박朴 조방장 역시 와서 술 몇 잔을 마시고 몹시 취했다. 밤이 깊어 수루 위에 누웠으니 초생 달빛은 수루에 가득 차고 정회[마음]를 스스로 이길 수가 없었다.

11일(임오) 맑음. 아침에 어머님께 편지를 쓰고, 또 여러 군데 편지를 써 보냈다. ○ 무재武才와 박영朴永이 신역身役 나가는 일로 돌아갔다. ○ 나가서 공무를 보고, 활 10순을 쏘았다.

---

25 김용金涌 : 1557~1620. 자字는 도원道源, 호號는 운천雲川, 본관은 의성義城. 김성일金誠一의 조카로, 1590년(선조 23)에 문과 증광시增廣試에 합격하여 정언正言·헌납獻納·지평持平 등을 거쳐 이조정랑에 올랐다. 1597년 정유재란이 일어나자 제도도체찰사諸道都體察使 이원익李元翼의 종사관을 역임하였다. 이후 선산부사와 홍주목사 등을 지내고, 1609년 봉상시정奉常寺正으로 춘추관 편수관을 겸해『선조실록宣祖實錄』편찬에 참여했으며, 그 공으로 통정대부에 올라 병조참의를 지냈다.(「한국역대인물종합정보시스템」;『한국민족문화대백과사전』.)

12일(계미) 맑음. 아침 식후에 경상우수사[권준]가 보러 왔다. 함께 활 10순과 철전 5
순을 쏘았다. 날이 저물어 서로 회포를 풀고 물러갔다. 가리포첨사僉使可里浦[이응
표]도 와서 함께 했다.

13일(갑신) 맑음. 가리포 및 우수사가 함께 왔는데 가리포가 술을 바쳤다. 활 5순과
철전 2순을 쏘았다. 나는 몸이 몹시 불편했다.

14일(을유) 늦게 갰다. 군사들에게 말미[휴가]를 주었다. 녹도만호 송여종宋汝悰을 시
켜 죽은 군졸들을 제사 지내도록 쌀 2섬을 주었다. ○ 이상록李祥祿, 태구련太九
連[26], 공태원孔太元 등이 들어왔다. 어머님이 쾌차하고 평안하시다니 이런 다행
한 일이 없다.

15일(병술) 맑음. 늦게 대청으로 나갔다. 박종남·신호 두 조방장, 방답첨사[장린], 여
도[김인영]·녹도[송여종] 만호, 보령 및 결성[손안국] 두 현감과 이언준李彦俊 등이
활을 쏘고 술을 먹었다. 경상수사도 와서 함께 이야기했다. 그들에게 씨름을 겨
루게 시켰다. 정항鄭沆[진해현감]이 왔다.

16일(정해) 맑음. 아침에 들으니, 김대복金大福[27]의 병세가 몹시 위독하다고 한다. 몹
시 걱정스럽다. 그래서 송희립宋希立과 유흥근柳洪根을 시켜 구료하게 했으나,
무슨 병인지 알지 못하여 매우 답답했다. 늦게 나가서 공무를 보았다. 순천 정석
주鄭石柱와 영광 도훈도都訓導 주문상朱文祥을 처벌했다. ○ 저녁에 원수元帥에
게 가는 공문 및 병사에게 보내는 공문의 초안을 작성하여 주었다. 미조항첨사
[성윤문] 및 사도첨사[김완]가 휴가 청원장을 올리므로 성 첨지[미조항]에게는 10
일, 김 첨지[사도]에게는 3일을 말미를 주어 보냈다. ○ 녹도를 유임시킨다는 병
조의 관문關이 내려왔다.

---

26 태구련太九連 : 이충무공 장검(보물 326호, 1594년 4월 제작)의 슴베에 각인된 이름은 '태귀련太貴連'이다.

27 김대복金大福 : 1558~1597. 자字는 숙응叔膺, 본관은 청주淸州. 전라남도 강진康津에서 살았다. 도승지
都丞旨 김린金麟의 후손이요 첨정僉正 김충서金忠恕의 아들이며, 전라우수사를 지낸 김억추金億秋가 재종
형이다. 1583년(선조 16)에 무과에 급제하여 봉사奉事를 지냈다. 1592년(선조 25, 임진)에 좌수사 이순
신의 군관으로 한산도 해전에서 큰 공을 세워 판관判官(종5품)으로 승진하였으며, 1596년(선조 29, 병신)
에도 통제사 이순신의 군관으로 있었다. 칠천량 해전에서 전사했다. 후에 선무원종훈宣武原從勳에 참록
되었다.(『萬曆十一年癸未九月初三日別試榜目』;『湖南節義錄』; 본서 권2,「見乃梁破倭兵狀」.)

17일(무자) 비. 거제현령[안위]이 급히 보고하기를, "거제의 적들이 이미 다 철수해 돌아갔다."라고 한다. 그래서 즉시 명령하여 정항鄭沆을 정해 보냈다. 대청에 나가서 공무를 보았다. 내일 배로 출발하여 나아갈 일을 전령傳令했다.

18일(기축) 맑음. 아침에 대청으로 나가서 박종남·신호 두 조방장과 함께 아침 식사를 했다. 오후에 출발하여 저녁에 지도紙島[28]에 정박하여 밤을 지냈다. 삼경三更[오후 11시~오전 1시]에 거제현령이 와서 말하기를, "장문포長門浦[29] 적의 소굴이 이미 모두 비었고 다만 30여 명만 있다."라고 한다. 또 사냥하는 왜적들을 만나 1명은 사살해서 목을 베고, 1명은 사로잡았다고 한다. 사경四更[오전 1~3시]에 떠나 도로 견내량으로 돌아왔다.

19일(경인) 맑음. 우수사 및 경상·충청 수사, 두 조방장과 이야기하고 헤어졌다. 신시申時[오후 3~5시]에 진陣[한산도]으로 돌아왔다. 당포만호를 잡아다 현신하지 않은 죄로 장杖을 때렸다. ○ 김대복金大福의 병세를 가서 보았다.

20일(신묘) 흐림. 두 조방장과 아침 식사를 함께 했다. 늦게 거제현령[안위]과 전 진해현감 정항鄭沆이 왔다. ○ 오후에 나가서 공무를 보고, 활 5순과 철전 4순을 쏘았다. ○ 좌병사[경상좌병사 고언백] 군관이 편지를 가지고 왔다.

21일(임진) 큰 비바람이 불었다. 우후[이몽구]가 들어온다고 들었다. ○ 식후에 태구련太九連과 언복彦福이 만든 환도環刀를 충청수사[선거이]와 두 조방장[박종남·신호]에게 각각 한 자루씩 나누어 보냈다. ○ 어두울 녘에 회薈와 울蔚이 우후와 같은 배로 섬 밖에 도착했다. 아들들이 들어왔다.

22일(계사) 흐리고 큰바람이 불었다. 이충일李忠一이 그 아버지의 별세 소식을 듣고 나갔다.

23일(갑오) 맑음. 늦게 말 달리는 일로써 원두구미元頭龜尾[30]로 갔다. 두 조방장과 충청수사 역시 왔다. 저녁에 작은 배를 타고 돌아왔다.

---

28 지도紙島 : 경상남도 통영시 용남면 지도리.

29 장문포長門浦 : 경상남도 거제시 장목면 장목리.

30 원두구미元頭龜尾 : 경상남도 통영시 한산면 창좌리 입정포立定浦 마을 온두단溫頭端으로 추정된다.(김일룡, 「한산도의 임진란지명壬辰亂地名 연구」, 『학술세미나 자료집』, 한산대첩기념사업회, 2018. 8.)

24일(을미) 맑음. 나라의 제삿날[31]이라 공무를 보지 않았다. 충청수사가 와서 이야기 했다.

25일(병신) 맑음. 충청수사[선거이] 생일이라 음식을 갖추어 가지고 왔다. 우수사[이억 기], 경상수사[권준], 신 조방장 등이 술에 취해서 이야기했다. 저녁에 정丁 조방 장이 들어왔다.

26일(정유) 맑음. 아침에 정영동鄭永同, 윤엽尹曄, 이수원李壽元 등이 흥양과 함께 들 어왔다. 식후에 정 수사丁水使[32]와 충청수사도 왔다. 조용히 이야기했다.

27일(무술) 맑음. 어사御史의 공문이 들어왔다. 내일 진陣에 온다고 한다.

28일(기해) 맑음. 아침 식후에 배로 내려가 삼도三道[33]가 합하여 포구 안에 진을 쳤다. 미시未時[오후 1~3시]에 어사 신식申湜[34]이 진에 도착했다. 곧 대청으로 내려가 한참 동안 대화했다. 각 수사 및 세 조방장[박종남·신호·정응운]을 청해서 함께 이 야기했다.

29일(경자) 흐리고 큰바람이 불었다. 어사가 좌도[전라좌도]에 소속된 다섯 포구의 부 정 사실을 일일이 조사하였다. 저녁에 이곳에 와서 조용히 이야기했다.

8월

초1일(신축) 비바람이 크게 불었다. 어사[신식申湜]와 같이 아침 식사를 하고, 곧 배로 내려가 순천 등 다섯 고을 배들을 점고했다. 저물어서 나는 어사 있는 곳으로 내 려가서 같이 이야기했다.

---

31 나라의 제삿날 : 문종文宗 비 현덕왕후顯德王后 권씨權氏의 돌아가신 날이다.

32 정 수사丁水使 : '丁' 자는 '右' 자를 잘못 쓴 것으로 보인다. 『전서』편찬 과정의 오자誤字이다.

33 삼도三道 : 충청·전라·경상 3도를 뜻한다.

34 신식申湜 : 1551~1623. 자字는 숙정叔正, 호號는 졸재拙齋, 본관은 고령高靈으로 신숙주申叔舟의 5세손이 다. 현령을 지낸 신중엄申仲淹의 아들로 1551년(명종 6)에 나니 이순신보다는 6년 아래다. 이황李滉의 문 인으로 1576년(선조 9)에 과거에 급제하여 도승지·호조참판·대사헌 및 충청도·강원도 관찰사, 지중추부 사 등을 역임하였다. 1623년(인조 1)에 73세로 죽었다. 청주의 쌍천서원雙泉書院에 제향되었다.(『國朝文 科榜目』;『한국민족문화대백과사전』.)

초2일(임인) 흐림. 우도右道 전선을 점고한 뒤에 그대로 남도포 막幕[35]에서 머물렀다. 나는 나가서 충청수사[선거이]와 이야기했다.

초3일(계묘) 맑음. 어사는 늦게 경상도 진陣으로 가서 점고했다. 저녁에 경상도 진으로 가서 함께 이야기하다가 몸이 편찮아 곧 돌아왔다.

초4일(갑진) 비. 어사가 이곳에 왔기에 여러 장수들을 모아 종일토록 이야기하고 헤어졌다.

초5일(을사) 흐리나 비는 오지 않았다. 아침에 어사와 작별 이야기를 하러 충청수사에게 갔다. 어사와 전별한 후 정丁 조방장[정응운]이 돌아간다고 고했다. (어사와 작별의 대화를 나눌 일로 충청수사의 임시 처소下處에 갔다. 술잔을 베풀어 어사와 작별하니, 그는 곧 "안무어사 통훈대부 행사헌부집의 겸 지제교 신식安撫御使通訓大夫行司憲府執義知製教申湜으로, 자字는 숙정叔正이고, 신해辛亥[1551]생이며, 본관은 고령高靈이고 서울에 살고 있다."라고 했다.)[36]

초6일(병오) 비가 크게 쏟아졌다. 우수사, 경상수사, 두 조방장[박종남·신호] 등과 모여 종일토록 같이 이야기하고 헤어졌다.

초7일(정미) 비가 계속 내렸다. 아침에 아들 울蔚이 허주許宙, 현덕린玄德麟, 우후[이몽구]와 같은 배로 나갔다. 늦게 두 조방장 및 충청수사와 함께 이야기했다. ○ 저녁에 표신標信을 소지한 선전관 이광후李光後가 임금의 유지有旨를 가지고 왔는데, 원수元帥가 삼도 수군을 거느리고 바로 적의 소굴로 들어가라는 것이었다. 선전관과 같이 이야기하며 밤을 새웠다.

초8일(무신) 비가 계속 내렸다. 선전관이 나갔다. 경상수사[권준], 충청수사[선거이], 두 조방장이 함께 이야기했다. 함께 저녁 식사를 하고 날이 저물어서 각자 돌아갔다.

초9일(기유) 서풍이 크게 불었다.

초10일(경술) 맑음. 몸이 불편한 것 같았다. 홀로 수루 위에 앉았으니 온갖 회포가 끝

---

35 남도포 막幕 : 남도포만호南桃浦萬戶가 한산도 섬에 지은 자신의 임시 거처.

36 『일기초日記抄』에는 '以御使話別事 到忠淸下處 餞別御使 乃安撫御使通訓大夫 行司憲府執義兼知製教 申湜 字叔正 辛亥生 本高靈居京云'이 있다.

이 없다. 늦게 대청에 나가서 공무 본 후에 활 5순을 쏘았다. 정제鄭霽[37]와 결성 현감[손안국]이 같은 배로 떠나갔다.

11일(신해) 비가 오다 개다 했다. 종 한경漢京도 본영으로 갔다. ○ 배영수裵永壽와 김 응겸金應謙이 활쏘기를 겨루었다. 김응겸이 이겼다.

12일(임자) 흐림. 일찍 나가서 공무를 보았다. 늦게 두 조방장과 활을 쏘았다. 김응겸 金應謙이 경상수사[권준]에게 갔다가 돌아올 때 우수사에게 들어가서 아뢰고 활 쏘기를 겨루었는데, 배영수裵永壽가 또 졌다고 한다.

13일(계축) 비가 종일 계속 내렸다. 계초啓草를 작성하고 공문을 처결하였다. ○ 독수 禿水가 왔는데, 그편에 도양장道陽場[38] 둔전 일을 들으니, 이기남李奇男[39]의 하는 짓에 괴상하고 어긋난 것이 많으므로 우후虞候가 달려가서 부정 사실을 조사하 도록 공문을 만들어 보냈다.

14일(갑인) 비가 종일토록 계속 내렸다. [전] 진해[40] 정항鄭沆과 조계종趙繼宗이 와서 이야기했다.

15일(을묘) 새벽에 망궐례를 행했다. 우수사[이억기]와 가리포加里浦[이응표李應彪]·임 치臨淄[홍견洪堅] 첨사 등 여러 장수들이 함께 왔다. 이날 삼도三道의 사부 및 군 사射士와 본도 잡색군雜色軍을 먹이고, 종일토록 여러 장수들과 함께 취했다. ○ 이날 밤, 으스름 달빛이 수루를 비추는데, 잠을 이루지 못하고 시를 읊어 긴 밤 을 새웠다.

---

37 정제鄭霽 : 이순신의 큰형 이희신李羲臣의 사위이다. 자字는 경명景明, 본관은 온양溫陽. 거주지는 충청남 도 예산禮山으로, 1550년(명종 5)에 났다. 1583년(선조 16)에 무과 별시別試에 합격하였으며, 판관判官 을 지냈다. (「한국역대인물종합정보시스템」; 『난중일기』 정유년 7월 27일.)

38 도양장道陽場 : 전라남도 고흥군 도양읍.

39 이기남李奇男 : 자字는 대윤大胤, 본관은 광산光山. 전라남도 순천順天에서 살았다. 집의執義 이조원李調元 의 후손이요 참봉參奉 이천근李千根의 손자로, 1553년(명종 8)에 났으니 이순신보다는 8세 아래다. 1591 년(선조 24)에 무과에 급제하였으며, 1592년 임진왜란이 일어나자 전라좌수사 이순신의 거북선 선장이 되었다. 거북선이 처음 출전한 전라 좌수군의 제2차 출전 때 귀선돌격장龜船突擊將이 되어 해전 승리에 크게 기여하였다. 제3차 출전 때는 좌돌격장左突擊將으로 역시 거북선 선장을 맡아 한산도 해전에서 왜 대선 1척을 포획하고 적의 머리 7급을 베었다. 이 공로로 훈련첨정訓鍊僉正(종4품)에 승진되었다. 1595 년에는 도양장(고흥) 둔전관 임무를 맡았다. (『辛卯別試文武科榜目』; 『난중일기』; 본서 권2, 「唐浦破倭兵 狀」; 본서 권2, 「見乃梁破倭兵狀」.)

40 [전] 진해 : 7월 20일 일기에는 '전 진해(현감)'로 나온다.

16일(병진) 궂은비가 개지 않고 종일 부슬부슬 내렸다. 마음이 지극히 어지러웠다. 두
조방장과 같이 이야기했다.

17일(정사) 가랑비가 오고 동풍이 불었다. 새벽에 김응겸金應謙을 불러 일을 물어보
았다. ○ 늦게 나가서 공무를 보았다. 두 조방장과 이야기하고 활 10순을 쏘았
다.

18일(무오) 궂은비가 개이지 않았다. 신·박 두 조방장이 와서 함께 이야기했다.

19일(기미) 날씨가 쾌청했다. 두 조방장 및 방담첨사[장린]와 함께 활을 쏘았다. ○ 이
경二更[오후 9~11시]에 조카 봉奉 및 회薈와 울蔚이 들어왔는데, 체찰사體察使[이
원익李元翼[41]]가 21일에 진성晉城[진주]에 도착해서 군사에 대한 일을 묻고자 하
는 일로 체찰사의 군관이 들어왔다고 했다.

20일(경신) 맑음. 종일 체찰사의 전령이 있기를 기다렸으나 오지 않았다. 권 수사[권
준] 및 우수사와 발포만호[황정록]가 와서 보고, 돌아갔다. ○ 이경二更[오후 9~11
시]에 전령이 들어왔다. 삼경三更[오후 11시~오전 1시]에 배를 타고 곤이도昆伊島[42]
에 이르렀다.

21일(신유) 흐림. 늦게 소비포所非浦[43] 앞바다에 닿으니 전라순찰사[홍세공] 군관 이

---

41 이원익李元翼 : 1547~1634 자字는 공려公勵, 호號는 오리梧里, 본관은 전주全州. 한성漢城에서 살았다.
태종太宗의 아들 익녕군益寧君 이치李多의 4세손으로 1547년(명종 2)에 나니 이순신보다 2년 아래다.
1569년(선조 2)에 문과에 급제하여 승문원承文院에 들어갔다. 천성이 침착하고 번잡하게 어울리기를 좋
아하지 않았고, 공적인 일이 아니면 외출도 잘 하지 않는 성품이었으므로 아무도 그를 알아주는 이가 없
었으나 유성룡柳成龍만은 그를 어진 이로 알아주었고 또 이이李珥도 그의 능력을 알고 조정에 추천하였
다. 임진왜란이 일어났을 때에는 이조판서吏曹判書로서 평안도 도순찰사平安道都巡察使를 겸하였다.
1593년(선조 26, 계사)에 명장明將 이여송李如松과 합세해 평양을 탈환한 공로로 숭정대부崇政大夫에 가
자되었다. 1595년(을미)에 우의정右議政이 되고 그대로 4도 도체찰사都體察使를 겸하여 본부를 영남에
다 차렸다. 그는 통제사 이순신에 대해 특별한 이해를 하였고, 그 인격을 서로 존경하였으며, 이순신이 옥
에 갇혔을 때는 장계를 올려 그의 무죄함을 역설했다. 1598년(선조 31, 무술)에 좌의정에 오르고, 1604년
(갑진)에 호성공신扈聖功臣으로서 완평부원군完平府院君에 봉해졌다. 광해 때에 영의정領議政이 되어 왕
의 그릇된 정사를 바로잡기를 애썼으나 이루지 못하고 도리어 귀양 갔다가 인조반정仁祖反正 후에 다시
영의정이 되었다. 1634년(인조 12)에 88세로 죽었다. 시호는 문충文忠이요 인조仁祖의 묘정廟庭에 배향
되었다. 다섯 차례나 영의정을 지냈으나 집은 두어 칸 오막살이 초가였으며, 퇴관 후에는 조석거리조차
없을 정도로 청빈했다고 한다.(『國朝文科榜目』;『한국민족문화대백과사전』.)

42 곤이도昆伊島 : 경상남도 통영시 산양읍 곤리리.

43 소비포所非浦 : 경상남도 고성군 하일면 동화리.

준李俊이 공문을 가지고 왔다. 강응호姜應虎[마량첨사]와 오계성吳繼成이 함께 와서 한참 동안 같이 이야기했다. 경수景受[이억기의 자字], 언경彦卿[권준의 자字], 자윤子胤[박종남의 자字], 언심彦深[44]에게 편지를 썼다. ○ 저물녘에 사천 땅 침도針島[삼천포]에 도착하여 잤다. 밤기운이 몹시 차서 마음이 편하지 않았다.

22일(임술) 맑음. 이른 아침에 여러 가지 공문을 작성하여 체찰사에게 보냈다. ○ 아침 식사 후에 출발하여 사천현에 이르렀다. 오후에 진주 남강南江 가에 이르니 체찰사는 이미 진주에 들어왔다고 한다. (강을 건너 주인집에 들어갔다가, 그대로 체찰사의 임시 처소에 이르니, "사천현에 먼저 도착해서 자고 있었기 때문에 맞이하라고 명령하는 말을 못 했다."라고 했다. 우스운 일이다.)[45]

23일(계해) 맑음. (새벽에) 체찰사 있는 곳으로 가 보니 조용히 이야기하는 말 중에, 백성을 위해 고통을 덜어 주어야겠다는 뜻이 많이 있었다. 호남순찰사는 헐뜯어 말하는 기색이 많으니, 한탄스러웠다. ○ 늦게 나는 김응서金應瑞와 함께 촉석루에 이르러 장수들이 패전해 죽은 곳을 둘러보고 비통함을 이기지 못했다. 잠시 후에 체찰사가 나더러 먼저 가라 하므로 배를 타고 소비포로 돌아와 정박했다. (늦게 들으니, 진주에서 전사한 장수와 군사들에 대해 위로하는 제사를 지낸다고 해서, 나와 김응서는 함께 촉석루에 도착했다. 장수와 군사들이 패망한 곳을 둘러보니, 비참하고 슬픈 마음을 이길 수 없었다. 얼마 뒤에 체찰사가 불러서 지시하여 말하기를, "먼저 배가 있는 곳으로 가서 배를 타고 소비포로 돌아가 정박해 있으라."고 했다. 그래서 배가 정박해 있는 곳으로 되돌아와 배를 타고 소비포로 돌아와 정박했다.)[46]

24일(갑자) 맑음. 새벽에 소비포 앞에 닿으니 고성현령 조응도趙凝道가 와서 현신現身했다. 그대로 소비포 앞바다에서 잤다. 체찰사와 부사[김늑金玏[47]]가 종사관[남이공南以恭]과[48] 함께 잤다.

---

44 언심彦深 : 언원彦源(신호의 자字)의 잘못인 듯. 다만 신호申浩의 자字는 『湖南節義錄』에 언원彦源으로, 『隆慶元年丁卯十一月初二日文武雜科覆試榜目』에 심원深源으로 다르게 나타난다.

45 『일기초日記抄』에는 '渡江入主人家 因到體察下處 則以先到泗川縣宿 而不爲迎命爲言 可笑'가 있다.

46 『일기초日記抄』에는 '晩聞晉州戰亡將士慰祭之傳 余與金應瑞 同到矗石 閱其將士敗亡 不勝慘痛之至 有頃 體察招敎日 先往舡所 乘舡回泊于所非浦云 故還到舡泊處 乘舡回泊所非浦'가 있다.

25일(을축) 맑음. 일찍 식사를 한 후에 체찰사와 부사, 종사관이 모두 내가 탄 배에 함께 탔다. 진시辰時[오전 7~9시]에 출발할 때 배에 같이 들어가 모두 서서 크고 작은 섬들과 여러 진을 합병할 곳과 접전하던 곳 등을 손으로 가리키면서 종일 의논했다. 곡포曲浦[49]는 평산포平山浦[50]에 합하고, 상주포尙州浦[51]는 미조항彌助項[52]에 합하고, 적량赤梁[53]은 삼천三千[54]에 합하고, 소비포所非浦[55]는 사량蛇梁[56]에 합하고, 가배량加背梁[57]은 당포唐浦[58]에 합하고, 지세포知世浦[59]는 조라포助羅浦[60]에 합하고, 제포薺浦[61]는 웅천熊川[62]에 합하고, 율포栗浦[63]는 옥포玉浦[64]에 합하고, 안골安骨[65]은 가덕加德[66]에 합하는 것으로 결정[67]했다. 저녁에 진[한산도]에 도착하여 여러 장수들이 교서에 숙배하고 공사례를 마친 후에 헤어졌다.

---

47 김늑金玏 : 1540~1616. 자字는 희옥希玉, 호號는 백암栢岩, 본관은 예안禮安. 경상북도 영천榮川에서 살았다. 1540년(중종 35)에 나니 이순신보다는 5년 위다. 1576년(선조 9)에 문과에 급제하여 영월군수와 경상우도 관찰사, 충청도 관찰사, 안동부사 등을 역임하였다. 영천의 구산서원龜山書院에 배향되었고, 저서로는 『백암문집栢巖文集』이 있다. 시호는 민절敏節이다.(『國朝文科榜目』;『한국민족문화대백과사전』.)

48 부사가 종사관과 : 체찰사 이원익의 요청에 따라, 1595년(선조 28) 7월에 체찰 부사로 김늑金玏, 체찰사 종사관으로 남이공南以恭이 임명되었다.(『선조실록』권65, 선조 28년 7월 16일 정해.)

49 곡포曲浦 : 경상남도 남해군 이동면 화계리.

50 평산포平山浦 : 경상남도 남해군 남면 평산리.

51 상주포尙州浦 : 경상남도 남해군 상주면 상주리.

52 미조항彌助項 : 경상남도 남해군 미조면 미조리.

53 적량赤梁 : 경상남도 남해군 창선면 진동리 적량마을.

54 삼천三千 : 경상남도 사천시 대방동.

55 소비포所非浦 : 경상남도 고성군 하일면 동화리.

56 사량蛇梁 : 경상남도 통영시 사량면 금평리.

57 가배량加背梁 : 경상남도 통영시 도산면 오륜리 가오치마을.

58 당포唐浦 : 경상남도 통영시 산양읍 삼덕리.

59 지세포知世浦 : 경상남도 거제시 일운면 지세포리.

60 조라포助羅浦 : 경상남도 거제시 일운면 구조라리.

61 제포薺浦 : 경상남도 창원시 진해구 웅천동 제덕동.

62 웅천熊川 : 경상남도 창원시 진해구 웅천동 성내동.

63 율포栗浦 : 경상남도 거제시 장목면 율천리

64 옥포玉浦 : 경상남도 거제시 옥포동.

65 안골安骨 : 경상남도 창원시 진해구 웅동2동 안골동.

66 가덕加德 : 부산광역시 강서구 성북동.

26일(병인) 맑음. (모든 공적인 일들의 가부를 정탈하였다.)[68] 저녁에 부사[김늑]와 서로 만나 조용히 이야기했다.

27일(정묘) 맑음. 군사 5,480명에게 음식을 먹였다. 저녁에 상봉上峯[69]으로 올라가 적진 및 적선들 왕래하는 길을 손으로 가리키며 살펴보았다. 바람이 몹시 사나웠다. 저녁을 틈타 도로 내려왔다.

28일(무진) 맑음. 이른 아침에 체찰사 및 부사·종사관과 함께 수루 위에 앉아서 여러 가지 고치기 어려운 폐단에 대해 의논했다. 식전에 배로 내려가 배를 띄워 나갔다.

29일(기사) 맑음. 일찍 나가서 공무를 보았다. 경상수사[권준]가 체찰사가 머문 곳에서 왔다.

9월

초1일(경오) 맑음. 새벽에 망궐례를 행했다. 탐선探船이 들어왔다. 우후[이몽구]가 도양道陽으로부터 본영에 이르러 공문서를 바치는데, 사립[정사립鄭思立]을 해치려는 뜻이 많았다. 가소로웠다. 종사관[유공진柳拱辰] 역시 병가病暇를 내고 돌아가서 치료하겠다고 하므로 결재해 주었다.

초2일(신미) 맑음. 새벽에 상선上船[지휘선]을 출발시켰다. 재목 끌어내릴 군사 1,283명에게 밥을 먹여 끌어내리게 했다. 충청수사[선거이], 우수사[이억기], 경상수사[권준] 및 두 조방장[박종남·신호]이 함께 와서 종일토록 이야기하고 헤어졌다.

초3일(임신) 맑음. 동풍이 크게 불었다. 여필汝弼[아우]과 울蔚[아들]과 유헌[변유헌卞

---

67 결정 : 원문은 "정탈定奪"로, 임금의 재결裁決 또는 신하들이 올린 논의나 계책 가운데 임금이 가부를 결정하여 그 가운데 한 가지만 택하던 일을 뜻한다.(『표준국어대사전』.) 여기서는 가부를 결정한다는 뜻으로 사용되었다.

68 『일기초日記抄』에는 '一應公事定奪'이 있다.

69 상봉上峯 : 경상남도 통영시 한산면 두억리 망산(295.6m). 병신년 5월 15일 일기 참조. (김일룡, 「한산도의 임진란지명壬辰亂地名 연구」, 『학술세미나 자료집』, 한산대첩기념사업회, 2018. 8. 11.)

有憲]이 돌아갔다. 강응호姜應虎[마량첨사]도 도양장 추수할 일로 같이 돌아갔다.
○ 정항鄭沆[전 진해현감], 우수禹壽[안골포만호], 이섬李暹이 정탐하고 들어왔는
데, 영등永登에 있는 적의 진영은 초2일에 소굴을 비우고 누각과 모든 집을 모조
리 불태워 버렸다고 했다. 웅천 사람으로서 적에게 투항해 붙었던 공수복孔守卜
등 17명을 달래서 데려왔다.

초4일(계유) 맑음. 경상수사[권준]가 와서 만나보기를 청하더니 종일 이야기하고 돌
아갔다. ○ 여필汝弼과 울蔚 등이 어떻게 갔는지 몰라 무척 걱정스러웠다.

초5일(갑술) 맑음. 아침에 권 수사[준]가 쇠고기를 조금 보냈다. 충청수사[선거이] 및
조방장 신호와 함께 아침 식사를 하고, 식후엔 신 조방장 및 선 수사[거이]와 한
배를 타고 경상수사에게로 가서 종일 이야기하고 저물어서 돌아왔다. 이날 체
찰사의 공문이 왔는데, 순천·광양·낙안·흥양의 갑오년 전세田稅를 실어 오라는
것이었다. 그래서 바로 답장을 보냈다.

초6일(을해) 맑으나 바람이 세게 불었다. 충청수사가 술을 가져와서 우수사와 두 조
방장이 와서 함께 하기 위해 왔다. 송덕일宋德馹이 들어왔다.

초7일(병자) 맑음. 식후에 경상우수사가 왔다. 충청도 병영[병마절도사영] 배와 서산·
보령 배를 내보냈다.

초8일(정축) 맑음. 나라의 제삿날[70]이라 공무를 보지 않았다. 식후에 아들 회薈와 송
덕일宋德馹이 같은 배로 나갔다. ○ 충청수사와 두 조방장이 와서 이야기했다.

초9일(무인) 맑음. 우수사[이억기] 및 여러 장수들이 모두 모였는데, 진영營의 군사들
에게 떡 한 섬을 나눠 주고, 초경[오후 7~9시]에 파하고 돌아갔다.

초10일(기묘) 맑음. 오후에 나는 충청수사[선거이] 및 두 조방장[신호·박종남]과 함께
우수사[이억기]에게 가서 함께 이야기하고 밤에 돌아왔다.

11일(경진) 흐림. 몸이 몹시 불편해서 공무를 보지 않았다.

12일(신사) 흐림. 아침에 충청수사와 두 조방장을 청해 와서 함께 아침 식사를 하고
늦게 파하고 돌아갔다. ○ 저녁에 경상수사, 우후[이몽구], 정항鄭沆이 술을 가지

---

70 나라의 제삿날 : 세조世祖의 돌아가신 날이다.

고 와서 함께 이야기하다가 밤이 깊어서 헤어졌다. (충청수사와 박 조방장이 함께 왔으나, 신 조방장은 병으로 오지 못했다. 언경彥卿[권준]이 홀로 남아 이야기를 할 때 말이 사립思立[정사립]에게 미치자, 우수사에게 들었다면서, "[사립은] 인륜을 어지럽히고, 법도를 어겼다."라고 했다. 지극히 놀랍고 놀라운 일이다. 경수景受[이억기]는 왜 이와 같은 이치에 닿지 않는 말을 내뱉었을까. 그런 행동이 복이 되지 못할 것을 상상할 수 있을 것인데.)[71]

13일(임오) 비. 수루에 기대어 홀로 앉아 있으니 마음이 편하지 않았다.

14일(계미) 맑음. (충청수사[선거이] 및 두 조방장[신호·박종남]과 함께 아침을 먹었다.)[72] 늦게 나가서 공무를 보았다. 우수사[이억기] 및 경상우수사[권준]가 함께 와서 작별하는 술잔을 같이 나누고 밤이 깊어서 헤어졌다. 작별하면서 선 수사에게 준 짧은 시 한 구절은,

북쪽에 갔을 때도 같이 고생하고	北去同勤苦
남쪽에 와서도 생사를 함께하네	南來共死生
오늘 밤 이 달 아래 잔을 나누면	一杯今夜月
내일은 서로 이별을 아쉬워하리	明日別離情

(써서 주었다.)[73]

15일(갑신) 맑음. 선宣 수사가 와서 돌아간다고 고했다. 또 작별하는 술잔을 들고 헤어졌다.

16일(을유) 맑음. 나가서 공무를 보고 장계를 봉해서 올렸다. ○ 이날 저녁 월식으로 어두워졌다가 환하게 밝아졌다.

17일(병술) 맑음. 식후에 서울에 편지를 써 보냈다. 김희번金希番이 계본啓本을 가지고 나갔다. 유자柚子 30개를 영의정[유성룡]에게 보냈다.

18일(정해) 늦게 정丁 조방장이 들어와서 함께 이야기했다.

19일(무자) 맑음. 정丁 조방장이 들어왔다가 곧 돌아갔다.

---

71 『일기초日記抄』에는 '忠淸及朴助防來共 而申助防病不來 彥卿獨留話之際 言及思立 因聞右水 則亂倫敗常 云 極愕極愕 景受何如是發此無理之言耶 其爲非福可想'이 있다.

72 『일기초日記抄』에는 '忠淸水使及兩助防將 同朝食'이 있다.

73 『일기초日記抄』에는 '書贈'이 있다.

20일(기축) 사경四更[오전 1~3시]에 둑제纛祭[74]를 지냈다. 삼도첨사 김완金浣이 헌관으로 행사했다. ○ 아침에 우수사가 보러 왔다.

21일(경인) 맑음. 박·신 두 조방장과 함께 아침 식사를 했다. 박 조방장과 작별하려 했으나, 그대로 경상수사를 작별하러 갔다가 날이 그만 저물어서 하지 못했다. ○ 저녁에 이종호李宗浩[75]가 들어왔다. 다만 목화만 가져왔기로 모두 나누었다.

22일(신묘) 맑음. 동풍이 크게 불었다. 박 자윤[종남] 영공이 나갔다. 경상우수사도 와서 전별했다.

23일(임진) 맑음. 나라의 제삿날[76]이라 공무를 보지 않았다. 웅천 사람으로 사로잡혔던 박녹수朴祿守와 김희수金希壽가 보러 와서, 겸하여 적의 정보를 말해 주므로 각각 무명 1필씩 주어 보냈다.

24일(계사) 맑음. 아침에 각처에 편지 10여 통을 썼다. 아들 울蔚과 면葂이 방익순方益純 및 온개溫介 등과 모두 함께 나갔다. 이날 저녁에 우수사[이억기]와 경상수사[권준]가 보러 왔다.

25일(갑오) 맑음. 미시未時[오후 1~3시]에 녹도鹿島 하인이 실수로 불을 내서 대청大廳과 수루방樓房이 연이어 모조리 타 버렸다. 군량, 화약, 군기 등 곳간에는 불이 미치지 않았으나 수루 아래 두었던 장·편전長片箭 200여 부部[77]가 다 타 버려서 한탄스러웠다. (새벽 2시에 배에서 내렸다. 동틀 무렵에 목욕탕에 도착했다. 식사를 한 뒤 목욕을 하고 배에 올랐다. 음식을 만들 때, 해는 미시未時[오후 1~3시]를 가리키고 있었는데,

---

74 둑제纛祭 : '둑纛'은 군대의 위용을 상징하는 군기軍旗로, 둑제는 이 군기에 대한 제사이다. 경칩驚蟄과 상강霜降에 정기적으로 지내고, 군대가 출병할 때도 지냈다고 한다.(『명종실록』 권18, 10년 6월 9일(壬申); 『國朝五禮儀』.)

75 이종호李宗浩 : 자字는 여실汝實, 본관은 영천永川, 신령군新寧君 이언李彦의 5세손이요 증참의贈參議 이성근李成根의 아들로 23세에 무과武科에 급제하였다. 임진왜란이 일어나자 좌수사 이순신이 그의 지혜와 용맹을 듣고 불러와서 막하로 삼고 중요한 임무를 맡기었다. 특히 물자 구득에 관한 일을 많이 했는데, 솜을 몇천 근씩 변통해 오고, 또 청어를 몇만 두름 가지고 나가서 곡식과 바꾸어 왔기 때문에 이순신의 특별한 신임을 받았다. 1597년(선조 30, 정유) 5월에 변익성 대신 사량 만호로 임명되었으며, 명량 해전 직후 통제사 이순신에게 붙잡혀 처벌받았으나 그에게 다시 신임을 받았다. 뒤에 선무원종훈宣武原從勳에 참록되었으며, 충의忠毅라 시호하였다.(『이충무공전서』 속편續編 권16, 부록, 「同義錄」;『난중일기』.)

76 나라의 제삿날 : 태조대왕太祖大王 신의왕후神懿王后 한씨韓氏의 돌아가신 날이다.

77 부部 : 화살대 30개 묶음. '부浮'로도 씀. 임진왜란 때 1부部는 30개였으나(『선조실록』 권219, 선조 40년 12월 12일 경오), 조선 후기에는 1부浮가 100개로 나온다.(『만기요람』 군정편 1, 備邊司, 箭竹.)

녹도 하인이 불을 내서 대청과 누방樓房[수루방]까지 불길이 길게 번져 모두 타 버렸다.)[78]

26일(을미) 맑음. 홀로 지휘선坐船 위에서 종일토록 누웠다 앉았다 하며 마음이 편안하지 않았다. ○ 이언량李彦良[귀선장]이 재목을 깎아 가지고 왔다.

27일(병신) 흐림. 안골포安骨浦 사람으로 왜적들에게 붙었던 자들 230여 명이 나왔는데, 배는 22척이라고 우수禹壽[안골포만호]가 와서 보고했다. 식후에 불난 데로 올라가서 집 지을 만한 터를 손으로 짚어 보았다.

28일(정유) 맑음. 식후에 집 짓는 데로 올라갔다. 우수사와 경상수사가 보러 왔다. 회薈와 울蔚도 기별[화재 소식]을 듣고 들어왔다.

29일(무술) 맑음.

30일(기해) 맑음.

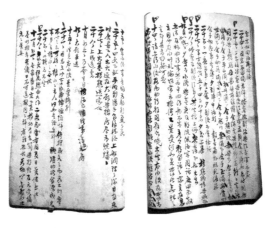

『충무공유사』 일기초 중 을미년 9~10월 부분

10월

초1일(경자) 신申 조방장[호]과 함께 아침 식사를 하고 그대로 작별하는 술자리를 베풀었다. 늦게 신 조방장이 나갔다.

---

78 『일기초日記抄』에는 '四更下舡 平明到湯子 食後沐浴上船 調理之際 日當未時 鹿島下人出火 延及大廳與樓房 盡爲燒燼'으로 되어 있다.

초2일(신축) 맑음. 대청에 들보를 올렸다. 또 상선上船을 연기로 그슬렸다. 우수사[이억기]와 경상수사[권준] 및 이정충李廷忠[전라우수영 우후]이 보러 왔다.

초3일(임인) 맑음. 해평군海平君 윤근수尹根壽의 공문을 구례求禮 유생이 가져왔는데, "김덕령金德齡과 전주 김윤선金允先 등이 죄 없는 사람을 때려죽이고 수군 진영으로 도망해 들어갔다."라고 하여 수색해 보니, 9월 초10일경에 보리 종자를 바꾸러 진陣[한산도]에 왔다가 곧바로 돌아갔다고 했다. (오늘은 곧 회薈의 생일이다. 그래서 술과 음식을 준비하여 주도록 예방禮房에게 말했다.)[79]

초4일(계묘) 맑음.

초5일(갑진) 이른 아침에 수루로 올라가 일하는 것을 살펴보면서, 수루 위 바깥 기둥에 올려 바르는 흙을 항복한 왜인들을 시켜 운반하게 했다.

초6일(을사) 식후에 우수사 및 경상수사가 보러 왔다. ○ 저녁에 웅천현감[이운룡]이 왔는데, 그편에 들으니 명나라 사신[양방형楊方亨을 가리킴]이 부산으로 들어갔다고 했다. 이날 사로잡혔던 사람 24명이 나왔다.

초7일(병오) 맑음. 화창하기가 봄날 같았다. 임치첨사臨淄僉使[홍견]가 보러 왔다.

초8일(정미) 맑음. 조카 완莞이 들어왔다. 진원珍原과 조카 해荄의 편지도 왔다.

초9일(무신) 맑음. 각처에 답장을 써 보냈다. ○ 대청을 짓는 공사를 다 마쳤다. ○ 우우후右虞候[이정충]가 보러 왔다.

초10일(기유) 맑음. 늦게 대청에 앉아 공무를 보았다. 우수사와 경상수사가 함께 와서 조용히 이야기했다.

11일(경술) 맑음. 일찍 수루방樓房에 올라가 종일 일하는 것을 돌보았다.

12일(신해) 맑음. 일찍 수루 위로 올라가 일하는 것을 돌보았다. 서쪽 행랑을 만들어 세웠다. ○ 저녁에 송홍득宋弘得[80]이 들어왔는데, 망령된 말들이 많았다.

13일(임자) 맑음. 일찍이 새로 짓는 수루에 올라갔다. 대청에 흙 올려붙이는 일을 항복한 왜인들을 시켜 일을 마치게 했다. ○ 송홍득宋弘得이 군관을 따라갔다.

---

79 『일기초日記抄』에는 '乃薈生日 故酒食備給事 言及禮房'이 있다.

80 송홍득宋弘得 : 도원수 권율權慄의 군관(1594년 4월 4일 기사)으로 있었으나, 이때는 통제사 이순신의 막하에서 종군하고 있었다.

14일(계축) 맑음. 우수사, 경상수사[권준], 사도첨사[김완], 여도[김인영]·녹도[송여종] 만호 등이 보러 왔다.

15일(갑인) 맑음. 새벽에 망궐례를 행했다. 저녁에 달빛을 타고 우수사 경수景受[이억기]에게 가서 전별했다. 경상수사, 미조항첨사[성윤문], 삼도첨사도 왔다.

16일(을묘) 맑음. 새벽에 새로 지은 수루방으로 올라갔다. ○ 우수사, 임치첨사[홍견], 목포만호 등이 나갔다. 그대로 새 수루방에서 잤다.

17일(병진) 맑음. 아침에 가리포첨사加里浦僉使[이응표]와 금갑도만호金甲島萬戶[가안책]81가 와서 함께 아침 식사를 했다. 진주 하응구河應龜와 유기룡柳起龍 등이 계원미繼援米 20석을 가져와 바쳤다.82 부안 김성업金成業83과 미조항첨사 성윤문成允文이 보러 왔다. 정항鄭沆이 돌아간다고 고했다.

18일(정사) 맑음. 수사 권준 및 우우후[이정충]가 보러 왔다.

19일(무오) 맑음. 회薈와 면葂이 나갔다. 송두남宋斗男이 장계를 가지고 서울로 올라갔다. 김성업金成業도 돌아갔다. 이운룡李雲龍이 보러 왔다. 계향유사繼餉有司 하응문河應文과 유기룡柳起龍이 나갔다.

20일(기미) 맑음. 늦게 가리포첨사[이응표], 금갑도[가안책]·남도포[강응표] 만호, 사도첨사[김완], 여도만호[김인영]가 보러 와서, 술을 먹여 보냈다. 저물어 영등만호[조계종]도 와서 저녁밥을 먹고 돌아갔다. ○ 이날 밤, 바람은 몹시 싸늘하고 차가운 달빛이 낮과 같아 잠들지 못하고 밤새도록 뒤척거렸다. 온갖 근심이 가슴에 치밀었다.

21일(경신) 맑음. 이설李渫이 말미[휴가]를 청하나 주지 않았다. ○ 늦게 우우후右虞候 이정충李廷忠, 금갑도만호 가안책賈安策, 이진권관梨津權管 등이 보러 왔다. ○ 바람이 몹시 차가웠다. 누워도 잠이 오지 않아서 공태원孔太元을 불러 왜의 정

---

81 가리포첨사[이응표]와 금갑도만호[가안책]는 조선사편수회편, 『난중일기초·임진장초』(조선총독부, 1935), 193쪽을 참조한 것이다.

82 을미년 6월 18일 일기 참조. 4개월 만에 네 배로 불려 왔다. 하응구는 하응문의 오자로 보인다. (19일)

83 김성업金成業 : 이순신과 병자丙子(1576) 식년시式年試 무과 합격 동기이다. 자字는 덕숙德叔, 본관은 의성義城, 거주지는 전라북도 부안扶安이다. 1553년(명종 8)생으로 이순신보다 8년 아래다. (『한국역대인물종합정보시스템』.)

황을 물었다. (사립[정사립]에게서 들으니, "경 수백[경상수사 권준]이 거짓으로 죄를 씌워 궁지에 빠뜨리는 말을 지어내, 지시에 따라 공문을 작성하게 하였다. 그 공문이 문서로 작성되면 절대로 알려지지 않게 했다."라고 한다. 놀랍고도 놀랄 일이다. 권 수[수사 권준]는 사람이 되어 어찌 이처럼 거짓된 말로 남을 속일 수 있는가. 늦게 미조항첨사 성윤문이 왔다. 권 수[수사 권준]의 제멋대로이고 엉망인 모습을 많이 말했다.)[84]

22일(신유) 맑음. 가리포첨사, 미조항첨사, 우후[이몽구] 등이 보러 왔다. 저녁에 송희립宋希立, 박태수朴台壽, 양정언梁廷彦이 들어왔다. 전문[85]을 모시고 갈 유생도 들어왔다.

23일(임술) 맑음. 아침에 전문을 올려 보낸 후 대청으로 나가서 공무를 보았다.

24일(계해) 맑음. 경상수사가 보러 왔다. 하응구河應龜도 와서 종일 이야기하고 저물어서 돌아갔다. ○ 박태수朴台壽와 김대복金大福이 돌아간다고 고했다.

25일(갑자) 맑음. 가리포첨사와 우후, 금갑도·회령포[민정붕]·녹도 만호 등이 와서 보고 돌아갔다. ○ 저녁에 정항鄭沆이 돌아간다고 고하므로 음식을 대접해 작별했다. ○ 띠茅를 베어 올 일로 이상록李祥祿·김응겸金應謙·하천수河天壽·송의련宋義連·양수개楊水漑 등이 군사 80명을 데리고 나갔다.

26일(을축) 맑음. (장인의 제삿날이라 출근[좌기坐起]하지 않았다.)[86] 들으니 임달영任達永이 왔다고 한다. 불러서 제주濟州 가는 일을 물었다. ○ 방답첨사[장린]가 들어왔다. ○ 송홍득宋弘得과 송희립宋希立 등이 사냥하러 갔다.

27일(병인) 맑음. 우우후와 가리포첨사가 왔다.

28일(정묘) 맑음. 경상우후[이의득]가 보러 왔다. ○ 띠를 베러 갔던 배가 들어왔다. ○ 밤에 비가 오고 우레가 치는 것이 여름철 같으니 괴상한 일이다. (오후 8시에 세찬 바람이 불고 소나기가 크게 내렸다. 오후 10시에 천둥이 치고 비가 왔다. 여름날과 같았다. 이 상야릇한 변괴變怪가 여기까지 이르렀다.)[87]

---

84 『일기초日記抄』에는 '因思立 聞慶水伯飾誣誣陷辭 倚指成文之 而文之則專不聞之云 可駭可駭 權水之爲人 何如是之誣妄耶 晚彌助項僉使成允(文)來 多言權水之無狀'이 있다.

85 전문: 원문 "전전箋"은 전문箋文으로, 길흉吉凶의 일이 있을 때 임금에게 올리는 사륙체四六體의 글이다.

86 『일기초日記抄』에는 '以聘忌不坐'가 있다.

87 『일기초日記抄』에는 '初更 狂風驟雨大作 二更雷雨有同夏日 變怪至此'가 있다.

29일(무진) 맑음. 가리포첨사加里浦僉使와 이진권관梨津權管이 돌아갔다. 경상수사[권 준], 웅천현감[이운룡], 천성만호[윤홍년]가 함께 왔다.

11월

초1일(기사) 새벽에 망궐례를 행했다. 늦게 나가서 공무를 보았다. 사도첨사[김완]가 나갔다. 함평咸平·진도珍島·무장茂長 전선을 내보냈다. ○ 김희번金希番이 서울 에서 내려왔는데, 조보朝報와 수상首相[유성룡]의 편지를 가져왔다. ○ 항복한 왜 인들에게 술을 먹였다. 오후에 방답첨사[장린]와 활 7순을 쏘았다. (김희번이 서울 에서 내려왔다. 영의정의 편지와 조보 및 원흉元凶[원균]의 함답緘答[88]을 가져와 바쳤다. 입으 로는 말할 수도 없이 아주 흉악하고 거짓되었다. 속여서 하는 말들은 표현하기도 어렵다. 하 늘과 땅 사이에 이 원[원균]처럼 흉악하고 함부로 하는 사람은 없을 것이다.)[89]

초2일(경오) 맑음. 곤양군수 이수일李守一이 보러 왔다.

초3일(신미) 맑음. 황득중黃得中이 들어와서 "왜선 2척이 청등靑登[90]을 거쳐 흉도胷 島[91]에 이르고 해북도海北島[92]에 가까이 와서 불을 지르고 돌아가면서 춘원春院[93] 등지에 이르렀다."라고 했다. 새벽에 지도紙島로 돌아갔다.

초4일(임신) 맑음. 새벽에 이종호李宗浩와 강기경姜起敬 등이 들어왔다. 변존서卞存緖 의 편지를 보니, 봉菶과 해荄 형제가 본영에 도착했다고 했다. (직장 이여옥李汝沃[94]

---

88 함답緘答 : 함문緘問에 답하는 글. 함문은 관리의 과실을 서면으로 묻는 일이다. (박종평, 『난중일기』, 파주 : 글항아리, 2021, 375쪽 참고.)

89 『일기초日記抄』에는 '金希番自京下來 持納首台簡與朝報及元兇緘答 則極爲兇譎 口不可道 欺罔之辭 有難 形狀 天地間無有如此元之兇妄'이 있다.

90 청등靑登 : 경상남도 거제시 하청면 석포리로 추정됨.

91 흉도胷島 : 경상남도 거제시 사등면 창호리 가조도.

92 해북도海北島 : 견내량 북쪽에 있는 한 섬을 가리킴.

93 춘원春院 : 경상남도 통영시 광도면 황리 춘원포. (金一龍, 『統營地名總攬』, 통영문화원, 2014, 199쪽.)

94 이여옥李汝沃 : 이순신의 종조부 이백복李百福의 손자 이은신李殷臣의 자字가 여옥이다. 직장을 역임했고, 유성룡과 교유가 있었다고 한다. (현충사관리소, 『이충무공유사李忠武公遺事』[국역·영인합본], 2008, 81 쪽. 참조)

형의 집 보甫[이여옥의 아들]의 편지가 왔는데 슬픔으로 통곡을 참지 못했다. 곧바로 답장을 써서 보에게 보냈다. 백립白粒[흰쌀] 2곡斛[95], 6장丈 유둔油芚[96], 4장 유둔[97], 잡다한 물건 등과 포목 3단端[98]도 구해 보내도록 일렀다. 또한 아들의 편지를 보았더니, "요동의 왕울덕은 왕씨의 먼 후손인데 군사를 일으키려 한다."라고 했다. 참으로 놀랄 일이다. 우리나라 군대는 외롭고, 힘도 지쳐 있는데 이를 어찌해야 하나.)[99]

초5일(계유) 맑음. 남해현령[기효근]과 금갑도·남도포·어란·회령포 만호 및 정담수鄭聃壽가 보러 왔다. 방답첨사[장린]와 여도만호[김인영]를 불러서 이야기했다.

초6일(갑술) 맑음. 송희립宋希立이 들어왔다. 띠 400동과 칡 100동을 실어 왔다.

초7일(을해) 맑음. 하동현감[최기준崔琦準]이 교유서教諭書에 숙배했다. 경상우수사[권준]가 순찰사로부터 왔다. 미조항첨사[성윤문]와 남해현령[기효근]도 왔다.

초8일(병자) 맑음. 새벽에 완莞[조카]과 종奴 경京이 본영으로 돌아갔다. ○ 늦게 김응겸金應謙과 경상순찰사 군관 등이 왔다.

초9일(정축) 맑음. 여도만호 김인영金仁英이 들어왔다.

초10일(무인) 맑음. 새벽에 경상순찰사 군관이 돌아갔다.

11일(기묘) 맑음. 새벽에 임금의 탄신일 축하례를 행했다. ○ 본영 탐후선이 들어왔다. 변卞 주부[변존서], 이수원李壽元, 이원룡李元龍 등이 왔다. 그편에 어머님이 편안하시다는 말을 들으니 기쁘고 다행하다. ○ 저녁에 이의득李義得이 보러 왔

---

95 곡斛 : 곡식의 분량을 헤아리는 데 쓰는 그릇의 하나. 20말들이와 15말들이가 있다. 1곡=20말들이를 대곡大斛·대괵大斛·전석全石이라 불렀고, 1곡=15말들이를 소곡小斛·소괵小斛,·석平石이라 불렀다. (『經國大典』 권6, 工典, 度量衡; 『표준국어대사전』.) 한편, 중국에서는 한대漢代 이후 10말을 1곡으로 하다가, 송대宋代 이후부터는 5말을 1곡으로 하였다(吳承洛, 『中國度量衡史』, 上海書店, 1987, 104~239쪽.).

96 6장丈 유둔油芚 : 육유둔六油芚을 말한다. 유둔지油芚紙의 일종으로, 기름油으로 표면 처리한 종이이다. 육유둔은 유지油紙 여섯 장을 이어 붙여 만든 유둔으로, 온돌바닥에 깔거나 종사宗社 및 제물祭物을 덮어 비를 막는 우비 역할을 하는 데 이용되었다.

97 4장 유둔 : 사유둔四油芚을 말한다. 유지 넉 장을 이어 붙여 만든 유둔이다.

98 단端 : 고대 중국에서 베의 길이를 재는 단위. 1단은 2장丈 곧 20자尺이다. (吳承洛, 『中國度量衡史』, 上海書店, 1987, 90쪽.)

99 『일기초日記抄』에는 '李直長汝沃兄家甫簡來 則不勝悲痛 卽修答書 送于甫處 白粒二斛 六丈油芚四丈油芚與雜物等 三端亦覓送事敎之 且見豚簡 則遼東王鬱德 以王氏後裔 欲爲擧兵云 極可愕也 我國兵孤力疲 奈如之何'가 있다.

다. 금갑도만호와 회령포만호가 나갔다.

12일(경진) 맑음. 발포 가장假將으로 이설李渫을 정해 보냈다.

13일(신사) 맑음. 도양장에서 추수한 벼와 콩이 820석이었다.

14일(임오) 맑음.

15일(계미) 맑음. 아버지 제삿날이라 공무를 보지 않았다. 홀로 앉아 그리워하는 생각에 마음을 스스로 이기지 못했다.

16일(갑신) 맑음. 항복한 왜인 여문연이汝文戀已와 야시로也時老[미차랑彌次郎] 등이 와서 고하기를, "왜인들이 도망하려 한다." 하므로 우우후右虞候[이정충]를 시켜 잡아다가 조사하여 그 주모자 준시俊時 등 2명의 머리를 베었다. ○ 경상수사 및 우후, 웅천현감, 방답첨사, 남도포·어란·녹도 만호가 왔는데, 녹도만호는 내보냈다.

17일(을유) 맑음.

18일(병술) 맑음. 어응린魚應麟이 와서 전하기를, "행장行長[소서행장]이 그 부하들을 데리고 바다로 나갔는데, 어디로 갔는지 모른다."라고 하므로, 경상수사[권준]에게 전령하여 수륙으로 정탐하게 했다. ○ 늦게 하응문河應文이 와서 군량을 계속 조달하는 일을 고하였다. 잠시 후에 경상수사와 웅천현감 등이 와서 의논하고 갔다.

19일(정해) 맑음. 이른 아침에 도망했던 왜가 스스로 와서 현신했다. 이경二更[오후 9~11시]에 분芬·봉菶·해荄[모두 조카]와 회薈[아들]가 들어왔다. 어머님이 평안하심을 아니 기뻤다. ○ 하응문河應文이 돌아갔다.

20일(무자) 맑음. 거제현령[안위]과 영등만호[조계종]가 보러 왔다.

21일(기축) 맑음. 북풍이 종일 불었다. 새벽에 송희립宋希立을 내보내서 견내량 적선賊船을 조사케 했다. ○ 이날 저녁 청어靑魚 1만 3,240두름級[100]을 곡식과 바꾸는 일로 이종호李宗浩가 받아 갔다.

22일(경인) 맑음. 새벽에 임금께 동지冬至를 하례하는 숙배를 드렸다. ○ 늦게 웅천현

---

100 두름級 : 물고기 20마리를 엮은 것.

감[이운룡]과 거제현령, 안골포[우수]·옥포[이담] 만호, 경상우후[이의득] 등이 왔다. ○ 변존서卞存緖와 조카 봉菶이 함께 갔다.

23일(신묘) 맑으나 큰바람이 불었다. 이종호李宗浩가 하직하고 나갔다. 이날 견내량을 순찰시키는 일로 경상수사를 정해 보냈으나 바람이 몹시 사나워서 출발하지 않았다.

24일(임진) 맑음. 순라선巡邏船이 나갔다가 이경二更[오후 9~11시]에 진陣으로 돌아왔다. 변익성邊翼星이 곡포권관曲浦權官이 되어 왔다.

25일(계사) 맑음. 식후에 곡포권관의 공식 인사를 받았다. 늦게 경상우후가 와서 전하기를, "항복한 왜인 8명이 가덕으로부터 나왔다."라고 했다. 웅천현감[이운룡], 우우후[이정충], 남도포만호[강응표], 방답첨사[장린], 당포만호[하종해]가 보러 왔었다. 조카 분芬과 함께 이경二更[오후 9~11시]까지 이야기했다.

26일(갑오) 아침에 흐리고 늦게 갰다. 식후에 나가서 공무를 보았다. 광양 도훈도都訓導가 복병 갔다가 도망간 자들을 잡아 왔으므로 처벌했다. 오시午時[오전 11시~오후 1시]에 경상수사[권준]가 왔다. 항복한 왜인 8명과 인솔해 오는 김탁金卓 등 2명이 함께 오므로 술을 먹였다. 그리고 김탁 등은 각각 무명 1필씩을 주어 보냈다. ○ 저녁에 유척柳滌과 임영林英[101] 등이 왔다.

27일(을미) 맑음. 김응겸金應謙이 2년목二年木을 찍어 오는 일로 목수 5명을 데리고 갔다.

28일(병신) 맑음. 나라의 제삿날[102]이라 공무를 보지 않았다. 유척柳滌과 임영林英이 돌아가고, 조카들과 밤이 깊어질 때까지 이야기했다. (이날이 바로 외삼촌 제삿날이라 내내 나가지 않았다.)[103]

29일(정유) 맑음. 나라의 제삿날[104]이라 공무를 보지 않았다.

---

101 임영林英 : 자字는 영보英甫, 호號는 야은野隱, 본관은 부안扶安이다. 1583년(선조 16)에 무과武科에 급제하여 남포현감藍浦縣監 등을 지냈다. 1595년에 통제사 이순신의 계원유사繼援有司가 되어 도양장 둔전 경영에 힘을 보탰다.(『난중일기』; 본서 권16, 부록「同義錄」.

102 나라의 제삿날 : 예종睿宗의 돌아가신 날의이다

103 『일기초日記抄』에는 '是日乃女舅 忌 終日不出'이 있다.

104 나라의 제삿날 : 인종仁宗 비 인성왕후仁聖王后 박씨朴氏의 돌아가신 날이다.

30일(무술) 맑음. 남해에 거처하는 항복한 왜인 야여문也汝文[미우위문彌右衛門], 신시로信是老[신차랑信次郎] 등이 왔다. ○ 경상수사[권준]가 보러 왔다. 체찰사 전세田稅 군량 30석을 경상수사가 받아 갔다.

12월

초1일(기해) 맑음. 새벽에 망궐례를 행했다.

초2일(경자) 맑음. 거제현령[안위], 당포만호[하종해], 곡포권관[변익성] 등이 보러 왔다. 술을 먹였더니 취해서 돌아갔다.

초3일(신축) 맑음.

초4일(임인) 맑음. 순천 2선과 낙안 1선의 군사를 점검하고 내보냈으나 바람이 순조롭지 않아 떠나지 못했다. 분芬과 해荄가 본영으로 갔다. ○ 황득중黃得中과 오수吳水 등이 청어靑魚 7천여 두름을 싣고 왔으므로, 김희방金希邦의 '곡식 사러 가는 배貿穀船'에 세어 주었다.

초5일(계묘) 맑았으나 바람은 순조롭지 않았다. 몸이 불편한 것 같아 종일 나가지 않았다.

초6일(갑진) 맑음. 늦게 경상수사가 보러 왔다. ○ 저녁에 울蔚이 들어왔다. 어머님이 평안하심을 알았다. 만 번이나 기쁘고 다행한 일이다.

초7일(을사) 맑으나 바람이 순조롭지 않았다. 웅천현감, 거제현령, 평산포平山浦[김축]·천성보天城堡 만호 등이 와서 보고 갔다. 청주 이희남李喜男에게 답장을 써 부쳤다.

초8일(병오) 맑음. 우우후[이정충]와 남도포 만호[강응표]가 보러 왔다. ○ 체찰사의 전령이 왔는데, "근일 소비포所非浦[105]에서 만나자." 하였다.

초9일(정미) 맑음. 몸이 불편하여 밤새도록 신음했다. 거제현령과 안골포만호 우수禹

---

105 소비포所非浦 : 경상남도 고성군 하일면 동화리.

壽가 와서 말하기를, "적의 형세가 물러갈 뜻이 없는 것 같다."라고 했다. 하응구河應龜도 왔다.

초10일(무신) 맑음. 충청도 순찰사[박홍로] 및 수사[선거이]에게 공문을 작성하여 보냈다.

11일(기유) 맑음. 해葒와 분芬이 무사히 본영에 도착했다는 편지를 보니 기쁘고 다행스럽다. 그러나 그 고생스러운 정황을 어찌 다 말하랴.

12일(경술) 맑음. 경상수사[권준]가 보러 왔다. 우후虞候도 왔다.

13일(신해) 맑음. 왜 옷 50벌 및 연폭連幅글이 빠졌음缺 ○ 초경初更[오후 7~9시]에 종 석세石世[돌쇠]가 와서 말하기를, "왜선 3척과 작은 배 1척이 등산登山¹⁰⁶ 바깥 바다로부터 합포合浦¹⁰⁷에 와서 대어 있다." 했다. 필시 사냥하는 왜들일 것이다. 즉시 경상수사와 방답첨사, 우우후에게 명령하여 정탐해 보게 했다.

14일(임자) 맑음. 새벽에 경상수사[권준] 및 여러 장수들이 합포合浦로 나아가서, 왜놈들을 타일렀다. ○ 미조항첨사[성윤문], 남해현령[기효근], 하동현감[최기준]이 들어왔다.

15일(계축) 맑음. 체찰사體察使 처소로 나갔던 진무鎭撫가 들어와서 18일에 삼천포三千浦에서 만나자 한다고 하므로 달려가기로 했다. 초경初更[오후 7~9시]에 경상수사가 보러 왔다.

16일(갑인) 맑음. 오경五更[오전 3~5시]에 출발하여 달빛을 타고 당포唐浦¹⁰⁸ 앞바다에 댄 후 아침을 먹고, 다시 사량蛇梁 뒷바다¹⁰⁹에 도착하였다.

17일(을묘) 비가 뿌렸다. 삼천진三千鎭¹¹⁰ 앞에 이르니, 체찰사[이원익]는 사천泗川에

---

106 등산登山 : 지금의 경상남도 거제시 남부면 저구리 '망산'으로 추정된다. 망산은 고지도에 '登山望'으로 나와 있으며(「해동지도」, 「광여도」, 「대동여지도」), 조선시대 '등산망'이란 지명으로는 거제도에서 유일한 곳이다.

107 합포合浦 : 이순신의 기록에 따르면, '웅천 땅 합포熊川地合浦'(「옥포파왜병장」)가 나오고, 마산은 '창원 땅 마산포昌原地馬山浦'(「당포파왜병장」)라 하였다. 한편, 조선왕조실록에 따르면, 15세기까지 사용되던 '합포'(창원 땅 합포) 지명은 16세기에는 거의 사라지고 마산포로 바뀌었다. 그러나 여기서 말하는 합포는 어디인지는 정확히 알 수 없다.

108 당포唐浦 : 경상남도 통영시 산양읍 삼덕리.

109 사량蛇梁 뒷바다 : 경상남도 통영시 사량면 금평리 북쪽 해안.

이르렀다고 한다.

18일(병진) 맑음. 아침 식사 후에 삼천진으로 나아갔다. 오시午時[오전 11시~오후 1시]에 체찰사가 보堡에 들어와서 함께 조용히 의논했다. 초저녁에 체찰사가 또 함께 이야기하자고 요청하므로 사경四更[오전 1~3시]까지 이야기하고 헤어졌다.

사천현 지도. 『1872년 지방지도』. 서울대학교 규장각한국학연구원.

19일(정사) 맑음. 아침 식후에 나가서 군사들에게 음식을 먹이고, 끝난 후에 체찰사가 떠나므로 나도 배로 내려왔다. 바람이 몹시 사나워서 배가 떠날 수 없었다. 그대로 머물러 밤을 지냈다.

20일(무오) 맑음. 큰바람이 불었다.

□21일부터 30일까지는 빠졌음.

---

110 삼천진三千鎭 : 경상남도 사천시 대방동.

병신년丙申年

(*) 친필 일기의 『일기 외 기사』(5) 번역문과 원문

도양장道陽場[고흥군 도양읍]의 농사짓는 데 쓸 소는 7마리이다.
보성 임정로林廷老가 1마리, 박사명朴士明이 1마리를 바치지 않았다.

정명열丁鳴說이 직장直長[111] 첩帖[112]을 받아 갔다. 정경달丁景達[통제사 이순신의
종사관 역임]의 아들이다.

갑사甲士 송한宋漢.

정월 초3일, 배 위에서 환도環刀 4개, 왜도倭刀 2개를 이와 같이 만들었는데, 회
薈[아들]가 가지고 가는 중이다.

道陽場農牛七隻 寶城 林廷老 一隻 朴士明 一隻 未納
丁鳴說直長帖受去 丁景達子
甲士 宋漢
正月初三日 船上此造環刀四倭刀二 薈持去中

---

111 직장直長 : 조선시대 군기시軍器寺·봉상시奉常寺·종부시宗簿寺 등의 종7품 벼슬아치.

112 첩帖 : 관아에서 이속吏屬을 채용할 때 쓰던 임명장. 또는 관아에서 발행한 공문서.(세종대왕기념사업
회, 『한국고전용어사전』, 2001)

1월

초1일(무진) 맑음. 사경四更[오전 1~3시] 초에 어머님 앞에 들어가 뵈었다. ○ 늦게 남
　　양南陽 숙부叔父 및 신慎 사과司果[113]가 와서 이야기했다. ○ 저녁에 어머님께
　　하직하고 본영으로 돌아왔다. 마음이 몹시 어지러워 밤새도록 잠을 이루지 못
　　했다.

초2일(기사) 맑음. 나라의 제삿날[114]이다. 일찍 나가서 병기들을 검열했다. 부장部將[115]
　　이계李繼가 비변사備邊司의 공문公事을 가지고 왔다.

초3일(경오) 맑음. 새벽에 바다로 내려갔다. 아우 여필汝弼과 여러 조카들이 함께 배
　　위까지 왔다. 날이 밝아 배를 띄우며 서로 작별했다. 오시午時[오전 11시~오후 1
　　시]에 곡포曲浦[116] 바다에 이르니 동풍이 약간 불었다. 상주포尙州浦[117] 앞바다에
　　이르러 바람이 잠잠해져서 노를 재촉하여 삼경三更[오후 11시~오전 1시]에 사량蛇
　　梁[118]에 도착하여 거기서 잤다.

초4일(신미) 맑음. (*사경四更[오전 1~3시]에 첫 나발을 불고)[119] 날이 샐 무렵에 배를 출발
　　시켰다. 이여념李汝恬[사량만호]이 보러 왔으므로, 진중 소식을 물으니 모두 여
　　전하다고 했다. (*신시申時[오후 3~5시]부터 가랑비가 보슬보슬 내렸다.)[120] 걸망포乞望
　　浦[121]에 이르니 경상수사[권준權俊]가 여러 장수들을 거느리고 나와 기다리고 있
　　었다. 우후虞候[이몽구李夢龜]는 먼저 배에 왔으나 몹시 취해서 인사불성이었다.
　　곧 자기의 배로 돌아간다고 했다. (*송한련宋漢連과 송한宋漢 등이 말하기를, 청어 천여

---

113 사과司果 : 조선시대 오위五衛의 정6품 군사 직위. 부사과副司果의 위, 부사직副司職의 아래인데, 현직에
　　있지 않은 문관과 무관, 음관蔭官으로 충당되었다.

114 나라의 제삿날 : 명종대왕明宗大王 비 인순왕후仁順王后 심씨沈氏의 돌아가신 날로, 원문에는 점열點閱
　　(검열) 뒤에 있다.

115 부장部將 : 오위五衛의 종6품 관직 이름.

116 곡포曲浦 : 경상남도 남해군 이동면 화계리.

117 상주포尙州浦 : 경상남도 남해군 상주면 상주리.

118 사량蛇梁 : 경상남도 통영시 사량면 금평리 진촌마을.

119 (*) 내용 생략. 원문은 '四更初吹'이다.

120 (*) 내용 생략. 원문은 '申時細雨霏洒'이다.

121 걸망포乞望浦 : 경상남도 통영시 산양읍 신전리 신봉마을. 친필 일기에는 '거망포巨望浦'로 되어 있다.

두름을 잡아서 널었는데, 대개 [내가] 행차한 후에 잡은 것이 1천8백여 두름이라고 했다. 비가 몹시 퍼부어 밤새도록 그치지 않았다. 여러 장수들이 저물녘에 떠났는데, 길이 질어 넘어진 사람이 많았다고 한다. 기효근奇孝謹[남해현령]과 김축金軸[평산포만호]이 휴가를 받아서 돌아 갔다.)[122]

초5일(임신) 비가 종일 계속 내렸다. 새벽에 우후虞候가 방답防踏[장린張麟]·사도蛇渡 [김완金浣] 두 첨사와 함께 문안하러 왔다. (*나는 세수를 빨리하고 방 밖으로 나가서 그 들을 불러들여 그동안에 지난 일을 물었다. 늦게)[123] 첨사僉使 성윤문成允文, 우우후右虞 候 이정충李廷忠, 웅천현감熊川縣監 이운룡李雲龍, 거제현령巨濟縣令 안위安衛, 안 골포만호安骨浦萬戶 우수禹壽, 옥포만호玉浦萬戶 이담李曇이 왔다. (*날이 캄캄해진 뒤에 돌아들 갔다.)[124] 이몽상李夢象도 권權 수사의 심부름으로 와서 문안하고 돌아 갔다.

초6일(계유) 비가 계속 내렸다. (*오수吳壽[9일 자에는 吳水]가 청어 1천 310두름을, 박춘양朴春 陽이 787두름級을 바쳤는데, 하천수河天壽[河千壽]가 받아다가 말리기로 했다. 황득중黃得中 은 202두름冬音을 바쳤다. 종일 비가 내렸다.)[125] 사도첨사가 술을 가지고 왔다. 군량 5 백여 석을 마련했다고 한다.

초7일(갑술) 맑음. (*이른 아침에 이영남李英男과 좋아지내는 여인이 와서 말하기를, 권숙權俶이 사통하려고 하기 때문에 피해 왔는데, 그 때문에 다른 곳으로 가겠다고 말했다.)[126] 늦게 권 權 수사 및 우후虞候, 사도蛇渡·방답防踏 첨사가 오고, 권숙權俶도 왔다. 미시未 時[오후 1~3시]에 견내량見乃梁의 복병장伏兵將인 삼천포권관이 급히 보고하기 를, "항복한 왜인 5명이 부산으로부터 나왔다." 하므로, 안골포만호 우수禹壽 및 공태원孔太元을 뽑아 보내서 그들을 데리고 왔다. (*날씨가 몹시 차고 서풍이 매서웠

---

122 (*) 내용 생략. 원문은 '宋漢連宋漢等云 碧魚千餘級捉掛 大槩行次後所捉一千八百餘級云 雨勢大作 終 夜不收 諸將暮發 多有泥路顚仆云 奇孝謹金軸受由歸'이다.

123 (*) 내용 생략. 원문은 '余促洗出房外 招入問事 晚'이다.

124 (*) 내용 생략. 원문은 '日黑而還'이다.

125 (*) 내용 생략. 원문은 '吳壽碧魚一千三百十級 朴春陽七百八十七級納 河天壽逢乾 黃得中二百二冬音 納 終日雨下'이다.

126 (*) 내용 생략. 원문은 '早朝李英男所眤來曰 權俶欲私○ 故避來 因往他處云'이다.

다.)[127]

초8일(을해) 맑음. (*입춘인데도 날씨가 몹시 추워서 마치 한겨울과 같이 매서웠다. 아침에 우우후와 방답첨사를 불러서 약식藥食을 함께 먹었다. 일찍)[128] 항복한 왜인 5명이 들어왔으므로 항복해 온 까닭을 물으니, "저희 장수가 성질이 악하고 일도 너무 고되었기 때문에 도망해 나와 항복하는 것이다."라고 했다. (*그들이 가진 큰 칼과 작은 칼을 다 거두어 수루 위에 보관하였다.)[129] 실상은 부산釜山에 있는 왜적이 아니요, 가덕加德 심안돈沈安頓[130][시마즈전島津殿의 음역]의 부하라고 했다.

초9일(병자) 흐림. (*날이 음산하고 추워서 살을 에는 것 같았다. 오수吳水가 잡은 청어 360두름을 하천수河千壽가 실어 갔다.)[131] 각처의 공문을 처결해서 보냈다. 저물어 경상수사가 와서 방어 대책을 토의했다. 서풍이 종일 불어서 배가 바다로 나가지 못했다.

초10일(정축) 맑음. (*맑았으나 서풍이 세게 불었다. 이른 아침에 적이 다시 나올지 안 나올지를 점쳤더니, "수레에 바퀴가 없는 것 같다如車無輪"는 괘가 나왔다. 다시 또 치니 "임금을 보고 모두 기뻐하는 것 같다如見君王皆喜"는 괘가 나왔다. 좋은 괘였다.)[132] 식후 대청에 나갔더니 우우후와 어란포만호於蘭浦萬戶가 보러 왔다. (*사도첨사蛇島僉使도 왔다. 체찰사體察使가 보낸 여러 가지 물건을 나누어 주도록 세 위장衛將에게 명했다.)[133] 사도첨사, 웅천현감熊川縣監, 곡포권관曲浦權管, 삼천포권관三千浦權管, 적량만호赤梁萬戶도 보러 왔다.

11일(무인) 맑음. 서풍이 밤새도록 크게 불었다. 매우 심한 추위가 갑절이나 되었다. 몸이 몹시 불편했다. ○ 늦게 거제현령이 보러 왔다. (*와서 수사[권준]의 옳지 못한 일을 자세히 말했다.)[134] 광양현감[김성金惺]이 들어왔다.

---

127 (*) 내용 생략. 원문은 '日氣甚寒 西風烈烈'이다.
128 (*) 내용 생략. 원문은 '立春 日氣甚寒 如隆冬烈烈 朝招右虞候及防踏 同藥食 早'이다.
129 (*) 내용 생략. 원문은 '收其大小刀 藏之樓上'이다.
130 심안돈沈安頓 : 친필 일기에는 '심안둔沈安屯'으로 나와 있다. 시마즈 요시히로島津義弘이다.
131 (*) 내용 생략. 원문은 '陰而寒如削裂 吳水所捉碧魚三百六十級 河千壽載去'이다.
132 (*) 내용 생략. 원문은 '晴而西風大吹 早朝以賊更發否占之 則如車無輪 再卜 則如見君王皆喜 吉卦也'이다.
133 (*) 내용 생략. 원문은 '蛇島亦來 體察使分給雜物分付于三衛將'이다.
134 (*) 내용 생략. 원문은 '備道水伯之不義'이다.

12일(기묘) 맑음. (*맑았으나 서풍이 세게 불어 추위가 갑절이나 더했다. 사경四更[오전 1~3시] 무렵, 꿈에 한 곳에 이르러 영의정[유성룡柳成龍]과 함께 이야기했다. 한동안 둘이 다 의관을 벗어 놓고 앉았다 누웠다 하면서 서로 나라 걱정을 털어놓다가 끝내는 억울한 사정까지 쏟아 놓았다. 이윽고 바람이 불고 비가 퍼붓는데도 흩어지지 않고 그대로 조용히 이야기를 계속하는 동안, 만일 서쪽의 적이 급히 들어오고 남쪽의 적까지 들어 덤비게 된다면 임금이 어디로 가시랴 하고 걱정만 되뇌어 더 할 말을 알지 못했다. 앞서 듣건대, 영의정이 천식증으로 몹시 편찮다고 하더니 나았는지 모르겠다. 글자점擲字占을 던져 보았더니, "바람이 물결을 일으키는 것 같다如風起浪"라는 괘가 나왔다. 또 오늘 중으로 길흉 간에 무슨 소식을 들을지 점을 쳐보니, "가난한 사람이 보배를 얻은 것 같다如貧得寶라는 괘가 나왔다. 이 괘는 참 좋다. 어제 저녁에 종奴 금金을 본영으로 내보냈는데, 바람이 심히 고약하니 염려된다. 늦게 나가서 각처 서류를 처결해 보냈다. 낙안군수樂安郡守[선의문宣義問][135]가 들어왔다.)[136] 웅천현감熊川縣監이 급히 보고하기를, 왜선 14척이 거제 금이포金伊浦로 와서 머물고 있다고 했기 때문에 경상우수사에게 삼도의 여러 장수를 거느리고 가 보도록 했다.

13일(경진) 맑음. 늦게[137] 경상우수사가 와서 견내량見乃梁으로 출항한다고 아뢰고 떠났다. (*늦게 대청에 나가서 서류를 처결해서 보냈다. 체찰사體察使에게 올리는 공문을 내보냈다. 성균관成均館 학당을 다시 세운다는 선비들의 통문을 가지고 왔던 성균관의 종奴이 돌아갈 것을 고했다. 이날 바람이 자고 날씨가 따뜻했다.)[138] ○ 이날 저녁 달빛은 대낮 같고 바람조차 없는데 홀로 앉았으니 마음이 번잡했다. 잠을 이루지 못해 신홍수

---

135 낙안군수樂安郡守[선의문宣義問] : 이 무렵(1596년 1월) 낙안군수 선의문宣義問은 1596년 4월 9일에 사간원의 탄핵으로 파직되었다. (『선조실록』, 권74, 선조 29년 4월 9일 을사.) 다만 『죽계일기竹溪日記』에는 1596년 3월 23일부터 4월 13일까지 박진남朴震南·나적羅迪·원지元墀·홍걸洪傑·이성남李誠男이 차례로 낙안군수에 임명되고, 탄핵 및 파직이 반복되다가, 5월 15일에야 김광옥金光玉이 임명된 것으로 나온다.

136 (*) 내용 생략. 원문은 '晴而西風大吹 寒凍倍嚴 四更夢到一處與領台同話 移時并脫中裳 坐臥相開懷憂國之念 終罷顚賀 有頃風雨暴至 亦不捲散 從容論話間 西賊若急而南賊亦發 則君父何往 反覆慮憂不知所言 曾聞領台重患痰喘云 而未知痊平也 擲字而占之 則如風起浪 又卜今日開何吉凶之兆 則如貧得寶 此卦甚吉甚吉 昨夕金奴出送本營 而風甚惡 爲慮慮 晩出坐 各公事題送 樂安入來'이다.

137 늦게 : 원문은 '아침에朝'로 되어 있다.

138 (*) 내용 생략. 원문은 '晩出坐大廳 公事題送 體察使呈公事出送 成均館奴 以儒生更立館學文持來者告歸 是日風息日溫'이다.

274

申弘壽를 불러 퉁소를 들었다. (*이경二更[오후 9~11시]에 잠들었다.)139

14일(신사) 맑았으나 큰바람이 불더니 늦게 바람이 자고 날씨도 따뜻한 것 같았다.
　○ 흥양현감興陽縣監[홍유의洪有義]이 들어왔다. 정사립鄭思立과 김대복金大福도 들어왔다. 조기趙琦와 김숙金俶도 함께 왔다. (*그편에 연안延安에 있는 옥玉 외조모가 작고한 기별을 들었다. 밤늦도록 이야기했다.)140

15일(임오) 맑음.141 새벽에 망궐례望闕禮를 드렸다. (*아침에 낙안군수[선의문宣義問]와 흥양현감을 불러 식사를 함께 했다. 늦게)142 대청에 나가서 공문을 처결하여 보낸 다음 투항한 왜인들에게 술과 음식을 먹였다. 낙안과 흥양의 전선戰船, 병기兵器, 부속물 및 사부射夫와 격군格軍을 점검하니, 낙안이 아주 엉성했다고 한다. ○ 이날 저녁 달빛이 한결 더 밝았다. 풍년이 들 징조라고 했다.

16일(계미) 맑고 서리가 눈처럼 내렸다. 늦게 나가서 공무를 보았다. (*더 늦게最晚) 경상수사와 우우후 등이 보러 오고, 웅천현감도 와서 취해서 돌아갔다.

17일(갑신) 맑음. (*아침에朝) 방답첨사[장린張麟]가 말미를 받아 변존서卞存緒, 조카 분芬, 김숙金橚 등과 같은 배로 나갔다. 마음이 편안하지 않았다. 오시午時[오전 11시~오후 1시]에 나가서 공무를 보고 우후[이몽구]를 불러 활을 쏘는데, 성윤문成允文[미조항첨사]과 변익성邊翼星[곡포권관]이 보러 왔다가 함께 활을 쏘고 돌아갔다. 저물녘에 강대수姜大壽 등이 편지를 가지고 들어왔는데, "종奴 금金이 16일 본영에 도착했다." 하고, "종 경京143은 돌아온다." 하며, "아들 회薈는 오늘 은진恩津으로 돌아간다."라고 했다.

18일(을유) 맑음. 아침부터 종일 군복을 마름질했다. ○ (*늦게晚) 곤양군수[이수일李守一]와 사천현감[변속邊涑]144이 왔다.145 동래현령東萊縣令[정광좌鄭光佐]이 급히 보고하기를, "왜놈들이 많이 반역하는 눈치가 보이고 또 심 유격沈遊擊[심유경沈惟

---

139 (*) 내용 생략. 원문은 '夜二更就宿'이다.
140 (*) 내용 생략. 원문은 '是因 聞延安玉外母之喪 向夜話'이다.
141 맑음 : 원문에는 '청차온晴且溫(맑고 따뜻했다)'이고, 뒤에 '새벽에'도 '4경말(3시)'이라고 나온다.
142 (*) 내용 생략. 원문은 '朝召樂安·興陽 同早飯 晚'이다.
143 경京 : 친필 일기에는 '京'으로 나와 있다. 京과 京은 같은 글자로 쓰인다.

敬]과 행장[소서행장小西行長]이 정월 16일에 먼저 일본으로 갔다."라고 했다.

19일(병술) 맑음.[146] 늦게 나가서 공무를 보았다. (*사도첨사蛇渡僉使가 여도만호呂島萬戶와 함께 왔고, 우후虞候와 곤양군수昆陽郡守도 왔다.)[147] 경상수사慶尙水使가 왔다.[148] 곤양 군수도 와서 술을 바치므로 조용히 이야기했다. 부산에 잠입해 들어갔던 사람 4명 이 와서 전하기를, "심유경沈惟敬[149]이 행장行長, 현소玄蘇[150], 사택정성寺澤正成[151], 소서비小西飛[152] 등과 함께 정월 16일 새벽에 바다를 건너갔다."라고 했다. (*그래 서 양식 3말을 주어 보냈다. 이날 저녁 박자방朴自邦이 서徐 순찰사가 진중에 온다고 말하며,

---

144 사천현감[변속邊涑] : 변속의 현감 재임 기간은 1595년 11월~1596년 12월이다.(『興地圖書』, 「泗川縣邑 誌」宦蹟.)

145 원문에는 앞에 '늦게晚'가 있고, 뒤에 '취해서 갔다醉去'가 있다.

146 맑음 : 원문은 '맑고 따뜻했다[晴且溫]'이다.

147 (*) 내용 생략. 원문은 '蛇渡與呂島來 虞候昆陽亦來'이다.

148 원문에는 '우우후가 불러서 왔고, 곤양군수가 술을 준비해서 바쳐서 조용히 이야기했다右虞候招來 昆陽 備酒呈從容話'라고 되어 있다.

149 심유경沈惟敬 : ?~1600. 임진왜란 때의 명나라 사신. 절강성浙江省 가흥嘉興 사람이다. 1592년(임진)에 조승훈祖承訓의 명나라 원군援軍이 평양성 공격에 실패하자, 병부상서兵部尙書 석성石星이 유격장군遊 擊將軍으로 발탁하여 협상으로 소서행장小西行長의 일본 선봉군 진격을 지연시켰다. 1593년(계사) 벽 제관碧蹄館에서 명나라가 패하자 다시 심유경이 가서 일본군과 화의를 교섭한 결과, 명나라 사신의 일 본 파견과 일본군의 한성 철수 및 포로가 되었던 조선의 두 왕자 석방이 이루어질 수 있었다. 심유경은 사용재謝用梓·서일관徐一貫 두 사신을 데리고 나고야名護屋에 가서 풍신수길豊臣秀吉과 회담하였으며, 사신들은 수길이 제시하는 7개항(大明皇女 日 王后妃冊封·友好通商·兩國大臣 誓詞交換·朝鮮4道割地· 朝鮮王子大臣人質·朝鮮兩王子放還·朝鮮大臣 誓詞捧呈)의 강화 조건을 받아들고 돌아왔다. 그러나 이 강화조건은 명나라나 조선이 도저히 용납할 수 없는 내용이므로, 심유경은 행장과 모의하여 조건을 봉 공封貢(수길의 국왕 책봉과 조공 허락)으로 바꾸어 본국에 보고하였다. 이에 명나라 조정은 책봉만 허락 하고 조공은 거절하였다. 이후 명나라는 1596년(병신) 이종성李宗誠·양방형楊方亨을 책봉사로 삼아 일 본에 보내도록 결정하였다. 심유경은 부산에서 이종성이 탈출하자, 부사副使가 되어 일본에 건너갔으나 화의는 결렬되었다. 심유경은 귀국하여 거짓으로 화의의 성립을 아뢰고, 수길이 봉작을 받은 것으로 조 정을 기만하였다. 정유재란丁酉再亂으로 사실이 탄로되었으나 석성石星의 도움으로 화를 입지 않고 다 시 조선에 들어와 화의를 교섭하다가 실패하였다. 이에 심유경은 일본에 항복할 목적으로 경상도 의령 宜寧까지 갔으나 명나라 장수 양원楊元에게 체포되어 사형당하였다. (이홍직, 『국사대사전』, 민중서관, 1997; 李炯錫, 『壬辰戰亂史』상권, 1967, 835~941쪽.)

150 현소玄蘇 : 일본 하카타博多 성복사聖福寺의 중. 호號를 선소仙巢라고 하였다. 1537년(天文 6)에 났으니 이순신보다는 8년 앞섰다. 대마도對馬島 종씨宗氏를 따라 여러 번 우리나라에 사신으로 와서 정탐해 간 자로서, 임진왜란 때는 역시 군대에 같이 섞여 왔다. 강화 문제가 있을 적마다 거기에 참여하였으며, 1595년(을미)에는 명明으로부터 본광선사本光禪師란 칭호까지 받았고, 전쟁이 끝난 뒤 1604년(갑진)에 일본의 덕천씨德川氏가 강화를 청할 때도 역시 참여하였다. 그 뒤 1611년(慶長 16)에 대주선원對州扇 原에다 암자를 세우고 '이정以酊'이라고 지어 불렀다.

276

여러 가지 물건을 가지러 본영本營[여수]으로 갔다.)¹⁵³ 이날 메주를 쒔다.

20일(정해) 비가 종일토록 계속 내렸다. 기운이 몹시 피곤하여 반나절 동안 낮잠을
잤다. (*미시未時[오후 1~3시]에 메주 만드는 것을 끝내서 온돌에 넣었다.)¹⁵⁴ ○ 낙안군수
[선의문宣義問]가 와서 "둔전屯田에서 추수한 벼를 실어 왔다."라고 했다.

21일(무자) 맑음. 아침에 나가서 공무를 보았다. (*체찰사에게 보내는 순천順天 관계의 공문
을 작성했다. 식후에)¹⁵⁵ ○ 미조항첨사[성윤문成允文]와 흥양현감[홍유의洪有義]이 보
러 왔기에 술을 대접해 보냈다. 미조항은 휴가를 고했다. ○ 늦게 대청에 나가니
사도첨사[김완]·여도만호[김인영]·사천현감[변속邊涑]·광양현감[김성金晟]·곡포권
관[변익성邊翼星]이 와서 보고 갔고, 곤양군수[이수일]도 왔다. 활 10순을 쏘았다.

22일(기축) 맑음. 매우 춥고 바람조차 몹시 거칠어서 종일 나가지 않았다. ○ 늦게 경
상우후[이의득李義得]가 와서 그 수사[권준]의 경박하고 망령됨을 전했다. ○ 이날
밤은 바람이 차고 매서우므로 아이들이 들어오기에 고생스러울 것이 걱정스러
웠다.

23일(경인) 맑음. (*바람이 찼다. 작은형님의 제삿날이어서 나가지 않았다. 심사가 몹시 어지러웠
다.)¹⁵⁶ 아침에 옷 없는 군사 17명에게 옷을 주었다. (*한 벌씩 더 주었다. 종일 바람이
험했다.)¹⁵⁷ 저녁에 가덕加德에서 나온 김인복金仁福이 와서 현신하므로 적의 정

---

151 사택정성寺澤正成 : 1563~1633. 처음 이름은 충차랑忠次郎이고, 혹은 사택광고寺澤廣高라고도 부른다.
아버지 광정廣正과 함께 직전신장織田信長을 섬기다가 뒤에 풍신수길豐臣秀吉을 따라 비전肥前 당진성唐
津城主가 되었다. 임진란 때 종군하여 전후 7년 동안을 우리와 계속해 싸웠고, 수길秀吉이 죽고 전쟁
이 끝난 뒤 도진의홍島津義弘의 신하 이집원충동伊集院忠棟이란 자가 의홍義弘에게 반기를 들었을 때,
덕천가강德川家康의 명령을 받들어 의홍義弘을 도와 그를 쳐서 공로를 세우고, 또 가강家康을 위해 여러
군데 내란을 평정시킨 공로로 비후肥後 천초군天草郡의 영토까지 상으로 받았다.
152 소서비小西飛 : 소서비탄수小西飛彈守 또는 내등여안內藤如安과 같은 사람이다. 처음 이름은 충준忠俊이
고, 호號는 덕암德菴으로 일본 근기近畿 사람이다. 장군 족리의소足利義昭에게 봉사했으나 막부幕府가
멸망한 뒤에 소서행장小西行長에게 중요하게 쓰이어 성을 소서小西라고 일컬어 주고, 또 예수교를 독실
하게 믿어 이름을 여안如安(요한인 듯)이라고 불렀다. 그리하여 사상적으로 전쟁을 싫어하고 평화를 주
장했으며, 강화사로서 명明나라에 가고 또 본국으로도 다녔다.
153 (*) 내용 생략. 원문은 '故給還粮三斗而送 是夕朴自方 以徐巡察到陣之言 持雜物事 往營'이다.
154 (*) 내용 생략. 원문은 '未時燻造畢 入堗'이다.
155 (*) 내용 생략. 원문은 '成體察使前順天公事 食後'이다.
156 (*) 내용 생략. 원문은 '風寒 以季兄忌日不出 心事極亂極亂'이다.

세를 물었다. ○ 이경二更[오후 9~11시]에 면葂과 완莞, 그리고 최대성崔大晟·신여윤申汝潤·박자방朴自邦이 본영으로부터 왔다. 어머님이 평안하시다는 편지를 받으니 기쁘기 한이 없다. (*종奴 경京이 오고, 종 금金과 애수愛壽 및 금곡金谷[158] 사는 종 한성漢城, 공석孔石 등이 함께 왔다. 3경[오후 11시~오전 1시]에야 잠자리에 들었다.)[159] ○ 눈이 두 치나 내렸다. 근년에 없는 일이라고 한다. 이날 밤 몸이 몹시 불편했다.

24일(신묘) 맑음. 북풍이 크게 일고 눈보라가 치면서 모래까지 날려 사람들이 걸어 다닐 수 없었고 배도 움직일 수 없었다. ○ 새벽에 견내량 복병이 급히 보고하기를, "어제 왜놈 1명이 복병한 곳에 와서 항복하며 들어오기를 애걸한다." 하므로 보내라고 회답했다. ○ 늦게 좌우 우후虞候와 사도첨사가 보러 왔다.

25일(임진) 맑음.

26일(계사) 맑음. (*[맑으나] 바람이 고르지 못했다.)[160] 나가서 공무를 보고 활을 쏘았다.

27일(갑오) 맑음. (*[맑고] 온화했다. 아침 식사 후 나가서 장흥長興[배흥립裴興立]의 죄를 심의하고, 흥양현감과 더불어 이야기했다. 늦게)[161] 우도[경상우도] 순찰사[서성徐渻]가 들어왔기에,[162] 우수사 진陣으로 가서 만나 보았다. (*삼경三更[오후 11시~오전 1시]에야 돌아왔다. 사도蛇渡의 진무鎭撫가 화약을 훔치다가 들켜서 붙잡혔다.)[163]

28일(을미) 맑음. (*늦게 나가서 공무를 보았다.)[164] 오시午時[오전 11~오후 1시]에 순찰사가 와서 활을 쏘고 이야기도 했다. 순찰사가 나와 활쏘기를 겨루다가 7푼을 지고 실망한 기색이 없지 않았다. 가소로웠다. (*군관 세 사람도 모두 졌다. 밤이 되어 취해서 돌아갔다. 가소로웠다.)[165]

29일(병신) 비가 종일토록 내렸다. 아침밥을 먹은 후 경상도 진으로 가서 순찰사와

---

157 (*) 내용 생략. 원문은 '又給一衣 終日風險'이다.
158 금곡金谷 : 충청남도 아산시 배방읍 신흥리 감타기마을.(해군역사기록관리단,『충무공 이순신 백의종군로 고증』, 2015, 143쪽.)
159 (*) 내용 생략. 원문은 '京奴亦來 金奴與愛壽及金谷奴漢城孔石等同來 三更就寢'이다.
160 (*) 내용 생략. 원문은 '而風不順'이다.
161 (*) 내용 생략. 원문은 '而和 朝食後出坐 則長興推考後 興陽同會話 晚'이다.
162 원문에는 뒤에 '신시申時[오후 3~5시]에'가 있다.
163 (*) 내용 생략. 원문은 '三更還來 蛇渡鎭撫 偸火藥見捉'이다.
164 (*) 내용 생략. 원문은 '晚出坐'이다.

조용히 이야기하고 오후에 활을 쏘아 순찰사가 9푼을 졌다. (*김대복金大福의 활쏘기가 독보적이었다.)[166] 피리를 듣다가 삼경三更[오후 11시~오전 1시]에야 진으로 돌아왔다. (*저물 무렵에 화약을 훔친 사도蛇渡 사람이 도망갔다.)[167]

30일(정유) 비가 계속 내리다가 늦게 갰다.[168] 군관들이 활을 쏘았다. ○ 천성보만호天城堡萬戶[윤홍년尹弘年], 여도만호呂島萬戶[김인영金仁英], 적량만호赤梁萬戶[고여우高汝友] 등이 보러 왔다. ○ 저녁때 청주淸州의 이희남李喜男이 들어왔다.[169]

2월

초1일(무술) 아침에 흐렸다가 늦게 맑아졌다. 여러 장수들과 더불어 활을 쏘았다. 권숙權俶이 왔다가 취해서 갔다.

초2일(기해) 맑음.[170] 울蔚[아들]과 조기趙琦가 같은 배로 나갔다. 우후虞候[이몽구]도 갔다. ○ 저녁에 사도첨사[김완]가 와서 전하기를, "어사의 장계狀啓로 인해 파면되었다."라고 한다. 그래서 곧 계초啓草를 작성했다.

초3일(경자) 맑음. (*맑았으나 바람이 크게 불었다. 홀로 앉아서 아들이 떠나간 것을 생각하니 마음이 편치 않았다.)[171] 아침에 계사啓辭를 수정했다. ○ 경상수사[권준]가 보러 왔다. 그편에 들으니 적량만호赤梁萬戶 고여우高汝友가 장담년張聃年에게 고소를 당하여 순찰사[경상우도 순찰사 서성]가 장계를 올려 파면하려 한다고 했다.[172] ○ 저물녘에 어란만호於蘭萬戶가 견내량見乃梁 복병처로부터 보고하기를, "부산

---

165 (*) 내용 생략. 원문은 '軍官三人幷負 向夜醉歸 可笑'이다.
166 (*) 내용 생략. 원문은 '金大福獨步射'이다. 조선사편수회는 '獨樂射'로, 박혜일 등은 '獨步射'로 판독하였다. 여기서는 박혜일 등의 판독에 따른다.
167 (*) 내용 생략. 원문은 '昏蛇渡火藥偸者逃走'이다.
168 원문에는 뒤에 '나가서 공무를 보고出坐'가 있다.
169 원문에는 이희남이 온 것이 아니라, '이날 저녁 희남의 종 4명과 준복俊福이 들어왔다是夕淸州喜男奴四及俊福入來'로 되어 있다.
170 맑음 : 원문은 '맑고 따뜻했다晴且溫'이다.
171 (*) 내용 생략. 원문은 '晴而大風 獨坐念子之行 懷不自平'이다.

왜놈 3명이 성주星州에서 투항했던 사람을 거느리고 복병처에 와서 장사를 하고자 한다."라고 했다. 그래서 곧 장흥부사長興府使[배홍립裴興立]에게 전령하여 "내일 새벽에 가서 만나보고 알아듣도록 잘 타일러라."고 하였다. 이 적들이 어찌 물건을 사고팔기만 요구하겠는가, 우리의 허실虛實을 엿보려는 의도일 것이다.

초4일(신축) 맑음. 아침에 장계를 봉함하여 사도蛇渡 사람 진무성陳武晟[173]에게 부쳤다. (*그편에 영의정[유성룡柳成龍]과 신식申湜 두 집에 가는 문안 편지도 함께 보냈다.)[174] ○ 늦게 흥양현감[홍유의洪有義]이 와서 보고 갔다. ○ 오후에 활 10순을 쏘았다. 여도만호呂島萬戶, 거제현령巨濟縣令, 당포만호唐浦萬戶[안이명安以命], 옥포만호玉浦萬戶[이담李曇]도 왔다. ○ 저녁에 장흥이 복병한 곳으로부터 돌아와서 왜놈들이 도로 돌아갔다고 전했다.

초5일(임인) 아침에 흐리다가 늦게 갰다. 사도첨사와 장흥부사가 일찍 왔기에 함께 아침 식사를 했다. (*식후에食後) 권숙權俶이 와서 돌아간다고 고하므로, 종이와 패도佩刀를 주어 보냈다.[175] ○ 늦게 삼도三道 여러 장수들을 불러 모아 위로하는 음식을 먹이고, 겸하여 활을 쏘고 풍악도 울려서 취하여 파했다. (*웅천현감[이운룡李雲龍]이 손인갑孫仁甲[176]과 좋게 지내던 여인을 데려왔기 때문에 여러 장수들과 함께 가

---

172 원문은, 들은 내용이 아니라 같은 내용의 글을 보았다고 되어 있다.

173 진무성陳武晟 : 자字는 사규士赳, 호號는 송계松溪, 본관은 여양驪陽. 전라남도 홍양(고흥)에서 살았다. 고려 때의 한림학사翰林學士 진화陳澕 후손이며 증참판贈參判 진인해陳仁海의 아들로 1566년(명종 21)에 나니 이순신보다 21년 아래다. 임진왜란 때는 보인保人 신분으로 사도첨사蛇渡僉使의 군관이 되었다. 1592년 당포 해전에서 적장이 화살을 맞고 물에 떨어지자 그의 목을 베는 공을 세웠으며, 적의 화살에 부상당하기도 했다. 특히 1593년(선조 26, 계사) 진주성晉州城이 함락되기 직전에 진주가 포위되었다는 말을 듣고 이순신이 그 정황을 탐색할 자를 찾을 때, 진무성이 자청하여 나서서 죽음 속을 뚫고 성 안에 다녀오는 임무를 완수함으로써, 그의 용맹과 지혜가 드러났다. 1597년 칠천량 해전에서는 홀로 화공火攻으로 적선을 무찌르기도 했으나 대세를 어찌할 길이 없었다. 전쟁이 끝난 다음 해인 1599년(기해)에 무과武科에 급제하고, 뒤에 선무원종공신宣武原從功臣에 참록되었으며, 유원첨사柔遠僉使와 경흥부사慶興府使, 통제영우후統制營虞候, 구성부사龜城府使를 역임하였다. 죽은 뒤에 호조판서에 추증되고, 고흥의 용강사龍岡祠에 제향되었다. (『己亥秋別試榜目』; 『湖南節義錄』; 「당포파왜병장」; 『난중일기』; 『선조실록』; 『한국민족문화대백과사전』.)

174 (*) 내용 생략. 원문은 '首台及申湜兩家問候簡 亦付之以送'이다.

175 종이와 …… 보냈다 : 원문에는 '종이와 묵 2정, 패도를 주어 보냈다紙地墨二丁 佩刀給送'고 되어 있다.

야금 몇 곡조를 들었다. 저녁나절에 김기실金己實이 순천에서 돌아왔는데, 그편에 어머님이 안녕하시다는 소식을 들으니 기쁘고 다행하다.)[177] ○ 우수사[이억기]의 편지가 왔는데, 군사에 대한 기일을 늦추자는 것이다. 한심스러웠다.[178]

초6일(계묘) 흐림. 새벽에 목수 10명을 거제로 보내어 배를 만들었다.[179] (*침방寢房에 흙덩이 떨어진 곳이 많아 수리하였다.)[180] ○ 사도첨사 김완金浣이 조도어사調度御史의 장계로 인해서 파면되었으므로 본포本浦[사도]로 내보냈다. (*순천 별감別監 유유兪와 군관 장응진張應軫 등을 처벌하고 나서 곧 수루 방으로 들어왔다. 송한련宋漢連이 숭어를 잡아 가져왔기에 여도만호와 낙안군수, 흥양현감을 불러서 같이 먹었다. 적량만호赤梁萬戶 고여우高汝友가 큰 매鷹를 팔뚝 위에 올려 가지고 왔으나 오른쪽 발가락이 모두 동상에 걸려 문드러졌으니 어찌하랴, 어찌하랴. 초경初更[오후 7~9시] 후에 잠시 땀을 흘렸다.)[181]

초7일(갑진) 흐림.[182] 몸이 좋지 않아 늦게 나가서 군사들에게 음식을 먹였다. ○ 장흥부사[배흥립], 우후[이몽구], 낙안군수[선의문], 흥양현감[홍유의]을 불러 이야기하다가 날이 저물어서 헤어졌다.

초8일(을사) 맑음. (*이른 아침에早朝) 녹도만호鹿島萬戶[송여종宋汝悰]가 보러 왔다. (*아침에 화살대 제작에 사용하기 위해 벚나무 껍질을 마름질했다. 늦게 손인갑孫仁甲과 좋게 지내

---

176 손인갑孫仁甲 : 1542~1592. 임진왜란 때의 의병장. 자字는 선백善伯, 호號는 후지당後知堂, 본관은 밀양密陽. 거주지는 경상남도 창녕昌寧이다. 1542년(중종 37)에 났으니 이순신보다 3년 위다. 1570년(선조 3)에 무과에 합격하여 벼슬이 훈련원 첨정에 이르렀다. 1592년 임진왜란이 일어나자 합천에서 의병을 일으켜 정인홍鄭仁弘 의병 부대의 중위장中衛將으로서 6월 초순 무계전투茂溪戰鬪 때 적병 100여 명을 사살하는 큰 전과를 거두었으나, 6월 말 초계 마진전투馬津戰鬪 때 전사하였다. 후에 병조판서에 추증되었다. (「한국역대인물종합정보시스템」;『한국민족문화대백과사전』.)

177 (*) 내용 생략. 원문은 '熊川進孫仁甲舊物 故與諸將聽伽耶琴數曲 夕金己實自順天還 因審平安 喜幸幸'이다.

178 한심스러웠다 : 원문에는 '가소롭고 한심스러웠다可笑可恨'로 되어 있다.

179 목수 …… 만들었다 : 목수를 오아포(현 가배량)의 경상우수영으로 보내서 배를 만들었다는 뜻이다. 명나라와 일본 간에 강화 협상이 진행되면서 1595년 중순에 거제의 일본군이 대부분 철수하였기 때문에 가능했던 일이다. (『난중일기』 을미년 7월 17일, 18일; 9월 3일 기사.) 원문은 '배를 만들도록 명해서 보냈다.'이다.

180 (*) 내용 생략. 원문은 '寢房中多有落塊處 故修改'이다.

181 (*) 내용 생략. 원문은 '順天別監兪及軍官張應軫等決罪 卽還入樓 與宋漢連捉秀魚而來 招呂島樂安興陽同共破 赤梁高汝友臂大鷹來 然右足指盡凍枯 奈何奈何 初更後暫汗'이다.

182 흐림 : 원문은 '아침에 날이 흐리고 동풍이 크게 불었다陰而 東風大吹'이다.

던 여인이 들어왔다. 조금 지난 후 오철吳轍, 현응원玄應元을 불러들여 요즘 일들을 물어보았다. 저녁때 군량에 대한 장부를 만들었다.)[183] 흥양 둔전에서 추수한 벼 352석을 받아들였다. (*서풍이 크게 불어서 배를 띄울 수 없었다. 유황柳滉을 내보내려고 했는데 떠나지 못했다.)[184]

초9일(병오) 맑음. (*서풍이 크게 불어서 배가 다니지 못했다. 늦게)[185] 권준權 수사가 와서 이야기했다. 활 10순을 쏘았다. (*저녁에 바람이 그쳤다.)[186] ○ 들으니, 견내량에 부산의 왜선 2척이 들어왔다고 한다. 그래서 웅천현감과 우후를 정탐하러 보냈다.

초10일(정미) 맑음. (*날이 맑고 온화했다. 이날 일찍이)[187] 박춘양朴春陽이 왔다.[188] (*늦게 나가서 공무를 보며 태구생太仇生을 처벌했다.)[189] ○ 저녁에는 창고를 지을 장소를 직접 가서 보았다. (*아침에朝) ○ 웅천현감[이운룡] 및 우우후[이정충]가 견내량으로부터 돌아와서 왜인들이 겁내어 떠는 꼴을 이야기했다. (*저물녘에 창녕昌寧 사람이 술을 가져와 바쳐서 밤이 깊도록 마시다가 헤어졌다.)[190]

11일(무신) 맑음. (*아침에 체찰사에게 가는 공문을 만들어 보냈다.)[191] 보성寶城의 계향유사 繼餉有司[군량 대는 일을 맡은 사람] 임찬林瓚이 소금 50섬을 실어 갔다. ○ 임달영 任達英이 제주濟州에서 돌아왔는데, 제주목사[이경록李景祿]의 편지 및 박종백朴 宗伯과 김응수金應綏의 편지도 같이 가지고 왔다. (*늦게晩) ○ 장흥부사와 우우후가 왔기에 또 낙안군수[선의문]와 흥양현감[홍유의]을 불러서 활을 쏘았다. (*날이막 어두워질 무렵에 영등포만호[조계종趙繼宗]가 그 소실을 데리고 술병을 들고 와서 마시기를 권했다. 소자小者[어린아이인 듯]도 함께 왔다가 떨어뜨리고 갔다. 땀을 흘렸다.)[192]

---

183 (*) 내용 생략. 원문은 '朝樺皮裁作 晩孫仁甲所晒入來 有頃招吳轍玄應元問事 夕軍粮置簿'이다.

184 (*) 내용 생략. 원문은 '西風大吹不能行舟 柳滉出送而不能行'이다.

185 (*) 내용 생략. 원문은 '西風大吹 舟不得通行 晩'이다.

186 (*) 내용 생략. 원문은 '夕風止'이다.

187 (*) 내용 생략. 원문은 '晴且和是早'이다.

188 왔다 : 원문은 '대나무를 싣고 왔다載竹來'이다.

189 (*) 내용 생략. 원문은 '晩出坐 決太仇生罪'이다.

190 (*) 내용 생략. 원문은 '昏昌寧人呈酒 夜深而罷'이다.

191 (*) 내용 생략. 원문은 '朝體使前公事成貼而送'이다.

192 (*) 내용 생략. 원문은 '初昏永登率其房人 佩酒來勸 小者亦來 落歸 流汗'이다.

12일(기유) 맑음. (*일찍이 창녕 사람이 웅천현감이 있는 별장으로 돌아갔다. 아침에)[193] 화살대 50개를 경상수사에게 보냈다. 늦게 수사가 와서 함께 이야기했다. 저녁때 활을 쏘았는데, 장흥부사[배흥립]와 흥양현감도 함께 했다. (*해 질 무렵에 헤어졌다. 소자 小者가 초경初更[오후 7~9시]에 돌아갔다.)[194]

13일(경술) 맑음. 식후에 나가서 공무를 보고, 강진현감[나대용羅大用][195]이 기한을 어겨 늦게 온 죄를 다스렸다. (*가리포첨사[이응표李應彪]는 보고를 하고 늦게 왔으므로 타일러 내보냈다.)[196] ○ 영암군수[박홍장朴弘章]를 파면할 계장啓狀의 초본을 만들었다. (*저녁때 어란포만호가 돌아가고)[197] ○ 임달영任達英이 돌아갔다. 제주목사[이경록]에게 답장을 보냈다. (*청어, 대구, 화살대, 곶감, 삼색 부채를 봉해서 보냈다.)[198]

14일(신해) 맑음. 늦게 나가서 공무를 보고, 계초啓草를 수정했다. ○ 동복同福의 계향유사繼餉有司 김덕린金德麟이 보러 왔다. ○ 경상수사[권준]가 쑥떡을 보내왔다.[199] 낙안군수와 녹도만호 등을 불러서 떡을 먹였다. ○ 새로 지은 곳간에 풀로 지붕을 이었다. (*잠시 後有頃) 강진현감[나대용]이 보러 왔기에 위로하면서 술을 마셨다. ○ 저녁에 물을 부엌 옆으로 끌어들여 물 긷는 길을 편리하게 했다. (*이 날 밤, 바다 위에 달빛은 대낮처럼 밝고 물결은 비단결 같은데, 혼자서 높은 수루에 기대었노라니, 심사가 몹시 어지러워 밤이 깊어서야 잠자리에 들었다.)[200] ○ 흥양興陽의 유사有司 송상문宋象文이 와서 쌀과 벼를 합해 7섬을 바쳤다.

15일(임자) 새벽에 비가 왔다. (*새벽에 망궐례望闕禮를 드리려다 비가 부슬부슬 내려 마당이 젖었기 때문에 거행하지 못하고 정지했다. 어두울 무렵에)[201] 들으니, 우도右道[전라우도]

---

193 (*) 내용 생략. 원문은 '早昌寧人歸于熊川別庄 朝'이다.

194 (*) 내용 생략. 원문은 '昏罷 小者初更還歸'이다.

195 강진현감[나대용羅大用] : 이 무렵 강진현감은 나대용羅大用이다.『康津郡邑誌』선생안에 의하면, 나대용羅大用 → 임봉상任鳳祥 → 이극신李克信(李克新)으로 이어지는데, 나대용은 1596년 10월 11일에 파직되었고(『선조실록』권81, 선조 29년 10월 11일 갑술), 임봉상은 1596년 10월 12일에 임명되어 1597년 5월 14일에 파직되었으며, 이극신은 1597년 5월 15일에 임명되었다.(『竹溪日記』.)

196 (*) 내용 생략. 원문은 '加里浦則論報後期 故教而出送'이다.

197 (*) 내용 생략. 원문은 '夕於蘭出歸'이다.

198 (*) 내용 생략. 원문은 '碧魚大口箭竹乾柿三色扇子封送'이다.

199 쑥떡을 보내왔다 : 원문에는 쑥떡과 초 1쌍을 보냈다고 되어 있다.

200 (*) 내용 생략. 원문은 '是夜海月如晝 波光如練 獨倚高樓 心緒極煩 夜深就寢'이다.

에 항복한 왜인과 경상도의 왜인이 짜고서 도망할 계획을 꾸민다고 하므로 전령으로 그것을 통지했다. (*아침에 화살대를 골라내어 큰 살대 111개와 그다음 살대 154개를 옥지玉只에게 주었다.)[202] ○ 아침에 계초啓草를 수정했다. (*늦게 나가서 공무를 보았는데 웅천현감, 거제현령, 당포·옥포 만호, 우우후[이정충李廷忠], 경상우후[이의득李義得] 등이 함께 와서 보러 왔다가 돌아갔다. 순천 둔전에서 추수한 벼를 내가 직접 보는 데서 받아들였다.)[203] ○ 동복同福의 유사有司 김덕린金德麟과 흥양興陽의 유사 송상문宋象文 등이 돌아갔다. (*저녁때 사슴 1마리와 노루 2마리를 사냥해 가지고 왔다. 이날 밤에 달빛이 대낮처럼 밝고 물결이 비단결 같아서 자려고 해도 잠이 오지 않았다. 아랫사람은 밤새도록 술에 취하고 노래를 불렀다.)[204]

16일(계축) 맑음. 아침에 계초啓草를 수정하였다. ○ 늦게 나가서 공무를 보았다. 장흥부사[배흥립], 우우후[이정충], 가리포첨사[이응표]가 와서 함께 활을 쏘았다. (*요전번에 진 군관들 편에서 한턱을 내어서 모두 술이 몹시 취해서 흩어졌다. 이날 밤에 너무 취해서 잠을 이루지 못하고 일어났다 누웠다 하면서 밤을 밝혔다. 봄철의 피곤한 기운이 이렇게 왔구나.)[205]

17일(갑인) 흐림. 나라의 제삿날[206]이라 공무를 보지 않았다. 식후에 면葂이 본영으로 갔다. (*박춘양朴春陽과 오수吳水는 조기 잡는 곳으로 갔다. 어제 취한 것 때문에 몸이 몹시 편안치 못했다.)[207] 저녁때 흥양현감[홍유의]이 와서 이야기하다가 함께 저녁 식사를 했다. ○ 미조항첨사 성윤문成允文의 문안 편지가 왔는데, "방금 감사方伯의 관공문關公文을 받고 곧 진성晉城[진주]으로 가게 되어 다시 나아가지 못한다."[208] 하고, "그 후임으로는 황언실黃彦實이 되었다."라고 했다. (*웅천현감[이운룡]의 답장도

---

201 (*) 내용 생략. 원문은 '曉欲行望闕禮 而雨勢霏霏 庭濕難行停止 昏'이다.
202 (*) 내용 생략. 원문은 '朝箭竹擇出 大竹百十一介 次竹百五十四介 玉只受'이다.
203 (*) 내용 생략. 원문은 '晚出坐 則熊川巨濟唐浦玉浦右虞候慶虞候并來見而歸 順天屯租 眼前捧上'이다.
204 (*) 내용 생략. 원문은 '夕獵鹿一口獐二口來 是夜月色如畫 波光如練 寢不能寐 下人等達夜醉歌'이다.
205 (*) 내용 생략. 원문은 '軍官等前日勝負行禮 極醉而罷 是夜醉甚 不能成寐 坐臥而曉 春困至此'이다.
206 나라의 제삿날 : 세종대왕의 돌아가신 날이다.
207 (*) 내용 생략. 원문은 '朴春陽吳水往于石首魚處 因昨醉氣甚不安'이다.
208 성윤문成允文은 도체찰사 이원익의 천거로 1596년 1월 25일에 진주목사晉州牧使에 임명되었다. (『선조실록』 권71, 선조 29년 1월 25일 임진.)

왔다. 임금이 내린 유서諭書는 아직 받지 못했다고 한다.[209] 이날 어두울 무렵에 서풍이 크게 일어서 밤새도록 그치지 않았다. 아들이 떠나간 것을 생각하니 걱정스러워 마음을 가눌 수 없다. 괴롭고 답답함을 어찌 다 말하랴. 봄기운이 사람을 괴롭혀 몹시 노곤했다.)[210]

18일(을묘) 맑음. 식후에 나가서 공무를 보았다. (*서풍이 크게 불었다.)[211] 체찰사의 비밀 공문 3통이 왔는데, 하나는 제주목濟州牧을 계속 후원하는 일에 관한 것이요, 하나는 영등만호永登萬戶 조계종趙繼宗을 추고推考[212]하는 일이요, 하나는 진도珍島 전선戰船을 아직은 독촉하여 모으지 말라는 일에 관한 것이었다. ○ 저녁에 김국金國이 서울서 내려왔는데, 비밀 공문 2통을 가지고 왔다. (*책력冊曆 1권을 가지고 오고 서울의 조보朝報[213]도 가지고 왔다. 황득중黃得中이 철물을 실어다 바쳤다. 이번에는 술을 가지고 왔다. 땀이 온몸을 적셨다.)[214]

19일(병진) 맑음. (*맑았으나 바람이 크게 불었다. 아들 면葂이 잘 갔는지 여부를 몰라서 밤새도록 매우 걱정했다. 이날 저녁때 들으니 군량을 싣고 오던 낙안樂安 배가 바람에 막혀 사량蛇梁에 정박했는데, 바람이 자야 떠나 올 것이라고 한다.)[215] 권權 수사[권준]가 왔다. 장흥부사[배흥립], 웅천현감[이운룡], 낙안군수[선의문], 흥양현감[홍유의], 우우후[이정충], 사천현감[변속] 등과 함께 이야기했다. 경상도 진영에 있는 항복한 왜인들을 이곳에 있는 왜인 난여문亂汝文[216] 등을 시켜 붙잡아다가 목을 자르게 했다. (*권수사가 왔다. 장흥·웅천·낙안·흥양·우우후·사천 등과 함께 부안扶安에서 온 술을 마셨다. 황

---

209 이운룡李雲龍은 1596년 1월에 경상좌수사로 임명되었으나, 승정원에서 유서諭書·밀부密符를 내려보내지 않아, 4월 초까지도 부임하지 못하고 있었다. (『선조실록』권74, 선조 29년 4월 11일 정미; 『息城郡實記』권2, 墓誌銘.)

210 (*) 내용 생략. 원문은 '熊川答簡來 諭書時未到云 是昏西風大吹 達夜不止 念子之行 情不勝自裁 痛悶可言可言 春氣惱人 氣甚困'이다.

211 (*) 내용 생략. 원문은 '西風大吹'이다.

212 추고推考: 벼슬아치의 죄과를 자세히 캐물어 고찰함.

213 조보朝報: 승정원에서 발행하는 일종의 관보官報로서, 관료의 인사와 정부의 공지 등을 기록하여 중앙과 지방에 보냈다.

214 (*) 내용 생략. 원문은 '曆書一件持來 京朝報亦來 黃得中載鐵來納 節持酒來 汗沾一身'이다.

215 (*) 내용 생략. 원문은 '晴大風 未知葂豚好否 達夜悶悶極悶 此夕因聞樂安軍粮船 則爲風所阻 泊于蛇梁而風定發行云'이다.

216 난여문亂汝文: 남여문南汝文이다. '난亂' 자를 난리나 무슨 소란이란 뜻으로 알고 원문原文을 잘못 읽기가 쉽다. 또 전서全書의 인쇄본 중에 구두점句讀點 오류도 주의할 일이다.

득중黃得中이 가져온 총통 만들 쇠를 모두 저울로 달아서 보관케 했다.)²¹⁷

20일(정사) 맑음. (*이른 아침, 조계종趙繼宗이 현풍玄風 수군 손풍련孫風連에게 소송을 당해 대면하고 공술供述을 하기 위해 여기에 왔다가 돌아갔다. 늦게 나가서 공무를 보았다. 서류를 처결해서 나누어 보냈다.)²¹⁸ 손만세孫萬世를, 입대入隊에 관한 공문을 사사로이 만든 죄로 처벌했다. ○ 오후에 활을 10순²¹⁹ 쏘았다. (*낙안군수와 녹도만호가 와서 함께 쏘았다. 비가 올 조짐이 있었다. 새벽에 기운이 노곤했다.)²²⁰

21일(무오) 비. (*흐리고 새벽에 비가 부슬거리다 늦게 그쳤다. 나가지 않고 혼자 앉아 있었다.)²²¹

22일(기미) 맑음. (*맑고 바람도 없었다. 일찍 식사를 하고 공무를 보았다.)²²² 웅천현감[이운룡]과 흥양현감[홍유의]이 보러 왔다. (*흥양은 몸이 불편해서 먼저 돌아갔다.)²²³ 우우후[이정충], 장흥부사[배흥립], 낙안군수[선의문], 남도포만호南桃浦萬戶[강응표], 가리포첨사[이응표], 여도만호[김인영], 녹도만호[송여종] 등이 활을 쏘기에 나도 쏘았다. (*손현평孫絃平도 왔다. 몹시 취해서 헤어졌다. 이날 밤에 땀을 흘렸다. 봄기운이 사람을 노곤케 했다. 강 소작지姜所作只가 그물을 가져오는 일로 본영으로 갔다. 충청수사²²⁴[최호崔湖²²⁵]가 화살대를 가져와서 바쳤다.)²²⁶

23일(경신) 맑음. 일찍이 아침밥을 먹고 나가서 공무를 보았다. 둔전屯田에서 받아들

---

217 (*) 내용 생략. 원문은 '權水使來 長興熊川樂安興陽右虞候泗川等共破 扶安酒 黃得中所持銃筒鐵 稱量入藏'이다. 전서 편집자는 술 이야기는 빼고, 앞으로 옮겨 함께 이야기했다고 적었다.

218 (*) 내용 생략. 원문은 '早趙繼宗以被訴于玄風水軍孫風連處 對供 來此而歸 晩出坐公事題分'이다.

219 10순 : 원문에는 7순으로 나와 있다.

220 (*) 내용 생략. 원문은 '樂安鹿島來同 有雨徵 曉氣困'이다.

221 (*) 내용 생략. 원문은 '陰雨曉霏晩止 不出獨坐'이다.

222 (*) 내용 생략. 원문은 '(晴)且無風 早食出坐'이다.

223 (*) 내용 생략. 원문은 '興陽則氣不平而先歸'이다.

224 충청수사 : 朝鮮史編修會, 『亂中日記草』, 朝鮮史料叢刊 제6, 1935에는, 충청수사를 이운룡李雲龍이라 했으나 착오다. 이운룡은 1596년(병신) 정월에 경상좌수사로 임명되었다. (『息城郡實記』권2, 墓誌銘.)

225 최호崔湖 : 1536~1597. 자字는 수부秀夫, 본관은 경주慶州. 벽동군수碧潼郡守 최한정崔漢禎의 아들로 일찍이 무과에 급제하고, 1576년(선조 9)에 무과중시武科重試에 장원급제하였다. 여러 관직을 거쳐 1594년에 함경남병사를 역임하고, 1596년에 선거이宣居怡의 후임으로 충청수사가 되었다. 그해 군사를 이끌고 홍주성으로 진격하여 이몽학의 반란을 진압하는데 큰 공을 세워 가선대부嘉善大夫(종2품)로 승진하였다. 정유재란이 일어나자 1597년 칠천량 해전에서 원균·이억기와 함께 전사하였다. 1604년에 청난공신淸難功臣(이몽학의 난 평정) 2등에 추록되었다. 시호는 충원忠元이다. (『선조실록』;『竹溪日記』; 『난중일기』.)

인 벼를 다시 되질해서 새로 지은 창고에 들여 쌓은 것이 167섬이다. (*줄어든 것이 48섬이다.)[227] ○ 늦게 거제[안위]·고성[조응도] 현령, 하동[성천유][228]·강진[나 대용] 현감, 회령포만호會寧浦萬戶[민정붕] 등이 보러 왔다. (*고성현령이 가지고 온 술을 함께 마셨다. 웅천현감이 저녁에 와서 몹시 취했다. 이경二更[오후 9~11시]에 파하고 돌아갔다.)[229] 하천수河天水[230]와 이진李進[231]도 왔다. (*방답첨사防踏僉使가 들어왔다.)[232]

24일(신유) 맑음. 식후에 나가서 공무를 보았다. (*둔전에서 받아들인 벼를 다시 되질하는 것을 감독했다. 우수사[이억기]가 들어왔다. 신시申時[오후 3~5시]에 비바람이 크게 일었다.)[233] 둔전에서 받아들인 벼를 다시 되질하여 170섬을 창고에 들였다. (*줄어든 것이 30섬이다.)[234] ○ 우수사[이억기]가 들어왔다. 낙안군수[선의문宣義問]가 교체되었다는 기별이 왔다. (*방답첨사와 흥양현감이 왔다. 본영으로 배를 내보내려다가 비바람으로 인해 중지했다. 밤새도록 바람이 그치지 않았다. 몸이 노곤했다.)[235]

25일(임술) 비가 계속 내리다가 낮에 갰다. (*아침에朝) 계초啓草를 수정했다. (*늦게 우수사[이억기李億祺]가 오고)[236] ○ 나주판관羅州判官[원종의元宗義]이 보러 왔다. 장흥부사[배흥립裴興立]가 와서 수군을 갖추기 어려운 것은 감사方伯의 방해 때문이라고 이야기했다. (*이진李瓘이 둔전으로 돌아갔다. 춘절春節·춘복春福·사화士花가 본영으로 돌아갔다.)[237]

---

226 (*) 내용 생략. 원문은 '孫絃平亦來 極醉而罷 是夜流汗 春氣困人 姜所作只以網子取來事歸營 忠淸水使箭竹來納'이다.

227 (*) 내용 생략. 원문은 '縮數四十八石'이다.

228 하동[성천유] : 『河東郡邑誌』 선생안에 의하면, 하동현감은 성천유成天裕→최기준崔琦準→신진申蓁으로 이어진다. 성천유는 1596년 6월 3일에 제포 만호로 교서에 숙배하였으므로, 그 전에는 하동현감으로 재직 중이었던 것으로 보인다. (『난중일기』 병신년 6월 3일 기사.)

229 (*) 내용 생략. 원문은 '共固城之酒 熊川夕至大醉 二更罷還'이다.

230 하천수河天水 : 하천수河千壽(갑오 6월 19일), 하천수河千守(갑오 7월 25일), 하천수河天壽(을미 10월 25일)와 동일 인물로 보인다.

231 이진李進 : 이진李瓘(병신 2월 25일)과 동일 인물이다.

232 (*) 내용 생략. 원문은 '防踏入來'이다.

233 (*) 내용 생략. 원문은 '監屯租改正 右水使入來 申時風雨大作'이다.

234 (*) 내용 생략. 원문은 '縮數三十石'이다.

235 (*) 내용 생략. 원문은 '防踏興來會 送船于本營之際 因風雨停行 終夜風不止 沈困'이다.

236 (*) 내용 생략. 원문은 '晩右水使來'이다.

26일(계해) 맑음. (*아침에는 맑더니 저물어서 비가 내렸다. 늦게 대청에 나갔다. 여도만호와 흥양현감[홍유의]이 와서 영리營吏들이 백성을 침해하는 폐단을 이야기했다. 지극히 놀라운 일이다. 양정언梁廷彦과 영리營吏 강기경姜起敬·이득종李得宗·박취朴就 등을 중죄로 다스리는 동시에, 즉시 전령을 보내 경상도와 전라우도 수사에게 영리를 수색하여 잡아 오라고 했다.)[238] 경상수사가 보러 왔다. 얼마 후에 견내량見乃梁 복병에서 긴급 보고가 왔는데, "왜선 1척이 견내량으로부터 들어와서 해평장海坪場[239]에 이르렀을 때, 금지하여 머물지 못하게 하였다."라고 했다. (*둔전에서 받아들인 벼 230섬을 다시 되질한 수량이 198섬으로, 줄어든 것이 32섬이라고 한다. 낙안군수에게 전별주를 대접해 보냈다.)[240]

27일(갑자) 흐림. (*흐리다가 늦게 갰다. 이날)[241] 녹도만호[송여종宋汝悰] 등과 함께 활을 쏘았다. 흥양현감[242]이 휴가를 받아서 돌아갔다. (*둔전에서 받아들인 벼 220섬을 고쳐 되질한 결과, 줄어든 것이 여러 섬이었다.)[243]

---

237 (*) 내용 생략. 원문은 '李璡歸屯田 春節春福士花歸營'이다.

238 (*) 내용 생략. 원문은 '朝晴暮雨 晩出大廳 呂島興陽來 言營吏等侵捧之弊 極可駭愕 梁廷彦及營吏姜起敬 李得宗朴就等決重罪 卽發傳令 慶尙全右道水使處營吏推捉'이다.

239 해평장海坪場 : 경상남도 통영시 용남반도(용남면)로 추정된다. 『신증동국여지승람』에 해평곶海平串이 고성현 남쪽 40리에 있고 주위가 140리(56km) 되는 목장이 있다고 했다. 『대동여지도』에 따르면, 고성현에서 40리 되는 곳은 '원문'(경상남도 통영시 용남면 장문리 원문마을)으로 나오므로, 해평곶 즉 해평목장은 용남반도가 된다. 경상우수사 배설이 해평장(용남면)에 둔전을 개간한 바 있다. (을미 4월 17일)

240 (*) 내용 생략. 원문은 '屯租二百三十石 改正一百九十八石 縮數卅二石云 樂安別盃而送'이다.

241 (*) 내용 생략. 원문은 '(陰)而晩晴 是日'이다.

242 이은상의 번역본에는 이때 흥양현감이 최희량으로 되어 있으나, 최희량*이 흥양현감으로 임명된 것은 1597년 7월이다. (『竹溪日記』.)

*최희량崔希亮 : 자字는 경명景明, 호號는 일옹逸翁, 본관은 수성隋城. 전라남도 나주羅州에서 살았다. 승지承旨 최낙궁崔樂窮의 아들로 1560년(명종 15)에 나니 이순신보다 15세 아래다. 일찍 율정栗亭 최학령崔鶴齡 문하에서 경사經史를 배우다가 27세에 붓을 던지고 무예를 배웠다. 임진왜란이 일어난 뒤 1595년(을미)에 무과武科에 급제하여, 당시 충청수사로 있던 장인 이계정李繼鄭을 돕도록 천거되어 선전관에 임명되었다. 1597년(정유)에 흥양현감興陽縣監에 발탁되어 육지의 전투에서 여러 번 전공을 세웠으나, 1598년 전라병사 이광악李光岳의 장계로 파직되어 향리로 돌아왔다. 1604년 논공에서 선무원종공신宣武原從功臣 1등에 녹훈되고, 가선대부嘉善大夫에 올랐다. 병자호란 때에는 이미 나이가 많아서 출전하지 못하고 대신 아들을 보내 남한산성에서 인조를 호종하게 하였다. 저서로는 『일옹문집』 2권 1책이 있다. 1774년(영조 50)에 병조판서에 추증되고, 1800년(정조 24) 나주 향인들이 지은 사당에 이순신과 함께 배향되었다. 시호는 무숙武肅이다.(『湖南節義錄』;『竹溪日記』;『선조실록』;『한국민족문화대백과사전』;『한국역대인물종합정보시스템』;「崔希亮壬亂關聯古文書」보물 제680호.)

288

28일(을축) 맑음. 이른 아침에 침을 맞았다.(*늦게 나가서 공무를 보는데)²⁴⁴ ○ 장흥부사가 체찰사 군관과 함께 왔다. 체찰사 종사관從事官의 보고로 인해 전령이 발동되어 장흥부사를 잡아가려는 일 때문에 왔다고 한다. 또 전라도 수군 중 우도 수군은 좌도와 우도로 왔다 갔다 하면서 (*제주와 진도를)²⁴⁵ 성원하라는 명령도 있다고 한다.²⁴⁶ (*가소롭다. 조정朝廷의 계책이 이럴 수 있는가. 체찰사로서 계획을 세우는 것이 이렇게 무의미할 수 있는가. 나랏일이 이렇고 보니 어찌하랴, 어찌하랴.)²⁴⁷ ○ 저녁에 거제현령을 불러서 일의 내막을 물어본 후에 곧 돌려보냈다.

29일(병인) 맑음. 아침에 공문 초안을 수정했다. ○ 식후에 나가서 공무를 보는데, 우수사[이억기]와 경상수사[권준]가 장흥부사와 체찰사의 군관과 함께 왔다. 경상 우도 순찰사[서성]의 군관이 편지를 가지고 왔다.

30일(정묘) 맑음. 아침에 정사립鄭思立으로 하여금 보고문을 쓰게 하여 체찰사에게 보냈다. 장흥부사가 체찰사에게 갔다. 해가 질 무렵에 우수사[이억기李億祺]가 보고하기를, "이제 바람도 온화해졌으니 계책에 응해야 할 때라, 시급히 부하를 거느리고 본도本道[전라우도]로 가야겠다."라는 것이었다. 그 마음가짐이 극히 해괴하기에 그의 군관軍官과 도훈도都訓導를 붙잡아다가 장杖 70대를 때렸다. (*수사가 자기 부하를 거느리고 견내량에서 복병하고 있는 것을 분하다고 하는 언사에, 역시 많이 가소롭다.)²⁴⁸ ○ 저녁에 송희립宋希立, 노윤발盧潤發, 이원룡李元龍 등이 들어왔다. (*희립은 술까지 가지고 왔다.)²⁴⁹ ○ 몸이 몹시 불편하여 밤새도록 식은땀을 흘렸다.

---

243 (*) 내용 생략. 원문은 '屯租二百二十石 改正縮數石'이다.

244 (*) 내용 생략. 원문은 '晩出坐'이다.

245 (*) 내용 생략. 원문은 '濟珍'이다.

246 도체찰사 이원익의 이 장계에 대해 임금은 비변사의 건의를 받아들여, "다만 그렇게 할 경우 한산도 수군의 수효가 적어 강대한 적을 차단하지 못할까 염려되니 두루 헤아려 차질이 없게 하라."고 지시함으로써 결국 무산되었다. (李德悅, 『養浩堂日記』 권24, 銀臺記, 萬曆24年 丙申 정월 22일.)

247 (*) 내용 생략. 원문은 '可笑 朝廷畫策如是乎 體察出策如是其無濟乎 國事如是 奈何奈何'이다.

248 (*) 내용 생략. 원문은 '水使領所屬伏兵于見乃梁 其爲憤辭 亦多可笑'이다.

249 (*) 내용 생략. 원문은 '希公亦持酒來'이다.

3월

초1일(무진) 맑음. 새벽에 망궐례望闕禮를 드렸다. 아침에 경상수사가 와서 이야기하고 돌아갔다. ○ 늦게 해남현감海南縣監 유형柳珩[250]과 임치첨사臨淄僉使 홍견洪堅, 목포만호木浦萬戶 방수경方守慶이 기일을 어긴 죄를 지어 처벌했다. 해남만은 새로 부임한 까닭에 장杖을 치지 않았다.

초2일(기사) 맑음. 아침에 계초啓草를 수정했다. ○ 보성군수[안홍국安弘國]가 들어왔다. ○ 몸이 몹시 불편하여 공무를 보지 않았다. (*몸이 노곤하고 땀이 옷을 적시니 이것이 병의 뿌리이다.)[251]

초3일(경오) 맑음. (*새벽에曉) 이원룡李元龍이 본영으로 돌아갔다. 늦게 반관해潘觀海[252]가 왔다. 정사립鄭思立 등을 시켜 보고서를 쓰게 하였다. 이날은 명절이라 방답첨사防踏僉使[장린]와 여도呂島[김인영]·녹도鹿島[송여종]·남도포南桃浦[강응표] 만호 등을 불러 술과 떡을 먹였다. (*일찍이早) ○ 송희립을 우수사에게 보내서 후회한다는 뜻을 전했더니 공손하게 대답하더라고 한다. (*땀에 젖었다.)[253]

초4일(신미) 맑음. 아침에 장계를 봉封했다. ○ 늦게 보성군수 안홍국安弘國을 제 기

---

250 유형柳珩 : 1566~1615. 자字는 사온士溫, 호는 석담石潭, 본관은 진주晉州. 경원부사慶源府使 유용柳溶의 아들로 1566년(명종 21)에 나니 이순신보다는 21년 아래다. 1592년(선조 25) 임진왜란이 일어나자 창의사倡義使 김천일金千鎰을 따라 강화에서 활동하다가 의주義州 행재소行在所에 가서 근왕勤王한 공로로 선전관宣傳官이 되었다. 1594년(갑오)에 무과에 급제한 후, 1595년(乙未)에 해남현감海南縣監이 되었다. 1597년 정유재란 때 원균元均의 패전 소식을 듣고 비분강개하여 통제사 이순신에게 와서 수군 재건에 노력하였다. 1598년(무술) 순천順天 왜교倭橋 전투에서 크게 활약하였고, 마지막 노량露梁 해전에서는 탄환을 여섯 군데나 맞고 기절할 정도로 역전하였다. 전란이 끝난 후에 부산진첨사釜山鎭僉事와 경상우수사慶尙右水使 등을 거쳐 제5대 삼도수군통제사三道水軍統制使가 되었다. 평소에 체찰사體察使 이덕형李德馨이 이순신에게 뒷날 전통을 받을 만한 인물을 물었을 때, 유형을 언급할 정도로 그는 이순신의 인정을 받았다. 여러 관직을 거친 후, 1615년(광해 7)에 황해병사黃海兵使로 있으면서 사망하였다. 시호는 충경忠景이며, 해남 민충사愍忠祠(현 용정사龍井祠)에 제향되었다.(『李忠武公全書』권16,「同義錄」;『竹溪日記』;『한국역대인물종합정보시스템』;『한국민족문화대백과선』.)

251 (*) 내용 생략. 원문은 '氣困汗沾 是病根也'이다.

252 반관해潘觀海 : 자字는 호연浩然, 본관은 거제巨濟, 거주지는 경상남도 거제巨濟이다. 1555년(명종 10)에 출생하여 훈련원 주부訓鍊院主簿로 있으면서 1599년(선조 32) 45세로 무과에 급제하였다.(『한국역대인물종합정보시스템』.)

253 (*) 내용 생략. 원문은 '汗沾'이다.

일에 맞춰 오지 못한 죄로 처벌했다. 오후에[254] 배를 띄워 바로 소근두所斤頭[한산도 북안]를 거쳐 돌아서 경상우수사[권준]에게로 갔다.[255] 경상좌수사 이운룡李雲龍도 와서 조용히 이야기하다가 그대로 좌리도佐里島[256] 바다 가운데서 같이 잤다. (*땀이 무시로 흘렀다.)[257]

초5일(임신) 맑음. (*맑다가 구름이 끼었다.)[258] 오경五更[오전 3~5시] 초에 배를 띄워 날이 밝을 무렵에 견내량에 있는 우수사[이억기]가 복병하고 있는 곳으로 갔다. 마침 아침때여서 식후에 우수사를 만나 보았다. (*다시 잘못된 처사를 말하니 우수사[이억기李億祺]는 모든 것을 사과했다. 이어서 술을 내어서 잔뜩 취해 돌아왔다.)[259] 그대로 이정충李廷忠의 장막[260] 아래로 들어가서 조용히 이야기하였다. (*몸을 가누지 못할 만큼 또 술을 마셨다.)[261] 큰비가 쏟아지는 통에 나만 먼저 배로 돌아왔다. (*우수사는 취해 쓰러져 정신을 못 차리므로 작별 인사도 못 하고 왔다. 가소롭다. 배에 도착한즉)[262] 회薈·해蒙·면葂·울蔚·수원壽元이 모두 와 있었다. 비를 맞으면서 진중으로 돌아온즉, 김양金洋도 와 있었다. 함께 이야기하다가 3경三更[오후 11시~오전 1시]에야 잤다. (*계집종 덕금德今·한대漢代·효대孝代와 은진恩津에 있는 계집종이 왔다.)[263]

초6일(계유) 흐림. (*흐렸으나 비는 안 왔다. 새벽에 한대漢代를 불러서 사건의 연유를 물어보았다.)[264] 아침에 몸이 불편했다. ○ 식후에 하동현감[성천유], 고성현령[조응도], 함평현감[최정립][265], 해남현감[유형]이 복귀를 고하고, 남도포만호[강응표姜應彪]도

---

254 원문에는 '오시午時[오전 11시~오후 1시]에'로 나온다.

255 원문에는 '불렀다招之'가 있다.

256 좌리도佐里島 : 경상남도 통영시 한산면 창좌리 좌도.

257 (*) 내용 생략. 원문은 '出汗無常'이다.

258 (*) 내용 생략. 원문은 '(晴)而雲'이다.

259 (*) 내용 생략. 원문은 '再言妄處 則右水使莫不謝謝云 因以酒作 極醉還來'이다.

260 이정충李廷忠의 장막 : 원문 "李廷忠"의 '화花'는 군 지휘관의 깃대에 다는 것으로, 맹수의 가죽이나 독수리의 깃으로 만들어 깃대 위에 달았다. 곧 장수의 장막이 있는 곳이다. (『三國史記』卷40, 職官誌 下, 武官)

261 (*) 내용 생략. 원문은 '不覺醉倒'이다.

262 (*) 내용 생략. 원문은 '右水則醉臥不省 故不得辭來 可笑 到船則'이다.

263 (*) 내용 생략. 원문은 '女奴德今漢代孝代恩津婢至'이다.

264 (*) 내용 생략. 원문은 '陰而不雨 曉招漢代問事由'이다.

하직을 고했는데, 기한을 5월 초10일로 정했다. 우우후와 강진현감은 초8일 후에 나가도록 일렀다.[266] 함평현감, 남해현령[기효근奇孝謹], 다경포만호多慶浦萬戶[윤승남尹承男] 등의 검술을 시험하였다.[267] (*땀이 지금까지도 흐른다. 사슴 3마리를 사냥해 왔다.)[268]

초7일(갑술) 맑음. (*새벽에 땀이 줄줄 흘렸다.)[269] 늦게 나가서 공무를 보았다. 가리포첨사, 방답첨사, 여도만호가 와서 보고 돌아갔다. (*머리를 한참 동안 빗었다. 녹도만호가 노루 2마리를 잡아 왔다.)[270]

초8일(을해) 맑음. 아침에 안골포만호[우수禹壽]와 가리포첨사[이응표李應彪]가 각각 큰 사슴 1마리씩을 보내왔다. ○ 식후에 나가서 공무를 보았다. 우수사[이억기], 경상수사[권준], 좌수사[이운룡], 가리포[이응표]·방답[장린] 첨사, 평산포[김축]·여도[김인영] 만호, 우우후[이정충], 경상우후[이의득], 강진현감[나대용] 등이 와서 종일 이야기하였으며, 잔뜩 취해서 헤어졌다. (*저녁에 잠시 비가 내렸다.)[271]

초9일(병자) 아침에 맑았다가 저물녘에 비가 내렸다. 우우후와 강진현감이 돌아간다고 고하기에 술을 먹였더니 잔뜩 취했다. 우후는 너무 취해서 쓰러져 돌아가지 못했다. ○ 저녁에 좌수사[이운룡]가 왔기에 작별 술잔을 나누고 보냈으나 취해서 쓰러져 대청에서 잤다. (*개여지介與之[이름인 듯함]가 함께 있었다.)[272]

초10일(정축) 비.[273] 아침에 다시 좌수사를 청해 와서 이별 잔을 나누며 전송했더니,

---

265 함평현감[최정립] : 최정립崔挺立은 1596년 5월 13일에 탄핵을 받아 파직되었다.(『선조실록』 권75, 선조 29년 5월 13일 기묘.) 손경지孫景祉는 1596년 5월 15일에 함평현감으로 임명되었다.(『죽계일기』.)

266 원문에는 "식후에 하동현감과 고성현령이 보고하고 돌아갔다. 늦게 함평현감[손경지·최정립]과 해남현감[유형]이 보고하고 돌아갔다. 남도포만호[강응표姜應彪]도 또한 돌아갔으며, 기한을 5월 초10일로 정했다. 우우후와 강진현감은 초8일이 지난 후에 나가도록 일렀다食後 河東固城告歸 晚 咸平海南告歸 南桃亦歸 限以五月初十日 右虞候康津則 過初八日後出去"라고 기록되어 있다.

267 검술을 시험하였다 : 원문에는 '검을 썼다用劍'이다.

268 (*) 내용 생략. 원문은 '汗流至今 鹿三獵來'이다.

269 (*) 내용 생략. 원문은 '曉汗流出流流'이다.

270 (*) 내용 생략. 원문은 '梳髮移時 鹿島獐二'이다.

271 (*) 내용 생략. 원문은 '夕雨暫暫'이다.

272 (*) 내용 생략. 원문은 '介與之共'이다.

273 비 : 원문에는 '비가 계속 내렸다雨雨'로 되어 있다.

종일 크게 취해서 나가지 못했다. (*무시로 땀이 났다.)[274]

11일(무인) 흐림. 해荄·회薈·완莞 및 수원壽元이 나갔다. (*계집종 셋을 함께 데리고 갔다.)[275] ○ 이날 저녁 방답첨사[장린張麟]가 성내지 아니할 일에 성을 내어 지휘선의 급수군汲水軍[276]에게 곤장을 때린 것은 참으로 놀라운 일이었다. 그래서 곧 방답의 군관軍官과 이방吏房을 붙잡아 들여 군관은 20대, 이방은 50대 매씩를 때렸다. ○ 늦게 구임舊任 천성보만호天城堡萬戶[윤흥년]가 하직하고 돌아갔다. 새로 오는 천성보만호는 체찰사 공문에 의해서 병사에게 붙잡혀 갔다. 나주판관[어운급魚雲伋]도 왔기에 술을 먹여 보냈다.

12일(기묘) 맑음. 아침 식사 후 노곤하여 잠깐 잠을 잤다. ○ 경상수사가 와서 함께 이야기하고, 여도呂島·금갑도金甲島[이정표李廷彪] 만호, 나주판관도 왔다. (*군관들이 술을 내왔다.)[277] ○ 저녁에 소국진蘇國秦이 체찰사에게서 돌아왔는데, 그 회답에, 우도 수군을 본도로 모두 보내라는 것은 본의가 아니었다고 하였다. (*가소로웠다. 또한 들으니 원흉元兇[원균元均]은 장杖 40대를 맞고, 장흥부사[배흥립]는 20대를 맞았다고 한다.)[278]

13일(경진) 비가 종일토록 왔다. 저물녘에 견내량 복병이 급히 보고하기를, "왜선이 연속해서 나온다." 하므로 여도만호와 금갑도만호를 뽑아 보냈다. ○ (*봄비 속에)[279] 몸이 노곤하여 누워서 신음했다.

14일(신사) 궂은비가 개지 않았다. 새벽에 삼도三道의 급한 보고가 왔는데, "견내량 근처 거제 땅 세포細浦[280]에 왜선 5척, 고성 땅에 5척이 와서 정박하여 상륙했다."라고 하므로 삼도의 여러 장수에게 5척을 더 뽑아 보내도록 전령했다. (*늦게

---

274 (*) 내용 생략. 원문은 '發汗無常'이다.

275 (*) 내용 생략. 원문은 '與女奴三出去'이다.

276 지휘선의 급수군上船汲水軍 : 친필 일기의 원문은 '상선무상上船無上'으로 되어 있다. 『전서』 편찬자가 무상(전선의 선수에서 닻과 닻 물레를 다루는 사람)의 역할을 잘 알지 못하여 급수군으로 잘못 옮겨 놓은 것이다. 원문에는 "上船無上 欣碩田子決杖"(상선의 무상 흔기전자를 결장)'으로 되어 있다.

277 (*) 내용 생략. 원문은 '軍官等進酒'이다.

278 (*) 내용 생략. 원문은 '可笑 因聞元兇受杖四十 長興則廿云'이다.

279 (*) 내용 생략. 원문은 '春雨中'이다.

280 세포細浦 : 경상남도 거제시 사등면 성포리.

나가서 각처에 보내는 공문을 처결해 보냈다. 아침에 군량에 관한 회계를 마감했다.)²⁸¹ ○ 방답첨사와 녹도만호가 보러 왔다. (*체찰사에게 공문을 보내려고 서류를 꾸몄다. 춘곤이 이에 이르러)²⁸² ○ 땀을 밤새도록 흘렸다.

15일(임오) 맑음. 새벽에 망궐례를 행했다. (*가리포첨사, 방답첨사, 녹도만호가 와서 참례하고, 우수사와 다른 사람은 오지 않았다. 늦게)²⁸³ 경상수사가 와서 이야기했다. (*[하다가] 취해서 갔는데, 갈 때 아랫방에서 덕德과 무엇을 수군거렸다고 한다. 이날 저물녘 바다의 달이 맑고 밝았다. 피곤기가 심했다.)²⁸⁴ ○ 밤새도록 식은땀을 흘렸다. (*삼경三更[오후 11시~오전 1시]에 비가 크게 쏟아졌다. 낮에 노곤해서 머리를 빗었다. 땀이 무시로 흘렸다.)²⁸⁵

16일(계미) 비가 퍼붓듯이 종일 그치지 않았다. 진시辰時[오전 7~9시]에 동남풍이 몹시 불어 지붕의 띠가 걷힌 데가 많고, 창문의 종이가 찢어져 비가 방 안으로 들이쳐 사람이 괴로워서 견딜 수가 없었다. 오시午時[오전 11시~오후 1시]에 바람이 그쳤다. ○ 저녁에 군관들을 불러서 술을 먹였다. ○ 삼경三更[오후 11시~오전 1시] 말에 비가 잠깐 그쳤다. ○ 땀을 어제처럼 흘렸다.

17일(갑신) 종일 가랑비가 오고 밤새도록 그치지 않았다. 늦게 나주판관이 보러 왔기에 술을 취하도록 먹여 보냈다. ○ 저물녘에 박자방朴自邦이 들어왔다. ○ 이날 밤에 식은땀이 등을 적시고 옷 두 겹이 다 젖었다. (*또 이부자리까지 젖었다.²⁸⁶ 몸이 불편했다.)

18일(을유) 맑음. (*맑았으나 종일 동풍이 불고 일기가 몹시 차가웠다. 늦게 나가서 공무를 보고 소지所志를 처결해 주었다.)²⁸⁷ 방답첨사와 금갑도·회령포[민정붕閔廷鵬]·옥포[이담李曇] 만호 등이 보러 왔다. 활 10순을 쏘았다. (*이날 밤에 바다의 달은 어슴푸레 비취고 밤기운이 몹시 차가운데, 자려야 잠이 오지 않고, 앉으나 누우나 편하지 못했다. 다시 몸이 불

---

281 (*) 내용 생략. 원문은 '晚出坐 各處公事題送 朝軍粮會計磨勘'이다.

282 (*) 내용 생략. 원문은 '體察使公事輪送次成貼 春困至此'이다.

283 (*) 내용 생략. 원문은 '加里浦防踏鹿島來參 而右水使及他不到晚'이다.

284 (*) 내용 생략. 원문은 '醉去 時與德私語于下房云 是暮海月徵明 氣困沈'이다. 徵은 澂이 옳을 것 같다.

285 (*) 내용 생략. 원문은 '三更雨勢大作 晝困梳頭 汗出無常'이다.

286 (*) 내용 생략. 원문은 '又沾寢衾'이다.

287 (*) 내용 생략. 원문은 '晴而東風 終日吹 日氣甚冷 晚出坐 所志題分'이다.

편했다.)[288]

19일(병술) 맑음. (*맑았으나 동풍이 크게 불고 일기가 매우 차가웠다. 아침에 새로 만든 가야금에 줄을 매었다. 늦게)[289] 보성군수[안흥국]가 못자리판을 검사할 일로 휴가를 받았다. 김양金洋[290]이 같은 배로 나갔다. (*종奴 경京도 같이 돌아갔다. 정양丁良이 볼일이 있어서 왔다가 돌아갔다. 저녁에 가리포첨사[이응표]와 나주판관[어운급]이 보러 왔기에 술을 취하도록 먹여 보냈다. 어두운 후부터 바람의 기세가 몹시 사나웠다.)[291]

20일(정해) 바람 불고 비가 종일 내렸다.[292] 몸이 몹시 불편했다. (*바람막이를 2개 만들어 달았다. 밤새도록 비가 내렸다.)[293] 땀에 옷과 이불이 젖었다.

21일(무자) 큰비가 종일 쏟아졌다. 초경初更[오후 7~9시]에 곽란으로 한참이나 구토를 하고 삼경三更[오후 11시~오전 1시]에 조금 가라앉았다. (*앉았다 누웠다 몸을 뒤척거리며 말할 것도 안 되는 것을 범한 것 같아 한스럽기 짝이 없었다.)[294] ○ 이날 (*너무 심심해서)[295] 군관 송희립宋希立·김대복金大福·오철吳轍 등을 불러서 종정도從政圖 놀이를 하였다. (*바람막이 3개를 만들어 달았는데, 이언량李彦良과 김응겸金應謙이 만드는 것을 감독했다. 삼경三更[오후 11시~오전 1시]이 지나서 비가 그치고, 사경四更[오전 1~3시] 말에 이지러진 달이 비로소 밝았다. 방 밖에 나가서 거니는데 몸이 몹시 피곤했다.)[296]

22일(기축) 맑음. (*아침에 종奴 금今을 시켜서 머리를 빗기었다. 늦게)[297] 우수사[이억기]와 경상수사[권준]가 왔기에 보고 술을 대접해 보냈다. ○ 들으니 작은 고래가 죽어서 섬으로 떠 왔다 하므로 박자방朴自邦을 보냈다. (*이날 저물녘에是昏) ○ 땀이 무시

---

288 (*) 내용 생략. 원문은 '是夜海月微照 夜氣甚冷 寢不能寐 坐臥不便 再不平'이다.

289 (*) 내용 생략. 원문은 '晴而東風大吹 日氣極冷 朝新箏上絃 晚'이다.

290 김양金洋 : 친필 일기에는 김혼金渾으로 나와 있다.

291 (*) 내용 생략. 원문은 '京奴亦同歸 丁良以事來此還歸 夕加里浦羅州判刺來見 醉以酒還送 昏風勢極險極險'이다.

292 바람 …… 내렸다 : 원문은 '바람이 험하고 비가 와서 종일 나가지 않았다風險雨雨 終日 不出'이다.

293 (*) 내용 생략. 원문은 '風遮二浮造掛 達夜雨下'이다.

294 (*) 내용 생략. 원문은 '而轉展坐臥 似犯非論 恨莫大焉'이다.

295 (*) 내용 생략. 원문은 '無聊大甚'이다.

296 (*) 내용 생략. 원문은 '風遮三浮造掛 李彦良·金應謙監作 三更後 雨作收 而四更末 殘月始明 出房散步 然氣甚困'이다.

297 (*) 내용 생략. 원문은 '朝使今奴梳頭 晚'이다.

로 났다.

23일(경인) 맑음. (*새벽에 정사립鄭思立이 와서 어유魚油를 많이 채취해 왔다고 했다. 오경五更 [오전 3~5시] 초에 몸이 편치 않아 금今을 불러 머리를 풀어 헤치도록 했다. 늦게 나가서 공무를 보며 각처의 공문을 작성해 주고, 활 10순을 쏘았다.)[298] 조방장助防將 김완金浣 및 충청도 수군의 배 8척이 들어왔다. 우후[이몽구]도 왔다. ○ 종奴 금金이 편지를 가지고 왔는데, 어머님이 평안하시다고 했다. (*초경初更[오후 7~9시] 후에 영등포만호[조계종趙繼宗]가 그의 딸을 데리고 술병을 들고 왔다고 하나 나는 보지 않았다. 이경二更[오후 9~11시] 후에 돌아갔다. 이날 처음으로 미역을 땄다. 삼경三更[오후 11시~오전 1시]에야 비로소 잠을 잤다.)[299] 땀이 흘러 옷이 젖었다. (*그래서 옷을 갈아입고 잤다.)[300]

24일(신묘) 맑음. (*새벽에 미역을 따러 나갔다. 헌 활집은 베로 만든 것이 8점, 무명으로 만든 것이 2점이었는데, 그중의 활집 하나를 고쳐 만들라고 내주었다.)[301] 아침 식사 후 공무를 보며, 마량첨사馬梁僉使 김응황金應璜, 파지도波知島 송宋이름 결락名缺,[302] 결성현감結城縣監 손안국孫安國 등을 처벌했다. (*늦게 우후가 가져온 술을 방답첨사[장린], 평산포만호[김축], 여도만호[김인영], 녹도만호[송여종], 목포만호[방수경]와 함께 마셨다.)[303] 나주판관 어성급魚聖伋[304]에게 휴가를 주어 내보내면서 기한은 4월 15일까지로 정했다. (*저물녘에昏) ○ 몸이 심히 피곤하고 땀이 무시로 흘렀다. (*이 또한 비가 올 징조였다.)[305]

25일(임진) 비가 종일 퍼부었다. 땀이 흘러 옷을 적셨다. (*새벽에 비가 내리기 시작하여 종일 퍼부어 잠시도 그치지 않았다. 수루에 기대어 저녁나절을 보냈는데 마음이 언짢았다. 머리를 한참 동안 빗었다. 낮에는 땀이 옷만 적시더니 밤에는 옷 두 겹이 젖고 다시 방바닥에까

---

298 (*) 내용 생략. 원문은 '曉鄭思立來告 魚油多取來云 五更初 氣不平 招今技頭 曉出坐 各處公事題分 射帳十巡'이다.

299 (*) 내용 생략. 원문은 '初更後 永登率其小女 佩酒來云 吾則不見 二更後還歸 是日始採藿 三更始寢'이다.

300 (*) 내용 생략. 원문은 '故改衣而宿'이다.

301 (*) 내용 생략. 원문은 '曉採藿出去 舊弓家布八綿二張 弓家一改洗作次出給'이다.

302 이름 결락名缺 : 파지도권관 송세응宋世應이다. 병신년 8월 초1일 자에 그 이름이 나온다.

303 (*) 내용 생략. 원문은 '晩虞候所持海酒 防踏平山浦呂島鹿島木浦同飮'이다.

304 어성급魚聖伋 : 친필 일기에는 어운급魚雲伋으로 되어 있다.

305 (*) 내용 생략. 원문은 '是亦雨徵也'이다.

지 흘렀다.)[306]

26일(계사) 맑음. (*날이 맑고 남풍이 불었다. 늦게 나가서 공무를 보았다. 조방장과 방답첨사, 녹도만호가 와서 활을 쏘았다.)[307] 경상수사가 와서 이야기했다. ○ 체찰사의 전령이 왔는데, 전날에 우도[전라우도]의 수군을 돌려보내라고 한 것은 조정의 회계回啓를 잘못 본 까닭이라고 운운했다. 가소로웠다.

27일(갑오) 맑음. (*날이 맑고 남풍이 불었다.)[308] 늦게 나가서 활을 쏘았다. 우후[이몽구], 방답첨사[장린], 충청도 마량첨사[김응황], 임치첨사臨淄僉使[홍견], 결성현감結城縣監[손안국], 파지도권관波知島權管[309] 등이 모두 왔기에 술을 대접해 보냈다. ○ 저녁때 신 사과愼司果와 여필汝弼이 들어왔다. 그편에 어머님이 안녕하시다는 소식을 들으니 기쁘고 다행하다.[310]

28일(을미) 궂은비가 크게 내리고 종일 개지 않았다. (*나가서 공문을 만들어서 나누어 보냈다. 충청도 여러 배의 사람들이 다시 목책 방비를 설치하였다.)[311]

29일(병신) 궂은비가 개지 않았다. (*늦게晚) 부찰사副察使[이정형李廷馨][312]가 성주星州로부터 진陣[한산도]에 이른다고 한다.[313]

---

306 (*) 내용 생략. 원문은 '曉雨作終日如注 一刻未絶未絶 倚樓終夕 懷思轉惡 梳頭移時 晝汗沾衣 夜則兩衣沾濕而布堗'이다. 뒤의 원문을 완전히 줄여 본문에 실었음을 알 수 있다.

307 (*) 내용 생략. 원문은 '晴而南風 晚出坐 助防將及防踏鹿島來射'이다.

308 (*) 내용 생략. 원문은 '晴 南風吹'이다.

309 파지도권관波知島權管 : 파지도波知島는 충청남도 서산시 팔봉면 고파도리에 있다.

310 원문에는 신 사과와 여필이 같은 배로 들어왔다고 되어 있고, 어머님이 평안하다는 소식에 기쁘고 다행이기가 이를 길이 없다고 되어 있다.

311 (*) 내용 생략. 원문은 '出坐成公事分送 忠淸各船人 復設柵備'이다.

312 부찰사副察使[이정형李廷馨] : 『선조실록』73권, 선조 29년 3월 1일 무진戊辰에 부찰사 이정형을 인견引見한 기록이 있다.

313 원문에는 '부찰사가 성주로부터 진에 도착한다는 선문先文(미리 알려주는 공문)이 왔다.'라고 되어 있다.

4월

초1일(정유) 큰비가 내렸다. 신 사과愼司果와 더불어 이야기했다. (*종일토록 비가 왔다.)[314]

초2일(무술) 맑음. (*늦게 날이 개었다. 저물녘에)[315] 경상수사[권준]가 부찰사를 마중하러 나갔는데, 신 사과도 같은 배로 갔다. (*이날 밤에 몸이 몹시 좋지 못했다.)[316]

초3일(기해) 맑음. (*맑았으나 종일 동풍이 불었다.)[317] 어제저녁 견내량에 있는 복병의 긴급 보고에, "왜놈 4명이 부산으로부터 장사하러 나왔다가 바람에 표류되었다." 하므로 새벽에 녹도만호 송여종宋汝悰을 보내 그 연유를 물어보고, 몇 가지 일은 처리하도록 지시해서 보냈다. 그 정황을 정탐해 본즉, 몰래 탐지하려고 온 것이 분명하므로 목을 베어 죽였다. (*우수사에게 가 보려다가 몸이 불편하여 못 갔다.)[318]

초4일(경자) 흐림. 아침에 오철吳轍[이순신의 군관]이 나갔다. (*종奴 금이金伊도 같이 갔다. 아침에 체찰사[이원익]의 공문을 연폭으로 해서 벽에 붙였다. 여러 장수들의 표신標信[319]을 고쳤다.)[320] ○ 우수사[이억기]에게 가 보고 취해서 이야기하다 돌아왔다. ○ 충청도 부대가 목책木柵을 설치했다. (*초경初更[오후 7~9시]이 지나서야 저녁을 먹었다. 속이 후덥지근하고 땀에 젖었다. 이경二更[오후 9~11시]에 잠깐 비가 내리다 그쳤다.)[321]

초5일(신축) 맑음. 부찰사[이정형]가 들어왔다.

초6일(임인) 흐림. (*흐렸으나 비는 내리지 않았다.)[322] 부찰사가 활쏘기를 시험했다. (*저녁에 나와 우수사 등이 들어가 앉아 군인들에게 음식을 먹이고 함께 응대하였다.)[323]

---

314 (*) 내용 생략. 원문은 '終日雨下'이다.

315 (*) 내용 생략. 원문은 '晩晴 暮'이다.

316 (*) 내용 생략. 원문은 '是夜氣甚不平'이다.

317 (*) 내용 생략. 원문은 '晴而東風 終日吹'이다.

318 (*) 내용 생략. 원문은 '欲往見右水伯 而氣不平 未果'이다.

319 표신標信 : 친필 일기의 원문은 '표標'이다. '표'는 장수들의 표지로, 전선戰船의 돛대 꼭대기에 매다는 흑대기黑大旗이다. 검정색 바탕천에 흰색으로 '방防', '사蛇', '순順' 등 해당 관청의 글자 하나를 중복되지 않게 정하여 새겨 멀리서도 식별할 수 있게 만든 기로, 후대의 수군조련도에서 볼 수 있다. 통제사 이순신이 글자와 기의 규격 등을 새롭게 고쳤다는 뜻이다.

320 (*) 내용 생략. 원문은 '奴金伊亦同往 朝體察使公事成貼付壁 諸將改標'이다.

321 (*) 내용 생략. 원문은 '初更後 始夕食 心熱汗沾 二更暫雨而止'이다.

322 (*) 내용 생략. 원문은 '陰而不雨'이다.

초7일(계묘) 맑음. 부찰사가 나가서 상을 나누어 주었다. ○ (*새벽에曉) 부산 사람이 들어왔는데, 명나라 수석 사신[이종성李宗城[324]]이 달아났다고 하니 무슨 일인지 모르겠다. (*부찰사가 입봉立峯[325]에 올라갔다. 점심 후 두 수사와 더불어 이야기했다.)[326]

초8일(갑진) 종일토록 비가 계속 내렸다. 늦게 부찰사와 마주 앉아 술을 마셨다. 몹시 취하여 관등觀燈[327]하고 헤어졌다.

초9일(을사) 맑음. (*이른 아침에早朝) 부찰사가 떠나기 때문에 (*배를 타고乘船) 포구로 나가서 함께 배 위에서 이야기하며 작별했다.

초10일(병오) 맑음. (*아침에朝) 들으니 어사御史가 들어온다고 한다. (*그 때문에 수사 이하는 포구에 나가서 기다렸다. 조붕趙鵬이 보러 왔다. 그의 모습을 본즉, 오래 학질을 앓아서 몹시 말랐다. 매우 안쓰러웠다.)[328] 늦게 어사가 들어와 함께 이야기하며 불을 밝힌 다음에 헤어졌다.

11일(정미) 맑음. 어사[정경세][329]와 마주하여 조용히 이야기했다.[330] ○ (*늦게晩) 장수들에게 음식을 베풀고, 활 10순을 쏘았다.

12일(무신) 맑음. (*아침 식사 후朝食後) 어사가 밥을 지어서 군사들을 먹인 뒤에 활 10순을 쏘고 종일 이야기했다.

---

323 (*) 내용 생략. 원문은 '夕吾與右水使等 入坐餉軍同對'이다.

324 이종성李宗城 : 명나라 유격장군遊擊將軍 심유경沈惟敬과 왜장 소서행장小西行長 등이 1596년(병신) 정월에 일본 도요토미 히데요시豐臣秀吉에게 강화를 주선하러 건너가고, 부산釜山에는 정사正使 이종성李宗城과 부사副使 양방형楊方亨이 잠깐 남아 있다가, 이종성이 도망해 나간 것은 당시에도 충격적인 사건이었다.

　"이종성"이 도망한 이유는 여러 기록에서 언급하고 있으나, 대체로 일본의 히데요시가 강화 조건을 알면 받아들이지 않고 오히려 사신에게 화가 미칠 것이라는 주변의 언급에 겁을 내고 도망했다고 한다. 또한 심유경이나 주변 다른 인사들의 영향도 있었다. 결국 도주했던 이종성은 외교적 물의를 일으킨 책임에 따른 처벌을 받았고, 명은 임시로 부사 양방형을 정사로, 심유경을 부사로 삼아 일본에 건너가 책봉을 통한 강화를 추진하였으나 결국은 실패로 끝나고 말았다.

325 입봉立峯 : 경상남도 통영시 한산면 염호리 고동산으로 추정된다.

326 (*) 내용 생략. 원문은 '副使上立峯 點後與兩水使同話'이다.

327 관등觀燈 : 초파일에 등을 달고 불을 켜서 석가모니의 탄일을 축하하는 일.

328 (*) 내용 생략. 원문은 '故水使以下出浦口待之 趙鵬來見 見其形則久患唐虐 肌貌極瘦可嘆可嘆'이다.

329 어사[정경세] : 1596년에 이조좌랑吏曹佐郎 정경세鄭經世가 어사御史로서 영남 지역의 방수防戍 상황을 순시했다.(『愚伏先生別集』권10, 부록, 행장)

330 어사와 …… 이야기했다 : 원문에는 '조식을 함께하고 어사와 함께朝食與御史同對'로 나온다.

13일(기유) 맑음. 어사와 함께 대화하며[331] 늦게 포구로 나가니 남풍이 크게 불어 배가 갈 수 없었다. 선인암仙人巖[332]으로 가서 종일 이야기하다 어두워져서 서로 작별하였다. (*저물어 거망포巨網浦[333]에 이르렀다. 잘 갔는지 모르겠다.)[334]

14일(경술) 흐리고 비가 종일 내렸다.[335] (*아침 식사 후에 나가서 공무를 보았다.)[336] 홍주 판관洪州判官[박윤朴崙]과 당진만호唐津萬戶[조효열趙孝悅]가 교서에 숙배한 후에 충청우후 원유남元裕男은 장杖으로 다스리고,[337] 당진 만호도 같이 죄를 받았다.

15일(신해) 맑음. (*아침에朝) 단옷날 진상할 물품을 감독하여 봉해서 곽언수郭彦守에게 주어 보냈다. 영의정[유성룡], 정 영부사領府事[338], 판서 김명원金命元, 지사 윤자신尹自新,[339] 조사척趙士惕, 신식申湜, 남이공南以恭[340]에게 편지를 보냈다.

16일(임자) 맑음. (*아침 식후에 나가서 공무를 보고, 난여문亂汝文[남여문南汝文] 등을 불러서 불지른 왜놈 3명이 누구인지를 물어본 후 붙들어다가 처형하였다.)[341] 우수사, 경상수사, 가

---

331 어사와 함께 대화하며 : 앞 주와 같음. '조식을 어사와 함께하고'로 나온다.

332 선인암仙人巖 : 경상남도 통영시 한산면 두억리 문어포問語浦 신선암神仙巖으로 추정된다. (金一龍, 『統營地名總攬』, 통영문화원, 2014, 409쪽.)

333 거망포巨網浦 : '걸망포乞望浦'(계사년 7월 4일 일기)와 같다. 경상남도 통영시 산양읍 신전리이다.

334 (*) 내용 생략. 원문은 '暮到巨網浦 未知行過否也'이다.

335 흐리고 …… 내렸다 : 원문은 '흐리고 종일 비가 계속 내렸다陰終日雨雨'이다.

336 (*) 내용 생략. 원문은 '朝食出坐'이다.

337 장杖으로 다스리고 : 원문에는 '40대를 때렸다決杖四十'고 나온다.

338 정 영부사領府事 : 판부사判府事의 잘못으로, 정탁鄭琢을 가리킨다.

339 윤자신尹自新 : 1529~1601. 자字는 경수敬修, 본관은 남원南原. 한성漢城에서 살았다. 1529년(중종 24)에 나니 이순신보다 16년 위다. 1562년(명종 17)에 문과에 급제하여 1592년 임진왜란 때는 우승지右承旨로서 왕을 호종하였으며, 종묘제조宗廟提調로서 종묘 신주를 잘 모셨다. 1594년 지돈녕부사·형조참판, 이듬해 지의금부사·원접사遠接使를 지내고, 1597년 정유재란 때는 종묘宗廟를 지키고 중전과 세자를 보필하였다. 이해 한성부판윤·공조판서를 거쳐 다음해 지중추부사·호조판서를 지냈다. 1604년 호성공신扈聖功臣 2등으로 용원부원군龍原府院君에 추봉되었다. (『한국역대인물종합정보시스템』; 『한국민족문화대백과사전』.)

340 남이공南以恭 : 1565~1640. 자字는 자안子安, 호號는 설사雪簑, 본관은 의령宜寧이다. 1565년(명종 20) 생이니 이순신보다 20년 아래다. 26세 때인 1590년(선조 23)에 문과에 장원급제하였으며, 도승지, 이조판서, 공조판서 등을 역임하고 1640년(인조 18)에 죽었다. 남이신南以信의 아우로 이신以信은 뒷날 정유년에 어사御史의 자격으로 이순신을 모함하는 말을 했지만, 아우 이공以恭은 이순신을 이해하는 사람이었다. 1598년 이발李潑·정인홍鄭仁弘 등과 북인北人의 우두머리로, 영의정 유성룡柳成龍이 왜와 화의를 주장했다고 해서 탄핵, 파직시켰다. (『한국역대인물종합정보시스템』; 『한국민족문화대백과사전』.)

341 (*) 내용 생략. 원문은 '朝食後出坐 招亂汝文等 問衝火倭三名 招致戮滅'이다.

리포·방답 첨사와 함께 이야기하다가 밤이 들어서 헤어졌다.[342] 이날 밤바다에는 달빛이 차게 비춰고 티끌 한 점 일지 않았다. ○ 다시 땀을 흘렸다.

17일(계축) 맑음. (*아침 식후에朝食後) 여필汝弼과 면葂이 종을 데리고 돌아갔다. (*늦게 각 고을 공문서를 처결해 보냈다. 이날 저녁 울蔚이 안위安衛에게 가 보고 왔다.)[343]

18일(갑인) 맑음. (*식전에食前) 각 고을과 포구의 공문을 처결해 보냈다. (*체찰사에게 가는 공문서를 내보냈다.)[344] ○ 늦게 충청우후[원유남元裕男], 경상우후[이의득李義得], 방답첨사[장린張麟], 김 조방장[김완金浣]과 함께 활 20순을 쏘았다. ○ 마도馬島 군관이 복병하고 있는 곳에서 항복한 왜놈 1명을 붙잡아 왔다.

19일(을묘) 맑음. 습열濕熱로 인해서 침을 20여 군데나 맞았다. (*몸에 번열煩熱[열이 나서 괴로운 증상]이 나는 것 같아 종일 방에서 나가지 않았다. 어두울 녘에 영등포만호永登浦萬戶[조계종]가 와서 보고 돌아갔다. 종奴 목년木年, 금화今花, 풍진風振 등이 와서 인사했다.)[345] ○ 이날 (*아침에朝) 남여문南汝文을 통하여 수길秀吉이가 죽었다는 말을 들었으나[346] 믿을 말이 못 된다. (*이 소문이 진작부터 퍼졌었는데 아직 확실한 기별은 오지 않았다.)[347]

20일(병진) 맑음. 경상수사[권준]가 와서 내일 서로 만나자고 청했다. (*활 10순을 쏘고 헤어졌다.)[348]

21일(정사) 맑음. (*아침 식후에朝食後) 경상수사의 진陣으로 가는 길에 우수사[이억기] 진에 들렀다. 경상수사의 초청으로 활을 종일 쏘았다. (*잔뜩 취해서 돌아왔다. 조방장 신호申浩가 병으로 자기 집으로 돌아갔다. 영인永人이 왔다.)[349]

22일(무오) 맑음. (*아침 식후에 나가서 공무를 보았다.)[350] 부산의 허내만許乃萬[허내은만][351]

---

342 우수사 …… 헤어졌다 : 원문에는 '우수사와 경상수사도 같이 앉아서 여필이 가져온 술에 함께 취했고, 가리포와 방답도 함께하였다右水伯慶水伯亦同坐共醉汝弼酒 加里浦防踏幷同'라고 되어 있다.

343 (*) 내용 생략. 원문은 '晩各公事題分 是夕蔚往見安衛而來'이다.

344 (*) 내용 생략. 원문은 '體察使道公事出送'이다.

345 (*) 내용 생략. 원문은 '氣似煩熱 終日入房不出 昏永登來見而歸 奴木年及今花風振等來現'이다.

346 들었으나 : 원문은 '(듣고) 기쁘기 그지없지만怡躍不已'이 있다.

347 (*) 내용 생략. 원문은 '此言曾播 而尙未的奇之來'이다.

348 (*) 내용 생략. 원문은 '射帿十巡而罷'이다.

349 (*) 내용 생략. 원문은 '極醉而還 申助防將 以病出歸本家 永人來'이다.

이 고목告目[352]을 보냈는데, "명나라 수석 사신[이종성]은 달아나고 부사副使[양방형楊方亨]만 전과 같이 왜인의 진중倭營에서 머무르고 있는데, 4월 초8일에 달아난 사유를 임금에게 아뢰었다."라고 한다. (*김 조방장이 와서 노천기盧天紀가 술을 먹고 주책없이 굴다가 본영 진무鎭撫 황인수黃仁壽와 성복成卜 등에게 욕을 당했다고 아뢰므로 장杖 30대를 때렸다. 활 10순을 쏘았다.)[353]

23일(기미) 맑음. (*흐리다가 늦게 갰다. 아침에)[354] 첨지僉知 김경록金景祿이 들어왔기에 일찍 아침을 먹고 나가서 함께 술을 마셨다. ○ 늦게 군중軍中에서 힘센 사람을 뽑아서 씨름을 시켰더니, 성복成福이란 자가 독보적이므로 상을 주었다.[355] ○ 충청우후 원유남元裕男, 마량첨사馬梁僉使[김응황金應璜], 당진만호唐津萬戶[조효열趙孝悅], 홍주판관洪州判官[박윤朴崙], 결성현감結城縣監[손안국孫安國], 파지도권관波知島權管[송세응宋世應], 옥포만호[이담李曇] 등과 함께 활 10순을 쏘았다. (*자정에 영인永人이 돌아갔다.)[356]

24일(경신) 맑음. 식후에 목욕통湯子을 내어놨다. 여러 장수들과 함께 이야기했다.

25일(신유) 맑음. (*남풍이 크게 불었다. 일찍이 목욕탕에 들어가서 오랫동안 있었다. 저녁에)[357] 우수사가 와서 이야기했다.[358] (*또) 목욕탕에 들어갔다가 물이 너무 뜨거워서 오래지 않아 도로 나왔다.

26일(임술) 맑음. (*아침에 들으니 체찰사 군관이 경상도 진영으로 갔다고 한다. 식후에 목욕을 했다. 늦게)[359] 경상수사가 보러 왔다. (*와서 보고 돌아갔다來見而歸) 체찰사 군관도 왔

---

350 (*) 내용 생략. 원문은 '朝食後出坐'이다.

351 허내만許乃萬[허내은만] : 친필 일기에는 '허내은만許內乃萬'으로 나온다. 『이충무공전서』 「난중일기」 전사자(정유년 4월 4일자)와 조선사편수회 『난중일기초亂中日記草』 편찬자는 모두 '阝' 즉 '隱(은)'으로 판독하였다.

352 고목告目 : 조선시대 서리胥吏나 향리鄕吏가 윗사람에게 공적인 일이나 문안할 때 올리는 간단한 문서.

353 (*) 내용 생략. 원문은 '金助防將來告 盧天紀之醉妄 受辱營鎭撫黃仁壽成卜等處云 故決三十杖 射帿十巡'이다.

354 (*) 내용 생략. 원문은 '陰晚晴 朝'이다.

355 원문에는 '(상이) 米斗[쌀말]'라고 나온다.

356 (*) 내용 생략. 원문은 '三更永人歸'이다.

357 (*) 내용 생략. 원문은 '南風大吹 早入浴移時 夕'이다.

358 와서 이야기했다 : 원문은 '보러 왔다가 돌아갔다來見而歸'이다.

359 (*) 내용 생략. 원문은 '朝聞體察軍官 往慶尙云 食後入浴 晩'이다.

다. ○ 목욕을 했다.[360] (*김양간金良看이 소를 실어 올 일로 본영으로 갔다.)[361]

27일(계해) 맑음. 체찰사의 회답 공문이 왔다. ○ 목욕을 했다.[362]

28일(갑자) 맑음. 여러 장수들이 모두 보러 왔다. (*경상수사는 뜸을 뜨느라고 오지 못했다.)[363] ○ 두 차례 목욕을 했다.[364]

29일(을축) 맑음. (*저녁에夕) 목욕을 한 차례 했다. (*투항한 왜인 사고여음沙古汝音을 남여문南汝文에게 명령하여 목을 베게 했다.)[365]

30일(병인) 맑음. (*저녁에夕) 목욕을 한 차례 하였다. (*우수사가 보러 왔다. 충청우후도 와서 보고 돌아갔다. 늦게)[366] ○ 부산의 허내만許乃萬[허내은만許乃隱萬] 고목告目에 행장行長이 군사를 거두어 가지고 갈 의사가 있는 것 같다고 했다. 김경록金景祿이 돌아갔다. 어머님이 평안하시다는 편지가 왔다.

5월

초1일(정묘) 흐림. (*흐렸으나 비는 내리지 않았다.)[367] 경상수사가 보러 왔다.[368] ○ 목욕을 한 차례 했다.

초2일(무진) 맑음. 일찍 목욕하고 진으로 돌아왔다. ○ 총통 2자루를 쇳물을 부어 만들었다. ○ 김 조방장金助防將[완浣]과 조계종趙繼宗이 보러 왔었다. 우수사가 김인복金仁福의 목을 베어 효시했다. (*이날은 공무를 보지 않았다.)[369]

---

360 목욕을 했다 : 앞부분을 생략하고, 뒤에 '목욕을 했다入浴'라고 간략히 적었다.

361 (*) 내용 생략. 원문은 '金良看以載牛事往營'이다.

362 목욕을 했다 : 원문에는 앞에 '저녁에 한 번 목욕을 했다夕一度入浴'라고 되어 있다.

363 (*) 내용 생략. 원문은 '慶尙水 以灸不來'이다.

364 두 차례 목욕을 했다 : 원문에는 맨 앞에 '아침과 저녁에 두 번 목욕을 했다朝夕兩度入浴'라고 되어 있다.

365 (*) 내용 생략. 원문은 '降倭沙古汝音 令南汝文斬之'이다.

366 (*) 내용 생략. 원문은 '右水使來見 忠淸虞候來見歸 晩'이다.

367 (*) 내용 생략. 원문은 '陰而不雨'이다.

368 보러 왔다 : 원문은 '와서 보고 돌아갔다來見而歸'이다.

369 (*) 내용 생략. 원문은 '是日不坐'이다.

초3일(기사) 맑음. 가뭄이 너무 심했다. 걱정스럽고 답답함을 어찌 말로 다하랴. (*나가서 공무를 보았다.)[370] ○ 경상우후가 와서 활 15순을 쏘았다. (*저물어서 들어왔다. 총통을 주조鑄造하지 못했다.)[371]

초4일(경오) 맑음. 이날은 어머님의 생신인데 헌수하는 술 한 잔을 올리지 못하여 마음이 스스로 평온하지 못했다. (*나가지 않았다. 오후에 우수사가 사무 보는 집에 불이 나서 모두 탔다. 이날 저녁 문촌공文村公[372]이 부요富饒[373]로부터 왔다. 조종趙琮의 편지를 가지고 왔는데, 조정趙玎이 4월 초1일에 세상을 떠났다고 했다. 참으로 슬프고 애석하다.)[374] 우후가 앞산에서 여신癘神[375]에게 제사를 지냈다.

초5일(신미) 맑음. (*이날 새벽에 여제癘祭를 지냈다. 일찍이 아침 식사를 마치고 나가서 공무를 보았다.)[376] 회령만호會寧萬戶가 교서敎書에 숙배한 후 여러 장수들이 와서 회의를 하고, 그대로 들어가 앉아 위로하는 술잔을 네 순배 돌렸다. 경상수사가 몇 순배 돌아간 뒤 씨름을 붙인 결과 낙안군수樂安倅 임계형林季亨[377]이 일등이었다. 밤이 깊도록 즐거이 뛰놀게 했는데, 억지로 즐겁게 하려 한 것이 아니라[378] 오랫동안 고생한 장사將士들의 노고를 높이 풀어 주자는 생각에서였다.

초6일(임신) (*아침에 흐리더니朝陰) 늦게 큰비가 내렸다. 농민의 소망을 흡족하게 채워 주니 기쁘고 다행한 마음을 이루 다 말할 수 없다. (*비 오기 전에 활 5~6순을 쏘았다.

---

370 (*) 내용 생략. 원문은 '出坐'이다.

371 (*) 내용 생략. 원문은 '暮入 銃筒二柄不鑄成'이다.

372 문촌공文村公 : 이순신 친필 일기의 이 글자를 朝鮮史編修會(1935)는 문촌공文村公으로, '박혜일 등, 『李舜臣의 日記草』(2007)에서는 문어공文於公으로 판독하였다.

373 부요富饒 : 부유富有(전라남도 순천시 주암면 창촌리)로 추정됨. 옛날에 부유현富有縣이 있었던 곳이다.

374 (*) 내용 생략. 원문은 '不出 午後右水使接供 公間失火盡焚 是夕文村公來自富饒 持趙琮簡 則趙玎 四月初一日棄世云 加痛悼痛悼'이다.

375 여신癘神 : 일찍 죽은 사람의 귀신. 죽이고 벌주는 일을 맡는다고 한다. '癘'는 '여역癘疫'과 같은 말로서 집단적으로 생기는 전염병을 가리킨다. 친필 일기에는 '여신厲神'으로 나와 있다.

376 (*) 내용 생략. 원문은 '是曉行厲祭 早朝食出坐'이다.

377 낙안군수樂安倅 임계형林季亨 : 『전서』 편찬자의 착오로, 친필 일기 원문은 '낙안 임계형樂安林季亨'이다. 이때 낙안군수는 4월 9일에 선의문宣義問이 파직되고, 여러 사람이 임명과 탄핵 및 파직을 반복하여 누구인지 자세히 알 수 없다. (『죽계일기』.)

378 억지로 …… 아니라 : 『전서』 원문은 "非强爲樂也"로, 친필 일기의 그 원문은 '非自爲樂也'(스스로 즐겁자는 것이 아니라)로 되어 있다.

비는 밤새도록 그치지 않았다.)³⁷⁹ ○ 울蔚과 김대복金大福이 같은 배로 나갔다. (*비가 크게 쏟아졌으니 잘 갔는지 모르겠다. 밤새도록 앉아서 걱정했다.)³⁸⁰ ○ 어두울 무렵에 총통과 숯을 넣어 둔 창고에 불이 나서 모두 타 버렸다. 이것은 감관監官 무리들이 부지런하지 않았기 때문이다.³⁸¹ 참으로 한탄스럽다.

초7일(계유) (*비가 계속 내리다가雨雨) 늦게 개었다. (*이날 울蔚이 떠난 후 잘 갔는지 몰라 걱정스러웠다. 밤에도 걱정하고 앉아 있는데, 문 두드리는 소리가 나기에 열고 물어보니,)³⁸² 이영남李英男³⁸³이 들어왔다. 불러들여 조용히 옛일을 이야기했다.

초8일(갑술) 맑음. (*아침에朝) 이영남과 이야기하고 늦게 나가서 공무를 보았다. 경상 수사가 보러 왔다. 활 10순을 쏘았다. ○ 몸이 몹시 불편하여 두 번 구토를 했다. (*이날 영산靈山 이중李中의 무덤을 파낸다는 말을 들었다.)³⁸⁴ ○ 저녁에 완莞이 들어왔다. 김효성金孝誠과 비인현감庇仁縣監[신경징]도 들어왔다.³⁸⁵

초9일(을해) 맑음. 몸이 몹시 불편하였다. (*나가지 않았다.)³⁸⁶ 이영남과 서관西關[황해도와 평안도] 일을 이야기했다. (*날이 저물 때부터 비가 뿌리기 시작한 것이 새벽까지 계속했다. 부안扶安 전선戰船에서 불이 났으나 심하게 타지 않아 다행이었다.)³⁸⁷

초10일(병자) 맑음. 나라의 제삿날³⁸⁸이라 공무를 보지 않았다. 몸이 역시 불편해서 종일 신음했다.

11일(정축) 맑음. (*새벽에 앉아서 이[이영남]와 한참 동안 이야기했다.)³⁸⁹ 식후에 나가서 공

---

379 (*) 내용 생략. 원문은 '雨前射帿五六巡 雨勢終夜不止'이다.

380 (*) 내용 생략. 원문은 '雨勢大作 不知好去否 達夜坐慮慮'이다.

381 원문에는 울이 나간 기사 앞에 있고, '감관의 무리들이 신탄을 받아들일 때 삼가지 않고 묵은 불씨를 살피지 않아서 이렇게 된 것이다是監官輩 不謹新捧炭不考宿火致有此患'라고 되어 있다.

382 (*) 내용 생략. 원문은 '是日 慮在蔚行 未知好否否也 坐夜慮念之際 人有扣門聲 折而問之'이다.

383 이영남李英男 : 임진왜란이 일어났을 때부터 소비포권관을 지냈다. 태안군수를 지내다 1595년 5월 23일에 제직되었다. 1596년 11월 6일에 장흥부사로 임명되었다.(『선조실록』;『죽계일기』;『양호당일기』.)

384 (*) 내용 생략. 원문은 '是日 聞靈山李中墳堀出云'이다.

385 원문에는 '완이 들어왔다. 김효성도 들어왔다. 비인현감이 들어왔다莞入來 金孝誠亦來 庇仁縣監入來'로 각각 적고 있다.

386 (*) 내용 생략. 원문은 '不出'이다.

387 (*) 내용 생략. 원문은 '初昏雨洒至曉 扶安戰船出火 不至重燒 幸也'이다.

388 나라의 제삿날 : 태종대왕太宗大王의 돌아가신 날이다.

무를 보았다. 비인현감庇仁縣監 신경징申景澄을 제 기한에 오지 못한 죄로 처벌하고,[390] 또 순천 격군감관格軍監官 조명趙銘의 죄도 장杖으로 다스렸다. ○ 몸이 불편하여 일찍 들어가 신음했다. ○ 거제현령[안위安衛], 영등포만호永登浦萬戶[조계종趙繼宗], 이영남李英男과 함께 잤다.

12일(무인) 맑음. 이영남이 돌아갔다. ○ 몸이 불편하여 종일 신음했다. ○ 김해부사金海府使[백사림白士霖]의 긴급 보고 및 부산에서 적에게 붙었던 사람인 김필동金弼同이 보낸 고목告目도 왔는데, "수길秀吉의 생각은 비록 정사正使[이종성][391]는 없을지라도, 부사副使[양방형][392]가 아직 그대로 있으니 곧 강화하고 철병하려고 한다."라고 하였다.

13일(기묘) 맑음. 부산 허내만許乃萬의 고목告目에 "청정清正 도적[393]이 이미 초10일에 자기 군대를 거느리고 바다를 건너갔고, 각 진영에 있는 왜들도 장차 물러갈 것이고, 부산 왜들은 명나라 사신을 모시고 건너가려고 그대로 남아 있는 것이다."라고 하였다. ○ 이날 활 9순을 쏘았다.

14일(경진) 맑음. (*아침에朝) 김해부사 백사림白士霖의 긴급 보고도 역시 내만乃萬[허내은만]의 고목과 같았다. 그래서 순천부사[배응경][394]에게 전령으로 통지하고, 그로 하여금 차례로 이것을 알리도록 했다. ○ 활 10순을 쏘았다. ○ 결성현감結城倅 손안국孫安國이 나갔다.

15일(신사) 맑음. 새벽에 망궐례望闕禮를 행했다. (*우수사는 오지 않았다.)[395] 식후에 혼자 말을 타고 한산도閑山島 뒷산 봉우리로 올라가서 오도五島와 대마도對馬島를 바

---

389 (*) 내용 생략. 원문은 '曉坐與李正話'이다.

390 원문에는 '장杖 20'으로 되어 있다.

391 정사正使[이종성] : 명明에서 파견한 정사正使이다.

392 부사副使[양방형] : 명明에서 파견한 부사副使이다.

393 청정清正 도적 : 가등청정加藤清正. 그가 이때 바다를 건너 풍신수길豐臣秀吉에게로 잠깐 갔던 것은 사실이다. 초10일에 떠난 것을 우리 접반사接伴使 황신黃愼이 조정에도 급보를 올렸다.(『선조실록』 권75, 선조 29년 5월 16일 임오)

394 순천부사[배응경] : 배응경裵應褧의 순천부사 재임 기간은 1595년 11월~1596년 11월이다.(『湖左水營誌』(1815), 「順天邑誌」, 先生案)

395 (*) 내용 생략. 원문은 '右水使不來'이다.

라보았다.³⁹⁶ ○ 늦게 자그마한 냇가로 돌아 내려와 조방장 및 거제현령[안위]과 함께 점심을 먹고 저물어서야 진채陣寨[육상의 군막]로 돌아왔다. (*어두운 후 따뜻한 물에 목욕하고 잤다. 바다에 달은 밝고 바람 한 점 없었다.)³⁹⁷

16일(임오) 맑음. (*아침에 송한련宋漢連 형제가 물고기를 잡아 왔다.)³⁹⁸ 충청우후, 홍주판관, 비인현감, 파지도권관波知島權管, 우수사가 보러 왔다. (*이날 밤에 비올 징조가 많더니 삼경三更[오후 11시~오전 1시]에 비로소 비가 죽죽 내렸다. 이날 밤, 정화수井華水를 마시고 싶었다.)³⁹⁹

17일(계미) 비가 종일토록 내렸다. 농사에 아주 흡족하여 풍년이 들 것을 알 수 있겠다. (*늦게 영등만호 조계종趙繼宗이 보러 왔다. 수루에 기대어 혼자 시를 읊조렸다.)⁴⁰⁰

18일(갑신) 비가 잠깐 갰으나 바다의 안개는 걷히지 않았다. (*체찰사에게서 공문이 왔다. 늦게 경상수사가 보러 왔다.)⁴⁰¹ 늦게 나가서 공무를 보고 활을 쏘았다. ○ 저녁에 탐후선探候船이 들어왔다. 어머님은 안녕하시다고 한다. (*그러나 진지를 전같이 잡수시지 못하신다니 걱정이 되어 눈물이 났다. 춘절春節이 누비옷을 가지고 왔다.)⁴⁰²

19일(을유) 맑음. 방답첨사[장린張麟]가 그 어머니 상喪을 당하였기에, 우후虞候[이몽구]를 가장假將으로 정해 보냈다. ○ 활을 (*10순十巡) 쏘았다. ○ 땀이 온몸을 적셨다.

20일(병술) 맑음. (*맑고 바람도 없었다. 대청 앞에 기둥을 세웠다. 늦게 나갔더니)⁴⁰³ 웅천현감 김충민金忠敏이 보러 왔다. (*와서 양식이 떨어졌다고 하기에 벼 2곡斛⁴⁰⁴을 체지帖紙로 써서 주었다.)⁴⁰⁵ 사도첨사[황세득]⁴⁰⁶가 돌아왔다.

---

396 식후에 …… 바라보았다 : 원문은 '食後出坐 聞閑山後上峯 可望見五島 及對馬島云 故單騎馳上見之則 果見五島與對馬'로, 올라가기 전에 오도와 대마도가 보인다는 말을 듣고 올라가 본 것으로 나온다.

397 (*) 내용 생략. 원문은 '昏溫水沐浴而宿 海月分明 微風不動'이다.

398 (*) 내용 생략. 원문은 '朝宋漢連兄弟捉魚而來'이다.

399 (*) 내용 생략. 원문은 '是夜多有雨證 三更始雨雨 是夜思飲井花水'이다.

400 (*) 내용 생략. 원문은 '晚永登萬戶趙繼宗入見 獨吟倚樓'이다.

401 (*) 내용 생략. 원문은 '體察使公事入來'이다.

402 (*) 내용 생략. 원문은 '而進食減前云 悶泣悶泣 春節持衲襲來'이다.

403 (*) 내용 생략. 원문은 '晴且無風 立柱于大廳前 晚出'이다.

404 곡斛 : 옛날 곡식 같은 것을 계산하는 단위. 1곡은, 스무 말들이와 열다섯 말들이가 있다.(『표준국어대사전』.) 중국의 경우, 고대에는 10말이었으나, 남송南宋 말 이후부터는 5말로 고쳐졌다.

405 (*) 내용 생략. 원문은 '告以絶糧云 故租二斛帖下'이다.

21일(정해) 맑음. (*나가서 공무를 보고出坐) 우후虞候 등과 함께 활을 쏘았다.

22일(무자) 맑음. 충청우후 원유남元裕男, 좌우후 이몽구李夢龜, 홍주판관 박윤朴崙 등과 활을 쏘았다. ○ 홍우洪祐가 장계狀啓를 가지고 순찰사[전라감사 홍세공洪世恭] 영營으로 갔다.

23일(기축) 흐림. (*흐렸으나 비는 오지 않았다.)[407] 충청우후 등과 활 15순을 쏘았다. 아침에 미조항첨사 장의현張義賢이 교서敎書에 숙배한 후 장흥長興으로 부임하여 갔다.[408] (*춘절春節이 본영으로 돌아갔다. 밤 이경二更[오후 9~11시]에 땀이 무시로 흘렀다. 이날 저녁 새로 지은 다락 수루의 지붕을 다 이지 못했다.)[409]

24일(경인) 흐림. (*아침에 날이 흐려 비가 올 징후가 많았다.)[410] 나라의 제삿날[411]이라 공무를 보지 않았다. (*저녁에 나가서 활 10순을 쏘았다.)[412] ○ 부산 내만乃萬[허내은만]의 고목告目이 왔는데, "좌도[경상좌도] 각 진의 왜군이 이미 모두 철수해 가고 다만 부산만 머물고 있다."라고 했다. (*명나라 수석 사신이 갈려서 새로 된 사람이 온다고 하는 기별이 22일 부사副使에게 왔다고 한다. 허내은만에게 술과 쌀 10말, 소금 1곡斛을 보내 주고서 마음을 다하여 탐지해서 보고하라고 했다. 저물녘에 비가 내리기 시작해서 밤새 쏟아졌다. 박옥朴玉, 옥지玉只, 무재武才 등이 살대 150개를 처음으로 만들어 냈다.)[413]

25일(신묘) 비가 종일토록 내렸다. 홀로 수루 위에 앉았으니 온갖 생각이 다 떠오른다. 우리나라 역사를 읽어 보고 개탄하는 생각이 많았다. (*무재 등이 만든 화살이 흰 굽白蹄에 톱질을 넣은 것 천 개, 흰 굽이 그대로 있는 것 870개.)[414]

26일(임진) 음산한 안개는 걷히지 않고 남풍이 세게 불었다. 늦게 나가서 공무를 보았

---

406 사도첨사[황세득] : 본서 권9, 행록, 무술년戊戌年(1598) 11월 기사에 황세득黃世得이 사도첨사로 나온다.

407 (*) 내용 생략. 원문은 '陰而不雨'이다.

408 장의현張義賢은 1596년 4월 9일에 장흥부사長興府使로 임명되었다. (『竹溪日記』권2, 丙申)

409 (*) 내용 생략. 원문은 '春節歸營 是夜二更 汗流無常 是夕新樓蓋覆未畢'이다.

410 (*) 내용 생략. 원문은 '右水使來見 忠淸虞候來見歸 晩'이다.

411 나라의 제삿날 : 태조대왕太祖大王의 돌아가신 날이다.

412 (*) 내용 생략. 원문은 '夕出射帿十巡'이다.

413 (*) 내용 생략. 원문은 '上天使出來 新定出來之奇 廿二日到副使云 許內隱萬處酒米十斗鹽一斛送之 盡心探報云 昏雨作 終夜如注 朴玉玉只武才等 箭竹一百五十介始造'이다.

414 (*) 내용 생략. 원문은 '武才等 白蹄引鉅者千 白蹄在者八百七十介'이다.

다. 충청우후[원유남] 및 우후[좌우후 이몽구] 등과 함께 활을 쏘는데, 경상수사도 와서 함께 활 10순을 쏘았다. (*이날 저녁 날씨가 찌는 것 같아 계속 땀을 흘렸다.)⁴¹⁵

27일(계사) 가랑비가 종일토록 내렸다. 충청우후와 좌우후[이몽구]가 와서 종정도從政 圖 놀이를 하였다. (*이날 저녁도 찌는 듯 무더워서 온몸이 땀으로 젖었다.)⁴¹⁶

28일(갑오) 굿은비가 개지 않았다. 들으니, 전라감사[홍세공洪世恭]가 파면되어 교체되 었다고 한다. 청정淸正⁴¹⁷이 부산으로 돌아왔다고 한다. 모두 믿을 수 없다.

29일(을미) 굿은비가 밤새도록終夕 내렸다. (*빙모의 제삿날이어서 공무를 보지 않았다.) 고 성현령과 거제현령이 와서 보고 돌아갔다.

30일(병신) 흐림. (*아침에朝) 곽언수郭彦守⁴¹⁸가 들어왔다. 영의정[유성룡] 과 (*상장사재上 將四宰) 정 영부사鄭領府事, 지사知事 윤자신尹自新, 조사척趙士惕, 신식申湜, 남이공 南以恭의 편지가 왔다. 늦게 우수사를 가서 보고 종일 실컷 즐기다가 돌아왔다.

6월

초1일(정유) 장맛비가 종일 내렸다. 늦게 충청우후[원유남元裕男], 영우후營虞候[이몽구 李夢龜], 박윤朴崙[홍주판관], 신경징申景澄[비인현감] 등을 불러와서 이야기했다.⁴¹⁹ (*윤연尹連이 자기 포구로 간다고 하기에 도양장道陽場의 종자 콩이 부족하거든 김덕록金德祿

---

415 (*) 내용 생략. 원문은 '是昏日氣如蒸 汗流不止'이다.

416 (*) 내용 생략. 원문은 '是昏亦如蒸鬱 汗沾一身'이다.

417 청정淸正 : 가등청정加籐淸正(1559~1611). 어릴 때 이름은 호지조虎之助요 그 어머니가 풍신수길豐臣 秀吉의 생모와 6촌간이라 어려서부터 수길秀吉을 따라 공로를 세웠다. 일본 안에서 통일하는 전쟁에 공 로를 세웠기 때문에 임진왜란 때에 우리나라로 오는 원정군의 중심이 되었는데, 이때 나이는 34세였다. 조선 침략의 전란 중에 한때 수길秀吉의 오해로 불려 들어간 일도 있었으나 시종일관 조선 침략의 원흉 이었다. 조선과 중국의 문화를 수입하여 일본의 근세 문명을 지음에 임진란이 막대한 작용을 한 것인 만 큼 청정淸正은 거기에 큰 역할을 한 자라 하여, 1611년(광해 3)에 53세로(일설에는 50세) 죽은 뒤에 일 본 구마모토熊本 시내의 가등신사加藤神社(금산사錦山社)와 그의 무덤이 있는 본묘사本妙寺에는 사시 로 참배자가 있다고 한다.

418 곽언수郭彦守 : 친필 일기에는 '郭彦壽'로 되어 있다.

419 원문은 '술을 나누며 얘기했다酒談'이다.

에게서 가져가도록 하라고 체지帖紙를 써 주어 보냈다.)⁴²⁰ ○ 남해현령南海縣令[박대남朴大男⁴²¹]이 도임장을 가지고 와서 바쳤다.

초2일(무술) 비가 그치지 않았다. 아침에 우후가 방답防踏으로 가고, 비인현감庇仁縣監 신경징이 나갔다. ○ 늦게 나가서 공무를 보고 활 10순을 쏘았다. 가죽 치마로 하의下衣를 만들었다. (*편지를 써서 본영에 보냈다.)⁴²²

초3일(기해) 흐림. 아침에 제포만호薺浦萬戶 성천유成天裕가 교서에 숙배했다. ○ 김양간金良榦⁴²³이 농우農牛를 싣고 나갔다. (*새벽꿈에 난 지 대여섯 달밖에 안 되는 어린아이를 친히 안았다가 도로 내려놓았다.)⁴²⁴ ○ 금갑도만호金甲島萬戶[이정표]가 보러 왔다.

초4일(경자) 맑음. 식후에 나가서 공무를 보았다. 가리포加里浦[이응표李應彪]·임치臨淄[홍견洪堅] 첨사, (*목포만호木浦萬戶[방수경方守慶],)⁴²⁵ 남도포만호南桃浦萬戶[강응표姜應彪], 충청우후[원유남元裕男], 홍주판관洪州判官[박윤朴崙] 등이 와서 활 7순을 쏘았다. 우수사[이억기]가 왔으므로 다시 과녁을 그리고 활 12순을 쏘고 헤어졌다.⁴²⁶

초5일(신축) 흐림. (*아침에 박옥朴玉·무재武才·옥지玉只 등이 과녁 연습용 화살帿箭 150개를 만들어 바쳤다.)⁴²⁷ 나가서 공무를 보았다. 활 10순을 쏘았다. (*경상우도 감사[서성]의 군관이 편지를 가지고 왔는데, 감사는 집안에 혼사婚事가 있어서 서울로 올라갔다고 했다.)⁴²⁸

초6일(임인) 맑음. 사도四道⁴²⁹의 여러 장수들이 모두 모여 활을 쏘았다. 술과 음식을

---

420 (*) 내용 생략. 원문은 '尹連往其浦云 故道陽場太種不足 則金德祿處太種取去事帖送'이다.

421 박대남朴大男 : 자字는 종백宗伯, 본관은 죽산竹山. 충청남도 직산稷山에 거주하였다. 1554년(명종 9)생으로 이순신보다 9년 아래다. 이순신의 무과 급제 동기로 1576년(선조 9) 병자丙子 식년시式年試에 병과丙科 16위로 합격하였다. 1580년(선조 13)에 수문장守門將으로 재직하던 중 부모상을 당해 여묘廬墓살이를 하다 관비와 통정한 것이 발각되어 영구 파직되었다. 그러다가 임진왜란을 맞아 1596년(병신) 4월에 기효근奇孝謹의 후임으로 남해현령에 임명되었다. (『한국역대인물종합정보시스템』;『선조실록』;『竹溪日記』.)

422 (*) 내용 생략. 원문은 '裁簡送營'이다.

423 김양간金良榦 : 친필 일기에는 김양간金良看으로 나와 있다.

424 (*) 내용 생략. 원문은 '曉夢 小兒生纔五六朔 親抱還投'이다.

425 (*) 내용 생략. 원문은 '木浦'이다.

426 원문에는 '취해서 헤어졌다醉罷'라고 나온다.

427 (*) 내용 생략. 원문은 '朝朴玉武才玉只等 造帿箭一百五十介納'이다.

428 (*) 내용 생략. 원문은 '慶右監司軍官書簡持來 則方伯以婚事上去'이다.

먹이고 다시 또 활을 쏘아 승부를 겨루고서 헤어졌다.

초7일(계묘) 아침엔 흐리고 늦게 갰다. (*늦게 나가서晩出) 충청우후 등과 활 10순을 쏘았다. (*이날 왜의 조총鳥銃 값을 주었다.)[430]

초8일(갑진) 맑음. 일찍 나가서 활 15순을 쏘았다. (*남도포南桃浦 만호의 소실인 본포本浦 [남도포] 사람이 허許[진陳] 씨 집으로 뛰어 들어가서 투기 싸움을 했다고 한다.)[431]

초9일(을사) 맑음. 일찍 나가서 충청우후, 당포만호, 여도 만호, 녹도만호 등과 활을 쏘는데, 경상수사가 와서 함께 20순을 쏘았다. (*경상수사가 잘 맞혔다. 이날 아침에 종奴 금이金伊가 본영으로 갔고 옥지玉只도 갔다. 저녁에 몹시 더워서 땀이 무시로 흘렀다.)

초10일(병오) 비가 종일 왔다.[432] 오시午時[오전 11~오후 1시]에 부산의 고목告目이 왔는데, "평의지平義智가 초9일 이른 아침에 대마도로 들어갔다."라고 한다.

11일(정미) 비가 계속 내리다 늦게 갰다. 활 10순을 쏘았다.

12일(무신) 맑음. 무더위가 찌는 듯했다. 충청우후 등을 불러 활 15순을 쏘았다. (*남해 현령南海倅[박대남朴大男]의 편지가 왔다.)[433]

13일(기유) 맑음. (*맑았으나 몹시 더웠다.)[434] 경상수사가 술병을 들고 와서 활 15순[435]을 쏘았다. (*경상수사가 잘 맞혔지마는 김대복金大福이 1등을 했다.)[436]

14일(경술) 맑음. 일찍 나가서 활 15순을 쏘았다. 아침에 회薈와 수원壽元이 함께 왔는데, 어머님이 평안하시다고 들었다.

15일(신해) 맑음. 새벽에 망궐례望闕禮를 행했다. (*우수사, 가리포첨사, 나주판관[어운급]은 병으로 참례하지 않았다.)[437] 늦게 나가서 공무를 보고, 충청우후와 조방장 김완金浣 등 여러 장수를 불러서 활 15순을 쏘았다. ○ 이날 부산 허내만許乃萬이 와서 왜

---

429 사도四道 : 충청도·전라우도·전라좌도·경상우도를 가리킨다.

430 (*) 내용 생략. 원문은 '是日倭鳥銃給價'이다.

431 (*) 내용 생략. 원문은 '南桃萬戶本浦房人 突入許[陳]家 妬爭云'이다.

432 종일 왔다 : 원문에는 '종일 쏟아졌다終日如注'로 나온다.

433 (*) 내용 생략. 원문은 '南海倅簡來'이다.

434 (*) 내용 생략. 원문은 '晴而極熱'이다.

435 15순 : 친필 일기에는 '10순'으로 나와 있다.

436 (*) 내용 생략. 원문은 '慶水極中 金大福居首'이다.

437 (*) 내용 생략. 원문은 '右水使加里浦羅州判官等病頉'이다.

적의 정보를 전하기에 식량을 주어 돌려보냈다.

16일(임자) 맑음. 늦게 경상수사가 와서 이야기했다. ○ 나가서 공무를 보고 활 10순을 쏘았다. ○ 저녁에 김붕만金鵬萬·배필련裵弼鍊[438] 등이 돗자리를 교역하려고 진陣에 왔다.

17일(계축) 맑음. (*늦게晩) 우수사가 와서 활 15순을 쏘고 헤어졌다. (*수사는 술을 마시지 않았다. 충청수사는 그 아버지의 제삿날이므로 거망포巨網浦[439]로 간다고 고했다.)[440]

18일(갑인) 맑음. 늦게 나가서 활 15순을 쏘았다.

19일(을묘) 맑음. 체찰사에게 공문을 작성하여 보냈다. 늦게 나가서 활 15순을 쏘았다. (*이설李渫에게서 황정록黃廷祿[발포만호]의 형편없는 짓을 들었다. 발포鉢浦 보리밭에서 26섬이 났다고 한다.)[441]

20일(병진) 맑음. 어제 아침에 곡포권관曲浦權管 장후완蔣後琓이 교서에 숙배한 후에, 평산포만호平山浦萬戶[김축金軸]에게 진작 진陣에 돌아오지 않은 일을 문책하니, 대답하기를, "기일을 한정해 주지 않았기 때문이다."라고 했다. (*에 50여 일을 물리게 된 것이라고 대답했다.)[442] 해괴스럽기 짝이 없으므로 장 30대를 때렸다. 오시午時[오전 11시~오후 1시]에 남해현령[박대남朴大男]이 들어와 교서에 숙배한 후 함께 이야기하고 활도 쏘았다. 충청우후도 왔다. (*15순을 쏜 후에 남해현령과 안으로 들어가서 자세한 사정을 이야기하다가 밤이 깊은 후 끝냈다. 임달영任達英도 들어왔는데, 소를 거래한 서류와 제주목사濟州牧使[이경록]의 편지를 가지고 왔다.)[443]

21일(정사) (*내일이 제삿날이므로 공무를 보지 않았다.)[444] 아침에 남해현령을 불러서 식사를 함께 했다. 남해현령은 경상수사에게 갔다가 저녁때 돌아와서 함께 이야기했다.

---

438 배필련裵弼鍊 : 배승련裵承鍊의 착오이다. 친필 일기에는 '배승련裵承鍊'으로 나와 있다.

439 거망포巨網浦 : 경상남도 통영시 산양읍 신전리.

440 (*) 내용 생략. 원문은 '水使不飮 忠淸以其父忌 告歸巨網浦'이다. 통상 '충청'은 수사로 추정되나, 앞뒤의 일기 내용을 보면 우후일 가능성도 커 보인다.

441 (*) 내용 생략. 원문은 '因李渫聞黃廷祿無狀之言 鉢浦牟田所出二十六石云'이다.

442 (*) 내용 생략. 원문은 '故退在五十餘日云'이다.

443 (*) 내용 생략. 원문은 '十五巡後 入內與朴南海細話 向夜而罷 任達英亦入來 則貿牛件記及濟牧簡來'이다.

444 (*) 내용 생략. 원문은 '以明日忌不坐'이다.

22일(무오) 맑음. 할머님의 제삿날이어서 공무를 보지 않고 종일 남해현령과 이야기 했다.

23일(기미) (*사경四更[오전 1~3시]부터 비가 내려)⁴⁴⁵ 비가 종일 내렸다. 남해현령과 이야기 했다. 늦게 남해현령이 경상수사에게 갔다. 조방장助防將[김완金浣], 충청우후[원유남], 여도만호[김인영金仁英], 사도첨사[황세득黃世得] 등을 불러 술과 고기를 먹였 다.⁴⁴⁶ 곤양군수 이극일李克一⁴⁴⁷도 보러 왔다. (*저녁때 남해현령이 경상수사에게서 돌 아왔는데, 술에 취해서 인사불성이었다.)⁴⁴⁸

24일(경신) (*초복,)⁴⁴⁹ 맑음. 일찍이 나가서 충청우후와 활 15순을 쏘았는데, 경상수사 도 와서 함께 쏘았다. (*남해현령은 자기 고을로 돌아갔다.)⁴⁵⁰ 항복한 왜인 야여문也汝 文 등이 저희 동료인 신시로信是老를 죽이자고 청하기에 죽이라고 명령했다. (*남 원南原의 김굉金轐이 군량이 바닥난 데 대해서 증빙 자료를 얻고자 여기로 왔다.)⁴⁵¹

25일(신유) 맑음. 일찍 나가서 공무를 보았다.⁴⁵² 조방장[김완],⁴⁵³ 충청우후[원유남], 임 치첨사[홍견], 목포만호[방수경], 마량첨사[김응황], 녹도만호[송여송], (*당포만호[안 이명])⁴⁵⁴ 회령포만호[민정붕], 파지도권관 [송세응] 등이 와서 철전鐵箭 5순, 편전片箭 3순, 활 5 순을 쏘았다. ○ 남원의 김굉金轐이 돌아간다고 고하였다. (*이날 저녁때 몹시 더워서 땀을 흘 렸다.)⁴⁵⁵

26일(임술) 비가 계속 내렸다. (*큰바람이 불고 잠시 비가 왔다.)⁴⁵⁶ 늦게 나가서 공무를 보

---

445 (*) 내용 생략. 원문은 '自四更雨雨'이다.

446 원문에는 '남해현령이 준비한 술과 고기饋以南海酒肉'로 나온다.

447 이극일李克一 : 이수일李守一의 형이다. 앞서 '을미 11월 2일'의 기사에서는 이수일李守一로 거론되었는 데, 착오가 있는 것 같다. 이들 형제는 모두 『선무원종공신녹권宣武原從功臣錄券』에 기재되어 있다.

448 (*) 내용 생략. 원문은 '夕南海倅 自慶尙水使處來 醉不省人事'이다.

449 (*) 내용 생략. 원문은 '初伏'이다.

450 (*) 내용 생략. 원문은 '南海歸其縣'이다.

451 (*) 내용 생략. 원문은 '南原金轐 以軍糧無糒憑考次 到此'이다.

452 원문은 '공문을 작성해 보내고公事題送'이다.

453 조방장[김완] : 조방장 박종남은 1596년 1월 27일에 공주 판관에 임명되었고(『죽계일기』), 조방장 신호 는 1596년 4월 21일에 병이 들어 본가로 돌아갔다.

454 (*) 내용 생략. 원문은 '唐浦萬戶'이다. 「정유일기」 10월 13일 자에 당포만호 안이명安以命이 있다.

455 (*) 내용 생략. 원문은 '是昏極熱流汗'이다.

았다. 철전 및 편전을 각각 5순씩 쏘았다. (*왜인 난여문亂汝文[남여문南汝文] 등이 고발한 목수의 아내를 붙잡아 들여 장杖을 때렸다. 이날 낮에 망아지 2필의 말발굽에 편자를 달았다.)[457]

27일(계해) 맑음. 나가서 공무를 보았다. 김 조방장[김완], 충청우후[원유남], 가리포첨사[이응표], 당진포[조효열]·안골포[우수] 만호 등과 철전 5순, 편전 3순, 활 7순을 쏘았다. (*이날 저녁 송구宋逑를 가두었다.)[458]

28일(갑자) 맑음. 나라의 제삿날[459]이어서 공무를 보지 않았다. 아침에 고성현감固城縣監[고성현령固城縣令]이 보낸 긴급 보고에 순찰사 일행이 어제 이미 사천현泗川縣에 도착하였고, 오늘은 소비포所非浦[460]에 당도할 것이라고 했다. (*수원壽元이 돌아갔다.)[461]

29일(을축) 아침에 흐리더니 저물녘에 개었다. (*주선周旋이 받아갔다.)[462] 늦게 나가서 공무를 본 후 조방장, 충청우후, 나주 통판通判[판관 원종의][463]과 함께 철전·편전·활 도합 18순을 쏘았다. (*무더위가 찌는 듯하였다. 초저녁에 땀이 줄줄 흘렀다. 남해현령의 편지가 오고, 야여문也汝文이 돌아갔다.)[464]

7월

초1일(병인) 맑음. 나라의 제삿날[465]이어서 공무를 보지 않았다. 경상우도 순찰사[서성

---

456 (*) 내용 생략. 원문은 '大風暫雨雨'이다.

457 (*) 내용 생략. 원문은 '以倭人亂汝文等所告 耳匠妻決杖 是午兒馬二匹 落四下'이다. 문장 중에 '사하四下'는 말의 발굽馬蹄을 말한다. '낙사하落四下'는 말발굽을 가볍게 하기 위해 처리하는 과정이다. 이 문장의 내용을 자세히 알리기 위해 '가철加鐵'하는 과정을 덧붙여서 번역하였다.

458 (*) 내용 생략. 원문은 '是夕 囚宋逑'이다.

459 나라의 제삿날 : 명종明宗의 돌아가신 날이다. 원문에 '명묘明廟'로 나온다.

460 소비포所非浦 : 경상남도 고성군 하일면 동화리.

461 (*) 내용 생략. 원문은 '壽元出歸'이다.

462 (*) 내용 생략. 원문은 '周旋受去'이다. 의미가 모호하다.

463 나주 통판通判[판관 원종의] : 정유년 8월 8일 일기에 나주판관羅州判官 원종의元宗義가 보인다.

徐渻]가 진중에 이르렀으나 이날은 서로 만나지 않겠다고 그의 군관 나굉羅浤이 그 주장主將[순찰사 서성]의 말을 전하기 위해서 왔다.

초2일(정묘) 맑음. (*일찍 식사를 하고)[466] 경상도 진으로 가서 순찰사와 함께 이야기했다. 한참 지난 후 새로 지은 정자 위에 올라가서 편을 갈라 활을 쏜 결과 경상우도 순찰사 편이 162점이나 졌다. 종일 아주 즐거웠다. (*불을 켜 들고 돌아왔다.)[467]

초3일(무진) 맑음. (*일찍 식사를 하고早食後) 순찰사와 도사都事가 내 진영으로 와서 활을 쏘았다. 순찰사 편에서 또 지고 밤이 깊어서야 돌아갔다. (*아침나절 체찰사에게서 공문이 왔다.)[468]

초4일(기사) 맑음. (*일찍 식사를 하고早食後) 경상도 진영으로 가서 순찰사와 만나 잠깐 이야기하다가 배가 있는 곳으로 가서 함께 타고 포구로 나가니 여러 배들은 열을 지어 있었다. 종일토록 이야기하고, 선암仙巖[469] 앞바다에서 닻줄을 풀고 헤어져 떠났다. 멀리 바라보면서 서로 인사揖하고, 그 길로 우수사[이억기], 경상수사[권준]와 함께 같은 배로 돌아왔다.

초5일(경오) 맑음. 늦게 나가서 활을 쏘았다. 충청우후[원유남]도 와서 함께 쏘았다.

초6일(신미) 맑음. 일찍 나가서 공무를 보았다. (*각처의 공문을 작성해서 보냈다. 저물녘에)[470] 거제현령[안위], 웅천현감[김충민], 삼천포권관이 보러 왔다. 이곤변李鯤變의 편지도 왔는데, 그 사연 중에는 입석立石의 잘못을 많이 말했다. 가소롭다.

초7일(임신) 맑음. 경상수사와 우수사가 여러 장수들을 데리고 와서 세 가지 화살[철전鐵箭·편전片箭·후전帿箭]로 활쏘기 연습을 하였다. (*종일 비는 오지 않았다. 활 만드는 장인匠人 지이智伊와 춘복春卜이 저녁때 본영으로 돌아갔다.)[471]

---

464 (*) 내용 생략. 원문은 '暑炎如蒸 初更流汗如注 南海倅簡來 也汝文歸'이다.

465 나라의 제삿날 : 인종仁宗의 돌아가신 날이다. 원문에 '인묘仁廟'로 나온다.

466 (*) 내용 생략. 원문은 '早食後'이다.

467 (*) 내용 생략. 원문은 '燭火而還'이다.

468 (*) 내용 생략. 원문은 '朝體察使公事來'이다. 앞에 '96점을 졌다又負者九十六分'이 있다.

469 선암仙巖(仙岩) : 경상남도 통영시 한산면 두억리 문어포問語浦 북쪽 신선암神仙巖으로 추정된다. (金一龍, 『統營地名總攬』, 통영문화원, 2014, 409쪽.) 앞에서 나왔던(을미년 5월 8일) '선인암仙人巖'과 같은 곳이다.

470 (*) 내용 생략. 원문은 '各處公事題分 暮'이다.

초8일(계유) 맑음. 충청우후와 활 10순을 쏘았다. (*체찰사의 비밀 표험標驗을 받으러 갔다고 한다.)[472]

초9일(갑술) 맑음. (*아침나절 체찰사에게 가는 여러 가지 공문을 서류로 작성한 것을 이전李田이 받아서 갔다. 늦게)[473] 경상수사가 이곳에 와서 통신사가 탈 배의 돛을 만들 돗자리風席를 준비하기가 어렵다는 말을 많이 했다. (*우리 것을 빌려 썼으면 하는 뜻이 그 말속에 나타났다. 물을 끌어들일 대나무와 중국 가는 사신들이 요구하는 부채를 만들 대나무를 얻어 오기 위해서 박자방朴自邦을 남해로 보냈다.)[474] ○ 오후에 활 10순을 쏘았다.

초10일(을해) 맑음. (*새벽꿈에 어떤 사람이 화살을 멀리 쏘았고, 또 어떤 사람이 갓을 발로 차서 부수었다. 스스로 점을 쳐 보니, 화살을 멀리 쏘는 것은 적들이 멀리 도망하는 것이요, 또 갓을 발로 차서 부수는 것은 머리 위에 있는 갓이 발길에 걷어차인 것으로서, 이것은 적의 괴수에 대한 것인데, 왜적을 모조리 무찌를 징조라 하겠다. 늦게)[475] 체찰사의 전령에 "황첨지黃僉知[황신黃愼[476]]가 이제 명나라 사신을 수행하는 정사正使가 되고 권황權滉[477]이 부사副使가 되어 근일 중 바다를 건너게 될 것이니, 그들이 탈 배 3척을 정비하여 부산으로 대어 놓으라."고 했다. (*경상우후가 와서 백문석白紋席 150닢을 빌

---

471 (*) 내용 생략. 원문은 '終日不雨 弓匠智伊及春卜 夕歸營'이다.

472 (*) 내용 생략. 원문은 '體察使秘密標驗受去云'이다.

473 (*) 내용 생략. 원문은 '朝體察前各項公事成貼 李田受去 晚'이다.

474 (*) 내용 생략. 원문은 '欲爲貸用之意 見於言語 朴自邦 以引水竹及赴京求請扇子竹借伐事 送于南海'이다.

475 (*) 내용 생략. 원문은 '曉夢有人射遠矢 有人蹴破笠子 自占之曰 射遠者 賊徒遠遁 蹴破笠者 笠上頭而見蹴 是賊之魁首爲倭盡勦之占也 晚'이다.

476 황신黃愼 : 1562~1617. 자字는 사숙思叔, 호號는 추포秋浦, 본관은 창원昌原. 한성漢城에서 살았다. 1562년(명종 17)에 났으니 이순신보다 17년 아래다. 성혼成渾과 이이李珥의 문인으로 1588년(선조 21)에 문과文科에 장원으로 급제하였다. 임진왜란이 일어나자 1593년에 명나라 경략經略 송응창宋應昌을 접반하는 임무를 맡았고, 이어 세자 광해光海를 따라 남으로 내려와 체찰사體察使의 종사관從事官이 되었다. 1596년(병신)에 통신사通信使로서 명나라 사신을 따라 일본에 다녀왔으며, 이어서 전라감사를 역임하였다. 전쟁이 끝난 후에는 광해군 때에 공조판서와 호조판서를 지내고, 1612년에는 임진왜란 때 광해군을 시종한 공로로 위성공신衛聖功臣 2등에 책록되고, 회원부원군檜原府院君에 봉해졌다. 시호는 문민文敏이다.(『한국역대인물종합정보시스템』;『한국민족문화대백과사전』.)

477 권황權滉 : 1543~1641. 자字는 사영思瑩, 호號는 치암耻菴, 본관은 안동安東. 한성漢城에서 살았다. 1543년(중종 38)에 났으니 이순신보다는 2년 위이다. 선조 연간에는 장악원첨정掌樂院僉正과 지방 군수 등을 지냈고, 광해군 때에는 관직을 떠났다가, 1623년 인조반정仁祖反正 후에는 벼슬이 급히 올라 지중추부사知中樞府事에까지 이르렀다.(『한국역대인물종합정보시스템』;『한국민족문화대백과사전』.)

조선통신사선.

려 갔다.)[478] 충청우후, 사량만호蛇梁萬戶[김성옥金聲玉], 지세포만호知世浦萬戶, 옥포
만호[이담李薑], 홍주판관洪州判官[박윤朴崙], 전 적도赤島[적량]만호 고여우高汝友
등이 보러 왔다. ○ 경상수사가 보낸 긴급 보고에, "춘원도春院島[479]에 왜선 1척이
와서 정박했다." 하므로, 여러 장수들을 정해 보내며 수색하라고 하였다.

11일(병자) 맑음. 아침에 체찰사에게서 배와 관련하여 알려온 것에 대한 공문을 만들
어 보냈다. ○ 늦게 경상수사가 와서 사신들을 수행하여 바다를 건너갈 격군格軍
들을 의논하였다. (*그 사람들의 바다 건널 양식으로 23섬을 방아 찧으니 21섬이 되므로 2
섬 1말이 줄었다. 나가서 공무를 보고, 세 가지 화살로 활 쏘는 것을 직접 보았다.)[480]

12일(정축) 맑음. (*새벽에 비가 잠시 뿌리다가 곧 그치고 한참 동안 무지개가 섰다. 늦게 경상 우

---

478 (*) 내용 생략. 원문은 '慶尙虞候到此 白紋席一百五十葉貸去'이다.

479 춘원도春院島 : 경상남도 통영시 한산면 추봉리(추봉도). 친필 일기에는 '춘원도春原島'로 되어 있다. 『신
증동국여지승람』 거제현조에 주원도朱原島로, 『세종실록』에 주원방포周原防浦로 나와 있는 섬이다. 포
구의 여건이 좋아 1419년(세종 1)에 대마도를 정벌하기 위한 이종무李從茂 함대가 견내량을 거쳐 이곳
에 집결하여 출발하였다.

480 (*) 내용 생략. 원문은 '渡海粮 二十三石改春二十一石 則二石一斗縮 出坐親見射三貫'이다.

후 이의득李義得이 와서 삿자리[481] 15닢을 빌려 갔다.)[482] 바다를 건너갈 격군의 군량으로 백미白米 20섬, 중등미中米 40섬을 차사원差使員 변익성邊翼星과 수사 군관 정존극鄭存極이 받아 갔다. (*조방장이 오고 충청우후도 와서 활을 쏘았다.)[483] ○ 과거에 같이 급제한 남치온南致溫[484]이 왔다.

13일(무인) 맑음. 명나라 사신을 따라가는 우리나라 신하들이 탈 배 3척을 정비하여 (*사시巳時[오전 9~11시]에) 떠나보냈다. ○ 늦게 활 13순을 쏘았다. (*저물녘에 항복한 왜인들이 광대놀이를 차렸다. 장수된 자로서 그대로 둘 것이 아니었지만, 항복한 왜인들이 놀음 한번 놀기를 간절히 바랐기 때문에 금하지 않았다.)[485]

14일(기묘) 비. (*아침에 비가 뿌렸다. 오늘이 보름 전날이다.)[486] 저녁에 고성현령固城縣令 조응도趙凝道가 와서 이야기했다.

15일(경진) (*새벽에曉) 비가 뿌렸다. (*망궐례를 행하지 못했다. 늦게 말짱히 갰다.)[487] 경상수사와 전라우수사가 함께 모여 활을 쏘고 헤어졌다.

16일(신사) 새벽엔 비가 오다가 늦게 갰다. (*북쪽으로 툇마루 3칸을 만들었다.)[488] 이날 충청도 홍주洪州의 격군으로서 신평新平[당진시 신평면]에 사는 사삿집 종 걸복杰福[489]이 도망하다 붙잡혔으므로 목을 베어 내다 걸었다. ○ 하동[490]과 사천[변속] 두 현감이 왔다. (*늦게 세 가지 화살로 활을 쏘았다. 이날 저녁 바다의 달이 하도 밝아서 혼

---

481 삿자리 : 원문은 "초둔草芚"으로, 짚이나 띠로 만든 거적 같은 물건을 이른다. 비바람 등을 막는 데 쓴다.

482 (*) 내용 생략. 원문은 '曉雨暫洒 卽止立虹 移時 晚慶尙虞候李義得來貸草芚十五番'이다.

483 (*) 내용 생략. 원문은 '助防將來 忠淸虞候亦來射帿'이다.

484 남치온南致溫 : 자字는 가온可溫, 본관은 의령宜寧. 경상남도 의령에 살았다. 1532년(중종 27)에 났으니 이순신보다 13년 위다. 이순신의 무과 급제 동기로 1576년(선조 9) 병자 식년시式年試에 병과丙科 13위(이순신은 병과 4위)로 합격하였다.(『한국역대인물종합정보시스템』.)

485 (*) 내용 생략. 원문은 '昏降倭等多張優戲 爲將者不可坐視 而歸附之倭懇欲庭戲 故不禁也'이다.

486 (*) 내용 생략. 원문은 '朝雨洒 是亦旣望也'이다. 기망旣望은 16일을 말한다. 원문에서는 '旣' 자가 나중에 추가로 기록된 것을 확인할 수 있다. 잘못된 표현이어서 번역을 달리하였다.

487 (*) 내용 생략. 원문은 '未能行望賀 晚快晴'이다.

488 (*) 내용 생략. 원문은 '造立北退三間'이다.

489 걸복杰福 : 친필 일기에는 '엇복於叱卜'으로 나와 있다.

490 하동 : 『河東郡邑誌』 선생안에 의하면, 하동현감은 성천유成天裕→최기준崔琦準→신진申藎으로 이어진다. 성천유는 1596년 6월 3일 일기에 제포만호로 나오고, 신진은 1597년 8월 13일 일기에 하동현감으로 나온다. 이때 현감은 최기준으로 추정되나 자세히 알 수 없다.

자 수루 위에 기대었다가 이경二更[오후 9~11시]에 잠자리에 들었다.)[491]

17일(임오) 비가 뿌렸다.[492] 충청도 홍산鴻山에서 큰 도적들이 몰래 일어나 홍산현감 윤영현尹英賢[493]이 붙잡히고, 서천군수舒川郡守 박진국朴振國도 끌려갔다고 한다. 바깥 도적을 아직 없애지 못했는데, 안의 도적이 이와 같으니 참으로 놀랍고 통탄할 일이다. ○ 남치온南致溫, 고성현령, 사천현감이 휴가를 청하였다.[494]

18일(계미) 맑음. 공문을 처결하여 보냈다.[495] ○ 충청우후와 홍주판관이 충청도의 도적이 일어났다는 소식을 듣고 와서 아뢰었다. ○ 저녁때 들으니 항복한 왜인 연은이戀隱已, 여이여문汝耳汝文[496] 등이 흉악한 음모를 꾸며서 남여문南汝文을 죽이려 했다고 한다.

19일(갑신) 맑음. (*맑았으나 종일 큰바람이 불었다.)[497] 남여문이 연이[연은이], 여이여문 등의 목을 잘랐다. ○ 우수사가 와서 보고 돌아갔다. ○ 경상우후 이의득李義得, 충청우후, 다경포만호多慶浦萬戶 윤승남尹承男이 왔다.

20일(을유) 맑음. 경상수사가 보러 왔다. ○ 본영의 탐후선이 들어와서 어머님이 안녕하시다는 것을 알았다. 참으로 기쁘고 다행하다. 그편에 들으니 충청도 지방 도적[이몽학李夢鶴[498]]이 포수 이시발李時發의 총에 맞아서 즉사했다고 한다. 다행이다.

21일(병술) 맑음. 늦게 나가서 공무를 보았다. 거제현령[안위] 및 나주[어운급]·홍주[박윤] 판관 등이 옥포만호[이담], 웅천현감[김충민], 당진포만호[조효열] 등과 함께 왔다. (*옥포만호가 배 만드는 데 쓸 양식이 없다고 하므로 체찰사 관계의 군량 중에서 2곡斛을 내주고, 웅천현감과 당진포만호에게는 배 만들 쇠 15근을 함께 주었다. 이날 아들 회薈가 방

---

491 (*) 내용 생략. 원문은 '晚射三貫 是昏海月極皓 獨倚樓上 二更就寢'이다.

492 비가 뿌렸다 : 원문에는 '새벽에 비가 뿌리다가 즉시 그쳤다曉雨洒卽止'로 나온다.

493 윤영현尹英賢 : 자字는 언성彦聖, 호는 만촌晚村, 본관은 파평坡平. 한성漢城에서 살았다. 1557년(명종 12)생으로 1588년(선조 21)에 생원시生員試에 1등으로 합격한 후, 1591년에 왕자王子 사부師傅가 되었다. 1596년 홍산현감鴻山縣監이 되었다가 반란군 이몽학李夢鶴에게 사로잡혔다. 이로 인하여 투옥되고 파직되었다. 1608년 광해군이 즉위하자 과거에 사부였던 인연으로 삼가현령三嘉縣令 등을 역임하였다.(『한국역대인물종합정보시스템』,『한국민족문화대백과사전』.)

494 휴가를 청하였다 : 원문에는 '떠나 돌아갔다出歸'로 나온다.

495 공문을 처결하여 보냈다 : 원문에는 '각처의 공문을 처결해서 보냈다各處公事題分'로 나온다.

496 연은이戀隱已, 여이여문汝耳汝文 : 친필 일기에는 '연은기戀隱己, 사이여문沙耳汝文'으로 나와 있다.

497 (*) 내용 생략. 원문은 '晴而大風終日'이다.

자房子[관아의 종] 수壽를 매 때렸다 하기에 아들을 뜰 아래로 붙들어다가 잘 타일렀다. 이경二更[오후 9~11시]에 땀이 줄줄 흘렸다.)[499] 통신사가 청하는 표범 가죽을 가지러 와서 본영에 배를 보냈다.

22일(정해) 맑음. (*맑았으나 큰바람이 불었다. 종일 나가지 않고 홀로 수루 위에 앉아 있었다. 종奴 효대孝代와 팽수彭壽가 흥양興陽의 군량선을 타고 나갔다. 저녁때)[500] 순천順天 관리가 보낸 문장文狀[501]을 보니, "충청도 지방 도적이 홍산鴻山 땅에서 일어났으나 피살되었다고 하며, 홍주洪州 등 세 고을이 포위를 당했다가 간신히 면했다."라고 했다. 참으로 통탄스러운 일이다.[502] (*삼경三更[오후 11시~오전 1시]에 비가 크게 쏟아졌다.)[503] ○ 낙안樂安의 교대할 배가 들어왔다.

23일(무자) 큰비가 내렸다. (*오전 10시에 갰으나 이따금 보슬거렸다. 늦게)[504] 홍주판관 박윤朴崙이 돌아간다고 고했다.[505]

---

498 이몽학李夢鶴 : 임진왜란 후 불만에 찬 민심을 선동하여 충청도 일대에서 난을 일으킨 인물이다. 서울 출생의 왕족 서얼庶孽로서 모속관募粟官 한현韓絢의 선봉장先鋒將이 되었다. 1596년(선조 29) 7월 6일 한현의 지시로 충청도 홍산鴻山[부여군 홍산면]에서 반란을 일으키고 도천사道泉寺 중들과 인근 주민 600~700명을 규합했다. 수년간의 왜란으로 나라가 황폐하고 흉년까지 겹쳐 민심이 흉악해진 때이므로, 왜적을 물리치고 나라를 바로잡겠다는 반도들의 선동이 크게 호응을 얻어, 한때 그 세력이 홍산·임천林川·청양靑陽·대흥大興 등지를 휩쓸고 다시 서울로 향하려 하였다. 도중 홍주洪州(충청남도 홍성군 홍성읍)를 공격할 때, 홍주목사 홍가신洪可臣이 무장 박명현朴名賢·임득의林得義와 더불어 성을 굳게 지키므로 함락할 수 없었다. 홍가신은 민병을 동원하여 반격을 가하면서 이몽학의 목에 현상금을 붙이니, 전세가 불리함을 깨달은 이몽학의 부하 김경창金慶昌과 임억명林億明이 7월 11일에 이몽학의 목을 베어 들고 항복했으며, 면천沔川에서 형세를 살피고 움직이지 않던 한현도 체포됨으로써 난은 평정되었다. 1604년(선조 37) 논공을 할 때, 이몽학을 죽인 김경창·임억명은 가선대부嘉善大夫에 오르고, 홍가신은 청난1등공신淸難一等功臣, 박명현은 2등공신, 임득의는 3등공신에 책록되었다. (이홍직, 『국사대사전』, 민중서관, 1997.)

499 (*) 내용 생략. 원문은 '玉浦無造船粮云 故體相軍粮二斛 熊川唐津浦則并給造船鐵十五斤 是日豚薈杖房子壽云 故捉豚下庭論敎 二更汗汗'이다.

500 (*) 내용 생략. 원문은 '晴而大風 終日不出 獨坐樓上 奴孝代彭壽出歸 乘興陽粮船'이다.

501 문장文狀 : 호장戶長·이방吏房·수형리首刑吏, 즉 삼공형三公兄이 공사公事로 다른 지방의 수령守令이나 병사兵使·수사水使·관찰사 등에게 보고할 때 쓰는 문서 양식이다. 지방관(수령)이 없을 때는 지방관을 대신하여 병사 및 수사나 관찰사에게 보고하는 경우도 있다. (『한국민족문화대백과사전』.)

502 참으로 통탄스러운 일이다 : 원문에는 '매우 놀라운 일이다可駭可駭'로 나온다.

503 (*) 내용 생략. 원문은 '三更雨大作'이다.

504 (*) 내용 생략. 원문은 '巳時晴而或霏 晚'이다.

505 돌아간다고 고했다 : 원문은 '고하고 나갔다告歸而出'이다.

24일(기축) 맑음. 나라의 제삿날[506]이다. ○ 이날 우물을 고쳐 파는 곳에 가 보았다. 경상수사[권준]도 왔다. 거제현령[안위]과 금갑도만호[이정표], 다경포만호[윤승남]도 왔다. 샘의 줄기가 깊이 들어가고 근원도 길었다. ○ 오시午時[오전 11시~오후 1시] 후에 돌아와서 3가지 화살[철전·편전·후전]로 활을 쏘았다. (*저물녘에 곽언수가 표범 가죽을 가지고 들어왔다. 이날 밤 마음이 갑갑하여 자지 못하고 인기척도 없이 조용한 가운데 앉았다 누웠다 하다가 밤이 깊어서야 잠들었다.)[507]

25일(경인) 맑음. (*아침 일거리로 사냥한 것의 수효를 세어 두고, 녹각 10개는 창고에 넣어 두라고 했다.)[508] 표범 가죽과 화문석花紋席을 통신사通信使 처소로 보냈다.

26일(신묘) 맑음. 이전李荃이 체찰사에게서 표험標驗 3벌을 받아서 왔기에 하나는 경상수사에게 보내고, 하나는 전라우수사에게 보냈다. ○ 금오金吾[의금부]의 나장羅將이 윤승남尹承男을 붙잡아 가려고 내려왔다.

27일(임진) 맑음. 늦게 치사장馳射場[말 달리며 활쏘는 장소]에 가서 녹도만호鹿島萬戶에게 길 닦을 것을 지시했다. ○ 다경포만호多慶浦萬戶 윤승남이 잡혀갔다. (*종奴 경京이 병을 앓았다.)[509]

28일(계사) 맑음. (*종奴 무학武鶴·무화武花·박수매朴壽每·우로于老·음금音金 등이 26일 왔다가 오늘 돌아갔다.)[510] 늦게 충청우후와 함께 활을 쏘았다. (*3가지 화살을 쏘았는데, 철전鐵箭이 36분, 편전片箭이 60분, 과녁 연습용 화살帿箭이 26분, 합계 122분이었다. 종奴 경京이 몹시 앓는다고 하니 많이 염려된다. 아산牙山 본가로 추석 제물祭物을 보내는 편에 홍洪·윤尹·이李 등 네 군데에 편지를 부쳤다. 이경二更[오후 9~11시]에 꿈속에서까지 땀을 흘렸다.)[511]

29일(갑오) 맑음. 경상수사[권준]와 우후[이몽구]가 보러 오고, 충청우후[원유남]도 왔다. (*3가지 화살로 활쏘기를 연습했다. 내가 쏘던 활은 고자高佐[512]가 들떠서 곧 수리하라

---

506 나라의 제삿날 : 문종文宗 비 현덕왕후顯德王后 권씨權氏의 돌아가신 날이다. 원문은 '顯德王后國忌'로 나온다.

507 (*) 내용 생략. 원문은 '昏郭彦水持豹皮入來 是夜心煩不寐 人靜坐臥向夜而寢'이다.

508 (*) 내용 생략. 원문은 '朝工在獵計數 角十令入庫'이다.

509 (*) 내용 생략. 원문은 '京奴得痛'이다.

510 (*) 내용 생략. 원문은 '奴武鶴武花朴壽每于老音金等 二十六日到此 今日還歸'이다.

511 (*) 내용 생략. 원문은 '三貫 鐵三十六分 片六十分 帿二十六分 合一百二十三分 京奴重痛云 多慮多慮 牙鄉秋夕祭物出送時 簡于洪尹李四處 二更夢中流汗'이다.

고 명령하였다.)[513] 체찰사로부터 무과 과장科場을 개설한다는 공문이 도착했다. (*
저녁때 들으니 점장이 집의 집 보던 아이가 그 집의 잔 세간을 모두 훔쳐서 도망했다고 한
다.)[514]

30일(을미) 맑음. (*새벽에 갈몰葛沒이 들어왔다. 밤 꿈에 영의정과 조용히 이야기했다. 아침에 이
진李珍이 본영으로 돌아가고 춘화春花 등도 돌아갔다. 김대인金大仁[515]이 담제禪祭[516]를 지내
기 위해서 휴가를 받아서 돌아갔다.)[517] 늦게 조방장이 와서 활을 쏘았다.[518] ○ 저녁때
탐후선이 들어와서 어머님이 평안하신 것을 알았다. ○ 임금의 유지有旨 2통이
내려왔다. 전마戰馬도 들어왔다. (*면菀의 말도 들어오고 지이智伊와 무재武才도 함께 왔
다.)[519]

---

512 고자高佐 : 활의 끄트머리 부분. 도고지로부터 양냥고자까지를 '고자잎'이라 한다.(李重華, 『朝鮮의 弓
術』, 조선궁술연구회, 1929.)

513 (*) 내용 생략. 원문은 '射三貫 而余所射弓 高佐筋浮 卽令改修'이다.

514 (*) 내용 생략. 원문은 '夕聞卜家守直兒 盡偸其家雜物逃出云'이다.

515 김대인金大仁 : 자字는 원중元中, 본관은 김해金海. 전라남도 순천順天에서 살았다. 서얼庶孽 출신에 집
도 가난해서 중이 되었다가 중년에 도로 세속으로 돌아와서 무과武科에 급제하였다. 임진왜란이 일어
나자 석보촌石堡村(전라남도 여수시 여천동)에 있었는데, 어느 날 좌수사左水使 이순신의 하인 두어 명
이 석보촌으로 와서 민가의 개와 돼지를 잡아가며 난폭한 짓을 하므로 김대인은 그들을 묶어 놓고 죽도
록 때렸다. 이에 좌수사 이순신이 김대인을 잡아와 문초하려 하자, 대인은 큰소리로 항의하며, "종들을
풀어 폐단을 짓고 다니는 것도 옳지 못한 일인데, 더구나 또 무죄한 사람을 죽인다면 장차 무엇으로 3군
을 호령하실 겁니까." 하였다. 이순신이 기특하게 여기고 도로 풀어서 자기 막하에 두었다. 그리하여 매
양 큰 공로를 세웠다. 1597년(정유) 통제사 원균元均의 칠천량 패전 때, 그는 물에 뛰어들어 사흘을 헤
매다가 탈출하였다. 그 후 의병을 모아 연해안의 왜적들과 싸웠으며, 광양光陽 싸움에서 부상을 입었다.
그러나 다시 출진하여 예성산禮星山(전라남도 화순군 청풍면)에 응거하면서 부근 일대를 수호하며 많은
적을 베고 전공을 세웠다. 1600년 그 공으로 당상관에 올라 임치진첨절제사臨淄鎭僉節制使에 임명되었
다. 그 후 전라좌수사 이유직李惟直의 비행을 면박하다가 의금부에 투옥되자 분함을 참지 못하고 분사
하였다. 전라남도 순천시 별양면 동송리 송천사松川祠에 위패가 모셔져 있다.(『國朝人物志』; 『見睍錄』;
『이충무공전서』 권16, 「同義錄」; 『한국민족문화대백과사전』.)

516 담제禪祭 : 대상大祥(죽은 뒤 두 돌 만에 지내는 제사)을 지낸 다음다음 달 하순에 지내는 제사.

517 (*) 내용 생략. 원문은 '曉葛沒入來 夜夢與領台同話從容 朝李珍還營 春花等亦還歸 金大仁以禪祭云受
由歸'이다.

518 원문에는 '세 가지 활三貫'로 나온다.

519 (*) 내용 생략. 원문은 '菀馬亦入來 智伊武才幷到'이다.

8월

초1일(병신) 맑음. 새벽에 망궐례를 행했다. (*충청우후[원유남], 금갑도[이정표]·목포[방수경] 만호, 사도첨사[황세득], 녹도만호[송여종] 등이 참례했다.)[520] ○ 늦게 파지도권관 송세응 宋世應이 돌아갔다. ○ 오후에 활터에 나가서 말을 달리다가 저물게 돌아왔다. 부 산 갔던 곽언수郭彦守[521]가 돌아와서 통신사의 답장을 전했다. (*저물녘에 비 올 징 조가 많으므로 비 오기 전에 예비할 일들을 지시했다.)[522]

초2일(정유) (*아침에朝) 비가 크게 쏟아졌다. (*지이智伊 등에게 새로 만든 활들을 시험 작동 해 보게 하였다. 늦게 광풍이 일어나고 빗줄기가 삼대 같아서, 대청마루에 걸어 놓은 바람막 이가 날아가 방 마루 바람막이와 부딪쳐 일시에 두 바람막이가 깨어져 조각조각 났다. 한숨이 나왔다.)[523]

초3일(무술) 맑다가 가끔 비가 뿌렸다. (*지이智伊로 하여금 새로 만든 활들을 펴 보게 하였 다.)[524] 조방장[김완]과 우후[525], 충청우후가 보러 왔다가 활을 쏘았다. (*아들들은 육 량궁六兩弓[526]을 쏘았다. 이날 늦게 송희립을 시켜 아들들을 녹명錄名[과거 응시자의 성명을 기록함]하게 했다. 황득중黃得中과 김응겸金應謙의 허통許通[527]하는 증명서를 작성하여 주었 다. 초경初更[오후 7~9시]부터 비가 내리기 시작해서 사경四更[오전 1~3시]에야 그쳤다.)[528]

초4일(기해) 맑았으나 동풍이 크게 불었다. 회薈, 면葂, 완莞[조카] 등이 (*아내의 생일에

---

520 (*) 내용 생략. 원문은 '忠淸虞候金甲木浦蛇渡鹿島來行'이다.

521 곽언수郭彦守 : 친필 일기에는 '郭彦水'로 나와 있다.

522 (*) 내용 생략. 원문은 '昏多有雨徵 故以備未雨前事敎之'이다.

523 (*) 내용 생략. 원문은 '使智伊等新弓張弛 晩狂風大起 雨脚如麻 大廳樓掛風遮飛觸 房樓風遮 一時兩風遮 碎破 片片可嘆'이다.

524 (*) 내용 생략. 원문은 '使智伊張新弓'이다.

525 우후虞候 : 친필 일기에는 없다.

526 육량궁六兩弓 : 철전鐵箭에 육량六兩과 아량亞兩, 장전長箭 세 종류가 있는데, 그중에서 육량은 무게가 6 냥쭝이요, 아량은 4냥쭝, 장전은 1냥쭝으로부터 1냥 반, 1냥 6돈쭝까지 있다.

527 허통許通 : 서얼庶孽이나 천인賤人에게 벼슬아치가 되는 것을 허락하여 벼슬길을 터 줌.(세종대왕기념사 업회,『한국고전용어사전』, 2011.)

528 (*) 내용 생략. 원문은 "豚輩射六兩弓 是晩令宋希立豚等錄名 黃得中金應謙許通公帖成給 初更雨作 四更 止"이다.

헌수잔獻壽盃을 드리기 위해)[529] 떠나갔다. 정선鄭愃[530]도 나가고, 정사립鄭思立도 휴가를 받아서 갔다. (*늦도록 수루에 앉아서 아이들이 떠나는 것을 바라보느라고 바람에 상하는 줄도 깨닫지 못했다. 늦게 대청에 나가서 활을 두어 순 쏘다가 몸이 몹시 불편하여 활쏘기를 중지하고 안으로 들어왔다. 몸이 얼어붙은 거북이처럼 움츠러져서 곧 옷을 두껍게 입고 땀을 냈다. 저물게 경상수사가 와서 문병하고 갔다. 밤에는 낮보다 통증이 배나 심하여 신음하며 밤을 지냈다.)[531]

초5일(경자) 맑음. 몸이 불편하여 공무를 보러 나가지 않았다. 가리포첨사加里浦僉使[이응표]가 보러 왔다.

초6일(신축) 흐렸으나 비는 오지 않았다. 아침에 김 조방장[김완]과 충청우후[원유남], 경상우후[이의득] 등이 문병하였다. ○ 당포만호[안이명]는 와서 그 어머니의 병환이 위중한 것을 고하였다. ○ 경상수사와 우수사가 보러 오고, 배裵 조방장[흥립興立]이 들어왔다가 해가 진 뒤에 돌아갔다. (*밤비가 크게 퍼부었다.)[532]

초7일(임인) 비가 계속 오다가 늦게 개었다. 몸이 불편하여 공무를 보지 않았다. 서울 보낼 편지를 썼다. ○ 이날 밤에 땀이 옷 두 벌을 적시었다.

초8일(계묘) 날이 흐렸으나 비는 오지 않았다. (*박담동朴淡同이 서울 올라가는 편에 서 승지徐承旨[서성徐渻]에게 혼수婚需를 보냈다. 늦게)[533] 강희로姜熙老가 왔는데, 남해현령[박대남]의 병이 점차 나아간다고 했다. 밤이 깊도록 함께 이야기했다. ○ 의능義能[534]이 생마生麻 120근을 가져와 바쳤다.

초9일(갑진) 흐림. (*흐렸으나 비는 안 내렸다.)[535] 아침에 수인守仁에게서 생마生麻 330근

---

529 (*) 내용 생략. 원문은 '以夫人辰日獻盃事'이다.

530 정선鄭愃 : 1577년(선조 10) 생으로 1599년(선조 32)에 무과에 합격하였다. 이순신의 군관이자 정철조총正鐵鳥銃을 개발한 훈련주부訓鍊主簿 정사준鄭思竣의 아들이다. 정사립鄭思立은 그의 작은아버지이다. (「한국역대인물종합정보시스템」; 『이충무공전서』 권3, 「封進火砲狀」.)

531 (*) 내용 생략. 원문은 '坐樓 目送兒等 不覺觸傷 晩出大廳 射帿數巡 甚不平 停射入內 則身如凍龜 卽厚衣發汗 暮慶水到來 問病而去 夜痛倍晝 呻吟過夜'이다.

532 (*) 내용 생략. 원문은 '夜雨大作'이다.

533 (*) 내용 생략. 원문은 '朴淡同上京 送婚需于徐承旨處 晩'이다.

534 의능義能 : 친필 일기에는 '宜能'(의능)으로 나와 있다.

535 (*) 내용 생략. 원문은 '陰而不雨'이다.

을 받아들였다. (*하동河東에게 종이를 가공해 달라고 도련지擣鍊紙 20권, 주지注紙 32권, 장지壯紙 31권을 김응겸金應謙과 곽언수郭彦水에게 주어 보냈다.)[536] ○ 마량첨사馬梁僉使 김응황金應璜이 거하居下[537]를 맞고 떠나갔다. 늦게 나가서 공문을 처결하고, 활 10순을 쏘았다. (*몸이 몹시 불편했다. 이경二更[오후 9~11시]에 이르러 땀을 흘렸다.)[538]

초10일(을사) 맑음. 아침에 충청우후가 문병하러 왔다가 조방장과 함께 아침밥을 먹었다. (*아침에 송한련宋漢連에게 그물을 만들라고 생마生麻 40근을 주어 보냈다.)[539] 몸이 몹시 불편하여 한동안 베개를 베고 누워 있었다. ○ 늦게 두 조방장[김완·배흥립] 및 충청우후를 불러 상화떡霜花糕을 함께 먹었다.[540] (*저녁에 체찰사에게 보낼 공문을 서류로 만들었다.)[541] ○ 저물녘에 달빛은 비단 같고 나그네의 회포는 만 갈래라, 잠을 이루지 못했다. (*이경二更[오후 9~11시]에 방에 들어왔다.)[542]

11일(병오) 맑음. (*동쪽東) 바람이 크게 불었다. (*아침에 체찰사에게 가는 여러 가지 공문을 서류로 만들어 발송했다.)[543] 배 조방장[배흥립裵興立]과 아침 식사를 함께 하고, (*늦게晩) 그와 함께 활터로 함께 가서 말 달리는 것을 보고 (*저물녘에暮) 진영陣營[한산도 행영]으로 돌아왔다. ○ 초경初更[오후 7~9시]에 거제현령이 급히 보고하기를, "왜적 배 1척이 등산登山[544]으로부터 송미포松美浦[545]로 들어왔다."라고 하더니, 이경二更[오후 9~11시]에 다시 보고하기를, "아자포阿自浦[546]로 옮겨 대었다."고 하였다. 배를 정하여 내보낼 즈음 또다시 보고하기를, "견내량으로 넘어갔다."라고

---

536 (*) 내용 생략. 원문은 '河東改擣紙 擣鍊二十卷 注紙卅二卷 狀吾卅一卷 令金應謙郭彦水等授送'이다.

537 거하居下 : 관리의 근무 성적에 대한 평가인 포폄褒貶에서 최하위를 맞음. 파면되는 것이 관례이다.(『經國大典』, 吏典, 褒貶; 趙應祿, 『竹溪日記』권2, 丙申 정월 26일)

538 (*) 내용 생략. 원문은 '氣甚不平 夜二更至汗流'이다.

539 (*) 내용 생략. 원문은 '朝宋漢連生麻四十斤造網次給送'이다.

540 상화떡霜花糕을 함께 먹었다 : 원문에는 '상화떡을 만들어 함께했다作床花同之'로 나온다.

541 (*) 내용 생략. 원문은 '夕體相所送公事成貼'이다.

542 (*) 내용 생략. 원문은 '二更入房'이다.

543 (*) 내용 생략. 원문은 '朝體相前各項公事成貼出送'이다.

544 등산登山 : 경상남도 거제시 남부면 저구리 망산. 18세기 「해동지도」와 「광여도」, 19세기 「대동여지도」에는 '登山望'으로 표기되어 있어, 조선 후기에는 이곳에 망대가 있었음을 알 수 있다. (각주의 '등산'과 '송미포'는 정진술의 학설에 따른 것임을 밝혀둔다.)

545 송미포松美浦 : 경상남도 거제시 남부면 저구리 대포로 추정된다. 원문에는 '松未浦'이다.

546 아자포阿自浦 : 경상남도 거제시 거제면 법동리 아지량으로 추정된다.

하므로, 복병장에게 잡도록 하였다.

12일(정미) 맑음. 동풍이 크게 불었다. 동쪽으로 향하는 배들은 막혀서 내왕하지 못했다. 오랫동안 어머님 안부를 듣지 못하여 참으로 답답했다. ○ 우수사가 보러 왔다. (*땀이 옷 두 벌을 다 적셨다.)[547]

13일(무신) 맑았다가 흐림. 동풍이 크게 불었다. 충청우후와 함께 활을 쏘았다. ○이날 밤에 땀이 흘러 등을 적셨다. (*아침에 들으니 우禹가 곤장을 맞아 죽었다고 한다. 장사 지낼 물건을 약간 보내 주었다.)[548]

14일(기유) 흐림.[549] 동풍이 연일 불어서 벼 곡식이 손상되었다고 한다. ○ 배 조방장, 충청우후와 함께 이야기했다. (*땀이 나지 않았다.)[550]

15일(경술) 새벽에 비가 내렸다. (*망궐례를 행하지 못했다.)[551] 늦게 우수사[이억기], 경상수사[권준], 두 조방장[김완·배흥립], 충청[원유남]·경상[이의득] 우후, 가리포첨사[이응표]와 평산포만호[김축] 등 19명의 장수들과 함께 모여 이야기했다. (*비는 종일 그치지 않았다. 초경初更[오후 7~9시] 후에 남풍이 불면서 비가 크게 쏟아졌다. 사경四更[오전 1~3시]에 이르기까지 세 번이나 땀을 흘렸다.)[552]

16일(신해) (*잠깐乍) 맑음. 남풍이 크게 불었다. 강희로姜熙老가 남해南海로 돌아갔다. ○ 몸이 불편하여 종일 누워서 신음했다. 저녁때 체찰사[이원익]가 진성晉城[진주 晉州]에 도착했다는 공문이 왔다. (*새로 갠 하늘의 달빛이 하도 밝아서 잠을 이루지 못하였다. 이경二更[오후 9~11시]에 누워서 보니 가랑비가 내렸다. 한참 동안 내리다가 그쳤다. 땀을 흘렸다.)[553]

17일(임자) 맑음. (*갰다 흐렸다 하며 비가 오락가락했다.)[554] 경상수사, 충청우후, 거제현령

---

547 (*) 내용 생략. 원문은 '汗濕兩衣'이다.
548 (*) 내용 생략. 원문은 '朝聞禹杖死云 送喪物若干'이다.
549 흐림 : 원문은 '흐리고 큰바람이 불었다陰而大風'이다.
550 (*) 내용 생략. 원문은 '不汗'이다.
551 (*) 내용 생략. 원문은 '停望禮'이다.
552 (*) 내용 생략. 원문은 '雨勢終日不止 初更後南風 雨大至 四更至三度流汗'이다.
553 (*) 내용 생략. 원문은 '新霽月極明 寢不能寐 二更臥看細雨 又作移時止 汗流'이다.
554 (*) 내용 생략. 원문은 '晴陰相雜 或晴或雨'이다.

이 보러 왔다. (*이날 동풍이 그치지 않았다.)[555] ○ 체찰사에게 동정을 알아볼 사람을 내보냈다.

18일(계축) 맑았다 비가 오다 했다. 삼경三更[오후 11시~오전 1시]에 죄인에게 특사를 내리는 글을 가지고 온 차사원差使員 구례현감求禮縣監[이원춘]이 들어왔다. ○ 땀이 무시로 흘렀다.

19일(갑인) 흐리다 맑다 하였다. 새벽에 (*우수사와與右水使) 여러 장수들과 함께 특사 내리는 조문赦文에 숙배하고 그대로 아침 식사를 함께 했다. 구례현감이 돌아간다고 고했다. ○ 송의련宋義連이 본영으로부터 들어왔다. 울蔚의 편지를 가지고 왔는데 어머님이 내내 평안하시다니 다행 다행이다. ○ 늦게 거제현령[안위]과 금갑도만호[이정표]가 와서 이야기했다. (*초경初更[저녁 7~9시]부터 삼경三更[오후 11시~오전 1시]까지 땀을 흘렸다. 저물녘에 목수 옥지玉只가 재목에 깔려서 중상을 입었다는 보고를 받았다.)[556]

20일(을묘) 동풍이 크게 불었다. 새벽에 전선戰船 만들 재목을 끌어 내리기 위해 우도右道 군사 300명, 경상도 100명, 충청도 300명, 좌도左道 390명을 송희립이 거느리고 갔다. ○ 늦은 아침에 봉菶·해莢·회薈·면葂·완莞과 최대성崔大晟·윤덕종尹德種·정선鄭愃 등이 들어왔다.

21일(병진) 맑음. 식후에 활터 정자射亭에 앉아 아들들에게 활쏘기를 익히고, 또 말 달리며 활 쏘는 것도 연습시켰다. 배 조방장[배흥립]과 김 조방장[김완]이 충청우후와 함께 와서 같이 점심을 먹고, 저물어서 돌아왔다.

22일(정사) 맑음. (*외조모님의 제삿날이어서 나가지 않았다.)[557] 경상수사가 보러 왔다.

23일(무오) 맑음. 활터에 가 보았다. 경상수사도 와서 함께 보았다.

24일(기미) 맑음.

25일(경신) 맑음. 우수사와 경상수사가 와서 보고, 돌아갔다.

26일(신유) 맑음. 새벽에 배로 출발하여 사천泗川에 이르러 유숙했다. 충청우후와 함

---

555 (*) 내용 생략. 원문은 '是日東風不止'이다.
556 (*) 내용 생략. 원문은 '初更三更至汗沾 昏報耳匠玉只壓材重傷'이다.
557 (*) 내용 생략. 원문은 '外祖母忌 不出'이다.

께 종일토록 이야기하고 작별했다.

27일(임술) 맑음. 일찍 떠나서 사천에 이르렀다. 오후에[558] 그대로 진성晉城[진주]으로 향하여 체찰사[이원익李元翼]를 뵙고 종일 의논하며 이야기하였다. 김응서金應瑞도 왔다가 곧 돌아갔다. ○ 저물녘에 목사牧使[나정언羅廷彦]의 처소로 돌아와 잤다. (*이날 저녁 이용제李用濟가 역적 도당의 편지를 가지고 왔다.)[559]

28일(계해) 맑음. 이른 아침에 체찰사에게 나아가서 종일 여쭙고 결정하다가, 초경初更 [오후7~9시] 후에 진주목사의 처소로 돌아와서, 목사와 밤 깊도록 이야기하고 헤어졌다. (*청생靑生도 왔다.)[560]

29일(갑자) 맑음. 일찍 출발하여 사천에 이르러 아침을 먹고 그대로 선소船所[561]로 왔다. 고성현령固城縣令[조응도趙凝道]도 왔다. 삼천포권관과 이곤변李鯤變이 뒤따라와서[562] 밤늦도록 함께 이야기하고 구라량仇羅梁[563]에서 잤다.

윤8월

초1일(을축) 맑음. 일식日食[日蝕]이 있었다. 이른 아침에 비망진飛望津[564]으로 와서 이곤변李鯤變 등과 함께 아침 식사를 하고 작별했다. 저물어 진중[한산도]에 이르니 우수사와 경상수사가 나와서 기다리고 있었다. 우수사와 얼굴을 마주하고 이야

---

558 오후에 : 원문에는 '오후에' 대신에 '점심을 먹고點心後'로 나온다.

559 (*) 내용 생략. 원문은 '是昏李用濟入來 持逆薰簡'이다. 원문과 순서만 다르고 내용은 같다.

560 (*) 내용 생략. 원문은 '靑生亦到'이다.

561 선소船所 : 조선시대에 각 읍진邑鎭의 군선軍船을 건조하고 배가 정박했던 부두 시설. 임진왜란 때 사천 泗川 선소는 통양포通洋浦로 판단된다.(『新增東國輿地勝覽』泗川縣.) 통양포는 사천현 남쪽 20리(8km)에 있었는데, 지금 위치는 경상남도 사천시 용현면 통양리로 추정된다. 한편, 조선 후기 '사천 선소'는 사천현 남쪽 16리(「海東地圖」, 「備邊司印方案地圖」), 혹은 15리(「1872년 지방지도」)로 나온다.

562 원문에는 '술을 가지고佩酒'가 있다.

563 구라량仇羅梁 : 경상남도 사천시 옛 삼천포 부근이다.(「東輿圖」.) 사천 땅에서 남해 창선도로 바다를 건너는 곳이다.(『新增東國輿地勝覽』晉州牧.) 조선 초기에 여기에 '구량량 만호仇良梁萬戶'가 설치되었다.(『世宗實錄』「地理志」.)

564 비망진飛望津 : 친필 일기에는 '其飛望底', 즉 '그곳(구라량) 비망 아래'라는 뜻으로 되어 있다.

기하였다.

초2일(병인) 맑음. (*아침에朝) 여러 장수들이 보러 왔다. 늦게 경상수사와 우수사가 와서 이야기했다. (*경상수사와 함께 사청射廳[사정]으로 나갔다.)[565]

초3일(정묘) 맑음.

초4일(무진) 비가 계속 내렸다. 이날 밤 이경二更[오후 9~11시]에 땀을 흘렸다.

초5일(기사) 맑음. 사청射廳[사정]으로 나가서 아이들[아들들]이 말달리고 활 쏘는 것을 구경했다. ○ 하천수河千壽가 체찰사에게로 갔다.

초6일(경오) 맑음. (*아침朝) 식사 후 경상수사 및 우수사와 함께 사청射廳에 가서 말달리며 활 쏘는 것을 보고 저물어 돌아왔다. ○ 방답첨사[우치적]566가 진중에 도착했다. (*이날 밤 잠시 땀을 흘렸다.)[567]

초7일(신미) 맑음. (*아침에朝) 아산牙山 종노 향시向是568가 들어왔다. (*가을보리는 소출이 43섬이요, 봄보리는 소출이 35섬이요, 어미魚米[생선과 바꾼 쌀]은 전부 12섬 4말이요, 또 7섬 10말이 나고 또 4섬이 났다고 한다. 이날 늦게 나가서 공무를 보고 소지를 처결해서 보냈다.)[569]

초8일(임신) 맑음. 식후에 사청에 나가서 말달리며 활 쏘는 것을 보았다. 광양현감[이함림李咸臨570]과 고성현령[조응도趙凝道]이 시관試官으로 들어왔다. 하천수河千壽가 진주에서 왔다. (*아병牙兵[수하에서 부리는 병졸] 임정로林廷老는 휴가를 받아서 나갔다. 이날 밤에 땀을 흘렸다.)[571]

초9일(계유) 맑음. 아침에 광양현감이 교서敎書에 숙배했다. 봉蓁과 회薈, 김대복金大福

---

565 (*) 내용 생략. 원문은 "與慶水使往射廳"이다.

566 방답첨사[우치적] : 1596년 6월 18일에 우치적禹致績이 부모 상중에 기복起復[벼슬자리에 나아감]되어 방답첨사에 유임되었다. 12월 21일에는 순천부사로 임명되었다.(『竹溪日記』.)

567 (*) 내용 생략. 원문은 "是夜暫流汗"이다.

568 향시向是 : 친필 일기에는 '백시白是'로 나와 있다.

569 (*) 내용 생략. 원문은 '則秋牟所出四十三石 春牟三十五石 魚米全十二石四斗 又七石十斗 又四石 是晩出坐 所志題分'이다.

570 이함림李咸臨 : 자字는 응오應五, 본관은 연안延安. 1564년(명종 19)생으로 이순신보다는 19세 아래다. 1591년(선조 24년)에 문과文科에 합격하였으며, 1596년 6월에 광양현감光陽縣監으로 임명되었다.(『國朝文科榜目』;『竹溪日記』;『光陽郡邑誌』先生案)

571 (*) 내용 생략. 원문은 '牙兵林廷老受由出去 是夜發汗'이다.

도 교서에 숙배하였다. 그리고 이들과 같이 이야기하였다. ○ 이날 저녁 우수사와 경상수사가 와서 이야기했다.

초10일(갑술) 맑음. (*새벽에 무과 초시初試를 시작하였다. 면勉이 쏜 것은 모두 55보步, 봉奉이 쏜 것은 모두 35보, 해荄가 쏜 것은 모두 30보, 회薈가 쏜 것은 모두 35보, 완莞이 쏜 것은 모두 25보라고 했다. 진무성陳武晟이 쏜 것은 모두 55보로 합격되었다. 저물녘에)[572] 우수사[이억기]와 경상수사[권준], 배裵 조방장[배흥립]이 함께 왔다가 이경二更[오후 9~11시]에 헤어져서 돌아갔다.

11일(을해) 맑음. 체찰사를 모시는 일로 진중을 출발하여 당포唐浦[573]에 이르렀다. 초경初更[오후 7~9시]에 체찰사 동정을 살피러 갔던 사람이 돌아왔는데, 14일에 떠난다고 하였다.

12일(병자) 맑음. 종일 노를 빨리 저어 이경二更[오후 9~11시]에 어머님 앞[여수시 웅천동]에 이르렀다. 백발이 성성한 채 나를 보고 놀라 일어나시는데, (*기운과 호흡이 희미해져 아침저녁을 보전하시기 어렵다.)[574] 눈물을 머금고 서로 붙들고 앉아, 밤이 새도록 위로하여 그 마음을 풀어 드렸다.

13일(정축) 맑음. 모시고 옆에 앉아 아침 진지상을 드리니 대단히 즐거워하시는 빛이었다. 늦게 하직 인사를 드리고 본영[여수]으로 돌아왔다. 유시酉時[오후 5~7시]에 작은 배를 타고 밤새 노를 재촉하였다.

14일(무인) 맑음. 새벽에 두치豆峙[575]에 이르니 체찰사와 부사[한효순韓孝純]가 어제 이미 와서 잤다고 한다. 뒤미처 점검하는 곳으로 가서 소촌찰방召村察訪[576]을 만나고 일찍 광양 고을에 이르렀다. 지나온 지역이 온통 쑥대밭이 되어 참혹한 꼴을 차마 볼 수 없었다. 우선 전선戰船 정비하는 것을 면제해 주어 군사와 백성들의

---

572 (*) 내용 생략. 원문은 '是曉開場 晚勉所射俱五十五步 奉所射俱三十五步 荄所射俱三十步 薈所射俱三十五步 莞所射二十五步云 陳武晟所射俱五十五步 入格'이다.

573 당포唐浦 : 경상남도 통영시 산양읍 삼덕리.

574 (*) 내용 생략. 원문은 '氣息奄奄 難保朝夕'이다.

575 두치豆峙 : 친필 일기에는 '豆恥'(두치)로 되어 있다. '豆恥'는 전라남도 광양시 다압면 도사리 섬진마을이다.

576 소촌찰방召村察訪 : 조선시대 소촌역召村驛(지금의 경상남도 진주시 문산읍 소문리)을 관리하던 종6품의 외관직. 소촌도召村道에 속한 진주晉州 동쪽 15개 역을 관할하였다.

근심을 풀어 주어야겠다.

15일(기묘) 맑음. 일찍 떠나 순천에 닿으니 체찰사 일행이 관청 안으로 들어갔다 하므로 나는 정사준鄭思竣의 집에서 잤다. 순찰사도 와서 같이 이야기했다. (*저녁에 들으니 아들들이 초시初試에 뽑혔다고 한다.)[577]

16일(경진) 맑음. 이날은 (*거기[순천]서之) 머물렀다.

17일(신사) 맑음. 늦게 낙안군樂安郡[순천시 낙안면]으로 향하니 이호문李好問·이지남李智男 등이 보러 와서 폐단이 전적으로 수군에 있다고 말했다.

18일(임오) 맑음. 종사관 김용金涌[578]이 상경하였다. 일찍 떠나 양강역陽江驛[579]에 이르러 점심을 먹고, 산성山城[580]에 올라가 멀리 바라보며 각 포구 및 여러 섬들을 손으로 가리키며 살펴보고, 그 길로 흥양興陽[고흥읍]으로 향하였다. 저물어 고을에 이르러 향소청鄕所廳에서 잤다. ○ 저물녘에 이지화李知和가 보러 왔다. (*제 물건을 뽐내려고 거문고를 가지고 왔다. 영英도 보러 와서 보고 밤새 이야기했다.)[581]

19일(계미) 맑음. 떠나서 녹도鹿島[582]로 가는 길에 도양道陽[583]의 둔전을 살펴보았다. 체찰사의 얼굴에 기뻐하는 기색이 많았다. (*도착해서 잤다.)[584]

20일(갑신) 맑음. 일찍 떠나 배를 타고 체찰사 및 부사와 함께 앉아 종일 군사 이야기를 했다. 늦게 백사정白沙汀[585]에 이르러 점심을 먹은 후에, 그 길로 장흥부長興府에 이르러, 나는 동헌東軒에서 잤다. ○ 김응남金應男이 보러 왔다.

---

577 (*) 내용 생략. 원문은 '夕聞豚輩之參試'이다.

578 김용金涌 : 1557~1620. 자字는 도원道源, 호號는 운천雲川, 본관은 의성義城. 경상북도 안동安東에서 살았으며, 김성일金誠一의 조카다. 1557년(명종 12)에 나니 이순신보다는 12년 아래요, 도체찰사 이원익보다는 10살 아래다. 1590년(선조 23)에 문과文科에 합격하였으며, 1592년 임진왜란이 일어나자 의병義兵을 일으켜 항전하였다. 1593년(선조 26, 계사) 성균관의 전적典籍 등을 지내고, 1596년(선조 29, 병신) 체찰사 이원익의 종사관이 되었다. 여러 관직을 역임하고, 뒷날에 편수관編修官이 되어『선조실록宣祖實錄』편찬에 참여하였다. (『선조실록』;『한국역대인물종합정보시스템』;『한국민족문화대백과사전』.)

579 양강역陽江驛 : 전라남도 고흥군 남양면 남양리.

580 산성山城 : 전라남도 고흥군 남양면 남양리 산 75-1에 있는 남양리 산성.

581 (*) 내용 생략. 원문은 '勢其物抱琴來 英亦來見終夜話'이다.

582 녹도鹿島 : 전라남도 고흥군 도양읍 봉암리 녹동.

583 도양道陽 : 전라남도 고흥군 도양읍.

584 (*) 내용 생략. 원문은 '到宿'이다.

21일(을유) 맑음. 그대로 머물렀다. 정경달丁景達[통제사 이순신의 전 종사관]이 보러 왔다.

22일(병술) 맑음. 늦게 병영兵營[586]에 이르러 그[병사]와 더불어 서로 만나 보았다. 병사兵使는 원균元均이다. (*밤이 깊도록 이야기했다.)[587]

23일(정해) 맑음. 그대로 병영에 머물렀다.

24일(무자) 나는 부사副使[한효순]와 함께 가리포加里浦[588]로 갔더니 우우후右虞候 이정충李廷忠이 먼저 와 있었다. 함께 남쪽 망대望臺로 오르니, 좌우로 적들이 다니는 길과 여러 섬을 역력히 헤아릴 수 있었다. 참으로 한 도道의 요충지이다. 그렇지만 형세가 매우 외롭고 위태로워 부득이 이진梨津[589]으로 옮겨 합친 것이다. (*병영으로 돌아왔다. 원 공元公[균均]의 흉악한 행동은 기록하지 않는다.)[590]

25일(기축) 일찍 떠나 이진梨津에 이르러 점심을 먹은 뒤에 곧 해남으로 가는 중간에 김경록金敬祿[591]이 술을 차고 보러 왔다. 날이 저문 것도 깨닫지 못하고 횃불을 밝히고 갔다. 이경二更[오후 9~11시]에야 고을[해남]에 당도했다.

26일(경인) 맑음. 일찍 떠나 우수영右水營[592]에 이르렀다. 나는 태평정太平亭에서 자면서 우후[이정충李廷忠]와 더불어 이야기했다.

27일(신묘) 맑음. 체찰사가 진도珍島로부터 영營[우수영]으로 들어왔다.

28일(임진) 비가 조금 내렸다. 우수영에서 머물렀다.

29일(계사) 비가 조금 내렸다. 이른 아침에 떠나 남리역南利驛[593]에 이르렀고, 오후에[594]

---

585 백사정白沙汀 : 전라남도 장흥군 안양면 수문리로 추정된다. 수문리는 '흰모래가 펼쳐져 있는 해변白沙汀' 가운데에 있는 마을로서, 장흥부와 14km로 비교적 가까운 거리이며, 특히 예부터 판옥선과 같은 큰 전선이 정박할 수 있는 포구가 형성되어 있는 곳이다.

586 병영兵營 : 전라남도 강진군 병영면 성동리.

587 (*) 내용 생략. 원문은 '向夜話'이다.

588 가리포加里浦 : 전라남도 완도군 완도읍 군내리.

589 이진梨津 : 전라남도 해남군 북평면 이진리.

590 (*) 내용 생략. 원문은 '到兵營 元公行兇不錄'이다.

591 김경록金敬祿 : 친필 일기에는 '金景祿'(김경록)으로 나와 있다.

592 우수영右水營 : 전라남도 해남군 문내면 선두리·서상리·동외리.

593 남리역南利驛 : 전라남도 해남군 황산면 남리리. 친필 일기에 '男女驛'(남녀역)으로 기록한 것은 이순신의 착오이다.

594 원문에는 '점심을 먹은 후點心後'로 나온다.

해남현海南縣에 도착했다. ○ 소국진蘇國秦[595]을 본영[여수]으로 보냈다.

9월

초1일(갑오) (*잠시暫) 비가 뿌렸다. 새벽에 망궐례望闕禮를 행했다. 일찍 떠나 석제원
石梯院[596]에 이르렀고, (*점심을 먹고) 오후에[597] 영암靈巖에 이르러 향사당鄕社堂에
서 잤다. ○ 정랑正郞 조팽년趙彭年[598]이 보러 왔고, 최숙남崔淑男도 보러 왔다.

초2일(을미) 맑음. 영암에 머물렀다.

초3일(병신) 맑음. 아침에 떠나 나주羅州 신원新院[599]에 이르렀다.[600] 판관判官[원종의元
宗義]을 불러서 이야기하였다. (*고을 안 사정을 물어보았다.)[601] 저물녘에 나주에 (*별
관別館에) 이르렀다. (*종 억만億萬이 신원으로 보러 왔다.)[602]

초4일(정유) 맑음. 나주에서 머물렀다. (*저물 무렵에 나주목사[이복남李福男]가 술병을 들고
와서 권하였다. 일추一秋도 술잔을 들고 권하였다. 이날 아침)[602] 체찰사와 함께 공자孔子
사당에 참배하였다.

초5일(무술) 맑음. 나주에서 머물렀다.

초6일(기해) 맑음. 먼저 무안務安으로 가겠다고 체찰사에게 고하고 길을 떠났다. 고기

---

595 소국진蘇國秦 : 친필 일기에는 '蘇國進'(소국진)으로 나와 있다.

596 석제원石梯院 : 전라남도 강진군 성전면 월평리.

597 오후에 : 원문에는 '이경二更'이라고 나온다.

598 조팽년趙彭年 : 1549~1612. 자字는 기수期叟, 호號는 계음溪陰, 본관은 한양漢陽. 전라남도 강진에서 살
았다. 1549년(명종 4)생으로 이순신보다 4살 아래다. 1576년(선조 9) 문과文科에 급제하여 전의현감
全義縣監과 여산군수礪山郡守를 역임하였다. (『한국역대인물종합정보시스템』; 『한국민족문화대백과사
전』.)

599 신원新院 : 나주목羅州牧 남쪽 35리에 있는 신안원新安院이다. (『신증동국여지승람』.) 지금의 위치는 전
라남도 나주시 왕곡면 신원리이다.

600 원문에는 '점심을 먹고點後'가 뒤에 있다.

601 (*) 내용 생략. 원문은 '招問州事'이다.

602 (*) 내용 생략. 원문은 '奴億萬來謁于新院'이다.

603 (*) 내용 생략. 원문은 '昏牧使佩酒而勸 一秋亦持盃 是朝'이다.

원古基院[604]에 이르니 나주 감목관監牧官 나덕준羅德駿이 뒤쫓아와서 서로 만났다. 이야기하는 중에 의기가 북받치고 감정이 격앙될 일이 많았다. 오랫동안 이야기하고 저물어 무안에 도착했다.[605]

초7일(경자) 맑음. 나 목관羅牧官[덕준]과 무안현감[남언상南彦詳]이 함께 민폐에 대해 한참 동안 이야기하였다. 잠시 후에 정대청鄭大淸[606]이 들어왔다 하므로 청하여 같이 앉아 이야기했다. ○ 늦게 떠나 다경포多慶浦[607]에 이르러 영광군수靈光郡守[608]와 함께 (*이경二更[오후 9~11시]까지)[609] 이야기했다.

초8일(신축) 맑음. 아침 식사에 쇠고기 반찬을 놓았으나 나라의 제삿날[610]이므로 먹지 않았다. (*[먹지] 않고 도로 내놓았다.)[611] 아침 식사 후(*길을 떠나 감목관監牧官에게 가니 감목관과 영광군수가 함께 있었다. 국화 떨기 속에 들어가서 술 두어 잔을 마시었다. 저물녘에)[612] 동산원東山院[613]에 와서 말에게 여물을 먹이고 말을 재촉하여 임치진臨淄鎭[614]에 이르니, 이공헌李公獻[615]의 8살 먹은 딸이 그 사촌의 계집종 수경水卿과 함께 들어와서 인사했다. 공헌公獻을 생각하니 애처로운 마음을 이길 수 없었다. 수경은 버려진 아이로, 이엽李琰[616]의 집에서 데려다 기른 아이이다.

초9일(임인) 맑음. (*일찍 일어나서)[617] 첨사 홍견洪堅[임치첨사]을 불러 적을 방비할 대책을 묻고, 아침 식사 후 뒤쪽 성에 올라가 형세를 살펴보고, 동산원東山院으로 돌

---

604 (*) 내용 생략. 고기원古基院 : 친필 일기에는 '고막원古莫院'으로 되어 있다. 무안현務安縣 동쪽 30리에 있었던 역원驛院으로(『신증동국여지승람』), 지금의 전라남도 함평군 학교면 고막리이다.

605 원문에는 '도착해서 잤다宿'가 있다.

606 정대청鄭大淸 : 1589년 기축옥사己丑獄事(정여립의 모반 사건) 때 억울하게 죽은 무안務安의 선비 정개청鄭介淸의 아우이다.(『선조실록』권162, 선조 36년 5월 6일)

607 다경포多慶浦 : 전라남도 무안군 운남면 성내리.

608 영광군수靈光郡守 : 다경포多慶浦는 지금은 무안 땅에 있으나 조선시대에는 그 지역(무안군 운남면)이 영광 땅이었기 때문에 통제사의 순시에 영광군수가 입회한 것이다.

609 (*) 내용 생략. 원문은 '到二更'이다.

610 나라의 제삿날 : 세조대왕世祖大王의 돌아가신 날이다.

611 (*) 내용 생략. 원문은 '還出'이다.

612 (*) 내용 생략. 원문은 '登途到監牧處 牧官及靈光同在 入菊叢中 飮數盃 暮'이다.

613 동산원東山院 : 조선시대 역원驛院으로, 함평현 서쪽 30리(약 12km)에 있었던 '옹산원瓮山院'이다.(『新增東國輿地勝覽』.) 지금의 전라남도 무안군 현경면 동산리로 추정된다.

614 임치진臨淄鎭 : 전라남도 무안군 해제면 임수리

아왔다. (*점심을 먹은 후)[618] 오후에 함평현咸平縣에 이르렀다. 도중에 한여경韓汝璟을 만났으나 말 위에서 서로 보기 어려우므로 함평으로 들어오라고 일렀다. 현감縣監[손경지孫景祉]은 경차관敬差官을 맞이하러 갔다고 한다. 김억성金億星[619]도 함께 이르렀다.[620]

초10일(계묘) 맑음. (*피곤하고 말馬도 고될 것 같아서)[621] 함평에 머물러 잤다. (*아침朝) 식사 전에 무안 정대청鄭大淸이 와서 함께 이야기하였다. 고을 유생들도 많이 들어와서 폐단에 대해 이야기했다.[622]

11일(갑진) 맑음. 아침을 먹은 후 영광으로 가는 길에서 신경덕辛景德[623]을 만나 잠시 이야기했다. 영광에 이르러서는 군수[김상준金尙寓]가 교서敎書에 숙배한 후 들어와 함께 이야기했다. (*내산월萊山月[624]도 보러 와서 술을 마시며 이야기하다 밤이 깊어서

---

615 이공헌李公獻 : '공헌'은 이영李瑛의 자字이다. 이영은 본관이 함평咸平으로, 거주지는 한성漢城이다. 1548년(명종 3)에 났으니 이순신보다 3년 아래다. 1576년(선조 9)에 무과 중시重試에 합격하고, 온성부사와 회령부사, 전라좌수사 등을 거쳐 1591년에 함경남도 병마절도사에 발탁되었다. 1592년 임진왜란이 일어나자 함경도를 침략한 가등청정加藤淸正의 일본군을 공격하다가 패하고, 회령부 아전 국경인鞠景仁의 반란으로 임해군 등과 함께 일본군의 포로가 되었다. 1593년에 일본군으로부터 석방되자 패전과 적에게 붙은 죄명으로 복주伏誅되었다. (「한국역대인물종합정보시스템」;『한국민족문화대백과사전』;『선조실록』;『湖左水營誌』先生案.)

616 이염李琰 : 자字는 정숙精叔, 본관은 전주全州. 거주지는 한성漢城이다. 1551년(명종 6)에 났으니 이순신보다 6년 아래다. 1580년(선조 13)에 별시別試 무과에 합격하여, 부령부사 등을 역임하였다. 1588년(선조 21)에 함경북도 병마절도사 이일李鎰의 여진족 시전時錢 부락 공격 작전에 좌위左衛 유군장游軍將으로 참전하여 공을 세웠다. 임진왜란 후에는 밀양부사와 경상좌수사 등을 역임하고, 1619년 전라병사를 역임하였다. (「한국역대인물종합정보시스템」;『선조실록』;『광해군일기』; 강신엽, 「朝鮮 中期 李鎰의 關防政策─壯襄公征討時錢部胡圖를 중심으로─」,『學藝誌』제5집, 육군사관학교 육군박물관, 1997.)

617 (*) 내용 생략. 원문은 '早起'이다.

618 (*) 내용 생략. 원문은 '點後'이다.

619 김억성金億星 : 조선사편수회『亂中日記草』(1935)와, 박혜일 등『李舜臣의 日記草』(2007)는 김억창金億昌으로 판독하였다.

620 원문은 '함평에 이르렀다到咸平'이다.

621 (*) 내용 생략. 원문은 '氣困馬疲'이다.

622 이야기했다 : 원문에는 '… 하다가 이경二更에 헤어져 나갔다.'로 나온다.

623 신경덕辛景德 : 친필 일기에는 '辛慶德'(신경덕)으로 나와 있다.

624 내산월萊山月 : '朝鮮史編修會,『亂中日記草·壬辰狀草』, 조선총독부, 1935.(東京 : 第一書房, 1978 復刻.)'에는 '歲山月'(세산월)로 판독하였으나, '萊山月'(내산월)이 올바르다. 내산월은 당시 영광 법성창에 살고 있던 서울 기생이라 한다. (박종평,『난중일기』, 파주 : 글항아리, 2021, 475쪽.)

파했다. 눈이 올 것 같지는 않다.[625])[626]

12일(을사) 비바람이 크게 일었다. 늦게 출발하여 길을 나서서 10리쯤 되는 냇가에 오니 이광보李光輔와 한여경韓汝璟이 술을 가지고 와서 기다리고 있었기 때문에 말에서 내려 함께 이야기하였다. (*비바람이 그치지 않았다.)[627] 안세희安世熙[628]도 왔다. 날이 저물어서 무장茂長[현감 이람李覽[629]]에 도착했다. (*여진女眞)[630]

13일(병오) 맑음. 이중익李仲翼 및 이광보李光輔[631]도 와서 함께 이야기했다. 중익이 군색한 말을 많이 하므로 옷을 벗어 주고, 종일 이야기했다.

14일(정미) 맑음. 하루 또 묵었다. (*여진 20)[632]

15일(무신) 맑음. 체찰사가 고을에 도착했으므로 들어가 인사하고 대책을 의논하였다. (*여진 30)[633]

16일(기유) 맑음. 체찰사가 출발하여 고창高敞으로부터 장성長城에 도착했다.[634]

17일(경술) 맑음. 체찰사와 부사는 입암산성笠巖山城[635]으로 가고, 나 혼자 진원현珍原

---

625 눈이 올 것 같지는 않다 : 이 부분에 대해서, 조선사편수회와 이은상은 '臥無可'(와무가)로, 박혜일 등은 '雪天可'(설천가)로 판독하였으나, 여기서는 박종평의 견해(『난중일기』, 2021, 476쪽)를 좇아 '雪無可'(설무가)로 판독하였다.

626 (*) 내용 생략. 원문은 '萊山月亦來見 酒談向夜而罷 雪無可'이다.

627 (*) 내용 생략. 원문은 '而風雨不止'이다.

628 안세희安世熙 : 1547~1597. 자字는 화일和一, 본관은 순흥順興. 거주지는 한성漢城이다. 1547년(명종 2)에 났으니 이순신보다 2년 아래다. 1572년(선조 5) 별시別試 무과에 합격하여 도총부도사都摠府都事와 영흥부사永興府使 등을 역임하고, 1597년(선조 30) 정유재란 때 전사하였다. (「한국역대인물종합정보시스템」;『한국민족문화대백과사전』.)

629 이람李覽 : 자字는 경명景明, 호號는 송당松塘, 본관은 전주全州. 한성漢城에서 살았다. 1550년(명종 5)생이니 이순신보다는 5년 아래다. 1591년(선조 24)에 문과文科에 합격하였다. 1596년 6월 무장현감茂長縣監에 임명되었다. 상의원정尙衣院正을 역임하였다. (『竹溪日記』;『한국역대인물종합정보시스템』.)

630 (*) 내용 생략. 원문은 '女眞'이다. '女眞'(여진)은 '비밀스런 사항이나 중요한 특이 사항을 이순신 자신만 알 수 있도록 기록해 놓은 문구'라는 견해가 있다. (김주식, 「이순신의 여인들과 관련된 견해에 대한 비판적 검토」,『해양담론』제2호, 도서출판 문현, 2015, 48쪽.)

631 이광보李光輔 : 친필 일기에는 '李光軸'(이광축)으로 나와 있다.

632 (*) 내용 생략. 원문은 '女眞卄'이다.

633 (*) 내용 생략. 원문은 '女眞卅'이다.

634 체찰사가 …… 도착했다 : 원문에는 '체찰사 일행이 고창에 이르러 점심을 먹은 후, 장성에 도착해서 잤다體察一行 到高敞點後 到長城宿'으로 나온다.

635 입암산성笠巖山城 : 전라남도 장성군 북하면 신성리.

縣[636]에 이르러 진원현감[심윤沈崙]과 함께 이야기했다. 종사관從事官[통제사 종사관 황치성黃致誠]도 왔다. 저물어 관청 안에 이르니 두 조카딸이 나와 앉아 있어 오래 못 본 감회를 풀었다. 도로 작은 정자로 나와 현감[심윤] 및 여러 조카들과 함께 밤이 깊도록 이야기했다.

18일(신해) 비가 조금 왔다. 식후에 광주光州에 이르러 목사[최철견崔鐵堅[637]]와 이야기하였다. (*비가 굉장히 퍼붓다가 삼경三更[오후 11시~오전 1시]에 달빛이 대낮 같더니 사경四更[오전 1~3시]부터 도로 비바람이 크게 일어났다. 은개銀介)[638]

19일(임자) 비바람이 크게 일었다. (*아침에 행적行迪이 보러 왔다. 진원珍原 있는)[639] 종사관의 편지 및 윤간尹侃과 (*봉峯)[640] 해荄의 문안 편지도 왔다. ○ 이날 아침 광주목사光州牧使가 와서 함께 아침 식사를 하였다. (*그대로 술이 시작되어 밥을 먹지 않은 채 취해 버렸다. 광주목사의 별실에 들어가 종일 크게 취해 있었다.)[641] ○ 낮에 능성綾城[화순군 능주면]현령[조공근趙公瑾[642]]이 들어와서 곳간을 봉하였다. 광주목사는 체찰사가 파직시켰다고 한다.(*최崔[최철견]의 딸 귀지貴之가 와서 잤다.)[643]

20일(계축) 비가 크게 쏟아졌다. (*아침에 각항各項 사무를 담당한 아전들의 죄를 논하였다. 늦게)[644] 광주목사를 보고 나서 막 길을 떠나려 할 때 명나라 사람 두 명이 이야기하자고 청하므로 술을 대접하였다. (*길을 떠났으나)[645] 종일 비가 내려 멀리 가지 못

---

636 진원현珍原縣 : 전라남도 장성군 진원면 진원리.

637 최철견崔鐵堅 : 1548~1618. 자字는 응구應久, 호는 몽은夢隱, 본관은 전주全州. 한성漢城에서 살았다. 1548년(명종 3)생이니 이순신보다 3년 아래다. 1585년(선조 18)에 문과文科에 장원급제하여 전라도 도사都事를 역임하였다. 1592년 임진왜란이 일어난 후 광주목사光州牧使를 지내고, 후에 황해도 관찰사와 호조참의 등을 지냈다.(『한국역대인물종합정보시스템』,『한국민족문화대백과사전』.)

638 (*) 내용 생략. 원문은 '雨勢大作 三更月色如書 四更風雨大作 銀介'이다. 은개銀介는 사람 이름인 듯하다. '銀介'를 조선사편수회와 박혜일 등은 '領台'(영태)로 판독하였으나, '銀介'가 옳다.

639 (*) 내용 생략. 원문은 '朝行迪來見 在珍原'이다.

640 (*) 내용 생략. 원문은 '峯'이다.

641 (*) 내용 생략. 원문은 '因作酒不食而醉 入光牧別室處 大醉終日'이다.

642 조공근趙公瑾 : 1595년 7월~1596년 12월 사이에 능성현령綾城縣令을 역임하였다. (1899년,『綾州郡邑誌』, 奎10892)

643 (*) 내용 생략. 원문은 '崔女貴之來宿'이다.

644 (*) 내용 생략. 원문은 '朝各項色吏論罪 晚'이다.

645 (*) 내용 생략. 원문은 '出來'이다.

하고 화순和順에 이르러 잤다.

21일(갑인) 비가 오다 개다 하였다. 일찍 능성綾城에 이르러 최경루最景樓에 올라가서 연주산連珠山을 바라보았다. (*이 고을 현령이 술을 권하므로 잠깐 취하고 헤어졌다.)[646]

22일(을묘) 맑음. (*각항各項 사무를 담당한 아전들의 죄를 논하였다.)[647] 늦게 출발하여 이양원李楊院[648]에 이르니 해운판관海運判官[649]이 먼저 와서 나의 행차를 보고 서로 이야기하기를 청하므로 함께 이야기하였다. 저물게 보성군寶城郡에 이르러 잤다. (*몸이 몹시 고단하여 잤다.)[650]

23일(병진) 맑음. [보성군에] 머물렀다. 나라의 제삿날[651]이라 공무를 보지 않았다.

24일(정사) 맑음. 일찍 떠나서 선 병사宣兵使[선거이宣居怡]의 집에 이르니 선宣의 병이 극히 위중하여 염려스러웠다. 저물녘에 낙안樂安에 이르러 잤다.

25일(무오) 맑음. (*담당 아전 및 선중립宣仲立의 죄를 논하였다.)[652] 순천에 이르러 부사[배응경裵應褧[653]]와 함께 이야기하였다.[654]

26일(기미) 맑음. (*일 때문에)[655] 머물렀다. (*저녁에夕) 순천부順天府 백성들이 나를 위해 고기와 술을 올리겠다고 청하였다. 굳이 사양했으나 부사府使의 간청으로 잠깐 마시고 헤어졌다.

27일(경신) 맑음. 일찍 떠나서 [어머님의] 임시 거처에 도착하여 어머님을 뵈었다.[656]

---

646 (*) 내용 생략. 원문은 '主倅請酒 故暫醉而罷'이다.

647 (*) 내용 생략. 원문은 '朝各項論罪'이다.

648 이양원李楊院 : 전라남도 화순군 이양면 이양리에 있던 조선시대 역원.

649 해운판관海運判官 : 조선시대 전함사典艦司에 소속되어 충청도와 전라도의 조운漕運 임무를 담당하던 관원. (이홍직, 『國史大事典』, 민중서관, 1997)

650 (*) 내용 생략. 원문은 '氣甚困宿'이다.

651 나라의 제삿날 : 태조대왕太祖大王 비 신의왕후神懿王后 한씨韓氏의 돌아가신 날이다.

652 (*) 내용 생략. 원문은 '色吏及宣仲立論罪'이다.

653 배응경裵應褧 : 1544~1602. 자字는 회보晦甫, 호는 안촌安村, 본관은 성주星州. 경상북도 성주에서 살았다. 1544년(중종 39)생으로 이순신보다 1살 위이다. 1576년(선조 9)에 문과文科에 급제한 후 1595년 10월에 순천부사順天府使, 1597년 2월에 나주목사羅州牧使로 임명되었다. 후에 대구부사大丘副使를 역임하였다. (『한국역대인물종합정보시스템』;『한국민족문화대백과사전』;『선조실록』;『竹溪日記』.)

654 원문은 '취해서 이야기했다醉話'이다.

655 (*) 내용 생략. 원문은 '以事留'이다.

656 원문은 '부發到覲'(일찍 출발하여 도착해서 뵈었다.)이다.

28일(신유) 맑음. 남양南陽 숙부叔父의 생신이므로 본영으로 왔다.

29일(임술) 맑음. 식후 동헌東軒에 나가서 공무를 보았다. (*종일 앉아서 사무를 보았다.)[657]

30일(계해) 맑음. (*옷 담아 둔 농을 꺼내 놓고 뒤져 보다가, 2통筒은 고음천古音川[모친이 계신 곳]으로 보내고, 1통은 본영에 남겨 두었다. 저녁때)[658] 선유군관宣諭軍官[659] 신석申析[660]이 와서 군사들에게 위로연을 베풀 날짜를 말하였다.

10월

초1일(갑자) 비 오고 큰바람이 불었다. 새벽에 망궐례를 행하고, 어머님을 뵈러 즉시 출발하였다. (*가는 길에 신 사과愼司果가 임시로 사는 곳에 들러 몹시 취해 돌아왔다.)[661]

초2일(을축) 맑았으나 큰바람 때문에 배가 움직이지 못했다. (*청어잡이 배가 들어왔다.)[662]

초3일(병인) 맑음. (*새벽에 배를 움직여)[663] 어머님을 모시고 일행과 함께 배에 올라 본영으로 돌아와서 종일토록 즐거이 모시니 다행 다행이다. (*흥양현감이 술을 가지고 왔다.)[664]

초4일(정묘) 맑음. (*식후에 객사客舍)[665] 동헌東軒에 나가서 (*종일終日) 공무를 보았다. (*저녁때夕) 남해현령南海縣令[박대남]이 (*그 소실을 거느리고)[666] 왔다.

초5일(무진) 흐림. (*남양 숙부 집안 제삿날이라 일찍 부르므로 갔다가 왔다.)[667] 남해현령과

---

657 (*) 내용 생략. 원문은 '終日坐衙'이다.
658 (*) 내용 생략. 원문은 '朝反閱衣籠 二筒送于古音川 一筒共留于營中 夕'이다.
659 선유군관宣諭軍官 : 친필 일기에는 '선유관宣諭官'으로 되어 있다. 임금의 말 또는 글을 전하는 직책으로, 임시로 내는 벼슬이다.
660 신석申析 : 친필 일기에는 '申拆'(신탁)으로 되어 있다.
661 (*) 내용 생략. 원문은 '路入愼司果寓所 大醉而歸'이다.
662 (*) 내용 생략. 원문은 '靑魚船入來'이다.
663 (*) 내용 생략. 원문은 '曉回船'이다.
664 (*) 내용 생략. 원문은 '興陽酒持來'이다.
665 (*) 내용 생략. 원문은 '食後 客舍'이다.
666 (*) 내용 생략. 원문은 '率其房人'이다.
667 (*) 내용 생략. 원문은 '南陽叔主大祭早招 故往來'이다.

<선묘조제재경수연도宣廟朝諸宰慶壽宴圖>. 총 5면 중 3면. 『의령남씨 가전화첩』 중에서.
1605년(선조 38) 4월 의령남씨 남이신南以信을 포함한 13명의 관리들이 각자 70세 이상의 노모를 모시고
삼청동 공해公廨에서 벌였던 경수연을 그린 것이다.

이야기했다. (*비 올 징조가 많았다. 순천부사는 석보창石保倉[668]에서 잤다.)[669]

초6일(기사) 비바람이 크게 일어났다. (*이날은 잔치를 차리지 못하고 이튿날로 물리었다. 늦게)[670] 흥양현감[홍유의洪有義[671]]과 순천부사[배응경裵應褧]가 들어왔다.

초7일(경오) 맑음. (*맑고 따스했다.)[672] 일찍 어머님을 위한 수연壽宴[장수를 축하하는 잔치]을 베풀고 종일토록 매우 즐기니 다행 다행이다. (*남해현령은 조상의 제삿날이

---

668 석보창石保倉 : 전라남도 여수시 여천동

669 (*) 내용 생략. 원문은 '多有雨徵 順天宿石保倉'이다.

670 (*) 내용 생략. 원문은 '是日不能設行 退于翌日 晚'이다.

671 홍유의洪有義 : 자字는 의로宜老, 본관은 남양南陽. 거주지는 한성漢城이다. 1557년(명종 12)에 났으니 이순신보다 12년 아래다. 1589년(선조 22)에 증광시 생원 2등 22위로 합격하였으며, 임진왜란 후 무과 시험에 응시하여 급제하였다. 관직은 흥양현감興陽縣監 · 의성현감義城縣監 · 만포첨사滿浦僉使 · 안변부사安邊府使 및 충청도 · 전라도 병마절도사, 제주목사濟州牧使 등을 역임하고, 1615년(광해군 7)에 종성부사鍾城府使를 지냈다. (「한국역대인물종합정보시스템」; 『한국민족문화대백과사전』; 『선조실록』; 『광해군일기』.)

672 (*) 내용 생략. 원문은 '晴而溫和'이다.

어서 먼저 돌아갔다.)[673]

초8일(신미) 맑음. 어머님께서 평안하시니 다행 다행이다. 순천부사[배응경]와 작별 술잔을 나누고 보냈다.

초9일(임신) 맑음. (*공문을 처결하여 보냈다.)[674] 종일토록 어머님을 모셨다. (*내일 진중으로 돌아가는 것을 어머님이 퍽 서운해하시는 기색이었다.)[675]

초10일(계유) 맑음. (*삼경三更[오전 11시~오전 1시] 말에 뒷방으로 갔다가 사경四更[오전 1~3시] 초에 다락방으로 돌아왔다. 정오에)[676] 어머님께 하직 인사를 드리고, 미시未時[오후 1~3시]에 배를 탔다. 바람 따라 돛을 달고서 밤새도록 노를 재촉해 진陣[한산도]으로 돌아왔다.

초11일(갑술) 맑음.

□ 10월 12일부터 다음해(丁酉) 3월까지는 빠졌음.

(*) 친필 일기의 「일기 외 기사」 (6) 번역문과 원문
(이 기록은 비망록備忘錄으로 보인다.)

10월 9일. 진무성이 청어 4400두름을 싣고 왔다.

병丙[丙申, 1596] 9월 29일. 을미년乙未[1595]에 베어 낸 대나무의 숫자를 다시 계산했더니 91부浮[677]다. 창고 안에 넣었다.

병신[1596] 5월 23일. 상품의 대죽上大竹 30개, 차죽 60개, 중죽 60개, 합계

---

673 (*) 내용 생략. 원문은 '南海以其忌先歸'이다.
674 (*) 내용 생략. 원문은 '公事題送'이다.
675 (*) 내용 생략. 원문은 '明日入陣事 天只多有不平色'이다.
676 (*) 내용 생략. 원문은 '三更末到後房 四更頭還來樓房 午時'이다.
677 부浮 : 화살대 한 묶음. '부部'로도 쓴다. 선조 때 1부部는 30개였다.(『선조실록』 권219, 선조 40년 12월 12일 경오, "長片箭則以三十箇爲一部")

150개를 받았다. 박옥·옥지·무재 등이 [화살대를] 만들어 납부했다.

계계稧에 납입할 물건 안에 기름 먹인 두꺼운 종이油芚 10장丈, 기름 먹인 종이油紙 2장丈, 만장지挽章紙 10장丈, 상지常紙 15권, 백지 2권이 있다.

병신[1596] 3월 6일에 왔다. 육냥궁六兩弓이 6장張이다. 후궁帿弓 8장張 안에 1장은 울蔚의 궁弓이다. 세궁細弓은 2장이다.
병丙[丙申, 1596] 9월 30일. 무겁고 완전한 옷重完 중에 20개가 있고, 흰 것 9개가 있다. 또한 사용한 것이 50개가 있다. 합해서 3통通 29이다.

2월 26일. 대죽과 중죽의 상품이 57개이다.

고기를 잡아서 군량을 지원한 사람捉魚繼餉들이다.
　　　임달영은 제주의 농사짓는 소를 바쳤다.
　　　송한련, 갑사 송한–실적이 첫째首, 갑사 송성宋晟, 이종호, 황득중, 오수, 박춘양, 유충세, 강소작지, 강구지는 모두 상을 주어야 할 것.
군량을 모아 지원하는 역할을 담당하는 책임자繼餉有司들이다.
　　　납속참봉納粟參奉 조응복.
　　　유학 하응문·유기룡은 같이 힘씀.
　　　정正 김덕린.

대구大口. 훈련원정訓正 김계신金繼信, 창신도 감목.[678]

十月初九日 陳武晟載來靑魚四千四百多音.

丙九月卄九日 乙未刈竹改計 則九十一浮 入內庫.

丙申五月卄三日 上大竹卅介 次竹六十介 中竹六十介 合一百五十介 朴玉

---

678 이 기사의 번역은, 박종평, 『난중일기』(파주 : 글항아리, 2021), 704~706쪽을 참고하였다.

·玉只·武才等受 造納.

　禊納物件內 油屯十丈 油紙二丈 挽章紙十丈 常紙十五卷 白紙二卷.

　丙申三月初六日來 六兩弓六張內 帿弓八張內 一張蔚弓 細弓二張.
　丙九月卅 重完內 卄 白九 又用又伍什 合在三通卄九.

　二月卄六日 大竹 中竹 上品五十七介

　　捉魚繼餉
　　任達英 濟州農牛
　　宋漢連 甲士 宋漢 首宋晟 李宗浩 黃得中 吳壽 朴春陽 柳忠世 姜所作只
　姜仇之 幷褒賞事.
　　繼餉有司
　　納粟參奉曺應福
　　幼學河應文·柳起龍同力
　　正金德獜

　　大口 訓正金繼信 昌信島監牧.[679]

---

679 친필 일기의 이 '일기 외 기사'를 활자화活字化하는 작업은, '朝鮮史編修會,『朝鮮史料叢刊 第六 亂中日記
草·壬辰狀草』, 조선총독부, 1935.(東京 : 第一書房, 1978 復刻.)', '박혜일·최희동·배영덕·김명섭,『李舜臣
의 日記草』(서울 : 조광출판인쇄, 2007.)'을 참고하였다.

이충무공전서 권8

난중일기 4

정유년丁酉年

[1597년, 선조 30, 이순신 53세]

〈참고1〉

친필 일기 '정유일기'는 두 종류가 있는데, 편의상『정유일기 I』과『정유일기 II』로 나눈다. 이 책들은 8월 4일부터 10월 8일까지 중복되어 쓰여 있다.『정유일기 I』은 간지가 틀리나『정유일기 II』는 간지가 바로잡혀 있고, 내용이 약간 더 상세하다.『이충무공전서』「난중일기」편찬자는 이를 따로따로 옮기지 않고 하나로 묶어서 편찬하였다. 여기서는『이충무공전서』「난중일기」의 체제에 따라 번역하면서, 각각의 원문은 따로 구분되도록 정리하였다.

4월

초1일(신유) 맑음. 옥문[1]을 나왔다.[2] 남문南門[남대문·숭례문] 밖 윤간尹侃[이순신 누이의 사위]의 종의 집에 이르러 봉菶, 분芬, 울蔚, 사행士行[윤간의 자字], 원경遠卿 등과 한방에 함께 앉아 오래도록 이야기하였다. 지사知事 윤자신尹自新이 와서 위로하고, 비변랑備邊郎 이순지李純智[이순신李純信의 형兄]가 보러 왔다. (*울적한 마음

---

1 옥문 : 원문의 "圓門"(원문)은 감옥의 문을 일컫는다. 이순신은 의금부 감옥에 갇혔었다. 의금부는 왕명을 받들어 죄인을 추국하는 일을 맡은 관청으로, 지금의 서울특별시 종로구 공평동 100번지에 있었다.

2 통제사에서 파직된 이순신은 1597(선조 30, 정유) 2월 26일에 한산도를 떠났으며(「行錄」), 7일 만인 3월 4일에 의금부 감옥에 수감되고, 3월 30일에 임금의 풀어 주라는 지시가 내렸으며, 4월 1일 오전에 석방되었다. (『竹溪日記』,『養浩堂日記』.)

을 한층 이기기 어려웠다.)³ 지사가 돌아갔다가 저녁 식후에 술을 가지고 다시 왔다. 기헌耆獻[윤자신의 아들]도 왔다. (*정으로 권하며 위로하기로 사양할 수 없어 억지로 술을 마시고 몹시 취했다.)⁴ 영공令公⁵ 이순신李純信이 술병을 차고 또 와서 함께 취하며 성심을 다하였다. 영의정[유성룡], 판부사判府事 정탁鄭琢, 판서 심희수沈喜壽⁶, 찬성贊成 김명원金命元, 참판參判 이정형李廷馨⁷, 대사헌大司憲 노직盧稷⁸, 동지同知 최원崔遠, 동지 곽영郭嶸 등이 사람을 보내어 문안했다. (*취하여 땀이 몸을 적셨다.)⁹

초2일(임술) 비가 종일토록 내렸다. 여러 조카들과 함께 이야기하였다. 방업方業¹⁰이 음식을 풍성히 차려 가지고 왔다. (*필공筆工을 불러 붓을 매게 하였다. 어두울 무렵에 성으로 들어가 정승[영의정 유성룡]과 이야기하다가 닭이 울어서야 헤어져 나왔다.)¹¹

---

3 (*) 내용 생략. 원문은 '不勝增嗟'이다.

4 (*) 내용 생략. 원문은 '以情勸慰 不能辭阻 强飮極醉'이다.

5 영공令公 : 정3품과 종2품의 관원을 일컫던 말. '영감'으로도 부른다.

6 심희수沈喜壽 : 1548~1622. 자字는 백구伯懼, 호號는 일송一松, 본관은 청송靑松. 한성漢城에서 살았다. 1548년(명종 3)생으로 이순신보다 3년 아래다. 1572년(선조 5)에 문과文科에 합격하고, 1592년 임진왜란 때는 의주로 선조를 호종하여 도승지都承旨로 승진하고 대사헌大司憲이 되었다. 특히 중국말을 잘했으며, 형조판서와 호조판서, 명나라 경략經略 송응창宋應昌의 접반사接伴使를 역임하였다. 뒤에 좌찬성과 우찬성 등을 거쳐 우의정에 올랐으며, 청백리淸白吏에 뽑히고 좌의정을 지냈다. 사후에 상주尙州 봉암사鳳巖祠에 제향되었고, 시호는 문정文貞이다. (『한국역대인물종합정보시스템』;『한국민족문화대백과사전』.)

7 이정형李廷馨 : 1549~1607. 자字는 덕훈德薰, 호는 지퇴당知退堂, 본관은 경주慶州. 한성漢城에서 살았다. 1549년(명종 4)생으로 이순신보다는 4년 아래다. 연안 대첩으로 유명한 이정암李廷馣의 아우다. 불과 20세 때인 1568년(선조 1)에 문과에 급제하여 여러 관직을 거쳤고, 1592년 임진왜란 때는 우승지右承旨로 임금을 호종하였다. 경기도 관찰사와 이조참판, 대사헌 등을 지냈다. 전쟁이 끝난 후에는 조정의 알력 반목이 심함을 보고 물러나 학문 연구에 몰두하는 한편, 『동각잡기東閣雜記』·『황토기사黃兎記事』·『용사기사龍蛇記事』·『지퇴당집知退堂集』 등 저술을 남겼다. (『한국역대인물종합정보시스템』;『한국민족문화대백과사전』.123

8 노직盧稷 : 1548~1618. 자字는 사형士馨, 본관은 교하交河. 한성漢城에서 살았다. 1545년(인종 원년)에 나니 이순신과 같은 나이다. 40세 때인 1584년(선조 17)에 문과에 급제하였다. 임진년에 선조宣祖의 수레를 따라 행재소行在所에 가서 병조참판兵曹參判이 되고, 1595년 대사헌大司憲, 1596년 동지중추부사同知中樞府事, 1597년 호조참의戶曹參議를 역임하였다. 전쟁이 끝난 후에 벼슬이 병조판서兵曹判書·판중추부사判中樞府事에까지 이르렀다. 특히 글씨를 잘 썼는데, 예서隷書와 전서篆書에 뛰어났다. (『한국역대인물종합정보시스템』;『한국민족문화대백과사전』;『竹溪日記』.

9 (*) 내용 생략. 원문은 '醉汗沾身'이다.

10 방업方業 : 이순신의 장인 방진方震과 10촌 간으로, 명나라를 드나들며 무역으로 많은 재산을 일군 인물이라고 한다. (방성석, 「방진 칼럼방」, https://cafe.daum.net/jjmkssm1545-1598/izm6/125)

초3일(계해) 맑음. 일찍 남쪽으로 길을 떠났다. 금오랑金吾郎[금부도사의 별칭] 이사빈 李士贇, 서리書吏 이수영李壽永, 나장羅將 한언향韓彦香은 먼저 수원부水原府[12]에 도착하였다. 나는 인덕원仁德院[13]에서 말에게 여물을 먹이고秣馬[14] (*조용히 누워 쉬다가)[15] 저물어서 수원에 들어가 잤다.[16] (*경기체찰사京畿體察使[17] 수하의 이름도 모르는 군사의 집에서 잤다.)[18] 신복룡愼伏龍이 우연히 왔다가 내 행색을 보고 술을 갖추어 가지고 와서 위로하였다. 수원부사 유영건柳永健이 보러 왔다.

초4일(갑자) 맑음. 일찍 길을 떠나 독성禿城[19]아래 이르니 판관 조발趙撥이 장막을 설치하고 술을 갖추어 놓았다. (*[놓]고 기다렸다. 취하도록 마시고 길을 떠나 바로 진위구로振威舊路[20]를 거쳐 냇가[오산천]에서 말을 쉬고 오산 황천상의 집에 이르러 점심을 먹었다.)[21] 오산吾山[22] 황천상黃天祥의 집에서 대접을 받고, 진위振威[23]에 이르렀다. 황黃은 내 짐이 무겁다고 말을 내어 실어 보내니 고맙기 그지없었다. 수탄水灘[24]을

---

11 (*) 내용 생략. 원문은 '招筆工束筆 昏入城 與相夜話 鷄鳴而罷出'이다.

12 수원부水原府 : 지금의 경기도 화성시 안녕동 일대. 곧 화산花山 남쪽 융릉(사도세자 능)과 건릉(정조대왕 능) 일대이다. 융·건릉 일대에 있었던 수원부는 1789년(정조 13)에 팔달산에 새롭게 건설된 화성華城으로 옮겼다.

13 인덕원仁德院 : 경기도 안양시 동안구 관양동에 있었던 조선시대 역원驛院.

14 말에게 여물을 먹이고秣馬 : '말마秣馬'가 친필 일기에는 '헐마歇馬'(말을 쉬게 하고)로 되어 있다.

15 (*) 내용 생략. 원문은 '從容臥息'이다.

16 의금부에서 수원부까지 이순신이 이동한 길은, 의금부-숭례문-동작나루-남태령-인덕원-수원부이다. (해군역사기록관리단, 『충무공 이순신 백의종군로 고증』, 2015)

17 경기체찰사京畿體察使 : 경기·황해·평안·함경도 도체찰사를 가리킨다. 강원·충청·전라·경상도 도체찰사는 경상도 체찰사로도 불렸다. 당시 경기체찰사는 영의정 유성룡이, 경상도 체찰사는 우의정 이원익이 겸하고 있었다. (『선조실록』 권71, 선조 29년 1월 4일 신미; 같은 책 권92, 선조 30년 9월 22일 기유; 『죽계일기』 1602년 1월 24일)

18 (*) 내용 생략. 원문은 '京畿體察使牙兵名不知家'이다.

19 독성禿城 : 경기도 오산시 지곶동 독산성

20 진위구로振威舊路 : 옛 수원부(융건릉)에서 진위현振威縣(경기도 평택시 진위면 봉남리)에 이르는 옛길. 옛 수원부에서 독산성 북쪽 아래 양산동을 지나, 독산성 동쪽 지금의 오산로와 오산대교를 따라 옛 청호역(지금의 오산시 청호동 및 평택시 진위면 청호리)을 거쳐 진위현에 이르는 길이다. (해군역사기록관리단, 『충무공 이순신 백의종군로 고증』, 2015, 80-81쪽.)

21 (*) 내용 생략. 원문은 원문은 '以待 到飮醉登直由振威舊路 川邊歇馬 到吾山黃天祥家點心'이다.

22 오산吾山 : 경기도 오산시 오산동烏山洞.

23 진위振威 : 경기도 평택시 진위면 봉남리.

거쳐 평택현²⁵ 이내은손李內隱孫²⁶의 집에 이르니, 대접이 매우 은근하였다. (*자는 방이 아주 좁고 불까지 때서 땀을 흘렸다.)²⁷

초5일(을축) 맑음. 해가 뜨자 길을 떠나, 바로 분산墳山²⁸에 이르러 울며 절하였다. (*수목이 두 번이나 들불을 겪고 타 죽어 차마 볼 수가 없었다. 산소에 나아가 울며 절하고 한참 동안 일어나지 못하였다. 저녁때가 지나서 외가로 내려가 사당에 절하였다.)²⁹ 그 길로 조카 뇌蕾의 집에 이르러 선대의 사당에 절하였다. 들으니, 남양南陽 숙부가 세상을 떠났다고 한다. (*저물어 집에 이르러 장인 장모님의 신위 앞에 절하고, 바로 작은 형수와 여필汝弼의 부인인 제수의 제사神祀를 올렸다. 잠자리에 들었으나, 마음이 편치 않았다.)³⁰

초6일(병인) 맑음. 멀고 가까운 친척과 아는 이들³¹이 모두 와서 모여, 오래 못 본 정들을 풀고 갔다.

초7일(정묘) 맑음. 금오랑金吾郎[금부도사]이 아산현에서 왔기에 내가 가서 정성껏 대접하였다. 홍 찰방洪察訪[홍군우], 이 별좌李別坐[이숙도], 윤효원尹孝元이 보러 왔다. 금오랑은 홍백興伯[변존서]의 집에서 잤다.

초8일(무진) 맑음. (*아침에朝) 신위神位를 진설하여 남양 숙부를 곡하고 복服[상복]을 입었다. (*늦게 흥백興伯의 집에 가서 이야기하였다. 강 계장姜稧長이 세상을 떠나 나는 그 집에 가서 조상하고, 오는 길에 홍석견洪石堅의 집에 들렀다.)³² 늦게 흥백興伯의 집에 가서 금부도사를 대접하였다.

---

24 수탄水灘 : 경기도 평택시 칠원동 옛 갈원葛院으로 추정됨. (해군역사기록관리단, 『충무공 이순신 백의종군로 고증』, 2015, 82-84쪽.)

25 평택현平澤縣 : 경기도 평택시 팽성읍 객사리. 지금은 경기도에 속해 있으나 조선시대에는 충청도에 편입되어 있었다.

26 이내은손李內隱孫 : 친필 일기에는 '이내은손李內𨾱孫'으로 되어 있다.

27 (*) 내용 생략. 원문은 '宿房甚窄 炊熱汗流'이다.

28 분산墳山 : 선영先塋. 이순신의 선영은 지금의 충청남도 아산시 음봉면 삼거리 산 2-1번지 어라산 일대에 있었다. 지금도 그곳에는 이충무공 묘소를 비롯한 이순신 일가의 묘소가 있다. 그래서 이순신은 부친의 묘소라 하지 않고 분산 곧 선영(선산)이라 했던 것이다. (해군역사기록관리단, 『충무공 이순신 백의종군로 고증』, 2015, 138쪽.)

29 (*) 내용 생략. 원문은 '樹木再經野火 樵瘁不忍見也 拜哭墓下 移時不起 乘夕下來外家 拜于祠堂'이다.

30 (*) 내용 생략. 원문은 '暮到本家 拜聘父母神位前 卽上季兄及汝弼嫂神祀 就寢 心懷不平'이다.

31 아는 이들 : 원문에는 '친구親舊'로 나온다.

32 (*) 내용 생략. 원문은 '晚往于興伯家話 姜稧長永世 余往弔 因見洪石堅家'이다.

초9일(기사) 맑음. 동네 안에서 각기 술병을 들고 와서 멀리 가는 길을 위로하므로 인정상 거절하지 못하고 몹시 취하여 헤어졌다. (*홍군우洪君遇는 노래를 부르고, 이 별좌李別坐도 노래를 부르는데, 나는 노래를 들어도 즐겁지 않았다.)[33] 금부도사는 술을 잘 마시는데, 흐트러짐이 없었다.

초10일(경오) 맑음. 아침 식후에 홍백興伯의 집에 이르러 금부도사와 함께 이야기했다. (*늦게 홍 찰방洪察訪과 이 별좌李別坐 형제, 윤효원尹孝元 형제가 보러 왔다. 이언길李彦吉과 허제許霽가 술병을 차고 왔다.)[34]

11일(신미) 맑음. 새벽에 꿈이 몹시 심란하여 마음이 매우 언짢았다. (*이루 다 말할 수 없었다. 덕德이를 불러 대강 이야기하고, 또 아들 울蔚에게 이야기하였다. 마음이 매우 언짢아서 취한 듯 미친 듯 마음을 걷잡을 수가 없으니 이것은 무슨 징조인가.)[35] 병드신 어머님을 생각하며 눈물이 흐르는 것을 깨닫지 못하였다. 종奴을 보내서 소식을 알아 오게 하였다. 금부도사는 온양溫陽으로 돌아갔다.

12일(임신) 맑음. 종 태문太文이 안흥량安興梁[36]으로부터 들어와 편지를 전하는데, (*어머님의 기력은 아주 쇠약하시나) 초9일 어머님과 위아래 여러 사람이 무사히 안흥安興에 닿았다고 한다. (*법성포法聖浦[37]에 이르러 자고 있을 때, 닻이 끌려 떠내려가서 배에 머무른 지 엿새 만에 서로 헤어졌다가 무사히 만났다고 한다.)[38] 아들 울蔚을 먼저 바닷가로 보냈다.

13일(계유) 맑음. 일찍 아침을 먹고 어머님을 마중하려고 바닷가로 가는 길에, 홍 찰방洪察訪 집에 잠깐 들러 이야기하는 동안, 울이 종 애수愛壽를 보내서 말하기를, "아직 배가 도착했다는 소식이 없다."라고 했다. 또 들으니, 황천상黃天祥이 (*술병을 들고) 홍백興伯의 집에 왔다 하므로 홍洪과 작별하고 홍백의 집에 이르렀다. 조금 있다가 종 순화順花가 배에서 와서 어머님의 부음을 알린다. 뛰쳐 나가

---

33 (*) 내용 생략. 원문은 '洪君遇唱 李別坐亦唱 余則聞不樂而已'이다.
34 (*) 내용 생략. 원문은 '晩洪察訪李別坐昆季尹孝元昆季來見 李彦吉許霽佩酒來'이다.
35 (*) 내용 생략. 원문은 '不能悉道 招德略言 又說㹠蔚 心懷極惡 如醉如狂 不能定情 是乃何兆'이다.
36 안흥량安興梁 : 충청남도 태안군 근흥면 정죽리·신진도리.
37 법성포法聖浦 : 전라남도 영광군 법성면 법성리·진내리.
38 (*) 내용 생략. 원문은 '而行道法聖浦泊宿時 碇曳浮流 留船六日 相離而得逢'이다.

가슴을 치며 발을 구르니 하늘의 해조차 캄캄하다. 곧 해암蟹巖[39]으로 달려가니 배는 벌써 와 있었다. (*길에서 바라보며) 통곡하고 찢어지는 아픔을 이루 다 적을 수가 없다. 뒷날 적었다.

14일(갑술) 맑음. 홍 찰방洪察訪과 이 별좌李別坐가 들어와 곡하고 관을 짰는데, 관은 본영에서 준비해 가지고 온 것으로 조금도 흠 있는 곳이 없다고 한다. 뒷날 적었다.[40]

15일(을해) 맑음. 늦게 입관했다. 오종수吳從壽[41]가 장사에 관한 모든 것을 주관하여 정성껏 해 주니, 뼈가 가루가 되어도 잊기 어렵다. (*관에 대해서는 다른 유감이 없으니 이것만은 다행이다.)[42] 천안군수가 들어와서 장사 일을 돌봐 주고,[43] 전경복全慶福 씨가 연일 상복 만드는 일 등에 성심을 다해 주니 슬프고 감사한 말을 어찌 다 하랴. 뒷날 적었다.

16일(병자) 흐리고 비가 왔다. 배를 끌어 중방포中方浦[44]에 옮겨 대어, 영구를 상여에 싣고 집으로 돌아왔다. 마을을 바라보고 통곡하며 찢어지는 아픔을 어떻게 다 말하랴. 집에 이르러 빈소를 차렸다. 비는 억수같이 쏟아지고, (*나는 기력이 다 빠진 데다가)[45] 남쪽 길이 또한 급박하니 부르짖으며 울었다. 다만 어서 죽기를 기다릴 따름이다. 천안군수가 돌아갔다. 뒷날 적었다.

17일(정축) 맑음. 금오金푬[의금부] 서리 이수영李壽永[46]이 공주公州로부터 와서 어서 가자고 재촉하였다. 뒷날 적었다.

18일(무인) 비가 종일토록 내렸다. 몸이 몹시 불편하여 (*나가 보지도 못하고,)[47] 그저 빈소 앞에서 곡만 하다가 종 금수今守의 집으로 물러 나왔다. (*늦게 계원 전체가 나 있

---

39 해암蟹巖 : 충청남도 아산시 인주면 해암리 197-2. '게바위'로 일컫는다.

40 뒷날 적었다 : 원문에는 없다. 친필 일기의 13일에만 있고, 그 이후로 나오는 것은 원문에는 없는 『전서』편 찬자가 임의로 삽입한 내용이다.

41 오종수吳從壽 : 친필 일기에는 '오종수吳終壽'로 되어 있다.

42 (*) 내용 생략. 원문은 '附棺無悔 是則幸也'이다.

43 장사 일을 돌봐 주고 : 원문은 "치행治行"으로, 그 본뜻은 '길 떠날 채비를 차린다.'는 것이다. 그러나 여기서 '行'은 '장사 지낸다.'는 의미로 쓰였다. (教學社, 『敎學大漢韓辭典』, 1998.)

44 중방포中方浦 : 충청남도 아산시 염치읍 중방리.

45 (*) 내용 생략. 원문은 '余則 氣力憊盡'이다.

46 이수영李壽永 : 원문에는 이수영李秀榮으로 나온다.

47 원문은 '不能出頭'이다.

는 곳으로 모여 와서 계禊[48] 일을 의논하고 헤어졌다.)[49] 뒷날 적었다.

19일(기묘) 맑음. 일찍 길을 떠나며, 어머님 영전에 울며 하직하였다. (*을 고하고 울며 부르짖었다. 어찌하랴, 어찌하랴.)[50] 천지간에 어찌 나와 같은 사정이 있을 것인가. 어서 죽는 것만 같지 못하구나. 뇌蕾의 집에 이르러 선조의 사당에 하직을 고하고, (*그 길로 금곡金谷[51] 강 선전姜宣傳의 집 앞에 이르러 강정姜晶 씨와 강영수姜永壽 씨를 만나 말에서 내려 곡하였다.)[52] 그 길로 보산원寶山院[53]에 이르니, 천안군수가 먼저 와 말에서 내려 냇가에서 쉬고 있었고, 임천군수林川郡守 한술韓述이 (*중시重試 보러)[54] 서울에 올라가면서 앞길을 지나다가 나의 일행이 있다는 말을 듣고 들어와서 조문하고 갔다. 아들 회薈·면葂, 그리고 봉菶·해荄·분芬·완莞과 변 주부卞主簿[변존서] 등이 함께 천안까지 따라왔다. 원인남元仁男도 보러 왔기에 작별한 후 말에 올랐다. 일신역日新驛[55]에 이르러 잤다. 저녁에 비가 뿌렸다. 뒷날 적었다.

20일(경진) 맑음. 공주公州 정천동定天洞[56]에서 아침을 먹고, 저녁에 이성尼城[57]에 닿으니 이 고을 현감이 정성껏 대접해 주었다. (*군청 동헌에서 잤다.)[58] 김덕장金德章이 우연히 와서 서로 만났고, 도사都事도 와서 봤다.

21일(신사) 맑음. 일찍 떠나 은원恩院[59]에 이르니, 김익金瀷[60]이 우연히 왔다고 한다.

---

48 계禊 : 어떤 목적 아래 조직된 단체. 원래는 '契'이다.

49 (*) 내용 생략. 원문은 '晩禊中合會于余在處 議禊事而罷'이다.

50 (*) 내용 생략. 원문은 '告靈筵號哭奈何奈何'이다.

51 금곡金谷 : 충청남도 아산시 배방읍 신흥리 감타기마을.

52 (*) 내용 생략. 원문은 '行到金谷姜宣傳家前 逢姜晶姜永壽氏 下馬哭'이다.

53 보산원寶山院 : 충청남도 천안시 동남구 광덕면 보산원리 외보마을에 있었던 조선시대 역원驛院.

54 (*) 내용 생략. 원문은 '上京重試來'이다.

55 일신역日新驛 : 충청남도 공주시 신관동.

56 정천동定天洞 : 충청남도 공주시 계룡면 경천리. 경천리에 옛 경천역敬天驛이 있었으며, 경천역이 곧 정천동이다. 『춘향전』에 이도령이 암행어사를 제수받고 전라도로 내려가면서 공주 부근을 지나는 행로를, '널티 정천에 숙소하고 뇌성 풋개'라 하여, 판치(널티)와 노성(이산) 사이 경천역을 정천이라 부르고 있다.

57 이성尼城 : '이산尼山'의 별칭. 충청남도 논산시 노성면 읍내리이다. 정조 때 '노성魯城'으로 고쳤다. 친필 일기에는 '이산尼山'으로 나와 있다.

58 (*) 내용 생략. 원문은 '宿于衙東軒'이다.

59 은원恩院 : 충청남도 논산시 연무읍 동산리 올목마을에 있었던 역원. 은원은 은진현 남쪽 5리에 있었던 역원인 남항원南項院을 가리키며, 임진왜란 때는 올항兀項으로도 불렸다. (李德悅, 『養浩堂日記』권7, 南行日錄, 갑오년 8월 15일.)

임달영任達英이 곡식을 사려고 은진포恩津浦에 왔다고 하는데, 하는 꼴이 몹시 기괴하고 거짓되었다. 저녁에 여산礪山[61] 관청 노비의 집에서 잤다. 한밤중에 홀로 앉았으니 비통함을 어찌 견디랴.

22일(임오) 맑음. 낮에 삼례參禮[62] 역리驛吏의 집에 이르고, 저녁에 전주 남문 밖 이의신李義臣[63]의 집에서 잤다. 판관判官 박근朴勤[64]이 보러 왔고, 전주부윤全州府尹[박경신朴慶新]도 후하게 대접해 주었다. (*판관이 기름 먹인 두꺼운 종이와 생강 등을 보내 주었다.)[65]

23일(계미) 맑음. 일찍 떠나 오원역烏原驛[66]에 이르러 (*말도 쉬고)[67] 아침을 먹었다. (*조금 있다가 도사都事가 도착했다.)[68] 저물어 임실현任實縣[임실읍 이도리]에 이르니 현감이 예例대로 머물도록 했다. 이 고을의 수령은 홍언순洪彦純[69]이다.

24일(갑신) 맑음. 일찍 떠나 남원에 이르렀다. (*읍에서 15리쯤 되는 곳에서 정철丁哲[70] 등을

---

60 김익金瀷 : 전라북도 부안扶安 사람으로, 호號는 괄수适叟이다. 순전한 학문 연구인으로서 한번 보면 무엇이나 외우던 천재였으며, 후진을 가르치기에 힘썼다. 모든 사람이 높은 선비로 대접했으며 깨끗이 지낸 독학자였다.(『扶安邑誌』.)

61 여산礪山 : 전라북도 익산시 여산면 여산리.

62 삼례參禮 : 전라북도 완주군 삼례읍 삼례리.

63 이의신李義臣 : 자字는 군례君禮, 본관은 덕산德山. 전라북도 전주全州에서 살았다. 1546년(명종 1년)에 생원시, 1549년(명종 4)에 문과에 급제하여 1561년에 호조정랑戶曹正郎을 지냈다.(『한국역대인물종합정보시스템』, 『선조실록』.

64 박근朴勤 : 박근朴瑾을 이순신이 착오한 것이다.(『선조실록』 권93, 선조 30년 10월 13일 경오.)

65 (*) 내용 생략. 원문은 '判官所及油屯生薑等物'이다.

66 오원역烏原驛 : 전라북도 임실군 관촌면 관촌리.

67 (*) 내용 생략. 원문은 '歇馬'이다.

68 (*) 내용 생략. 원문은 '有頃都事到來'이다.

69 홍언순洪彦純 : 친필 일기에는 홍순각洪純慤으로 되어 있다. 『전서』 편찬자가 어떤 의도로 이름을 바꾸어 실었는지는 알 수 없다. 홍순각洪純慤은 1551년(명종 6)에 났으니 이순신보다는 6년 아래다. 자字는 근초謹初, 호는 쌍백당雙栢堂, 본관은 남양南陽. 충청북도 청주淸州에서 살았다. 1580년(선조 13) 문과文科에 급제하여 뒷날 벼슬이 동지중추부사同知樞府事까지 올랐다.(『한국역대인물종합정보시스템』.)

70 정철丁哲 : 전라좌수사 이순신의 부탁으로 곰내[古音川, 여수시 웅천동]에 있는 자기 집 한 칸을 이순신의 어머니가 기거하도록 비워 준 사람이다. 자字는 사명士明, 호號는 청은靑隱, 본관은 창원昌原. 전라남도 순천順天에서 살았다. 1555년(명종 10)생으로 이순신보다 10살 아래다. 1585년(선조 18) 무과武科에 급제하여 임진왜란이 일어났을 때는 수문장守門將으로 있다가 이순신의 막하가 되었으며, 후에 초계군수草溪郡守를 지냈다. 함께 이순신의 막하가 되었던 종제從弟 정춘丁春은 판관判官, 종질從姪 정대수丁大水는 당진현감唐津縣監을 지냈다.(『湖南節義錄』; 『李忠武公全書』 권16 「同義錄」; 『한국민족문화대백과사전』;

만났는데, 남원부 5리쯤까지 와서 우리 일행과 작별하였다.)[71] 10리 바깥 (*동면東面에 있는)[72] 이희경李喜慶[73] 종의 집에 도착했다. (*슬픈 회포를 어찌 말하랴.)[74]

25일(을유) 비 올 기미가 많았다. 아침 식후에 길을 떠나 운봉雲峰[75] 박롱朴龍[76]의 집에 들어가니 비가 크게 퍼부어 머리를 내놓을 수 없었다. 거기서 들으니, 원수元帥 [권율]는 벌써 순천順天으로 갔다고 하므로, 곧 사람을 금부도사에게 보내고 그 곳에 머물렀다. 이 고을의 현감[남간南侃]은 병으로 나오지 않았다.

26일(병술) 흐리고 개지 않았다. 일찍 식사하고 길을 떠나 구례현求禮縣 (*에 이르니, 금부도사가 먼저 와 있었다.)[77] 손인필孫仁弼[78]의 집에 이르렀다. 이 고을 현감[이원춘李元春]이 급히 나와서 보고, 대접이 극진하였다. 금부도사도 보러 왔다. (*금부도사에게 술을 권하라고 현감에게 청하였더니, 현감이 정성을 다하였다고 한다. 밤에 앉았으니 비통함을 어찌 다 말하랴.)[79]

27일(정해) 맑음. 일찍 떠나 (*송치松峙[80] 밑에 이르니 구례현감이 점심을 지어 보냈다.)[81] 순천 송원松院[82]에 이르자 이득종李得宗과 정선鄭愃이 와서 문안하였다. 저녁에 정원명鄭元溟[83]의 집에 이르니, 원수元帥가 내가 온 것을 알고 군관 권승경權承慶을

『한국역대인물종합정보시스템』.)

71 (*) 내용 생략. 원문은 '十五里許 得逢丁哲等 到南原府五里內 別送吾行'이다.

72 (*) 내용 생략. 원문은 '東面'이다.

73 이희경李喜慶 : 1581년(선조 14)에 사근역沙斤驛(함양) 찰방察訪을 지냈다.(『青莊館全書』 권68, 寒竹堂涉筆)

74 (*) 내용 생략. 원문은 '懷痛如何懷痛如何如何'이다.

75 운봉雲峰 : 전라북도 남원시 운봉읍.

76 박롱朴龍 : 『난중일기초亂中日記草』(조선사편수회, 1935)와 『李舜臣의 日記草』(박혜일·최희동·배영덕·김명섭, 2007)는 '박산취朴山就'로 판독하였다. 그러나 『난중일기』(이은상 역주해, 1968)는 『이충무공전서』와 동일하게 '박롱朴龍'으로 판독하였다.

77 (*) 내용 생략. 원문은 '到求禮縣則 金吾郎已先至矣'이다.

78 손인필孫仁弼 : 군자감첨정軍資監僉正을 지냈다. 전라남도 구례군 구례읍 봉북리 260번지에 손인필 비각이 있고, 비각은 구례군 향토문화유산 제25호로 지정되었다. (노기욱·박창규, 「전남의 이순신 백의종군로와 그 정신」, 『이순신의 백의종군 정신』, 제16회 이순신학술세미나 자료집, 2014. 4. 22. 순천향대학교 이순신연구소, 100~102쪽.)

79 (*) 내용 생략. 원문은 '余使主倅勸飮于金吾 則主倅盡心云 夜坐悲慟如何可言'이다.

80 송치松峙 : 전라남도 순천시 월등면 계월리 송치마을

81 (*) 내용 생략. 원문은 '早發到松峙底 則求禮倅送人造點而送'이다.

82 송원松院 : 전라남도 순천시 서면 학구리

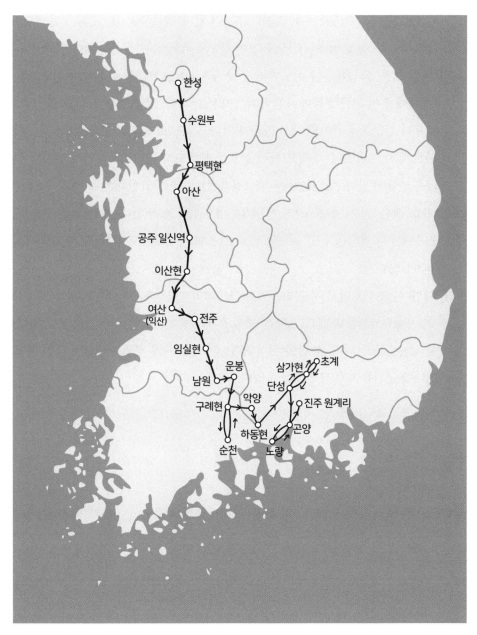

이순신 백의종군도

한성 → 수원부 → 평택현 → 아산 → 공주 일신역 → 이산현 → 여산(익산) → 전주 → 임실현 → 남원 → 운봉 → 구례현 →
순천 → 구례현 → 악양 → 하동현 → 단성 → 삼가현 → 초계 → 삼가현 → 단성 → 곤양 → 노량 → 곤양 → 진주 원계리 보내서 조상弔喪하고, 또 안부도 묻는데 위로하는 말이 매우 간곡했다. ○ 저녁에 이 고을 원[순천부사 우치적禹致績]이 보러 왔다. 정사준鄭思竣도 와서 원 공元公[균均]의 패악하고 망령된 짓으로 일이 거꾸로 되어 가는 실정을 많이 말하였다.

28일(무자) 맑음. 아침에 원수元帥가 또 군관 승경承慶을 보내어 문안하며 전하기를, "상중에 몸이 피곤할 터이니 회복되는 대로 나오라."고 하였다. 그리고 또 "이제 들으니 친근한 군관이 통제사 아래에 있다고 하므로 편지와 공문關文을 보내서 나오게 하는 바이니, 데리고 가서 간호하게 하도록 하라."고 하면서 편지와 공문을 만들어 왔다. (*부사[순천부사]의 소실이 세상을 떠났다고 한다.)[84]

29일(기축) 맑음. 신 사과愼司果 및 응원應元[방응원]이 보러 왔다. 병사兵使[이복남]도 원수에게서 지시를 듣고 의논할 일로 고을에 들어왔다고 한다. (*신 사과愼司果와 이야기하였다.)[85]

30일(경인) 아침에 흐리고 저물녘에 비가 왔다. (*아침 식사 후 신 사과와 이야기하였다. 병사는 머물면서 술을 마셨다고 한다.)[86] 병사 이복남李福男이 아침 식전에 보러 왔다, 원 공元公[균均]의 일을 많이 말하였다. 감사[전라감사 박홍로朴弘老]도 원수에게 왔다가 군관을 보내서 안부를 물었다.

5월

초1일(신묘) 비가 계속 내렸다. 신 사과愼司果가 머물러 이야기하였다. (*순찰사와 병사

---

83 정원명鄭元溟 : 정상명鄭詳溟의 형이며, 송강松江 정철鄭澈의 서얼 삼촌의 조카라 한다. 판관判官 벼슬을 지냈으며, 1620년(광해군 12)에 여수 고소대에 세워진 동령소갈東嶺小碣 건립에 참여하였다. 전라남도 순천시 연향동 1097번지에 위치한 옥계서원玉溪書院에 배향되었다. (박종평, 『난중일기』, 파주 : 글항아리, 2021, 499쪽; 『이충무공전서』 권11, 동령소갈기; 노기욱·박창규, 「전남의 이순신 백의종군로와 그 정신」, 『이순신의 백의종군 정신』, 제16회 이순신학술세미나 자료집, 2014.4.22., 순천향대학교 이순신연구소, 97쪽.)

84 (*) 내용 생략. 원문은 '府使小家永世云'이다.

85 (*) 내용 생략. 원문은 '與愼司果話'이다.

86 (*) 내용 생략. 원문은 '朝食後 與愼果論話 兵使留飮云'이다.

는 원수가 머무는 정사준鄭思竣의 집에 같이 모여 술을 마시며 즐겁게 논다고 했다.)[87]

초2일(임진) 늦게 갰다. 원수[권율]는 보성으로 가고, 병사[이복남]는 본영으로 가고, 순찰사[박홍로]는 담양 가는 길에 와서 보고 돌아갔다. 순천부사[우치적]도 보러 왔다. 진흥국陳興國이 좌수영으로부터 와서 눈물을 흘리며 원元[균]의 일을 이야기하였다. 이형복李亨復과 신홍수申弘壽도 왔다. 남원의 종 말석末石[88]이 아산牙山에서 와서 어머님 영연靈筵이 편안하시다고 전했다. (*또 유헌有憲이 식구들을 데리고 무사히 금곡金谷에 도착하였다고 했다.)[89] 홀로 빈 동헌에 앉아 있으니 비통함을 어찌 견디랴.

초3일(계사) 맑음. (*신 사과愼司果, 응원應元[방응원], 진흥국陳興國이 돌아갔다.)[90] 이기남李奇男이 보러 왔다. ○ (*아침에朝) 울蔚[둘째 아들]의 이름을 열䓹로 고쳤다. '䓹'은 음이 '悅'[열]이다. 싹이 처음 튼다는 것이나, 초목이 기운차게 자란다는 것이니 글자 뜻이 매우 좋다. ○ 늦게 강소작姜所酢[91]이 보러 와서 곡했다. 신시申時[오후 3~5시]에 비가 뿌렸다. 저녁에 순천부사[우치적]가 보러 왔다.

초4일(갑오) 비. 이날은 어머님 생신이라 슬프고 애통함을 참을 길 없었다. 닭이 울자 일어나 앉아 눈물만 흘렸다. ○ 오후에 비가 몹시 퍼부었다. 정사준鄭思竣이 오고, (*와서 종일 돌아가지 않았다.)[92] 이수원李壽元도 왔다.

초5일(을미) 맑음. (*새벽꿈이 매우 어지러웠다.)[93] 아침에 순천부사[우치적]가 보러 왔다. 늦게 충청우후 원유남元裕男이 한산閑山에서 와서 원 공[균]의 흉악하고 잘못된 짓을 많이 전하고, 또 진중의 장졸들이 마음이 떠나 배반하므로 앞으로 일이 어찌 될지 알 수 없으리라고 말하였다. ○ 이날은 단오절인데, 천 리 밖에 멀리 종군하여 어머님 영연靈筵을 멀리 떠나 장례[94]도 못 모시니, 이 무슨 죄와 허물로

---

87 (*) 내용 생략. 원문은 '巡使兵使同會于元帥下處鄭思竣家 留飮極歡云'이다.

88 말석末石 : 친필 일기에는 '末叱石'(말질석)으로 나온다. 조선사편수회, 이은상, 박혜일 등은 '乼石'(말석)으로 판독하였다.

89 (*) 내용 생략. 원문은 '又傳有憲無事率其家屬 到金谷云'이다.

90 (*) 내용 생략. 원문은 '愼司果應元陳興國還歸'이다.

91 강소작姜所酢 : 친필 일기에는 '강소작지姜所作只'로 되어 있다.

92 (*) 내용 생략. 원문은 '來到 終日不歸'이다.

93 (*) 내용 생략. 원문은 '曉夢甚煩'이다.

이런 갚음을 당하는고. 가슴이 찢어지는 듯 아프다.[95]

초6일(병신) 맑음. (*꿈에 돌아가신 두 분 형님을 만났는데, 서로 붙들고 통곡하였다. 또 하시는 말씀이, "장사를 지내지도 못하고 천 리 밖에서 군무에 종사하고 있으니, 모든 일을 누가 주장해서 한단 말이냐. 통곡한들 어찌하리." 하셨다. 이것은 두 형님의 혼령이 천 리 밖까지 따라오셔서 근심하고 답답함을 이렇게까지 하신 것이니 비통함을 금치 못하겠다. 또 남원의 추수 감독 일을 염려하시는데, 그것은 무슨 뜻인지 모르겠다. 연일 꿈자리가 어지러운 것도 아마 형님들의 혼령이 말없이 걱정하여 주는 탓이라 슬픔이 한결 더하다. 아침저녁으로 그립고 서러운 마음에 눈물이 엉기어 피가 되건마는 아득한 저 하늘은 어째서 내 사정을 살펴 주지 못하는고. 왜 어서 죽지 않는 것인지.)[96] 늦게 능성현령綾城縣令 이계명李繼命이 역시 상제喪制의 몸으로 기용된 사람인데 보러 왔다가 돌아갔다. (*흥양興陽에 있는 종 노 우노음금禹老音金, 박수매朴守每, 조택趙澤, 순화順花의 처가 와서 인사했다. 이기윤李奇胤[97]과 몽생夢生이 왔다. 송정립宋廷立[송대립·송희립의 동생]과 송득운宋得運[98]도 왔다가 곧 돌아갔다.)[99] (*저녁에夕) 정원명鄭元溟이 한산閑山에서 돌아왔다. (*흉한 자[원균]의 소행을 많이 이야기하였다.)[100] 들으니, 부찰사副察使[한효순]가 좌수영으로 나와 병을 조리

---

94 장례 : 원문은 "양사襄事"로, '일을 이룸' 또는 '장사를 지냄'이라는 뜻이다.

95 원문은 '是日午節也 而遠來千里天涯 從軍廢禮 哭泣亦未自意 是何罪辜致此報耶 如吾之事 古今無偶 痛裂痛裂 只恨不遭時而已'로 '이날은 단오절인데 멀리 천 리 밖 천애의 땅에서 종군하느라 상례도 폐하고 곡하고 우는 것도 마음대로 못하니 이 무슨 죄와 허물로 이런 보응을 받는 것인가. 나와 같은 일은 고금에 없을 것이니 가슴이 찢어지는 듯 아프다. 다만 때를 만나지 못한 것이 한탄스러울 뿐이다.'이다. '이날은 단오절인데' 이하의 내용을 『전서』에는 위와 같이 간략하게 서술하였다.

96 (*) 내용 생략. 원문은 '夢見兩亡兄 相扶哭痛 且言 襄事未營 千里從軍 誰其主之 痛哭奈何云 此兩兄精靈 千里追蹤 憂悶至此 悲慟不已 又念南原監獲 是則未知也 連日夢煩 是亡靈默念 深痛之至也 晨昏戀慟 淚凝成血 天胡漠漠 不我燭兮 何不速死也'이다.

97 이기윤李奇胤 : 자字는 기승奇承, 호號는 월탄月灘, 본관은 광산光山. 거주지는 전라남도 순천順天이다. 일찍이 군자감첨정軍資監僉正을 역임하였다. 1592년(선조 25) 임진왜란이 일어나자 동생 이기준李奇俊과 함께 의병을 일으키고 군수 물품을 모았다. 이순신李舜臣 막하에 종군하여 당포唐浦 해전과 노량露梁 해전에서 공을 세웠다. 이에 훈련원첨정訓練院僉正에 제수除授되었고, 선무원종공신宣武原從功臣으로 녹훈錄勳되었다.(「한국역대인물종합정보시스템」.)

98 송득운宋得運 : 이순신 막하에서 종군하여 명량 해전에서 공을 세우고, 관직은 낙안군수를 지냈다. 1632년(인조 10) 오위장五衛將에 임명되었으나 부임하지 않았다.(『승정원일기』; 「한국역대인물종합정보시스템」 송익宋杙)

99 (*) 내용 생략. 원문은 '興陽奴禹老音金朴守每趙澤與順花妻來現 李奇胤及夢生來到 宋廷立宋得運亦來卽歸'이다.

한다고 한다. 우수사[이억기]가 편지를 보내서 조문했다.

초7일(정유) 맑음. 아침에 정혜사定惠寺 중 덕수德修가 와서 미투리[삼으로 삼은 신] (*한 벌-事을) 바치므로 거절하고 받지 않았으나, 두 번 세 번 간절히 말하므로 값을 주어 보냈다. (*짚신은 원명元溟에게 주었다. 늦게)[101] ○ 송대기宋大器와 유몽길柳夢吉이 보러 왔다. 서산군수[안괄安适]도 한산閑山에서 왔다. (*와서 음흉한 자[원균]의 일을 많이 말했다. 저녁에 이기남李奇男이 왔다.)[102] 이원룡李元龍이 수영에서 돌아왔다. (*안괄이 구례求禮에 이르러서 조사겸趙士謙[전 구례현감]의 수절녀를 사통하려 하였으나 뜻을 이루지 못하였다고 한다. 놀랄 일이다.)[103]

초8일(무술) 맑음. 아침에 승장僧將 수인守仁이 밥 지을 중 두우杜宇를 데리고 왔다. (*종奴 한경漢京은 일이 있어서 보성으로 보냈다. 흥양 종 세충世忠이 녹도鹿島에서 망아지를 끌고 왔다. 활장이 이지李智가 돌아갔다. 이날 새벽꿈에 사나운 범을 때려잡아서 껍질을 벗겨 휘둘렀는데, 이 무슨 징조인지 알 수 없다.)[104] ○ 조종趙琮이 이름을 연璉으로 고치고 보러 왔었다. (*조덕수趙德秀도 왔다. 낮에 망아지에 안장을 얹어 정상명鄭詳溟이 타고 갔다.)[105] ○ 원 영공[106][원균]이 편지를 보내서 조상하니 이것은 원수元帥[권율]의 명령이었다. (*이경신李敬信이 한산閑山에서 와서 원흉元兇[원균]의 말을 많이 하였는데, 원元이 데리고 온 서리書吏에게 말하여 곡식을 사라는 구실로 육지로 보내 놓고, 그 처를 사통하려고 하였으나 그 처가 악을 쓰며 따르지 않고 밖으로 나와서 고함을 지른 일이 있었다고 한다. 원元이 온갖 계략으로 나를 모함하려 드니 이 역시 운수다. 짐바리가 서울 길에 잇닿았으며, 날이 갈수록 심히 나를 헐뜯으니, 그저 때를 못 만난 것만 한탄할 따름이다.)[107]

---

100 (*) 내용 생략. 원문은 '多言兇人所爲'이다.

101 (*) 내용 생략. 원문은 '鞋則卽給元溟 晚'이다.

102 (*) 내용 생략. 원문은 '多言兇公之事 夕李奇男又到'이다.

103 (*) 내용 생략. 원문은 '适到求禮 欲私趙士謙守節而未能 可愕可愕可愕'이다.

104 (*) 내용 생략. 원문은 '奴漢京以事送于寶城 興陽奴世忠自鹿島牽兒馬而來 弓匠李智歸去 是日曉夢搏殺猛虎 去皮揮之 未知是兆'이다.

105 (*) 내용 생략. 원문은 '趙德秀亦來 午兒馬加鞍 鄭詳溟騎行'이다.

106 원 영공 : 친필 일기의 원문에는 '元兇'으로 나온다.

107 (*) 내용 생략. 원문은 '李敬信來自閑山 多言元兇之事 又言其率來書吏 以貿穀爲名送于陸地 私欲其妻 而其者揚惡不從出外高聲云 元也百計陷吾此亦數也 馱載相續于道京而構毁日深 自恨不遭而已'이다.

초9일(기해) 흐림. 아침에 이형립李亨立이 보러 왔다. (*가 곧바로 돌아갔다. 이수원李壽元이 광양에서 돌아왔다.)[108] 순천順天의 과거 급제자 강승훈姜承勳이 모병에 응하려 왔다. (*부사府使[순천부사]가 좌수영에서 돌아왔다. 종 경京이 보성에서 말을 끌고 왔다.)[109]

초10일(경자) 궂은비가 내리다가, (*이날은 태종太宗의 제삿날이다. 옛날부터 비가 온다[110]고 했다.)[111] 늦게 큰비가 왔다. (*박줄생朴注叱生이 와서 인사했다.)[112] 주인[정원명]이 보리밥을 지어서 내왔다. (*장님 임춘경任春景이 운수를 봐 가지고 왔다.)[113] 부찰사副使[한효순]가 조문하는 서장弔狀을 보내왔다. 녹도만호 송여종宋汝悰도 부의를 보내왔다. (*삼과 종이 2가지를 부의로 보냈다. 전라도 순찰사가 백미와 중품 쌀 각 1곡斛씩 및 콩과 소금도 구해서 군관을 시켜 보낸다고 말했다.)[114]

11일(신축) 맑음. (*김효성金孝誠이 낙안에서 왔다가 즉시 돌아갔다.)[115] 광양의 전 현감 김성金惺이 체찰사體察使의 군관이 되어서 (*화살대 구하러)[116] 순천順天에 보러 왔다. (*소문을 많이 전하는데, 그 소문이란 모두 흉인兇人[원균]의 일이었다. 부찰사副察使[부사副使 한효순]가 온다는 통지가 왔다. 장위張渭가 편지를 보냈다. 정원명鄭元溟이 보리밥을 지어서 냈다. 장님 임춘경任春景이 와서 운수에 대한 이야기를 하였다.)[117] ○ 부찰사가 고을에 이르렀는데, 정사립鄭思立과 양정언梁廷彦이 와서 부찰사가 보러 오겠다 한다고 전하나, 나는 몸이 불편하여 만나지 않았다.[118]

---

108 (*) 내용 생략. 원문은 '卽還 李壽元自光陽還'이다.

109 (*) 내용 생략. 원문은 '府使還自左營 京奴自寶城牽馬而來'이다.

110 옛날부터 비가 온다 : 조선조 3대 임금 태종이 아주 가물 때 죽었는데, 죽으면서 어떻게든지 비를 오게 한다 하더니, 죽은 후 과연 비가 왔으며, 그 후 그날만 되면 비가 온다고 전한다.

111 (*) 내용 생략. 원문은 '是日 乃太宗忌 自古雨'이다.

112 (*) 내용 생략. 원문은 '朴注叱生來謁'이다.

113 (*) 내용 생략. 원문은 '盲人任春景推數而來'이다.

114 (*) 내용 생략. 원문은 '全羅巡使白中米各一斛太鹽亦得 爲言 軍官送來'이다. 곡斛은 원래 10말이었으나 후대에 5말로 바뀌었다고 한다.

115 (*) 내용 생략. 원문은 '金孝誠自樂安來卽歸'이다.

116 (*) 내용 생략. 원문은 '求得箭竹事'이다.

117 (*) 내용 생략. 원문은 '多傳所聞 所聞者皆兇人之事 副使先文到 張渭送簡 鄭元溟作麥飯而進 盲人任春景來言推數'이다.

118 원문에는 같은 이유로 '거절했다逆之'로 나온다.

12일(임인) 맑음. (*새벽에曉) 이원룡李元龍을 보내서 부찰사副察使[부사副使 한효순]에게 문안했더니, 부찰사도 또 김덕린金德麟을 보내서 문안했다. (*늦게 이기남李奇男과 기윤奇胤이 와서 보고 도양장道陽場으로 돌아간다고 말했다. 아침에 아들 열莂을 부찰사에게 보냈다. 신홍수申弘壽가 보러 와서 원 공[균]의 점을 쳤는데, 첫 괘가 수뢰水雷 둔屯인데, 천풍天風 구姤로 변했으니, 본체를 이기는 것이라 크게 흉하다고 했다. 남해현령[박대남]이 조문 편지를 보내고 또 여러 가지 물품을 보냈다. 쌀 2[곡/섬], 참기름 2[되], 꿀 5[되], 조 1[곡/섬], 미역 2[동])119)120 저녁에 향사당鄕社堂에 가서 부찰사와 함께 밤 깊도록 이야기하고 삼경三更[오후 11시~오전 1시]에야 숙소로 돌아왔다. (*정사립과 양정언이 와서 닭이 운 뒤에 돌아갔다.)121

13일(계묘) 맑음. 어젯밤 부찰사의 말이, 상사上使[체찰사]가 보낸 편지에 영공令公122의 일을 많이 탄식했더라고 한다. (*늦게 정사준鄭思竣이 떡을 만들어 왔다.)123 ○ 부사府使[순천부사 우치적]가 노자를 보내주어 참으로 미안스러웠다.

14일(갑진) 맑음. 아침에 순천부사가 와서 보고, 부찰사는 부유富有124로 떠났다. ○ 정사준鄭思竣과 사립思立, 양정언梁廷彦이 와서 모시고 가겠노라고 하므로, 일찍 아침을 먹고 길을 떠나 송치松峙125 밑에 이르러 말을 쉬었다. (*혼자 바위 위에 앉아 한 시간이 넘도록 곤하게 잤다.)126 운봉雲峯의 박롱朴龍127이 왔다. 저물어 찬수강粲水江128에 닿아 말에서 내려 걸어서 건너가 구례求禮에 도착했다. (*고을 손인필孫仁

---

119 원문에 단위는 없고, 숫자만 있어서 곡斛인지 섬石인지 알 수 없다. 나머지도 유추한 것이다.

120 (*) 내용 생략. 원문은 '晚李奇男奇胤來見 告歸道陽場云 朝送豚薍于副使處 申弘壽來見 以元公占之 則初卦水雷屯變 則天風姤用克體 大凶大凶 南海倅送弔簡 又致雜色 粒二眞油二淸五粟一藿二'이다.

121 (*) 내용 생략. 원문은 '鄭思立梁廷彦等來 鷄鳴後歸'이다.

122 영공令公 : 여기서 영공은 누구인지 불명하다. 이순신일 수도 있고, 원균일 수도 있어 보인다.

123 (*) 내용 생략. 원문은 '晚鄭思竣造餠來'이다.

124 부유富有 : 전라남도 순천시 주암면 창촌리.

125 송치松峙 : 전라남도 순천시 서면 학구리와 월등면 계월리.

126 (*) 내용 생략. 원문은 '獨坐岩上 移時困睡'이다.

127 박롱朴龍 : 앞의 정유년(1597) 4월 25일 일기 참조.

128 찬수강粲水江 : 전라남도 순천시 황전면 선변리와 구례읍 신월리 사이의 섬진강을 일컫는 말. '찬수'라는 말은 구례읍 신월리 섬진강변에 있었던 잔수역潺水驛에서 비롯되었다. 여기 나루터는 잔수진潺水津이라 불렸다. (『新增東國輿地勝覽』, 求禮縣)

弼의 집에 이르니)[129] 현감[이원춘]이 곧 보러 왔다.

15일(을사) 비가 오다 개다 하였다. (*주인집이 아주 낮고 추하여 파리가 벌떼같이 달려드니 사람이 밥을 먹을 수가 없었다. 동헌의 모정茅亭으로 옮겨 왔더니 남풍이 바로 불어 들어왔다.)[130] 구례현감[이원춘]과 함께 종일 이야기하였다. (*다가 거기서 그대로 잤다.)[131]

16일(병오) 맑음. (*구례현감과 함께 이야기했다.)[132] 저녁에 남원 탐후인探候人이 돌아와 고하기를 (*전하되傳告曰), "체찰사[이원익]가 내일 곡성을 거쳐 이 고을[구례]로 들어와서 며칠 묵은 후에 진주로 갈 것이다."라고 하였다. (*구례현감이 점심을 내는데, 매우 풍성했다. 대단히 미안스러웠다. 저녁에 정상명鄭翔溟[133]이 왔다.)[134]

17일(정미) 맑음. 남원 탐후인이 돌아와서 고하기를(*전하되傳告曰), "원수元帥가 운봉雲峯 길로 가지 않고, 양 총병楊摠兵[양원楊元] 영접하는 일로 완산完山[전주]으로 달려갔다."라고 한다. 내 걸음이 낭패라 참으로 민망하다.

18일(무신) 맑음. 동풍이 몹시 불었다. (*저녁에夕) 김종려金宗麗[135] 영공令公이 남원에서 보러 왔다. 충청수영의 영리營吏 이엽李燁이 한산閑山에서 왔기에 집에 보내는 편지를 그에게 부쳤다. (*그러나, 아침에 술을 마시고 광기를 부리니 가증스러웠다.)[136]

19일(기유) 맑음. 체찰사가 고을로 들어온다고 하므로, 성안에 머무르고 있기가 미안하여 동문 밖 장세호張世豪[137]의 집으로 나갔다. (*명협정溟莢亭[138]에 앉았는데)[139] 구례현감[이원춘李元春]이 보러 왔다. 저녁에 체찰사가 고을로 들어왔다. (*신시申時

---

129 (*) 내용 생략. 원문은 '孫仁弼家'이다.

130 (*) 내용 생략. 원문은 '主家甚底卑 蠅集如蜂 人不能食 移來于衙茅亭 則南風直引'이다.

131 (*) 내용 생략. 원문은 '因而宿'이다.

132 (*) 내용 생략. 원문은 '與主倅話'이다.

133 정상명鄭翔溟 : 5월 8일 일기에는 '鄭詳溟'(정상명)으로 나온다.

134 (*) 내용 생략. 원문은 '倅進畫物甚豊 未安未安 夕鄭翔溟來'이다.

135 김종려金宗麗 : 충청도 영동永同 출신으로, 무과武科에 합격하여 광주목사光州牧使를 지내고, 임진왜란 때는 겸조방장兼助防將으로 담양산성潭陽山城을 지켰다. 당상관에 올랐다.(『輿地圖書』上(한국사료총서 제20집), 忠清道, 永同, 人物.)

136 (*) 내용 생략. 원문은 '然朝酒而狂 可憎可憎'이다.

137 장세호張世豪 : 5월 23일 일기에는 '張世輝'(장세휘)로 나온다. 장세호는 1547년(중종 37)에 함경도 경성부사鏡城府使를 역임했다.(『北關誌』.)

138 명협정莢亭 : 초고에는 조협정藻莢亭이라 되어 있는데, '조藻'는 '명莢'의 오자이다.

139 (*) 내용 생략. 원문은 '坐于莢亭'이다.

[오후 3~5시]에 소나기가 크게 쏟아지다가 유시酉時[오후 5~7시]에 개었다.)[140]

20일(경술) 맑음. (*늦게晩) 김 첨지金僉知[경로敬老]가 보러 왔다. (*와서 무주茂朱 장박지리長朴只里의 농토가 아주 좋다고 말하였다. 옥천 사는 권치중權致中은 김 첨지의 서처남壻娚인데 장박지리란 곳이 바로 옥천 양산창梁山倉[141] 근처라고 하였다.)[142] 체찰사는 내가 머무르고 있다는 말을 듣고 먼저 (*공생貢生[143]을 보내고, 또)[144] 군관 이지각李知覺을 보내고, 조금 있다가 또 군관을 보내서 조상致弔하며, "진작 상을 당한丁憂 소식을 듣지 못했다가 이제야 비로소 듣고 매우 놀라며 애도한다." 하고, 저녁에 만나볼 수 있겠는가를 물었다. 나는 "저녁에 당연히 가서 뵙겠다."라고 대답하고 어두울 녘에 가서 뵈니, 체찰사는 소복素服을 입고 기다렸다. 조용히 시사事를 이야기하였다. (*체찰사는 개탄하기를 마지않았다. 밤이 깊도록 이야기하는 중에 "일찍이 임금의 분부가 있었는데, 미안스러운 말이 많았는바, 어떤 심정이신지 미심쩍었으나 그 뜻을 알지 못하겠다."라고 했다. 또 말하기를, "음흉한 사람[원균]의 무고하는 행동이 심했건마는 임금이 살피지 못하니 나랏일을 어찌할꼬." 하는 것이었다.)[145] 떠나올 때 남 종사從事[종사관 남이공]가 사람을 보내서 안부를 물었다. (*나는 밤이 깊어서 나가서 인사하지 못하노라고 대답해 보냈다.)[146]

21일(신해) 맑음. 박천군수博川郡守 유해柳海가 서울에서 내려와, 한산閑山으로 가서 공을 세우겠노라고 하였다. (*또 말하기를, "은진현恩津縣[147]에 이르니, 은진현감이 뱃길에 대한 것을 이야기하더라."고 하였다. 유柳가 또 말하기를, "왕옥王獄[의금부]에 갇힌 죄수 이덕룡李德龍[148]이란 자를 고소한 사람이 옥에 갇혀 세 차례 형장을 맞고 다 죽어 간다."라고 하

---

140 (*) 내용 생략. 원문은 '申時驟雨大作 酉時晴'이다.
141 양산창梁山倉 : 충청북도 영동군 양산면 송호리
142 (*) 내용 생략. 원문은 '且言茂朱長朴只里農土好品云 沃川居權致中 乃金僉知壻娚 而沃川梁山倉近處云'이다.
143 공생貢生 : 향교鄕校의 교생校生. (『한국고전용어사전』, 세종대왕기념사업회, 2001.)
144 (*) 내용 생략. 원문은 '先送貢生'이다.
145 (*) 내용 생략. 원문은 '體相不勝慨嘆 向夜言論間 有云曾有有旨 多有未安之辭 心跡可疑 未知意思也 又言兇人之事 誣罔極矣 而天不察 奈國事何'이다.
146 (*) 내용 생략. 원문은 '余答夜深未能進拜爲言'이다.
147 은진현恩津縣 : 충청남도 논산시 은진면 연서리.

니 놀라지 않을 수 없었다. 또 과천果川 좌수座首 안홍제安弘濟 등이 이 상공李尙公에게 말과 20살짜리 계집종을 바치고 풀려나간 것을 보았다고 하였다. 안安은 본시 죽을죄도 아닌데, 여러 번 맞아 거의 죽게 되었다가 물건을 바치고서 석방이 되었다는 것이다. 안팎이 모두 바치는 물건의 다소로 죄의 경중을 결정한다니, 이러다가는 결말이 어떻게 될지 모르겠다. 이야말로 돈만 있으면 죽은 사람의 넋도 찾아온다는 것인가.)[149]

22일(임자) 맑음. (*남풍이 크게 불었다. 아침에 손인필孫仁弼 부자父子가 보러 왔었다.)[150] 유박천柳博川이 승평昇平[순천]으로 가서 그 길로 한산閑山으로 간다고 하므로 전라·경상 두 수사[이억기와 배설]와 가리포첨사[이응표] 등에게 문안 편지를 써 보냈다. ○ 늦게 체찰사의 종사관 김광엽金光燁이 진주에서 이 고을로 들어오고, 배백기裵伯起[조방장 배흥립] 영공도 왔다고 한다. (*온다고 사통私通[151]이 왔다.)[152] 그간의 정회를 펼 수 있을 것이라 다행이다. (*혼자 앉았노라니 비통함을 견디기 어려웠다.)[153] 저물녘에 배 동지[흥립]와 구례현감이 보러 왔다.

23일(계축) 아침에 정사룡鄭思龍과 이사순李士順이 보러 왔다. (*와서 원 공[균]의 말을 많이 전했다.)[154] 늦게 배 동지[조방장 배흥립]는 한산閑山으로 돌아갔다. ○ 체찰사가 사람을 보내서 부르므로 가서 뵙고 조용히 이야기를 나누었는데, 시국의 잘못된 것을 무척 분히 여기며 다만 죽을 날만 기다린다고 했다. 내일 초계草溪[권 도원수가 진 친 곳]로 가겠노라고 하니, 체찰사가 (*이대약李大約이)[155] 모은 쌀 두 섬石

---

148 죄수 이덕룡李德龍 : 왜군 진영에 드나들며 장사하면서 군사 기밀을 누설하다가, 1596년 7월에 우변포도청右邊捕廳에 붙잡혀 옥에 갇혀 있었는데, 임해군臨海君 이진李珒이 석방시켰다.(『선조실록』권84, 선조 30년 1월 4일 을미.)

149 (*) 내용 생략. 원문은 '又曰 行到恩津縣 縣倅言船行之事云 柳又曰 王獄囚李德龍告訴者 被囚受刑三次 將爲殞命云 可愕可愕可愕 且果川座首安弘濟等納馬及卄歲女奴于李尙公 見放而去云 安本非死罪 受刑累次 將至殞命 納物然後得釋 內外皆以見物之多少 罪有輕重 未知結末之如何也 此所謂一脈金錢 便返魂者也'이다.

150 (*) 내용 생략. 원문은 '南風大吹 朝孫仁弼父子來見'이다.

151 사통私通 : 방위사통防僞私通을 말한다. 이는 아전끼리 주고받던 공문公文으로 사사로운 글이 아니며, '防僞'라는 두 글자를 찍어 사서私書와 구별되었다.

152 (*) 내용 생략. 원문은 '私通亦至'이다.

153 (*) 내용 생략. 원문은 '獨坐悲慟 難堪難堪'이다.

154 (*) 내용 생략. 원문은 '多傳元公事'이다.

364

을 체지帖紙로 써 주고 성 밖의 주인[장세휘張世輝]집으로 보냈다.

24일(갑인) 맑음. (*종일 동풍이 크게 불었다.)[156] 아침에 광양의 (*고응명高應明의 아들)[157] 고 언선高彦善이 보러 왔다가 한산도 사정을 많이 전했다. ○ 체찰사가 군관 이지 각李知覺을 보내서 안부를 묻고, "경상우도 연해안 지도를 그리고 싶으나, 그릴 수가 없으니 본 대로 그려 보내 주면 다행이겠다."라고 하므로, 거절할 수 없어 대강 그려 보냈다. (*저녁에 비가 굉장히 많이 쏟아졌다.)[158]

25일(을묘) 비. 아침에 떠나려 하다가 비 때문에 정지하였다. (*혼자 촌집에 기대어 앉았 으니 떠오르는 생각이 일만 가지다. 슬픔과 그리운 생각을 어찌하랴.)[159]

26일(병진) 큰비가 종일 내렸다. 비를 무릅쓰고 길을 떠나는데, 막 떠나려 할 때 사량 만호蛇梁萬戶 변익성邊翼星이 왔으므로 (*체찰사에게 문초받을 일로 이종호李宗浩가 붙 잡아 왔다.)[160] 잠깐 서로 만나보고, 그 길로 석주관石柱關에 이르니 비가 퍼붓듯이 온다. (*말을 쉬게 하고)[161] 엎어지며 자빠지며, 힘들게 악양岳陽 이정란李廷鸞[162]의 집에 이르렀으나 문을 닫고 거절하는 것이었다. (*그 집에는 뒤에 기와 집채도 있었 다. 종들이 사방으로 흩어져 물색해 보았으나 합당한 곳이 없으므로 조금 후에 돌아왔다.)[163] 이정란의 집은 김덕령金德齡의 아우 덕린德麟이 빌린 것이다. 나는 열존을 시켜 서 억지로 청해 들어가 잤다. 행장이 다 젖었다.

27일(정사) 흐리다 개다 했다. (*아침에 젖은 옷을 바람에 걸어 말렸다.)[164] 늦게 떠나 두치豆

---

155 (*) 내용 생략. 원문은 '帖給 李大約募米 二斛'이다. 기존 번역본에는 '李大伯'으로 되어 있으나, 이는 원 본을 잘못 해독한 것이다. 원문에는 '李大約'으로 되어 있다.

156 (*) 내용 생략. 원문은 '東風終日大吹'이다.

157 (*) 내용 생략. 원문은 '光陽 高應明子'이다.

158 (*) 내용 생략. 원문은 '夕雨勢大作'이다.

159 (*) 내용 생략. 원문은 '獨倚村家 懷思萬端 悲戀如何如何'이다.

160 (*) 내용 생략. 원문은 '以推考事來體相前 李宗浩押來'이다.

161 (*) 내용 생략. 원문은 '歇馬'이다.

162 이정란李廷鸞 : 문과에 급제하여 벼슬은 공주목사에 이르렀으며, 1592년 임진왜란 때는 전주에서 의병 을 일으켜 전주성을 지키는 데 공을 세웠고, 1597년 정유재란 때는 전주부윤으로 소모사召募使를 겸했 다. (이홍직,『國史大事典』, 민중서관, 1997)

163 (*) 내용 생략. 원문은 '其家後有瓦屋 奴子四散索之 而皆未合 少歇還來 李廷鸞家則'이다.

164 (*) 내용 생략. 원문은 '朝濕衣掛風'이다.

峙[165] 최춘룡崔春龍의 집에 이르렀다. (*사량만호 이종호李宗浩가 먼저 와 있었다. 변익성邊翼星은 장 20대를 맞고 꼼짝도 못 한다고 했다.)[166] 유기룡柳起龍이 보러 왔다.

28일(무오) 흐리나 비는 오지 않았다. 늦게 떠나 하동현河東縣[167]에 이르니 그 고을의 현감[신진申蓁]이 서로 만나게 된 것을 반기며, 성안의 별채로 맞아들여 간곡한 정을 베풀었다. (*그리고 원[균]의 일은 미친 짓이 많다고 말했다. 날이 저물도록 이야기하였다. 변익성도 왔다.)[168]

29일(기미) 흐림. 몸이 몹시 불편했다. (*그래서 떠나지 못하고)[169] 그대로 머무르며 조리했다. 현감[신진]이 정다운 말을 많이 하였다. (*황 생원이라고 하는 70이나 되는 노인이 하동에 왔다고 하는데, 원래는 서울 사람으로 지금 떠돌아다닌다고 한다. 나는 만나보지 않았다.)[170]

6월

초1일(경신) 비가 계속 내렸다. 일찍 떠나 청수역淸水驛[171]에 (*시냇가 정자에)[172] 이르러 말을 쉬이고, 저물어 단성丹城 땅 (*과 진주 땅의 경계에 있는)[173] 박호원朴好元[174]의

---

165 두치豆峙 : 두치豆恥의 오기. 친필 일기에는 '豆恥'로 되어 있다. 두치豆恥는 섬진강 하류의 나루터이며, 광양과 하동 양쪽에 그 지명이 있다. 여기의 두치는 경상남도 하동군 하동읍 두곡리를 가리킨다.

166 (*) 내용 생략. 원문은 '蛇梁萬戶李宗浩先到 邊翼星則受杖卄 不能運身云'이다.

167 하동현河東縣 : 경상남도 하동군 고전면 고하리

168 (*) 내용 생략. 원문은 '且言元事多狂 日暮而話 邊翼星亦到'이다.

169 (*) 내용 생략. 원문은 '不能登程'이다.

170 (*) 내용 생략. 원문은 '黃生員稱者 年七十而到河東 曾京洛而今流落云 吾則不見'이다.

171 청수역淸水驛 : 경상남도 하동군 옥종면 정수리

172 (*) 내용 생략. 원문은 '溪邊亭'이다.

173 (*) 내용 생략. 원문은 '晋州之境'이다.

174 박호원朴好元 : 자字는 선초善初, 호는 송월당松月堂, 본관은 밀양密陽. 한성漢城에서 살았다. 1527년(중종 22)생으로 이순신보다 18세 위다. 1552년(명종 7) 문과에 급제하여, 1576년(선조 9) 대사헌에 올랐으며, 뒤에 호조판서를 역임하였다. (『한국민족문화대백과사전』.) 현재 경상남도 산청군 단성면 사월리에 박호원의 재실인 이사재尼泗齋(1857년 건립 추정)가 있는 것으로 보아, 이순신이 묵었던 박호원의 농사짓는 종의 집도 이 부근에 있었을 것이다.

농사짓는 종의 집에 들어가니, 주인이 반가이 접대하기는 하나, 잘 방이 좋지 못해서 힘들게 밤을 지냈다. (*밤새도록 비가 내렸다. 유둔油屯 1, 장지狀紙 2, 백미 1, 참깨 5, 들깨 3, 꿀 5, 소금 5, 미지未持[175] 5를 하동현감이 보내 주었다.)[176]

초2일(신유) 비가 오다 개다 하였다. 일찍 떠나 단계丹溪[177]에서 (*시냇가에서)[178] 아침을 먹고, 늦게 삼가현三嘉[179]에 이르니, 현감[신효업申孝業]은 이미 산성[악견산성岳堅山城[180]]으로 가고 없어 빈 공관에서 잤다. (*고을에서 심부름하는 사람이 밥을 지어서 그것을 먹으라고 하는 것을, 종들에게 먹지 말라고 타일렀다. 삼가현 5리 밖 홰나무 정자 아래 앉았노라니, 근처에 사는 노순盧錞[181]·노일盧鎰 형제가 보러 왔다.)[182]

초3일(임술) 비가 계속 내렸다. (*아침에 떠나려다가 비가 오기 때문에 쭈그리고 앉아 어떻게 할까 하고 걱정하던 참에, 도원수의 군관[183] 유홍柳泓이 흥양으로부터 오므로 그와 더불어 도로 사정을 이야기했다.)[184] 길을 떠날 수 없어 그대로 묵었다. (*아침에, 종들이 고을 사람들의 밥을 얻어먹었다고 하기에 종을 매로 다스리고 밥쌀을 도로 갚아 주었다.)[185]

초4일(계해) 맑음.[186] 일찍 떠나려는데, 현감[신효업]이 문안 편지와 함께 노자까지 보내왔다. (*낮에午) 합천 땅에 이르러 (*고을에서 10리쯤 떨어진 괴목정이 있는 곳에서 아

---

175 미지未持 : 밀 먹인 종이. 배 구멍을 때워 막는 데 쓴다.

176 (*) 내용 생략. 원문은 '雨雨終夜 油屯一壯紙二白粒一眞小荏或五或三淸五鹽五及又五未持 皆河東所致'이다. 정확한 단위가 생략되어 있다.

177 단계丹溪 : 경상남도 산청군 신등면 단계리.

178 (*) 내용 생략. 원문은 '溪邊'이다.

179 삼가현三嘉縣 : 경상남도 합천군 삼가면 금리·일부리.

180 악견산성岳堅山城 : 경상남도 합천군 대병면 성리.

181 노순盧錞 : 자는 자협子協, 호는 매와梅窩. 본관은 신창新昌이다. 1551년(명종 6)에 났으니 이순신보다 6년 아래다. 조식曺植의 문인으로, 1592년 임진왜란이 일어나자 의병을 일으켰다. 그 후 의령의 곽재우郭再祐 부대에 합세하여 그 휘하에서 군량 보급 참모를 맡아 왜적 토벌에 공을 세우고, 그 공으로 이듬해 영변부사를 지냈다.(『한국민족문화대백과사전』;『雪蹊先生文集』권2, 慰諭一方人民文; 鄭琪哲, 「壬亂義兵史-陜川義兵軍의 活動을 中心으로-」,『陜川壬亂史』2집, 합천임란창의기념사업회, 2001.4, 178~358쪽.)

182 (*) 내용 생략. 원문은 '縣人炊飯而食之 而不食事教奴等 三嘉五里外 有槐亭下坐 近居盧錞鎰兄弟來見'이다.

183 도원수의 군관 : 친필 일기의 원문에는 '군관'이 빠져 있다.

184 (*) 내용 생략. 원문은 '朝欲發行 則雨勢至此 縮坐費慮之際 都元帥柳泓 自興陽來 與之言道路'이다.

185 (*) 내용 생략. 원문은 '朝聞食縣飯云 故苔奴子 還給飯米'이다.

186 맑음 : 원문에는 '흐리다 맑음陰晴'으로 나온다.

침밥을 먹고, 너무 더워서 한동안)[187] 말을 쉬이고, 5리쯤 되는 앞에 이르니 갈림길이 있는데, 한 길은 바로 고을[합천]로 들어가는 길이요, 한 길은 초계草溪로 가는 길이다. 그래서 강을 건너지 않고 10리 남짓해서 갔더니 원수元帥의 진이 바라보였다. 문보文珤[188]가 임시로 사는 집에 들어가 잤다. ○ 개현介峴[189]으로 걸어오는데, 기괴한 바위가 천 길이나 되고, 굽이도는 강물이 깊기도 하며, 길은 험하고 위태로워 만일 이 험한 곳을 눌러 지킨다면, 만 명의 장정으로도 지나가기 어렵겠다. (*모여곡毛汝谷이다.)[190]

초5일(갑자) 맑음. (*서풍이 크게 불었다.)[191] 아침에 초계군수가 달려왔기에 곧 불러들여 이야기하였다. 식후에 중군中軍 이덕필李德弼[192]도 달려와서 지난 이야기를 했다. 조금 있다가 심준沈俊도 보러 왔다. (*와서 함께 점심을 먹었다. 거처할 방을 도배했다.)[193] 저녁에 이승서李承緒가 와서 수직하던 복병들이 도망한 일을 말했다. (*이날 아침 구례 사람과 하동현감[신진]이 보내 준 종과 말들을 모두 돌려보냈다.)[194]

초6일(을축) 맑음. (*자는 방을 새로 도배하고 군관이 쉴 방 두 칸을 만들었다. 늦게)[195] 모여곡毛汝谷[196] 주인집의 이웃에 사는 윤감尹鑑[197]과 문익신文益新[198]이 보러 왔다. (*종奴 경京을 이대약李大約에게 보냈더니 담당 아전이 나가고 없어서 받아 오지 못했다고 한다. 이대약도 나를 보러 온다고 하더라 한다.)[199] 주인집이 과부집이라 곧 다른 집으로 옮

---

187 (*) 내용 생략. 원문은 '距官十里許 有槐木亭 朝飯熱酷 移時'이다.

188 문보文珤 : 친필 일기 원문은 '문척文陟'으로 판독된다. 그러나 『이충무공전서』 편찬자는 '문보文珤'로 판독하였고, 이후 조선사편수회, 이은상, 박혜일 등 연구자들이 '문보'를 따르고 있다.

189 개현介峴 : 경상남도 합천군 율곡면 문림리 개벼리교 부근이다. 현재 도로보다 폭이 좁은 험준한 소로가 있다.

190 (*) 내용 생략. 원문은 '毛汝谷'이다.

191 (*) 내용 생략. 원문은 '西風大吹'이다.

192 이덕필李德弼 : 본관은 우봉牛峰. 거주지는 한성漢城이다. 1547년(명종 2)에 났으니 이순신보다 2년 아래다. 1597년(선조 30) 10월에 남원부사南原府使에 임명되었다. 1599년(선조 32) 53세로 별시別試 무과에 합격하였다. (「한국역대인물종합정보시스템」, 『선조실록』.)

193 (*) 내용 생략. 원문은 '同點心 宿房塗排'이다.

194 (*) 내용 생략. 원문은 '是朝求禮人及河東倅所送奴馬幷還歸'이다.

195 (*) 내용 생략. 원문은 '宿房改塗 造軍官歇廳二間 晩'이다.

196 모여곡毛汝谷 : 지금의 경상남도 합천군 율곡면 낙민리 매실梅實마을이다. (이지우, 『이순신 장군 백의종군 행로 지명고증 학술용역보고』, 합천군(합천문화원), 2007. 11. 52쪽.)

겼다.

초7일(병인) 맑음.[201] 원수元帥의 군관 박응사朴應泗와 유홍柳泓 등이 보러 왔다. 도원수의 종사관 황여일黃汝一[202]이 사람을 보내서 문안하므로 곧 감사하다고 답하여 보냈다. (*안방에 들어가 잤다.)[203]

초8일(정묘) 맑음. (*아침에 정상명鄭翔溟을 보내 황 종사관에게 안부를 물었다. 늦게 이덕필李德弼과 심준沈俊이 보러 왔고, 초계군수가 그 아우와 함께 보러 왔다. 원수元帥를 마중 가는 원수의 수행원 10여 명도 보러 왔다.)[204] 오후[205]에 원수가 진陣에 도착하므로 나도 즉시 가 보고, (*종사관이 원수 앞에 있었고,)[206] 원수와 함께 이야기하였다. 도착하여서 원수가 박성朴惺[207]이 상소한 글의 초본[208]을 보여 주는데, 박성은 원수의 처사가 허술하다고 많이 진술하였다. 원수는 스스로 편안치가 않아서 도체찰사에게 글을 올렸다고 한다. (*또 복병을 내는 것에 관한 사항 등의 서류를 보고) 저물어서 돌아왔다. 몸이 불편해서 저녁밥을 먹지 않았다.

---

197 윤감尹鑑 : 자字는 영보瑩甫, 본관은 파평坡平, 거주지는 경상남도 초계草溪이다. (『坡平尹氏代言公派譜』卷之上, 합천군 향토사학자 이종규李鍾圭 제공 자료.) 윤감은 대언공파代言公派에서 파갈림한 사재공파司宰公派(호군공護軍公 우파瑀派) 21세손으로, 현재 그의 묘는 합천군 초계면 매실마을 뒤에 있는 갑산甲山에 있다. (이지우, 『이순신 장군 백의종군 행로 지명고증 학술용역보고』, 합천군(합천문화원), 2007.11, 43~44쪽.)

198 문익신文益新 : 자字는 덕소德邵, 본관은 남평南平. 거주지는 경상남도 초계草溪이다. (『南平文氏順平府院君派大譜』卷之一, 합천군 향토사학자 이종규李鍾圭 제공 자료)

199 (*) 내용 생략. 원문은 '京奴送于李大約處 則色吏出他 未得受來云 大約亦欲來見云'이다. 정유년 5월 23일 일기 참조.

200 주인집이 …… 옮겼다 : 친필 일기의 원문에는, "어두워 집에 들어갔는데, 그 집 과부는 다른 집으로 옮겨 갔다昏入家 寡婦移他家"로 되어 있다.

201 맑음 : 친필 일기의 원문은 '晴而極熱'(맑고 매우 더웠다.)이다.

202 황여일黃汝一 : 1556~1622. 자字는 회원會元, 호號는 해월헌海月軒, 본관은 평해平海. 거주지는 경상북도 평해이다. 1556년(명종 11)에 났으니 이순신보다 11년 아래다. 1585년(선조 18)에 별시別試 문과에 합격하여 예천군수와 길주목사, 동래진 병마첨절제사 등을 역임했다. 저서로는 『조천록朝天錄』, 『해월집海月集』이 있다. (『한국역대인물종합정보시스템』; 『한국민족문화대백과사전』)

203 (*) 내용 생략. 원문은 '入宿內房'이다.

204 (*) 내용 생략. 원문은 '朝送鄭翔溟 問安于黃從事官處 晚李德弼及沈俊來見 主倅與其弟來見 元帥往延元帥行者十餘員亦來見'이다.

205 오후 : 친필 일기의 원문에는 '점심 후에點後'이다.

206 (*) 내용 생략. 원문은 '從事在元帥前'이다.

초9일(무진) 날이 흐리고 비가 왔다.[210] 늦게 정상명을 원수에게 보내 문안하였다. (*다음으로 종사관[황여일]에게도 문안했다. 처음으로 노마료奴馬料[211]를 받았다. 숫돌을 캐 왔는데, 품질이 연일석延日石[212]보다 낫다고 한다. 윤감尹鑑·문익신文益新·문척文陟 등이 보러 왔다. 이날은 여필汝弼의 생일인데, 혼자 진중에 앉아 있으니 심정이 어떠하랴.)[213]

초10일(기사) 맑음. (*아침에 가라말·가라워라말·간자짐말·유짐말[214] 등의 편자가 떨어진 것을 갈았다.)[215] 원수의 종사관이 삼척三陟 사람 홍연해洪漣海를 보내서 문안하고, 늦게 보러 오겠다고 하였다. 연해는 홍견洪堅의 삼촌 조카이다. 어릴 때 죽마고우 서철徐徹이 합천陜川 땅[동면 율진]에 사는데, 내가 왔다는 말을 듣고 역시 보러 왔다. (*아이 때 이름은 서가을박지徐加乙朴只인데 음식을 대접해서 보냈다.)[216] ○ 저녁에 원수 종사관 황여일黃汝一이 보러 와서 (*조용히 이야기하다가, 임진년에 왜적을 무찌른 일에 대하여 찬탄하지 않음이 없고, 또)[217] 산성山城에 험고한 설비가 없는 한계와 당면한 토벌 방비의 대책이 허술한 것 등을 말하였다. (*밤이 깊은 줄을 깨닫지 못하고 돌아갈 것을 잊고 이야기하였다. 또 그는 내일 원수가 산성을 살펴보러 간다고

---

207 박성朴惺 : 자字는 경원敬源, 호號는 대암大菴, 본관은 밀양. 거주지는 경상북도 현풍玄風이다. 1549년(명종 4)에 났으니 이순신보다 4년 아래다. 1567년(선조 즉위)에 생원시에 합격하였다. 초유사招諭使 김성일金誠一의 참모로 종사했고, 정유재란 때 의병을 일으켜서 체찰사體察使 이원익李元翼의 막하에 들어갔다. 가등청정加藤淸正을 치는데 수군 출동을 머뭇거렸다는 이유로 이순신을 죽여야 한다고 극단적인 상소를 올린 일이 있다.(『징비록』.) 후에 공조좌랑, 안음현감安陰縣監을 지냈다.(「한국역대인물종합정보시스템」;『한국민족문화대백과사전』.)

208 친필 일기의 원문에는 '사직하는辭職'이 더 있다.

209 (*) 내용 생략. 원문은 '又見進伏等項事條件'이다.

210 날이 …… 왔다 : 친필 일기의 원문은 '흐리고 개지 않았다陰雨不霽'이다.

211 노마료奴馬料 : 종과 말을 먹일 비용. 즉 군대 복무에 대한 보수.

212 연일석延日石 : 경상북도 포항시 연일읍에서 나는 곱고 아름다운 숫돌.

213 (*) 내용 생략. 원문은 '次問從事官 始受奴馬料 採礪石來 則好勝於延日石云 尹鑑文益新文陟等來見 是日 汝弼辰日 獨坐戌地 懷思如何'이다.

214 가라말 …… 유짐말 : 가라말加羅馬은 털빛이 검은 말. 가라워라말加羅月羅馬은 털빛이 얼룩얼룩한 말, 간자짐말看者卜馬은 이마와 뺨이 흰 말, 유짐말騮卜馬은 갈기가 검고 배가 흰 말인데, 앞의 두 말은 싸움 말戰馬이요, 뒤의 두 말은 짐말卜馬이다.

215 (*) 내용 생략. 원문은 '朝加羅馬加羅月羅馬看者卜 馬騮卜馬等落四下加鐵'이다.

216 (*) 내용 생략. 원문은 '兒名徐加乙朴只 饋食而送'이다.

217 (*) 내용 생략. 원문은 '從容間言 及壬辰討賊之事 莫不嘆美 又言'이다.

말하였다.)[218]

11일(경오) 맑음. (*중복中伏이라 쇠와 구슬이라도 녹일 것 같고, 땅은 찌는 듯했다. 늦게)[219] 명나라 차관差官으로 경략經略 군문에 있는 이문경李文卿이 보러 왔으므로 부채를 선물로 주어 보냈다. ○ 어제저녁 종사관과 이야기할 때, 변흥백卞興伯의 종[춘春]이 집 편지를 가지고 와서 어머님 영연靈筵이 평안하신 줄은 알았으나, 애통한 마음이야 어찌 다 말하랴. 그런데 흥백이 나를 만나러 여기까지 왔다가 그냥 청도淸道로 돌아갔다 하니 참으로 섭섭하였다. (*이날 아침에)[220] 편지를 써서 흥백의 처소로 보냈다. ○ 아들 열莌이 곽란을 앓아 밤새도록 신음하였다. (*애태우고 답답한 심정을 말로 다 하겠는가. 닭이 울어서야 조금 덜해 잠이 들었다. 이날 아침, 한산도 여러 곳에 가는 편지 14장을 썼다. 경庚의 모친이 편지를 보냈는데, 지내기가 매우 어렵다고 했다. 도둑이 또 일어나 엿본다고 했다. 작은 워라말이 먹지를 않으니, 더위를 먹은 것이다.)[221]

12일(신미) 맑음. (*이른 아침에早朝) 종노從奴 경京과 인仁을 한산閑山 진영陣으로 보냈다. 전라우수사[이억기李億祺], 충청수사[최호崔湖], 경상수사[배설裵楔], 가리포첨사[이응표李應彪], 녹도만호[송여종宋汝悰], 여도만호[김인영金仁英], 사도첨사[황세득黃世得], 배 동지[흥립興立], 김 조방장[완浣], 거제현령[안위安衛], 영등포만호[조계종趙繼宗], 남해현령[박대남朴大男], 하동현감[신진申蓁], 순천부사[우치적禹致績] 등에게 편지했다. ○ 늦게 승장僧將 처영處英이 보러 왔는데, 둥근 부채와 미투리[삼으로 삼은 짚신]를 바치므로 다른 물건으로 갚아 주어 보냈다. (*그는 적의 정세도 이야기하고, 원 공[균]의 일도 이야기했다.)[222] ○ 낮에[223] 들으니, 중군장中軍將[이덕필]이 군사를 거느리고 적에게로 나아갔다고 한다. 무슨 일인지 모르겠다. 원수元帥에게 가

---

218 (*) 내용 생략. 원문은 '不覺夜深 忘歸論話 又言 明日元師山城看審云'이다.

219 (*) 내용 생략. 원문은 '中伏 銷金鑠玉 大地如蒸 晩'이다.

220 (*) 내용 생략. 원문은 '是日朝'이다.

221 (*) 내용 생략. 원문은 '剪(煎의 오기)悶可言 鷄鳴少歇而宿 是朝書閑山諸處 裁簡十四張 庚母簡送內 辭甚困苦云 盜又興規云 小月羅馬不食 乃中暑也'이다.

222 (*) 내용 생략. 원문은 '且言賊事 又言元公事'이다.

223 낮에 : 친필 일기의 원문에는 '오후에午後'로 나온다.

본즉, 우병사[김응서]의 긴급 보고에 "부산의 적은 창원 등지로 떠나려 하고 서생포의 적은 경주로 진을 옮긴다."라고 하여, 복병군을 보내서 길을 막고 군대의 위세를 과시한다고 했다. (*병사兵使의 우후虞候 김자헌金自獻이 일이 있어서 원수를 뵈러 왔다. 나도 그를 만나고, 달빛을 이고 돌아왔다.)[224]

13일(임신) 맑음. (*늦게 보슬비가 뿌리다가 비가 조금 오고 그쳤다. 늦게)[225] 병사의 우후 김자헌金自獻이 보러 와서 얼마 동안 서로 이야기하였다. (*[이야기]하다가 점심을 대접해 보냈다. 이날 낮에 왕골을 쪄서 말렸다. 어두워서 청주淸州 이희남李喜男의 종이 들어와서, "주인이 우병사 부대에 입대하기 때문에 지금 원수元帥의 진 근처에까지 왔는데, 날이 저물어서 묵고 있다."라고 전했다.)[226]

14일(계유) 흐리나 비는 오지 않았다. 이른 아침에 이희남李喜男이 들어와서 (*그 여동생의 편지를 전해 주는데,)[227] 아산의 영연靈筵과 위아래가 모두 무사하다고 하나, 아프고 그리운 마음[228]을 말할 수 있겠는가. 아침 식후에 희남이 편지를 가지고 우병사[김응서] 처소에 갔다.

15일(갑술) 맑음.[229] 이날은 보름인데, 몸이 군중軍中에 있어 위패를 설치하고 곡하지 못하니 그리운 마음이 어떠하랴. (*초계군수가 떡을 갖추어 보냈다.)[230] 원수 종사관 황여일黃汝一이 군관을 보내서 말을 전하기를, "원수가 (*오늘今日) 산성으로 가려 한다."라고 했다. 나도 뒤따라가서 큰 냇가에 이르렀다가, 혹시 다른 의견이 있을까 염려되어 냇가에 앉아서 정상명鄭翔溟을 보내 병이 났다고 고하고 그대로 돌아왔다.

16일(을해) 맑음. (*종일 혼자 앉아 있었는데, 들여다보는 사람 하나 없었다.)[231] 열念 및 이원

---

224 (*) 내용 생략. 원문은 '兵虞候金自獻以事來 謁于元帥 余亦見之 戴月還來'이다.

225 (*) 내용 생략. 원문은 '晚或洒小雨而止 晚'이다.

226 (*) 내용 생략. 원문은 '饋點而送 是午莞草蒸暘 昏淸州李喜男奴子入來 傳其主之來防于右兵使 故今到元帥陣傍 因日暮寄宿云'이다.

227 (*) 내용 생략. 원문은 '傳其妹之簡則'이다.

228 아프고 그리운 마음 : 원문에는 '심통心痛'인데, 본문에는 '통련痛戀'이다.

229 맑음 : 원문에는 '맑고 흐리기가 반반이다晴陰相半'이다.

230 (*) 내용 생략. 원문은 '草溪倅 備餠物送之'이다.

231 (*) 내용 생략. 원문은 '終日獨坐 無人來問'이다.

룡李元龍을 불러 책을 매어서 변씨卞氏 족보를 쓰게 했다. ○ (*저녁에夕) 이희남李喜男이 편지[232]를 보냈는데, "병사兵使가 보내주지 않는다."라고 말했다. ○ 열과 정상명이 큰 내에 가서 전마戰馬를 씻겨 가지고 왔다. 변광조卞光祖가 보러 왔다.

17일(병자) 흐리나 비는 오지 않았다. (*서늘한 기운이 들기 시작해서 밤의 모습이 적막하고 쓸쓸하다. 새벽에 일어나 앉으니 아프고 그리움을 어찌 다 말하랴.)[233] 아침 식후에 원수元帥[권율]에게로 갔더니, 원 공[원균]의 정직하지 못한 것을 많이 말하고, 또 비변사에서 국왕의 재결을 받아 공문을 보냈는데, "원균의 장계 내용에 수군과 육군이 함께 나가서 안골安骨[234]의 적을 먼저 무찌른 연후에야 수군이 부산 등지로 진군하여 들어갈 수 있으니, 안골의 적을 먼저 칠 수 없겠습니까" 하였고, 원수의 장계에는 "통제사 원균이 앞으로 나아가려 하지 않고, 오직 안골의 적을 먼저 쳐야 한다고만 말하며, 수군 여러 장수들은 다른 마음을 갖고 있는 자들이 많고, 원균은 안으로 들어가 나오지 않으니 절대로 여러 장수들과 모의謀議에 합의하지 못할 것이라, 일을 그르칠 것을 알 수 있습니다."라고 하였다. ○ 원수에게 아뢰어 이희남李喜男과 변존서卞存緒 및 윤선각尹先覺을 모두 공문을 보내서 독촉해 오도록 하였다. 돌아오는 길에 황 종사관을 만나서 얼마 동안 이야기하였다. 내 숙소로 돌아와서 희남喜男의 종奴을 의령산성宜寧山城으로 보냈다. 청도군수가 곧 파발로 관문을 보냈다. (*관문을 초계군수에게 보여 주었으니, 실로 양심이 없는 사람이다.)[235]

18일(정축) 흐리나 비는 오지 않다. (*아침에朝) 황 종사관이 종을 보내서 문안했다. (*늦게 윤감尹鑑이 떡을 해서 가지고 왔다.)[236] 명나라 사람 섭성葉盛[237]이 초계로부터 와서 이야기를 하고, 또 말하기를, "명나라 사람 주언룡朱彦龍이 일찍이 일본에 사로잡혀 갔다가 이번에 비로소 나왔는데, 적병 10만 명이 이미 사자마沙自麻 혹

---

232 편지 : 원문에는 '한글 편지諺簡'이다.

233 (*) 내용 생략. 원문은 '涼氣入虛 夜色寥廓 晨坐慟戀 如何可言'이다.

234 안골安骨 : 경상남도 창원시 진해구 안골동.

235 (*) 내용 생략. 원문은 '關見草溪倅 則可謂無良矣'이다.

236 (*) 내용 생략. 원문은 '晩尹鑑作餅而來'이다.

237 섭성葉盛 : 친필 일기에는 '섭위葉威'로 나와 있다.

은 대마도對馬島에 왔으며, 행장行長은 의령을 거쳐 곧장 전라도를 침범할 것이요, 청정淸正은 경주와 대구 등지로 진을 옮겼다가 그대로 안동으로 가려 한다."라고 했다. ○ 저물어 원수가 사천泗川에 갈 일을 통지해 왔기에 즉시 정 사복鄭司僕[정상명鄭翔溟]을 보내 행차에 대해 물으니, 수군 일 때문에 간다고 했다.

19일(무인) (*새벽닭이 세 번 울 때 문을 나서서 원수 진중에 이르려 할 즈음 날이 훤히 밝았다.)[238] 새벽에 원수元帥 진에 이르니 원수와 황 종사관이 나와 앉았다. (*내가 들어가 뵈니,)[239] 원수가 원 공[균]의 일을 나에게 말하기를, "통제의 일은 말할 수가 없소. (*[원元]흉이 조정에 청하여)[240] 안골安骨과 가덕加德을 모조리 무찌른 후에 수군이 나아가 토벌한다고 하니, 이것이 진실로 무슨 심사이겠소? 지연시켜 나아가지 않으려는 뜻에 불과하기 때문에 사천泗川으로 가서 (*세 수사水使를)[241] 독촉하려 하오. (*통제사는 지휘할 것도 없소)[242]" 하였다. 내가 임금의 유지有旨를 보니, "안골安骨의 적은 경솔히 들어가 칠 수가 없다."라고 하였다. (*원수가 나간 후 황 종사관과 함께 이야기하고 있는데, 얼마 지나서 초계군수草溪郡守가 왔다. 작별하고 나오려 할 때, 황 종사관이 초계군수에게 진찬순陳贊順을 심부름시키지 말라고 당부하니 원수부의 병방兵房 군관과 군수가 모두 그렇게 하겠다고 대답하였다. 내가 돌아올 때, 사로잡혔다가 도망해 온 사람이 나를 따라왔다. 이날 대지가 온통 찌는 듯 더웠다. 저녁에 작은 워라말이 풀을 조금 먹었다.)[243] ○ 낮에 변덕기卞德基 (*군사軍士),[244] 변덕장卞德章우영리右營吏, 변경완卞慶琬 늙어서 그만둔 아전老除吏, 변경남卞慶男나이 18세年十八이 보러 왔고, 진사 이일장李日章진사 이신길李信吉의 아들도 왔다.(*밤에 소나기가 크게 퍼부어 처마의 낙수가 물을 쏟는 것 같았다.)[245]

---

238 (*) 내용 생략. 원문은 '曉鷄三鳴 出門 將到元帥陣 曙色已明'이다.
239 (*) 내용 생략. 원문은 '余入見則'이다.
240 (*) 내용 생략. 원문은 '兇請朝'이다.
241 (*) 내용 생략. 원문은 '督之于三水使'이다.
242 (*) 내용 생략. 원문은 '統制則不爲之指揮云'이다.
243 (*) 내용 생략. 원문은 '元帥出去後 與黃從事話 有頃 草溪倅來 臨別言于草溪曰 陳贊順勿使云 則帥府兵房軍官及倅 皆應諾 來時 被擄逃還人隨來 是日大地如蒸 夕小月羅馬少食草'이다.
244 친필 일기의 원문에는 '군사軍士'가 더 있다.
245 (*) 내용 생략. 원문은 '夜驟雨大作 簷霤如注'이다.

20일(기묘) 비가 종일토록 내렸다. (*는데, 밤에도 큰비가 왔다. 늦은 아침에)[246] 서철徐徹 [이순신의 어릴 적 친구], 윤감尹鑑, 문익신文益新, 문보文珤,[247] 변유卞瑜가 보러 왔다.[248] (*오후에 종과 말의 급료를 받아 왔다. 병든 말이 차차 나아갔다.)[249]

21일(경진) 비가 오다 개다 하였다. (*새벽꿈에 덕德·율온栗溫·대臺 등이 보였는데, 나를 보고 무척 좋아하는 기색이었다. 아침에)[250] 영덕현령盈德縣令 배진경裵晉慶[251]이 (*원수元帥 를 뵈러 왔다가 원수가 사천으로 가고 없으므로)[252] 보러 와서 좌도[경상좌도]의 사정을 많이 전했다. (*좌병사의 군관이 편지를 가지고 왔기에 곧 답장을 써서 주었다.)[253] 황 종 사관이 사람을 보내 문안하였다. ○ 저녁에 변존서卞存緒[254]와 윤선각尹先覺이 와서 밤까지 이야기하였다.

22일(신사) 개었다 비가 오다 하였다.[255] 아침에 초계군수가 연포軟泡[256]를 준비하여 가지고 와서 권하는데 오만한 기색이 많았다. (*그의 처사가 무례함을 말하여 무엇하 랴.)[257] ○ 늦게 이희남李喜男이 들어왔다. (*우병사의 편지를 전하였다. 낮에 정순신鄭舜 信, 정사겸鄭思謙, 윤감尹鑑, 문익신文益新, 문척文陟[258] 등이 보러 왔다.)[259] 이선손李先孫이 보러 왔다.

23일(임오) 비.[260] 아침에 화전火箭[261]을 고쳐 다듬었다. ○ 늦게 우병사[김응서]가 편지

---

246 (*) 내용 생략. 원문은 '夜大雨 晚朝'이다.

247 문보文珤 : 친필 일기의 원문은 '문척文陟'으로 되어 있다. 정유년 6월 초4일 일기 주 188 참조.

248 원문은 '徐徹來見 尹鑑文益新文陟等來見 卞瑜來見'의 순이다.

249 (*) 내용 생략. 원문은 '午後奴馬料受來 病馬暫向差'이다.

250 (*) 내용 생략. 원문은 '曉夢德與栗溫 與臺幷見於夢 多有喜謁之色 朝'이다.

251 배진경裵晉慶 : 친필 일기에는 '권진경權晉慶'으로 되어 있다.

252 (*) 내용 생략. 원문은 '以元帥前見謁事來到 元帥已往泗川'이다.

253 (*) 내용 생략. 원문은 '左兵使軍官 持簡來到 卽答簡成送'이다.

254 변존서卞存緒 : 친필 일기에는 '변 주부卞主簿'로 되어 있다.

255 개었다 …… 하였다 : 친필 일기 원문은 '或雨或晴'(비가 오다 개다 하였다)으로 되어 있는데, 『전서』 편찬 자가 '或晴或雨'(개었다 비가 오다 하였다)로 잘못 기재하였다.

256 연포軟泡 : 연포탕軟泡湯. 무·두부·고기 등을 맑은 장에 넣어서 끓인 국.

257 (*) 내용 생략. 원문은 '其處事失體可言'이다.

258 문척文陟 : 친필 일기의 원문은 '문척文陟'으로 되어 있고 '문보文珤'가 아니다.

259 (*) 내용 생략. 원문은 '傳右兵使簡 午時鄭舜信鄭思鎌尹鑑文益新文陟等來見'이다.

260 비 : 원문은 '或雨或晴'(비가 오다 개다 했다.)이다.

를 보내고, 겸하여 크고 작은 환도를 보냈다. (*그런데 가지고 오는 사람이 물에 떨어 뜨려 칼집과 장식이 망가졌으니 아깝다. 아침에)[262] 나굉羅宏의 아들 재흥再興이 그 아 버지의 편지를 가지고 보러 왔다. 또 군색한 노자까지 보내서 매우 미안했다. (* 오후에午後) 이방李芳이 보러 왔는데, 방芳은 아산 이몽서李夢瑞의 둘째 아들이다.

24일(계미) (*이날은 입추다.)[263] 새벽안개가 사방에 자욱하였다. (*온 골짜기를 분간하기 어 려웠다. 아침에 수사水使 권언경權彦卿[준]의 종 세공世功과 감손甘孫이 와서 무밭에 대한 일 을 아뢰었다.)[264] 무밭을 갈고 심는 일의 감관監官으로 이원룡李元龍·이희남李喜男· 정상명鄭翔溟·문임수文林守 등을 정해 보냈다. ○ 생원 안극가安克可[265]가 보러 와서 세상 사정을 이야기하였다. (*오후에午後) 합천군수[오운吳澐]가 조언형曹彦亨 을 보내서 안부를 물었다. (*찌는 듯 더웠다.)[266]

25일(갑신) 맑음. 다시 명령하여 무씨를 심도록 했다. (*아침 식전에朝前) 황 종사관[여 일]이 보러 와서 군사 문제를 토론하였다. (*수전水戰에 대한 일을 많이 말하였다.)[267]

○ 저녁에 종奴 경京이 한산閑山서 돌아왔는데, 보성군수 안홍국安弘國[268]이 탄 환에 맞아 죽었다는 소식을 듣고 놀라고 슬픔을 이기지 못했다. 적 한 놈도 잡지

---

261 화전火箭 : 친필 일기에는 '대전大箭'으로 되어 있다. 『전서』편찬자의 착오이다. '대전'은 통나무를 깎아 만든 격파용 큰 화살로, 그 종류에는 차대전次大箭·장군전將軍箭·대장군전大將軍箭이 있으며, 각각 현자 총통, 지자총통, 천자총통에서 발사한다. 반면에 '화전'은 불화살로, 화살 앞부분에 화약을 묶어 만든다.

262 (*) 내용 생략. 원문은 '兼致環刀大小 然李持人沈水 粧與家破落可恨 朝'이다.

263 (*) 내용 생략. 원문은 '是日立秋'이다.

264 (*) 내용 생략. 원문은 '谷中不辨 朝權水使彦卿奴世功奴甘孫 來告菁田事'이다.

265 안극가安克可 : 1547~1614. 『신묘년사마방목辛卯年司馬榜目』에는 '安克家'로 나와 있다. 안극가의 자字 는 의지宜之, 호號는 뇌곡磊谷, 본관은 탐진耽津(강진)으로, 경상남도 초계草溪에서 살았다. 1547년(명 종 2)생이니 이순신보다 2년 아래다. 1591년 사마시司馬試(생원시)에 합격하고, 1599년 사직서참봉社 稷署參奉, 1605년 삼가현감 등을 역임하였다.(『한국역대인물종합정보시스템』; 『한국민족문화대백과사 전』.)

266 (*) 내용 생략. 원문은 '熱酷如蒸'이다.

267 (*) 내용 생략. 원문은 '多言水戰之事'이다. 이날 일기는 순서는 바뀌었으나 내용은 거의 같다.

268 안홍국安弘國 : 1555~1597. 자字는 중경重卿, 본관은 순흥順興. 경기도 용인龍仁에서 살았다. 1555년 (명종 10)생으로 이순신보다 10년 아래다. 1583년(선조 16)에 무과武科에 올랐고, 1592년 임진왜란 때 는 선전관宣傳官으로서 임금의 수레를 따라 의주義州까지 갔으며, 1595년(을미)에 보성군수로 통제사 이순신의 막하가 되었다. 1597년(정유) 통제사 원균의 막하로 안골포 해전에서 전사하였다. 좌찬성左 贊成을 추증하고 충현忠顯이라 시호했으며, 여수 충민사忠愍祠에 이순신과 함께 배향되었다.(『난중일 기』; 『한국역대인물종합정보시스템』; 『한국민족문화대백과사전』.)

못하고 먼저 두 장수[269]를 잃어버리니 통탄함을 어찌 말하랴. 원수가 오늘내일 진중으로 돌아올 것이라고 하였다. (*거제현령巨濟縣令이 사람을 시켜 미역을 실어 보냈다.)[270]

26일(을유) 맑음. (*새벽에 순천의 종 윤복允福이 현신하기에 곧 매杖 50대를 때렸다. 거제에서 온 사람이 돌아갔다. 늦게)[271] 중군장中軍將 이덕필李德弼 및 변홍달卞弘達·심준沈俊 등이 보러 왔다. (*황 종사관이 개벼루犬硯 강가의 정자에 나왔다가 돌아갔다. 어응린魚應獜과 박몽삼朴夢參 등이 보러 왔다.)[272] 아산의 종 평세平世가 들어와서 어머님 영연靈筵이 평안하시고 각 집 상하가 모두 무사하다고 한다. (*다만 석 달이나 가물어 농사는 틀려 기대할 수 없다고 한다.)[273] 장삿날은 7월 27일에서 8월 초4일로 가려 택했다고 한다. 그리운 생각 슬픈 정회를 어찌 다 말하랴. ○ (*저녁에서) 우병사[김응서]가 체찰사에게 보고하기를, "아산 이방李芳[274]과 청주 이희남李喜男이 복병하기 싫어서 원수元帥 진영 옆에 피해 있다." 하여, 체찰사가 원수에게 공문을 보내왔으므로, 원수는 크게 노하여 또 공문을 만들어 보냈는데, 병사兵使 김응서金應瑞의 뜻을 알지 못하겠다. (*이날 작은 워라말이 죽어 내다 버렸다.)[275]

27일(병술) 맑음. (*아침에朝) 어응린魚應麟과 박진삼朴晉參이 보러 왔다.[276] 이희남과 이방李芳이 체찰사의 행차가 이르는 곳으로 갔다. (*늦게 황여일黃汝一이 보러 와서 한참 동안 같이 이야기하였다. 미시未時[오후 1~3시] 말에 소나기가 크게 쏟아져 잠깐 사이에 물이 불었다.)[277]

28일(정해) 맑음. (*늦게晚) 황해도 배천白川 사는 별장別將[도원수의 별장] 조신옥趙信玉

---

269 두 장수 : 보성군수 안홍국安弘國과 평산포만호 김축金軸을 가리킨다. (『선조실록』 권89, 선조 30년 6월 29일 무자)

270 (*) 내용 생략. 원문은 '巨濟亦送人載藿而來'이다.

271 (*) 내용 생략. 원문은 '曉順天奴允福來現 卽杖五十 巨濟來人還歸'이다.

272 (*) 내용 생략. 원문은 '黃從事往犬硯江亭而還去 魚應獜朴夢參等來見'이다.

273 (*) 내용 생략. 원문은 '但天旱三朔 農事已矣 不可望云'이다.

274 이방李芳 : 친필 일기 정유년 6월 26일 자에는 '이방李昉'으로, 23일 자에는 '이방李芳'으로 되어 있다.

275 (*) 내용 생략. 원문은 '是日小月羅馬斃棄'이다.

276 친필 일기에는 '어응린魚應獜, 박몽삼朴夢參 등이 돌아갔다'로 되어 있다.

277 (*) 내용 생략. 원문은 '晚黃汝一來見 論話移時 未末驟雨大作 須臾水漲云'이다.

과 홍대방洪大邦 등이 보러 왔다. ○ 초계草溪 아전이 보낸 고목告目에, 원수元帥
가 내일 남원으로 간다고 하였다. (*이날 새벽에 꿈자리가 매우 뒤숭숭하였다. 종奴 경京
이 물건을 사러 가서 돌아오지 않았다.)[278]

29일(무자) 맑음. (*변 주부卞主夫[主簿, 존서存緖]가 마흘방馬訖坊[279]으로 갔다. 종 경이 돌아왔
다.)[280] 이희남李喜男과 이방李芳 등이 돌아왔다. 이 중군中軍[이덕필李德弼]이 (*과
심준沈俊이)[281] 와서 전하기를, 심 유격沈遊擊[유경惟敬]이 체포되어 갔는데, 양 총
병楊摠兵[원元]이 삼가三嘉에 이르러 결박해서 보냈다고 한다. (*문임수文林守가 의
령宜寧으로부터 와서 전하기를, 체찰사가 벌써 초계역草溪驛에 당도했다고 한다. 새로 과거에
급제한 양간梁諫이 황천상黃天祥의 편지를 가지고 왔다. 변 주부가 마흘방에서 돌아왔다.)[282]

30일(기축) 맑음. (*새벽에 정상명鄭翔溟으로 하여금 체찰사께 문안드리게 하였다. 이날 몹시 더
워서 대지가 찌는 듯하였다. 저녁때)[283] 흥양興陽의 신여량申汝樑,[284] 신제운申霽雲 등
이 보러 왔다. (*와서 해안 지방 일대에는 비가 알맞게 왔다고 전했다.)[285]

---

278 (*) 내용 생략. 원문은 '是曉夢甚煩也 京奴往貿不還'이다.

279 마흘방馬訖坊 : 경상남도 합천군 적중면 두방리이다. 두방리는 조선 말기에 말방리末方里로 불렸다. (조
선총독부「朝鮮地形圖」, 大丘11號, '昌寧', 1918년 발행.)

280 (*) 내용 생략. 원문은 '卞主夫往馬訖坊 京奴還來'이다.

281 (*) 내용 생략. 원문은 '與 沈俊來 傳…'이다.

282 (*) 내용 생략. 원문은 '文林守自宜寧來 傳體相已到草溪驛云 新及第梁諫持黃天祥簡來到 卞主簿自馬訖
坊還'이다.

283 (*) 내용 생략. 원문은 '曉使鄭翔溟問安于體相 是日極熱 大地如蒸 夕'이다.

284 신여량申汝樑[申汝良] : 1564~1606. 자는 백임伯任·중임重任, 호는 봉헌鳳軒, 본관은 고령高靈. 전라남
도 흥양興陽(고흥)에서 살았다. 1583년(선조 16)에 20세로 별시 무과에 합격하였다. 선전관으로, 있으
면서 1592년 임진왜란이 일어나자 동생들과 함께 의주까지 어가御駕를 호종하였다. 1599년(선조 32)
에 통제영 우후에 임명된 후, 1604년(선조 37)에 당포 앞바다에서 일본선을 격파한 공로로 임금으로부
터「당포전양승첩지도唐浦前洋勝捷之圖」를 하사받고, 그 해에 부산진첨사에 임명되었다. 1606년(선조
39) 1월에 전라우수사가 되고, 5월에 전라병사에 임명되었으나 곧 사망하였다. (「한국역대인물종합정보
시스템」;『湖南節義錄』;『全羅右水營誌』先生案;『선조실록』;『道先生來歷事蹟擧槩』; 이상훈,「唐浦前洋
勝捷之圖와 임란 종전 후 海上防衛」,『東垣學術論文集』제7집, 한국고고미술연구소, 2005.)

285 (*) 내용 생략. 원문은 '來傳沿海之地 則雨水適中云'이다.

7월

초1일(경인) 새벽에 비가 오고 늦게 개었다. (*명나라 사람 3명이 왔는데, 부산 가는 길이라
했다. 송대립宋大立이 송득운宋得運과 함께 왔다. 안각安珏도 보러 왔다. 저녁에 서철徐徹 및
방덕수方德壽와 그의 아들이 와서 잤다. 이날 밤 가을 기운이 몹시 서늘하니, 슬픔과 그리움을
어찌하랴. 송득운이 원수元帥 진을 왕래한 바에 의하면,)[286] 오늘은 인종仁宗의 나라 제
삿날인데, 황 종사관從事官[황여일]이 큰 냇가에서 피리 소리를 듣고 있더라고
한다. 놀라운 일이다.

초2일(신묘-신사[287]) 맑음. (*아침에 변덕수卞德壽가 돌아왔다. 늦게 신제운申霽雲과 평해平海 사
는 정인서鄭仁恕가 종사관 심부름으로 문안하러 왔다. 오늘이 돌아가신 아버님 생신인데, 멀
리 천 리 밖에 와서 군대에 복무하고 있으니 사람의 일이 어찌 이렇단 말인가.)[288]

초3일(임진-임오) 맑음. (*새벽에 앉아 있으니, 싸늘한 기운이 뼈에 스민다. 비통한 마음이 한결
더해졌다. 제사에 쓸 유과와 밀가루를 장만했다. 늦게)[289] 정읍井邑 군사 이양李良, 최언
환崔彥還, 건손巾孫 등 3명을 심부름시키라고 보내왔다. (*늦게 장준완蔣俊琬이 남해
로부터 보러 와서 전하기를, 남해현령의 병이 중하다는 것이었다. 애가 타고 걱정스러웠다.
얼마 후에)[290] ○ 합천군수陜川郡守 오운吳澐이 보러 와서 산성山城에 관한 일을
많이 이야기했다. ○ 오후에[291] 원수元帥 진중에 가니 (*[가서] 황 종사관黃從事官과 이
야기하였다. 종사관은 전적典籍 박안의朴安義와 활을 쏘았다. 이때)[292] 좌병사左兵使[성윤

---

286 (*) 내용 생략. 원문은 '唐人三名到來 往釜山云 宋大立與宋得運偕到 安珏亦來見 夕徐徹及方德壽與其子
來宿 是夜秋氣甚涼 悲戀如何 因宋得運往來元帥陣'이다.

287 친필 일기(『정유일기 I』)에는 이날부터 간지에 착오가 나타난다. '신묘辛卯'를 '신사辛巳'로 잘못 기재한
것이다. 간지의 착오는 정유년 10월 3일까지 계속 이어졌다. 그러나 8월 4일부터 중복하여 다시 쓰기
시작한 친필 일기(정유일기 II)에는 간지가 올바로 되어 있다. 이하 착오된 간지를 날짜마다 병기하여
둔다.

288 (*) 내용 생략. 원문은 '朝卞德壽歸 晚申霽雲與平海居鄭仁恕 以從事官問安來此 今日乃先君辰日 而遠來
千里之外 冒服戎門 人事如何如何'이다.

289 (*) 내용 생략. 원문은 '曉坐涼氣透骨 悲慟轉極轉極 措備祭用造果眞末'이다.

290 (*) 내용 생략. 원문은 '晚蔣俊琬自南海來見 傳南倅病重 剪悶剪悶 有頃'이다.

291 오후에 : 친필 일기의 원문은 '점심 후에點後'이다.

292 (*) 내용 생략. 원문은 '與黃從事話 從事與朴典籍安義射帿 此時'이다.

문]²⁹³ 군관이 항복한 왜인 2명을 압송해 왔는데, 청정淸正의 부하라고 했다. (*해가 저물어 돌아왔다. 또 들으니 고령현감高靈縣監이 성주星州에 갇혔다고 한다.)²⁹⁴

초4일(계사-계미) 맑음. (*아침에朝) 황 종사관이 정인서鄭仁恕를 보내서 문안했다. (*늦게晚) 이방李芳 및 유황柳滉이 자원입대하러 왔다. (*흥양의 양점梁霑, 찬續, 기紀 등이 방비에 임하러 왔다. 변여량卞汝良, 변회보卞懷寶, 황언기黃彦己 등이 모두 과거에 합격하고서 보러 왔다. 변사증卞師曾과 변대성卞大成 등도 보러 왔다. 점심 후 비가 뿌렸다. 아침밥을 먹을 때 안극가安克可가 보러 왔다. 어두워져서 큰비가 오기 시작하여 밤새 그치지 않았다.)²⁹⁵

초5일(갑오-갑신) 비. (*이른 아침에 초계군수가, 체찰사體察使 종사관 남이공南以恭이 경내를 지나간다고 하면서, 산성으로부터 문 앞을 지나갔다. 늦게 변덕수卞德壽가 왔다.)²⁹⁶ 변존서卞存緖는 마흘방馬訖坊으로 갔다.

초6일(을미-을유) 맑음. (*꿈에 윤삼빙尹三聘을 만났는데 나주羅州로 귀양 간다고 했다. 늦게 이방李芳이 보러 왔다. 빈방에 홀로 앉았으니 그리움과 비통함을 어찌 말로 다 하랴. 저녁에 바깥채에 나가서 앉았다.)²⁹⁷ 변존서가 마흘방에서 돌아오고, (*기 때문에 안으로 들어왔다.)²⁹⁸ 안각安珏 형제도 흥백興伯을 따라왔다. (*이날 제사에 쓸 중배끼²⁹⁹ 5말을 꿀에다 반죽하여 봉해서 시렁 위에 얹었다.)³⁰⁰

초7일(병신-병술) 맑음. (*오늘은 칠석이다. 슬프고 그리운 마음을 어찌 그치랴. 꿈에 원 공元公[원균]과 한자리에서 만났는데, 내가 원 공 위에 앉아 음식상을 받자 원 공이 즐거운 기색을 보이는 것 같았다. 무슨 징조인지 알 수 없다. 박영남朴永男이 한산도閑山島로부터 와서 말하기

---

293 좌병사左兵使[성윤문] : 이때 경상좌병사는 성윤문成允文이다. 1596년 9월 14일에 경상좌병사 고언백高彦伯을 대신하여 성윤문成允文이 임명되었다. (『죽계일기』;『선조실록』권94, 선조 30년 11월 28일 을묘.)

294 (*) 내용 생략. 원문은 '日暮還來 因聞高靈倅 爲囚于星州云'이다.

295 (*) 내용 생략. 원문은 '興陽梁霑續紀等到防 卞汝良卞懷寶黃彦己等 皆出身來見 卞師曾與卞大成等亦來見 點後雨洒 朝食時 安克可來見 昏雨大作 達夜不止'이다.

296 (*) 내용 생략. 원문은 '早朝草溪倅 以體相從事官南以恭過境云 而自山城過門去 晚卞德壽來'이다.

297 (*) 내용 생략. 원문은 '夢見尹三聘 則定配于羅州云 晚李芳來見 獨坐空堂 懷戀悲慟 如何可言 夕出坐外廊'이다.

298 (*) 내용 생략. 원문은 '故入內'이다.

299 중배끼中朴桂 : 밀가루를 꿀과 기름으로 반죽하여 긴 네모꼴로 베어 기름에 튀긴 유밀과의 한 가지. 중계中桂라고도 하고, 주로 제사용으로 쓴다.

300 (*) 내용 생략. 원문은 '是日祭用中朴桂五斗 造于蜜封上架'이다.

를, 그 주장主將이 저지른 잘못으로 대신 죄책을 받기 위해 원수元帥에게 붙들려 왔다는 것이었다. 초계군수가 절물節物[철을 따라 나오는 물건]을 갖추어 보내왔다. 아침에 안각 형제가 보러 왔고, 저물녘에는 흥양의 박응사朴應泗가 보러 오고, 심준沈俊 등도 보러 왔다.)³⁰¹ 의령현감宜寧縣監 김전金銓이 고령高靈으로부터 와서 병사의 처사가 뒤죽박죽인 것을 많이 이야기하였다.

초8일(정유-정해) 맑음. (*아침에 이방李芳이 왔기에 밥을 대접해 보냈다. 그에게서 들으니, 원수元帥가 구례求禮에서 벌써 곤양昆陽에 이르렀다는 것이었다. 늦게)³⁰² 집주인 이어해李於海³⁰³가 최태보崔台輔와 함께 보러 왔다. (*변덕수卜德壽도 왔다. 저녁에 송대립宋大立, 유홍柳洪, 박영남이 왔다가 송·유 두 사람은 밤에 돌아갔다.)³⁰⁴

초9일(무술-무자) 맑음. 내일은 열葆을 아산牙山으로 보내려고 한다. (*제사에 쓸 과일 짐 싸는 것을 살폈다. 늦게 윤감尹鑑과 문척文陟 등이 술을 가지고 와서 열과 변 주부卞主簿[존서存緖]에게 작별술을 권하고 돌아갔다. 이날 밤 달빛이 대낮같이 밝으니)³⁰⁵ 어머니를 그리워하는 슬픔과 울음으로 밤이 깊도록 잠들지 못했다.

초10일(기해-기축) 맑음. (*새벽에曉) 열과 변존서를 보낼 일로 앉아서 날이 새기를 기다렸다. (*일찍 아침을 먹고)³⁰⁶ 정을 스스로 억제하지 못하고 통곡하며 보냈다. (*내가 무슨 죄를 지었기에 이 지경에 이르렀는가. 구례求禮에서 온 말을 타고 가니 더욱 걱정된다. 열葆 등이 막 떠나자)³⁰⁷ ○ 황 종사관[황여일黃汝一]이 와서 한참 동안 이야기하였다. (*늦게 서철徐徹이 보러 왔다. 정상명鄭翔溟이 종이로 마혁馬革³⁰⁸ 만들기를 끝냈다.)³⁰⁹

---

301 (*) 내용 생략. 원문은 '今日七日 悲戀何已 夢與元公同會 余坐於元公之上進飯之時 元公似有喜色 未詳厥兆也 朴永男自閑山來 以其主將失誤 將受罪次 被捉於元帥云 草溪備節物送來 朝安珏兄弟來見 暮興陽朴應泗來見 沈俊等來見'이다.

302 (*) 내용 생략. 원문은 '朝李芳來見 饋飯而送 因聞 元帥自求禮已到昆陽云 晚'이다.

303 이어해李於海 : 친필 일기에는 '이어해李漁海'로 나와 있다. 1726년 발간된 『고성이씨족보』에, 율곡면 낙민리 매실마을 이종규李鍾圭의 선조先祖 중에 '李魚海'(이어해)가 나와 있다. '李漁海'와 '李魚海'는 동일 인물로 보인다. (이지우, 『이순신 장군 백의종군 행로 지명고증 학술용역보고』, 합천군(합천문화원), 2007.11, 45~46쪽.)

304 (*) 내용 생략. 원문은 '卞德壽又至 夕宋大立柳洪朴永男來 宋柳兩人夜向歸'이다.

305 (*) 내용 생략. 원문은 '祭用果監封 晚尹鑑文陟等佩酒來 餞葆与卞主簿等歸 是夜月色如晝'이다.

306 (*) 내용 생략. 원문은 '早朝飯'이다.

307 (*) 내용 생략. 원문은 '吾何造罪至於此極耶 求禮來馬騎往尤用慮慮 葆等新出'이다.

저녁에 홀로 빈방에 앉아 있으니 그리운 마음이 더욱 심하여 밤이 깊도록 잠들지 못했다.

11일(경자-경인) 맑음. (*열蕃이 어떻게 갔는지 염려스러웠다. 더위가 아주 심하여 걱정을 멈출 수 없었다. 늦게)[310] 변홍달卞弘達과 (*신제운申霽雲,)[311] 임중형林仲亨이 보러 왔다. (*홀로 빈방에 앉아 있으니 그리운 마음이 어떠하랴. 비통하다. 비통하다. 종奴 태문太文과 종이 終伊가 함께 순천順天으로 갔다.)[312]

12일(신축-신묘) (*맑음. 아침에 합천군수가 햅쌀과 수박을 보냈다. 점심을 지을 무렵)[313] 방응원方應元, 현응진玄應辰, 홍우공洪禹功, 임영립林英立 등이 박명현朴名賢[314]의 처소로부터 와서 도착했다. (*함께 밥을 먹었다. 종 평세平世가 열蕃을 따라갔다가 돌아왔다. 잘 갔다는 소식을 고하니 다행한 일이다. 그러나 슬프고 한탄스러움이야 어찌 말하랴. 이희남李喜男이 인진茵[사철쑥] 백 묶음을 베어 왔다.)[315]

13일(임인-임진) 맑음. (*아침에朝) 남해현령南海縣令[박대남]이 편지를 보내고 음식물을 많이 보내면서 또 말하기를, 전마戰馬를 끌어가라고 했다. (*기에 답장을 썼다.)[316] 늦게 이태수李台壽, 조신옥趙信玉, 홍대방洪大邦이 와서 적 토벌할 일을 이야기하였다. (*송대립宋大立과 장득홍張得洪도 왔다. 장득홍은 자비自備로 복무한다기에 양식 두 말을 내주었다. 이날 칡을 캐서 왔다. 이방李芳도 보러 왔다. 남해 아전이 심부름꾼 두

---

308 마혁馬革 : 말안장 양쪽에 장식으로 늘어뜨리는 고삐라 한다. (박종평, 『난중일기』, 파주 : 글항아리, 2021, 539쪽.)

309 (*) 내용 생략. 원문은 '晚徐徹來見 鄭翔溟馬帶以紙造畢'이다.

310 (*) 내용 생략. 원문은 '念在蕃行 何以爲堪 暑炎極嚴 爲慮無已 晚'이다.

311 (*) 내용 생략. 원문은 '申霽雲'이다.

312 (*) 내용 생략. 원문은 '獨坐空堂 懷戀如何 悲慟悲慟 奴太文與終伊 往順天'이다.

313 (*) 내용 생략. 원문은 '晴 朝陜川送新米與西果 炊午飯之際'이다.

314 박명현朴名賢[朴命賢] : 자字는 군빙君聘, 본관은 죽산竹山. 충청남도 홍주洪州에서 살았다. 1561년(명종 16)생으로 이순신보다 16년 아래다. 29세에 무과에 합격하였다. 1596년(선조 29) 충청도 홍산鴻山에서 이몽학李夢鶴의 반란이 일어났을 때, 목사牧使 홍가신洪可臣의 부름을 받아 무장武將 임득의林得義와 함께 반란을 평정하는 데 큰 공을 세우고, 토포사와 충청도 방어사, 전라도 병마절도사 등을 지냈다. 1604년 논공행상論功行賞에서 청난공신淸難功臣 제2등에 책록하고 연창군延昌君에 봉했다. (『한국역대인물종합정보시스템』;『한국민족문화대백과사전』;『선조실록』.)

315 (*) 내용 생략. 원문은 '共食 奴平世 自蕃行還來 問好去 爲行 然悲嘆何言 李喜男刈茵百束來'이다.

316 (*) 내용 생략. 원문은 '故裁答'이다.

명과 함께 왔다.)[317]

14일(계묘-계사) 맑음. (*이른 아침에早朝) 싸움말戰馬을 끌고 올 일로 정상명鄭翔溟을 남
해南海로 보냈다.[318] (*정은 전마를 끌어올 일로 보낸 것이다. 새벽에 꿈을 꾸었는데, 내가
체찰사와 함께 한곳에 이르니 송장들이 널렸는데, 혹은 밟고 혹은 목 베기도 했다. 아침을 먹
을 때 문인수文獜壽가 와가채[319]와 동아선[320]을 가져와 바쳤다.)[321] 방응원方應元·윤선각
尹先覺·현응진玄應辰·홍우공洪禹功 등과 이야기하였다. 우공은 (*그 아버지의 병으
로)[322] 종군하고 싶지 않아 팔이 아프다고 핑계하니 놀라운 일이다. ○ (*사시巳時
[오전 9~11시]에) 황 종사관이 정인서鄭仁恕를 보내 문안하고 또 김해 사람으로 왜
적에게 붙었던 김억金億의 고목告目을 보여 주었다. 거기에 의하면, "초7일에
왜선 5백여 척이 부산으로 나왔고, 초9일에는 왜선 1천 척이 합세하여 우리 수
군과 절영도絶影島 앞바다에서 싸웠는데, 우리 전선 (*5척)[323]이 두모포豆毛浦에
표류해 대었고, 7척은 간 곳을 모른다."라는 것이었다. 이를 듣고 분함을 이기
지 못하여 곧 황 종사관에게 달려가 (*이 군대 점호하고 있는 곳으로 달려가 황 종사관
과)[324] 일을 의논하였다. (*그대로 앉아 활 쏘는 것을 구경했다. 이윽고 내가 타고 간 말을
홍대방洪大邦더러 달려 보라 했더니 잘 달리는 것이었다. 날씨가 비 올 기세였으므로 곧 돌아
왔는데, 집에 닿자 비가 마구 쏟아졌다. 이경二更[오후 9~11시]에 개었는데 달빛이 훨씬 더 맑
아서 낮보다 배나 밝으니, 회포懷抱[마음에 품은 생각]를 어찌 다 말하랴.)[325]

---

317 (*) 내용 생략. 원문은 '宋大立張得洪亦來 張得洪 以自備告之 故粮二斗付之 是日採葛來 李芳亦來見 南
海衙吏與從人二名來'이다.

318 친필 일기의 원문은 '鄭翔溟與奴平世奴貴仁 兩卜馬送于南海'(정상명과 종 평세, 종 귀인, 짐말 두 필을
남해로 보냈다.)이다.

319 와가채蛙歌菜 : 모시조개로 만든 음식.

320 동아선 : 원문은 "동과전東瓜饌"으로 되어 있으나 '동과선冬瓜膳'과 같다. 동아(박과의 한해살이 덩굴성
식물)를 잘게 썰어 기름에 볶고 잣가루를 묻혀 겨자를 찍어 먹는 술안주이다.

321 (*) 내용 생략. 원문은 '鄭則 戰馬牽來事送之 曉夢 吾與體相 同到一處 則衆尸浪藉 或履或斬 朝食時 文獜
壽 蛙歌菜東瓜饌來進'이다.

322 (*) 내용 생략. 원문은 '以其父病'이다.

323 (*) 내용 생략. 원문은 '五'이다.

324 (*) 내용 생략. 원문은 '點軍處 與黃從事'이다.

325 (*) 내용 생략. 원문은 '因坐觀射帿 有頃 所騎使洪大邦馳之 則善走善走 日勢多有雨徵 故還來 到接家 則
雨勢大作 二更晴霽 月色徵明倍晝 懷抱可言'이다.

15일(갑진-갑오) 비가 오다 개다 했다. (*늦게 조신옥趙信玉·홍대방 등과 여기 있는 윤선각尹先覺까지 9명을 불러 떡을 차려 먹였다. 아주 늦게)[326] 중군中軍 이덕필李德弼이 왔는데, (*다가 저물녘에 돌아갔다.)[327] 그에게서 들으니, 수군 20여 척이 적에게 패했다는 것이다. 매우 통분하다. (*제어할 방책 없음이 많이 원통하다. 어두워서 비가 크게 내렸다.)[328]

16일(을사-을미) (*비가 오다 개다 하면서 종일 흐리고 맑지 않았다. 아침 식사 후에 손응남孫應男[구례 손인필의 아들]을 중군[이덕필]에게 보내서 수군 소식을 알아보게 했더니, 그가 돌아와 중군의 말을 전하는데, 좌병사[경상]의 긴급 보고로 보아 불리한 일이 많다고 하면서 갖추어 말하지 않더라는 것이다. 탄식할 일이다. 늦게 변의정卞義禎이란 사람이 수박 두 덩이를 가지고 왔다. 그 꼴이 형편없어 어리석고 용렬해 보였다. 두메에 박혀 사는 사람이 배우지 못하고 가난해서 형세상 그렇게 된 것이리라. 이 역시 소박한 태도이다. 이날 낮에 이희남李喜男을 시켜 칼을 갈게 했는데, 아주 잘 들어 적장의 맨머리를 벨 만했다. 소나기가 갑자기 쏟아졌다. 아들 열葂이 길 가기에 고생할 것을 많이 생각하니 걱정스런 마음이 끊이지 않았다.)[329] 저녁 때 영암靈巖 송진면松進面 사는 사삿집 종 세남世男이 서생포西生浦[330]로부터 알몸으로 왔기에 그 까닭을 물으니, "7월 초5일[331] 우후右候가 타고 있던 배의 격군格軍이 되어, (*초5일)[332] 칠천량漆川梁[333]에 이르러 자고, 초6일 옥포玉浦[334]로 들어갔다가, 초7일 날이 밝기 전에 말고지末串[335]를 거쳐 다대포多大浦[336]에 이르

---

326 (*) 내용 생략. 원문은 '晚招趙信玉洪大邦等及此在尹先覺九人 設餠饋之 最晚'이다.

327 (*) 내용 생략. 원문은 '暮還'이다.

328 (*) 내용 생략. 원문은 '多恨制禦無方也 昏雨大作'이다.

329 (*) 내용 생략. 원문은 '或雨或收 終陰不晴 朝食後 送孫應男于中軍處 探聽舟師之事 則還傳中軍之言曰 見左兵使馳報 則多有不利事云 而不以備言 可嘆 晚卞義禎稱者 持西果二圓而來 其體兒不如 且愚且劣 窮村僻居之人 不學守貧 勢使然也 此亦朴厚之態矣 是午令李喜男磨劒 甚利可斫髡酋者也 驟雨急作 多念豚葂行之爲苦也 默念不已不已'이다.

330 서생포西生浦 : 울산광역시 울주군 서생면 진하리.

331 초5일 : 친필 일기의 원문은 '4일'이다.

332 (*) 내용 생략. 원문은 '初五日'이다.

333 칠천량漆川梁 : 경상남도 거제시 하청면 연구리.

334 옥포玉浦 : 경상남도 거제시 옥포동.

335 말고지末串 : 부산광역시 강서구 대항동 가덕도 남단.

336 다대포多大浦 : 부산광역시 사하구 다대동.

러 왜선 8척이 정박하고 있음을 보고 여러 배들이 바로 돌격했더니, 왜인은 남김없이 뭍으로 올라가고 빈 배만 걸려 있어 우리 수군들은 그것을 끌어내어 불질렀습니다. 그 길로 부산 절영도絶影島 바깥 바다로 향하다가 마침 적선 무려 1천여 척이 대마도로부터 건너오는데, 서로 싸우려고 했더니 왜선이 흩어져 회피하므로 끝내 잡아 무찔러 없앨 수 없었습니다. 세남이 탄 배 및 다른 배 6척은 배를 제어하지 못하고 서생포 앞바다까지 표류하였고, 뭍으로 오르려고 할 때 거의 다 살육을 당하고 세남만은 혼자서 수풀 속으로 들어가 무릎을 꿇고 기어서 목숨을 건져 간신히 여기까지 왔습니다."라는 것이었다. 듣고 나니 참으로 놀랄 일이다. 우리나라가 믿을 것은 오직 수군뿐인데, 수군이 이러하니 다시 더 가망이 없게 되었다. (*거듭거듭 생각할수록 분해서 가슴이 찢어질 것만 같다.)[337] 선장 이엽李燁[338]이 적에게 포박되었다 하니 더욱더 통분하다. (*손응남孫應男이 집에 돌아갔다.)[339]

17일(병오-병신) 비.[340] (*아침에朝) 이희남李喜男을 황 종사관에게 보내 세남의 말을 전하였다. (*늦게 초계군수가 벽견산성碧堅山城[341]에서 보러 왔다가 돌아갔다. 송대립宋大立, 유황柳滉, 유홍柳泓, 장득홍張得弘 등이 보러 왔다가 해가 저물어 돌아갔다. 변대헌卞大獻, 정운룡鄭雲龍, 득룡得龍, 구종仇從 등은 모두 초계草溪 아전들인데, 그 족성族姓이 같은 파派 사람으로서 보러 왔다. 큰비가 종일 내렸다. 이름을 적지 아니한 사령장空名告身을 신여길申汝吉이 바다 가운데서 잃어버린 일로 신문訊問받고 갔다. 경상순변사가 신문을 받아 갔다.)[342]

18일(정미-정유) 맑음. 새벽에 이덕필李德弼과 변홍달卞弘達이 와서 전하기를, "16일 새벽에 수군이 크게 패하여 통제사 원균元均, 전라우수사 이억기李億祺, 충청수

---

337 (*) 내용 생략. 원문은 '反覆思之 憤膽如裂如裂'이다.

338 이엽李燁 : 친필 일기에는 '이엽李曄'으로 되어 있다. 『전서』 편찬자는 안 좋은 일에 연루된 사람의 이름은 이처럼 의도적으로 글자를 바꾸었는데, 아마도 전서를 읽는 후손들을 배려했던 것 같다.

339 (*) 내용 생략. 원문은 '孫應男歸家'이다.

340 비 : 친필 일기의 원문은 '或雨(가끔 비가 내렸다.)'이다.

341 벽견산성碧堅山城 : 악견산성嶽堅山城(경상남도 합천군 대병면 성리)으로 추정됨.

342 (*) 내용 생략. 원문은 '晩草溪倅 自碧堅山城來見而歸 宋大立·柳滉·柳弘·張得弘等來見 日暮還歸 卞大獻· 鄭雲龍·得龍·仇從等 皆草溪鄕吏 以其族姓同派之人來見 大雨終日 以空名告身 申汝吉闊失洋中事 奉推考 而去 慶尙巡使捧去'이다.

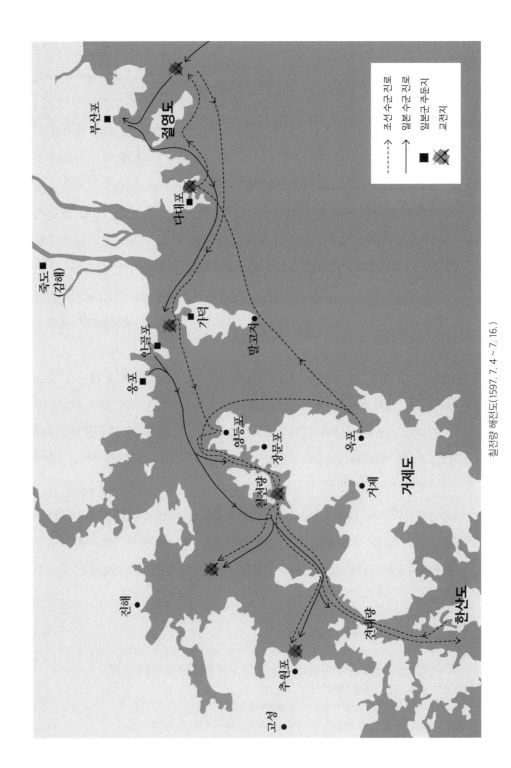

칠전량 해전도(1597. 7. 4 ~ 7. 16.)

사 최호崔湖 및 여러 장수 등이 다수 해를 입었다."라고 하였다.[343] (*듣자니)[344]통곡이 터져 나옴을 이길 길이 없었다. 얼마 후 원수元帥가 와서 말하기를, "일이 이미 여기까지 이르렀으니 어떻게 할 수가 없다."하면서 사시巳時[오전 9~11시]까지 이야기하였으나 대책을 정할 수가 없었다. 나는 "내가 해안 지방으로 가서 듣고 본 뒤에 (*그것之[방책을]) 정하겠다."라고 말했더니, 원수는 매우 기뻐하였다. 나는 송대립宋大立[345], 유황柳滉, 윤선각尹先覺, 방응원方應元, 현응진玄應辰, 임영립林英立[346], 이원룡李元龍, 이희남李喜男, 홍우공洪禹功과 함께 길을 떠났다. 삼가현三嘉縣에 이르니 새로 부임한 현감이 나와 기다리고 있었다. 한치겸韓致謙[347]도 왔다. (*와서 오래 이야기했다.)[348]

19일(무신-무술) 비가 계속 내렸다. (*종일 비가 내렸다. 오는 길에)[349] 단성丹城 동산산성東山山城[350]에 올라 그 형세를 보니 매우 험고하여 적이 엿볼 수 없을 것 같았다. 그대로 단성현丹城縣[351]에서 유숙했다.

---

343 친필 일기의 원문에는 '十六日曉 舟師夜驚 統制 元均與 全右水使 李億祺 忠清水使及 諸將等 多數被害 舟師大敗云'으로 기록되어 있다.

344 (*) 내용 생략. 원문은 '聞來'이다.

345 송대립宋大立 : 1550~1597. 자字는 신백信伯, 본관은 여산礪山. 전라남도 홍양(고흥)에서 살았으며, 임진란에 대립大立·희립希立·정립挺立 3형제가 같이 의병을 모아 일어났다. 1594년(선조 27, 갑오)에 무과武科에 급제하여 벼슬이 훈련부정訓鍊副正에 이르렀다. 후에 이순신이 도원수都元帥 권율에게 추천하여 창의별장倡義別將이 되었다. 1597년(선조 30, 정유)에 왜적이 보성寶城을 침범할 적에 예진曳津 싸움에서 최대성崔大晟과 함께 대첩을 거두고, 다시 왜적이 홍양興陽 망제포望諸浦를 침범한다는 소식을 들고, 진을 옮겨 싸우다가 9명이 달아나는 것을 보고, 혼자서 말을 달려 뒤를 쫓아 8명을 격살하고 1명을 사로잡아 오는 길에 문득 왜의 복병 1천여 명을 만나 싸우다가 적탄에 맞아 순국하였다. 사후에 병조참의兵曹參議에 증직되고 선무원종훈宣武原從勳에 참록되었다.(『湖南節義錄』.)

346 임영립林英立 : 자字는 사웅士雄, 호號는 모헌慕軒, 본관은 진천鎭川. 전라남도 장흥長興에서 살았다. 일찍이 무과武科에 올라 판관判官을 제수받고, 임진왜란 때는 통제사 이순신의 막하로 들어가 노량露梁 싸움에 공로가 커서 훈련부정訓鍊副正이 되고, 28장사壯士 선발에 뽑혔다. 1604년(선조 37, 갑진)에 신여량申汝樑·송덕일宋德馹·노인魯認 등과 함께 통제사統制使 이경준李慶濬을 따라 왜선을 격파하여, '당포승전도唐浦勝戰圖'를 하사받고 현감縣監에 임명되었으며, 선무원종훈宣武原從勳에 참록되었다.(『湖南節義錄』.)

347 한치겸韓致謙 : 좌의정을 지낸 한효순韓孝純의 아들로, 1597년에 무과에 급제하여 선전관과 오위도총부 도사, 단천군수를 역임했다 한다. (박종평, 『난중일기』, 파주 : 글항아리, 2021, 547쪽.)

348 (*) 내용 생략. 원문은 '話久'이다.

349 (*) 내용 생략. 원문은 '終日雨雨 來路上'이다.

350 동산산성東山山城 : 경상남도 산청군 신안면 중촌리 백마산성白馬山城.

20일(기유-기해) 종일 비가 내렸다. (*아침에 권문임權文任의 조카 권이청權以淸이 보러 오고)³⁵² 단성현감³⁵³이 보러 왔다. 낮에 진주晉州 정개산성鼎盖山城³⁵⁴ 아래 있는 강정江亭³⁵⁵에 이르렀다. 진주목사[나정언]가 보러 왔다. 굴동屈洞 이희만李希萬의 집³⁵⁶에서 잤다.

21일(경술-경자) 맑음. 일찍 떠나 곤양군昆陽郡에 이르니 군수 이천추李天樞도 고을에 있고, 백성들도 많이 본연의 일에 힘쓰고 있는데, 혹은 올벼를 거두기도 하고, 혹은 보리밭을 갈기도 했다. 오후에³⁵⁷ 노량露梁³⁵⁸에 이르니 거제현령 안위安衛와 영등포만호 조계종趙繼宗 등 10여 명이 와서 통곡하고, 피해 나온 군사와 백성들도 울부짖지 않는 이가 없는데, 경상수사[배설裵楔]는 달아나 피하고 보이지 않았다. 우후 이의득李義得이 보러 왔기에 패한 정황을 물었다. 모든 사람이 울며 말하기를, "대장[원균]이 적을 보자 먼저 (*뭍으로 달아나고 여러 장수들도 모두 그같이 뭍으로)³⁵⁹ 달아나 이 지경에 이르렀다."라는 것이었다. (*대장의 잘못을 말하는 것은 입으로 옮길 수도 없으며, 그 살점이라도 뜯어먹고 싶다고들 했다.)³⁶⁰ 거제의 배 위에서 자면서 거제현령과 사경四更[오전 1~3시]까지 이야기했다. 조금도 눈을 붙이지 못해 눈병을 얻었다.

22일(신해-신축) 맑음. 아침에 배설裵楔[경상우수사]이 보러 와서 원 공[원균]이 패망한 일을 많이 말하였다. 늦게³⁶¹ 남해현령 박대남朴大男이 있는 곳³⁶¹에 이르니, 병

---

351 단성현丹城縣 : 경상남도 산청군 단성면 성내리.

352 (*) 내용 생략. 원문은 '朝權文任姪 權以淸來見'이다.

353 단성현감 : 친필 일기의 원문에는 '主倅'로 나온다.

354 정개산성鼎盖山城 : 경상남도 하동군 옥종면 종화리에 있는 산성. 친필 일기에는 '定介山城'으로 나온다.

355 강정江亭 : 경상남도 하동군 옥종면 문암리 문암정文巖亭. 원래는 '문암정門巖亭'으로 표기되었다. (成汝信, 『晉陽誌』, 亭榭, "門巖亭在宗化東 … 或曰門當作亭".)

356 이희만의 집李希萬家 : 경상남도 하동군 옥종면 청룡리 311번지로 추정된다. 이곳에는 이희만의 13세손 이임호가 최근까지 살았다.

357 오후에 : 친필 일기의 원문에는 '晝點後'(점심 후)로 나온다.

358 노량露梁 : 노량의 지명이 노량수도를 사이에 두고 하동과 남해 양쪽에 있는데, 여기 노량은 경상남도 하동군 금남면 노량리로 추정된다.

359 (*) 내용 생략. 원문은 '先奔下陸 諸將盡效下陸'이다.

360 (*) 내용 생략. 원문은 '其言大將之誤 口不可形 欲食其肉云云'이다.

361 늦게 : 친필 일기의 원문에는 '식후에食後'로 나온다.

세가 거의 구할 수 없이 되었다. (*전마戰馬[싸움말]를 서로 바꿀 일을 다시 이야기했다. 종 평세平世와 군사 한 명이 끌고 오겠다고 했다.)[363] 오후에 곤양昆陽[364]에 이르러 몸이 편치 않아 그대로 잤다.

23일(임자-임인) 비가 오다 개다 했다. (*아침에 노량露梁에서부터)[365] 작성한 공문을 송대립宋大立에게 주어 먼저 원수부元帥府로 보내고, 뒤따라 떠나 십오리원十五里院[366]에 이르렀다. (*배백기裵伯起[배흥립] 부인이 먼저 도착해 있었다.)[367] 말에서 내려 잠깐 쉬고 진주 굴동屈洞[368]의 전날 숙박했던 곳에서 잤다. (*초저녁에 비가 내리기 시작해서 밤새도록 그치지 않았다.)[369] 배백기도 와서 잤다.

24일(계축-계묘) 비가 계속 내렸다. (*그치지 않았다.)[370] 한치겸韓致謙과 이안인李安仁이 부사副使[부찰사 한효순]에게로 돌아갔다. (*정鄭 씨의 종 예손禮孫이 손孫 씨의 종과 함께 돌아갔다.)[371] 식후에 이홍훈李弘勛의 집[372]으로 옮겼다. 방응원方應元이 정개성鼎盖城[373]에서 와서 전하기를, 황 종사관黃從事官이 산성에 이르렀다고 한다. (*와

---

362 박대남朴大男이 있는 곳 : 경상남도 남해군 설천면 노량리로 추정된다. 칠천량 패전 후 왜군의 서진西進으로 전황이 급박했을지라도 이순신이 하동 노량을 방문했을 당시까지는 남해현령이 관할 구역을 벗어날 수는 없었을 것이고, 다만 노량수도를 건너 하동 쪽 육지 방향으로 대피 준비를 하고 있었을 것으로 보이기 때문이다.

363 (*) 내용 생략. 원문은 '戰馬相換事 更言之 奴平世及軍士一名率來云'이다.

364 곤양昆陽 : 경상남도 사천시 곤양면 성내리.

365 (*) 내용 생략. 원문은 '朝自露梁'이다.

366 십오리원十五里院 : 경상남도 사천시 곤명면 봉계리 원전마을. 조선시대 역원驛院인 봉계원鳳溪院을 가리키는데, 완사역完沙驛(사천시 정곡면 완사마을)에서 십오리 떨어져 있는 원이라 해서 그렇게 불렸다 한다. (사천시 곤명면 홈페이지 https://www.sacheon.go.kr/intro/01131/01387.web 참조.)

367 (*) 내용 생략. 원문은 '裵伯起夫人行先到'이다.

368 굴동屈洞 : 원문에는 '屈洞'으로 썼다가 '雲谷'(운곡)으로 수정되어 있다. 운곡은 경상남도 하동군 옥종면 청룡리이다.

369 (*) 내용 생략. 원문은 '初昏雨作 終夜不止'이다.

370 (*) 내용 생략. 원문은 '不止'이다.

371 (*) 내용 생략. 원문은 '鄭奴禮孫與 孫奴同歸'이다.

372 이홍훈李弘勛의 집 : 경상남도 하동군 옥종면 청룡리 317번지로 추정된다. 현재 이홍훈의 집으로 전해오는 곳은 사람이 살지 않고 집터만 남아 있다. 이홍훈은 이희만의 형 이희억李喜億의 아들로, 이희만과 같은 동네에 살았다.

373 정개성鼎盖城 : 경상남도 하동군 옥종면 종화리 정개산성.

서 연해안 사정을 보고 들은 대로 전하더라 하며, 군량 2곡斛[374], 말먹이 콩 2곡, 다갈多葛[374] 7벌을 가져왔다. 이날 저녁에)[376] 배 조방장裵助防將[377]이 보러 왔다. (*[왔]기에 술을 주어 위로했다.)[378]

25일(갑인-갑진) 맑음.[379] 황 종사관이 편지를 보내 문안했다. (*조방장 김언공金彦恭이 보러 왔다가 그 길로 원수부元帥府로 갔다.)[380] 배수립裵樹立[381] 및 이곳 주인 이홍훈李弘勛이 보러 왔다. 남해현령[박대남朴大男]이 사람을 보내서 내일 들어온다고 말했다.[382] (*저녁때 배백기裵伯起의 병세를 가서 보니 고통이 극도로 심했다. 걱정, 걱정이다. 송득운宋得運을 황 종사관에게 보내서 안부를 물었다.)[383]

26일(을묘-을사) 비가 오다 개다 했다. (*일찍 밥을 먹고)[384] 정성鼎城[정개산성] 밑에 있는 송정松亭[385]으로 가서 황 종사관 및 진주목사[나정언羅廷彦]와 더불어 이야기하다가 날이 저물어 숙소로 돌아왔다.

27일(병진-병오) 비가 종일토록 내렸다. (*이른 아침早朝) 정성 건너편 손경례孫景禮의 집[386]으로 옮겼다. (*늦게 동지同知 이천李薦[387]과 판관判官 정제鄭霽가 체찰사로부터 와서 전령을 전달했다. 함께 저녁을 먹었다. 이 동지同知는 배 조방장[배흥립]에게 가서 잤다.)[388]

---

374 곡斛 : 1곡은 20말 또는 15말이다. 정유년 5월 초10일 일기 주 114 참조.

375 다갈多葛 : 말굽에 편자를 신기는 데 박는 징. 대갈代葛과 같은 뜻이다.

376 (*) 내용 생략. 원문은 '傳沿海事聞見云 軍粮二斛 馬太二斛及多葛七部持來 是夕'이다.

377 배 조방장裵助防將 : 배흥립裵興立으로 추정된다. 이때 배흥립은 조방장으로서 칠천량 해전에 참전하여 겨우 목숨만 살아나온 처지였으며(『선조실록』권90, 선조 30년 7월 28일 정사), 이후 이순신과 함께 행동하며 명량 해전에 참전하여 공을 세웠다.(『선조실록』권94, 선조 30년 11월 10일 정유.) 한편, 배경남裵慶男은 정유년 2월에 순창 군수로 있다가(『竹溪日記』), 8월 8일에는 육군 조방장으로 순천 구치鳩峙에서 복병하고 있었다.(『정유일기Ⅱ』.)

378 (*) 내용 생략. 원문은 '以酒慰之'이다.

379 맑음 : 친필 일기의 원문은 '晚晴'(늦게 개었다.)이다.

380 (*) 내용 생략. 원문은 '金助防將彦恭來見 而因往元帥府'이다.

381 배수립裵樹立 : 배흥립의 동생 배수립裵秀立(임진년 2월 21일 일기)과 동일 인물인 듯하다.

382 친필 일기의 원문은 '裵樹立來見 此地主人李弘勛來見 朴南海送其奴龍山 明日入來事告之'이다.

383 (*) 내용 생략. 원문은 '夕往見裵伯起病 則苦極苦極 爲慮爲慮 宋得運送問于黃從事處'이다.

384 (*) 내용 생략. 원문은 '早食'이다.

385 송정松亭 : 경상남도 하동군 옥종면 문암리 문암정文巖亭. 정유년 7월 20일 일기에 나오는 '강정江亭'과 동일하다.

386 손경례孫景禮의 집 : 경상남도 진주시 수곡면 원계리 원계마을.

28일(정사-정미) 비가 계속 내렸다. 이희량李希良이 보러 왔다. 초경初更[오후 7~9시]에 동지 이천李薦 및 진주목사와 소촌찰방召村察訪 이시경李蓍慶[389]이 와서 응전할 대책을 의논하였다. (*밤들도록 이야기하다가 삼경三更[오후 11시~오전 1시]이 지나 돌아갔다. 모두 응전 대책을 의논한 것이었다.)[390]

29일(무오-무신) 비가 오다 개다 했다. (*아침에 이 군거君擧[동지 이천의 자字] 영공令公과 함께 밥을 먹고 체찰사에게로 보냈다. 늦게)[391] 냇가로 나가서 군사를 점고하고 말을 달렸는데, 원수元帥가 보낸 군사는 모두 말도 없고 또 활과 화살도 없으니 쓸모가 없었다. 탄식할 일이다. 남해현령[박대남朴大男]이 보러 왔다. (*저녁때 들어오다가 배동지同知[배흥립]와 남해현령에게 들렀다. 밤새 큰비가 왔다. 찰방察訪 이시경에게 사람을 보내서 안부를 물었다.)[392]

---

387 이천李薦 : 본관은 전주全州. 1550년(명종 5)에 났으니 이순신보다 5년 아래다. 순변사 이빈李蘋의 6촌 동생이다. 무과에 급제한 후 전라좌수사 등을 역임하였으며, 1588년(선조 21) 북병사 이일李鎰의 시전부락 정벌 작전 때 절충장군 함경북도 조방장으로서 선봉장先鋒將으로 활약하였다. 1592년 임진왜란 때 부호군과 영흥부사, 방어사를 역임하고, 1593년에는 순변사 중위장이 되었다. 전란 이후에는 경기수사 등을 역임하였다. 사후에 병조판서에 추증되었다. 시호는 충렬忠烈이다.(「한국역대인물종합정보시스템」;『선조실록』;『광해군일기』; 강신엽,「朝鮮 中期 李鎰의 關防政策-壯襄公征討時錢部胡圖를 중심으로」,『學藝誌』제5집, 1997.)

388 (*) 내용 생략. 원문은 '晚李同知薦与鄭判官霽 自體相府來傳傳令 同夕食 李同知宿于裵助防將處'이다.

389 이시경李蓍慶 : 임진년에 우의정을 지낸 이양원李陽元의 아들이다. 자字는 사길士吉, 본관은 전주全州. 거주지는 한성漢城이다. 1565년(명종 20)에 났으니 이순신보다 20년 아래다. 1590년(선조 23)에 증광시增廣試 진사에 합격하였다. 1597년 정유재란 때 경상남도 진주 소촌(경상남도 진주시 문산읍 소문리에 있었던 조선시대 역) 찰방으로 왜적과 싸우다 전사하였다.(「한국역대인물종합정보시스템」;『정조실록』권35, 정조 16년 9월 5일 신축.)

390 (*) 내용 생략. 원문은 '夜話 三更後歸 論事皆策應事'이다.

391 (*) 내용 생략. 원문은 '朝李君擧令公 同飯而送于體相前 晚'이다.

392 (*) 내용 생략. 원문은 '夕入來時 入見裵同知及朴南海 終夜大雨 送問于李察訪蓍慶處'이다.

8월

〈참고 2〉

정유년 8월 4일부터 10월 8일까지의 친필 일기는 중복되어 두 책으로 쓰여 있다. 편의상 『정유일기 I』과 『정유일기 II』로 부르는데, 『이충무공전서』 「난중일기」 편찬자는 이를 따로따로 옮기지 않고 묶어서 편찬하였다. 여기서는 『이충무공전서』 「난중일기」의 체제에 따라 그대로 번역하되, 정유년 일기의 특성을 고려하여 중복된 날짜부터 『정유일기 I』 또는 『정유일기 II』의 내용을 하나로 종합해서 번역하였다. 『정유일기 I』 원문에만 있거나 두 일기에 모두 있는 경우는 '(*)'으로, 『정유일기 II』에만 있는 내용은 '(**)'으로 표기하여 원문에 포함하거나 각주로 처리함으로써, 정유년 일기의 전모를 이해하기 쉽게 하였다.

초1일(기미-기유)[393] 큰비가 내려 물이 불었다. (*늦게晚) 찰방察訪 이시경李蓍慶이 보러 왔다. (*오고 조신옥趙信玉과 홍대방洪大邦 등도 보러 왔다.)[394]

초2일(경신-경술) 잠시 개었다. (*홀로 수루戍樓의 마루에 앉았으니 그리운 회포가 그 어떠하랴. 비통함이 끊이지 않았다. 이날 밤 꿈에 임금의 명령을 받들 징조가 있었다.)[395]

초3일(신유-신해) 맑음. 이른 아침에 선전관宣傳官 양호梁護[396]가 (*뜻밖에 들어와)[397] 교서教書와 유서諭書를 가지고 들어왔는데, 분부의 내용은 곧 삼도통제사三道統制使를 겸하라는 명령이었다. 숙배肅拜한 후에 공경히 받았다는 서장書狀을 써서

---

393 친필 일기(『정유일기 I』)에는 '기미己未'를 '기유己酉'로 잘못 적었다. 그런데 다시 쓴 친필 일기(정유일기 II)에는 간지가 올바로 적혀 있다. 여기서는 착오된 간지를 올바른 간지 뒤에 날짜마다 병기하였다.

394 (*) 내용 생략. 원문은 '趙信玉 洪大邦 等來見'이다.

395 (*) 내용 생략. 원문은 '獨坐戍軒 懷戀如何 悲慟不已 是夜夢有受命之兆'이다.

396 양호梁護 : 무신으로 1602년(선조 35) 정의현감旌義縣監, 1619년(광해군 11)에 제주목사를 지냈다. 1623년(인조 1)에 인조반정 때 처형되었다.(『한국민족문화대백과사전』; 『광해군일기』; 『인조실록』; 『죽계일기』.)

397 (*) 내용 생략. 원문은 '不意入來'이다.

봉해 올렸다. 그날로 길을 떠나 바로 두치豆峙[398] 가는 길을 경유해서 초경初更 [오후 7~9시]에 행보역行步驛[399]에 이르러 말을 쉬게 했다. 삼경三更[400][오후 11시~ 오전 1시]에 길을 떠나 두치豆峙(*두치豆恥)에 이르니 먼동이 트려 했다. 남해현령 [박대남朴大男]이 길을 잃고 강정江亭으로 잘못 들어갔으므로, 말에서 내려 불러 왔다. 쌍계동雙溪洞[401]에 이른즉, 어지러운 암석들이 뾰족뾰족하게 솟아 있는데, 갓 내린 비에 물이 넘쳐 어렵사리 건넜다. 석주관石柱關[402]에 이르자 이원춘李元 春[구례현감][403]과 유해柳海가 복병하여 지키다가 나와서 보고 적을 토벌할 일에 대해 많이 이야기하였다. 저물어서 구례求禮縣에 이르렀는데, 경내가 쓸쓸하 였다. 성 북문 밖[404] 전날 묵었던 주인집에서 잤는데, 주인은 이미 산골로 피란 했다고 한다. 손인필孫仁弼과 (*이 곧 보러 왔는데 곡식까지 지고 왔으며,)[405] 손응남孫 應男이 곧 보러 와서 이른 감柿을 바쳤다.

초4일(임술-임자) 맑음. (*아침 식사 후에朝食後) 압록강원鴨綠江院[406]에 이르러 말에게 여 물을 먹였다. (*점심을 짓고 말의 병도 고쳤다.)[407] 고산현감高山縣監[408][최진강崔鎭剛] 이 군인을 인도할 일로 와서 수군 일에 관하여 많이 이야기했다.[409] 낮에[410] 곡성

---

398 두치豆峙 : 친필 일기에는 '두치豆恥'로 되어 있다. 지금의 경상남도 하동군 하동읍 두곡리이다.

399 행보역行步驛 : 경상남도 하동군 횡천면 여의리.

400 삼경三更 : 『정유일기 I』 원문은 '三更末'이다.

401 쌍계동雙溪洞 : 경상남도 하동군 화개면 탑리.

402 석주관石柱關 : 전라남도 구례군 토지면 송정리.

403 이원춘李元春[구례현감] : 문신으로, 1592년(선조 25) 임진왜란이 일어나자 구례현감으로서 운봉현감 남간南侃과 함께 전라좌도의 관병 5,000여 명을 거느리고, 의병장 정인홍鄭仁弘·최경회崔慶會 등과 성 주를 협공하였으나 실패하였다. 그 후 조방장助防將으로 임명되어 구례를 지켰다. 1597년 정유재란 때 구례현감으로 남원성을 지키다가 전사하였다. 병조참의에 추증되고, 남원의 충렬사忠烈祠에 제향되었 다. (『한국민족문화대백과사전』;『선조실록』,『효종실록』.)

404 성 북문 밖 : 전라남도 구례군 구례읍 봉북리

405 (*) 내용 생략. 원문은 '兼負租穀'이다.

406 압록강원鴨綠江院 : 전라남도 곡성군 오곡면 압록리에 있었던 조선시대 역원驛院 압록원鴨綠院.

407 (*) 내용 생략. 원문은 '炘點治馬病'이다.

408 고산현高山縣은 전라북도 완주군 고산면 읍내리에 있었던 조선시대 고을이다.

409 『정유일기 II』에는 '高山倅崔鎭剛 以□□交付兵使處 而□差失路散云 又言元公多妄 (고산현감 최진강이 (군인을) 병사兵使에게 인도하려고 했으나, 잘못되어 길을 잃고 흩어졌다고 한다. 또 원(균) 공의 여러 가지 망령됨을 말했다.)'로 되어 있다.

谷城에 이르니 관청과 마을이 온통 비어 있었다. 이 고을에서 잤다. 남해현령[박대남]은 곧바로 남원南原으로 갔다.[411]

초5일(계해-계축) 맑음. (*아침 식사 후에朝食後) 옥과玉果[곡성군 옥과면] 지경에 이르니 피란 가는 사람들로 길이 가득 찼다. (*매우 놀라운 일이다.)[412] 말에서 내려서 앉아 타일렀다. 현縣으로 들어가면서 이기남李奇男 부자父子를 만났다. 현에 이르니 정사준鄭思竣과 사립思立이 나와서 맞았다. (*오기에 함께 이야기했다.)[413] 고을[옥과] 현감[홍요좌洪堯佐]이 (*처음에는初以) 병을 핑계하고 나오지 않더니 붙잡아다 처벌하려 하자 보러 왔다.[414]

(**……거느리고 온 군사를 인계할 곳이 없다고 하면서, 이제 이 원院에 이르러 병사兵使[전라병사]가 경솔히 퇴각한 것을 많이 한탄하는 기색이었다. 점심 후에 곡성현에 이르니, 경내가 이미 온통 텅 비어 말을 먹일 것도 구하기 어려웠다. 그대로 여기서 잤다.)[415]

초6일(갑자-갑인) 맑음. (*이날은晦日) 옥과에 머물렀다. 초경初更[오후 7~9시]에 송대립宋大立이[416] 적정을 탐지하고 왔다.

(**아침 식후에 길을 떠나 옥과 지경에 이르니 순천과 낙안의 피란민들로 길이 가득 찼으며, 남자 여자가 서로 부축하고 가는 참상을 차마 볼 수 없었다. 그들은 울면서 "사또使相가 다시 오셨으니 이제는 우리가 살았다."라고 말하였다. 길옆에 대괴정大槐亭이 있기에 말에서 내려서 앉아 말을 쉬게 했다. 순천 이기남李奇男도 보러 와서 장차 어느 골짝에서 죽을 것이라고 하였다.[417] 옥과 현에 이르니, 현감[홍요좌]은 병을 핑계로 나오지 않았다. 정사준鄭思竣과 사

---

410 낮에 : 『정유일기 I』 원문에는 '午後'(오후에)로 되어 있다.

411 『정유일기Ⅱ』의 이 날짜 기사는 마모 및 탈락이 심하다. 판독은, '朝鮮史編修會, 『朝鮮史料叢刊 第六 亂中日記草·壬辰狀草』, 조선총독부, 1935(東京 : 第一書房, 1978 復刻)', '이은상 역주해, 『난중일기』(서울 : 현암사, 1968)', '박혜일·최희동·배영덕·김명섭, 『李舜臣의 日記草』(서울 : 조광출판인쇄, 2007)' 등을 참고하였다.

412 (*) 내용 생략. 원문은 '可愕可愕'이다.

413 (*) 내용 생략. 원문은 '與之話'이다.

414 원문에는 '有頃來見 欲爲捉出罪之 故來見'(얼마 후에 보러 왔다. 붙잡아다 처벌하려 한 때문에 보러 온 것이다.)으로 되어 있다.

415 (*) 내용 생략. 원문은 '…所領之軍無處付名 今到此院 爲多恨兵使輕退之色 畫點後 到谷城縣 則一境已空 馬草料亦艱 因宿'이다.

416 송대립宋大立이 :『정유일기 I』 원문에는 '송대립 등等이'로 되어 있다.

립思立이 먼저 와서 관아 문 앞에서 나의 행차를 기다리고 있고, 조응복曹應福과 양동립梁東立도 우리 일행을 따라왔다. 나는 병을 핑계하는 고을 원[옥과현감]을 붙잡아 내다가 매杖를 치려고 하였더니, 현감 홍요좌洪堯佐가 미리 내 뜻을 알고 급히 나왔다.)⁴¹⁸

초7일(을축-을묘) 맑음. 일찍 출발하여⁴¹⁹ 곧바로 순천順天으로 가는데, 길에서⁴²⁰ 선전관宣傳官 원집元濈을 만나 임금의 유지有旨를 받았다. 병사兵使[전라병사 이복남]의 군대가 모조리 무너져 돌아가는 것이 길에 줄이 이었으므로 말 세 필 및 활과 화살 약간을 빼앗아 왔다. 곡성谷城 강정江亭⁴²¹에서 잤다.

(**…싸리를 꺾어 펴고 길옆에 앉았으니, 병사가 거느렸던 군사가 모조리 무너져 후퇴하여 갔다. 이날 닭 울 녘에 송대립이 순천 등지를 정탐하고 왔다. 석곡 강정에서 잤다.)⁴²²

초8일(병인-병진) 새벽에 길을 떠나 아침밥을 부유창富有倉⁴²³에서 먹었는데, 병사兵使 이복남李福男이 이미 명령하여 불을 질러 놓아 단지 재만 남아 있어 보기에 참담하고 처연하였다. 광양현감 구덕령具德齡, 나주판관 원종의元宗義가 (*옥구현감[김희온金希溫] 등이)⁴²⁴ 창고 근처에 숨어 있다가 내가 왔다는 것을 듣고 급히 달려 (*배경남裵慶男과 함께)⁴²⁵ 구치鳩峙⁴²⁶에 이르렀다. 내가 (*내려서 앉아下坐) 즉시 호령을 내리니 한꺼번에 보러 왔다.⁴²⁷ 나는 이리저리 피해 다니는 것을 꾸짖었

---

417 장차 …… 하였다 : 원문 "장전구학將顚溝壑"은 타지를 떠돌다가 장차 죽어 구렁에 해골이 굴러다닌다는 의미인데, 보통 '부지不知'와 함께 쓰는 것이 일반적이었다. 즉, 어느 골짝에서 죽어 굴러다닐지 모르겠다는 뜻이다.

418 (**)『정유일기 II』원문은 '朝食後 登途到玉果境 則順天·樂安避亂之人 顚滿道路 士女扶行 慘不忍見 呼哭曰 使相再來 我等生道矣 路傍有大槐亭 下坐歇馬 順天李奇男□來見 告以將顚溝壑云 到玉果縣 則倅稱病不出 鄭思竣·思立先至 到門候我行 曹應福·梁東立 亦隨吾行至 吾以縣倅托病欲拿出決杖 則洪堯佐 先知其意急□'이다. 5일 일정과 비슷하나 뒤에 쓴 것(『정유일기 II』)이 곡성에서 옥과로 이동한 행로가 타당해 보인다.『전서』편집자는 그대로『정유일기 I』의 행로를 적고 있다.

419『정유일기 I』원문에는 '早朝登道'(이른 아침에 길을 떠나)로 나온다.

420『정유일기 II』에는 '距縣十里許'(고을[옥과]에서 십 리쯤 떨어진 곳에서)로 되어 있다.

421 강정江亭 : 전라남도 곡성군 석곡면 능파리 혹은 유정리로 추정된다.

422 (**)『정유일기 II』원문은 '路逢宣傳官元濈持有旨 班莉坐於路傍 則兵使所領之軍 盡爲潰退而去 是日鷄鳴宋大立偵探于順天等地而來 宿于石谷江亭'이다.

423 부유창富有倉 : 전라남도 순천시 주암면 창촌리.

424 (*) 내용 생략. 원문은 '沃溝倅 等'이다.

425 (*) 내용 생략. 원문은 '與裵慶男同到'이다.

426 구치鳩峙 : 전라남도 순천시 서면 비월리 비월재

다. (*들어 책망하니 모두 그 죄를 병사 이복남李福男에게로 돌리는 것이었다. 곧 길을 재촉하여)[428] 순천順天에 이르니 성 안팎이 인적 하나 없이 쓸쓸하였다. 중 혜희惠熙가 와서 인사하기에 의병장의 사령장義將帖을 만들어 주었다. 관아 건물과 창고의 곡식과 군기 등 물건은 예전과 같이 그대로 있었다. 병사兵使가 처치하지 않고 후퇴하여 달아나 버렸으니 탄식할 일이다. 총통銃筒 등의 물품은 옮겨 묻어 두었다.[429] 장전과 편전長片箭은 군관들이 나누어 갖도록 하고, 머물러 잤다.[430]

(**새벽에 떠나 바로 부유富有로 오다가 중도에서 이형립李亨立을 병사兵使에게로 보냈다. 부유에 이르니, 병사 이복남福男이 벌써 부하들을 시켜 불을 질렀기 때문에 다만 재만 남아 보기에 참담하고 처연하였다. 점심 후에 구치鳩峙에 이르니, 조방장 배경남裵慶男, 나주판관 원종의元宗義, 광양현감 구덕령具德齡이 복병한 곳에 있었다. 저물어 순천부順天府에 이르니, 관아 건물과 창고 곡식은 예전과 같이 그대로였다. 병기 따위를 병사가 처치하지 않은 채 후퇴하여 달아나 버렸으니 참으로 놀랄 일이었다. 들어가서 동쪽 성[431]으로 올라가 사방을 둘러보니 적막한데, 오직 혜희惠熙라는 중이 와서 인사하므로 그에게 승병의 사령장僧帖[432]을 만들어 주었다. 병기 중 장전과 편전은 군관들에게 짊어져서 나르도록 하고, 총통 및 운반하기 어려운 것들은 깊이 묻고 표를 세워 두라고 하였다. 그대로 상방上房에서 잤다.)[433]

초9일(정묘-정사) 맑음. 일찍 길을 나서 낙안樂安[순천시 낙안면]에 이르니 5리 밖까지 많은 사람들이 보러 나왔다. 흩어져 달아난 까닭을 물으니, 모두가 말하기를, 병사[이복남李福男]가 적이 다가온다며 겁을 내고 창고에 불을 지르고 후퇴하였고, 이 때문에 백성들도 무너져 흩어지는 것이라 했다. 고을[낙안군]에 도착하니 관

---

427 『정유일기 I』 원문에는 '와서 절을 하였다來拜'로 되어 있다.

428 (*) 내용 생략. 원문은 '余以轉避爲辭 而責之 則皆歸罪兵使李福男 卽登路'이다.

429 『정유일기 I』 원문에는 '옮겨 묻어 두라고 일렀다又敎'가 있다.

430 『정유일기 I』 원문에는 '그 부에 머물러 잤다因宿同府'가 있다.

431 성 : 『정유일기 II』의 이 부분 글자는 애매하다. '地' 혹은 '城'으로 판독될 수 있는데, 여기서는 '城'으로 보아야 문맥이 와 닿는다.

432 앞의 '의병장의 사령장義將帖'과 같다.

433 (**) 『정유일기 II』 원문은 '曉發 直投富有 中路送李亨立于兵使處 到富有 則兵使李福男 已令其下人衝火 只餘灰燼 所見慘然 晝點後 到鳩峙 則助防將裵慶男羅州判(官)元宗義光陽縣監具德齡在于伏兵 暮(到) 順天府 則官舍倉穀 依然如舊 軍器等(物) 兵使不爲處置而退奔 可愕可愕 入上東(城) 四顧寂然 只有寺僧 惠熙來謁 故付以僧帖 軍器內長·片箭 使軍官等負載 銃(筒)及難輸雜色 則深埋立表 因宿上房'이다.

아 건물과 창고의 곡식이 모두 불타 버렸고, 관리와 백성들이 모두 눈물을 뿌리며 보러 왔다.[434]

(**일찍 떠나 낙안군에 이르니 관청과 창고의 곡식과 병기가 모두 불타 버렸다. 관리와 백성들이 모두 눈물을 뿌리면서 고하였다. 얼마 후에 순천부사 우치적, 김제군수 고봉상이 산골로부터 내려와서 병사兵使[이복남]의 처사가 뒤죽박죽인 것을 자세히 말하면서, 하는 짓을 헤아려 보면 패망할 것이 뻔하다고 했다.)[435] 오후에 길을 떠나 10리쯤 오니 늙은이들이 길가에 늘어서서 다투어 술병을 바치는데, 받지 않으면 울면서 강권하였다. 저녁에 보성 조양창兆陽倉[436]에 이르니 사람은 하나도 없고 창고 곡식은 봉한 채 그대로였다. 군관 네 사람을 시켜 맡아서 지키게 하고, 나는 김안도金安道의 집에서 잤다. 그 집 주인은 이미 피란을 떠났다.[437]

초10일(무진-무오) 맑음. 몸이 매우 불편하여 그대로 안도安道의 집에서 머물렀다. 배동지[배흥립]도 함께 머물렀다.[438]

11일(기사-기미) 맑음. 아침에 양산원梁山沅의 집[439]으로 옮겼다. 송희립宋希立과 최대성崔大晟이 보러 왔다.

(**아침에 박곡朴谷 양산항梁山沆의 집으로 옮겼다. 이 집 주인은 이미 바다로 피란 갔는데 곡식은 가득 쌓여 있었다. 늦게 송희립과 최대성이 보러 왔다.)[440]

12일(경오-경신) 맑음. 계본啓本의 초본을 작성하였다. 그대로 머물렀다. ○ (**늦게晚) 거제현령巨濟縣令[안위], 발포만호鉢浦萬戶[소계남]가 들어와서 명령을 들었다.

---

434 원문(『정유일기 I』)에는 '到官舍 則寂無人聲 順天府使禹致績金蹄郡守高鳳翔等來拜'(관청에 들어가니 고요하여 사람의 소리가 없었다. 순천부사 우치적禹致績과 김제군수 고봉상高鳳翔 등이 와서 절하였다.)로 되어 있다.

435 (**) 『정유일기 II』 원문은 '早發到樂安郡 則官舍倉穀兵(器)盡爲焚燒 官吏村氓 莫不揮涕而告言 有(頃)順天府使禹致績·金蹄郡守高鳳翔來自山谷間 備言兵使顚倒之狀 酌其所爲 則可知敗亡'이다.

436 조양창兆陽倉 : 전라남도 보성군 조성면 우천리 고내마을.

437 이 부분 '오후에 길을 떠나 … 피란을 떠났다.'도 『정유일기 II』의 내용을 본문에 정리한 것이다.

438 『정유일기 II』의 내용을 중심으로 정리한 것이다.

439 양산원梁山沅의 집 : 전라남도 보성군 득량면 송곡리에 있었다 한다. (보성군청 홈페이지 www.boseong.go.kr)

440 (**) 『정유일기 II』 원문은 '朝移于朴谷梁山沆家 此家主人已爲浮海 穀物滿積 晚宋希立崔大晟來見'이다. 집주인 이름이 다르고, 설명이 좀 더 자세하다. 『전서』는 『정유일기 I』에 근거해서 옮겼다.

그들에게서 배설裹楔의 겁내던 정황을 들으니, 더욱 탄식을 금할 수 없었다. (**권세 있는 사람들에게 아첨이나 하여, 자기가 감당하지 못할 지위에까지 올라, 국가의 일을 크게 그르치건만, 조정에서 살피지 못하고 있으니 어찌하랴, 어찌하랴. 보성군수가 왔다.)[441]

13일(신미-신유) 맑음. 거제현령[안위]과 발포만호[소계남]가 돌아갔다. (*수사水使[배설裹楔]와 그 여러 장수 및 피해 나온 사람들이 묵고 있는 곳을 알았다.)[442] 우후 이몽구李夢龜가 전령傳令을 받고 들어왔는데, 본영[전라좌수영]의 군기軍器를 하나도 옮겨 싣지 않았으므로 장 80대를 때려 보냈다.[443] 하동현감河東縣監 신진申蓁이 전하기를, 초3일 내가 떠난 후, 진주 정개성鼎蓋城 및 벽견산성碧堅山城이 모두 흩어져 버리고 스스로 무너졌다고 한다. (*병사[김응서]가 스스로 외진外陣을 깨뜨려 버렸다는 것이다.)[444] 통탄할 일이다.

14일(임신-임술) 맑음. 아침에[445] 여러 가지 항목의 서장書狀 7통을 봉해서 윤선각尹先覺을 시켜 보냈다. 오후에 어사御史[임몽정任夢正[446]]와 서로 만날 일로 보성寶城[447]에 이르러 열선루列仙樓에서 잤다. (*밤에는 큰비가 쏟아지듯 내렸다.)[448]

15일(계유-계해) 비가 계속 내리다 늦게 개었다. (*식후에食後) 열선루列仙樓 위에 나가 있으니, 선전관宣傳官 박천봉朴天鳳이 임금의 유지有旨를 가지고 왔다. 즉시 공경히 받았다는 서장祗受書狀을 작성했다. (*8월 초7일에 만들어진 임금의 유지有旨였

---

441 (**)『정유일기 II』원문은 '媚悅權門 濫陞非堪 大誤國事 朝無省察 奈何奈何 寶倅來'이다. ○ 뒤의 내용은 『정유일기 II』의 내용을 정리한 것이다.

442 (*) 내용 생략. 원문은 '聞水使諸將及避出人等住留'이다.

443 곤장 80대를 때린 것은『정유일기 II』의 내용이다.『정유일기 I』의 원문은 '虞候李夢龜來不見'(우후가 왔으나 보지 않았다.)로 되어 있다.

444 (*) 내용 생략. 원문은 '兵使自破外陣云'이다.『정유일기 II』의 원문은 '河東縣監申蓁來傳 初三日行次後 晋城鼎蓋及碧堅山城 幷罷散自焚云 可痛可痛'으로 조금 더 자세하나 대동소이하다.

445『정유일기 I』에는 이 뒤에 '李夢龜決杖八十'(아침에 이몽구李夢龜에게 장 80대를 때렸다.)가 있다.『전서』는 뒤에 고쳐 쓴『정유일기 II』에 따라 전날인 13일에 이 기사를 수록했다.

446 임몽정任夢正 : '任蒙正'(임몽정)의 오기이다. 1559~1602. 자字는 직초直初, 호號는 운호雲湖, 본관은 풍천豐川. 한성漢城에서 살았다. 1559년(명종 14)생으로 이순신보다 14년 아래다. 동부승지·대사간·예조참의·대사성 등을 역임하였다. (『한국역대인물종합정보시스템』;『한국민족문화대백과사전』.)

447 두 원문에는 보성군寶城郡으로 나온다.

448 (*) 내용 생략. 원문은 '夜大雨如注'이다. 두 원문의 뒷부분 내용이 대동소이하다.

다. 영의정[유성룡柳成龍]은 경기京畿 지방을 순행 중이라 한다.)[449] 보성寶城의 군기軍器를 점고하여 네 마리 말에 나누어 실었다. (*저녁에 밝은 달이 수루 위를 비추니 마음이 몹시 편치 못하였다.)[450]

(**선전관 박천봉이 임금의 유지有旨를 가지고 왔는데, 8월 초7일에 작성한 것이었다. 즉시 공경히 받았다는 서장을 작성하였다. 술을 많이 마셔서 잠들지 못했다.)[451]

16일(갑술-갑자) 맑음. 아침에 보성군수[반혼潘渾[452]]와 군관 등을 굴암屈巖으로 보내, 피해 달아난 관리官吏들을 찾아내게 했다. (*선전관 박천봉이 돌아가는 편에 나주목사 [배응경裵應褧] 및 어사 임몽정에게 편지 답장을 부쳤다. 사령들을)[453] 사람을 박사명朴士明의 집으로 보냈더니, 사명의 집은 벌써 비어 있더라고 했다. (*오후에 활장이弓匠 지이智伊[454], 태귀생太貴生[455], 선의先衣, 대남大男 등이 들어왔다.)[456] 김희방金希邦과 김붕만金鵬萬[457]이 왔다.[458]

---

449 (*) 내용 생략. 원문은 '乃八月初七日成貼也 領相出巡京畿云'이다. (『정유일기 I』.)

450 (*) 내용 생략. 원문은 '夕皓月樓上 懷極不平'이다.

451 (**) 『정유일기 II』 원문은 '宣傳官朴天鳳持有旨來 則乃八月初七日成帖 卽成祗受 而過飮不(寐))'이다.

452 반혼潘渾 : 자字는 성지成之, 본관은 거제巨濟. 거주지는 전라북도 옥구沃溝이다. 1555년(명종 10)에 났으니 이순신보다 10년 아래다. 1580년(선조 13)에 별시別試 무과에 합격하였다. 1597년 6월에 보성 군수 안홍국安弘國이 안골포 해전에서 전사하자, 그 후임으로 임명되었다. (「한국역대인물종합정보시스템」;『선조실록』;『寶城郡誌』先生案.)

453 (*) 내용 생략. 원문은 '宣傳官朴天鳳還歸 故答羅牧及御史任夢正處 送使令等于'이다.

454 『정유일기 II』 원문에는 '이지李智'로 나온다.

455 태귀생太貴生 : 자字는 여인汝仁, 호號는 정기재正己齋. 본관은 협계俠溪. 거주지는 전라북도 남원南原이다. 1555년(명종 10) 무과에 합격하여 주부主簿가 되었다. 임진왜란 때 서제庶弟인 태천생太賤生, 아들 태상문太尙文 등과 함께 의병義兵과 의곡義穀을 모아 군진軍陣으로 보냈다. 『호남절의록湖南節義錄』에는 남원성 전투(1597. 8. 16.)에서 동생 태천생과 함께 전사하였다고 되어 있는데, 이는 착오이다. 『난중일기』 정유년 10월 13일 일기에도 태귀생이 등장한다. (「한국역대인물종합정보시스템」;『호남절의록』;『난중일기』.)

456 (*) 내용 생략. 원문은 '午後弓匠智伊及太貴生先衣大男等入來'이다.

457 김붕만金鵬萬 : 자字는 봉서鳳瑞, 본관은 김해金海. 무과에 합격하여 벼슬이 제주판관濟州判官에 이르렀다. 1592년(선조 25, 임진)에 사도첨사蛇渡僉使[김완]의 군관으로 부산釜山 해전에 참전하여 부상을 입은 바 있다. 1593년 6월 진주 함락 직전 전황을 정찰하여 한산도의 이순신李舜臣에게 보고하는 등, 전란 중 상당 기간을 이순신의 휘하에서 활동하였다. 선무원종훈宣武原從勳에 참록되었고, 금산錦山 금곡사 金谷祠에 제향되었으며, 약재約齋 송병화宋炳華가 그의 묘비문墓碑文을 지었다. (『湖南節義錄』;『亂中日記』;『壬辰狀草』;『李忠武公全書』 권16, 同義錄)

458 이날 일기는 『정유일기 II』가 더 간략하고 앞에 모두 포함된 내용이다.

17일(을해-을축) 맑음. 아침밥을 먹고[459] 장흥長興 땅 백사정白沙汀[460]에 이르러 말에게 여물을 먹였다. (*점심 후點心後) 군영구미軍營龜尾[461]에 이르니 온 경내가 이미 사람 하나 없는 곳이 되어 버렸다. (*수사 배설裵楔은 탈 배도 보내지 않았다. 장흥長興의 군량 감관監官과 색리色吏는 군량을 모조리 도둑질하여 나눠 가져가던 참인데, 마침 그때 이르러 잡아다 무겁게 매장杖를 때렸다. 그대로 거기서 잤다.)[462]

(**장흥 사람이 많은 군량을 마음대로 훔쳐서 옮기기 때문에 잡아다가 곤장을 때렸다. 날이 이미 저물어서 그대로 머물러 잤다. 배설이 약속을 어긴 것이 많이 유감이었다.)[463]

18일(병자-병인) 맑음. (**늦은 아침에晚朝) 회령포會寧浦[464]에 갔는데, 수사水使 배설裵楔이 뱃멀미를 핑계 대며 나타나지 않았다. (**다른 여러 장수들은 보았다.)[465] (*그 포구) 관사에서 잤다.

19일(정축-정묘) 맑음. 여러 장수들이 교서敎書[466]에 숙배肅拜하는데, 배설裵楔[경상우수사]은 공경히 맞이하지 않았다. 그 오만하고 무례한 태도가 말로 다할 수 없기에 그 영리營吏에게 장杖을 때렸다.[467] (*회령포만호 민정붕閔廷鵬이 그 전선戰船을 물건을 받고, 사사로이 피란인 위덕의魏德毅 등에게 준 죄로 장杖 20대를 때렸다.)[468]

20일(무인-무진) 맑음. 앞 포구가 비좁아서 이진梨津[469]으로 진陣을 옮겼다.

---

459 『정유일기 I』은 '早食後'(일찍 식사를 하고)이고, 『정유일기 II』는 '早曉登程'(새벽 일찍 길을 나서서)이다.

460 백사정白沙汀 : 전라남도 장흥군 안양면 수문리로 추정된다. [병신년(1596) 윤8월 20일 일기 주 585 참조.]

461 군영구미軍營龜尾 : 『정유일기 I』과 『정유일기 II』에는 '군영구미軍營仇未'로 되어 있다. 전라남도 장흥군 안양면 해창리로 추정된다. 해창리는 조선 후기에 해창海倉이 설치되어 있었던(『大東地志』, 『大東輿地圖』) 것으로 보아, 임진왜란 때도 해창이 있었을 것으로 추정된다.

462 (*) 내용 생략. 원문은 '水使裵楔不送所騎船 長興軍糧監色盡偸 官分去之際 適至 捕捉重杖 因宿焉'이다.

463 (**)『정유일기 II』 원문은 '長興之人 許多軍粮任意偸移 故捕而杖之 日已暮矣 因而留宿 多恨裵楔之違約'이다.

464 회령포會寧浦 : 전라남도 장흥군 회진면 회진리.

465 『정유일기 I』은 '水使裵楔托水疾云 故不見 宿于同浦官舍'이고, 『정유일기 II』는 '裵楔稱水疾不出 他諸將則見之'(배설은 뱃멀미를 핑계로 나오지 않았다. 다른 여러 장수들은 보았다.)로, 약간 다르다.

466 교서敎書 : 임금의 명령서. 여기의 교서는 만력 25년(1597) 7월 23일 자로 임금이 이순신에게 발행한 '기복수삼도통제사교서起復授三道統制使敎書'를 가리킨다.

467 『정유일기 II』에는 '其情極愕 吏房營吏決杖'(그 정상이 몹시 놀라워 그의 이방吏房과 영리營吏를 곤장 때렸다.)로 나온다.

(**포구가 비좁아서 이진梨津 아래 창사倉舍[창고]로 진을 옮겼는데, 몸이 매우 불편하여 음식도 먹지 못하고 신음하였다.)[470]

21일(기묘-기사) 맑음. 새벽에[471] 곽란이 나서 몹시 앓았다. (*차게 해서 그런가 싶어 소주를 마셨더니, 얼마 후에 인사불성이 되어 깨어나지 못할 뻔했다.)[472] 인사불성이 되었다. 밤을 앉아서 새웠다.

(**차게 한 탓인가 싶어 소주를 마셔 다스리려 했다가, 인사불성이 되어 거의 구제하지 못할 지경이 되었다. 구토를 10여 차례나 하며 밤새 고통스러웠다.)[473]

22일(경진-경오) 맑음. 곽란이 점점 심해져 일어나 움직일 수 없었다.

(**곽란으로 인사불성이 되었다. 용변도 보지 못했다.)[474]

23일(신사-신미) 맑음. 병세가 몹시 중하고 배에 머무는 것이 불편하므로 배를 버리고 바다에서 나와서 잤다. (**병세가 매우 위중하고 배에 머물기도 불편하며, 실제로 싸움하는 장소도 아니므로, 배에서 내려 포구 밖에서 잤다.)[475]

24일(임오-임신) 맑음. 일찍 도괘刀掛[476] 땅에 이르러 아침밥을 먹고,[477] 어란於蘭[478] 앞

---

468 『정유일기 I』은 '會寧萬戶閔廷鵬 以其戰船受物 私與避亂人魏德毅等罪狀 決杖二十'으로 나온다. 『정유일기 II』는 '會寧萬戶閔廷鵬 則以其戰船 受食魏德毅等酒食 私與之 故決二杖'(회령포 만호 민정붕閔廷鵬이 그 전선戰船을 피란인 위덕의魏德毅 등에게 술과 음식을 받아먹고 사사로이 준 죄로 장杖 20대를 때렸다.)로 좀 더 구체적이다.

469 이진梨津 : 전라남도 해남군 북평면 이진리.

470 (**)『정유일기 II』 원문은 '浦口狹窄 移陣于梨津下倉舍 而氣甚不平 廢食呻吟'이다.

471 『정유일기 I』은 '未曉'(새벽이 되기 전에), 『정유일기 II』는 '四更'(오전 2시 전후)로 나온다.

472 (*) 내용 생략. 원문은 '而觸冷爲意 飲燒酒 有頃 不省人事 幾至不救'이다.

473 (*) 『정유일기 II』 원문은 '而慮觸冷 飲燒酒調治 則不省人事 幾至不救 嘔吐十餘度 達夜苦痛'이다.

474 (**) 『정유일기 II』 원문은 '以霍亂不省人事 下氣亦不通'이다.

475 (**) 『정유일기 II』 원문은 '病勢極危 而船泊不便 實非戰場 下船宿于浦外'이다.

476 도괘刀掛 : 『정유일기 II』에는 괘도포掛刀浦로 나온다. 전라남도 해남군 북평면 영전리 남전 포구로 추정된다. 이진梨津에서 남전 포구까지는 해로 8km 거리이며, '도리섬'이 포구를 감싸고 있다.

477 어제(23일)까지 곽란을 심하게 앓다가, 이날(24일) 아침밥을 먹을 수 있도록 호전되었다. 이와 관련하여 완도군에 '달도達島 망뫼산 약정藥井' 전설이 내려오고 있다. 이순신이 이진梨津에서 곽란을 앓다가 바로 동쪽 완도 달도의 망뫼산 약샘물을 마시고 효험을 보았다는 것이다. 그 후 주민들이 망뫼산에 사당을 지어 매년 정월 보름에 약샘물을 헌수하는 당제를 모시고 있다 한다. 약샘은 지금도 망뫼산 정상으로부터 동남쪽 해변에 위치하고 있는데, 조수가 들어오면 바닷물에 잠긴다. (「완도군 향토유적보호위원회 심의자료」, 2008. 6. 10.)

478 어란於蘭 : 전라남도 해남군 송지면 어란리.

바다에 이르니 가는 곳마다 이미 텅 비었다. 바다 가운데서 잤다.

25일(계미-계유) 맑음. (*그대로 거기 머물렀다. 아침을 먹을 때,)[479] 당포唐浦의 포작鮑作[어민]이 소를 훔쳐 끌고 가면서 적이 왔다고 헛소문을 퍼뜨렸다.[480] 나는 이미 그것이 거짓임을 알고 헛소문을 퍼뜨린 자 두 명을 잡아다가 곧 목을 베게 하니[481] 군중軍中 인심이 크게 안정되었다.

(**당포唐浦의 어부漁夫가 피란민의 소 두 마리를 훔쳐 끌고 오면서, 잡아먹으려고 적이 왔다는 거짓 소문을 퍼뜨렸다. 나는 이미 그것이 거짓이라는 사실을 알고, 배를 굳게 매고 움직이지 않았다. 곧 그들을 잡아 오게 했더니 과연 예상한 바와 같았고, 군대의 정서는 안정되었다. 배설裵楔은 벌써 달아나 버렸다. 거짓말을 퍼뜨린 두 사람은 목을 베어 매달아 순시徇示[드러내 보임]하였다.)[482]

26일(갑신-갑술) 맑음. (*그대로 어란에 머물렀다.)[483] 임준영任俊英이 말을 타고 달려와서 고하기를, "적병賊兵이 이진梨津에 이르렀다."고 하였다. ○ 우수사右水使[전라우수사 김억추]가 왔다. (**전라우수사[김억추]가 왔는데, 배에 격군格軍과 기계를 갖추지 못한 모습이니, 놀랄 일이다.)[484]

27일(을유-을해) 맑음. (*그대로 어란 바다 가운데서 머물렀다.)[485] 배설裵楔[경상우수사]이 보러 왔다. 두려워서 떠는 기색이 많이 있었다. 나는 말하기를, "수사水使는 이에 다른 곳으로 옮겨 피하고자 하는가?" 했다.[486]

28일(병술-병자) 맑음. 적선 8척이 뜻밖에 들어오니, 여러 배들이 두려워 겁을 먹고, (*피하려고 하고)[487] 경상수사[배설裵楔]는 피하여 물러나려고 했다. 나는 꼼짝 않고

---

479 (*) 내용 생략. 원문은 '因駐同處 朝食時'이다.

480 『정유일기 I』에는 '賊來賊來'(적이 왔다. 적이 왔다.)가 있다.

481 『정유일기 I』에는 '卽令斬梟'(목을 베어 효시하게 하니)이다.

482 (**) 『정유일기 II』 원문은 '唐浦漁人 偸避亂人牛二隻牽來 而欲爲屠食 虛驚賊來 余已知其實 堅船不動 卽令捕之 則果如所料 軍情及定 裵楔則已爲走出 虛驚二人 斬梟徇示'이다.

483 (*) 내용 생략. 원문은 '因駐於蘭(『정유일기 I』)', '因駐於蘭海(『정유일기 II』)'이다.

484 (**) 『정유일기 II』 원문은 '全羅右水使來 船格機械不成模樣 可愕'이다.

485 (*) 내용 생략. 원문은 '因留於蘭洋中'이다.

486 (**) 『정유일기 II』 원문은 '水使無乃移避耶'(수사는 다른 곳으로 피하려는 것이 아닌가?)이다. 無乃(무내)는 문미의 어조사 '耶'와 호응하여 완곡한 부정과 추측을 나타내며, '아마도 …이 아니다'라는 뜻이다. '無'는 '아니다'라는 뜻의 동사, '乃'는 '오히려' '아마도'라는 뜻의 부사, '耶'는 의문어조사이다.

있다가 (*적선이 다가오자)[488] 나팔을 불게 하고 기旗를 휘두르며[489] 뒤쫓으니 적선은 물러갔다. 갈두葛頭[490]까지 쫓다가 돌아왔다. 저녁에 진陣을 장도獐島[491]로 옮겼다.

(**묘시卯時[오전 5~7시]에 적선 8척이 뜻밖에 갑자기 들어오니, 여러 배들이 겁을 먹고 물러서려고 하는 것 같았다. 나는 조금도 동요하는 기색을 보이지 않고, 나팔을 불게 하고 기를 휘두르며 뒤쫓으니, 여러 배들도 회피하지 못하고 일시에 뒤쫓아 갈두葛頭까지 이르렀다. 적선이 멀리 도망가므로 끝까지 쫓지는 않았다. 뒤따르던 배가 50여 척이라고 했다. 저녁에 장도獐島에 진을 쳤다.)[492]

29일(정해-정축) 맑음. (*아침에朝) 벽파진碧波津[493]에 이르렀다.[494]

30일(무자-무인) 맑음. 그대로 벽파진에 진陣을 쳤다.

(**그대로 벽파진에 머물러 정찰병들을 나누어 보냈다. 늦게 배설裵楔은, 적이 크게 몰려올 것을 염려해서 도망가려고 하며, 그 관하의 여러 장수를 불러 거느렸다. 나도 그 속내를 잘 알지만, 시기적으로 아직 명확하지 않은 것을 먼저 드러내는 것은 장수로서 취할 방법이 아니므로 그런 생각을 숨기고 있을 때, 배설이 자기 종을 시켜 소지所志를 올려 말하기를, 병세가 위중하여 조리하고 싶다고 하였다. 나는 육지로 올라가서 조리하라고 처결해 주었더니, 배설은 우수영右水營에서 육지로 올라갔다.)[495]

---

487 (*) 내용 생략. 원문은 '欲避'이다.

488 (*) 내용 생략. 원문은 '賊船到泊'이다.

489 (*) 나팔을 불게 하고 기旗를 휘두르며 : 원문의 "영각지기令角指旗"에서 '角'(각)은 나팔이다. 주로 기를 흔들기 전에 이목을 집중시키기 위해 사용하였다. 조선 전기 군대에서 사용하는 '角'에는 '大角'(대각, 큰 나팔)과 '小角'(소각, 작은 나팔)이 있었다. (국방부전사편찬위원회, 『兵將說·陣法』1983, 199쪽.)

490 갈두葛頭 : 전라남도 해남군 송지면 송호리 땅끝.

491 장도獐島 : 전라남도 해남군 황산면 옥동리 장도長島. 지금은 연륙되어 '해남목장'이 들어섰다.

492 (**) 『정유일기Ⅱ』 원문은 '卯時 賊船八隻 不意突入 諸船似有㥘退之計 余不爲動色 令角指麾追之 則諸船不能回避 一時逐至葛頭 賊船遠遁 不爲窮追 後船五十餘隻云 夕結陣于獐島'이다.

493 벽파진碧波津 : 전라남도 진도군 고군면 벽파리.

494 (**) 『정유일기Ⅱ』 원문은 '朝渡碧波津 結陣'(아침에 벽파진으로 건너가 진을 쳤다.)이다.

495 (**) 『정유일기Ⅱ』 원문은 '因留碧波津 分送偵探 晩裵楔慮賊大至 欲爲逃去 而其管下諸船欲招率 余會其情 而時未見明 先發非將計 隱忍之際 裵楔使其奴呈所志曰 病勢極重 欲爲調理云 余下陸調理事題送 則楔下陸于右水營'이다.

벽파진 자리.

9월

초1일(기축-기묘) 맑음. (*그대로 벽파진에서 머물렀다.)[496]

(**내가 벽파정碧波亭 위에 내려가 앉아 있는데, 점세占世가 제주濟州로부터 나와서 소 5마리를 싣고 와서 바쳤다.)[497]

초2일(경인-경진) 맑음. (*정자 위에 내려가 앉아 있는데, 포작鮑作[보자기] 점세占世가 제주로부터 보러 왔다.)[498] 이날 새벽에 배설裵楔[499]이 도망갔다.

초3일(신묘-신사) 비. (*비가 뿌렸다. 뜸 아래 머리를 웅크리고 있으니 그 심사[마음]가 어떠하

---

496 (*) 내용 생략. 원문은 '因留碧波'이다.

497 (**) 『정유일기 Ⅱ』원문은 '余下坐碧波亭上 占世自耽羅出來 牛五隻持載而納'이다.

498 (*) 『정유일기 Ⅰ』원문은 '下坐亭上 鮑作占世自濟州來謁'가 있다. 생략된 것으로 보아 『정유일기 Ⅱ』를 따른 것으로 보인다.

랴.)⁵⁰⁰ (**아침에 맑더니, 저녁에 비가 뿌렸다. 밤에는 북풍이 불었다.)⁵⁰¹

초4일(임진-임오) 북풍이 크게 불었다. 각 배를 겨우 보전했다. (*천행이다天幸)

(**맑았으나 북풍이 크게 불었다. 배가 스스로 안정되지 못해 여러 배들을 겨우 보전했다.)⁵⁰²

초5일(계사-계미) (**맑음晴) 북풍이 크게 불었다. (*각 배가 서로 지탱할 수 없었다.)⁵⁰³

초6일(갑오-갑신) 바람은 잠깐 멈췄으나 파도는 가라앉지 않았다.

(**맑음. 바람기가 조금 가라앉았으나 추위가 사람을 핍박하니 격군들이 참으로 많이 염려되었다.)⁵⁰⁴

초7일(을미-을유) 바람이 비로소 잠잠해졌다. 탐망探望 군관 임중형林仲亨이 와서 고하기를, "적선 55척 가운데 13척이 이미 어란於蘭⁵⁰⁵ 앞바다에 이르렀는데, 그 뜻이 수군에 있다."라고 했다. 그래서 각 배에 엄하게 타이르고 경계하였다. 신시申時[오후 3~5시]에 적선 13척이 바로 우리 배를⁵⁰⁶ 향하였다. 우리 배도 닻을 걷어 올리고 바다로 나아가 맞서서 공격하니 적들은 배를 돌려 피해서 달아났다. 먼바다까지 쫓았는데, 바람과 물결이 모두 거슬러 배를 부릴 수 없으므로 벽파진碧波津으로 되돌아왔다. 이날 밤 야간 습격이 있을 것 같아 각자 준비하고 기다리도록 명령하였는데, 이경二更[오후 9~11시]에 적선이 포를 쏘면서 야간 습

---

499 배설裵楔 : 1551~1599. 자字는 건부建夫, 본관은 성주星州. 경상북도 성주에서 살았다. 1551년(명종 6) 생으로 이순신보다 6년 아래다. 1583년(선조 16) 무과에 급제하여 전생서주부典牲署主簿를 지냈다. 1592년 임진왜란이 일어나자 경상우도 방어사慶尙右道防禦使 조경趙儆의 군관이 되었고, 이후 합천군수와 부산첨사, 진주목사를 거쳐, 1595년 2월 경상우수사에 임명되었으나, 6월에 파직되어 의금부에 붙잡혀 갔다. 이후 선산 부사善山府使를 거쳐, 1597년 2월 9일에 다시 경상우수사에 임명되었다. 1597년 8월 30일 통제사 이순신에게 신병을 치료하겠다고 허가를 받은 후, 우수영(해남군 문내면)에 와서는 9월 2일에 도망하였다. 1599년 도원수 권율權慄에게 선산 땅에서 붙잡혀 서울로 압송된 뒤, 3월 6일에 처형되었다. (『宣祖實錄』;『亂中日記』;『竹溪日記』;『한국역대인물종합정보시스템』;『한국민족문화대백과사전』.)

500 (*)『정유일기 I』 원문은 '雨洒 縮首篷下 懷思如何'이다.

501 (**)『정유일기 II』 원문은 '朝晴 夕雨洒 夜北風'이다.『전서』는 모두 생략하고 '우雨' 한 글자이다.

502 (**)『정유일기 II』 원문은 '晴而北風大吹 舟不自定 諸船僅全'으로 표현이 약간 다르다.

503 (*)『정유일기 I』 원문은 '各船不能相保'이다.『정유일기 II』는『전서』와 같다.

504 (*)『정유일기 II』 원문은 '晴 風色少定 而寒氣逼人 爲格卒多慮多慮'이다.

505 어란於蘭 : 전라남도 해남군 송지면 어란리

506 『정유일기 I』에는 '結陣處'(진 치고 있는 곳으로)로 나온다.

격을 해왔다. 여러 전선이 겁을 집어먹은 것 같았으므로, 다시 엄하게 명령을 내리고, 내가 탄 배가 곧바로 적선을 맞닥뜨려 포를 쏘니, 적들은 범할 수 없음을 알고 삼경三更[오후 11시~오전 1시]에 물러갔다. (*이들은 전에 한산도閑山島에서 승리를 얻은 자들이었다.)[507]

(**⋯먼바다까지 쫓아갔다가 바람과 물결이 모두 거슬리고, 복병선伏兵船이 있을 우려도 있어서 끝까지 쫓지는 않았다. 벽파정碧波亭으로 되돌아와서 여러 장수들을 불러 모아 약속하여 말하기를, "오늘 밤에는 반드시 야간 습격이 있을 것이니, 모든 장수들은 각자 미리 알고 대비할 것이며, 조금이라도 명령을 어긴다면 군법이 따를 것이다." 하고, 두 번 세 번 거듭 밝히고 헤어졌다. 밤 이경二更[오후 9~11시]에 적이 과연 이르러 많은 탄환을 쏘며 야간 습격을 해왔다. 내가 탄 배가 바로 앞장을 서서 지자포地字砲를 쏘니 강산이 흔들렸다. 적의 무리는 범할 수 없음을 알고, 네 번을 들어왔다 물러갔다 하면서 포炮만 쏠 뿐이었다. 삼경三更[오후 11시~오전 1시] 말에 아주 물러갔다.)[508]

초8일(병신-병술) 맑음. 적선이 오지 않았다.[509] 여러 장수들을 불러서 대책을 의논했다. 우수사右水使[전라우수사] 김억추金億秋는 겨우 일개 만호萬戶에나 적합하고, 곤임閫任[지역을 맡은 장수]을 맡길 수 없는 인물인데, 좌의정 김응남金應南이 베푸는 마음으로 억지로 임명해 보냈으니, 탄식할 일이다.

(**이러고서야 조정에 사람이 있다고 할 수 있는가. 다만 때를 못 만난 것을 한탄할 뿐이다.)[510]

초9일(정유-정해) 맑음. 이날은 곧 9일[중양절重陽節]이다. 군사를 먹이려는 참인데, (*군사를 먹이고 싶은데, 마침 부찰사副察使[한효순] 군량을 얻었으며, 이어서 제주 소 5마리가 왔다. 녹도[녹도만호 송여종]와 안골[안골포만호 우수]을 시켜 그것을 잡아서 장사들을 먹이고 있

---

507 (*) 『정유일기 I』 원문은 '曾得利閑山者也'이다. '한산에서 승리를 얻었던 자'는 칠천량 해전을 일컫는 것으로 추정된다.

508 (**) 『정유일기 II』 원문은 '追至遠海 風水俱逆 慮有伏船 不爲窮追 還到碧波亭 招集諸將 約束曰 今夜必有 夜驚 各諸將預知而備之 少有違令 軍法隨之 再三申明而罷 夜二更 賊果至 夜驚多放炮丸 余所騎船直前放 地字 河岳振動 賊徒知不能犯 四度進退 放炮而已 三更末 永爲退奔'이다. (앞부분은 유사하다.)

509 『정유일기 I』의 내용이다. 이 뒤는 모두 『정유일기 II』의 내용이다.

510 (**) 『정유일기 II』 원문은 '可謂朝庭有人乎 只恨時之不遭也'이다.

을 때,)[511] 적선 2척이 감보도甘甫島[512]로 곧장 들어와 우리 배의 많고 적음을 살피는 것이었다. 영등포만호 조계종趙繼宗이 멀리까지 뒤쫓았으나 잡지는 못했다. (**이날은 곧 9일이자 1년 중 명절[중양절]이다. 나는 비록 상제의 몸이지만 여러 장수와 군졸들은 먹이지 않을 수 없다. 그래서 제주에서 나온 소 5마리를 녹도鹿島와 안골安骨 두 만호에게 주어 장사들에게 나누어 먹이도록 지시했다. 늦게 적선 2척이 어란於蘭으로부터 바로 감보도甘甫島로 와서, 우리 수군의 많고 적은 것을 탐지하려고 하므로, 영등포만호永登浦萬戶 조계종趙繼宗이 멀리까지 뒤쫓았다. 적의 무리는 다급한 형세에 몰리자 배에 실었던 잡다한 물건을 모두 바다 가운데 던져 버리고 달아났다.)[513]

초10일(무술-무자) 맑음. 적의 무리[514]는 멀리 도망갔다.

11일(기해-기축) 흐리고 비가 왔다.[515] 홀로 배 위에 앉았으니 [어머님] 그리운 생각에 눈물이 흘렀다. (**천지간에 어찌 나와 같은 사람이 있을 것인가.)[516] 아들 회薈는 내 심정을 알고 몹시 불편해하였다.

12일(경자-경인) 비가 계속 내렸다. (**온종일 비가 뿌렸다. 배 뜸 아래 앉았는데 마음을 스스로 억제할 수 없었다.)[517]

13일(신축-신묘) 맑음. 북풍이 크게 불었다.

(**맑았으나 북풍이 크게 불었다. 배가 안정할 수 없었다. 꿈이 예사롭지 않으니, 임진년 크게 승리할 때의 꿈과 대강 비슷했다. 이것이 무슨 징조인지 모르겠다.)[518]

14일(임인-임진) 맑음. (*맑으나 북풍이 크게 불었다.)[519] 임준영任俊英이 육지를 정탐하고

---

511 (*) 『정유일기 I』 원문은 '欲饋軍 而適得副察使軍粮 所繼濟州牛五隻而來 幷令鹿島·安骨屠餉壯士之際'이다.

512 감보도甘甫島 : 전라남도 진도군 고군면 벽파리 감부도.

513 (**) 『정유일기 II』 원문은 '是晨乃九日 一年佳節 余雖匿服之人 諸將軍卒 不可不饋 故濟州出來牛五隻 給鹿島·安骨兩萬戶 推餉壯士事敎之 晚賊船二隻 自於蘭直來于甘甫島 探我舟師多寡 永登萬戶趙繼宗 窮追之 賊徒荒忙勢迫 所載雜物 盡投洋中而走'이다.

514 『정유일기 II』는 '적도賊徒' 대신 '적선賊船'이다.

515 『정유일기 I』은 '맑음晴'으로, 『정유일기 II』는 '흐리고 비 올 징조가 있었다陰而有雨徵'이다. 날씨 이하는 모두 『정유일기 II』의 내용이다.

516 (**) 『정유일기 II』 원문은 '天地間 安有如吾者乎'이다.

517 (**) 『정유일기 II』 원문은 '雨洒終日 篷下懷不能自裁'이다.

518 (**) 『정유일기 II』 원문은 '舟不能定 夢有非常 與壬辰大捷略同 未知是兆'이다.

달려와서 말하기를, "적선 2백여 척 가운데 55척이 이미 어란於蘭 앞바다에 들어왔다."고 했다. 또 말하기를, "사로잡혀 갔다가 도망쳐 온 사람인 중걸仲乞[김중걸金仲傑]이 전하는 말이, '이달 초6일 달마산達磨山520으로 피란 갔다가 왜인에게 사로잡혀 묶여서 왜선에 실려 있었는데, 이름을 모르는 김해金海 사람이 왜장倭將에게 빌어서 결박을 풀어 주었고, 밤에 김해 사람이 [중걸의] 귀에다 대고 가만히 말하기를, 왜인들이 모여서, 조선 수군 10여 척이 우리 배를 뒤쫓아 와서 혹은 사살하고 배를 불태웠으니 보복을 하지 않을 수 없다. 여러 배를 불러 모아 수군을 모조리 죽인 후, 곧바로 경강京江[한강]으로 올라가자.'라고 하더라."는 것이었다. 이 말을 비록 모두 믿을 수는 없으나, 역시 그럴 수 없는 것도 아니다. 그래서 전령선傳令船을 우수영右水營521으로 보내서 피란민들을 즉시 뭍으로 올라가게 하도록 일렀다.522

(**벽파진碧波津 맞은편에서 연기가 오르기에 배를 보내서 싣고 오니 바로 임준영任俊英이었다. 정탐하여 온 것을 보고하여 말하기를, "적선 2백여 척 가운데 55척이 먼저 어란으로 들어왔다."라고 하였다. 그리고 또 말하기를, "사로잡혀 갔다가 도망해 돌아온 김중걸金仲傑이 전하는 말 가운데, 중걸이 이달 초 6일 달마산達磨山에서 왜인에게 붙잡혀 묶여서 왜선에 실렸는데, 다행히 임진년에 포로로 잡힌 김해金海 사람을 만나, 왜장倭將에게 빌어서 결박을 풀고 같은 배에서 지낼 수 있었는데, 한밤중에 왜놈들이 깊이 잠들었을 때, 귀에다 대고 몰래 이야기하기를, '왜놈들이 모여 의논하는 말들이 조선 수군 10여 척이 우리 배를 쫓아와서 혹은 쏘아 죽이고 또 배를 불태웠으니 극히 통분한 일이다. 각처의 배를 불러 모아 합세해서 모조리 섬멸해야 한다. 그런 후 곧장 경강京江으로 올라가자.'라고 하더라."는 것이었다. 이 말을 비록 다 믿을 수는 없으나, 역시 그럴 이치가 없는 것도 아니어서 곧바로 전령선傳令船을 보내서 피란민들을 타일러 급히 뭍으로 올라가게 하였다.)523

15일(계묘-계사) 맑음. (*밀물이 들었다. 여러 배를 거느리고 우수영 앞바다로 들어가 그대로 머

---

519 (*) 내용 생략. 원문은 '晴而北風大吹'이다.
520 달마산達磨山 : 전라남도 해남군 송지면 서정리.
521 우수영右水營 : 전라남도 해남군 문내면 동외리·서상리·선두리.
522 이날 일기는 두 본이 대동소이하다. 『정유일기 II』가 약간 자세하므로 뒤에 붙인다.

물러 갔다. 밤 꿈에 이상한 징조가 많았다.)[524] (**벽파정 뒤에 명량이 있는데,)[525] 얼마 안 되는 수군으로 명량鳴梁[526]을 등지고 진을 칠 수가 없었기 때문에 우수영右水營 앞 바다로 진을 옮겼다. 여러 장수들을 불러 모으고 약속하여 말하기를, "병법兵法에 이르기를 '반드시 죽고자 하면 살고, 반드시 살려고 하면 죽는다必死則生 必生則死.' 하였고, 또 '한 사람이 길목을 지키면 천 명도 두렵게 할 수 있다一夫當逕 足懼千夫.'라는 말이 있는데, 오늘 우리를 두고 이른 말이다. 너희 모든 장수들은 살려고 하는 마음을 갖지 말 것이며,[527] 조금이라도 명령을 어기면 즉시 군율대로 시행할 것이다."라고, 두 번 세 번 엄하게 약속하였다.[528] 이날 밤 신인神人이 꿈에 나타나 알려 주기를, "이렇게 하면 크게 이기고, 이렇게 하면 진다."라고 하였다.

16일(갑진-갑오) 맑음. 이른 아침 별망別望[특별히 편성한 망군]이 와서 보고하기를, "그 수효[529]를 알 수 없는 적선이 곧바로 우리 배를 향하고 있다."라고 했다.[530] (*여러 장수를 불러 약속을 밝힌 다음)[531] 즉시 여러 배에 명령하여 닻을 걷어 올리고 바다로 나아가니, 적선 330여 척[532]이 우리 배들을 에워쌌다. 여러 장수는 적은 군사로 많은 적을 대적할 수 없을 것이라 스스로 헤아리고 곧 회피할 꾀만 내는데,

---

523 (**)『정유일기 II』원문은 '碧波越邊有烟氣 送船載來 則乃任俊英也 偵探來告曰 賊船二百餘隻內五十五隻 先入於蘭 且曰 被擄逃還金仲傑傳言內 仲傑今月初六日達磨山爲倭所擄 縛載倭船 幸逢金海壬辰被擄人 乞于倭將 解縛同船 而半夜倭奴熟寐時 附耳潛言曰 倭奴聚議曰 朝鮮舟師十餘隻 追逐我船 或射殺焚船 極爲痛憤 招集各處之船 合勢盡滅 後直往京江云 此言雖不可盡信 亦不無是理 故卽送傳令船 告諭避亂人 急令上去'이다.

524 (*)『정유일기 I』원문은 '潮水 率諸船入于右水營前洋 因留宿 夜夢多異祥'이다. 생략되었다.

525 (**)『정유일기 II』원문은 '碧波亭後有鳴梁'이다.

526 명량鳴梁 : 전라남도 해남과 진도 사이의 좁은 수로.

527 '살려고 하는 마음을 갖지 말 것勿以生爲心'은『전서』에만 있다.

528 본문은『정유일기 II』의 내용을 대부분 채택한 것이지만, 이 문장만 약간 다르다.『정유일기 II』의 내용은 '爾各諸將 少有違令 則卽當軍律 小不可饒貸 再三嚴約'(너희 여러 장수가 조금이라도 명령을 어긴다면 즉각 군율대로 시행해서 작은 일일망정 용서치 않겠다."라고 재삼 엄하게 약속하였다.)'이다.

529 『정유일기 I』에는 '적선 무려 2백여 척'이라고 나온다.

530 두 본이 모두 '명량을 거쳐 들어와서 곧바로 진 치고 있는 곳을 향한다鳴梁由入 直向結陣處云'라고 되어 있다.

531 (*)『정유일기 I』원문은 '招集諸將 申明約束'이다.

우수사右水使 김억추金億秋[533]는 가물가물한 먼 곳으로 물러가 있었다.[534] 나는 노를 바삐 저어 앞으로 돌진하며 지자地字 현자玄字 등 각종 총통을 마구 쏘니, 탄환이 바람과 우레처럼 쏟아졌다. 군관들은 배 위에 모여 서서 화살을 빗발같이 쏘았다. 적의 무리는 당해 내지 못하고 다가왔다 물러갔다 하였다. 그러나 여러 겹으로 둘러싸여서 형세가 장차 어찌 될지 알 수 없어, 온 배에 있는 사람들이 서로 돌아보며 얼굴빛이 변했다. (*대장선이 홀로 적선賊船 속으로 들어가 포환炮丸과 화살을 풍우같이 쏘아대건만 여러 배들은 바라보면서 진군하지 않아, 장차 사태를 헤아릴 수 없게 되었다. 배 위에 있는 군사들이 서로 돌아보며 낯빛이 변했다.)[535] 나는 조용히 타일러 말하기를, "적이 비록 천 척일지라도 우리 배에 덤벼들지 못할 것이니, 모두 마음을 흔들리지 말고 힘을 다해 적을 쏴라."고 했다. 그리고 여러 장수들의 배를 돌아보니, 먼바다로 물러가 있으면서 바라만 보고 진격하지 않았다. (*이미 1마장[536]가량 물러났고, 우수사 김억추金億秋가 탄 배는 멀리 떨어져 가물가물했다.)[537] 배를 돌려 바로 중군中軍[538] 김응함金應諴의 배로 가서 먼저 목을 베어 효시梟示하고 싶었지만, 내 전선이 뱃머리를 돌리면 여러 배가 차례차례 더 멀리 물러나고, 적

---

532 330여 척 : 이순신의 친필 『정유일기 I』에는 133척, 『정유일기 II』에는 130여 척으로 되어 있다. 『충무공가승』(1716) 권3 「행록」에도 133척으로 되어 있다. 이것을 『이충무공전서』(1795) 편찬자가 330여 척으로 고친 것이다. 『충무공가승』(1716) 권2 「행장」에 나오는 '300여 척이 와서 130여 척이 우리를 포위했다.'라는 기록을 참고한 것 같다.

533 김억추金億秋 : 1548~1628. 자字는 방로邦老, 본관은 청주淸州. 전라남도 강진康津에서 살았다. 1548년(명종 3)생으로 이순신보다 3년 아래다. 1577년(선조 10) 무과에 급제한 후, 무이보만호撫夷堡萬戶, 안주목사安州牧使, 여주목사驪州牧使, 만포첨사滿浦僉使, 고령첨사高嶺僉使 등을 역임하였다. 1597년(선조 30) 7월 25일에 전라우수사에 임명되어 통제사 이순신 휘하에서 명량 해전에 참전한 후, 1598년 3월 14일에 안위安衛와 교체되었다가, 12월에 다시 전라우수사에 임명되었다. 이후 밀양부사密陽府使, 경상좌병사慶尙左兵使 등을 역임하였다. 사후에 병조판서에 추증되고, 현무顯武라 시호諡號하였다. (『亂中日記』; 『宣祖實錄』; 『湖南節義錄』; 『李忠武公全書』 권16, 同義錄; 『竹溪日記』; 『養浩堂日記』; 『한국민족문화대백과사전』.)

534 『정유일기 II』에는 '벌써 2마장 밖에 나가 있었다已在二馬場外'로 나온다.

535 (*) 『정유일기 I』 원문은 '上船獨入賊船中 炮丸射矢發如風雨 諸船觀望不進 事將不測 船上之人 相顧失色'이다.

536 마장馬場 : 거리의 단위. 5리나 10리가 못 되는 거리를 이를 때, '리里' 대신 쓰인다. (『표준국어대사전』.)

537 (*) 『정유일기 I』 원문은 '已退一馬場許 右水使金億秋所騎船 則遠去渺然'이다.

538 중군中軍 : 대장이 직접 통솔하는 부대. 여기서는 중위장中衛將을 가리킨다.

선이 점점 달려들게 되어 사세가 낭패될 것이다.[539] 그래서 즉시 나팔을 불게 하고 중군영하기中軍令下旗[540]를 세우고 또 초요기招搖旗[541]를 세우니, 중군장中軍將 미조항첨사彌助項僉使 김응함의 배가 점차 나의 배에 가까이 오고, 거제현령巨濟縣令 안위安衛의 배가 먼저 왔다. 나는 배 위에 서서 직접 안위를 불러 말하기를, "안위야, 군법에 죽고 싶으냐, 네가 군법에 죽고 싶으냐, 도망한다고 어디 가서 살 것이냐." 했더니, 안위가 황급히 적선 가운데로 돌입했다. 또 김응함을 불러서 말하기를, "너는 중군으로서 멀리 피하고 대장을 구원하지 않으니 죄를 어찌 면할 것이냐. 당장 처형하고 싶지만, 적의 세력이 또한 급하므로 우선 공功을 세우게 한다." 하였다.

두 배가 곧바로 들어가 교전할 즈음, 적장이 그 휘하의 배 3척[542]을 지휘하여 일시에 안위의 배에 개미처럼 달라붙어 기어오르려고 서로 다투니, 안위 및 배 위의 사람들이 죽을힘을 다해서 마구 치다가 거의 기진맥진하기에 이르렀다.[543] (*곧바로 들어 싸우려 할 때, 적장의 배와 다른 두 적선이 안위의 배에 달라붙고 안위의 격군 7~8명이 물에 뛰어들어 헤엄을 치니 거의 구하지 못할 것 같았다.)[544] 그래서 나는 배를 돌려 바로 들어가서 (*안위의 배가 있는 데로 갔다. 안위 배 위의 군사들은 죽기를 한하여 마구 쏘아대고, 내 배의 군관들도)[545] 빗발같이 쏘아대어 적선 3척을 남김없이 모조리 섬멸하였다. (*하니 천행 천행이다天幸天幸) 녹도만호 송여종宋汝悰과 평산포 대장代將 정응두丁應斗의 배도 뒤쫓아와서 합력해 적을 쏘았다.[546] (*우리를 에

---

539 『정유일기 II』에는 '欲爲回船軍令 則諸賊乘退扶陞 進退維谷'(배를 돌려 군령을 내리고 싶었으나, 적들이 내가 물러난 것을 틈타 더 대들 것이라, 나가지도 돌아서지도 못할 형편이었다.)로 되어 있다.

540 중군영하기中軍令下旗 : 대장이 중위장中衛將에게 명령을 내리는 기. 황색 바탕으로 된 기에 깃술 하나가 달렸다. (국방부전사편찬위원회, 『兵將說·陣法』 1983, 193쪽)

541 초요기招搖旗 : 예하 장수를 소집하는 데 사용하는 기. 청색 바탕에 흰 무늬로 북두칠성이 그려져 있다.

542 3척 : 2척이 올바르다. 적장의 배와 합하여 3척이기 때문이다.

543 『정유일기 II』에는 '安衛 及船上之人 各盡死力 或持稜杖 或握長槍 或水磨石塊 無數乱擊 船上之人 幾至力盡'(안위와 배 위의 사람들은 각자 죽을힘을 다해 혹은 모난 몽둥이로, 혹은 긴 창으로, 혹은 수마석水磨石 덩어리로 무수히 어지럽게 공격하다가 배 위 사람들이 거의 힘이 다하였다.)로 되어 있다.

544 (*) 『정유일기 I』 원문은 '安衛 荒忙直入交鋒之際 賊將船及他賊二船 蟻附于安衛船 安衛格卒七八名 投水游泳 幾不能救'이다.

545 (*) 『정유일기 I』 원문은 '直入安衛船 安衛船上之人 殊死乱擊 余所騎船上軍官之輩'이다.

워쌌던 적선 30척도 부서지니 모든 적은 저항하지 못하고 다시 침범해 오지 못했다. 그곳에 머무르려 했으나 물이 빠져 배를 정박하기 어려웠으므로 건너편 ○○포浦['浦' 자 앞에 글자가 빠져 있음]로 진을 옮겼다가 달빛을 타고 당사도唐笥島[547]로 옮겨 밤을 지냈다.)[548]

투항한 왜인 준사俊沙는 곧 안골安骨 적진에서 투항해 온 자인데, 내 배 위에 있다가 바다를 굽어보며 말하기를, "그림 무늬 있는 붉은 비단옷을 입은 자가 바로 안골진安骨陣의 적장 마다시馬多時[549]다."라고 했다. 내가 김석손金石孫[550]을 시켜 갈고리로 뱃머리에 끌어 올리게 하니, 준사가 좋아 날뛰면서, "마다시가 맞다"라고 말했다. 그래서 즉시 명령하여 토막토막 자르게 하니 적의 기운이 크게 꺾였다. 여러 배들이 (**적이 침범하지 못할 것을 알고)[551] 일시에 북을 울리고 함성을 지르면서 일제히 진격하여 각각 지자地字·현자玄字 총통을 쏘고, 화살을 빗발처럼 쏘니, 소리가 산천을 뒤흔들었다. 적선 30척[552]을 깨뜨리자, 적선들이 물러나 달아나고, 다시는 감히 우리 수군에게 가까이 오지 못했다. 이번 일은 참으로 천행天幸이었다. 물결도 몹시 험하고, 형세 또한 외롭고 위태로워 당사도唐笥島로 진을 옮겼다.[553]

17일(을사-을미) 맑음. 어외도於外島[554]에 이르니 피란선 무려 300여 척이 먼저 와 있

---

546 『정유일기 II』에는 이 부분이 '三船之賊 幾盡顚仆 鹿島萬戶宋汝悰平山浦代將丁應斗船繼至 合力射殺 無一賊動身'(적선 3척이 거의 다 엎어졌을 때, 녹도만호鹿島萬戶 송여종宋汝悰과 평산포平山浦 대장代將 정응두丁應斗의 배가 뒤좇아 와서 합력해 쏘아 죽여서 한 명의 적도 몸을 움직이지 못했다.)로 좀 더 자세하다.

547 당사도唐笥島 : 전라남도 신안군 암태면 당사리 당사도.

548 (*) 『정유일기 I』 원문은 '圍抱賊船三十隻 亦爲撞破 諸賊不能抵當 更不來犯 欲泊于同處 則水退不合泊船 移陣于越邊浦 乘月移泊于唐笥島 經夜'이다. 이 뒤의 내용은 모두 『정유일기 II』의 기록이다.

549 마다시馬多時 : 일본 수군 장수 구루시마 미치후사來島通總로 추정된다.(有馬成甫, 『朝鮮役水軍史』, 東京 : 海と空社, 1942, 260쪽.)

550 김석손金石孫 : 『정유일기 II』에는 '무상無上 김돌손金乭孫'으로 나온다.

551 (**) 『정유일기 II』 원문은 '知不可犯'이다.

552 30척 : 『정유일기 II』에는 '31척'이다.

553 『정유일기 II』에는 '欲泊戰海 則水勢極險 風且逆吹 勢亦孤危 移泊唐笥島經夜 此實天幸'(싸움하던 바다에서 그대로 정박하고 싶었으나 물결도 몹시 험하고 바람도 역풍이며 형세 또한 외롭고 위태로워 당사도로 옮겨가서 밤을 지냈다. 이번 일은 참으로 천행이었다.)인데, 서술 순서를 바꾸었다.

554 어외도於外島 : 전라남도 신안군 지도읍 어의리 어외도於義島.

었다. (*피란하는 사람들이 무수히 와 머무르고 있었다. 임치첨사臨淄僉使[홍견洪堅]는 배에 격군이 없어서 나오지 못한다고 했다.)[555] 우리 수군이 크게 이긴 것을 알고 서로 다투어 치하하였다. 또 양식을 가지고 와서 군사들에게 주는 것이었다. 나주羅州 진사進士 임선林愃·임환林懽·임업林業 등이 보러 왔다.

18일(병오-병신) 맑음. 그대로 어외도於外島에 머물렀다. 내 배에 탔던 순천감목관順天監牧官 김탁金卓 및 영노營奴[전라좌수영 종] 계생戒生이 탄환에 맞아 사망하고, 박영남朴永男과 봉학奉鶴 및 강진현감康津縣監 이극신李克新[556]도 탄환에 맞았으나 중상에 이르지는 않았다. (*임치첨사가 왔다.)[557]

19일(정미-정유) (*맑음晴). 일찍 배를 몰고 떠났다. 바람은 부드럽고 물결도 순하여 무사히 칠산七山[558] 바다를 건넜다. 저녁에 법성포法聖浦[559]에 이르니 흉악한 적들이 육지를 거쳐서 들어와 인가人家 곳곳에 불을 지르고 약탈하고 있었다. 해가 질 때 홍농弘農[560] 앞바다에 이르러 배를 대고 잤다.

20일(무신-무술) 맑음. (*맑고 바람도 순조로웠다.)[561] 새벽에 배를 출발하여 바로 위도蝟島[562]에 이르니 피란선이 많이 정박해 있었다. (**황득중黃得中과 종奴 금이金伊 등을 보내서 종 윤금允金을 찾아서 붙잡도록 했더니, 과연 위도 바깥에 있었으므로 묶어다가 배에 실었다.)[563] (*이광보李光輔도 보러 오고)[564] 이광축李光軸·이지화李至和 부자가 보러 왔다.[565]

---

555 (*)『정유일기 I』원문은 '避亂之人 無數來泊 臨淄僉使 無船格 未出云'이다. 이 외는『정유일기 II』의 내용이다.

556 강진현감康津縣監 이극신李克新 :『康津郡邑誌』(규장각 소장) 선생안에는 이극신李克信으로 나와 있는데, 이는 오류다.『죽계일기竹溪日記』에는 이극신李克新이 1597년 5월 15일 자로 강진현감에 임명된 것으로 나온다. 이극신李克新은 1559년생으로 1583년에 무과에 합격하였으며, 이극신李克信은 1569년생으로 1601년에 문과에 합격한 사람이다.(「한국역대인물종합정보시스템」.)

557 (*)『정유일기 I』원문은 '臨淄僉使來'이다. 이 외는『정유일기 II』의 내용이다.

558 칠산七山 : 전라북도 영광군 낙월면 송이리 칠산도.

559 법성포法聖浦 : 전라남도 영광군 법성면 법성리.

560 홍농弘農 : 전라남도 영광군 홍농읍 칠곡리.

561 (*) 내용 생략. 원문은 '晴且風順'이다.

562 위도蝟島 : 전라북도 부안군 위도면 위도.

563 (**)『정유일기 II』원문은 '送黃得中奴金伊等 覓捉奴允今 則果在於猬島外面 故縛載船中'이다.

564 (*)『정유일기 I』원문은 '李光輔亦來見'이다.

21일(기유-기해) 맑음. 일찍[566] 떠나서 고군산도古群山島[567]에 이르니, 호남순찰사[황신][568]는 내가 왔다는 말을 듣고서 배를 타고 급히 옥구沃溝로 갔다고 한다. (**늦게 거센 바람이 크게 일었다.)[569]

22일(경술-경자) (*맑음晴)[570] 맑았으나 북풍이 크게 불었다. 나주목사 배응경裵應褧, 무장현감 이람李覽이 보러 왔다.

23일(신해-신축) 맑음. 승첩에 관한 계사啓辭의 초고를 수정했다. 정희열丁希悅이 보러 왔다.

24일(임자-임인) 맑음. 몸이 불편해서 신음했다. 김홍원金弘遠이 보러 왔다.

25일(계축-계묘) 맑음. (**이날 밤是夜) 몸이 몹시 불편하고, 식은땀이 온몸을 적셨다.

26일(갑인-갑진) 맑음. 몸이 불편해서 종일 나가지 않았다. (*이날 밤 식은땀이 온몸을 적셨다.)[571]

27일(을묘-을사) 맑음. 송한宋漢, 김국金國, 배세춘裵世春 등이 (*큰 승리大捷) 승리에 대한 장계勝捷狀啓[572]를 가지고 뱃길에 올랐다. (*정제鄭霽도 충청수사에게 군령을 전하기 위해 떠났다. 몸이 불편해서 밤새 고통스러웠다.)[573]

28일(병진-병오) 맑음. 송한宋漢이 (*과 정제鄭霽가)[574] 바람에 막혀 되돌아왔다.

29일(정사-정미) 맑음. 장계狀啓 및 정제鄭霽가 도로 올라갔다.[575]

---

565 『정유일기 II』 원문은 '李光軸光輔來見 李至和父子又來 因日暮宿'(이광축과 광보가 보러 왔고, 이지화 부자가 또 왔다. 해가 저물어 머물러 잤다.)이다.

566 『정유일기 I』에는 '曉發'(새벽에 출발해서)로 나온다.

567 고군산도古群山島 : 전라북도 군산시 옥도면 선유도리.

568 호남순찰사[황신] : 1597년 7월 3일에 황신黃愼이 박홍로朴弘老에 이어서 전라도 순찰사(관찰사, 감사)가 되었다. (『선조실록』 권90, 선조 30년 7월 3일 임진.)

569 (**) 『정유일기 II』 원문은 '晩狂風大作'이다.

570 『정유일기 I』은 이날부터 25까지 4일간 '맑음'뿐이다.

571 (*) 『정유일기 I』 원문은 '是夜虛汗沾身'이다.

572 (*) 『정유일기 I』 원문은 '勝捷啓狀', 『정유일기 II』 원문에는 '大捷啓聞'으로 표기되었다.

573 (*) 『정유일기 I』 원문은 '鄭霽亦以忠淸水使處 持傳令去 氣甚不平 終夜苦'이다. 『정유일기 II』는 '鄭霽持忠淸水使處副察使了公事 同往'(정제는 충청수사 처소와 부찰사에게 보내는 공문을 가지고 같이 갔다.)로 되어 있다.

574 (*) 내용 생략. 원문은 '鄭霽(정제)'이다.

414

10월

초1일(무오-무신) 맑음. 병조兵曹의 역자驛子[576]가 공문을 가지고 내려와서 전하기를, "아산牙山 집이 적에게 분탕焚蕩[약탈과 노략질]을 당했다."라고 하였다. (**아들 회薈를 보내서 그의 모친도 보고 집안 여러 사람의 생사도 알아 오게 하고자 하였다. 마음이 몹시 불안하여 편지를 쓸 수 없었다. 병조兵曹의 역자驛子가 공문을 가지고 내려왔는데, 아산牙山 고을의 집이 온통 이미 분탕질을 당해 잿더미가 되고 남은 것이 없더라고 전했다.)[577]

초2일(기미-기유) 맑음. 아들 회薈가 배를 타고 (*가속家屬들의 생사를 알아보러)[578] 올라갔다. 잘 갔는지 모르겠다. 심사心思를 어찌 다 말하랴. (*홀로 배 위에 앉았으니 심회가 만 갈래였다.)[579]

초3일(경신-경술) 맑음. 새벽에 배를 띄워 법성포法聖浦로 돌아왔다. (*다시 변산邊山을 거쳐 곧바로 법성포로 내려가는데, 바람이 부드러워 따뜻하기가 봄날 같았다. 저물어서 법성포 선창 앞에 이르렀다.)[580]

초4일(신유-신유)[581] 맑음. 머물러 잤다. (**임선林愃과 임업林㸅 등이 사로잡혀 갔다가 적에게 구걸해서 임치臨淄로 돌아왔다고 편지를 보내 전해왔다.)[582]

초5일(임술) 맑음. 그대로 머물렀다. 마을 집으로 내려가서 잤다.[583]

---

575 『정유일기 I』에는 '宋漢等 風利發去'(송한 등이 바람이 순조로워 떠나갔다.)이고, 『정유일기 II』에는 '啓狀及鄭判官還上去'(장계와 정판관이 도로 올라갔다.)로 나온다.

576 역자驛子 : 역참驛站에 소속되어 그에 관련된 각종 역역을 부담하는 사람.(『한국고전용어사전』, 세종대왕기념사업회, 2001.) 병조의 역자는 병조에서 직접 관리하는 청파역青坡驛과 노원역盧原驛에 소속된 역자를 뜻함.(『新增東國輿地勝覽』, 권3, 漢城府.)

577 (**) 『정유일기 II』 원문은 '欲送豚薈使覘其母及諸門生死探來 懷思極惡 書簡不能 兵曹驛子持公事下來 傳牙鄉一家 已爲焚蕩 灰燼無餘云'이다.

578 (*) 『정유일기 I』 원문은 '以家屬生死探見事'이다.

579 (*) 『정유일기 I』 원문은 '獨坐船上 懷思萬端'이다. 앞에 '잘 갔는지 … 다 말하랴.'는 『정유일기 II』의 내용이다.

580 (*) 『정유일기 I』 원문은 '還由邊山 直下法聖浦 則風勢甚軟 暖如春日 暮到法聖倉前'이다. 『전서』는 『정유일기 II』의 내용이다.

581 이 날짜 이후는 『정유일기 I』의 간지가 『정유일기 II』의 간지와 일치한다.

582 (**) 『정유일기 II』 원문은 '林愃㸅等被擄 乞還臨淄 致書來傳'이다.

초6일(계해) 흐림. (*간혹或) 눈비가 세차게 내렸다.[584]

초7일(갑자) 바람이 고르지 않고 비가 오다 개다 하였다.[585] 들으니 호남 안팎에 모두 적선이 없다고 한다.

초8일(을축)[586] 맑음.[587] 배를 띄워 어외도於外島에 이르렀다. (*맑으며 바람도 순해지는 것 같았다. 새벽에…)[588]

(*) 친필 일기의 「일기 외 기사」(7) 번역문과 원문
(이 기사 내용은 주로 독송사讀宋史와 비망록備忘錄이다.)

보성 박사명과 어린아이 박사형寶城 朴士明·士泂 小童

독송사讀宋史[송나라 역사를 읽고]
어허. 이때가 어느 때인데 저 강綱[이강李綱[589]]은 가려는가. 가면 또 어느 곳으로 가려는가. 무릇 신하 된 자로 임금을 섬김에는 죽음이 있을 뿐이요 다른 길이 없나니, 이때야말로 종사宗社[송나라 왕실]의 위태함이 마치 머리털 한 가닥에 천 균鈞[3만 근]을 매단 것과 같아서, 이에 마땅히 신하 된 자는 몸을 바쳐 나라에 보답할 때인데, 도피한다는 말은 참으로 마음에 생각지도 못할 것이거늘, 하물며 감히 입 밖에 낼 수 있단 말인가.

그렇다면 강[이강]을 위해 계책을 세운다면 어떻게 할 것인가. 몸을 헐고 피눈물을 흘리며 충심[간담을 쪼개고 걸러서]을 다해서 사세가 여기까지 왔으니 화친할 수 없는 이치를 명확하게 말할 것이요, 아무리 말해도 그대로 되지 않는다면 죽음으로써 이어 갈 것이요, 또 그렇게 하지 못한다면 짐짓 화친하려

---

583 4일과 5일의 『정유일기 I』일기 내용은 '맑다晴' 뿐이다.
584 『정유일기 II』에는 '陰而或洒雨雪霏霏(흐리다가 간혹 눈비가 세차게 뿌렸다.)이다.
585 『정유일기 I』에는 '陰雲不收 或雨或晴(흐리며 구름이 걷히지 않은 채 비가 오다 개다 하였다.)'이다.
586 『정유일기 I』은 이 날짜까지 쓰여 있다.
587 두 일기 모두 바람이 약해진 것으로 나온다.
588 (*) 『정유일기 I』원문은 '晴風氣似順 曉'이다. 이다음부터 글자가 빠졌다.

416

는 계책을 따라 그 속에 몸을 던져 온갖 일에 낱낱이 꾸려 가면서, 죽음 속에서 살길을 구하는 것이 만에 하나라도 혹시 나라를 건질 수 있는 것이었다. 강의 계획은 이런 것에서 나오지 않고 그저 가려고만 했으니, 이 어찌 신하 된 자로서 몸을 맡겨 임금을 섬기는 의리를 버려 둘 수 있단 것인가.[590]

嗚呼 玆何等時 而綱欲去耶 去又何之耶 夫人臣事君 有死無貳 當是時也
宗社之危 僅如一髮之引千鈞 玆正人臣捐軀報國之秋 去之言 固不可萌諸
心 況敢出諸口耶 然則爲綱計 奈何 毁形泣血 披肝瀝膽 明言事勢至此 無可
和之理 言旣不從 繼之以死 又不然 姑從其計 身豫其間 爲之委曲彌縫 死中
求生 萬一或有可濟之理 綱計不出此 而欲求去 玆豈置人臣委身 事君之義哉

새로 과거에 급제한 사람.
원경전, 한치겸, 정복례 ----- 우병사右兵使 진에서 방어 임무 중.
남엽, 정대순, 조형, 조완 ----- 진주 운곡[하동군 옥종면 청룡리].

이홍훈 주인집에 머무는 자[591]
: 송곡松谷의 수창노首倡奴[가장 먼저 창의한 종] 봉환, 석운, 뇌손.

---

589 이강李綱 : 1083~1140. 중국 송나라 때 인물로, 강소성江蘇省 소무邵武 사람이다. 1112년(政和 2)에 진사進士에 올라 여러 관직을 역임하였다. 당시 송나라가 매우 허약하여 금金나라의 침입을 자주 받아서 수도 동경東京(지금의 개봉開封)이 위태롭게 되자, 신료들은 주화파主和派와 주전파主戰派로 나뉘어 대립하였다. 마침내 1127년에 휘종徽宗과 그의 아들 흠종欽宗이 금군金軍에게 붙잡혀 가고 북송北宋이 멸망하였다. 그해 휘종의 아들 조구趙構가 건강建康(지금의 남경南京)에서 고종高宗으로 즉위하여, 이때부터 남송南宋이 시작되었다. 고종은 즉위하자마자 주전파이자 충신인 이강李綱을 상서우복야 겸 중서시랑尙書右僕射兼中書侍郎에 임명하여 국정을 맡겼다. 이강은 10개 조항의 상소문을 올려 국가의 기틀을 바로잡고 금나라에 강력히 항전하는 정책을 펴고자 했다. 그러나 주화파인 황잠선黃潛善·왕백언汪伯彦 등의 반대로 그의 정책은 실현되지 못했다. 결국 불과 70일 만에 재상직에서 파직되었고, 그는 조정에서 떠날 것을 고종에게 요청하여, 그 후 지방 관리로 전전하다 58세로 사망하였다.(『宋史』권358, 列傳 117, 李綱)
590 독송사讀宋史의 번역은 조성도, 『충무공 이순신』(서울 : 남영문화사, 1982), 282~284쪽을 참고하였다. 일기 원문에는 제목이 없으나, 『이충무공전서』권1 '잡저雜著'에 이 제목으로 수록되었다.
591 정유년 7월 24일 일기 참조.

배천白川[황해도] 별장別將 훈련원정 조신옥과 홍대방.
쌀 14, 콩太 18 및 4, 콩豆 2 및 10, 콩大 5, 쌀 2.

흥양 --- 정병正兵 김득상은 전수箭手[활 쏘는 사수].
        김덕방, 덕룡 --- 과거 급제자.
과거 급제자 조언해, 박유엽.
주부主簿 송상보는 말馬이 없음.
순천 이진.

아산의 과거 급제자 박윤희는 현재 충청방어사忠淸防禦使 진중에 있는데,
전마戰馬가 있어 적을 무찌를 수 있다고 한다.

新及第
元景詮·韓致謙·鄭復禮 ----- 防在右兵使陣
南曄·鄭大淳·趙珩·趙琓 ----- 晉州 雲谷

李弘勛 主家, 松谷 首倡奴 鳳還·石雲·雷孫

白川 別將 訓正 趙信玉·洪大邦
米十四 太十八且四 豆二及十 大五 米二

興陽 --- 正兵 金得尙 箭手
        金德邦·德龍 --- 出身
出身 趙彦海·朴有曄
主簿 宋象甫 無馬
順天 李珍

出身 牙山朴允希 時在忠淸防禦使陣中 而有戰馬 能勤賊云

초9일[592](병인) 맑음. 일찍 떠나 우수영右水營[593]에 이르니 성 안팎에 인가라고는 하나도 없고, 또 인적도 없어서 보기에 참혹하고 처연했다. (**저녁에夕) 들으니, 흉측한 적들이 해남에 진을 치고 머무른다고 한다. ○ 날이 막 어두워질 무렵에 김종려金宗麗, 정조鄭詔, 백진남白振男[594] 등이 보러 왔다.

초10일(정묘) (*이경二更[오후 9~11시]에) 비가 뿌리고 북풍이 크게 불었다. (**[불]어서 배를 띄울 수 없어 그대로 머물렀다.)[595] 이경二更[오후 9~11시]에 중군장中軍將 김응함金應諴이 와서 전하기를, 해남의 적들이 달아나 후퇴한 모습이 많다고 했다. ○ (**이희급李希伋의 부친이 적에게 사로잡혔다가 빌어서 풀려나왔다고 한다.)[596] 심기가 불편해서 앉았다 누웠다 하니 동이 텄다. ○ 우우후右虞候 이정충李廷忠이 배에 왔으나 보지 않은 것은, 도망하여 바깥 섬에 있었기 때문이다.

11일(무진) 맑음. 사경四更[오전 1~3시]에 바람이 자는 것 같았으므로, (**첫 나발을 불고)[597] 닻을 걷어 올리고 바다 가운데 이르러, 정탐인 이순李順, 박담동朴淡同, 박수환朴守煥[598], 태귀생太貴生을 해남으로 보냈다. 해남에는 연기가 하늘을 덮었다 하니, 필시 적의 무리가 달아나면서 불을 지른 것이리라. 낮에 발음도發音島[599]에 이르렀는데 바람도 좋고 날씨도 화창했다. 배에서 내려 제일 높은 산봉우리[600]에 올라가서 배를 감추어 둘 만한 곳을 살펴보았다.[601] 동쪽은 앞에 섬이 있어서 멀리 바라볼 수 없으나, 북쪽으로는 나주羅州와 영암靈巖의 월출산月

---

592 이날 일기부터는 『정유일기 II』에만 있는 내용이다.
593 우수영右水營 : 전라남도 해남군 문내면 동외리·서상리·선두리
594 백진남白振男 : 친필 일기 『정유일기 II』의 '白振南'이 올바른 표기이다.
595 (**) 내용 생략. 『정유일기 II』의 원문은 '不能行船 因留'이다.
596 (*) 내용 생략. 『정유일기 II』의 원문은 '李希伋父 爲賊所擄 而乞放來云'이다.
597 (**) 내용 생략. 『정유일기 II』의 원문은 '初吹'이다.
598 박수환朴守煥 : 『정유일기 II』에는 '박수환朴壽還'으로 되어 있다.
599 발음도發音島 : 전라남도 신안군 안좌도(안창도+기좌도)이다. 『정유일기 II』에는 '안편도安便島'로 나오고, 옆에 '발음發音'이라고 적혀 있다.
600 산봉우리 : 이순신이 답사했던 이 산봉우리는 전라남도 신안군 안좌면 구대리(옛 기좌도基佐島) 매봉산(129m)이라 한다. (고광섭·박태용·김득봉, 「이순신장군의 안좌도 수군기지에 대한 해양전략적 분석」, 『한국해군 과학기술학회지』, 제3권 제1호, 2020년 3월)
601 『전서』는 '심審'인데, 『정유일기 II』에는 '찰察'이다. 뜻은 같다.

出山까지 터졌고, 서쪽은 비금도飛禽島까지 통하여 시야가 트이고 열렸다. 잠시 있다가 중군장[김응함] 및 우치적禹致績[순천부사]이 올라오고, 조효남趙孝南, 안위安衛[거제현령], 우수禹壽[안골포만호]가 잇따라 왔다. 날이 저물어 산에서 내려와 언덕에 앉았는데, 조계종趙繼宗이 와서 왜적의 정세를 말하고, 또 왜적들이 수군을 몹시 증오한다고 말했다. (**이희급李希伋의 부친이 인사하러 와서 포로로 잡혔던 경위를 전하는데, 참으로 마음 아픔을 견딜 수 없었다. 저녁엔 따뜻한 날씨가 마치 봄과 같아 아지랑이가 하늘에 아른거리고, 비가 내릴 징조가 많았다. 초경初更[오후 7~9시]에 달빛이 비단결 같아 홀로 봉창篷窓[602]에 앉았으니 회포가 만 갈래였다. 이경二更[오후 9~11시]에 식은 땀이 몸을 적셨다. 삼경三更[오후 11시~오전 1시]에 비가 내렸다. 이날 우수사가 군량선에 있는 사람에게 무릎을 몹시 때렸다고 한다. 놀랄 일이다.)[603]

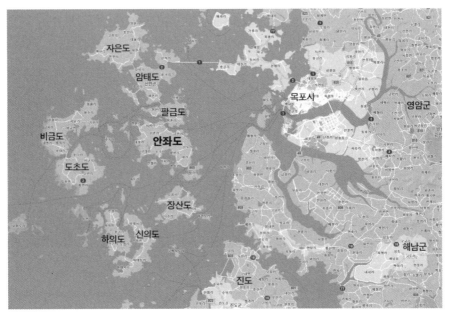

안좌도의 현 위치.

---

602 봉창篷窓: 뜸을 내려뜨린 배의 창. (계사년 9월 14일 일기 주 588 참조.)

603 (**) 내용 생략.『정유일기Ⅱ』의 원문은 '李希伋父來謁 且傳被擄根跡 不勝痛心痛心 夕暖氣如春 野馬飛空 多有雨徵 初更月色如練 獨坐篷窓 懷思萬端 二更虛汗沾身 三更雨作 是日 右水使重杖膝骨于軍粮船人者 云 可愕'이다.

12일(기사) 비가 계속 내렸다. (**비가 계속 내리다가 미시未時[오후 1~3시] 초에 맑게 개었다. 아침에 우수사가 인사하러 와서 자기 하인의 무릎을 때린 잘못을 사과하였다.)[604] 가리포첨 사加里浦僉使[이응표李應彪]와 장흥부사長興府使[전봉田鳳] 등 여러 장수가 와서 종 일토록 이야기했다. 정찰선이 나흘이 지나도 오지 않으니 걱정스럽다. 그러나 생각건대, 흉측한 적도들이 멀리 도망하는 것을 보고 그 뒤를 쫓아가느라고 돌 아오지 않는 것이리라. (**그대로 발음도에 머물렀다.)[605]

13일(경오) 맑음. (**아침에朝) 배 조방장裵助防將[배흥립裵興立]과 경상우후[이의득李義得] 가 보러 왔다. 잠시 후에 탐망선이 임준영任俊英을 싣고 왔다. 그편에 적의 소식 을 들으니, 해남海南으로 들어와 웅거했던 적들이 초7일[606]에 우리 수군이 내려 오는 것을 보고 11일에 모두 도망했는데, 해남 향리鄕吏 송언봉宋彥逢 및 신용 愼容 등이 적진으로 들어가서 왜놈을 인도하여 지방 사족들을 많이 죽였다고 하 니 통분함을 이길 길이 없다. 그래서 곧 순천부사順天府使 우치적禹致績, 금갑만 호金甲萬戶 이정표李廷彪, 제포만호薺浦萬戶 주의수朱義壽, 당포만호唐浦萬戶 안 이명安以命, 조라만호助羅萬戶 정공청鄭公淸 및 군관 임계형林季亨·정상명鄭翔溟· 봉좌逢佐·태귀생太貴生·박수환朴壽煥[607] 등을 해남으로 보냈다. ○ 늦게 (**언덕에 내려가 앉아)[608] 배 조방장 및 장흥부사 전봉田鳳 등과 함께 이야기했다. ○ 이날 우우후右虞候 이정충李廷忠이 뒤떨어진 죄를 다스렸다. (**우수사 군관 배영수裵永壽 가 와서 보고하기를, 수사의 부친이 바깥 바다로부터 살아서 돌아왔다고 했다. 이날 새벽꿈에 우의정右議政을 만나 조용히 이야기하였다. 낮에 들으니, 선전관宣傳官 네 사람이 법성포法聖 浦에 내려와 도착했다고 한다.)[609] ○ 저녁때 중군中軍 김응함金應諴[미조항첨사]에게 서 들으니, 섬 안에 누구인지 모르나 산골에 숨어서 소와 말을 죽인다고 하므로

---

604 (**) 내용 생략. 『정유일기 Ⅱ』의 원문은 '雨雨 未初晴霽 朝右水使來拜 謝其下人杖膝之罪'이다.

605 (**) 내용 생략. 『정유일기 Ⅱ』의 원문은 '因留發音島'이다.

606 초7일 : 『정유일기 Ⅱ』에는 '초10일初十日'로 되어 있다.

607 박수환朴壽煥 : 『정유일기 Ⅱ』 10월 11일 자에는 '박수환朴守還', 10월 13일 자에는 '박수환朴壽還'으로 되 어 있다.

608 (**) 내용 생략. 『정유일기 Ⅱ』의 원문은 '下坐岸坐上'이다.

609 (**) 내용 생략. 『정유일기 Ⅱ』의 원문은 '右水使軍官裵永壽來告 水使父親 自外海生還云 是曉夢見右台 論 話從容 午聞宣傳官四員 到法聖浦下來云'이다.

황득중黃得中과 오수吳水[610] 등을 보내 수색하게 하였다. (**이날 밤 달빛은 비단결 같고 바람 한 점 없는데, 혼자 뱃전에 앉아 있으니 심회가 스스로 편안하지 못하였다. 이리 뒤척 저리 뒤척 앉았다 누웠다 밤새 잠을 이루지 못한 채, 하늘을 우러러 원망하고 탄식할 따름이었다.)[611]

14일(신미) 맑음. 사경四更[오전 1~3시]쯤 꿈에 내가 말을 타고 언덕 위를 가다가 말이 발을 헛디뎌 냇물 가운데 떨어지긴 했으나 넘어지지는 않았는데, 막내아들 면葂이 두 손으로 나를 껴안는 것 같은 형상을 보고 깨었다. 무슨 조짐인지 모르겠다. (**늦게 배 조방장[배흥립]과 우후 이의득李義得이 보러 왔다. 배襄의 종奴이 경상도로부터 와서 적의 형세를 전하였다. 황득중黃得中 등이 와서 보고하기를, "내수사內需司의 종 강막지姜莫只라는 자가 소를 많이 치기 때문에 12마리를 끌고 간 것이다."라고 하였다.)[612] 저녁에 어떤 사람이 천안天安에서 와서 집안 편지를 전하는데, 봉함을 뜯기도 전에 뼈와 살이 먼저 떨리고 정신이 혼란해졌다. 겉봉을 대강 뜯고 열蔚[둘째 아들]의 글씨를 보니, 겉면에 '통곡痛哭' 두 자가 씌어 있어 면葂의 전사戰死를 알고, 간담이 떨어지는 것도 모르고 소리도 못 내고 통곡, 통곡하였다. 하늘이 어찌 이다지도 인자하지 못하시는고. (**간담이 참으로 타고 찢어지는 것 같구나.)[613] 내가 죽고 네가 사는 것이 이치에 마땅한데, 네가 죽고 내가 살았으니 무슨 어긋난 이치란 말이냐. 천지가 깜깜하고 빛나는 해조차도 빛이 변했구나. 슬프다, 내 아들아! 나를 버리고 어디로 갔느냐. 남달리 영특하기로 하늘이 이 세상에 머물러 두지 않는 것이냐. 내가 지은 죄 때문에 앙화殃禍가 네 몸에 미친 것이냐. 이제 내가 세상에 살아 있은들 누구에게 의지할 것이냐. (**너를 따라 같이 죽어 지하에서 같이 지내고 같이 울고 싶건마는, 네 형, 네 누이, 네 어머니가 의지할 곳이 없으므로 아직은 참고 연명이야 한다마는, 마음은 죽고 형상만 남아 있어)[614] 울부짖으며 애통할 따름이다.

---

610 오수吳水: 『정유일기 II』에는 '오수吳守'로 되어 있다.
611 (**) 내용 생략. 『정유일기 II』의 원문은 '是夜月色如練 微風不動 獨坐船舷 懷不自平 轉展坐臥 終夜不寐 仰天憎嘆而已'이다.
612 (**) 내용 생략. 『정유일기 II』의 원문은 '晚裵助防及虞候李義得來見 裵奴自嶺南來傳賊勢 黃得中等來告 司奴姜莫只稱者 多畜牛隻 故十二隻牽去'이다.
613 (**) 내용 생략. 『정유일기 II』의 원문은 '肝膽焚裂焚裂'이다.

하룻밤 지내기가 일 년 같구나. (**이경二更[오후 9~11시]에 비가 내렸다.)⁶¹⁵

15일(임신) 비바람이 종일 몰아쳤다. (**누웠다 앉았다 하면서 종일 뒹굴었다. 여러 장수들이 위문하러 오니 어떻게 얼굴을 들고 대하랴. 임홍林葓),⁶¹⁶ 임중형任仲亨과 박신朴信이 적세를 살피기 위해 작은 배를 타고 흥양興陽과 순천順天 등의 바다로 나갔다.

16일(계유) 맑음. 우수사와 미조항첨사彌助項僉使[김응함]를 해남으로 보냈다. 해남현감 유형柳珩도 보냈다. ○ 나는 내일이 막내아들의 부음을 들은 지 나흘째 되는 날인데 마음 놓고 통곡하지도 못했으므로 영중營中⁶¹⁷ 강막지姜莫只의 집으로 갔다. ○ 이경二更[오후 9~11시]에 순천부사[우치적]와 우후 이정충李廷忠, 금갑도만호[이정표李廷彪], 제포만호[주의수朱義壽] 등이 해남으로부터 돌아왔는데, 왜적 13급 및 적진에 투항해 들어갔던 송언봉宋彦逢⁶¹⁸ 등의 머리를 베어 왔다.

17일(갑술) 맑음. (**맑았으나 종일 큰바람이 불었다.)⁶¹⁹ 새벽에 아들에 대해 복服을 입고 곡哭을 하였다.⁶²⁰ 비통함을 어찌 견디랴. 우수사가 보러 왔다.

18일(을해) 맑음. (**맑고 바람도 자는 것 같았다. 우수사는 배를 부릴 수가 없어 바깥 바다에서 잤다. 강막지姜莫只가 인사하러 왔다.)⁶²¹ 임계형林季亨과 임준영任俊英이 들어왔다. (** 삼경三更[오후 11시~오전 1시] 초에 꿈을 꾸었다.)⁶²²

19일(병자) 맑음. (**새벽에 꿈을 꾸었는데, 고향 집의 종奴 진辰이 내려왔기에 내가 죽은 아들을 생각하며 통곡하는 내용이었다. 늦게 조방장[배흥립]과 경상우후[이의득]가 보러 왔다. 백 진사白進士[백진남白振南]가 보러 왔다. 임계형林季亨이 인사하러 왔다. 김신웅金信雄의 아내와 이인세李仁世·정억부鄭億夫를 붙잡아 왔다. 거제현령[안위], 안골포만호[우수], 녹도만호[송여

---

614 (**) 내용 생략. 『정유일기 II』의 원문은 '欲死從汝地下 同勢同哭 汝兄汝妹汝母 亦無所依 姑忍延命 心死 形存'이다.

615 (**) 내용 생략. 『정유일기 II』의 원문은 '是二更雨作'이다.

616 (**) 내용 생략. 『정유일기 II』의 원문은 '或臥或坐 終日轉展 諸將來問 擧顔何容 林葓'이다.

617 영중營中 : 『정유일기 II』의 원문은 '염간鹽干'(염전에서 소금을 만드는 사람)이다.

618 송언봉宋彦逢 : 『정유일기 II』의 원문은 '송원봉宋元鳳'이다.

619 (**) 내용 생략. 『정유일기 II』의 원문은 '晴而大風終日'이다.

620 『정유일기 II』의 원문은 '焚香哭 著白帶'(흰 띠를 착용하고 향을 피우고 곡했다.)이다.

621 (**) 내용 생략. 『정유일기 II』의 원문은 '晴晴 風氣似息 右水使不能行船 宿于外海 姜莫只來謁'이다.

622 (**) 내용 생략. 『정유일기 II』의 원문은 '夢見三更初'이다.

종], 웅천현감[김충민金忠敏], 제포만호[주의수], 조라포만호[정공청], 당포만호[안이명], 우우후[이정충]가 보러 왔다. 적을 잡은 내용을 적은 공문을 바치러 온 것이다.)[623] 윤건尹健 등이 적에게 붙었던 자 2명을 붙잡아 왔다. (**저물녘에 코피를 한 되 남짓 흘렸다. 밤에 앉아서 생각하며 눈물을 흘렸다. 어찌 말로 할 수 있으랴. 이제는 영령英靈이니, 불효가 마침내 여기까지 이를 줄을 어찌 알았으랴. 비통한 마음 가슴이 찢어지는 듯하여 누를 길이 없구나, 누를 길이 없구나.)[624]

20일(정축) 맑음. (**맑고 바람도 잤다. 이른 아침에)[625] 미조항첨사[김응함], 해남현감[유형], 강진현감[이극신]이 해남의 군량 운반할 일로 돌아간다고 아뢰고, 안골포만호 우수禹壽도 돌아간다고 아뢰었다. 늦게 김종려金宗麗, 정수鄭遂, 백진남白振男[626]이 와서 보고 윤지눌尹志訥의 고약한 짓을 말하였다. ○ 김종려를 소음도所音島 등 13개 섬 염장鹽場의 감자도감검監煮都監檢[소금 굽는 곳들의 총감독관]으로 정해 보냈다. (**본영[전라좌수영] 계집종 사화營婢土化[627]의 모친이 배 안에서 죽었다 하기에, 곧 매장하도록 군관에게 일렀다. 남도포南桃浦[강응표姜應彪]와 여도呂島[김인영金仁英] 두 만호가 와서 인사하고 돌아갔다.)[628]

21일(무인) (**사경四更[오전 1~3시]에) 비가 오다 눈이 오다 했다. 바람이 몹시 차가워서 뱃사람들이 추위에 얼까 염려하여 마음을 안정할 수 없었다. (**진시辰時[오전 7~9시]부터는 바람과 눈이 크게 불어쳤다. 정상명鄭翔溟이 와서 보고하기를,)[629] ○ 무안현감務

---

623 (**) 내용 생략. 『정유일기 Ⅱ』의 원문은 '曉夢鄉家奴辰下來 余思亡子而慟哭 晚助防將及慶虞候來見 白進士來見 林季亨來謁 金信雄妻李仁世鄭億夫捉來 巨濟安骨鹿島熊川薺浦助羅浦唐浦右虞候來見 捕賊公事來呈'이다.

624 (**) 내용 생략. 『정유일기 Ⅱ』의 원문은 '昏鼻血流出升餘 夜坐思淚 如何可言 今世英靈 豈知終爲不孝之至此矣 悲慟摧裂 難抑難抑'이다.

625 『정유일기 Ⅱ』의 원문은 '晴且風息 早朝'이다.

626 백진남白振男 : 백진남白振南의 착오이다. 『정유일기 Ⅱ』의 10월 9일 자에는 '白振南'으로 옳게 되어 있다.

627 본영 계집종 사화營婢土化 : 친필 일기의 이 부분은 '營辰土化' 또는 '營屬土化' 또는 '營婢土化' 등으로 판독되었다. 친필 일기를 자세히 살펴본 결과 여기서는 '營婢土化'(본영 계집종 사화)로 판독한 결과에 따른다. (박종평, 『난중일기』, 파주 : 글항아리, 2021, 606쪽.)

628 (**) 내용 생략. 『정유일기 Ⅱ』의 원문은 '營辰土化母 死於船中云 故卽令埋置事 敎于軍官 南桃呂島兩萬戶來謁而歸'이다.

629 (**) 내용 생략. 『정유일기 Ⅱ』의 원문은 '辰時風雪大作 鄭翔溟來告'이다.

安縣監 남언상南彦祥이 들어왔다. (**[들어왔다]고 한다云) 언상은 원래 수군에 소속된 관원인데, 제 몸만 보존하려는 계책으로 수군에 오지 않고, 몸을 산골에 숨긴 지 이미 달포가 지나서, 이제 적이 물러간 뒤에야 무거운 벌을 받을까 겁내어 비로소 나타나니, 그 하는 짓이 극히 해괴하다. (**늦게 가리포첨사加里浦僉使[이응표], 배 조방장裵助防將[배흥립], 우후虞候 등이 와서 절하였다. 종일 바람과 눈이 내렸다. 장흥부사[전봉]가 와서 잤다.)[630]

22일(기묘) 아침에 눈이 오고 늦게 개었다. (**장흥부사와 아침을 함께 먹었다. 오후에)[631]군기직장軍器直長 선기룡宣起龍[632]이 유지有旨 및 의정부議政府의 방문榜文[633]을 가지고 왔다. ○ 해남현감海南縣監 유형柳珩이, 적에게 붙었던 사람인 윤해尹海와 김언경金彦京을 결박하여 올려 보냈으므로 단단히 가두었다.[634] 무안현감 남언상南彦祥은 가리포 전선戰船에 가두었다. (*우수사가 황원黃原으로부터 와서 말하기를, 김득남金得男을 처형하였다고 했다. 진사進士 백진남白振南이 와서 보고 돌아갔다.)[635]

23일(경진) 맑음. (**늦게 김종려金宗麗와 정수鄭遂가 보러 왔다. 배 조방장[배흥립] 및 우후[이의득李義得], 우수영 우후右水虞候[이정충李廷忠]도 왔다. 적량赤梁·영등포永登浦[조계종趙繼宗] 만호도 뒤미처 왔다가 저녁에 돌아갔다. 이날 낮에)[636] 윤해尹海, 김언경金彦京을 처형했다. 진사進士 백진남白振男[白振南의 오기]이 보러 왔다.[637] (*대장장이 허막동許莫同을 나주羅州로 보내려고 초경初更[오후 7~9시] 말에 종을 시켜 부른즉, 배가 아프다고 하였다. 전마戰馬 등의 편자가 떨어진 것을 고쳐 박았다.)[638]

---

630 (**) 내용 생략. 『정유일기 Ⅱ』의 원문은 '晚加里浦及裵助防 與虞候來拜 風雪終日 長興來宿'이다.

631 (**) 내용 생략. 『정유일기 Ⅱ』의 원문은 '與長興同飯 午後'이다.

632 『정유일기 Ⅱ』의 원문은 '等三人(등 세 사람)'이다.

633 방문榜文 : 여러 사람에게 알리기 위하여 길이나 사람이 많이 모이는 곳에 써 붙이는 글.

634 『정유일기 Ⅱ』의 원문은 '堅囚于羅將處'(나장이 있는 곳에 단단히 가두었다.)이다.

635 (**) 내용 생략. 『정유일기 Ⅱ』의 원문은 '右水使來自黃原曰 金得男行刑云 白進士振南來見歸'이다.

636 (**) 내용 생략. 『정유일기 Ⅱ』의 원문은 '晚金宗麗 鄭遂來見 裵助防及虞候右水虞候亦來 赤梁永登萬戶追來 夕還'이다.

637 진사進士 백진남白振男이 보러 왔다 : 친필 일기 정유년 10월 22일 자에 있는 내용을, 『전서』 편찬자가 착오로 23일 자에 적어 넣은 것으로 보인다.

638 (**) 내용 생략. 『정유일기 Ⅱ』의 원문은 '冶匠許莫同往于羅州 初更末使奴招之 則腹痛云 戰馬等落蹄加鐵'이다.

24일(신사) 맑음. 해남海南에 있던 왜의 군량 322섬을 실어 왔다. ○ 초경初更[오후 7~9시]에 선전관 하응서河應瑞가 유지有旨를 가지고 들어왔는데, 그것은 우후 이몽구李夢龜를 처형하라는 것이었다. 그편에 들으니 명나라 수군이 강화江華 에 도착했다고 한다. (**이경二更[오후 9~11시]에 땀을 내어 등을 적시고, 삼경三更[오후 11 시~오전 1시] 말에야 그쳤다.)[639] 사경四更[오전 1~3시] 말에 또 선전관 및 금오랑金吾 郞[의금부 도사]이 도착해 온다고 했다. 날이 밝은 후에 들어왔는데, 선전관은 권 길權吉이요, 금오랑은 (*훈련주부訓鍊主簿)[640] 홍지수洪之壽였다. 무안현감[남언상], 목포만호[방수경方守慶], 다경포만호多慶浦萬戶[윤승남尹承男]를 잡아갈 일로 온 것 이다.

25일(임오) 맑음. 몸이 몹시 불편했다. (**윤연尹連이 부안扶安으로부터 왔다. 종 순화順化가 배를 타고 아산牙山에서 오는 편에 집안 편지를 받아 보았다. 마음이 편치 못해 이리 뒤척 저 리 뒤척 혼자 앉아 있었다.)[641] 초경初更[오후 7~9시]에 선전관 박희무朴希茂가 유지 有旨를 가지고 들어왔는데, 명나라 수군의 배가 정박하기 적당한 곳을 헤아려서 급히 아뢰라는 것이었다. (**양희우梁希雨가 계문啓聞한 것을 가지고 서울로 갔다가 돌아 왔다. 충청우후[원유남元裕男]가 편지와 함께 홍시 한 접貼[100개]을 보내왔다.)[642]

26일(계미) (*새벽에曉) 비가 뿌렸다. (**조방장 등이 보러 왔다. 김종려金宗麗, 백진남白振南, 정 수鄭遂 등도 보러 왔다. 이날 밤 이경二更[오후 9~11시]에 식은땀이 몸을 적셨다. 온돌이 너무 더웠던 까닭이다.)[643]

27일(갑신) 맑음. 영광군수[전협田浹]의 아들 전득우田得雨가 군관이 되어 인사하러 왔 다. (**[왔]기에 곧바로 그 부친이 있는 곳으로 돌려보냈다. 홍시 백 개를 가지고 왔다. 밤에 비 가 뿌렸다.)[644]

---

639 (**) 내용 생략. 『정유일기 II』의 원문은 '二更發汗沾背 三更末止'이다.

640 (**) 내용 생략. 『정유일기 II』의 원문은 '訓主夫'이다.

641 (**) 내용 생략. 『정유일기 II』의 원문은 '尹連自扶安來 奴順化自牙山乘船來 得見家書 懷不自平 轉展獨坐' 이다.

642 (**) 내용 생략. 『정유일기 II』의 원문은 '梁希雨持啓上京 亦還來 忠淸虞候送狀 且致紅柿一貼'이다.

643 (**) 내용 생략. 『정유일기 II』의 원문은 '助防將等來見 金宗麗白振南鄭遂等來見 是夜二更 逃汗沾身 堗過 溫故也'이다.

644 (**) 내용 생략. 『정유일기 II』의 원문은 '而卽還送于其父處 紅柿百介持來 夜雨洒'이다.

28일(을유) 맑음. 아침에 여러 가지 항목의 계본啓本을 봉하여 피은세皮銀世에게 주어 보냈다. (**늦게 강막지姜莫只의 집으로부터 지휘선으로 옮겨 탔다. 저녁에 염장塩場의 도서 원都書員 걸산巨叱山이 큰 사슴을 잡아 바치기에 군관들에게 내주어 나누어 먹게 하였다. 이 날 밤에는 바람 한 점 없었다.)[645]

29일(병술) 맑음. 사경四更[오전 1~3시]에 (**첫 나발을 불고)[646] 배를 띄워 목포木浦로 향 했다. (**비와 우박이 섞여 내리고 동풍이 약간 불었다. 목포에 이르러)[647] 보화도寶花島[고 하도高下島]에 정박하였는데, 서북풍을 막을 만하고 배를 감추기에 아주 적합하 였다. 그래서 육지로 내려서 섬 안을 돌아보니 지형이 아주 좋으므로 진을 머무 르고 집 지을 계획을 세웠다.

30일(정해) 맑음. (**맑으나 동풍이 불고 비 올 기미가 많았다.)[648] 아침에 집 지을 곳에 내려 가 앉아 있으니 여러 장수들이 와서 알현했다. 해남현감[유형柳珩]도 와서 적에 게 붙었던 자들의 소행을 전했다. ○ 황득중黃得中을 시켜 (**목수를 인솔해서)[649] 섬 북쪽 산으로 가서 집 지을 재목을 찍어 오게 하였다. ○ 늦게 해남 사람으로 적에게 붙었던 정은부鄭銀夫와 김신웅金信雄[650], 왜놈을 지시하여 우리 사람을 죽인 자 2명과 선비의 집 처녀를 강간한 김애남金愛男[金愛南의 오기]을 모두 목 베었다. (*[베어 매달았다. 저녁에 양밀梁謐이 도양장道陽場의 벌레 먹은 곡식을 제멋대로 나 눠 준 일로 장杖[매] 60대를 때렸다.)[651]

---

645 (**) 내용 생략. 『정유일기 Ⅱ』의 원문은 '晚自姜莫只家 移乘上船 夕塩場都書員巨叱山捉納大鹿 故給軍官 等 使之分食 是夜微風不起'이다.

646 (**) 내용 생략. 『정유일기 Ⅱ』의 원문은 '初吹'이다.

647 (**) 내용 생략. 『정유일기 Ⅱ』의 원문은 '已雨雹交下 東風微吹 到木浦'이다.

648 (**) 내용 생략. 『정유일기 Ⅱ』의 원문은 '而東風 多有雨態'이다.

649 (**) 내용 생략. 『정유일기 Ⅱ』의 원문은 '率耳匠'이다.

650 『정유일기 Ⅱ』의 원문은 '金信雄妻(김신웅의 처)'이다.

651 (**) 내용 생략. 『정유일기 Ⅱ』의 원문은 '梟 夕梁謐以道陽場虫穀任自分給事 決杖六十'이다.

11월

초1일(무자) 비가 계속 내렸다. (**아침에 사슴 털가죽 두 장이 물에 떠내려왔으므로 명나라 장수에게 선물하기로 했다. 이상한 일이다. 미시未時[오후 1~3시]에 비는 곧 개었으나 북풍이 크게 불어 뱃사람들은 추위를 견디기 어려웠다. 나도 웅크리고 선실에 앉아 있노라니 마음이 편안치 않아 하루를 지내는 것이 1년 같았다. 비통함을 어찌 다 말하랴.)[652] 저녁에 북풍이 크게 불어 밤새도록 배가 흔들려 사람이 안정할 수 없었다. (**땀이 나 온몸을 적셨다.)[653]

초2일(기축) 흐림. (**흐리나 비는 오지 않았다. 일찍 들으니 우수사의 전선이 바람에 떠내려가다가 바위에 걸려 부서졌다고 한다. 참으로 통분한 일이다. 병선군관兵船軍官 당언량唐彦良에게 장杖 80대를 쳤다.)[654] 선창에 내려가 앉아 다리 놓는 것을 감독했다. 그길로 새 집 짓는 곳으로 올라갔다가 어두워서 배로 내려왔다.

초3일(경인) 맑음. 일찍 새 집 짓는 데로 올라가니 선전관宣傳官 이길원李吉元이 배설裵楔을 처단할 일로 들어왔다. 배설은 이미 성주星州 본가로 갔는데, 거기로 안 가고 바로 이리로 왔으니, 그 사사로운 정을 따르는 죄가 지극히 크다. (**녹도의 배가 있는 곳으로 보냈다.)[655]

초4일(신묘) 맑음. 일찍 새 집 짓는 곳으로 올라갔다. (**이길원이 머물렀다.)[656] 진도군수珍島郡守 선의경宣義卿[657][선의문宣義門]이 왔다.

초5일(임진) 맑음. 따뜻하기가 봄날 같았다. 일찍 새 집 짓는 곳으로 올라갔다. (**[올라]가 날이 저물어서 배로 내려왔다.)[658] 영암군수 이종성李宗誠이 와서 밥 30말을 지어

---

652 (**) 내용 생략.『정유일기 II』의 원문은 '朝毛鹿皮二令 浮水而來 故欲爲唐將之贈 可恠 未時雨則霽 而北風大吹 舟人寒苦 余縮坐船房 心思極惡 度日如年 悲慟可言可言'이다.

653 (**) 내용 생략.『정유일기 II』의 원문은 '汗發沾身'이다.

654 (**) 내용 생략.『정유일기 II』의 원문은 '陰而不雨 早聞右水使戰船 爲風所漂 掛碅折破云 極爲痛憤 兵船軍官唐彦良 決八十杖'이다.

655 (**) 내용 생략.『정유일기 II』의 원문은 '送于鹿島船'이다.

656 (**) 내용 생략.『정유일기 II』의 원문은 '李吉元留'이다.

657 선의경宣義卿 : 선의문宣義門의 오기로,『전서』편찬자의 착오로 보인다. 친필 일기『정유일기 II』에도 '宣義門'(선의문)으로 나온다. '선의문宣義門'은 1597년 6월 28일에 진도군수로 임명되었다. (『竹溪日記』.)

일꾼들을 먹이고, 또 말하기를, 군량미 200섬과 벼 700섬을 준비했다고 한다. ○ 이날 보성군수와 흥양현감[최희량]659을 시켜 군량 창고 짓는 것을 살펴보게 했다.

초6일(계사) 맑음. 일찍 새 집 짓는 데로 올라가서 종일 거닐며 해 지는 줄을 몰랐다. (**새 집 지붕을 잇고 군량 곳간도 세웠다.)660 전라우우후[이정충]는 나무를 베어 올 일로 황원장黃原場661으로 갔다.

초7일(갑오) 맑고 따뜻했다. (**아침에朝) 해남 의병義兵이 왜인의 머리 하나와 환도環刀 한 자루를 가져와 바쳤다. (**이종호李宗浩와 당언국唐彦國을 잡아 왔기에 거제巨濟 배에 가두었다. 늦게 전前)662 홍산현감鴻山縣監 윤영현尹英賢과 생원生員 최집崔潗이 보러 오며, 또 군량 벼 40섬과 쌀 8섬을 바쳤다. (**며칠 동안의 양식으로 도움이 될 만했다.)663 본영의 박주생朴注生이 왜의 머리 2개를 베어 왔다. 전 현감664 김응인金應仁이 보러 왔다. (**이대진李大振의 아들 순생順生이 윤영현尹英賢을 따라왔다. 저녁에 새 집의 마루를 다 놓았다. 여러 수사水使가 와서 만났다. 이날 밤 삼경三更[오후 11시~오전 1시]에 면葂이 죽는 꿈을 꾸고 부르짖어 통곡하며 울었다. 진도군수가 돌아갔다.)665

초8일(을미) 맑음. (*사경四更[오전 1~3시] 꿈에 물에 들어가 고기를 잡았다. 이날은)666 날이 따뜻하고 바람도 없었다. (**새 방 벽에 흙을 발랐다.)667 이중화李重和668 부자가 보러 왔다. (**마루를 만들었다.)669

---

658 (**) 내용 생략. 『정유일기 II』의 원문은 '日暮下船'이다.

659 흥양현감[최희량] : 최희량崔希亮이 1597년 7월에 흥양현감으로 임명되어(『죽계일기』), 8월에 도임하였다. (『興陽誌』 선생안)

660 (**) 내용 생략. 『정유일기 II』의 원문은 '新家蓋草 軍粮庫亦造立'이다.

661 황원장黃原場 : 황원목장. 지금의 전라남도 해남군 화원면이다.

662 (**) 내용 생략. 『정유일기 II』의 원문은 '李宗浩唐彦國捉來 故囚于巨濟船 晚前'이다.

663 (**) 내용 생략. 『정유일기 II』의 원문은 '可助數日之粮'이다.

664 『정유일기 II』의 원문은 '前縣令'이다.

665 (**) 내용 생략. 『정유일기 II』의 원문은 '李大振子順生 隨尹英賢來 夕新家抹樓畢造 各水使來見 是夜三更 夢見葂死 呼慟而哭 珍島郡守歸'이다.

666 (**) 내용 생략. 『정유일기 II』의 원문은 '四更夢入水捉魚 是日'이다.

667 (**) 내용 생략. 『정유일기 II』의 원문은 '新房泥壁'이다.

668 이중화李重和 : 이지화李至和가 올바름. 친필 일기 『정유일기 II』의 한자가 '重' 또는 '至'로 약간 애매하지만, 『정유일기 II』 9월 20일 자에 '이지화李至和'로 분명히 나와 있다.

초9일(병신) 맑음. 따뜻하기가 봄날 같았다. (*우수사가 보러 왔다. 강진현감康津縣監[송상보宋尙甫]이 고을로 돌아갔다.)[670]

초10일(정유) 눈비가 섞여 내리고 서북풍이 크게 불어 간신히 배를 보전했다. 이정충李廷忠이 와서 말하기를, 장흥長興에 있던 적들이 달아났다고 했다.

11일(무술) 맑음. (**맑고 바람도 잔잔했다. 식후)[671] 새 집 짓는 곳으로 올라가니 새 평산만호平山萬戶가 도임장到任狀을 바쳤다. 그는 하동현감河東縣監[신진申蓁]의 형 신훤申萱이다. (**전하는 말에 숭정崇政[종1품]으로 포상하여 가자加資[승품]하는 명이 이미 나왔다고 한다. 장흥부사와 배 조방장[배흥립]이 보러 왔다. 저녁에 우후 이정충이 왔다가 초경初更[오후 7~9시]에 돌아갔다.)[672]

12일(기해) 맑음. (**이날 늦게 영암靈岩과 나주羅州 사람이 타작을 못 하게 했다고 해서 결박되어 왔으므로, 그중 주모자를 가려 처형하고, 그 나머지 4명은 각 배에 가두었다.)[673]

13일(경자) 맑음.

14일(신축) 맑음. 해남현감 유형柳珩이 와서 윤단중尹端中의 무리한 일을 많이 전했다. (**또 말하기를, "해남의 아전이 법성포法聖浦로 피란 갔다가 돌아올 때, 바람을 만나 배가 기울어져 넘어지려는데, 바다 가운데서 서로 만났으나 구조하기는커녕 도리어 배 안의 물건을 빼앗아 갔다."라는 것이었다.)[674] 그래서 윤단중을 중군中軍 배에 가두었다. (**김인수金仁守는 경상도 수영水營 배에 가두었다. 내일은 큰 제삿날[675]이라 출입하지 말아야겠다.)[676]

15일(임인) 맑음. 따뜻하기가 봄날 같았다. (**식후에食後) 새 집에 올라갔다. (**늦게晚)

---

669 (**) 내용 생략. 『정유일기 II』의 원문은 '抹樓造作'이다.

670 (**) 내용 생략. 『정유일기 II』의 원문은 '右水使來見 康津倅歸縣'이다.

671 (**) 내용 생략. 『정유일기 II』의 원문은 '晴而風殘 食後'이다.

672 (**) 내용 생략. 정유일기 II』의 원문은 '傳言 崇政賞加已出云 長興與裵助防來見 夕虞候李廷忠來到 初更還歸'이다.

673 (**) 내용 생략. 『정유일기 II』의 원문은 '是晚靈岩羅州之人 禁打作云 而結縛來 故摘其中首謀者行刑 其餘四名 囚于各船'이다.

674 (**) 내용 생략. 『정유일기 II』의 원문은 '又言 衙屬避亂于法聖浦還來時 逢風傾覆之際 中洋相逢 不爲救拯 徒掠船物云'이다.

675 내일은 큰 제삿날明日大忌 : 11월 15일은 부친 정貞의 돌아가신 날이다.

676 (**) 내용 생략. 『정유일기 II』의 원문은 '金仁守 囚于慶尙營船 明日大忌 不爲出入'이다.

임환林懽 및 윤영현尹英賢이 보러 왔다. (**이날론) 밤에 송한宋漢이 서울로부터 들어왔다.

16일(계묘) 맑음. (**아침에 조방장[배흥립裵興立], 장흥부사[전봉田鳳] 및 진중에 있는 여러 장수가 모두 보러 왔다.)[677] 군공마련기軍功磨鍊記[개인별 포상 기록]를 보니 (**거제현령巨濟縣令) 안위安衛가 통정通政이 되고,[678] 그 나머지도 차례차례 벼슬을 받았으며, 미천한 신천臣[679]에게는 은자銀子 20냥을 상금으로 내렸다. 명나라 장수 양 경리 楊經理[양호楊鎬]가 붉은 비단 한 필을 보내면서, "배에다 괘홍掛紅[붉은 비단을 걸어줌]하여 주고 싶으나 길이 멀어 가지 못한다."라고 하였다. 영의정[유성룡]의 답장 편지도 왔다.

17일(갑진) 비가 계속 내렸다. 양 경리[양호]의 차관差官이 초유문招諭文[680]과 면사첩免死帖[681]을 가지고 왔다.

18일(을사) 맑음. 따뜻하기가 봄날과 같았다. 윤영현尹英賢이 보러 왔고, 정한기鄭漢起[682]도 왔다. (*땀이 났다.)[683]

19일(병오) 맑음.[684] 배 조방장과 장흥부사가 보러 왔다.

20일(정미) 비. (**비가 계속 내렸다. 바람도 계속 불었다.)[685] 임준영任俊英이 와서, 완도莞島를 정탐한즉 적선이 없더라고 전했다.

---

677 (**) 내용 생략. 『정유일기 II』의 원문은 '朝助防將 長興府使及在陣諸將 幷來見'이다.

678 안위安衛가 통정通政이 되고 : 종5품(거제현령)에서 정3품(통정대부)으로 5품계를 승진했다는 뜻이다. 안위는 4개월 후인 1598년(무술) 3월에 전라우수사에 발탁되었다.(『선조실록』권98, 선조 31년 3월 18일 계묘.)

679 미천한 신천臣 : 『정유일기 II』에는 '오처吾處'(나에게)로 되어 있다.

680 초유문招諭文 : 적이나 또는 적에게 붙었던 자들을 너그러운 조건으로 포용하는 데 관한 포고문.

681 면사첩免死帖 : 죽이지 않을 것을 보증하는 증명서. 임진왜란 때 명나라 군대가 들어온 제도로서, 포로로 적에게 붙잡혀 간 군사나 백성 또는 적군에 대한 선무宣撫 활동의 수단으로 활용되었으며, 임진왜란 기간 중 수만 통의 면사첩이 발급되었다. 면사첩은 임진왜란 이후에도 반란이나 변란을 진압하는 데에도 활용되었다. (제장명, 「이순신 정론 I : 해전 횟수, 면사첩, 백의종군」, 『이순신연구논총』 제17호, 순천향대학교 이순신연구소, 2012, 33~45쪽)

682 정한기鄭漢起 : 『정유일기 II』에는 '정한기鄭漢己'로 나와 있다.

683 (**) 내용 생략. 『정유일기 II』의 원문은 '汗出'이다.

684 맑음 : 『정유일기 II』에는 '흐림陰'으로 나와 있다.

685 (**) 내용 생략. 『정유일기 II』의 원문은 '雨雨風風'이다.

21일(무신) 맑음. 송응기宋應璣[686]가 산역군山役軍을 데리고 해남海南의 소나무 있는 곳으로 갔다. (**이날 밤 순생順生이 와서 잤다.)[687]

22일(기유) 흐림. (**흐리다 개었다 했다. 저녁에 김애金愛가 아산牙山으로부터 돌아왔는데, 그는 임금의 유지有旨를 가져온 사람이다. 이달 초10일에 올 때도, 아산 집으로부터 편지를 모두 가져왔었다. 밤에 눈비가 내리고 바람도 크게 불었다.)[688] 장흥長興에 있던 적이 20일에 달아났다는 보고가 왔다.

23일(경술) 바람이 크게 불고 눈이 많이 내렸다. (**이날 승첩한 계장勝捷啓狀을 썼다. 저녁에 얼음이 얼었다고 한다. 아산 집에 편지를 쓰자니, 죽은 아들 생각에 정을 억제하기가 어려워, 눈물을 스스로 거둘 수가 없었다.)[689]

24일(신해) 비와 눈. 서북풍이 계속 불었다.

25일(임자) 눈.

26일(계축) 비와 눈. (**추위가 배나 혹독해졌다.)[690]

27일(갑인) 맑음. (**이날是日) 장흥의 승첩 계본啓本을 수정하였다.

28일(을묘) 맑음. (**장계를 봉했다.)[691] 무안務安에 사는 진사進士 김덕수金德秀가 군량 벼 15섬을 가져와서 바쳤다.

29일(병진) 맑음. 마 유격麻遊擊[692]의 차관差官 왕재王才가 물길로 명나라 군대가 내려온다고 했다. 전희원田希元[693][전희광田希光]과 정봉수鄭鳳壽[694][정황수鄭凰壽]가 오고, 무안현감도 왔다.

---

686 『정유일기 II』에는 '송응기 등等이'로 되어 있다.

687 (**) 내용 생략. 『정유일기 II』의 원문은 '是夕順生來宿'이다.

688 (**) 내용 생략. 『정유일기 II』의 원문은 '陰晴相雜 夕金愛自牙山還 有旨陪持人 月初十日來 自牙山 皆持簡至 夜雨雪大風'이다.

689 (**) 내용 생략. 『정유일기 II』의 원문은 '是日書勝捷啓狀 夕氷凍云 書簡于牙家 淚不自收 念子難情'이다.

690 (**) 내용 생략. 『정유일기 II』의 원문은 '凍沍倍酷'이다.

691 (**) 내용 생략. 『정유일기 II』의 원문은 '啓本封'이다.

692 마 유격麻遊擊 : 마 제독麻提督(마귀麻貴)의 착오이다. 당시 조선에 와 있던 명군은 경리經理 양호楊鎬, 제독提督 마귀麻貴의 지휘 계통이었다. 또 1598년 7월에도 조선 파병 명군 장수에 마 씨 성을 가진 유격 장군은 없다. (『事大文軌』 권28, 萬曆二十六年七月十八日 朝鮮國王咨監軍王 回咨.)

693 전희원田希元 : 『정유일기 II』에는 '田希光(전희광)'으로 나와 있다.

694 정봉수鄭鳳壽 : 『정유일기 II』에는 '鄭凰壽(정황수)'로 나와 있다.

12월

초1일(정사) 맑음. (**[맑고 또且] 따뜻했다. (**아침에朝) 경상수사 이 입부立夫[이순신李純信의 자字]가 진에 왔다. (**나는 복통을 앓아서 늦게 수사를 보고 함께 이야기하며 종일 대책을 논의했다.)[695] 그와 더불어 대책을 의논했다.

초2일(무오) 맑음. 날씨가 매우 따뜻하여 봄날 같았다. 영암靈岩 향병장鄕兵將 유장춘柳長春이 적을 토벌한 사유를 보고하지 않았으므로 장杖 50대를 때렸다. 윤 홍산尹鴻山[홍산현감 윤영현], 김종려金宗麗, 백진남白振男[696], 정수鄭遂 등이 보러 왔다. (*이경二更[오후 9~11시]에 땀이 배었다. 북풍이 크게 불었다.)[697]

초3일(기미) 맑음. (**으나而) 바람이 크게 불었다. 몸이 편치 않았다. 경상수사가 보러 왔다.

초4일(경신) 맑음. 몹시 추웠다. (**늦게 김윤명金允明을 장杖 40대 쳤다. 장흥 교생校生 기업基業이 군량을 훔쳐 실은 죄로 장 30대를 쳤다. 거제현령과 금갑도金甲島·천성天城 만호가 타작打作하는 데서 돌아왔다. 무안현감 및 전희광田希光 등이 돌아갔다.)[698]

초5일(신유) 맑음. (*아침에朝) 군공軍功을 세운 여러 장수에게 상으로 내린 직첩職帖을 나누어 주었다. (**김돌손金乭孫이 봉학奉鶴을 거느리고 함평咸平 지경으로 가서 보자기鮑作[699]들을 찾아서 모으고, 정응남鄭應男이 점세占世를 데리고 진도珍島로 가서 새로 만드는 배의 부정 사실을 조사하기 위해, 함께 떠나갔다. 해남海南의 독동禿同을 처형하였다. 전 익산군수益山郡守 고종후高從厚[700]가 오고, 김억창金億昌이 오고, 광주光州 박자朴仔도 오고, 무안 나□□[나덕명羅德明]도 왔다.)[701] ○ 도원수都元帥의 군관이 유지有旨를 가지고 왔는데, "이번 선전관 편에 들으니, 통제사 이순신이 아직도 권도權道[702]를 따르지 않아 여러 장수가 민망히 여긴다고 하니, 사정私情이야 비록 간절하지만 국

---

695 (**) 내용 생략. 『정유일기 II』의 원문은 '吾患腹痛 晚見水使 與之話 終日論策'이다.
696 백진남白振男 : 『정유일기 II』에는 '白振南'으로 나온다.
697 『정유일기 II』의 원문은 '二更汗沾 北風大吹'이다.
698 『정유일기 II』의 원문은 '晚金允明決杖四十度 長興校生基業 以軍粮偸載之罪 決杖三口 巨濟及金甲島天城 自打作還 務安及田希光等還歸'이다.
699 보자기鮑作 : 바다에서 조개·미역 등 해물을 채취하는 사람. 어부漁夫.

사國事가 한창 바쁘고, 옛사람의 말에도 전쟁에 나아가 용맹이 없으면 효孝가 아니라 하였다. 전쟁에 나아가서 용감하다는 것은 소찬素饌이나 먹어서 기력이 곤비困憊한 자로서는 능히 하지 못하는 일이라, 『예기禮記』에도 원칙을 지키는 경經이 있고 방편을 취하는 권權이 있어 꼭 원칙대로만 고수할 수 없으니, 경卿은 권면하여 깨우치고자 하는 내 뜻을 생각하여, 소찬 먹는 것을 치우고[703] 방편을 좇도록 하라.”는 것이었다. 그리고 아울러 권물權物[고기반찬]을 하사하셨는데, 마음은 더욱더 비통悲慟하였다. (**해남의 강간 약탈한 사람들을 함평현감咸平縣監이 자세히 심문했다.)[704]

초6일(임술) 나덕준羅德峻과 (**정대청鄭大淸의 아우)[705] 정응청鄭應淸이 보러 왔다.

초7일(계해) 맑음.

초8일(갑자) 맑음.

초9일(을축) 맑음. 종奴 목년木年이 들어왔다.

초10일(병인) 맑음. 해亥와 열悅, 진원珍原이 윤간尹侃·이언량李彦良과 함께 들어왔다. 배 만드는 곳에 나가 앉아 있었다.

11일(정묘) 맑음. 경상수사[이순신李純信] 및 (*조방장[배흥립裴興立]이 와서 보았으며)[706] 우

---

700 고종후高從厚 : 1593년 6월에 진주성 전투에서 전사했는데, 이순신의 성명 기록에 착오가 있는 듯하다. 고종후는 자가 도충道冲, 호는 준봉準峰, 본관은 장흥長興이다. 1554년(명종 9)에 났으므로 이순신보다 9년 아래다. 1577년(선조 10) 문과에 급제한 후 예조좌랑·임피현령 등을 역임하였다. 임진왜란이 일어나자 아우 고인후高因厚와 함께 아버지 고경명高敬命의 뜻을 받들어 의병을 일으켰으나 금산錦山 싸움에서 아버지와 아우를 잃었다. 이후 복수의병군復讐義兵軍을 조직하여 진주성에 들어가 성을 지켰지만, 1593년 6월에 최경회崔慶會·황진黃進·김천일金千鎰 등과 함께 항전하다가 성이 함락되자 남강에 투신 자결하였다. 이조판서에 추증되었으며, 광주光州 포충사褒忠祠 등에 제향되었다. 시호는 효열孝烈이다. (「한국역대인물종합정보시스템」, 『한국민족문화대백과사전』.)

701 『정유일기 II』의 원문은 '金乞孫率奉鶴 住于咸平境 鮑作搜括 鄭應男率占世 住于珍島 新造船摘奸事 并爲出去 海南禿同行刑 前益山郡守高從厚來 金億昌來 光州朴仔來 務安羅( )來'이다.

702 권도權道 : 수단은 옳지 않으나 목적은 정도正道에 합당한 처리 방식. 여기서는 상제喪制의 예법에서 벗어나더라도 고기반찬을 먹어야 한다는 것을 뜻함.

703 소찬 먹는 것을 치우고 : 원문의 "개소開素"는 불교 신도들이 채식하는 기간이 지나 다시 육식을 시작하는 것을 뜻한다. 개훈開葷과 같은 말이다.

704 『정유일기 II』의 원문은 '海南辱掠人 詳覈咸平'이다.

705 『정유일기 II』의 원문은 '鄭大淸弟'이다.

706 『정유일기 II』의 원문은 '助防將來見'이다.

수사[김억추金億秋]가 보러 왔다.

12일(무진) 맑음.

13일(기사) 간혹 눈이 내렸다.

14일(경오) 맑음.

15일(신미) 맑음.

16일(임신) 맑음. 늦게 눈이 내렸다.

17일(계유) 눈과 바람이 섞여 추위가 혹독했다. 조카 해荄를 작별했다.

18일(갑술) 눈이 내렸다. (**새벽에 해荄는 어제 마신 술이 채 깨기도 전에 배를 띄워 떠났다. 마음이 편하지 못했다.)707

19일(을해) 눈이 종일 내렸다.

20일(병자) 진원珍原의 어머니와 윤간尹侃이 올라갔다. (**우후虞侯708가 교서에 숙배肅拜했다.)709

21일(정축) 눈이 내렸다. 아침에 윤 홍산尹鴻山[윤영현尹英賢]710이 목포木浦에서 보러 왔다. (**늦게 배 조방장[배흥립裵興立]과 경상수사[이순신李純信]가 보러 왔다가 크게 취해서 돌아갔다.)711

22일(무인) 비와 눈이 섞여 내렸다. 함평현감[손경지孫景祉]이 들어왔다.

23일(기묘) 눈이 세 치三寸712나 쌓였다. (*순찰사[황신黃愼]가 진陣에 온다는 기별이 먼저 왔다.)713

24일(경진) 눈이 오다 개다 했다. (**아침에 이종호李宗浩를 순찰사에게 보내서 문안했다. 이날

---

707 『정유일기 II』의 원문은 '曉荄昨醉未醒 是曉發船 懷思不平'이다.

708 우후虞候 : 전라좌수영 우후 이몽구李夢龜로 추정된다. 이몽구는 좌수영의 군기軍器를 배에 옮겨 싣지 않은 죄로 정유년 8월 13일에 통제사 이순신으로부터 장 80대를 맞았다. 추정컨대, 이순신은 이몽구의 죄를 조정에 장계狀啓하였고, 그 결과 정유년 10월 24일에 처형하라는 유지有旨가 내려왔다. 그러나 이순신은 이몽구를 처형하지 않았고, 이몽구는 한성으로 올라가 구명 활동에 성공하여 이날 다시 전라 좌수영 우후로 내려와 이순신에게 신고했던 것으로 유추된다.

709 (**) 내용 생략. 『정유일기 II』의 원문은 '虞候肅拜'이다.

710 전전 홍산현감 윤영현을 이른다. 정유년 11월 7일 일기 참조.

711 『정유일기 II』의 원문은 '晚裵助防及慶水使來見 大醉歸'이다.

712 세 치三寸 : 주척周尺이라면 약 6cm, 영조척營造尺이라면 약 9cm이다.

713 『정유일기 II』의 원문은 '巡察使到陣先聲'이다.

밤에 나덕명羅德明이 와서 이야기하는데, 머무르고 있음을 싫어한다는 것을 모르니 한심하다. 이경二更[오후 9~11시]에 집에 편지를 썼다.)[714]

25일(신사) 눈이 내렸다. 아침에 열 $\boxtimes$ 이 돌아갔다. (**그 어머니 병 때문이었다. 늦게 경상수사와 배 조방장이 보러 왔다. 유시酉時[오후 5~7시]에)[715] 순찰사[황신]가 진중에 와서 군사에 관한 일을 서로 의논하였다. 연해沿海 19고을은 수군에 전속시키기로 했다.[716] (**저녁에 방으로 들어가 조용히 이야기하였다.)[717]

26일(임오) 눈이 내렸다. 방백方伯[순찰사]과 (**방에 앉아)[718] 군사 방책을 조용히 이야기하였다. 늦게 경상수사와 배 조방장이 보러 왔다.

27일(계미) 눈. (**아침 식후에朝食後) 순찰사가 돌아갔다.

28일(갑신) 맑음. 경상수사[이순신李純信]와 배 조방장[배흥립]이 보러 왔다. (**비로소 들으니 경상수사의 소지품이 왔다…)[719]

29일(을유) 맑음. (**김인수金仁秀를 놓아 보냈다. 윤□□은 장杖 30대를 쳐서 놓아 보냈다. 영암좌수靈岩座首는 진술을 받고 풀어 주었다. 저녁에 두우[승려]가 지지紙地[종이]를 만드는 곳에서[720] 백지와 상지常紙 아울러 50 … 왔다. 초경初更[오후 7~9시]에 다섯 사람이 선두船頭[뱃머리]에 왔다고 하기에 시골 종을 보냈는데 … 그것이 무슨 뜻인지는 모르겠다. 거제현령[안위安衛]의 망령됨을 가히 알겠다. 화化 … 탕수蕩水에 팔뚝의 지방脂肪이 상했다고 한다.)[721]

30일(병술) (*입춘이다)[722] 눈바람이 치고 몹시 추웠다.[723] (**배 조방장이 보러 왔다.)[724] 여

---

714 『정유일기 Ⅱ』의 원문은 '朝李宗浩送于巡使問安 是夜羅德明來話 不知厭留可恨 二更書家書'이다.

715 『정유일기 Ⅱ』의 원문은 '以其母病故也 晚慶水伯·裵助防來見 酉時'이다.

716 연해沿海 19고을은 …… 전속시키기로 했다 : 원래 전라도 연해 19고을(우도 14고을, 좌도 5고을)은 수군에 소속되어 있었는데, 1593년 윤11월에 전라도 관찰사 이정암李廷馣이 이것을 고쳐 10고을(우도 5고을, 좌도 5고을)만 수군에 소속시켰다.(『이충무공전서』권3, 「請沿海軍兵糧器全屬舟師狀」.) 그러던 것을 이때(정유년 12월 말)에 이르러서 전라도 관찰사 황신黃愼이 비로소 원래대로 회복시켰다는 뜻이다.

717 (**) 내용 생략. 『정유일기 Ⅱ』의 원문은 '夕入房中穩話'이다.

718 (**) 내용 생략. 『정유일기 Ⅱ』의 원문은 '坐房'이다.

719 (**) 내용 생략. 『정유일기 Ⅱ』의 원문은 '始聞慶水之扶物來□□'이다.

720 박종평, 『난중일기』(파주 : 글항아리, 2021), 625쪽 참조.

721 (**) 내용 생략. 『정유일기 Ⅱ』의 원문은 '金仁秀放送 尹□□決三十度而放 靈巖座首 捧□□而放 夕杜宇紙地白常并五十□□□來 初更五人到船頭云 故送鄕奴□□□未知是何意也 巨濟之妄可知矣 化□□蕩水所傷臂脂云'이다. (군데군데 훼손되어 글씨를 알아볼 수 없는 곳들이 있다.)

722 (**) 내용 생략. 『정유일기 Ⅱ』의 원문은 '立春'이다.

러 장수들이 모두 보러 왔다. (**[왔]으나 평산만호平山萬戶[정응두丁應斗]와 영등포만호永登浦萬戶[조계종]는 오지 않았다. 부찰사副察使[한효순]의 군관이 편지를 가지고 왔다.)[725] ○ 이 밤은 해가 다 되는 그믐밤이라 비통한 마음이 더욱 더했다.

---

723 『정유일기 II』에는 '風雪亂打 寒凍極嚴'으로 '亂打(몰아치고)'가 더 있다.

724 (**) 내용 생략. 『정유일기 II』의 원문은 '裵助來見'이다.

725 (**) 내용 생략. 『정유일기 II』의 원문은 '而平山萬戶永登不來 副察使軍官持簡來'이다. 부체찰사 한효순은 무술년(1598) 3월에 교체되었다고 한다.[한영우, 『나라에 사람이 있구나』, 지식산업사, 2016, 부록 1(월탄 한효순 연보) 참조.]

무술년戊戌年

[1598년, 선조 31, 이순신 54세]

1월

초1일(정해) 맑음. 늦게 잠깐 눈이 왔다. (**경상수사와 조방장 및)[726] 여러 장수들이 모두 와서 모였다.

초2일(무자) 맑음. 나라의 제삿날[727]이라 공무를 보지 않았다. (**이날륜日) 새 배를 낙괴 落塊[728]했다. 해남현감[유형]과 진도군수[선의문宣義問]가 와서 보고 돌아갔다. (** 송대립, 송득운, 김붕만이 각 고을로 나갔다.)[729]

초3일(기축) 맑음. (**이언량, 송응기 등이 산역山役…)[730]

초4일(경인) 맑음. (**무안현감[남언상南彦祥]을 곤장 때렸다. … 수사에게 … 우수사가 왔다 …)[731]

□ 초5일부터 9월 14일까지는 빠졌음.[732]

---

726 (**) 내용 생략. 『정유일기 II』의 원문은 '慶尙水使助防將及'이다.

727 나라의 제삿날 : 명종明宗 비 인순왕후仁順王后 심씨沈氏의 돌아가신 날이다.

728 낙괴落塊 : 배를 만들 곳에 땅을 고르고 받침목塊을 앉혔다는 의미로 추정된다. '좌괴坐塊'와 같은 말인 듯하다. 『軒聖遺稿』 「海山經歷」에 "땅을 골라 받침목을 앉히고擇地坐塊, 저판을 올린 다음載以底板, 다시 큰 먹줄을 사용하여再用大繩, 길고 짧은 것을 재어量其長短, 기틀이 되는 나무를 바로 설치하였다而定設機木"라는 내용이 보인다. (金在瑾, 『朝鮮王朝軍船硏究』, 일조각, 1991, 240쪽.) 괴塊는 '흙덩이'라는 뜻도 있으나 '편안하다'라는 뜻도 있으므로 받침목으로 해석된다.

729 (**) 내용 생략. 『정유일기 II』의 원문은 '宋大立宋得運金鵬萬出去于各官'이다.

730 (**) 내용 생략. 『정유일기 II』의 원문은 '李彦良宋應璣等山役□□'이다.

731 (**) 내용 생략. 『정유일기 II』의 원문은 '務安縣監決杖□□□□□水使處 則右水使來□□'이다.

732 여기까지는 『정유일기 II』에 실려 있다.

(*) 친필 일기의 「일기 외 기사」(8) 번역문과 원문

(이 기사 내용은 무술년 4월 26일과 10월 초4일에 각각 명나라 수군 장수들로부터 받은 선물 목록이다.)

4월 26일(무술년)에 유격遊擊 계금季金에게 받은 선물

구름 문양이 있는 푸른색의 명주靑雲絹[비단] 1단端[733]

구름 문양이 있는 남색의 명주藍雲絹 1단端.

비단 버선綾襪 1쌍.

구름 무늬 신발雲履 1쌍.

향나무 바둑판香棋 1부副.

향나무 위패香牌 1부副.

절강 차浙茗 2근觔

향내 나는 춘나무香椿 2근觔.

네 가지 푸른색 찻잔四靑茶甌 10개.

산 닭生鷄 네 마리.

천총千摠 강인약江鱗躍이 보내 준 물품

봄 새싹 차春茗 1봉지.

꽃무늬가 있는 찬합花盒 1개.

등나무 부채藤扇 1자루把.

일상복의 신발服履 1쌍.

천총 주수겸朱守謙이 보내 준 물품

술잔酒盞 6개.

신선로神仙爐 1.

붉은색 고운 종이硃箋 2장.

기러기 모양 쓰레받기鴈埃 2.

작은 찬합小盒 1개.

---

733 單端 : 고대 중국에서 베의 길이를 재는 단위. 1단은 2장丈 곧 20자尺. (吳承洛,『中國度量衡史』, 上海書店, 1987, 90쪽)

찻잎茶葉 1봉지.

천총 정문린丁文麟에게서 온 것

여름용 버선暑襪 1쌍.

명주 목도리領絹 1방方.[734]

양차兩茶 1봉지.

후추胡椒 1봉지.

파총把總 진자수陳子秀가 보내 준 것

수놓은 보자繡補 1벌副. 흉배胷背이다.

시가 쓰여진 부채詩扇 1자루把.

향내 나는 실香線 10가닥枝

육경陸卿에게서 온 것

꽃무늬가 있는 수건花帨 1조條.

파총 허許에게서 온 것

푸른색 베靑布, 붉은색 베紅布 각1.

금색 부채金扇 2.

꽃무늬가 있는 수건花帨 1.

10월 초4일(무술년)에 복福 유격遊擊에게서 온 것. 복일승福日升

푸른색 베靑布 1단端.

남색 베藍布 1단.

금부채金扇 4자루柄.

항주 젓가락杭筯 2묶음丹.

산 닭生鷄 2마리.

---

734 방方 : 고대 중국에서 면적 또는 체적을 잴 때 쓰는 단위. 1방은 5자尺 평방.(吳承洛,『中國度量衡史』,上 海書店, 1987, 92쪽)

소금에 절인 양고기醃羊 1주肘[735]

왕王 유격에게서 온 것. 왕원주王元周

금칠한 허리띠金帶[736] 1.

상감 문양 인장印章 상자鑲嵌圖書匣 1.

향나무 찬합香盒 1.

거울 걸이鏡架 1.

금부채金扇 2.

풀솜絲綿[고치를 펴서 만든 솜] 1봉지.

차 병茶壺 1.

소주蘇州 빗蘇梳 2벌事.

천총 오유림吳惟林에게서 온 것

상감 문양 허리띠鑲帶 1벌事.

배첩拜帖[명함] 20장張.

파총 진국경陳國敬에게서 온 것

꽃잎 차花茶 1봉지.

꽃 모양 술잔花酒盃[737] 1짝對.

구리 찻숟가락銅茶匙 2부副.[738]

가느다란 찻숟가락細茶匙 1부副.

홍례첩紅禮帖 1개箇.

전간첩全柬帖 5장張.

서간첩書柬帖 10장.

---

735 주肘 : 고대 중국에서 사용한 길이 단위. 1주는 2자尺. (吳承洛, 『中國度量衡史』, 上海書店, 1987, 52쪽)

736 금칠한 허리띠金帶(금대) : 요대腰帶로도 부르며, 현재 보물 326호로 지정되어 아산 현충사에 보관 중이다.

737 꽃 모양 술잔花酒盃(화주배) : 그 모양이 복숭아 같다 하여 도배桃盃로도 불리며, 현재 보물 326호로 지정되어 아산 현충사에 보관 중이다.

738 부副 : 벌. 기물器物·옷·문서·자물쇠 등 둘 이상이 갖추어져 하나를 이루는 사물을 세는 단위.

고절간古折柬 8장.

주사朱砂 젓가락硃紅筯 10쌍.

계영천季永荐에게서 온 것

순금 금부채眞金扇 1자루把.

땀 닦는 두건汗巾 1방方.

부들로 만든 부채蒲扇 1자루柄.

거칠게 만든 수건粗帨 2조條.

기패旗牌 왕명王明에게서 온 것

남색 베藍布 1단端.

베갯머리 꽃枕頭花 1부副.

푸른색 명주실靑絹線 조금小許.

파총 공진龔璡에게서 온 것

붉은 종이紅紙 1부副.

절강 차浙茶 1봉지.

찻숟가락茶匙 6벌事.

소주蘇州 침蘇針 1주머니包.

중군中軍 왕계여王啓予에게서 온 것

남색 허리띠藍帶 1벌事.

빗 큰 것, 가는 것梳大細 2벌事.

季遊擊 所贶 四月卄六日

青雲絹 一端, 藍雲絹 一端, 綾襪 一雙, 雲履 一雙, 香棋 一副, 香牌 一副, 浙
　　茗 二觔, 香椿 二觔, 四青茶甌 拾介, 生鷄 四隻.

江千總鱗躍 所贈

春茗 一封, 花盒 一箇, 藤扇 一把, 服履 一雙.

朱千總守謙 所贈
酒盞 六箇, 神仙爐 一, 硃箋 二張, 鴈埃 二, 小盒 一個, 茶葉 一封.

丁千總文麟 所及
署襪 一雙, 領絹 一方, 兩茶 一封, 胡椒 一封.

陳把總子秀 所遺
繡補 一副 胷背也, 詩扇 一把, 香線 十枝.
陸卿 所及
花帨 一條.

許把總 所致
靑布 紅布 各一, 金扇 二, 花帨 一.

十月初四日
福遊擊 所致 福日升
靑布 一端, 藍布 一端, 金扇 四柄, 杭筯 二丹, 生鷄 二首, 醶羊 一肘.

王遊擊 所致 王元周
金帶 一, 鑲嵌圖書匣 一, 香盒 一, 鏡架 一, 金扇 二, 絲綿 一封, 茶壺 一, 蘇
    梳 二事.

吳千總惟林 所及
鑲帶 一事, 拜帖 二十張.

陳把總國敬 所及
    花茶 一封, 花酒盃 一對, 銅茶匙 二副, 細茶匙 一副, 紅禮帖 一箇, 全

束帖 五張, 書束帖 十張, 古折束 八張, 硃紅莇 十雙.

季永荐 所及
眞金扇 一把, 汗巾 一方, 蒲扇 一柄, 粗帨 二條.

王旗牌明 所及
藍布 一端, 枕頭花 一副, 靑絹線 小許.

龔把總璡 所及
紅紙 一副, 浙茶 一封, 茶匙 六事, 蘇針 一包.
王中軍啓予 所及
藍帶 一事, 梳大細 二事.

9월

15일(정유) 맑음. 진 도독陳都督[진린陳璘[739]]과 함께 일제히 군사[부대]를 움직여서 나
로도羅老島[740]에 이르렀다. (*[이르]러 잤다.)[741]

16일(무술) 맑음. 나로도에 머물렀다. (*[머물]면서 도독과 술을 마셨다.)[742]

---

739 진린陳璘 : 1543~1607. 명나라 광동廣東 옹원翁源 사람으로(『상촌집』에는 광동 羅定州 東安縣 사람),
자字는 조작朝爵, 호號는 용애龍厓다. 명나라 세종世宗 가정嘉靖(1522~1566) 말엽에 지휘첨사指揮僉事
(정4품)가 되었으며, 신종神宗 만력萬曆 20년(1592)에 도독첨사都督僉事(정2품) 부총병관副摠兵官에 올
랐다. 만력 25년(1597)에 광동병廣東兵 5천을 거느리고 조선 지원에 나섰으며, 다음 해(1598)에는 마
침내 어왜총병관禦倭摠兵官에 올라 수로군水路軍 1만 3천 명을 지휘하여, 조선 통제사 이순신과 연합 함
대를 형성하여 노량 해전에서 일본군을 크게 무찔렀다. 전후 명나라 논공論功에서 제1의 공로자로 인정
받아 도독동지都督同知(종1품)로 승진하고, 후에 좌도독左都督(정1품)에 올랐으며, 사후에 태자太子 태
보太保를 추증하였다. (『明史』 권247, 陳璘列傳; 같은 책, 권76, 職官志; 『象村集』 권57)
740 나로도羅老島 : 전라남도 고흥군 봉래면
741 (*) 내용 생략. 『무술일기』의 원문은 '宿'이다.
742 (*) 내용 생략. 『무술일기』의 원문은 '與都督飮'이다.

444

17일(기해) 맑음. 나로도에 머물렀다. (*진[진린]과 함께 술을 마셨다.)[743]

18일(경자) 맑음. 미시未時[오후 1~3시]에 행군하여 방답防踏[744]에 이르렀다. (*[이르러] 잤다.)[745]

19일(신축) 맑음. 아침에 좌수영[여수시] 앞바다로 옮겨 정박하니 눈에 보이는 것이 참담했다. 삼경三更[오후 11시~오전 1시]에 (*달빛을 타고乘月) 하개도何介島[746]에 옮겨 대었다가 날이 밝기 전에 군사를 움직였다.

20일(임인) 맑음. 진시辰時[오전 7~9시]에 유도柚島[747]에 이르니 명나라 장수 유 제독提督[748][유정劉綎]이 벌써 진군해 있었다. 수륙으로 협공하니 적의 기세가 크게 꺾여 두려워하는 모양이 많이 있었다. 수군이 드나들며 대포를 쏘았다.

21일(계묘) 맑음. 아침에 진군하여 (*혹 활을 쏘고 혹 화포를 발사하며)[749] 종일 서로 싸웠으나, 조수潮水가 빠져 물이 얕아서 가까이 접근하여 싸울 수가 없었다. 남해의 적이 경쾌선을 타고 들어와서 정탐하려 할 때 허사인許思仁 등이 추격했더니 적은 육지에 내려 산으로 올라갔다. 그래서 그 배와 잡다한 물건을 빼앗아 와서 바로 도독에게 바쳤다.

22일(갑진) 맑음. 아침에 진군하여 (*나갔다 들어왔다 하며)[750] 서로 싸우다가 유격游擊[遊

---

743 (*) 내용 생략. 『무술일기』의 원문은 '與陳飮'이다.

744 방답防踏 : 전라남도 여수시 돌산읍 군내리

745 (*) 내용 생략. 『무술일기』의 원문은 '宿'이다.

746 하개도何介島 : '何介島'를 '沙介島'(사개도)로 고쳐 판독하고, 이것을 '사포沙浦(전라남도 여수시 낙포동 사포)와 연관시켜, 사포에 인접한 방어도方魚島(여수시 낙포동, 현재는 연륙됨)에 비정하는 견해가 있다. (박혜일·최희동·배영덕·김명섭, 「무술년(1598년) 이순신의 최후 結陣處-'㺚島'에 관한 고찰」, 『이순신연구논총』 제20호, 순천향대학교 이순신연구소, 2013, 282~284쪽.)

747 유도柚島 : 전라남도 여수시 묘도로 추정된다. 『무술일기』에는 '㺚島'(유도)로 되어 있다. 유도柚島(㺚島)를 여수시 묘도로 판단한 연구 결과가 있다. (박혜일·최희동·배영덕·김명섭, 「무술년 이순신의 최후 結陣處-'㺚島'에 관한 고찰」, 『이순신연구논총』 제20호, 순천향대학교 이순신연구소, 2013.)

748 제독提督 : 명나라의 최고 무관직. 명나라의 무관직은 원래 아래로부터 파총把摠-수비守備-유격장군遊擊將軍-참장參將-부총병관副總兵官-총병관總兵官까지 올라갔다. 그러던 것이 '영하寧夏의 반란(1592)'을 진압하기 위해 무장으로서는 이여송李如松이 처음으로 '제독협서토역군무총병관提督陝西討逆軍務總兵官'에 임명되면서, 무장들이 비로소 총병관의 상급 직위인 '제독提督'에 오르게 되었다.(『明史』 권76, 志 52, 職官5, 五軍都督府 ; 같은 책, 권238, 李如松列傳.)

749 (*) 내용 생략. 『무술일기』의 원문은 '或射或炮'이다.

750 (*) 내용 생략. 『무술일기』의 원문은 '出入'이다.

擊-계금季金]이 왼편 팔에 탄환을 맞았으나 중상에 이르지는 않았다. 명나라 군인 11명이 탄환에 맞아 죽었다. 지세포만호와 옥포만호도 탄환에 맞았다.

23일(을사) 맑음. (*도독이 화를 내고 서천만호舒川萬戶, 홍주대장洪州代將, 한산대장韓山代將[751]을 각각 곤장 7대를 때렸다. 금갑도만호, 제포만호, 회령포만호도 함께 장 15대씩을 맞았다.)[752]

24일(병오) 맑음. (*원수의 군관이 공문을 가지고 왔다. 충청병사[이시언]의 군관 김정현金鼎鉉이 왔다.)[753] 남해 사람 김덕유金德有[754] 등 5인이 나와서 그 고을 적의 정세를 전했다. 진대강陳大綱[755]이 돌아갔다.

25일(정미) 맑음. 진대강이 돌아와서 유 제독[유정劉綎]의 편지를 전했다. (*이날 육군은 비록 공격하려 했으나 기구가 완전치 못하였다.)[756] 김정현金鼎鉉이 보러 왔다.

26일(무신) 맑음. (*육군의 준비가 갖춰지지 않았다.)[757] 정응룡鄭應龍이 와서 북도北道의 일을 말했다.

27일(기유) 비. (*아침에 잠시 비가 뿌리고)[758] 서풍이 세게 불었다. (*아침에朝) 형 군문軍門[759][형개邢玠]이 글을 보내 수군이 신속히 진군한 것을 칭찬했다. 식후에 진 도독[진린陳璘]을 만나 조용히 의논했다. (*종일 큰바람이 불었다.)[760] 저녁에 신호의愼好義[761]가 보러 왔다가 갔다.

---

751 대장代將 : 고을 수령을 대신하여 전선을 지휘한 장수이다. 홍주洪州와 한산韓山은 충청도 고을 수령인 홍주목사와 한산군수를 가리킨다.

752 (*) 내용 생략. 『무술일기』의 원문은 '都督發怒 舒川萬戶及洪州代將韓山代將等 各決梱杖七度 金甲薺浦 會寧浦 并受十五介杖'이다.

753 (*) 내용 생략. 『무술일기』의 원문은 '元帥軍官 持公事來 忠淸兵使軍官金鼎鉉來'이다.

754 김덕유金德有 : 『무술일기』 원문은 '김덕유金德酉'로 되어 있다.

755 진대강陳大綱 : 명나라 제독 유정劉綎의 표하천총標下千摠으로, 보병 390명을 거느리고 나왔다. (申欽, 『象村先生集』 권58, 劉提督票下官.)

756 (*) 내용 생략. 『무술일기』의 원문은 '是日陸雖攻陷 機俱未完'이다.

757 (*) 내용 생략. 『무술일기』의 원문은 '陸備未俱'이다.

758 (*) 내용 생략. 『무술일기』의 원문은 '朝暫洒雨'이다.

759 군문軍門 : '경략 군문', '총독 군문'의 줄임말로, 임진왜란 때 조선에 출정한 명군 최고 지휘관을 일컫는 말이다. 임진년에 나온 경략經略 송응창宋應昌은 '경략 군문'인데, 송 경략宋經略으로 불렸고, 정유년에 나온 총독總督 형개邢玠는 '총독 군문'인데, 형 군문邢軍門으로 불렸다. (『선조실록』, 권70, 선조 28년 12월 14일 임자; 같은 책, 권83, 선조 29년 12월 29일 신묘)

760 (*) 내용 생략. 『무술일기』의 원문은 '終日大風'이다.

28일(경술) 맑음. 서풍이 세게 불어 크고 작은 배들이 출입할 수 없었다.

29일(신해) 맑음.

30일(임자) 맑음. 이날 저녁에 왕 유격游擊[遊擊-왕원주王元周], 복 유격福游擊[복일승福日昇], 이 파총李把摠[이천상李天常]이 배 백여 척을 거느리고 진陣에 도착했다. (*이날 밤)[762] 불빛이 휘황하여 적도들의 간담이 떨어졌을 것이다.

10월

초1일(계축) 맑음. 도독都督[진린]이 새벽에 유 제독[유정] 처소로 가서 잠시 서로 이야기하였다.

초2일(갑인) 맑음. 묘시卯時[오전 5~7시]에 진군했는데, 우리 수군이 먼저 나아가 오정午正까지 서로 싸워 적을 많이 죽였다. 사도첨사蛇渡僉使[황세득]가 탄환에 맞아 전사하고, 이청일李清一 역시 전사하고, 제포만호薺浦萬戸 주의수朱義壽, 사량만호蛇梁萬戸 김성옥金聲玉, 해남현감 유형柳珩, 진도군수 선의경宣義卿[763], 강진현감 송상보宋尚甫는 탄환에 맞았으나 죽지는 않았다.

초3일(을묘) 맑음. 도독이 유 제독의 비밀 서신에 의하여 초저녁에 나아가 싸워 삼경三更[오후 11시~오전 1시]에 이르도록 공격하다가, 사선沙船[764][명나라 배] 19척과 호선號船[765][명나라 배] 20여 척이 불탔다. 도독이 엎어지고 넘어지는[안절부절하는] 것은 형언할 길이 없었다. 안골포만호 우수禹壽가 탄환에 맞았다.

---

761 신호의愼好義 : 1550~?. 자字는 의경宜卿, 본관은 거창居昌. 거주지는 충청남도 공주公州이다. 1550년(명종 5)에 났으니 이순신보다 5년 아래다. 이순신의 무과 급제 동기이다. 이순신의 무과 급제 동기로서 『난중일기』에 등장하는 사람은, 신호의를 비롯하여 박종남朴宗男, 이경록李慶祿, 윤사공尹思恭, 남치온南致溫, 김성업金成業, 박대남朴大男, 구사직具思稷이 있다. [『萬曆四年丙子式年文武雜科榜目』(「한국역대인물종합정보시스템」).]

762 (*) 내용 생략. 『무술일기』의 원문은 '是夜'이다.

763 선의경宣義卿 : 선의문宣義問의 오기誤記이다. 정유년 11월 4일 일기 주 657 참조.

764 사선沙船 : 임진왜란 때 명 수군의 사선 1척당 정원은 20명이었다. (宋應昌, 『經略復國要編』권3, 「議題水戰陸戰疏」, 만력 20년 11월 15일.)

초4일(병진) 맑음. (*이른무) 아침에 전선을 보내 적을 공격하며 종일 서로 싸웠는데, 적도들은 허둥지둥 달아났다.

초5일(정사) 맑음. 서풍이 세게 불어 여러 배들이 겨우 정박하고 하루를 보냈다.

초6일(무오) 맑음. 서풍[766]이 세게 불었다. 도원수都元帥[권율]가 군관을 통해 편지를 보내왔는데, 그 내용에 "유 제독이 달아나 물러가려고 한다."라고 하였다. 통분하고 통분하다. (*나랏일이 장차 어떻게 될 것인고.)[767]

초7일(기미) 맑음. (*아침에 송한련宋漢連이 군량 4[섬], 조 1[섬], 기름 5되, 꿀 3되를 바치고, 김태정金太丁은 쌀 2섬 1말을 바쳤다.)[768] 유 제독의 차관差官이 독부督府[진린의 군영]에 와서 고하여 말하기를, "육군은 잠시 순천順天으로 물러났다가 다시 군대를 정비한 후 진격하여 싸우겠다."라고 하였다.[769]

(*) 친필 일기의 「일기 외 기사」(9) 번역문과 원문
(이 기사 내용은 무술년 10월 3일 해전 상황을 누군가에게 보고하는 보고문과 명나라 군선 수량에 관한 것이다.)

군사 업무에 관한 일입니다. 이달[10월] 초3일, 유 총병[유정]이 손수 쓴 편지에 의거하여 그날 밤 조수潮水가 들어오자 싸움을 벌였습니다. 본직本職[통제사

---

765 호선號船 : 친필 일기 원문은 '호선唬船'으로 되어 있다. 『이충무공전서』에는 '호선號船'으로 표기되어 있다. 그런데 『무술일기戊戌日記』 원문 중에는 '호선唬船'과 '호선號船'이 함께 사용되고 있다. (http://hcs.cha.go.kr/ 참조) 임진왜란 때 명 수군의 호선唬船 1척당 정원은 15~16명이었다.(宋應昌, 『經略復國要編』 권3, 「議題水戰陸戰疏」, 만력 20년 11월 15일.)

766 (*) 내용 생략. 『무술일기』의 원문은 '西北風'이다.

767 (*) 내용 생략. 『무술일기』의 원문은 '國事將至如何'이다.

768 (*) 내용 생략. 『무술일기』의 원문은 '朝宋漢連納軍粮四 粟一 油五升 淸蜜三升 金太丁納大米二石一斗'이다.

769 '유 제독의 차관差官이 ……라고 하였다.' : 이 문장은 『무술일기』에는 나와 있지 않고, 『전서』 본문과 「일기초日記抄」에만 보인다. 현충사관리소, 『충무공유사』(문화재청), 2008, 116쪽 참조. 「일기초」에는 을미년 일기의 상당 부분과 무술년 10월 8일부터 11월 17일까지의 일기 내용이 들어 있다.

로 추정됨]은 즉시 여러 장수와 병선들을 거느리고 앞으로 진격하였는데, 여러 장관과 군사들이 몸을 돌아보지 않고 분발하여, 곧장 돌진하여 왜선을 불태우고 10여 척을 끌어냈습니다. 왜적은 산성山城 위에서 총포가 이미 다하였고. 우리 군사들은 승리를 얻고자 한마음으로 치열하게 싸웠는데, 때마침 조수가 막 물러가는 것을 보고, 본직은 당연히 즉시 장호掌號[770]하여 군사를 거두었습니다. 그러나 전방의 배들은 함성이 하늘에 떠들썩하고, 포성이 우레 같아 호두 號頭[771]가 이르는 것을 듣지 못했습니다. 사선沙船 19척 … 배에 있던 군사들이 왜놈들에게 빼앗길까 염려되어, 배와 화약은 모두 일부러 불을 붙여 태운 것은 제외하였습니다. 우리 진영에서 사로잡은 왜적과 진에서 죽은 것으로 보이는 군사는, 조사하고 밝혀서 따로 보고하겠습니다.

사선沙船 25척, 호선號船 77척, 비해선飛海船 17척, 잔선剗船 9척.

爲軍務事 本月初三日 准劉總兵手書 於本日夜潮長會戰 本職卽統率各將兵 舡前進 各官兵奮不顧身 直衝倭舡焚燒 拽出十餘隻 倭賊山城之上 銃砲已竭 官兵得勝 一意酣戰 適見潮水初落 本職當卽掌號收兵 前舡喊聲喧天 砲聲如 雷 不聞號頭致 有沙舡一十九隻□□□兵 恐爲倭奴所奪 將舡幷火藥自行擧 火焚燒除 當陣 生擒倭賊及陣亡目兵 查明另報外

沙船二十五隻

號船七十七隻

飛海船十七隻

剗船九隻

---

770 장호掌號 : 나팔을 부는 것. 장호적掌號笛과 같은 말이다.(『병학지남』, 권1, 旗鼓定法, 明笛號, '凡吹瑣吶 謂之掌號笛')

771 호두號頭 : 토목공사의 감독. 또는 많은 사람이 노동할 때 메김소리를 선창先唱하는 사람.(『敎學大漢韓 辭典』.) 여기서는 장호掌號 소리를 뜻함.

초8일[772](경신) 맑음.

초9일(신유) 육군이 이미 철수하였으므로 도독과 함께 배를 거느리고 이동해서 바닷가 정자에 도착하였다.

초10일(임술) 좌수영[여수시]에 이르렀다.

11일(계해) 맑음.

12일(갑자) 나로도[고흥군 봉래면]에 이르렀다.

☐ 13일부터 11월 초7일까지는 빠졌음.

11월

초8일 간지가 빠졌음 도독부를 방문하여 위로연을 베풀고 (*종일 술을 마시다가)[773] 어두워 돌아왔다. 조금 있다가, 도독이 보자고 청하므로 곧바로[774] 나아갔더니, (*도독이 말하기를)[775] "순천 왜교倭橋[776]의 적들이 초10일 사이에 철수하여 도망하려 한다는 기별이 육지로부터 전해 왔으니 급히 진군하여 돌아가는 길을 끊어 막자."라고 했다.

초9일 간지가 빠졌음 도독과 더불어 일시에 행군하여 백서량白嶼梁[777]에 이르러 진을 쳤다.

초10일 간지가 빠졌음 좌수영 앞바다에 이르러 진을 쳤다.

11일 간지가 빠졌음 유도柚島[778]에 이르러 진을 쳤다.

---

772 이 날짜부터는 '친필 일기'의 원문이 전하지 않는다.

773 (*) : 「日記抄」에 있는 내용으로, 원문은 '終日盃酌'이다.

774 (*) : 「日記抄」에 '爲趨進'(바로 달려갔더니)이다.

775 (*) : 「日記抄」에 있는 내용으로, 원문은 '都督日'이다.

776 왜교倭橋 : 전라남도 순천시 해룡면 신성리. '예교曳橋'로도 일컫는다.(『선조실록』 권96, 선조 31년 1월 24일 경술.)

777 백서량白嶼梁 : 전라남도 여수시 화정면 백야도와 제도 사이의 수로水路로 추정된다.

순천 왜교성 전투를 그린 <정왜기공도병征倭紀功圖屏> 6폭 중 부분. 국립중앙박물관.

12일 간지가 빠졌음

13일 간지가 빠졌음 왜선 10여 척이 장도獐島[779]에 나타나므로, 곧 도독과 약속하고 수군을 거느리고 추격하니, 왜선은 움츠려들어가 종일토록 나오지 않았다. 도독과 함께 장도로 돌아와서 진을 쳤다.

14일 간지가 빠졌음 왜선 2척이 강화講和할 일로 바다 가운데까지 나오니, 도독이 왜倭통역관을 시켜 왜선을 마중하였다. (*붉은 기와 환도 등 물건을 조용히 받았다.)[780] 술시戌時[오후 7~9시]에 왜장이 작은 배를 타고 도독부로 들어와서 돼지 2마리와 술 2통을 도독에게 바쳤다고 한다.[781]

---

778 유도柚島 : 전라남도 여수시 묘도로 추정된다. 본서 권8의 주 747 참조.

779 장도獐島 : 전라남도 여수시 율촌면 여동리 장도, 지금은 연육되었다.

780 (*) : 「日記抄」에 있는 내용으로, 그 원문은 '從容而受一紅旗環刀等物'이다.

781 (*) : 「日記抄」에는 '獻于都督而去'(도독에게 바치고 돌아갔다.)이다.

순천 왜성.(사진 문화재청)

15일 간지가 빠졌음 이른 아침에 도독을 가서 보고 잠깐 이야기하고 돌아왔다. 왜선 2척이 강화할 일로 두 번 세 번 도독의 진중으로 드나들었다.

16일 간지가 빠졌음 도독이 진문동陳文同으로 하여금 왜군의 진영에 들여보내더니, 조금 있다가 왜선 3척이 말(*1필)[782]과 창, 칼 등을 도독에게 가져다 바쳤다.

17일 간지가 빠졌음 어제 복병장伏兵將 발포만호 소계남蘇季男과 당진포만호 조효열趙孝悅 등이, 왜의 중간 배 1척이 군량을 가득 싣고 남해로부터 바다를 건너는 것을 한산도 앞바다까지 추격하였더니, 왜적은 기슭을 타고 육지로 올라 달아났고, 잡은 왜선 및 군량은 명나라 군사에게 빼앗기고 빈손으로 와서 보고했다.

---

782 (*) :「日記抄」에 있는 내용으로, 그 원문은 '一匹'이다.